CB071520

TEMAS DE DIREITO CONSTITUCIONAL

Luís Roberto Barroso
Professor Titular de Direito Constitucional da Universidade do Estado do Rio de Janeiro. Mestre em Direito pela Yale Law School. Procurador do Estado e Advogado no Rio de Janeiro

TEMAS DE DIREITO CONSTITUCIONAL

TOMO II

2ª Edição
Revista

Rio de Janeiro São Paulo Recife
2009

Todos os direitos reservados à
LIVRARIA E EDITORA RENOVAR LTDA.
MATRIZ: Rua da Assembléia, 10/2.421 - Centro - RJ
CEP: 20011-901 - Tel.: (21) 2531-2205 - Fax: (21) 2531-2135
FILIAL RJ: Tels.: (21) 2589-1863 / 2580-8596 - Fax: (21) 2589-1962
FILIAL SP: Tel.: (11) 3104-9951 - Fax: (11) 3105-0359
FILIAL PE: Tel.: (81) 3223-4988 - Fax: (81) 3223-1176

LIVRARIA CENTRO (RJ): Tels.: (21) 2531-1316 / 2531-1338 - Fax: (21) 2531-1873
LIVRARIA IPANEMA (RJ): Tel: (21) 2287-4080 - Fax: (21) 2287-4888

www.editorarenovar.com.br   **renovar@editorarenovar.com.br**
                                   SAC: 0800-221863
© 2009 by Livraria Editora Renovar Ltda.

Conselho Editorial:

Arnaldo Lopes Süssekind — Presidente
Caio Tácito (*in memoriam*)
Carlos Alberto Menezes Direito
Celso de Albuquerque Mello (*in memoriam*)
Luiz Emygdio F. da Rosa Jr.
Nadia de Araujo
Ricardo Lobo Torres
Ricardo Pereira Lira

Revisão Tipográfica: Júlio Pedroso

Capa: Simone Villas-Boas

Editoração Eletrônica: TopTextos Edições Gráficas Ltda.

01528

CIP-Brasil. Catalogação-na-fonte
Sindicato Nacional dos Editores de Livros, RJ.

B277t	Barroso, Luís Roberto Temas de direito constitucional — tomo II — 2.ed. revista — Luís Roberto Barroso. — Rio de Janeiro: Renovar, 2009. 604p. ; 23cm. ISBN 978857147-703-2 1. Direito constitucional — Brasil. I. Título. CDD 342.81

Proibida a reprodução (Lei 9.610/98)
Impresso no Brasil
Printed in Brazil

NOTA À 2ª EDIÇÃO

Nessa nova edição, retirei o parecer intitulado "Sociedade de economia mista prestadora de serviço público. Cláusula arbitral inserida em contrato administrativo sem prévia autorização legal. Invalidade". A tese central do parecer era a de que sociedade de economia mista prestadora de serviço público somente poderia se submeter à arbitragem mediante autorização legal. Em algumas passagens do texto, no entanto, empreguei o termo sociedade de economia mista sem distinguir entre as que exploram atividades econômicas e as que prestam serviços públicos. Explicito abaixo minha compreensão atual acerca do tema.

Em caso de serviços públicos dotados de essencialidade, em relação aos quais possa haver implicações para a soberania nacional, o bem-estar social e a própria continuidade do serviço, parece-me adequada a exigência de lei autorizando a solução de conflitos por meio de arbitragem. Tal lógica, todavia, não se estende às hipóteses de sociedades de economia mista exploradoras de atividades econômicas. Isso porque o art. 173 da Constituição Federal prevê a equiparação de tais empresas controladas pelo Estado às empresas privadas, não se justificando a restrição. De resto, a vedação à participação em arbitragens afetaria a competitividade de tais empresas e dificultaria sua inserção internacional.

Rio de Janeiro, setembro de 2008.

Luís Roberto Barroso

Registros

Este segundo volume dos *Temas de direito constitucional* reúne um conjunto de trabalhos escritos nos últimos dois anos. Ao longo de minha vida como professor e profissional do Direito, tenho procurado construir uma ponte entre o mundo acadêmico e a vida real, permitindo uma travessia de mão dupla entre o *pensar* e o *praticar* o direito constitucional. Os problemas concretos levam perplexidades e sentimentos à teoria constitucional, recebendo em troca princípios e valores que elevam o padrão técnico e ético do processo de realização da Constituição.

A Parte I do livro é dedicada aos *Artigos*, trabalhos nos quais prevalece o conteúdo doutrinário, a discussão abstrata de princípios, conceitos e especulações teóricas. Na Parte II estão reunidos os *Pareceres*, textos elaborados mediante solicitação e tendo por objeto questões concretas, cujo equacionamento exigia pesquisa e investigação de cunho acadêmico. E na Parte III encontram-se os *Escritos*, compreendendo alguns artigos publicados na imprensa, prefácios de livros nos quais fiz alguma reflexão doutrinária e um discurso de formatura, no qual celebro a minha paixão pelo magistério e o privilégio de conviver com alguns dos melhores alunos do país.

Devo agradecimentos à família profissional afetuosa e brilhante que está por trás de todos os trabalhos constantes deste volume, na qual se incluem Valéria Duque Rodrigues de Oliveira, minha secretária de muitos anos, e os advogados Nelson Nascimento Diz, Carmen Tiburcio, Luís Eduardo Barbosa Moreira, Viviane Perez, Marina Gaensly, Karin Khalili, Rafael Fontelles e Teresa Mello. Tudo sob a coordenação da jovem professora e doutoranda Ana Paula de Barcellos, que além de me ajudar a desenvolver minhas próprias idéias, ainda me empresta muitas das suas. Sem a sua dedicação profissional e sua presença amiga e carinhosa ao longo dos anos, não seria o que sou.

Minha família de sangue e afeto, por outro lado, é o porto seguro e feliz que dá sentido a tudo o que faço. Dedico este livro ao pessoal do almoço de domingo, especialmente vovô Beto e vovó Detta, Miriam e César e aos meus filhos Luna e Bernardo, que começam a ter idéias próprias e prestam cada vez menos atenção às minhas. E à Tereza, que é co-autora em tudo que faço: de há muito não consigo distinguir o que em mim sou eu e o que em mim é ela.

Villa Luna (Petrópolis), junho de 2002.
Luís Roberto Barroso

Sumário

Parte I
ARTIGOS

1. Fundamentos teóricos e filosóficos do novo direito constitucional brasileiro (pós-modernidade, teoria crítica e pós-positivismo)...................3

2. A ordem econômica constitucional e os limites à atuação estatal no controle de preços 47

3. Constituição, comunicação social e as novas plataformas tecnológicas..83

4. Saneamento básico: competências constitucionais da União, Estados e Municípios 117

5. Regime constitucional do serviço postal. Legitimidade da atuação da iniciativa privada..145

6. Algumas questões sobre a extradição no direito brasileiro 189

7. Agências reguladoras. Constituição, transformações do Estado e legitimidade democrática 229

8. Água: a próxima crise 265

9. A superação da ideologia de segurança nacional e a tipificação dos crimes contra o estado de direito democrático 273

Parte II
PARECERES

1. Imunidades parlamentares. Proposta de sua supressão pelo
Conselho de Defesa dos Direitos da Pessoa Humana..........................291

2. Discricionariedade administrativa, realização adequada dos fins legais
e observância dos princípios constitucionais. Direito subjetivo à
prorrogação de contrato de concessão para exploração de gás e petróleo....299

3. A Comissão de Valores Mobiliários e a legitimidade de sua
transformação em agência reguladora. Possibilidades e limites do
poder de emenda parlamentar..345

4. Poder constituinte derivado, segurança jurídica e coisa julgada
(sentido das locuções *juros legais* e *valor real* na EC nº 30/2000) 361

5. Argüição de descumprimento de preceito fundamental. Hipótese
de cabimento. Decreto estadual anterior à Constituição de 1988
vinculando remuneração de servidores ao salário mínimo.....................393

6. Ilegalidade da contratação de seguros no exterior para riscos
localizados no Brasil. Princípios e regras aplicáveis e sua interpretação....421

7. Impossibilidade de auto-execução dos créditos do Poder Público
sem intervenção do Judiciário. Dever de motivação dos atos
administrativos restritivos de direitos 467

8. Banco Central e Receita Federal. Comunicação ao Ministério
Público para fins penais. Obrigatoriedade da conclusão prévia do
processo administrativo 497

Parte III
ESCRITOS

III.1. ARTIGOS DE JORNAL
1. Me dá um dinheiro aí (sobre a Lei de Responsabilidade Fiscal)......553
2. Touradas aos domingos (sobre o risco de desnacionalização
cultural na TV)..557
3. Cigarro e liberdade de expressão (sobre o banimento da
publicidade de cigarro) 561

III.2. PREFÁCIOS DE LIVROS
1. Comissões parlamentares de inquérito: princípios, poderes e limites.....565
2. O princípio da proporcionalidade e a interpretação da Constituição......569

3. A autonomia universitária no Estado contemporâneo e no direito positivo brasileiro 573
4. A nova jurisdição constitucional brasileira: legitimidade democrática e instrumentos de realização..577
5. Eficácia jurídica dos princípios constitucionais: o princípio da dignidade da pessoa humana..581
6. Direito regulatório 589

III.3. DISCURSO DE PARANINFO
1. O mistério maravilhoso do tempo 597

Índice Analítico

Parte I
ARTIGOS

1. Fundamentos teóricos e filosóficos do novo direito constitucional brasileiro (pós-modernidade, teoria crítica e pós-positivismo) 3
Sumário: Capítulo I. Pré-compreensão do tema. I. A pós-modernidade e o Direito; II. A busca da razão possível. Capítulo II. Algumas bases teóricas. I. A dogmática jurídica tradicional e sua superação; II. A teoria crítica do Direito. Capítulo III. Algumas bases filosóficas. I. Ascensão e decadência do jusnaturalismo; II. Ascensão e decadência do positivismo jurídico; III. Pós-positivismo e a normatividade dos princípios. Capítulo IV. Conclusão. I. A ascensão científica e política do direito constitucional no Brasil; II. Síntese das idéias desenvolvidas.

2. A ordem econômica constitucional e os limites à atuação estatal no controle de preços 47
Sumário: I. Nota prévia. Parte I. Constituição, ordem econômica e intervenção estatal. II. Fundamentos da ordem econômica: livre iniciativa e valorização do trabalho humano. III. Princípios da ordem econômica. III.1. Princípios de funcionamento; III.2. Princípios-fins.

IV. Agentes da ordem econômica. IV.1. Papel do Estado na ordem econômica; IV.2. Papel da iniciativa privada na ordem econômica. V. Intervenção estatal na ordem econômica: disciplina. V.1. Modalidades de intervenção estatal na ordem econômica; V.2. Limites e fundamentos legítimos da intervenção disciplinadora; a) Limites da disciplina; b) Fundamentos da disciplina. Parte II. Limites constitucionais à disciplina de preços por parte do Estado. VI. Competência estatal em matéria de preços privados. VI.1. A livre fixação de preços é elemento fundamental da livre iniciativa. O controle prévio de preços como política pública regular viola princípio constitucional; VI.2. Somente em situação de anormalidade do mercado, ausentes as condições regulares de livre concorrência, o princípio da livre iniciativa poderá sofrer ponderação para admitir o controle prévio de preços; VI.3. Pressupostos constitucionais para o controle prévio de preços. VII. Conclusão.

3. Constituição, comunicação social e as novas plataformas tecnológicas 83

Sumário: Introdução. Globalização e cultura. Parte I. Regime constitucional da radiodifusão. I. A Constituição Federal e a comunicação social. II. O tratamento constitucional das empresas de radiodifusão. II.1. Necessidade de concessão especial; II.2. Propriedade das empresas; II.3. Responsabilidade pela administração e orientação intelectual; II.4. Princípios aplicáveis à produção e programação das emissoras. III. Fundamentos do regime constitucional adotado. Parte II. Regime jurídico aplicável às novas plataformas tecnológicas de comunicação de massa. IV. O fenômeno da convergência das plataformas. V. Extensão do regime jurídico da radiodifusão às novas plataformas tecnológicas a ela equiparáveis. V.1. Elementos de interpretação jurídica, construção constitucional e interpretação evolutiva; V.2. Princípio da isonomia. VI. Conclusão.

4. Saneamento básico: competências constitucionais da União, Estados e Municípios 117

Sumário: I. Nota prévia: saneamento e Federação. II. O sistema de águas na Constituição. II.1. Propriedade das águas na Constituição

Federal de 1988. II.2. Utilização múltipla da água: tratamento constitucional das competências. a) Administração dos recursos hídricos; b) Outorga do uso das águas; c) Proteção ambiental e controle da poluição; d) Saneamento básico. III. O saneamento básico na Constituição de 1988. III.1. Competência para a prestação do serviço de saneamento básico: a) Competência comum: cooperação entre os entes (art. 23, IX); b) Municípios: interesse local (art. 30, V); c) Estados: interesse comum, região metropolitana (art. 25, § 3º); d) União: planejamento e participação na execução (art. 200, IV). III.2. Conflito de competências potencial entre Estado e Municípios: interesse local/interesse comum. Definição dos limites de cada competência. IV. Conclusões.

5. Regime constitucional do serviço postal. legitimidade da atuação da iniciativa privada..145

Sumário: I. A Ordem Econômica na Constituição de 1988. I.1. Pré-compreensão do tema e princípios constitucionais. I.2. A livre iniciativa como princípio fundamental do Estado brasileiro. I.3. Modalidades de intervenção do Estado na ordem econômica: a) disciplina; b) fomento; e c) atuação direta. I.4. O sistema constitucional da atuação direta do Estado na ordem econômica. a) Prestação de serviços públicos: (i) serviços públicos inerentes e (ii) serviços públicos por opção político-normativa. Os serviços públicos por opção político-normativa podem ser ainda: 1. delegados aos particulares de acordo com o art. 175 da Constituição; e 2. delegados aos particulares diretamente pela Constituição; b) Desempenho de atividade econômica. *Quanto à forma da atuação estatal*: (i) monopolizada, (ii) não monopolizada e sob regime concorrencial. *Quanto à necessidade da atuação estatal:* (i) atividades obrigatórias por determinação constitucional, e (ii) atividades facultativas por opção político-normativa. II. Natureza Constitucional do Serviço Postal. II.1. O serviço postal não é serviço público. II.2. O serviço postal é atividade econômica não monopolizada, admitindo exploração concomitante pelos particulares. II.3. Quanto à *necessidade* da atuação estatal, o serviço postal é atividade obrigatória por determinação constitucional; quanto à *forma* de atuação estatal, o serviço postal é não monopolizado e sob regime concorrencial. III. Situação Constitucional da Empresa Brasileira de Correios e Telégrafos – EBCT. A Constituição de 1988 não recepcionou o monopólio legal da Lei nº 6.538/78. A EBCT desempenha atividade econômica obrigatória por determinação constitucional (CF, art. 21, X), não monopolizada e sob regime concorrencial. IV. Conclusões

6. Algumas questões sobre a extradição no direito brasileiro 189

Sumário: I. Introdução; II. Questões constitucionais. 1. Competência para apreciar pedidos de extradição; 2. Não extradição de nacionais; 3. Impossibilidade de extradição por crime político: a) Histórico e direito comparado; b) Quadro normativo; c) Doutrina e jurisprudência; d) A extradição política disfarçada. 4. Impossibilidade da extradição por crime de opinião. 5. Impossibilidade de extradição nos casos de sério risco de vida no país requerente. III. Questões legais. 1. Aspectos formais: a) O pedido; b) Defeito de forma do pedido. 2. Aspectos materiais: a) Impossibilidade de extradição de brasileiros e por crimes políticos; b) O princípio da dupla tipicidade; c) Prescrição; d) Julgamento no exterior por juízo ou tribunal de exceção; e) Existência no Brasil de processo contra o extraditando; f) O princípio da especialidade; g) Proibição da extradição para cumprir pena corporal ou de morte. A questão da possibilidade da extradição para cumprir pena de prisão perpétua. IV. Conclusões.

7. Agências reguladoras. Constituição, Transformações do Estado e legitimidade democrática 229

Sumário: Parte I. Constituição e ordem econômica. I. Breve notícia histórica. A decadência do Estado-empresário. II. A reforma do Estado no Brasil. III. Modalidades de intervenção do Estado no domínio econômico. IV. O novo perfil do Estado e o surgimento das agências reguladoras no Brasil. Parte II. V. A estrutura jurídica das agências reguladoras. VI. Função reguladora e as diferentes atividades das agências. a) Atividade executiva e os limites do controle exercido pelo Poder Executivo e pelo Tribunal de Contas; b) Função decisória e limites do controle exercido pelo Poder Judiciário; c) Função normativa: algumas controvérsias. Conclusão. Transformações do Estado, desregulação e legitimidade democrática.

8. Água: a próxima crise 265
Sumário: I. Alguns aspectos do problema. II. Saneamento básico: a solução adiada. III. Público ou privado: a falsa questão. IV. Conclusão.

9. A superação da ideologia de segurança nacional e a tipificação dos crimes contra o estado de direito democrático 273
Sumário: Introdução. Parte I. A Lei de Segurança Nacional em vigor e sua superação histórica. I. A doutrina de segurança nacional e o regime constitucional anterior. II. A legislação de segurança nacional na experiência brasileira. III. A atual Lei de Segurança Nacional e a Constituição de 1988. IV. Conclusão. Parte II. O anteprojeto proposto. IV. Apresentação. V. O conteúdo do anteprojeto. Anexo: o anteprojeto de lei.

Parte II
PARECERES

1. Imunidades Parlamentares. Proposta de sua supressão pelo Conselho de Defesa dos Direitos da Pessoa Humana 291
Sumário: Parte I. Os Conceitos Fundamentais. I. Generalidades. 1. Origem. 2. Justificativa. 3. Direito brasileiro. 4. Espécies de imunidade. II. Imunidade material. III. A imunidade formal ou processual. Parte II. A necessidade de reexame da imunidade parlamentar. IV. Manutenção da imunidade material. V. Supressão da imunidade formal ou processual. 1. O desvio da finalidade. 2. A proposta de supressão.

2. Discricionariedade administrativa, realização adequada dos fins legais e observância dos princípios constitucionais. Direito subjetivo à prorrogação de contrato de concessão para exploração de gás e petróleo..299

Sumário: I. A Hipótese. II. A decisão do Tribunal de Contas da União (TCU) e seus efeitos. II.1. Conteúdo e alcance da decisão. II.2. Natureza jurídica das decisões dos Tribunais de Contas e limites de sua eficácia. III. A decisão da Agência Nacional do Petróleo (ANP) e seus fundamentos. IV. O poder discricionário da Administração Pública e a posição jurídica do administrado. IV. 1. Ato vinculado, ato discricionário e direito subjetivo do administrado. Natureza do poder discricionário. IV. 2. Limites ao poder discricionário da Administração Pública na hipótese; a) A finalidade pública estabelecida pela lei e os princípios constitucionais da eficiência e da razoabilidade; b) O princípio constitucional da segurança jurídica e o dever de boa-fé da Administração Pública; c) Princípios constitucionais da isonomia e da impessoalidade. V) Conclusões.

3. A Comissão de Valores Mobiliários e a legitimidade de sua transformação em agência reguladora. Possibilidades e limites do poder de emenda parlamentar 345

Sumário: I. Competências legislativas do Congresso Nacional. O poder de emenda parlamentar. I.1. O art. 61, § 1º, II, *"e"* da Constituição Federal e o Projeto de Lei nº 3.115/97 (criação, estruturação e atribuições dos órgãos da Administração Pública). I.2. O art. 61, § 1º, II, "a" da Constituição Federal e o Projeto de Lei nº 3.115/97 (criação de cargos públicos). II. Matérias reservadas à lei complementar prevista no art. 192 da Constituição Federal. III. Conclusão.

4. Poder constituinte derivado, segurança jurídica e coisa julgada (sentido das locuções *juros legais* e *valor real* na EC nº 30/2000) 361

Sumário: I. Introdução: conceitos fundamentais aplicáveis à hipótese. I.1. Poder Constituinte Originário. I.2. Poder Constituinte Derivado. I.3. Segurança Jurídica. II. Definição e alcance da expressão "juros legais" constante do art. 78 do ADCT. III. Correção monetária aplicável aos precatórios. IV. Impertinência do precedente jurisprudencial acerca do art. 33 do ADCT. V. Conclusão.

5. Argüição de descumprimento de preceito fundamental. Hipótese de cabimento. Decreto estadual anterior à Constituição de 1988 vinculando remuneração de servidores ao salário mínimo 393
Sumário: I. Introdução. II. Não recepção do art. 34 do Regulamento de Pessoal em questão pela Constituição de 1988: a) Violação do art. 7º, IV, da Constituição de 1988; b) Violação do princípio constitucional federativo. III. Cabimento da argüição de descumprimento de preceito fundamental – ADPF: a) ato do poder público; b) preceito fundamental; c) inexistência de outro meio capaz de sanar a lesão. IV. Conclusão.

6. Ilegalidade da contratação de seguros no exterior para riscos localizados no Brasil. Princípios e regras aplicáveis e sua interpretação...421
Sumário: I. Introdução e princípios constitucionais pertinentes. I.1. Princípio setorial da ordem econômica: soberania nacional. I.2. Princípio específico do sistema financeiro: desenvolvimento equilibrado do mercado nacional. II. Os riscos localizados no Brasil deverão ser segurados no mercado brasileiro. II.1. O tratamento da matéria no âmbito do Direito Internacional Privado. II.2. A interpretação da legislação brasileira: a) o elemento semântico; b) o elemento histórico; c) os elementos sistemático e teleológico. III. Contrato de seguro firmado no exterior por empresa estrangeira subcontratada pela Petrobrás tendo por objeto atividade desenvolvida em território nacional. III.1. Subordinação de empresa estrangeira que opere no Brasil ao direito brasileiro. III.2. Conseqüências da violação da norma brasileira: a) para a empresa estrangeira contratada pela Petrobrás; b) responsabilidade subsidiária da Petrobrás pelos atos de empresa estrangeira sua subcontratada em operação no Brasil. IV. Conclusões.

7. Impossibilidade de auto-execução dos créditos do Poder Público sem intervenção do Judiciário. Dever de motivação dos atos administrativos restritivos de direitos 467
Sumário: Parte I. Ato administrativo restritivo de direito: motivação obrigatória e indispensabilidade de ampla defesa prévia. I. A Consti-

tuição de 67/69 e as regras aplicáveis: a) a motivação; b) a ampla defesa prévia. II. A Constituição de 67/69 e os princípios republicano, democrático, da legalidade e da igualdade. Parte II. Créditos do Poder Público: observância do devido processo legal de cobrança. III. A Constituição de 1988: processo administrativo e imparcialidade do órgão de decisão. IV. Os créditos do Poder Público e a impossibilidade de auto-execução. V. Conclusão.

8. Banco Central e Receita Federal. Comunicação ao Ministério Público para fins penais. Obrigatoriedade da conclusão prévia do processo administrativo 497
Sumário: I. Nota doutrinária. II. Ponderação de princípios. II.1. Primeiro grupo de princípios: repressão de ilícitos *versus* proteção da honra, imagem, bom nome e privacidade; II.2. Segundo grupo de princípios: proteção do sigilo bancário *versus* suas exceções e a posição do Ministério Público. III. Elementos tradicionais de interpretação: o sentido e o alcance do § 1º do art. 9º da Lei Complementar nº 105/2001. IV. Conclusões.

Parte III
ESCRITOS

III.1. ARTIGOS DE JORNAL
1. Me dá um dinheiro aí (sobre a Lei de Responsabilidade Fiscal) 553
2. Touradas aos domingos (sobre o risco de desnacionalização cultural na TV) 557
3. Cigarro e liberdade de expressão (sobre o banimento da publicidade de cigarro) 561

III.2. PREFÁCIOS DE LIVROS
1. Comissões parlamentares de inquérito: princípios, poderes e limites 565

2. O princípio da proporcionalidade e a interpretação da Constituição 569
3. A autonomia universitária no Estado contemporâneo e no direito positivo brasileiro 573
4. A nova jurisdição constitucional brasileira: legitimidade democrática e instrumentos de realização 577
5. Eficácia jurídica dos princípios constitucionais: o princípio da dignidade da pessoa humana 581
6. Direito regulatório 589

III.3. DISCURSO DE PARANINFO
1. O mistério maravilhoso do tempo 597

Parte I

ARTIGOS

Fundamentos Teóricos e Filosóficos do novo Direito Constitucional Brasileiro*

(Pós-modernidade, teoria crítica e pós-positivismo)

SUMÁRIO: *Capítulo I: Pré-compreensão do tema. I. A pós-modernidade e o Direito. II. A busca da razão possível. Capítulo II: Algumas bases teóricas. I. A dogmática jurídica tradicional e sua superação. II. A teoria crítica do Direito. Capítulo III: Algumas bases filosóficas. I. Ascensão e decadência do jusnaturalismo. II. Ascensão e decadência do positivismo jurídico. III. Pós-positivismo e a normatividade dos princípios. Capítulo IV: Conclusão. I. A ascensão científica e política do direito constitucional no Brasil. II. Síntese das idéias desenvolvidas.*

Capítulo I
PRÉ-COMPREENSÃO DO TEMA

---

* Sou grato à acadêmica Débora Cagy por seu valioso auxílio na pesquisa e na organização dos materiais. E aos colegas Ana Paula de Barcellos, Nelson Nascimento Diz e Luís Eduardo Barbosa Moreira pelas críticas e sugestões apresentadas.

I. A pós-modernidade e o Direito[1]

Planeta Terra. Início do século XXI. Ainda sem contato com outros mundos habitados. Entre luz e sombra, descortina-se a *pós-modernidade*. O rótulo genérico abriga a mistura de estilos, a descrença no poder absoluto da razão, o desprestígio do Estado. A era da velocidade. A imagem acima do conteúdo. O efêmero e o volátil parecem derrotar o permanente e o essencial. Vive-se a angústia do que não pôde ser e a perplexidade de um tempo sem verdades seguras. Uma época aparentemente *pós-tudo*: pós-marxista, pós-kelseniana, pós-freudiana[2].

Brasil. 2001. Ano 13 da Constituição de 1988. Sem superstições. O constitucionalismo vive um momento sem precedentes, de vertiginosa ascensão científica e política. O estudo que se vai desen-

---

1. Zygmunt Bauman, *A globalização: as conseqüências humanas*, 1999; Ignacio Ramonet, O *pensamento único e os regimes globalitários*, in Globalização: o fato e o mito, 1998; André-Jean Arnaud, O *direito entre modernidade e globalização*, 1999; Boaventura de Souza Santos, *Uma cartografia simbólica das representações sociais: prolegômenos a uma concepção pós-moderna do direito*, Revista Brasileira de Ciências Criminais, 1996; José Eduardo Faria, *Globalização, autonomia decisória e política*, in Margarida Maria Lacombe Camargo (org.), *1988-1998: uma década de Constituição*, 1999; Daniel Sarmento, *Constituição e globalização: a crise dos paradigmas do direito constitucional*, Revista de Direito Administrativo 215/19, 1999; Marilena Chauí, *Público, privado, despotismo*, in Adauto Novaes (org.), *Ética*, 1992; Antônio Junqueira de Azevedo, O *direito pós-moderno e a codificação*, in Anais da XVII Conferência Nacional da Ordem dos Advogados do Brasil, v. I, 2000; Wilson Ramos Filho, *Direito pós-moderno: caos criativo e neoliberalismo*, in Direito e neoliberalismo, 1996; Ted Honderich (editor), *The Oxford companion to philosophy*, 1995; Nicola Abbagnano, *Dicionário de filosofia*, 1998; Norbert Reich, *Intervenção do Estado na economia (reflexões sobre a pós-modernidade na teoria jurídica)*, Revista de Direito Público 94/265.

2. Cláudia Lima Marques, *A crise científica do direito na pós-modernidade e seus reflexos na pesquisa*, in Cidadania e Justiça, n. 6, 1999: "(Pós-modernidade) é uma tentativa de descrever o grande ceticismo, o fim do racionalismo, o vazio teórico, a insegurança jurídica que se observam efetivamente na sociedade, no modelo de Estado, nas formas de economia, na ciência, nos princípios e nos valores de nossos povos nos dias atuais. Os pensadores europeus estão a denominar este momento de rompimento (*Umbruch*), de fim de uma era e de início de algo novo, ainda não identificado".

volver procura investigar os antecedentes teóricos e filosóficos desse novo direito constitucional, identificar seus principais adversários e acenar com algumas idéias para o presente e para o futuro. Antes de avançar, traçam-se algumas notas introdutórias para situar o leitor. A interpretação dos fenômenos políticos e jurídicos não é um exercício abstrato de busca de verdades universais e atemporais. Toda interpretação é produto de uma época, de um momento histórico, e envolve os fatos a serem enquadrados, o sistema jurídico, as circunstâncias do intérprete e o imaginário de cada um. A identificação do cenário, dos atores, das forças materiais atuantes e da posição do sujeito da interpretação constitui o que se denomina de *pré-compreensão*[3].

A paisagem é complexa e fragmentada. No plano *internacional*, vive-se a decadência do conceito tradicional de soberania. As fronteiras rígidas cederam à formação de grandes blocos políticos e econômicos, à intensificação do movimento de pessoas e mercadorias e, mais recentemente, ao fetiche da circulação de capitais. A globalização, como conceito e como símbolo, é a manchete que anuncia a chegada do novo século. A desigualdade ofusca as conquistas da civilização e é potencializada por uma ordem mundial fundada no desequilíbrio das relações de poder político e econômico e no controle absoluto, pelos países ricos, dos órgãos multilaterais de finanças e comércio.

No campo *econômico e social*, tem-se assistido ao avanço vertiginoso da ciência e da tecnologia, com a expansão dos domínios da informática e da rede mundial de computadores e com as promessas e questionamentos éticos da engenharia genética[4]. A obsessão da efi-

---

3. Sobre o tema da *pré-compreensão*, vejam-se Karl Larenz, *Metodología da ciencia do direito*, 1997, p. 285 ss.; e Konrad Hesse, *Escritos de derecho constitucional*, 1983, p. 44: "*El intérprete no puede captar el contenido da la norma desde un punto cuasi arquimédico situado fuera de la existencia histórica sino únicamente desde la concreta situación histórica en la que se encuentra, cuya plasmación ha conformado sus hábitos mentales, condicionando sus conocimientos y sus pre-juicios*".
4. Sobre esta temática, vejam-se Vicente de Paulo Barretto, *Bioética, biodireito e direitos humanos*, in Ricardo Lobo Torres (org.), *Teoria dos direitos fundamentais*, 1999; Luiz Edson Fachin, *Bioética e tecnologia*, in Elementos críticos de direito de família, 1999; Maria Helena Diniz, *O estado atual do biodireito*, 2001; e Heloísa Helena Barboza e Vicente de Paula Barretto (orgs.), *Temas de biodireito e bioética*, 2001, onde se averbou: "As técnicas de reprodução humana assistida, o mapeamento do genoma, o prolongamento da vida mediante

ciência tem elevado a exigência de escolaridade, especialização e produtividade, acirrando a competição no mercado de trabalho e ampliando a exclusão social dos que não são competitivos porque não podem ser. O Estado já não cuida de miudezas como pessoas, seus projetos e sonhos, e abandonou o discurso igualitário ou emancipatório. O desemprego, o sub-emprego e a informalidade tornam as ruas lugares tristes e inseguros.

Na *política*, consuma-se a desconstrução do Estado tradicional, duramente questionado na sua capacidade de agente do progresso e da justiça social. As causas se acumularam impressentidas, uma conspiração: a onda conservadora nos Estados Unidos (Reagan, Bush) e na Europa (Thatcher) na década de 80; o colapso da experiência socialista, um sonho desfeito em autoritarismo, burocracia e pobreza; e o fiasco das ditaduras sul-americanas, com seu modelo estatizante e violento, devastado pelo insucesso e pela crise social. Quando a noite baixou, o espaço privado invadira o espaço público, o público dissociara-se do estatal e a desestatização virara um dogma. O Estado passou a ser o guardião do lucro e da competitividade.

No *direito*, a temática já não é a liberdade individual e seus limites, como no Estado liberal; ou a intervenção estatal e seus limites, como no *welfare state*. Liberdade e igualdade já não são os ícones da temporada. A própria lei caiu no desprestígio. No direito público, a nova onda é a governabilidade. Fala-se em desconstitucionalização, *delegificação*, desregulamentação. No direito privado, o código civil perde sua centralidade, superado por múltiplos microssistemas. Nas relações comerciais revive-se a *lex mercatoria*[5]. A segurança jurídica — e seus conceitos essenciais, como o direito adquirido — sofre o sobressalto da velocidade, do imediatismo e das interpretações prag-

---

transplantes, as técnicas para alteração do sexo, a clonagem e a engenharia genética descortinam de forma acelerada um cenário desconhecido e imprevisível, no qual o ser humano é simultaneamente ator e espectador" (Heloísa Helena Barboza, *Bioética x biodireito: insuficiência dos conceitos jurídicos*, p. 2).

5. Como o comércio internacional não tem fronteiras, tende a ser regulado por regras de fontes não nacionais, denominadas *lex mercatoria*, que consagram o primado dos usos no comércio internacional e se materializam também por meio dos contratos e cláusulas-tipo, jurisprudência arbitral, regulamentações profissionais elaboradas por suas associações representativas e princípios gerais comuns às legislações dos países.

máticas, embaladas pela ameaça do horror econômico. As fórmulas abstratas da lei e a discrição judicial já não trazem todas as respostas. O paradigma jurídico, que já passara, na modernidade, da lei para o juiz, transfere-se agora para o caso concreto, para a melhor solução, singular ao problema a ser resolvido.

Seria possível seguir adiante, indefinidamente, identificando outras singularidades dos tempos atuais. Mas o objeto específico do presente estudo, assim como circunstâncias de tempo e de espaço, recomendam não prosseguir com a apresentação analítica das complexidades e perplexidades desse início de era. Cumpre dar desfecho a este tópico[6].

O discurso acerca do Estado atravessou, ao longo do século XX, três fases distintas: a pré-modernidade (ou Estado liberal), a modernidade (ou Estado social) e a pós-modernidade (ou Estado neo-liberal). A constatação invevitável, desconcertante, é que o Brasil chega à pós-modernidade sem ter conseguido ser liberal nem moderno. Herdeiros de uma tradição autoritária e populista, elitizada e excludente, seletiva entre amigos e inimigos — e não entre certo e errado, justo ou injusto —, mansa com os ricos e dura com os pobres, chegamos ao terceiro milênio atrasados e com pressa.

II. A busca da razão possível[7]

---

6. Nada obstante, não resisto à transcrição de trecho de José Carlos Barbosa Moreira acerca da influência da globalização sobre a cultura e a linguagem no Brasil (A subserviência cultural, in Temas de direito processual, Sétima Série, 2001): "Às vezes me assalta a tentação de dizer, à guisa de imagem, que a língua portuguesa, entre nós, está sendo repetidamente estuprada. A imagem, contudo, não é boa: o estupro importa violência do sujeito ativo sobre o passivo. Ora, não costuma partir dos norte-americanos, que se saiba, pressão alguma no sentido de batizarmos com nomes ingleses condomínios e clínicas, nem de exclamarmos 'uau' quando nos sentimos agradavelmente surpreendidos. O que se passa é que muitos gostam de entregar-se ainda na ausência de qualquer compulsão. Isso acontece com o corpo, e já é algo lamentável. Mas também acontece com a alma, e aí só se pode falar de desgraça".

7. Marilena Chaui, Convite à filosofia, 1999; Giorgio Del Vecchio, Filosofia del derecho, 1997; Miguel Reale, Filosofia do direito, 2000; Gustav Radbruch, Filosofia do direito, 1997; Maria Lúcia de Arruda Aranha e Maria Helena Pires Martins, Filosofando: introdução à filosofia, 1986; H. Japiassu, O mito da

Os gregos inventaram a idéia ocidental de *razão* como um pensamento que segue princípios e regras de valor universal. Ela é o traço distintivo da condição humana, juntamente com a capacidade de acumular conhecimento e transmiti-lo pela linguagem. Traz em si a superação dos mitos, dos preconceitos, das aparências, das opiniões sem fundamento. Representa, também, a percepção do outro, do próximo, em sua humanidade e direitos. Idealmente, a razão é o caminho da justiça, o domínio da inteligência sobre os instintos, interesses e paixões.

Sem enveredar por um debate filosófico feito de sutilezas e complexidades, a verdade é que a crença iluminista no poder quase absoluto da razão tem sido intensamente revisitada e terá sofrido pelo menos dois grandes abalos. O primeiro, ainda no século XIX, provocado por Marx, e o segundo, já no século XX, causado por Freud. Marx, no desenvolvimento do conceito essencial à sua teoria — o *materialismo histórico* — assentou que as crenças religiosas, filosóficas, políticas e morais dependiam da posição social do indivíduo, das relações de produção e de trabalho, na forma como estas se constituem em cada fase da história econômica. Vale dizer: a razão não é fruto de um exercício da liberdade de ser, pensar e criar, mas prisioneira da *ideologia*, um conjunto de valores introjetados e imperceptíveis que condicionam o pensamento, independentemente da vontade.

O segundo abalo veio com Freud. Em passagem clássica, ele identifica três momentos nos quais o homem teria sofrido duros golpes na percepção de si mesmo e do mundo à sua volta, todos desferidos pela mão da ciência. Inicialmente com Copérnico e a revelação de que a Terra não era o centro do universo, mas um minúsculo fragmento de um sistema cósmico de vastidão inimaginável. O segundo com Darwin, que através da pesquisa biológica destruiu o suposto lugar privilegiado que o homem ocuparia no âmbito da criação e provou sua incontestável natureza animal. O último desses golpes — que é o que

---

neutralidade científica, 1975; Sigmund Freud, *Pensamento vivo*, 1985; John Rickman (editor), *A general selection from the works of Sigmund Freud*, 1989; Maria Rita Kehl, *A psicanálise e o domínio das paixões*, in Adauto Novaes (org.), *Os sentidos da paixão*, 1991; Hans Kelsen, *Teoria pura do direito*, 1979; Bruce Ackerman, *The rise of world constitutionalism*, 1997; Charles van Doren, *A history of knowlegde*, 1991.

aqui se deseja enfatizar — veio com o próprio Freud: a descoberta de que o homem não é senhor absoluto sequer da própria vontade, de seus desejos, de seus instintos. O que ele fala e cala, o que pensa, sente e deseja é fruto de um poder invisível que controla o seu psiquismo: o ***inconsciente***[8-9].

É possível, aqui, enunciar uma conclusão parcial: os processos políticos, sociais e psíquicos movem-se por caminhos muitas vezes ocultos e imperceptíveis racionalmente. Os estudos de ambos os pensadores acima — sem embargo de amplamente questionados ao longo e, especialmente, ao final do século XX — operaram uma mudança profunda na compreensão do mundo. Admita-se, assim, que a razão divida o palco da existência humana pelo menos com esses dois outros fatores: a ideologia e o inconsciente. O esforço para superar cada um deles, pela auto-crítica e pelo auto-conhecimento, não é vão, mas é limitado. Nem por isso a razão se torna menos importante. A despeito de seus eventuais limites, ela conserva dois conteúdos de especial valia para o espírito humano: (i) o *ideal de conhecimento*, a busca do sentido para a realidade, para o mundo natural e cultural e para as

---

8. Sigmund Freud, *Pensamento vivo*, 1985, p. 59: "Mas a megalomania humana terá sofrido o seu terceiro e mais contundente golpe da parte da pesquisa psicológica atual, que procura provar ao ego que nem mesmo em sua própria casa é ele quem dá as ordens, mas que deve contentar-se com as escassas informações do que se passa inconscientemente em sua mente".

9. Em uma crônica densa e espirituosa (*A quarta virada*, Revista de Domingo, Jornal do Brasil), após comentar as transformações advindas com Copérnico, Darwin e Freud, escreveu Luís Fernando Veríssimo: "Mas houve outra virada no pensamento humano. A de Marx, que nos permitiu pensar num homem predestinado, não pelas estrelas ou pelos seus instintos, mas pela história. Mesmo sem a orientação divina, estaríamos destinados a ser justos, pois a história, no fim, é moral. Em vez da escatologia cristã, Marx propôs uma redenção final cientificamente inescapável, e, se ninguém mais acredita em materialismo histórico na prática, a compulsão solidária persiste, como uma fé religiosa que o desmentido dos fatos só reforça. Talvez porque seja a fé secular que reste para muita gente. Ficamos órfãos de todas as melhores ilusões a nosso respeito (inclusive as marxistas) e nem assim nos resignamos à idéia de que aquilo que vemos no espelho é apenas um bípede egoísta, em breve e descompromissada passagem por um dos planetas menores. Quando esta fé acabar, aí sim estaremos prontos para os magos e as seitas. Tenho ouvido falar numa que adora a Alcachofra Mística e ainda ensina como aplicar na bolsa. Vou investigar".

pessoas, suas ações e obras; (ii) o *potencial da transformação*, o instrumento crítico para compreender as condições em que vivem os seres humanos e a energia para interferir na realidade, alterando-a quando necessário[10].

As reflexões acima incidem diretamente sobre dois conceitos que integram o imaginário do conhecimento científico: a neutralidade e a objetividade. Ao menos no domínio das ciências humanas e, especialmente no campo do Direito, a realização plena de qualquer um deles é impossível. A *neutralidade*, entendida como um distanciamento absoluto da questão a ser apreciada, pressupõe um operador jurídico isento não somente das complexidades da subjetividade pessoal, mas também das influências sociais. Isto é: sem história, sem memória, sem desejos. Uma ficção. O que é possível e desejável é produzir um intérprete consciente de suas circunstâncias: que tenha percepção da sua postura ideológica (auto-crítica) e, na medida do possível, de suas neuroses e frustrações (auto-conhecimento). E, assim, sua atuação não consistirá na manutenção inconsciente da distribuição de poder e riquezas na sociedade, nem na projeção narcísica de seus desejos ocultos, complexos e culpas.

A *objetividade* se realizaria na existência de princípios, regras e conceitos de validade geral, independentemente do ponto de observação e da vontade do observador. O certo, contudo, é que o conhecimento, qualquer conhecimento, não é uma foto, um flagrante incontestável da realidade. Todos os objetos estão sujeitos à *interpretação*. Isto é especialmente válido para o Direito, cuja matéria prima é feita de normas, palavras, significantes e significados. A moderna dogmática jurídica já superou a idéia de que as leis possam ter, sempre e sempre, sentido unívoco, produzindo uma única solução adequada para cada caso. A objetividade possível do Direito reside no conjunto de possibilidades interpretativas que o relato da norma oferece.

Tais possibilidades interpretativas podem decorrer, por exemplo, (i) da discricionariedade atribuída pela norma ao intérprete, (ii) da pluralidade de significados das palavras ou (iii) da existência de normas contrapostas, exigindo a ponderação de interesses à vista do caso concreto. Daí a constatação inafastável de que a aplicação do

---

10. Marilena Chauí, *Convite à filosofia*, 1999, p. 85-7.

Direito não é apenas um ato de conhecimento — revelação do sentido de uma norma pré-existente —, mas também um ato de vontade — escolha de uma possibilidade dentre as diversas que se apresentam[11]. O direito constitucional define a moldura dentro da qual o intérprete exercerá sua criatividade e seu senso de justiça, sem conceder-lhe, contudo, um mandato para voluntarismos de matizes variados. De fato, a Constituição institui um conjunto de normas que deverão orientar sua escolha entre as alternativas possíveis: princípios, fins públicos, programas de ação.

O constitucionalismo chega vitorioso ao início do milênio, consagrado pelas revoluções liberais e após haver disputado com inúmeras outras propostas alternativas de construção de uma sociedade justa e de um Estado democrático[12]. A razão de seu sucesso está em

---

11. Tal conclusão tem a adesão do próprio Hans Kelsen, que intentou desenvolver uma teoria jurídica pura, isto é, purificada de toda a ideologia política e de todos os elementos de ciência natural, considerando que o problema da justiça, enquanto problema valorativo, situa-se fora da teoria do direito. Em sua celebrada *Teoria pura do direito* — uma das obras de maior significação no século que se encerrou — escreveu ele (trad. João Baptista Machado, Armênio Amado, Coimbra, 1979, p. 466-70): "A teoria usual da interpretação quer fazer crer que a lei, aplicada ao caso concreto, poderia fornecer, em todas as hipóteses, apenas *uma única* solução correta (ajustada) e que a 'justeza' (correção) jurídico-positiva desta decisão é fundada na própria lei. (...) A interpretação de uma lei não deve necessariamente conduzir a uma única solução como sendo a única correta, mas possivelmente a várias soluções que — na medida em que apenas sejam aferidas pela lei a aplicar — têm igual valor, se bem que apenas uma delas se torne Direito positivo no ato do órgão aplicador do Direito. (...) Na aplicação do Direito por um órgão jurídico, a interpretação cognoscitiva (obtida por uma operação de conhecimento) do Direito a aplicar combina-se com um ato de vontade em que o órgão aplicador do Direito efetua uma escolha entre as possibilidades reveladas através daquela mesma interpretação cognoscitiva".
12. V. Luís Roberto Barroso, *Doze anos da Constituição brasileira de 1988*, in *Temas de Direito Constitucional*, 2001: "O *constitucionalismo* tem se mostrado como a melhor opção de limitação do poder, respeito aos direitos e promoção do progresso. Nada parecido com *o fim da história*, porque valorizar e prestigiar a Constituição não suprime a questão política de definir o que vai dentro dela. Mas o fato é que as outras vias de institucionalização do poder praticadas ao longo do tempo não se provaram mais atraentes". Vejam-se algumas outras propostas que tiveram relevância ao longo do século. O marxismo-leninismo colocava no centro do sistema, não a Constituição, mas o Partido. Os militarismo anti-comunista gravitava em torno das Forças Armadas. O fundamentalismo

ter conseguido oferecer ou, ao menos, incluir no imaginário das pessoas: (i) *legitimidade* — soberania popular na formação da vontade nacional, por meio do poder constituinte; (ii) *limitação do poder* — repartição de competências, processos adequados de tomada de decisão, respeito aos direitos individuais, inclusive das minorias; (iii) *valores* — incorporação à Constituição material das conquistas sociais, políticas e éticas acumuladas no patrimônio da humanidade.

Antes de encerrar este tópico, é de proveito confrontar estas idéias — reconfortantes e apaziguadoras — com o mundo real à volta, com a história e seus descaminhos. A injustiça passeia impunemente pelas ruas; a violência social e institucional é o símbolo das grandes cidades; a desigualdade entre pessoas e países salta entre os continentes; a intolerância política, racial, tribal, religiosa povoa ambos os hemisférios. Nada assegura que as conclusões alinhavadas nos parágrafos acima sejam produto inequívoco de um conhecimento racional. Podem expressar apenas a ideologia ou o desejo. Um esforço de estabilização, segurança e paz onde talvez preferissem luta os dois terços da população mundial sem acesso ao frutos do progresso, ao consumo e mesmo à alimentação.

A crença na Constituição e no constitucionalismo não deixa de ser uma espécie de fé: exige que se acredite em coisas que não são direta e imediatamente apreendidas pelos sentidos. Como nas religiões semíticas — judaísmo, cristianismo e islamismo —, tem seu marco zero, seus profetas e acena com o paraíso: vida civilizada, justiça e talvez até felicidade. Como se percebe, o projeto da modernidade não se consumou. Por isso não pode ceder passagem. Não no direito constitucional. A pós-modernidade, na porção em que apreendida pelo pensamento neoliberal, é descrente do constitucionalismo em geral, e o vê como um entrave ao desmonte do Estado social[13]. Nesses

---

islâmico tem como peça central o Corão. Nenhuma dessas propostas foi mais bem sucedida.
13. José Eduardo Faria, *in* Prefácio ao livro de Gisele Cittadino, *Pluralismo, direito e justiça distributiva*, 1999: "No limiar do século XXI, contudo, a idéia de constituição cada vez mais é apontada como entrave ao funcionamento do mercado, como freio da competitividade dos agentes econômicos e como obstáculo à expansão da economia". Insere-se nessa discussão a idéia de Constituição meramente procedimental, que estabeleceria apenas as regras do processo político, sem fazer opções por valores ideologicamente engajados. Sobre o tema, v.

tempos de tantas variações esotéricas, se lhe fosse dada a escolha, provavelmente substituiria a Constituição por um mapa astral.

Capítulo II
ALGUMAS BASES TEÓRICAS

I. A dogmática jurídica tradicional e sua superação[14]

O Direito é uma invenção humana, um fenômeno histórico e cultural, concebido como técnica de solução de conflitos e instrumento de pacificação social. A família jurídica romano-germânica surge e desenvolve-se em torno das relações privadas, com o direito civil no centro do sistema. Seus institutos, conceitos e idéias fizeram a história de povos diversos e atravessaram os tempos. O Estado moderno surge no século XVI, ao final da Idade Média, sobre as ruínas do feudalismo e fundado no direito divino dos reis. Na passagem do Estado absolutista para o Estado liberal, o Direito incorpora o jusnaturalismo racionalista dos séculos XVII e XVIII, matéria prima das revoluções francesa e americana. O Direito moderno, em suas categorias principais, consolida-se no século XIX, já arrebatado pela onda positivista, com *status* e ambição de ciência.

Surgem os mitos. A lei passa a ser vista como expressão superior da razão. A ciência do Direito — ou, também, teoria geral do Direito, dogmática jurídica — é o domínio asséptico da segurança e da justiça. O Estado é a fonte única do poder e do Direito. O sistema jurídico é

Ana Paula de Barcellos, *A eficácia jurídica dos princípios constitucionais. O princípio da dignidade da pessoa humana*, 2001, p. 20.
14. Hans Kelsen, *Teoria pura do direito*, 1979; Norberto Bobbio, *Teoria do ordenamento jurídico*, 1990; Karl Engisch, *Introdução ao pensamento jurídico*, 1996; Karl Larenz, *Metodologia da ciência do direito*, 1997; René David, *Os grandes sistemas jurídicos*, 1978; Miguel Reale, *Lições preliminares de direito*, 1990; Claus-Wilhelm Canaris, *Pensamento sistemático e conceito de sistema na ciência do direito*, 1996; Tércio Sampaio Ferraz, *Função social da dogmática jurídica*, 1998; José Reinaldo de Lima Lopes, *O direito na história*, 2000; José de Oliveira Ascensão, *O direito: introdução e teoria geral*, 1993.

completo e auto-suficiente: lacunas eventuais são resolvidas internamente, pelo costume, pela analogia, pelos princípios gerais. Separado da filosofia do direito por incisão profunda, a dogmática jurídica volta seu conhecimento apenas para a lei e o ordenamento positivo, sem qualquer reflexão sobre seu próprio saber e seus fundamentos de legitimidade.

Na aplicação desse direito puro e idealizado, pontifica o Estado como árbitro imparcial. A interpretação jurídica é um processo silogístico de subsunção dos fatos à norma. O juiz — *la bouche qui prononce les paroles de la loi*[15] — é um revelador de verdades abrigadas no comando geral e abstrato da lei. Refém da separação de Poderes, não lhe cabe qualquer papel criativo. Em síntese simplificadora, estas algumas das principais características do Direito na perspectiva clássica: a) caráter científico; b) emprego da lógica formal; c) pretensão de completude; d) pureza científica; e) racionalidade da lei e neutralidade do intérprete. Tudo regido por um ritual solene, que abandonou a peruca, mas conservou a tradição e o formalismo. Têmis, vendada, balança na mão, é o símbolo maior, musa de muitas gerações: o Direito produz ordem e justiça, com equilíbrio e igualdade.

Ou talvez não seja bem assim.

II. A teoria crítica do direito[16]

---

15. Montesquieu, *De l'esprit des lois*, livre XI, chap. 6, 1748. No texto em português (*O espírito das leis*, Saraiva, 1987, p. 176): "Mas os Juízes da Nação, como dissemos, são apenas a boca que pronuncia as palavras da lei; seres inanimados que não lhe podem moderar nem a força, nem o rigor".
16. Marx e Engels, *Obras escolhidas*, 2 vs., 1961; Luiz Fernando Coelho, *Teoria crítica do direito*, 1991; Óscar Correas, *Crítica da ideologia jurídica*, 1995; Michel Miaille, *Introdução crítica ao direito*, 1989; Luis Alberto Warat, *Introdução geral ao direito*, 2 vs., 1994-5; Plauto Faraco de Azevedo, *Crítica à dogmática e hermenêutica jurídica*, 1989; Antonio Carlos Wolkmer, *Introdução ao pensamento crítico*, 1995; Luis Alberto Warat, *O outro lado da dogmática jurídica*, in Leonel Severo da Rocha (org.), *Teoria do direito e do Estado*, 1994; Robert Hayman e Nancy Levit, *Jurisprudence: contemporary readings, problems, and narratives*, 1994; Enrique Marí et al., *Materiales para una teoria critica del derecho*, 1991; Carlos María Cárcova, *A opacidade do direito*, 1998; Óscar Correas, *El neoliberalismo en el imaginario juridico*, in *Direito e neoliberalismo*:

Sob a designação genérica de teoria crítica do direito, abriga-se um conjunto de movimentos e de idéias que questionam o saber jurídico tradicional na maior parte de suas premissas: cientificidade, objetividade, neutralidade, estatalidade, completude. Funda-se na constatação de que o Direito não lida com fenômenos que se ordenem independentemente da atuação do sujeito, seja o legislador, o juiz ou o jurista. Este engajamento entre sujeito e objeto compromete a pretensão científica do Direito e, como conseqüência, seu ideal de objetividade, de um conhecimento que não seja contaminado por opiniões, preferências, interesses e preconceitos.

A teoria crítica, portanto, enfatiza o caráter ideológico do Direito, equiparando-o à política, a um discurso de legitimação do poder. O Direito surge, em todas as sociedades organizadas, como a institucionalização dos interesses dominantes, o acessório normativo da hegemonia de classe. Em nome da racionalidade, da ordem, da justiça, encobre-se a dominação, disfarçada por uma linguagem que a faz parecer natural e neutra. A teoria crítica preconiza, ainda, a atuação concreta, a militância do operador jurídico, à vista da concepção de que o papel do conhecimento não é somente a interpretação do mundo, mas também a sua transformação[17].

Uma das teses fundamentais do pensamento crítico é a admissão de que o Direito possa não estar integralmente contido na lei, tendo condição de existir independentemente da bênção estatal, da positivação, do reconhecimento expresso pela estrutura de poder. O intérprete deve buscar a justiça, ainda quando não a encontre na lei. A

---

elementos para uma leitura interdisciplinar, 1996; Clèmerson Merlin Clève, *A teoria constitucional e o direito alternativo (para uma dogmática constitucional emancipatória)*, in *Direito Alternativo — Seminário nacional sobre o uso alternativo do* direito, Instituto dos Advogados Brasileiros, 1993; Luiz Edson Fachin, *Teoria crítica do direito civil*, 2000; Paulo Ricardo Schier, *Filtragem constitucional*, 1999; Leonel Severo Rocha, *Da teoria do direito à teoria da sociedade*, in *Teoria do direito e do Estado*, 1994; Ted Honderich (editor), *The Oxford companion to philosophy*, 1995; Marilena Chauí, *Convite à filosofia*, 1999; Marcus Vinicius Martins Antunes, *Engels e o direito*, in *Fios de Ariadne: ensaios de interpretação marxista*, 1999.
17. Proposição inspirada por uma passagem de Marx, na XI Tese sobre Feuerbach: os filósofos apenas interpretaram de diversos modos o mundo; o que importa é transformá-lo.

teoria crítica resiste, também, à idéia de completude, de auto-suficiência e de *pureza*, condenando a cisão do discurso jurídico, que dele afasta os outros conhecimentos teóricos. O estudo do sistema normativo (dogmática jurídica) não pode insular-se da realidade (sociologia do direito) e das bases de legitimidade que devem inspirá-lo e possibilitar a sua própria crítica (filosofia do direito)[18]. A interdisciplinariedade, que colhe elementos em outras áreas do saber — inclusive os menos óbvios, como a psicanálise ou a lingüística — tem uma fecunda colaboração a prestar ao universo jurídico.

O pensamento crítico teve expressão na produção acadêmica de diversos países, notadamente nas décadas de 70 e 80. Na França, a *Critique du Droit*, influenciada por Althusser, procurou atribuir caráter científico ao Direito, mas uma ciência de base marxista, que seria a única ciência verdadeira[19]. Nos Estados Unidos, os *Critical Legal Studies*, também sob influência marxista — embora menos explícita —, difundiram os fundamentos de sua crença de que *law is politics*, convocando os operadores jurídicos a recompor a ordem legal e social com base em princípios humanísticos e comunitários[20]. Anteriormente, na Alemanha, a denominada Escola de Frankfurt lançara algumas das bases da teoria crítica, questionando o postulado positivista da separação entre ciência e ética, completando a elaboração de duas

---

18. Elías Díaz, *Sociologia y filosofia del derecho*, 1976, p. 54, apud Plauto Faraco de Azevedo, *Crítica à dogmática e hermenêutica jurídica*, 1989, p. 36.
19. Óscar Correas, *Crítica da ideologia jurídica*, 1995, p. 126-32. Michel Miaille, *Introdução crítica ao direito*, 1989, p. 327: "Esta experiência crítica do direito abre campo a uma nova maneira de tratar o direito. (...) É o sentido profundo do marxismo, deslocar o terreno do conhecimento do real, oferecendo uma passagem libertadora: o trabalho teórico liberta e emancipa condições clássicas da investigação intelectual pelo fato decisivo de o pensamento marxista refletir, ao mesmo tempo, sobre as condições da sua existência e sobre as condições da sua interseção na vida social".
20. Robert L. Hayman e Nancy Levit, *Jurisprudence: contemporary readings, problems, and narratives*, 1994, p. 215. Uma das lideranças do movimento foi o professor de Harvard, de nacionalidade brasileira, Roberto Mangabeira Unger, que produziu um dos textos mais difundidos sobre esta corrente de pensamento: *The critical legal studies movement*, 1986. Para uma história do movimento, v. Mark Tushnet, *Critical legal studies: a political history*, 100 Yale Law Journal 1515, 1991. Para uma crítica da teoria crítica, v. Owen Fiss, *The death of the law*, 72 Cornell Law Review 1, 1986.

categorias nucleares — a ideologia e a práxis[21] —, bem como identificando a existência de duas modalidades de razão: a instrumental e a crítica[22]. A produção filosófica de pensadores como Horkheimer, Marcuse, Adorno e, mais recentemente, Jürgen Habermas, terão sido a principal influência pós-marxista da teoria crítica.

No Brasil, a teoria crítica do direito compartilhou dos mesmos fundamentos filosóficos que a inspiraram em sua matriz européia, tendo se manifestado em diferentes vertentes de pensamento: epistemológico, sociológico, semiológico[23], psicanalítico[24] e teoria crítica da sociedade[25]. Todas elas tinham como ponto comum a denúncia do Direito como instância de poder e instrumento de dominação de classe, enfatizando o papel da ideologia na ocultação e legitimação dessas relações. O pensamento crítico no país alçou vôos de qualidade e prestou inestimável contribuição científica. Mas não foi um sucesso de público.

Nem poderia ter sido diferente. O embate para ampliar o grau de conscientização dos operadores jurídicos foi desigual. Além da hegemonia quase absoluta da dogmática convencional — beneficiária da tradição e da inércia —, a teoria crítica conviveu, também, com um inimigo poderoso: a ditadura militar e seu arsenal de violência institucional, censura e dissimulação. A atitude filosófica em relação à or-

---

21. Luiz Fernando Coelho, *Teoria crítica do direito*, 1991, p. 398: "As categorias críticas exsurgidas dessa dialética são a práxis, que se manifesta como teoria crítica, como atividade produtiva e como ação política, e a ideologia, vista como processo de substituição do real pelo imaginário e de legitimação da ordem social real em função do imaginário".
22. Marilena Chauí, *Convite à filosofia*, 1999: "Os filósofos da Teoria Crítica consideram que existem, na verdade, duas modalidades da razão: a *razão instrumental* ou razão técnico-científica, que está a serviço da exploração e da dominação, da opressão e da violência, e a *razão crítica* ou filosófica, que reflete sobre as contradições e os conflitos sociais e políticos e se apresenta como uma força libertadora".
23. Para um alentado estudo da interpretação jurídica sob esta perspectiva, v. Lenio Luiz Streck, *Hermenêutica jurídica em crise*, 1999.
24. Sobre esta temática, vejam-se dois trabalhos publicados na obra coletiva *Direito e neoliberalismo*, 1996: Agustinho Ramalho, *Subsídios para pensar a possibilidade de articular direito e psicanálise*; Jacinto de Miranda Coutinho, *Jurisdição, psicanálise e o mundo neoliberal*.
25. Luiz Fernando Coelho, ob. cit., p. 396-7.

dem jurídica era afetada pela existência de uma *legalidade paralela* — dos atos institucionais e da segurança nacional — que, freqüentemente, desbordava para um Estado de fato. Não eram tempos amenos para o pensamento de esquerda e para o questionamento das estruturas de poder político e de opressão social.

Na visão de curto prazo, o trabalho de *desconstrução* desenvolvido pela teoria crítica, voltado para a desmistificação do conhecimento jurídico convencional, trouxe algumas *conseqüências problemáticas*[26], dentre as quais: a) o abandono do Direito como espaço de atuação das forças progressistas; b) o desperdício das potencialidades interpretativas das normas em vigor. Disso resultou que o mundo jurídico tornou-se feudo do pensamento conservador ou, no mínimo, tradicional. E que não se exploraram as potencialidades da aplicação de normas de elevado cunho social, algumas inscritas na própria Constituição outorgada pelo regime militar.

Porém, dentro de uma visão histórica mais ampla, é impossível desconsiderar a influência decisiva que a teoria crítica teve no surgimento de uma geração menos dogmática, mais permeável a outros conhecimentos teóricos e sem os mesmos compromissos com o *status quo*. A teoria crítica deve ser vista, nesse início de século, na mesma perspectiva que a teoria marxista: apesar de seu refluxo na quadra atual, sobretudo após os eventos desencadeados a partir de 1989, conserva as honras de ter modificado e elevado o patamar do conhecimento convencional.

A redemocratização no Brasil impulsionou uma volta ao Direito[27]. É certo que já não se alimenta a crença de que a lei seja "a

---

26. Paulo Schier, *Filtragem constitucional*, 1999, p. 34: "Essas teorias, de certa forma, acabaram por desencadear algumas conseqüências problemáticas, dentre as quais (...): (i) a impossibilidade de se vislumbrar a dogmática jurídica como instrumento de emancipação dos homens em sociedade e (ii) o esvaziamento da dignidade normativa da ordem jurídica".
27. Pessoalmente, fiz a travessia do pensamento crítico para a utilização construtiva da dogmática jurídica em um trabalho escrito em 1986 — *A efetividade das normas constitucionais (Por que não uma Constituição para valer?)*, apresentado no VIII Congresso Brasileiro de Direito Constitucional, Porto Alegre, 1987. Esse texto foi a base de minha tese de livre-docência, concluída em 1988, e que se converteu no livro O *direito constitucional e a efetividade de suas normas*, 6ª edição, 2002.

expressão da vontade geral institucionalizada"[28] e se reconhece que, freqüentemente, estará a serviço de interesses, e não da razão. Mas ainda assim ela significa um avanço histórico: fruto do debate político, ela representa a despersonalização do poder e a institucionalização da vontade política. O tempo das negações absolutas passou. Não existe compromisso com o outro sem a lei[29]. É preciso, portanto, explorar as potencialidades positivas da dogmática jurídica, investir na interpretação principiológica, fundada em valores, na ética e na razão possível. A liberdade de que o pensamento intelectual desfruta hoje impõe compromissos tanto com a legalidade democrática como com a conscientização e a emancipação. Não há, no particular, nem incompatibilidade nem exclusão.

Capítulo III
ALGUMAS BASES FILOSÓFICAS[30]

I. Ascensão e decadência do jusnaturalismo

O termo jusnaturalismo identifica uma das principais correntes filosóficas que tem acompanhado o Direito ao longo dos séculos,

---

28. Declaração dos Direitos do Homem e do Cidadão, 1789, art. 6: "A lei é a expressão da vontade geral institucionalizada".
29. Luis Alberto Warat, *O outro lado da dogmática jurídica*, in *Teoria do direito e do Estado* (org. Leonel Severo Rocha), 1994, p. 83-5.
30. Norberto Bobbio, *O positivismo jurídico*, 1995; Bobbio, Matteucci e Pasquino, *Dicionário de política*, 1986; Nicola Abbagnano, *Dicionário de filosofia*, 1998; Giorgio Del Vecchio, *Filosofia del derecho*, 1991; José Reinaldo de Lima Lopes, *O direito na história*, 2000; Antonio M. Hespanha, *Panorama histórico da cultura jurídica européia*, 1977; Nelson Saldanha, *Filosofia do direito*, 1998; Paulo Nader, *Introdução ao estudo do direito*, 1995; Cicero, *Da república*, s.d.; René David, *Os grandes sistemas do direito contemporâneo*, 1978; Bertrand Russell, *História do pensamento ocidental*, 2001; Vladímir Tumánov, *O pensamento jurídico burguês contemporâneo*, 1984; Margarida Maria Lacombe Camargo, *Hermenêutica e argumentação*, 1999; Ana Paula de Barcellos, *As relações da filosofia do direito com a experiência jurídica. Uma visão dos séculos XVIII, XIX e XX. Algumas questões atuais*, Revista Forense 351/3.

fundada na existência de um *direito natural*. Sua idéia básica consiste no reconhecimento de que há, na sociedade, um conjunto de valores e de pretensões humanas legítimas que não decorrem de uma norma jurídica emanada do Estado, isto é, independem do direito positivo. Esse direito natural tem validade em si, legitimado por uma ética superior, e estabelece limites à própria norma estatal. Tal crença contrapõe-se a outra corrente filosófica de influência marcante, o positivismo jurídico, que será examinado mais à frente.

O rótulo genérico do *jusnaturalismo* tem sido aplicado a fases históricas diversas e a conteúdos heterogêneos, que remontam à antigüidade clássica[31] e chegam aos dias de hoje, passando por densa e complexa elaboração ao longo da Idade Média[32]. A despeito das múltiplas variantes, o direito natural apresenta-se, fundamentalmente, em duas versões: a) a de uma lei estabelecida pela vontade de Deus; b) a de uma lei ditada pela razão. O direito natural moderno começa a formar-se a partir do século XVI, procurando superar o dogmatismo medieval e escapar do ambiente teológico em que se desenvolveu. A ênfase na natureza e na razão humanas, e não mais na origem divina, é um dos marcos da Idade Moderna e base de uma nova cultura laica, consolidada a partir do século XVII[33].

---

31. O jusnaturalismo tem sua origem associada à cultura grega, onde Platão já se referia a uma justiça inata, universal e necessária. Coube a Cícero sua divulgação em Roma, em passagem célebre de seu *De republica*, que teve forte influência no pensamento cristão e na doutrina medieval: "A razão reta, conforme à natureza, gravada em todos os corações, imutável, eterna, cuja voz ensina e prescreve o bem (...). Essa lei não pode ser contestada, nem derrogada em parte, nem anulada; não podemos ser isentos de seu cumprimento pelo povo nem pelo senado (...). Não é uma lei em Roma e outra em Atenas, — uma antes e outra depois, mas uma, sempiterna e imutável, entre todos os povos e em todos os tempos; uno será sempre o seu imperador e mestre, que é Deus, seu inventor, sancionador e publicador, não podendo o homem desconhecê-la sem renegar a si mesmo..." (Cicero, *Da república*, Ediouro, s.d., p. 100).
32. Santo Tomás de Aquino (1225-1274) desenvolveu o mais influente sistema filosófico e teológico da Idade Média, o tomismo, demarcando fronteiras entre a fé e a razão. Pregando ser a lei um ato de razão e não de vontade, distinguiu quatro espécies de leis: uma lei eterna, uma lei natural, uma lei positiva humana e uma lei positiva divina. Sua principal obra foi a *Summa teologica*. Sobre o contexto histórico de Tomás de Aquino, v. José Reinaldo de Lima Lopes, *O direito na história*, 2000, p. 144 ss.
33. O surgimento do jusnaturalismo moderno é usualmente associado à doutrina

A modernidade, que se iniciara no século XVI, com a reforma protestante, a formação dos Estados nacionais e a chegada dos europeus à América, desenvolve-se em um ambiente cultural não mais submisso à teologia cristã. Cresce o ideal de conhecimento, fundado na razão, e o de liberdade, no início de seu confronto com o absolutismo. O jusnaturalismo passa a ser a filosofia natural do Direito e associa-se ao iluminismo[34] na crítica à tradição anterior, dando substrato jurídico-filosófico às duas grandes conquistas do mundo moderno: a tolerância religiosa e a limitação ao poder do Estado. A burguesia articula sua chegada ao poder.

A crença de que o homem possui *direitos naturais*, vale dizer, um espaço de integridade e de liberdade a ser preservado e respeitado pelo próprio Estado, foi o combustível das revoluções liberais e fundamento das doutrinas políticas de cunho individualista que enfrentaram a monarquia absoluta. A Revolução Francesa e sua Declaração dos Direitos do Homem e do Cidadão (1789)[35] e, anteriormente, a

---

de Hugo Grócio (1583-1645), exposta em sua obra clássica *De iure belli ac pacis*, de 1625, considerada, também, precursora do direito internacional. Ao difundir a idéia de direito natural como aquele que poderia ser reconhecido como válido por todos os povos, porque fundado na razão, Grócio desvincula-o *não só da vontade de Deus, como de sua própria existência*. Vejam-se: Bobbio, Matteucci e Pasquino, *Dicionário de política*, 1986, p. 657; e Ana Paula de Barcellos, *As relações da filosofia do direito com a experiência jurídica. Uma visão dos séculos XVIII, XIX e XX. Algumas questões atuais*, Revista Forense 351/3, p. 8-9.

34. *Iluminismo* designa a revolução intelectual que se operou na Europa, especialmente na França, no século XVIII. O movimento representou o ápice das transformações iniciadas no século XIV, com o Renascimento. O antropocentrismo e o individualismo renascentistas, ao incentivarem a investigação científica, levaram à gradativa separação entre o campo da fé (religião) e o da razão (ciência), determinando profundas transformações no modo de pensar e de agir do homem. Para os iluministas, somente através da razão o homem poderia alcançar o conhecimento, a convivência harmoniosa em sociedade, a liberdade individual e a felicidade. Ao propor a reorganização da sociedade com uma política centrada no homem, sobretudo no sentido de garantir-lhe a liberdade, a filosofia iluminista defendia a causa burguesa contra o Antigo Regime. Alguns nomes que merecem destaque na filosofia e na ciência política: Descartes, Locke, Montesquieu, Voltaire e Rousseau.

35. O Preâmbulo da Declaração afirma que ela contém *os direitos naturais, inalienáveis e sagrados do Homem*, tendo o art. 2º a seguinte dicção: "O fim de

Declaração de Independência dos Estados Unidos (1776)[36], estão impregnados de idéias jusnaturalistas, sob a influência marcante de John Locke[37], autor emblemático dessa corrente filosófica e do pensamento contratualista, no qual foi antecedido por Hobbes[38] e sucedido por Rousseau[39]. Sem embargo da precedência histórica dos ingleses, cuja *Revolução Gloriosa* foi concluída em 1689, o Estado liberal ficou associado a esses eventos e a essa fase da história da humanidade[40]. O constitucionalismo moderno inicia sua trajetória.

O jusnaturalismo racionalista esteve uma vez mais ao lado do iluminismo no movimento de codificação do Direito, no século

---

toda a associação política é a conservação dos direitos naturais e imprescindíveis do homem. Esses direitos são a liberdade, a propriedade, a segurança e a resistência à opressão".

36. Da Declaração, redigida por Thomas Jefferson, constam referências às *leis da natureza* e ao *Deus da natureza* e a seguinte passagem: "Sustentamos que estas verdades são evidentes, que todos os homens foram criados iguais, que foram dotados por seu Criador de certos Direitos inalienáveis, que entre eles estão a Vida, a Liberdade e a Busca da Felicidade".

37. Autor dos *Dois tratados sobre o governo civil*, 1689-90 e do *Ensaio sobre o entendimento humano*, 1690. Vejam-se John Locke, *Second treatise of government*, Indianapolis-Cambridge, Hacket Publishing Co., 1980; e John Locke, *Ensaio acerca do entendimento humano*, Coleção Os Pensadores, São Paulo, Nova Cultural, 1990.

38. Thomas Hobbes, *Leviathan*, Londres, Penguin Books, 1985 (a primeira edição da obra é de 1651). Há edição em português na Coleção Os Pensadores, São Paulo, Nova Cultural, 1999.

39. Jean-Jacques Rousseau, *O contrato social*, Edições de Ouro, s.d. (a primeira edição de *Du contrat social* é de 1762).

40. Em seu magnífico estudo *On revolution*, Londres, Penguin Books, 1987 (1ª edição em 1963), Hannah Arendt comenta o fato intrigante de que a foi a Revolução Francesa, e não a Inglesa ou a Americana, que correu mundo e simbolizou a divisão da história da humanidade em antes e depois. Escreveu ela: "A 'Revolução Gloriosa', evento pelo qual o termo (revolução), paradoxalmente, encontrou seu lugar definitivo na linguagem política e histórica, não foi vista como uma revolução, mas como uma restauração do poder monárquico aos seus direitos pretéritos e à sua glória. (...) Foi a Revolução Francesa e não a Americana que colocou fogo no mundo. (...) A triste verdade na matéria é que a Revolução Francesa, que terminou em desastre, entrou para a história do mundo, enquanto a Revolução Americana, com seu triunfante sucesso, permaneceu como um evento de importância pouco mais que local" (p. 43, 55-6).

XVIII, cuja maior realização foi o Código Civil francês — o Código de Napoleão —, que entrou em vigor em 1804. Em busca de clareza, unidade e simplificação, incorporou-se à tradição jurídica romano-germânica a elaboração de códigos, isto é, documentos legislativos que agrupam e organizam sistematicamente as normas em torno de determinado objeto. Completada a revolução burguesa, o direito natural viu-se "domesticado e ensinado dogmaticamente"[41]. A técnica de codificação tende a promover a identificação entre direito e lei. A Escola da Exegese, por sua vez, irá impor o apego ao texto e à interpretação gramatical e histórica, cerceando a atuação criativa do juiz em nome de uma interpretação pretensamente objetiva e neutra[42].

O advento do Estado liberal, a consolidação dos ideais constitucionais em textos escritos e o êxito do movimento de codificação simbolizaram a vitória do direito natural, o seu apogeu. Paradoxalmente, representaram, também, a sua superação histórica[43]. No início do século XIX, os direitos naturais, cultivados e desenvolvidos ao longo de mais de dois milênios, haviam se incorporado de forma generalizada aos ordenamentos positivos[44]. Já não traziam a revolu-

---

41. José Reinaldo de Lima Lopes, *O direito na história*, 2000, p. 188.
42. Sobre codificação, Escola da Exegese e *fetichismo da lei*, vejam-se: Gustavo Tepedino, O *Código Civil, os chamados microssistemas e a Constituição: premissas para uma reforma legislativa*, in Gustavo Tepedino (org.), *Problemas de direito civil-constitucional*, 2000; Maria Celina Bodin de Moraes, *Constituição e direito civil: tendências*, in Anais da XVII Conferência Nacional dos Advogados, Rio de Janeiro, 1999.
43. Bobbio, Matteucci e Pasquino, *Dicionário de política*, 1986, p. 659: "Com a promulgação dos códigos, principalmente do napoleônico, o Jusnaturalismo exauria a sua função no momento mesmo em que celebrava o seu triunfo. Transposto o direito racional para o código, não se via nem admitia outro direito senão este. O recurso a princípios ou normas extrínsecos ao sistema do direito positivo foi considerado ilegítimo".
44. Ana Paula de Barcellos, *As relações da filosofia do direito com a experiência jurídica. Uma visão dos séculos XVIII, XIX e XX. Algumas questões atuais*, Revista Forense 351/3, p. 10: "Em fins do século XVIII e início do século XIX, com a instalação do Estado Liberal e todo o seu aparato jurídico (constituição escrita, igualdade formal, princípio da legalidade etc.), o *direito natural* conheceria seu momento áureo na história moderna do direito. As idéias desenvolvidas no âmbito da filosofia ocidental haviam se incorporado de uma forma sem precedentes à realidade jurídica. Talvez por isso mesmo, tendo absorvido os

ção, mas a conservação. Considerado metafísico e anti-científico, o direito natural é empurrado para a margem da história pela onipotência positivista do século XIX.

II. Ascensão e decadência do positivismo jurídico

O positivismo filosófico foi fruto de uma idealização do conhecimento científico, uma crença romântica e onipotente de que os múltiplos domínios da indagação e da atividade intelectual pudessem ser regidos por leis naturais, invariáveis, independentes da vontade e da ação humana. O homem chegara à sua maioridade racional e tudo passara a ser ciência: o único conhecimento válido, a única moral, até mesmo a única religião. O universo, conforme divulgado por Galileu, teria uma linguagem matemática, integrando-se a um sistema de leis a serem descobertas, e os métodos válidos nas ciências da natureza deviam ser estendidos às ciências sociais[45].

As teses fundamentais do positivismo filosófico, em síntese simplificadora, podem ser assim expressas:

(i) a ciência é o único conhecimento verdadeiro, depurado de indagações teológicas ou metafísicas, que especulam acerca de causas e princípios abstratos, insuscetíveis de demonstração;

(ii) o conhecimento científico é objetivo. Funda-se na distinção entre sujeito e objeto e no método descritivo, para que seja preservado de opiniões, preferências ou preconceitos;

(iii) o método científico empregado nas ciências naturais, baseado na observação e na experimentação, deve ser estendido a todos os campos de conhecimento, inclusive às ciências sociais.

---

elementos propostos pela reflexão filosófica, o direito haja presumido demais de si mesmo, considerando que podia agora prescindir dela. De fato, curiosamente, a seqüência histórica reservaria para o pensamento jusfilosófico não apenas um novo nome — filosofia do direito — como também mais de um século de ostracismo".

45. Em sentido amplo, o termo positivismo designa a crença ambiciosa na ciência e nos seus métodos. Em sentido estrito, identifica o pensamento de Auguste Comte, que em seu *Curso de filosofia positiva* (seis volumes escritos entre 1830 e 1842), desenvolveu a denominada *lei dos três estados*, segundo a qual o conhecimento humano havia atravessado três estágios históricos: o teológico, o metafísico e ingressara no estágio positivo ou científico.

O positivismo jurídico foi a importação do positivismo filosófico para o mundo do Direito, na pretensão de criar-se uma *ciência* jurídica, com características análogas às ciências exatas e naturais. A busca de objetividade científica, com ênfase na realidade observável e não na especulação filosófica, apartou o Direito da moral e dos valores transcendentes. Direito é norma, ato emanado do Estado com caráter imperativo e força coativa. A ciência do Direito, como todas as demais, deve fundar-se em juízos *de fato*, que visam ao conhecimento da realidade, e não em juízos *de valor*, que representam uma tomada de posição diante da realidade[46]. Não é no âmbito do Direito que se deve travar a discussão acerca de questões como legitimidade e justiça.

O positivismo comportou algumas variações[47] e teve seu ponto culminante no normativismo de Hans Kelsen[48]. Correndo o risco das simplificações redutoras, é possível apontar algumas características essenciais do positivismo jurídico:

(i) a aproximação quase plena entre Direito e norma;

(ii) a afirmação da estatalidade do Direito: a ordem jurídica é una e emana do Estado;

---

46. Norberto Bobbio, *Positivismo jurídico*, 1995, p. 135, onde se acrescenta: "A ciência exclui do próprio âmbito os juízos de valor, porque ela deseja ser um conhecimento puramente *objetivo* da realidade, enquanto os juízos em questão são sempre *subjetivos* (ou pessoais) e conseqüentemente contrários à exigência da objetividade". Pouco mais à frente, o grande mestre italiano, defensor do que denominou de "positivismo moderado", desenvolve a distinção, de matriz kelseniana, entre *validade* e *valor* do Direito.

47. Antonio M. Hespanha, *Panorama histórico da cultura jurídica européia*, 1977, p. 174-5: "(...) As várias escolas entenderam de forma diversa o que fossem 'coisas positivas'. Para uns, positiva era apenas a lei (positivismo legalista). Para outros, positivo era o direito plasmado na vida, nas instituições ou num espírito do povo (positivismo histórico). Positivo era também o seu estudo de acordo com as regras das novas ciências da sociedade, surgidas na segunda metade do século XIX (positivismo sociológico, naturalismo). Finalmente, para outros, positivos eram os conceitos jurídicos genéricos e abstratos, rigorosamente construídos e concatenados, válidos independentemente da variabilidade da legislação positiva (positivismo conceitual)".

48. A obra prima de Kelsen foi a *Teoria pura do direito*, cuja primeira edição data de 1934 — embora seus primeiros trabalhos remontassem a 1911 —, havendo sido publicada uma segunda edição em 1960, incorporando alguns conceitos novos.

(iii) a completude do ordenamento jurídico, que contém conceitos e instrumentos suficientes e adequados para a solução de qualquer caso, inexistindo lacunas;

(iv) o formalismo: a validade da norma decorre do procedimento seguido para a sua criação, independendo do conteúdo. Também aqui se insere o dogma da subsunção[49], herdado do formalismo alemão.

O positivismo tornou-se, nas primeiras décadas do século XX, a filosofia dos juristas. A teoria jurídica empenhava-se no desenvolvimento de idéias e de conceitos dogmáticos, em busca da cientificidade anunciada. O Direito reduzia-se ao conjunto de normas em vigor, considerava-se um sistema perfeito e, como todo dogma, não precisava de qualquer justificação além da própria existência[50]. Com o tempo, o positivismo sujeitou-se à crítica crescente e severa, vinda de diversas procedências, até sofrer dramática derrota histórica. A troca do ideal racionalista de justiça pela ambição positivista de certeza jurídica custou caro à humanidade.

Conceitualmente, jamais foi possível a transposição totalmente satisfatória dos métodos das ciências naturais para a área de humanidades. O Direito, ao contrário de outros domínios, não tem nem pode ter uma postura puramente descritiva da realidade, voltada para relatar o que existe. Cabe-lhe prescrever um *dever-ser* e fazê-lo valer nas situações concretas. O Direito tem a pretensão de atuar sobre a realidade, conformando-a e transformando-a. Ele não é um *dado*, mas uma *criação*. A relação entre o sujeito do conhecimento e seu objeto de estudo — isto é, entre o intérprete, a norma e a realidade — é tensa e intensa. O ideal positivista de objetividade e neutralidade é insuscetível de realizar-se.

O positivismo pretendeu ser uma *teoria* do Direito, na qual o estudioso assumisse uma atitude cognoscitiva (de conhecimento), fundada em juízos de fato. Mas resultou sendo uma *ideologia*, movida

---

49. A aplicação do Direito consistiria em um processo lógico-dedutivo de submissão à lei (premissa maior) da relação de fato (premissa menor), produzindo uma conclusão natural e óbvia, meramente declarada pelo intérprete, que não desempenharia qualquer papel criativo. Como visto anteriormente, esta concepção não tem a adesão de Hans Kelsen.

50. Vladímir Tumánov, O *pensamento jurídico burguês contemporâneo*, 1984, p. 141.

por juízos de valor, por ter se tornado não apenas um modo de *entender* o Direito, como também de *querer* o Direito[51]. O fetiche da lei e o legalismo acrítico, subprodutos do positivismo jurídico, serviram de disfarce para autoritarismos de matizes variados. A idéia de que o debate acerca da justiça se encerrava quando da positivação da norma tinha um caráter legitimador da ordem estabelecida. Qualquer ordem.

Sem embargo da resistência filosófica de outros movimentos influentes nas primeiras décadas do século[52], a decadência do positivismo é emblematicamente associada à derrota do fascismo na Itália e do nazismo na Alemanha. Esses movimentos políticos e militares ascenderam ao poder dentro do quadro de legalidade vigente e promoveram a barbárie em nome da lei. Os principais acusados de Nuremberg invocaram o cumprimento da lei e a obediência a ordens emanadas da autoridade competente. Ao fim da Segunda Guerra Mundial, a idéia de um ordenamento jurídico indiferente a valores éticos e da lei como um estrutura meramente formal, uma embalagem para qualquer produto, já não tinha mais aceitação no pensamento esclarecido.

A superação histórica do jusnaturalismo e o fracasso político do positivismo abriram caminho para um conjunto amplo e ainda inacabado de reflexões acerca do Direito, sua função social e sua interpretação. O *pós-positivismo* é a designação provisória e genérica de um ideário difuso, no qual se incluem a definição das relações entre valores, princípios e regras, aspectos da chamada *nova hermenêutica* e a teoria dos direitos fundamentais[53].

---

51. Norberto Bobbio, O *positivismo jurídico*, 1995, p. 223-4. V. também Michael Löwy, *Ideologias e ciência social — elementos para uma análise marxista*, 1996, p. 40: "O positivismo, que se apresenta como ciência livre de juízos de valor, neutra, rigorosamente científica, (...) acaba tendo uma função política e ideológica".
52. Como por exemplo, a *jurisprudência dos interesses*, iniciada por Ihering, e o *movimento pelo direito livre*, no qual se destacou Ehrlich.
53. Sobre o tema, vejam-se: Antônio Augusto Cançado Trindade, *A proteção internacional dos direitos humanos: fundamentos jurídicos e instrumentos básicos*, 1991; Ingo Wolfgang Sarlet, *A eficácia dos direitos fundamentais*, 1998; Flávia Piovesan, *Temas de direitos humanos*, 1998; Ricardo Lobo Torres (org.), *Teoria dos direitos fundamentais*, 1999; Willis Santiago Guerra Filho, *Processo*

III. Pós-positivismo e a normatividade dos princípios[54]

O Direito, a partir da segunda metade do século XX, já não cabia mais no positivismo jurídico. A aproximação quase absoluta entre Direito e norma e sua rígida separação da ética não correspondiam ao estágio do processo civilizatório e às ambições dos que patrocinavam a causa da humanidade. Por outro lado, o discurso científico impregnara o Direito. Seus operadores não desejavam o retorno puro e simples ao jusnaturalismo, aos fundamentos vagos, abstratos ou metafísicos de uma razão subjetiva. Nesse contexto, o pós-positivismo não surge com o ímpeto da desconstrução, mas como uma superação do conhecimento convencional. Ele inicia sua trajetória guardando deferência relativa ao ordenamento positivo, mas nele reintroduzindo as idéias de justiça e legitimidade.

O constitucionalismo moderno promove, assim, uma volta aos valores, uma reaproximação entre ética e Direito[55]. Para poderem

---

constitucional e direitos fundamentais, 1999; e Gilmar Ferreira Mendes, Inocêncio Mártires Coelho e Paulo Gustavo Gonet Branco, *Hermenêutica constitucional e direitos fundamentais*, 2000.

54. Ronald Dworkin, *Taking rights seriously*, 1997; Robert Alexy, *Teoria de los derechos fundamentales*, 1997; J. J. Gomes Canotilho, *Direito constitucional e teoria da Constituição*, 1998; Paulo Bonavides, *Curso de direito constitucional*, 2000; Jürgen Habermas, *Direito e democracia: entre facticidade e validade*, 1997; Jacob Dolinger, *Evolution of principles for resolving conflicts in the field of contracts and torts*, Recueil des Cours, v. 283, p. 203 ss, Hague Academy of International Law; Miguel Reale, *Filosofia do direito*, 2000; Nicola Abbagnano, *Dicionario de filosofia*, 1998; Paulo Nader, *Filosofia do direito*, 2000; Giorgio del Vecchio, *Filosofia del derecho*, 1997; Marilena Chauí, *Convite à filosofia*, 1999; Ricardo Lobo Torres, *O orçamento na Constituição*, 2000; Eros Roberto Grau, *A ordem econômica na Constituição de 1988*, 1996; Juarez de Freitas, *Tendências atuais e perspectivas da hermenêutica constitucional*, Ajuris 76/397; Ruy Samuel Espíndola, *Conceito de princípios constitucionais*, 1998; Daniel Sarmento, *A ponderação de interesses na Constituição Federal*, 2000; Margarida Maria Lacombe Camargo, *Hermenêutica e argumentação: uma contribuição ao estudo do direito*, 1999; Oscar Vilhena Vieira, *A Constituição e sua reserva de justiça*, 1999; Marcos Antonio Maselli de Pinheiro Gouvêa, *A sindicabilidade dos direitos prestacionais à luz de conceitos-chave contemporâneos*, 2001; Ana Paula de Barcellos, *A eficácia jurídica dos princípios constitucionais. O princípio da dignidade da pessoa humana*, 2001.

55. Esse fenômeno é referido por autores alemães como "virada kantiana". V. a

beneficiar-se do amplo instrumental do Direito, migrando da filosofia para o mundo jurídico, esses valores compartilhados por toda a comunidade, em dado momento e lugar, materializam-se em princípios, que passam a estar abrigados na Constituição, explícita ou implicitamente. Alguns nela já se inscreviam de longa data, como a liberdade e a igualdade, sem embargo da evolução de seus significados. Outros, conquanto clássicos, sofreram releituras e revelaram novas sutilezas, como a separação dos Poderes e o Estado democrático de direito. Houve, ainda, princípios que se incorporaram mais recentemente ou, ao menos, passaram a ter uma nova dimensão, como o da dignidade da pessoa humana, da razoabilidade, da solidariedade e da reserva de justiça.

A novidade das últimas décadas não está, propriamente, na existência de princípios e no seu eventual reconhecimento pela ordem jurídica. Os princípios, vindos dos textos religiosos, filosóficos ou jusnaturalistas, de longa data permeiam a realidade e o imaginário do Direito, de forma direta ou indireta. Na tradição judaico-cristã, colhe-se o mandamento de *respeito ao próximo*, princípio magno que atravessa os séculos e inspira um conjunto amplo de normas. Da filosofia grega origina-se o princípio da não-contradição, formulado por Aristóteles, que se tornou uma das leis fundamentais do pensamento: "Nada pode ser e não ser simultaneamente", preceito subjacente à idéia de que o Direito não tolera antinomias. No direito romano pretendeu-se enunciar a síntese dos princípios básicos do Direito: "Viver honestamente, não lesar a outrem e dar a cada um o que é seu"[56]. Os princípios, como se percebe, vêm de longe e desempenham papéis variados. O que há de singular na dogmática jurídica da quadra histórica atual é o reconhecimento de sua *normatividade*.

Os princípios constitucionais, portanto, explícitos ou não[57], passam a ser a síntese dos valores abrigados no ordenamento jurídico.

---

respeito, Ricardo Lobo Torres, em remissão a Otfried Höffe, *Kategorische Rechtsprinzipien. Ein Kontrapunkt der Moderne* (*O orçamento na Constituição*, 1995, p. 90).

56. Ulpiano, *Digesto 1.1.10.1*: "*Honeste vivere, alterum non laedere, suum cuique tribuere*". V. Paulo Nader, *Filosofia do direito*, 2000, p. 82; e Jacob Dolinger, *Evolution of principles for resolving conflicts in the field of contracts and torts*, Recueil des Cours, v. 283, p. 203 ss, Hague Academy of International Law.

57. Luís Roberto Barroso, *Interpretação e aplicação da Constituição*, "Os gran-

Eles espelham a ideologia da sociedade, seus postulados básicos, seus fins. Os princípios dão unidade e harmonia ao sistema, integrando suas diferentes partes e atenuando tensões normativas. De parte isto, servem de guia para o intérprete, cuja atuação deve pautar-se pela identificação do princípio maior que rege o tema apreciado, descendo do mais genérico ao mais específico, até chegar à formulação da regra concreta que vai reger a espécie. Estes os papéis desempenhados pelos princípios: a) condensar valores; b) dar unidade ao sistema; c) condicionar a atividade do intérprete.

Na trajetória que os conduziu ao centro do sistema, os princípios tiveram de conquistar o *status* de norma jurídica, superando a crença de que teriam uma dimensão puramente axiológica[58], ética, sem eficácia jurídica ou aplicabilidade direta e imediata. A dogmática moderna avaliza o entendimento de que as normas em geral, e as normas constitucionais em particular, enquadram-se em duas grandes categorias diversas: os princípios e as regras. Normalmente, as regras contêm relato mais objetivo, com incidência restrita às situações específicas às quais se dirigem. Já os princípios têm maior teor de abstração e uma finalidade mais destacada no sistema. Inexiste hierarquia entre ambas as categorias, à vista do princípio da unidade da Constituição. Isto não impede que princípios e regras desempenhem funções distintas dentro do ordenamento.

A distinção qualitativa entre regra e princípio é um dos pilares da moderna dogmática constitucional, indispensável para a superação do

---

des princípios de um sistema jurídico são normalmente enunciados em algum texto de direito positivo. Não obstante, (...) tem-se, aqui, como fora de dúvida que esses bens sociais supremos existem fora e acima da letra expressa das normas legais, e nelas não se esgotam, até porque não têm caráter absoluto e estão em permanente mutação". Em decisão do Tribunal Constitucional Federal alemão: "O direito não se identifica com a totalidade das leis escritas. Em certas circunstâncias, pode haver um 'mais' de direito em relação aos estatutos positivos do poder do Estado, que tem a sua fonte na ordem jurídica constitucional como uma totalidade de sentido e que pode servir de corretivo para a lei escrita; é tarefa da jurisdição encontrá-lo e realizá-lo em suas decisões". BVerGE 34, 269, apud Jürgen Habermas, *Direito e democracia: entre facticidade e validade*, v. 1, 1997, p. 303.

58. A *axiologia* está no centro da filosofia e é também referida como teoria dos valores, por consistir, precisamente, na atribuição de valores às coisas da vida. V. Miguel Reale, *Filosofia do direito*, 2000, p. 37 ss.

positivismo legalista, onde as normas se cingiam a regras jurídicas. A Constituição passa a ser encarada como um sistema aberto de princípios e regras, permeável a valores jurídicos suprapositivos, no qual as idéias de justiça e de realização dos direitos fundamentais desempenham um papel central. A mudança de paradigma nessa matéria deve especial tributo à sistematização de Ronald Dworkin[59]. Sua elaboração acerca dos diferentes papéis desempenhados por regras e princípios ganhou curso universal e passou a constituir o conhecimento convencional na matéria.

Regras são proposições normativas aplicáveis sob a forma de *tudo ou nada* ("*all or nothing*"). Se os fatos nela previstos ocorrerem, a regra deve incidir, de modo direto e automático, produzindo seus efeitos. Por exemplo: a cláusula constitucional que estabelece a aposentadoria compulsória por idade é uma regra. Quando o servidor completa setenta anos, deve passar à inatividade, sem que a aplicação do preceito comporte maior especulação. O mesmo se passa com a norma constitucional que prevê que a criação de uma autarquia depende de lei específica. O comando é objetivo e não dá margem a elaborações mais sofisticadas acerca de sua incidência. Uma regra somente deixará de incidir sobre a hipótese de fato que contempla se for inválida, se houver outra mais específica ou se não estiver em vigor. Sua aplicação se dá, predominantemente, mediante *subsunção*.

Princípios contêm, normalmente, uma maior carga valorativa, um fundamento ético, uma decisão política relevante, e indicam uma determinada direção a seguir. Ocorre que, em uma ordem pluralista, existem outros princípios que abrigam decisões, valores ou fundamentos diversos, por vezes contrapostos. A colisão de princípios, portanto, não só é possível, como faz parte da lógica do sistema, que é dialético. Por isso a sua incidência não pode ser posta em termos de *tudo ou nada*, de validade ou invalidade. Deve-se reconhecer aos princípios uma dimensão de peso ou importância. À vista dos elementos do caso concreto, o intérprete deverá fazer escolhas fundamentadas, quando se defronte com antagonismos inevitáveis, como os que existem entre a liberdade de expressão e o direito de privacidade, a livre iniciativa e a intervenção estatal, o direito de propriedade e a sua

---

[59]. Ronald Dworikin, *Taking rights seriously*, 1997 (a primeira edição é de 1977).

função social. A aplicação dos princípios se dá, predominantemente, mediante *ponderação*[60].

Nesse contexto, impõe-se um breve aprofundamento da questão dos conflitos normativos. O Direito, como se sabe, é um sistema de normas harmonicamente articuladas. Uma situação não pode ser regida simultaneamente por duas disposições legais que se contraponham. Para solucionar essas hipóteses de conflito de leis, o ordenamento jurídico se serve de três critérios tradicionais: o da *hierarquia* — pelo qual a lei superior prevalece sobre a inferior —, o *cronológico* — onde a lei posterior prevalece sobre a anterior — e o da *especialização* — em que a lei específica prevalece sobre a lei geral[61]. Estes critérios, todavia, não são adequados ou plenamente satisfatórios quando a colisão se dá entre normas constitucionais, especialmente entre os princípios constitucionais, categoria na qual devem ser situados os conflitos entre direitos fundamentais[62]. Relembre-se: enquan-

---

60. O tema foi retomado, substancialmente sobre as mesmas premissas, pelo autor alemão Robert Alexy (*Teoria de los derechos fundamentales*, 1997, p. 81 ss), cujas idéias centrais na matéria são resumidas a seguir. As regras veiculam *mandados de definição*, ao passo que os princípios são *mandados de otimização*. Por essas expressões se quer significar que as regras (*mandados de definição*) têm natureza biunívoca, isto é, só admitem duas espécies de situação, dado seu substrato fático típico: ou são válidas e se aplicam ou não se aplicam por inválidas. Uma regra vale ou não vale juridicamente. Não são admitidas gradações. A exceção da regra ou é outra regra, que invalida a primeira, ou é a sua violação.
Os princípios se comportam de maneira diversa. Como *mandados de otimização*, pretendem eles ser realizados da forma mais ampla possível, admitindo, entretanto, aplicação mais ou menos intensa de acordo com as possibilidades jurídicas existentes, sem que isso comprometa sua validade. Esses limites jurídicos, capazes de restringir a otimização do princípio, são (i) regras que o excepcionam em algum ponto e (ii) outros princípios de mesma estatura e opostos que procuram igualmente maximizar-se, impondo a necessidade eventual de ponderação.
61. Sobre antinomias e critérios para solucioná-las, v. Norberto Bobbio, *Teoria do ordenamento jurídico*, 1990, p. 81 e ss.
62. Robert Alexy, *Colisão e ponderação como problema fundamental da dogmática dos direitos fundamentais*, mimeografado, palestra proferida na Fundação Casa de Rui Barbosa, no Rio de Janeiro, em 11.12.98, p. 10: "As colisões dos direitos fundamentais acima mencionados devem ser consideradas, segundo a teoria dos princípios, como uma colisão de princípios".

to as regras são aplicadas na plenitude da sua força normativa — ou, então, são violadas —, os princípios são ponderados.

A denominada *ponderação de valores* ou *ponderação de interesses* é a técnica pela qual se procura estabelecer o peso relativo de cada um dos princípios contrapostos. Como não existe um critério abstrato que imponha a supremacia de um sobre o outro, deve-se, à vista do caso concreto, fazer concessões recíprocas, de modo a produzir um resultado socialmente desejável, sacrificando o mínimo de cada um dos princípios ou direitos fundamentais em oposição. O legislador não pode, arbitrariamente, escolher um dos interesses em jogo e anular o outro, sob pena de violar o texto constitucional. Seus balizamentos devem ser o princípio da razoabilidade (v. *infra*) e a preservação, tanto quanto possível, do núcleo mínimo do valor que esteja cedendo passo[63]. Não há, aqui, superioridade formal de nenhum dos princípios em tensão, mas a simples determinação da solução que melhor atende o ideário constitucional na situação apreciada[64].

---

63. Juarez de Freitas, *Tendências atuais e perspectivas da hermenêutica constitucional*, Ajuris 76/397, resgata um bom exemplo: "Caso emblemático no Direito Comparado é o do prisioneiro que faz greve de fome. Após acesa polêmica, a solução encontrada foi a de fazer valer o direito à vida sobre a liberdade de expressão, contudo o soro somente foi aplicado quando o grevista caiu inconsciente, uma vez que, neste estado, não haveria sentido falar propriamente em liberdade de expressão".
64. Sobre o tema, na doutrina alemã, Robert Alexy, *Colisão e ponderação como problema fundamental da dogmática dos direitos fundamentais*, mimeografado, palestra proferida na Fundação Casa de Rui Barbosa, no Rio de Janeiro, em 11.12.98; Karl Larenz, *Metodologia da ciência do direito*, 1997, p. 164 ss; Klaus Stern, *Derecho del Estado de la Republica Federal alemana*, 1987, p. 295. Na doutrina nacional, vejam-se Luís Roberto Barroso, *Interpretação e aplicação da Constituição*, 1999, p. 192; e Ricardo Lobo Torres, *Da ponderação de interesses ao princípio da ponderação*, 2001, mimeografado. E, ainda, as dissertações de mestrado de Daniel Sarmento, *A ponderação de interesses na Consituição Federal*, 2000, e de Marcos Antonio Maselli de Pinheiro Gouvêa, *A sindicabilidade dos direitos prestacionais*, 2001, mimeografado, onde averbou: "No mais das vezes, contudo, a aplicação da norma constitucional ou legal não pode ser efetuada de modo meramente subsuntivo, dada a existência de princípios colidentes com o preceito que se pretende materializar (...) À luz do conceito-chave da proporcionalidade, desenvolveu-se o método de ponderação pelo qual o magistrado, considerando-se a importância que os bens jurídicos cotejados têm em tese mas também as peculiaridades do caso concreto, poderá prover ao direito

Cabe assinalar, antes de encerrar a discussão acerca da distinção qualitativa entre regra e princípio, que ela nem sempre é singela. As dificuldades decorrem de fatores diversos, como as vicissitudes da técnica legislativa, a natureza das coisas e os limites da linguagem. Por vezes, uma regra conterá termo ou locução de conteúdo indeterminado, aberto ou flexível, como, por exemplo, ordem pública, justa indenização, relevante interesse coletivo, melhor interesse do menor[65]. Em hipóteses como essas, a regra desempenhará papel semelhante ao dos princípios, permitindo ao intérprete integrar com sua subjetividade o comando normativo e formular a decisão concreta que melhor irá reger a situação de fato apreciada. Em algumas situações, uma regra excepcionará a aplicação de um princípio. Em outras, um princípio poderá paralisar a incidência de uma regra. Enfim, há um conjunto amplo de possibilidades nessa matéria. Esta não é, todavia, a instância própria para desenvolvê-las.

A perspectiva pós-positivista e principiológica do Direito influenciou decisivamente a formação de uma moderna hermenêutica constitucional. Assim, ao lado dos princípios materiais envolvidos, desenvolveu-se um catálogo de princípios instrumentais e específicos de interpretação constitucional[66]. Do ponto de vista metodológico, o problema concreto a ser resolvido passou a disputar com o sistema normativo a primazia na formulação da solução adequada[67], solução

---

postulado, fundamentando-se na precedência condicionada deste sobre os princípios contrapostos" (p. 381).

65. V. José Carlos Barbosa Moreira, *Regras de experiência e conceitos jurídicos indeterminados*, in *Temas de direito processual*, Segunda Série, 1980, p. 61 ss.

66. Luís Roberto Barroso, *Interpretação e aplicação da Constituição*, 1999, identifica o seguinte catálogo de princípios de interpretação especificamente constitucional: supremacia da Constituição, presunção de constitucionalidade das leis e dos atos emanados do Poder Público, interpretação conforme a Constituição, unidade da Constituição, razoabilidade e efetividade. Para uma sistematização sob perspectiva diversa, v. Juarez de Freitas, *Tendências atuais e perspectivas da hermenêutica constitucional*, Ajuris 76/397.

67. O método tópico aplicado ao problema funda-se em um modo de raciocínio voltado para o problema e não para a norma. A decisão a ser produzida deve basear-se no exame de um conjunto de elementos, de *topoi* (pontos de vista) relevantes para o caso — além da norma, os fatos, as conseqüências, os valores —, que dialeticamente ponderados, permitem a solução justa para a situação concreta examinada. O trabalho clássico no tema é de Theodor Viehweg, *Tópica e jurisprudência*, 1979 (1ª edição do original *Topik und Jurisprudenz* é de 1953).

que deve fundar-se em uma linha de argumentação apta a conquistar racionalmente os interlocutores[68], sendo certo que o processo interpretativo não tem como personagens apenas os juristas, mas a comunidade como um todo[69].

O novo século se inicia fundado na percepção de que o Direito é um sistema aberto de valores. A Constituição, por sua vez, é um conjunto de princípios e regras destinados a realizá-los, a despeito de se reconhecer nos valores uma dimensão suprapositiva. A idéia de *abertura* se comunica com a Constituição e traduz a sua permeabilidade a elementos externos e a renúncia à pretensão de disciplinar, por meio de regras específicas, o infinito conjunto de possibilidades apresentadas pelo mundo real[70]. Por ser o principal canal de comunicação entre o sistema de valores e o sistema jurídico, os princípios não

---

68. A obra fundamental da denominada teoria da argumentação é do belga Chaim Perelman, em parceria com Lucie Olbrechts-Tyteca:*Tratado da Argumentação: a nova retórica*, 1996 (1ª edição do original *Traité de l'argumentation: la nouvelle rhetorique*, 1958). Vejam-se, também, Antônio Carlos Cavalcanti Maia, *Notas sobre direito, argumentação e democracia*, in Margarida Maria Lacombe Camargo (org.), *1988-1998: uma década de Constituição*, 1999; e Daniel Sarmento, *A ponderação de interesses na Constituição Federal*, p. 89-90, onde averbou: "No campo das relações humanas, as discussões se dão em torno de argumentos, prevalecendo aquele que tiver maiores condições de convencer os interlocutores. Não há verdades apodíticas, mas escolhas razoáveis, que são aquelas que podem ser racionalmente justificadas, logrando a adesão do auditório".
69. Peter Häberle, *Hermenêutica constitucional. A sociedade aberta dos intérpretes da Constituição: contribuição para a interpretação pluralista e procedimental da Constituição*, 1997 (1ª edição do original *Die offene Gesellschaft der Verfassungsinterpreten. Ein Beitrag zur pluralistischen und "prozessualen" Verfassungsinterpretation*, 1975), p. 13: "Propõe-se, pois, a seguinte tese: no processo de interpretação constitucional estão potencialmente vinculados todos os órgãos estatais, todas as potências públicas, todos os cidadãos e grupos, não sendo possível estabelecer-se um elenco cerrado ou fixado com *numerus clausus* de intérpretes da Constituição".
70. V. Claus-Wilhelm Canaris, *Pensamento sistemático e conceito de sistema na ciência do direito*, 1996, p. 281: "(O sistema jurídico) não é fechado, mas antes *aberto*. Isto vale tanto para o sistema de proposições doutrinárias ou 'sistema científico', como para o próprio sistema da ordem jurídica, o 'sistema objetivo'. A propósito do primeiro, a abertura significa a incompletude do conhecimento científico, e a propósito do último, a mutabilidade dos valores jurídicos fundamentais".

comportam enumeração taxativa. Mas, naturalmente, existe um amplo espaço de consenso, onde têm lugar alguns dos protagonistas da discussão política, filosófica e jurídica do século que se encerrou: Estado de direito democrático, liberdade, igualdade, justiça.

Há dois outros princípios que despontaram no Brasil nos últimos anos: o da razoabilidade e o da dignidade da pessoa humana. O primeiro percorreu longa trajetória no direito anglo-saxão — notadamente nos Estados Unidos[71] — e chegou ao debate nacional amadurecido pela experiência alemã, que o vestiu com o figurino da argumentação romano-germânica e batizou-o de princípio da proporcionalidade[72]. O segundo — a dignidade da pessoa humana — ainda vive, no Brasil e no mundo, um momento de elaboração doutrinária e de busca de maior densidade jurídica. Procura-se estabelecer os contornos de uma objetividade possível, que permita ao princípio transitar de sua dimensão ética e abstrata para as motivações racionais e fundamentadas das decisões judiciais.

O princípio da razoabilidade[73] é um mecanismo para controlar a discricionariedade legislativa e administrativa. Ele permite ao Judiciá-

---

71. Para uma breve análise da evolução histórica da razoabilidade no direito norte-americano, a partir da cláusula do devido processo legal, v. Luís Roberto Barroso, *Interpretação e aplicação da Constituição*, 1999, p. 209 ss. V. também, Marcos Antonio Maselli de Pinheiro Gouvêa, *O princípio da razoabilidade na jurisprudência contemporânea das cortes norte-americanas*, Revista de Direito da Associação dos Procuradores do Novo Estado do Rio de Janeiro, vol. V, 2000.
72. Guardada a circunstância de que suas origens reconduzem a sistemas diversos — ao americano em um caso e ao alemão em outro — razoabilidade e proporcionalidade são conceitos próximos o suficiente para serem intercambiáveis. Cabe a observação, contudo, de que a trajetória do princípio da razoabilidade fluiu mais ligada ao controle dos atos normativos, ao passo que o princípio da proporcionalidade surgiu ligado ao direito administrativo e ao controle dos atos dessa natureza. Vale dizer: em suas matrizes, razoabilidade era mecanismo de controle dos atos de criação do direito, ao passo que proporcionalidade era critério de aferição dos atos de concretização. Em linha de divergência com a equiparação aqui sustentada, v. Humberto Bergmann Ávila, *A distinção entre princípios e regras e a redefinição do dever de proporcionalidade*, Revista de Direito Administrativo 215/151, 1999.
73. Sobre o tema, vejam-se alguns trabalhos monográficos produzidos nos últimos anos: Raquel Denize Stumm, *Princípio da proporcionalidade no direito constitucional brasileiro*, 1995; Suzana Toledo de Barros, *O princípio da proporcionalidade e o controle de constitucionalidade das leis restritivas de direitos*

rio invalidar atos legislativos ou administrativos quando: (a) não haja adequação entre o fim perseguido e o meio empregado; (b) a medida não seja exigível ou necessária, havendo caminho alternativo para chegar ao mesmo resultado com menor ônus a um direito individual; (c) não haja proporcionalidade em sentido estrito, ou seja, o que se perde com a medida tem maior relevo do que aquilo que se ganha. O princípio, com certeza, não liberta o juiz dos limites e possibilidades oferecidos pelo ordenamento. Não é de voluntarismo que se trata. A razoabilidade, contudo, abre ao Judiciário uma estratégia de ação construtiva para produzir o melhor resultado, ainda quando não seja o único possível ou mesmo aquele que, de maneira mais óbvia, resultaria da aplicação acrítica da lei. A jurisprudência do Supremo Tribunal Federal tem se valido do princípio para invalidar discriminações infundadas, exigências absurdas e mesmo vantagens indevidas.

O princípio da dignidade da pessoa humana[74] identifica um espaço de integridade moral a ser assegurado a todas as pessoas por sua só existência no mundo. É um respeito à criação, independente da

---

fundamentais, 1996; Paulo Armínio Tavares Buechele, *O princípio da proporcionalidade e a interpretação da Constituição*, 1999. Também em língua portuguesa, com tradução de Ingo Wolfgang Sarlet, Heinrich Scholler, *O princípio da proporcionalidade no direito constitucional e administrativo da Alemanha*, Interesse Público 2/93, 1999.

74. Alguns trabalhos monográficos recentes sobre o tema: José Afonso da Silva, *Dignidade da pessoa humana como valor supremo da democracia*, Revista de Direito Administrativo 212/89; Carmen Lúcia Antunes Rocha, *O princípio da dignidade da pessoa humana e a exclusão social*, Anais da XVII Conferência Nacional da Ordem dos Advogados do Brasil, 1999; Ingo Wolfgang Sarlet, *Dignidade da pessoa humana e direitos fundamentais na Constituição brasileira de 1988*, 2001; Cleber Francisco Alves, *O princípio constitucional da dignidade da pessoa humana*, 2001; Ana Paula de Barcellos, *A eficácia jurídica dos princípios constitucionais. O princípio da dignidade da pessoa humana*, 2001. Em texto escrito no início da década de 90, quando algumas decisões do Supremo Tribunal Federal ameaçavam a efetividade e a força normativa da Constituição, manifestei ceticismo em relação à utilidade do princípio da dignidade da pessoa humana na concretização dos direitos fundamentais, devido à sua baixa densidade jurídica (*Princípios constitucionais brasileiros ou de como o papel aceita tudo*, Revista Trimestral de Direito Público, v. 1). Essa manifestação foi *datada* e representava uma reação à repetição de erros passados. A Carta de 1988, todavia, impôs-se como uma Constituição normativa, dando ao princípio, hoje, uma potencialidade que nele não se vislumbrava há dez anos.

crença que se professe quanto à sua origem. A dignidade relaciona-se tanto com a liberdade e valores do espírito como com as condições materiais de subsistência. O desrespeito a este princípio terá sido um dos estigmas do século que se encerrou e a luta por sua afirmação um símbolo do novo tempo[75]. Ele representa a superação da intolerância, da discriminação, da exclusão social, da violência, da incapacidade de aceitar o outro, o diferente, na plenitude de sua liberdade de ser, pensar e criar.

Dignidade da pessoa humana expressa um conjunto de valores civilizatórios incorporados ao patrimônio da humanidade. O conteúdo jurídico do princípio vem associado aos direitos fundamentais, envolvendo aspectos dos direitos individuais, políticos e sociais. Seu núcleo material elementar é composto do *mínimo existencial*[76], locução que identifica o conjunto de bens e utilidades básicas para a subsistência física e indispensável ao desfrute da própria liberdade. Aquém daquele patamar, ainda quando haja sobrevivência, não há dignidade. O elenco de prestações que compõem o mínimo existencial comporta variação conforme a visão subjetiva de quem o elabore, mas parece haver razoável consenso de que inclui: renda mínima,

---

75. O Preâmbulo da Declaração Universal dos Direitos do Homem, aprovada pelas Assembléia Geral das Nações Unidas em 1948, inicia-se com as seguintes constatações: "Considerando que o reconhecimento da dignidade inerente a todos os membros da família humana e de seus direitos iguais e inalienáveis é o fundamento da liberdade, da justiça e da paz no mundo; Considerando que o desprezo e o desrespeito pelos direitos do homem resultaram em atos bárbaros que ultrajaram a consciência da Humanidade e que o advento de um mundo em que os homens gozem da liberdade de palavra, de crença e da liberdade de viverem a salvo do temor e da necessidade foi proclamado como a mais alta aspiração do homem comum (...)".
76. Sobre o tema, v. Ricardo Lobo Torres, *A cidadania multidimensional na era dos direitos*, in *Teoria dos direitos fundamentais* (org. Ricardo Lobo Torres), 1999. Veja-se, também, para uma interessante variação em torno dessa questão, Luiz Edson Fachin, *Estatuto jurídico do patrimônio mínimo*, 2001, Nota Prévia: "A presente tese defende a existência de uma garantia patrimonial mínima inerente a toda pessoa humana, integrante da respectiva esfera jurídica individual ao lado dos atributos pertinentes à própria condição humana. Trata-se de um patrimônio mínimo indispensável a uma vida digna do qual, em hipótese alguma, pode ser desapossada, cuja proteção está acima dos interesses dos credores".

saúde básica e educação fundamental. Há, ainda, um elemento instrumental, que é o acesso à justiça, indispensável para a exigibilidade e efetivação dos direitos[77].

Aos poucos se vai formando uma massa crítica de jurisprudência acerca do princípio, tendo como referência emblemática a decisão do Conselho de Estado francês, no curioso caso *Morsang-sur-Orge*[78]. No Brasil, o princípio tem sido fundamento de decisões importantes, superadoras do legalismo estrito, como a proferida pelo Superior Tribunal de Justiça ao autorizar o levantamento do FGTS por mãe de pessoa portadora do vírus da AIDS, para ajudá-la no tratamento da doença, independentemente do fato de esta hipótese estar ou não tipificada na lei como causa para o saque do fundo[79]. Em outro acórdão, de elevada

---

77. Ana Paula de Barcellos, em preciosa dissertação de mestrado — *A eficácia jurídica dos princípios constitucionais. O princípio da dignidade da pessoa humana* —, assim consignou seu entendimento: "Uma proposta de concretização do mínimo existencial, tendo em conta a ordem constitucional brasileira, deverá incluir os direitos à educação fundamental, à saúde básica, à assistência no caso de necessidade e ao acesso à justiça".

78. O Prefeito da cidade de Morsang-sur-Orge interditou a atividade conhecida como *lancer de nain* (arremesso de anão), atração existente em algumas casas noturnas da região metropolitana de Paris. Consistia ela em transformar um anão em projétil, sendo arremessado de um lado para outro de uma discoteca. A casa noturna, tendo como litisconsorte o próprio deficiente físico, recorreu da decisão para o tribunal administrativo, que anulou o ato do Prefeito, por "excès de pouvoir". O Conselho de Estado, todavia, na sua qualidade de mais alta instância administrativa francesa, reformou a decisão, assentando: "*Que le respect de la dignité de la personne humaine est une des composantes de l'ordre public; que l'autorité investie du pouvoir de police municipale peut, même en l'absence de circonstances locales particulières, interdire une attraction qui porte atteinte au respet de la dignité de la personne humaine*" (Que o respeito à dignidade da pessoa humana é um dos componentes da ordem pública; que a autoridade investida do poder de polícia municipal pode, mesmo na ausência de circunstâncias locais particulares, interditar uma atração atentatória à dignidade da pessoa humana). V. Long, Wil, Braibant, Devolvé e Genevois, *Le grands arrêts de la jurisprudence administrative*, 1996, p. 790 ss. Veja-se, em língua portuguesa, o comentário à decisão elaborado por Joaquim B. Barbosa Gomes, *O poder de polícia e o princípio da dignidade da pessoa humana na jurisprudência francesa*, in Seleções Jurídicas ADV n. 12, 1996, p. 17 ss.

79. STJ, REsp. 249026/PR, Rel. Min. José Delgado, DJU 26.06.2000, p. 138: "FGTS. LEVANTAMENTO, TRATAMENTO DE FAMILIAR PORTADOR

inspiração, o Tribunal deferiu *habeas corpus* em caso de prisão civil em alienação fiduciária, após constatar, dentre outros fatores, que o aumento absurdo da dívida por força de juros altíssimos comprometia a sobrevida digna do impetrante[80]. No Supremo Tribunal Federal, a preservação da dignidade da pessoa humana foi um dos fundamentos invocados para liberar réu em ação de investigação de paternidade da condução forçada para submeter-se a exame de DNA[81]. A demonstrar a dificuldade na definição do conteúdo do princípio da dignidade da pessoa humana, além dos votos vencidos proferidos neste caso, parte da

---

DO VÍRUS HIV. POSSIBILIDADE. RECURSO ESPECIAL DESPROVIDO. 1. É possível o levantamento do FGTS para fins de tratamento de portador do vírus HIV, ainda que tal moléstia não se encontre elencada no art. 20, XI, da Lei 8036/90, pois não se pode apegar, de forma rígida, à letra fria da lei, e sim considerá-la com temperamentos, tendo-se em vista a intenção do legislador, mormente perante o preceito maior insculpido na Constituição Federal garantidor do direito à saúde, à vida e a dignidade humana e, levando-se em conta o caráter social do Fundo, que é, justamente, assegurar ao trabalhador o atendimento de suas necessidades básicas e de seus familiares".
80. STJ, HC 12.547-DF, Rel. Min. Ruy Rosado de Aguiar, DJU 12.02.2001, onde se consignou: "A decisão judicial que atende a contrato de financiamento bancário com alienação fiduciária em garantia e ordena a prisão de devedora por dívida que se elevou, após alguns meses, de R$ 18.700,00 para 86.858,24, fere o princípio da dignidade da pessoa humana, dá validade a uma relação negocial sem nenhuma equivalência, priva por quatro meses o devedor de seu maior valor, que é a liberdade, consagra o abuso de uma exigência que submete uma das partes a perder o resto provável de vida que não seja o de cumprir com a exigência do credor. Houve ali ofensa ao princípio da dignidade da pessoa, que pode ser aplicado diretamente para o reconhecimento da invalidade do decreto de prisão".
81. STF, RTJ 165/902, HC 71.373—RS, Tribunal Pleno, rel. Min. Marco Aurélio, j. 10.11.94: "*Investigação de paternidade — Exame DNA — Condução do réu 'debaixo de vara'*. Discrepa, a mais não poder, de garantias constitucionais implícitas — preservação da dignidade humana, da intimidade, da intangibilidade do corpo humano, do império da lei e da inexecução específica e direta de obrigação de fazer — provimento judicial que, em ação civil de investigação de paternidade, implique determinação no sentido de o réu ser conduzido ao laboratório, 'debaixo de vara', para coleta do material indispensável à feitura do exame DNA. A recusa resolve-se no plano jurídico-instrumental, consideradas a dogmática, a doutrina e a jurisprudência, no que voltadas ao deslinde das questões ligadas à prova dos fatos". Ficaram vencidos os Ministros Francisco Rezek, Ilmar Galvão, Carlos Velloso e Sepúlveda Pertence.

doutrina sustentou que, ao contrário da tese central do acórdão, a preservação da dignidade da pessoa humana estava em assegurar o direito do autor da ação de ter confirmada a sua filiação, como elemento integrante da sua identidade pessoal[82].

Encerra-se esse tópico com uma síntese das principais idéias nele expostas. O pós-positivismo é uma superação do legalismo, não com recurso a idéias metafísicas ou abstratas, mas pelo reconhecimento de valores compartilhados por toda a comunidade. Estes valores integram o sistema jurídico, mesmo que não positivados em um texto normativo específico. Os princípios expressam os valores fundamentais do sistema, dando-lhe unidade e condicionando a atividade do intérprete. Em um ordenamento jurídico pluralista e dialético, princípios podem entrar em rota de colisão. Em tais situações, o intérprete, à luz dos elementos do caso concreto, da proporcionalidade e da preservação do núcleo fundamental de cada princípio e dos direitos fundamentais, procede a uma ponderação de interesses. Sua decisão deverá levar em conta a norma e os fatos, em uma interação não formalista, apta a produzir a solução justa para o caso concreto, por fundamentos acolhidos pela comunidade jurídica e pela sociedade em geral. Além dos princípios tradicionais como Estado de direito democrático, igualdade e liberdade, a quadra atual vive a consolidação do princípio da razoabilidade e o desenvolvimento do princípio da dignidade da pessoa humana.

Capítulo Final
CONCLUSÃO

I. A ascensão científica e política do Direito Constitucional no Brasil

O direito constitucional brasileiro vive um momento virtuoso. Do ponto de vista de sua elaboração científica e da prática jurispru-

---

82. Vejam-se, em linha crítica da decisão, Maria Celina Bodin de Moraes, *Recusa à realização do exame de DNA na investigação da paternidade e direitos da personalidade*, Revista dos Tribunais /85; e Maria Christina de Almeida, *Investigação de paternidade e DNA*, 2001.

dencial, duas mudanças de paradigma deram-lhe nova dimensão: a) o compromisso com a efetividade de suas normas[83]; e b) o desenvolvimento de uma dogmática da interpretação constitucional[84]. Passou a ser premissa do estudo da Constituição o reconhecimento de sua força normativa[85], do caráter vinculativo e obrigatório de suas disposições, superada a fase em que era tratada como um conjunto de aspirações políticas e uma convocação à atuação dos Poderes Públicos. De outra parte, embora se insira no âmbito da interpretação jurídica, a especificidade das normas constitucionais, com seu conteúdo próprio, sua abertura e superioridade jurídica, exigiram o desenvolvimento de novos métodos hermenêuticos e de princípios específicos de interpretação constitucional.

Essas transformações redefiniram a posição da Constituição na ordem jurídica brasileira. De fato, nas últimas décadas, o Código Civil foi perdendo sua posição de preeminência, mesmo no âmbito das relações privadas, onde se formaram diversos microssistemas (consumidor, criança e adolescente, locações, direito de família). Progressivamente, foi se consumando no Brasil um fenômeno anteriormente verificado na Alemanha, após a Segunda Guerra: a passagem da Lei Fundamental para o centro do sistema. À supremacia até então meramente formal, agregou-se uma valia material e axiológica à Constituição, potencializada pela abertura do sistema jurídico e pela normatividade de seus princípios[86].

---

83. Sobre o tema, v. Luís Roberto Barroso, *O direito constitucional e a efetividade de suas normas*, 2001.
84. Para um levantamento da doutrina nacional e estrangeira acerca do tema, v. Luís Roberto Barroso, *Interpretação e aplicação da Constituição*, 2001.
85. V. Konrad Hesse, *La fuerza normativa de la Constitución*, in *Escritos de derecho constitucional*, 1983 e Eduardo García de Enterría, *La Constitución como norma y el Tribunal Constitucional*, 1985.
86. V. Pietro Perlingieri, *Perfis do direito civil*, 1997, p. 6: "O Código Civil certamente perdeu a centralidade de outrora. O papel unificador do sistema, tanto nos seus aspectos mais tradicionalmente civilísticos quanto naqueles de relevância publicista, é desempenhado de maneira cada vez mais incisiva pelo Texto Constitucional". Vejam-se, também: Maria Celina B. M. Tepedino, *A caminho de um direito civil constitucional*, Revista de Direito Civil 65/21 e Gustavo Tepedino, *O Código Civil, os chamados microssistemas e a Constituição: premissas para uma reforma legislativa*, in Gustavo Tepedino (org.), *Problemas de direito civil-constitucional*, 2001.

A Constituição passa a ser, assim, não apenas um sistema em si — com a sua ordem, unidade e harmonia — mas também um modo de olhar e interpretar todos os demais ramos do Direito. Este fenômeno, identificado por alguns autores como *filtragem constitucional*, consiste em que toda a ordem jurídica deve ser lida e apreendida sob a lente da Constituição, de modo a realizar os valores nela consagrados. A constitucionalização do direito infraconstitucional não identifica apenas a inclusão na Lei Maior de normas próprias de outros domínios, mas, sobretudo, a reinterpretação de seus institutos sob uma ótica constitucional[87].

A ascensão científica e política do direito constitucional brasileiro é contemporânea da reconstitucionalização do país com a Carta de 1988, em uma intensa relação de causa e efeito. A Assembléia Constituinte foi cenário de ampla participação da sociedade civil, que permanecera alijada do processo político por mais de duas décadas. O produto final de seu trabalho foi heterogêneo. De um lado, avanços como a inclusão de uma generosa carta de direitos, a recuperação das prerrogativas dos Poderes Legislativo e Judiciário, a redefinição da Federação. De outro, no entanto, o texto casuístico, prolixo, corporativo, incapaz de superar a perene superposição entre o espaço público e o espaço privado no país. A Constituição de 1988 não é a Carta da nossa maturidade institucional, mas das nossas circunstâncias. Não se deve, contudo, subestimar o papel que tem desempenhado na restauração democrática brasileira. Sob sua vigência vem se desenrolando o mais longo período de estabilidade institucional da história do país, com a absorção de graves crises políticas dentro do quadro da legalidade constitucional. É nossa primeira Constituição verdadeiramente normativa e, a despeito da compulsão reformadora que abala a integridade de seu texto, vem consolidando um inédito sentimento constitucional[88].

---

87. J. J. Gomes Canotilho e Vital Moreira, *Fundamentos da Constituição*, 1991, p. 45: "A principal manifestação da preeminência normativa da Constituição consiste em que toda a ordem jurídica deve ser *lida à luz dela* e passada pelo seu crivo". V. também, Paulo Ricardo Schier, *Filtragem constitucional*, 1999.

88. V. Luís Roberto Barroso, *Doze anos da Constituição brasileira de 1988*, in *Temas de Direito Constitucional*, 2001. Para um denso estudo acerca da expansão da jurisdição constitucional no Brasil, veja-se Gustavo Binenbojm, *A nova jurisdição constitucional brasileira*, 2001.

O constitucionalismo, por si só, não é capaz de derrotar algumas das vicissitudes que têm adiado a plena democratização da sociedade brasileira. (O Direito tem seus limites e possibilidades, não sendo o único e nem sequer o melhor instrumento de ação social). Tais desvios envolvem, em primeiro lugar, a *ideologia da desigualdade*. *Desigualdade econômica*, que se materializa no abismo entre os que têm e os que não têm, com a conseqüente dificuldade de se estabelecer um projeto comum de sociedade. *Desigualdade política*, que faz com que importantes opções de políticas públicas atendam prioritariamente aos setores que detêm força eleitoral e parlamentar, mesmo quando já sejam os mais favorecidos. *Desigualdade filosófica*: o vício nacional de buscar o privilégio em vez do direito, aliado à incapacidade de perceber o outro, o próximo[89].

Em segundo lugar, enfraquece e adia o projeto da democratização mais profunda da sociedade brasileira a *corrupção* disseminada e institucionalizada. Nem sempre a do dinheiro, mas também a do favor político e a da amizade. No *sistema eleitoral*, a maldição dos financiamentos eleitorais e as relações promíscuas que engendram. No *sistema orçamentário*, o estigma insuperado do fisiologismo e das negociações de balcão nas votações no âmbito do Congresso. No *sistema tributário*, a cultura da sonegação, estimulada pela voracidade fiscal e por esquemas quase formais de extorsão e composição. No *sistema de segurança pública*, profissionais mal pagos, mal treinados, vizinhos de porta daqueles a quem deviam policiar, envolvem-se endemicamente com a criminalidade e a venda de proteção. A exemplificação é extensa e desanimadora.

A superação dos ciclos do atraso e o amadurecimento dos povos inserem-se em um processo de longo prazo, que exige engajamento e ideal. O novo direito constitucional brasileiro tem sido um aliado valioso e eficaz na busca desses desideratos. Mas o aprofundamento democrático impõe, também, o resgate de valores éticos, o exercício da cidadania e um projeto de país inclusivo de toda a gente. Um bom programa para o próximo milênio.

---

89. Sobre o tema, v. o ensaio de Umberto Eco, *Quando o outro entra em cena, nasce a ética*, in Umberto Eco e Carlo Maria Martini, *Em que crêem os que não crêem?*, 2001, p. 83: "A dimensão ética começa quando entra em cena o outro. Toda lei, moral ou jurídica, regula relações interpessoais, inclusive aquelas com um Outro que a impõe".

II. Síntese das idéias desenvolvidas

Ao final desta exposição, que procurou reconstituir alguns dos antecedentes teóricos e filosóficos do direito constitucional brasileiro, é possível compendiar de forma sumária as idéias expostas, nas proposições seguintes:

1. O constitucionalismo foi o projeto político vitorioso ao final do milênio. A proposta do minimalismo constitucional, que procura destituir a Lei Maior de sua dimensão política e axiológica, para reservar-lhe um papel puramente procedimental, não é compatível com as conquistas do processo civilizatório. O ideal democrático realiza-se não apenas pelo princípio majoritário, mas também pelo compromisso na efetivação dos direitos fundamentais.

2. A dogmática jurídica tradicional desenvolveu-se sob o mito da objetividade do Direito e o da neutralidade do intérprete. Coube à teoria crítica desfazer muitas das ilusões positivistas do Direito, enfatizando seu caráter ideológico e o papel que desempenha como instrumento de dominação econômica e social, disfarçada por uma linguagem que a faz parecer natural e justa. Sua contribuição renovou a percepção do conhecimento jurídico convencional, sem, todavia, substituí-lo por outro. Passada a fase da desconstrução, a perspectiva crítica veio associar-se à boa doutrina para dar ao Direito uma dimensão transformadora e emancipatória, mas sem desprezo às potencialidades da legalidade democrática.

3. O pós-positivismo identifica um conjunto de idéias difusas que ultrapassam o legalismo estrito do positivismo normativista, sem recorrer às categorias da razão subjetiva do jusnaturalismo. Sua marca é a ascensão dos valores, o reconhecimento da normatividade dos princípios e a essencialidade dos direitos fundamentais. Com ele, a discussão ética volta ao Direito. O pluralismo político e jurídico, a nova hermenêutica e a ponderação de interesses são componentes dessa reelaboração teórica, filosófica e prática que fez a travessia de um milênio para o outro.

4. O novo direito constitucional brasileiro, cujo desenvolvimento coincide com o processo de redemocratização e reconstitucionalização do país, foi fruto de duas mudanças de paradigma: a) a busca da efetividade das normas constitucionais, fundada na premissa da força normativa da Constituição; b) o desenvolvimento de uma dogmática da interpretação constitucional, baseada em novos métodos herme-

nêuticos e na sistematização de princípios específicos de interpretação constitucional. A ascensão política e científica do direito constitucional brasileiro conduziram-no ao centro do sistema jurídico, onde desempenha uma função de *filtragem constitucional* de todo o direito infraconstitucional, significando a interpretação e leitura de seus institutos à luz da Constituição.

5. O direito constitucional, como o direito em geral, tem possibilidades e limites. A correção de vicissitudes crônicas da vida nacional, como a ideologia da desigualdade e a corrupção institucional, depende antes da superação histórica e política dos ciclos do atraso, do que de normas jurídicas. O aprofundamento democrático no Brasil está subordinado ao resgate de valores éticos, ao exercício da cidadania e a um projeto generoso e inclusivo de país.

A Ordem Econômica Constitucional e os Limites à Atuação Estatal no Controle de Preços

SUMÁRIO: *I. Nota prévia. Parte I. Constituição, ordem econômica e intervenção estatal. II. Fundamentos da ordem econômica: livre iniciativa e valorização do trabalho humano. III. Princípios da ordem econômica. III.1. Princípios de funcionamento; III.2. Princípios-fins. IV. Agentes da ordem econômica. IV.1. Papel do Estado na ordem econômica; IV.2. Papel da iniciativa privada na ordem econômica. V. Intervenção estatal na ordem econômica: disciplina. V.1. Modalidades de intervenção estatal na ordem econômica; V.2. Limites e fundamentos legítimos da intervenção disciplinadora; a) Limites da disciplina; b) Fundamentos da disciplina. Parte II. Limites constitucionais à disciplina de preços por parte do Estado. VI. Competência estatal em matéria de preços privados. VI.1. A livre fixação de preços é elemento fundamental da livre iniciativa. O controle prévio de preços como política pública regular viola princípio constitucional; VI.2. Somente em situação de anormalidade do mercado, ausentes as condições regulares de livre concorrência, o princípio da livre iniciativa poderá sofrer ponderação para admitir o controle prévio de preços; VI.3. Pressupostos constitucionais para o controle prévio de preços. VII. Conclusão.*

I. Nota prévia

O estudo que se segue encontra-se dividido em duas partes. Na parte I, procura-se delinear doutrinariamente o papel econômico do Estado e seus limites legítimos. Na parte II, desenvolve-se o estudo das possibilidades e limites da ação estatal no que diz respeito a preços privados em geral. Doze anos após a reconstitucionalização, estes temas ainda suscitam perplexidades diversas e não foram pacificados na doutrina, na jurisprudência e na prática dos Poderes públicos.

Doutrinadores eminentes sustentam o ponto de vista de que, no Brasil, após a Constituição de 1988, não mais seria legítimo qualquer tipo de atuação estatal no controle de preços, à vista do princípio da livre concorrência[1]. Há um conjunto bem articulado de argumentos em favor dessa tese, sem embargo de existir pronunciamento jurisprudencial relevante em sentido diverso[2]. Cabe-me declinar, por dever de honestidade científica, que não é esta a minha convicção, consoante externei em artigo doutrinário escrito ainda em 1993[3].

---

1. Essa é a posição, dentre outros autores, de Diogo de Figueiredo Moreira Neto, *Ordem econômica e desenvolvimento na Constituição de 1988*, 1989, p. 69/70; Celso Ribeiro Bastos, *Comentários à Constituição do Brasil*, 1990, p. 16/17; Miguel Reale Júnior, *Casos de direito constitucional*, 1992, p. 18/19; Marcos Juruena Villela Souto, *Constituição econômica*, Cadernos de direito tributário 4, 1993, p. 250 e Dinorá Adelaide Muselli Grotti, *Intervenção do estado na economia*, Revista dos Tribunais — Cadernos de Direito Constitucional e Ciência Política n° 15, 1996, p. 74.
2. Trata-se da decisão do Supremo Tribunal Federal na ADIN n° 319-DF que, por maioria, considerou constitucional a Lei n° 8.039/90, que dispunha sobre critérios de reajustes das mensalidades escolares. Vale registrar que não se está integralmente de acordo com as premissas e conclusões da referida decisão, que, excessivamente marcada pelas circunstâncias do caso concreto, não produziu fundamentos de validade geral.
3. Luís Roberto Barroso, *A crise econômica e o direito constitucional*, in Revista Forense n° 323/83, p. 92: "A despeito do reconhecimento que merecem os autores citados — ambos da maior suposição — parece-me radical o ponto de vista de que o princípio da livre concorrência veda, *tout court*, a possibilidade de o Governo controlar preços, inclusive por tabelamento ou congelamento. É preciso ter em conta outros valores da ordem constitucional que atenuam a rigidez de tal colocação, como, *v.g.*, a defesa do consumidor (art. 170, V) e a

De fato, não tendo o princípio caráter absoluto, pode haver situações excepcionais de intervenção estatal legítima em matéria de preços. Esta possibilidade, eventual e drástica, não se confunde com a idéia que tem ganho curso em certos segmentos governamentais: a de que a livre iniciativa, decisão política fundamental do constituinte de 1988, deva ceder passo diante de todos os demais bens em alguma medida valorados pela Constituição. Ou pior: deva submeter-se às decisões circunstanciais da conveniência política.

A questão é complexa e será objeto de apreciação analítica, em um esforço para delimitar o espaço próprio de irradiação de cada um dos princípios relevantes, bem como dos parâmetros dentro dos quais os juízos de ponderação deverão operar. A trajetória delineada inclui a análise de aspectos jurídico-constitucionais da ordem econômica e do papel reservado à iniciativa privada e ao Estado, com ênfase nos fundamentos e limites da intervenção disciplinadora do Poder Público sobre a atuação privada.

Parte I
CONSTITUIÇÃO, ORDEM ECONÔMICA E INTERVENÇÃO ESTATAL

II. Fundamentos da ordem econômica: livre iniciativa e valorização do trabalho humano

A *livre iniciativa* e o *valor do trabalho humano* são dois dos princípios fundamentais do Estado brasileiro e os fundamentos da ordem econômica. Essa é a dicção expressa dos arts. 1º, IV, e 170, *caput*, da Carta, *in verbis*:

> "*Art. 1º. A República Federativa do Brasil (...) tem como fundamentos:*
> ....
> *IV — os valores sociais do trabalho e da livre iniciativa;*"

---

repressão do abuso do poder econômico que vise à dominação dos mercados, à eliminação da concorrência e o aumento arbitrário de lucros (art. 173, § 4º)".

> "Art. 170. A ordem econômica, fundada na valorização do trabalho humano e na livre iniciativa (...)".

Tais princípios correspondem a decisões políticas fundamentais do constituinte originário[4] e, por essa razão, subordinam toda a ação no âmbito do Estado, bem como a interpretação das normas constitucionais e infraconstitucionais. A ordem econômica, em particular, e cada um de seus agentes — os da iniciativa privada e o próprio Estado — estão vinculados a esses dois bens: a valorização do trabalho *[e, a fortiori, de quem trabalha,]* e a livre iniciativa de todos — que, afinal, também abriga a idéia de trabalho —, espécie do gênero liberdade humana.

A Constituição de 1988 cuidou de concretizar *o princípio da valorização do trabalho* em regras concentradas em seu art. 7º, onde se pode encontrar um rol de direitos assegurados aos trabalhadores[5]. O elenco que ali figura não exclui outros direitos que visem à melhoria de sua condição social, nos termos expressos do *caput* do mesmo artigo[6]. O constituinte prestigiou, nessa mesma linha, o trabalho dos autores e inventores, através das garantias do direito autoral (art. 5º, XXVII) e da proteção patentária (art. 5º, XXIX), e daqueles profissionais que participam de espetáculos públicos ou de obras coletivas (art. 5º, XXVIII). O fundamento da proteção ao trabalhador e da valorização do trabalho encontra-se na própria dignidade da pessoa humana (art. 1º, III).

O *princípio da livre iniciativa*, por sua vez, pode ser decomposto em alguns elementos que lhe dão conteúdo, todos eles desdobrados no texto constitucional. Pressupõe ele, em primeiro lugar, a existência de *propriedade privada*, isto é, de apropriação particular dos bens e dos meios de produção (CF, arts. 5º, XXII e 170, II). De parte isto, integra, igualmente, o núcleo da idéia de livre iniciativa a *liberdade de empresa*, conceito materializado no parágrafo único do art. 170, que assegura a todos o livre exercício de qualquer atividade

---

4. Sobre o conceito de *decisões políticas fundamentais*, v. Carl Schmitt, *Teoría de la Constitución*, 1970.
5. Ainda que alguns permaneçam paralisados pela inércia do legislador.
6. CF, art. 7º, *caput*: "São direitos dos trabalhadores urbanos e rurais, além de outros que visem à melhoria de sua condição social:".

econômica, independentemente de autorização, salvo nos casos previstos em lei. Em terceiro lugar situa-se a *livre concorrência*, lastro para a faculdade de o empreendedor estabelecer os seus preços, que hão de ser determinados pelo mercado, em ambiente competitivo (CF, art. 170, IV). Por fim, é da essência do regime de livre iniciativa a *liberdade de contratar*, decorrência lógica do princípio da legalidade, fundamento das demais liberdades, pelo qual ninguém será obrigado a fazer ou deixar de fazer alguma coisa senão em virtude de lei (CF, art. 5º, II).

É bem de ver que, embora a referência à livre iniciativa seja tradicional nos textos constitucionais brasileiros, a Carta de 1988 traz uma visão bem diversa da ordem econômica e do papel do Estado, em contraste com os modelos anteriores. Já não se concede mais, como fazia a Carta de 1967/69, ampla competência na matéria ao legislador ordinário, ao qual era reconhecida até mesmo a possibilidade de instituir monopólios estatais[7]. As exceções ao princípio da livre iniciativa, portanto, haverão de estar autorizadas pelo próprio texto da Constituição de 1988 que o consagra. Não se admite que o legislador ordinário possa livremente excluí-la, salvo se agir fundamentado em outra norma constitucional específica.[8]

Note-se desde logo que não há norma constitucional que autorize o estabelecimento de controle prévio de preços no âmbito do mercado. Apenas a atuação repressiva do Poder Público está constitucionalmente prevista, nos termos do art. 173, § 4º da Carta[9], a ser

---

7. Esse era o teor do art. 163 da Constituição de 1967/69: "São facultados a intervenção no domínio econômico e o monopólio de determinada indústria ou atividade, mediante lei federal, quando indispensável por motivo de segurança nacional ou para organizar setor que não possa ser desenvolvido com eficácia no regime de competição e de liberdade de iniciativa, assegurados os direitos e garantias individuais.".

8. Nesse sentido, v. Diogo de Figueiredo Moreira Neto, *Ordem econômica e desenvolvimento na Constituição de 1988*, 1989, p. 69/70: "Este rol constitucional de instrumentos de intervenção regulatória é exaustivo: não admite ampliação por via interpretativa, uma vez que representam, cada um deles, uma exceção ao princípio da livre iniciativa (art. 1º, IV, e art. 170, caput) e, mais precisamente, ao princípio da livre concorrência (art. 170, IV). Qualquer outra modalidade interventiva, admissível genericamente no art. 163 da antiga Carta (...) perde, na vigente, seu suporte constitucional."

9. CF, art. 173, § 4º: "A lei reprimirá o abuso do poder econômico que vise à

desencadeada a partir da apuração da prática de ilícitos em decorrência do abuso de poder econômico. É por essa razão que boa parte da doutrina rejeita qualquer forma de controle prévio de preços, como é o caso de Diogo de Figueiredo Moreira Neto, que registrou expressamente:

> "É o caso para tocarmos num exemplo de grande importância, do controle estatal de preços. Essa prática, largamente utilizada no autoritarismo econômico, durante várias décadas neste País, mas tão prejudicial à competição, tão incompatível com uma política de desenvolvimento (hoje, princípio constitucional — art. 3º, II), tão perigosa pelas distorções que gera (como nos casos dos planos 'Cruzado' e 'Verão'), teve seu fim, com muito atraso, na Constituição de 1988. Não será mais possível à burocracia incompetente fazer demagogia com preços.
> A intervenção regulatória nos preços não exclui, todavia, a modalidade sancionatória, sempre que se caracterizarem as transgressões previstas no art. 173, § 4º, casos em que o Estado estará autorizado a intervir vinculada e motivadamente."[10]

Tal ponto de vista, embora bem fundado e trazendo a autoridade de seu autor, não corresponde à minha convicção doutrinária, como já assinalado. Penso ser preciso conceder que, em situações excepcionais, o controle prévio de preços poderá justificar-se, com fundamento nos próprios princípios da livre iniciativa e da livre concorrência. Será este o caso quando esta medida extrema for essencial para reor-

---

dominação dos mercados, à eliminação da concorrência e ao aumento arbitrário dos lucros".

10. Diogo de Figueiredo Moreira Neto, *Ordem econômica e desenvolvimento na Constituição de 1988*, 1989, p. 69/70. Essa é também a posição de muitos outros autores: Celso Ribeiro Bastos, *Comentários à Constituição do Brasil*, 1990, p. 16/17; Miguel Reale Júnior, *Casos de direito constitucional*, 1992, p. 18/19; Marcos Juruena Villela Souto, *Constituição econômica*, Cadernos de direito tributário 4, 1993, p. 250 e Dinorá Adelaide Muselli Grotti, *Intervenção do Estado na economia*, Revista dos Tribunais — Cadernos de Direito Constitucional e Ciência Política nº 15, 1996, p. 74.

ganizar um mercado deteriorado, no qual esses dois princípios tenham entrado em colapso e não mais operem regularmente. De qualquer sorte, ainda nessa hipótese, o controle de preços somente será considerado legítimo se obedecer a um conjunto de pressupostos, que serão examinados adiante.

Cabe, nesse passo, uma breve anotação sobre a teoria dos princípios e como eles se inserem na ordem jurídica como um todo. Como já assinalado, nenhum princípio é absoluto. O princípio da livre iniciativa, portanto, assim como os demais, deve ser ponderado com outros valores e fins públicos previstos no próprio texto da Constituição. Sujeita-se, assim, à atividade reguladora e fiscalizadora do Estado, cujo fundamento é a efetivação das normas constitucionais destinadas a neutralizar ou reduzir as distorções que possam advir do abuso da liberdade de iniciativa e aprimorar-lhe as condições de funcionamento.

A ponderação é a técnica utilizada para a neutralização ou atenuação da colisão de normas constitucionais. Destina-se a assegurar a convivência de princípios que, caso levados às últimas conseqüências, acabariam por se chocar[11]. É o que acontece, *e.g.*, com a liberdade de

---

11. Luís Roberto Barroso, *Temas de direito constitucional*, p. 65-8: "O direito, como se sabe, é um sistema de normas harmonicamente articuladas. Uma situação não pode ser regida simultaneamente por duas disposições legais que se contraponham. Para solucionar essas hipóteses de conflito de leis, o ordenamento jurídico se serve de três critérios tradicionais: o da *hierarquia* (...), o *temporal* (...) e o da *especialização* (...). Esses critérios, todavia, não são satisfatórios quando o conflito se dá entre normas constitucionais. (...) A ponderação de valores é a técnica pela qual o intérprete procura lidar com valores constitucionais que se encontrem em linha de colisão. Como não existe um critério abstrato que imponha a supremacia de um sobre o outro, deve-se, à vista do caso concreto, fazer concessões recíprocas, de modo a produzir-se um resultado socialmente desejável, sacrificando o mínimo de cada um dos princípios ou direitos fundamentais em oposição. O legislador não pode, arbitrariamente, escolher um dos interesses em jogo e anular o outro, sob pena de violar o texto constitucional. Relembre-se: as regras incidem sob a forma de 'tudo ou nada' (Dworkin), ao passo que os princípios precisam ser sopesados". Sobre a teoria dos princípios e a ponderação de valores, veja-se Ronald Dworkin, *Taking rights seriously*, 1977; Robert Alexy, *Teoria de los derechos fundamentales*, 1997, p. 83; Daniel Sarmento, *A ponderação de interesses na Constituição Federal*, 2000; e Heinrich Scholler, O *princípio da proporcionalidade no direito constitucional e administrativo da Alemanha*, Trad. Ingo Wolfgang Sarlet, 1999, Revista Interesse Público nº 2, p. 93 e ss.

expressão e o direito à vida privada e à honra ou com o direito à propriedade e sua função social[12]. É evidente, entretanto, que a ponderação encontra limites no conteúdo próprio e típico de cada princípio. Não fosse assim, a interpretação constitucional seria um mero jogo de palavras sem conteúdo e sem valor. Bastaria afirmar que se está "ponderando" um determinado princípio para, por essa expressão mágica, o intérprete encontrar-se autorizado a transgredir livremente o que o princípio determina. Estar-se-ia diante de uma grande fraude à Constituição, finamente captada por Celso Antonio Bandeira de Mello:

> "*Um fundamento constitucional que pudesse ser arredado por obra de legislação ordinária ou um princípio que esta pudesse menoscabar, a toda evidência, nada valeriam e o constituinte seria um rematado tolo se houvesse pretendido construí-los com tal fragilidade.*"[13]

Particularmente acerca da livre iniciativa e dos demais princípios que com ela convivem, escreveu ainda uma vez Diogo de Figueiredo Moreira Neto:

> "O *princípio da* liberdade de iniciativa *tempera-se pelo da iniciativa suplementar do Estado; o princípio da* liberdade de empresa *corrige-se com o da definição da função social da empresa; o princípio da* liberdade de lucro, *bem como o da* liberdade de competição, *moderam-se com o da repressão do abuso de poder econômico; o princípio da* liberdade de contratação *limita-se pela aplicação dos princípios de valorização do trabalho e da harmonia e solidariedade entre as categorias sociais de produção; e, finalmente, o princípio da* propriedade privada *restringe-se com o princípio da função social da propriedade.*"[14] (grifos no original)

---

12. Sobre o assunto, v. também Luis Gustavo Grandinetti Castanho de Carvalho, *Direito de informação e liberdade de expressão*, 1999.
13. Celso Antonio Bandeira de Mello, *Curso de direito administrativo*, 1999, p. 490/1.
14. Diogo de Figueiredo Moreira Neto, *Ordem econômica e desenvolvimento na Constituição de 1988*, 1989, p. 28.

Ora bem: se a liberdade para fixar preços de acordo com o mercado concorrencial é da própria essência da livre iniciativa, ela não pode ser eliminada de forma peremptória, sob pena de negação do princípio, e não de ponderação com outros valores. A menos que — e este é o ponto a que se chegará mais à frente — o controle prévio fosse necessário para recompor o próprio sistema de livre iniciativa.

Além desses dois princípios fundamentais — livre iniciativa e valorização do trabalho —, o art. 170 apresenta, ainda, um conjunto de princípios setoriais[15] que, em harmonia com esses, deverão conduzir a ordem econômica. A eles se dedica o tópico seguinte.

III. Princípios da ordem econômica

Além de repetir que a valorização do trabalho humano e a livre iniciativa constituem os fundamentos da ordem econômica, como já o são do Estado de forma mais geral, o art. 170 da Constituição enuncia os demais princípios que devem orientar a atuação do Estado e dos particulares nos processos de produção, circulação, distribuição e consumo das riquezas do País. Confira-se a íntegra do dispositivo:

> *"Art. 170. A ordem econômica, fundada na valorização do trabalho humano e na livre iniciativa, tem por fim assegurar a todos existência digna, conforme os ditames da justiça social, observados os seguintes princípios:*
> *I — soberania nacional;*
> *II — propriedade privada;*
> *III — função social da propriedade;*
> *IV — livre concorrência;*
> *V — defesa do consumidor;*
> *VI — defesa do meio ambiente;*
> *VII — redução das desigualdades regionais e sociais;*
> *VIII — busca do pleno emprego;*
> *IX — tratamento favorecido para as empresas de pequeno porte constituídas sob as leis brasileiras e que tenham sua sede e administração no País."*

---

15. Sobre a distinção entre princípios fundamentais, gerais e setoriais, v. Luís Roberto Barroso, *Interpretação e aplicação da constituição*, 1999, p. 147 e ss.

Da leitura dos princípios setoriais em questão, é fácil perceber que não há uma homogeneidade funcional entre eles. O papel que a livre concorrência desempenha na ordem econômica é diverso daquele reservado ao princípio que propugna pela busca do pleno emprego ou pela redução das desigualdades regionais e sociais. À vista dessa constatação, é possível agrupar estes princípios em dois grandes grupos, conforme se trate de *princípios de funcionamento* da ordem econômica e de *princípios-fins*. Em linhas gerais, os *princípios de funcionamento* estabelecem os parâmetros de convivência básicos que os agentes da ordem econômica deverão observar. Os *princípios-fins*, por sua vez, descrevem realidades materiais que o constituinte deseja sejam alcançadas. Convém analisar cada uma dessas categorias separadamente.

III.1. Princípios de funcionamento

Os princípios de funcionamento referem-se à dinâmica das relações produtivas, às quais todos os seus agentes estão vinculados. Podem ser classificados como *princípios de funcionamento* aqueles referidos nos incisos I a VI do artigo 170, a saber: a) soberania nacional, b) propriedade privada, c) função social da propriedade, d) livre concorrência, e) defesa do consumidor, e f) defesa do meio ambiente.

a) Soberania nacional

Soberania é um atributo essencial do Estado, sendo conceito de dupla significação: do ponto de vista do direito internacional, expressa a idéia de igualdade, de não subordinação; do ponto de vista interno traduz a supremacia da Constituição e da lei, e da superioridade jurídica do Poder Público na sua interpretação e aplicação. Se o Estado brasileiro decretar embargo comercial a um país, proibindo as exportações, todas as empresas terão de sujeitar-se. Se partes privadas escolherem contratualmente a aplicação de lei estrangeira em matéria na qual a norma brasileira seja de aplicação cogente, é esta que prevalecerá. A própria reserva de mercado em setor estratégico é manifestação de soberania nacional na ordem econômica.

b) Propriedade privada e função social da propriedade

A propriedade privada é condição inerente à livre iniciativa e lugar da sua expansão[16], além de direito individual constitucionalmente assegurado[17]. Sua função como princípio setorial da ordem econômica é, em primeiro lugar, assegurar a todos os agentes que nela atuam ou pretendam atuar a possibilidade de apropriação privada dos bens e meios de produção. Ao mesmo tempo, impõe aos indivíduos em geral o respeito à propriedade alheia e limita a ação do Estado, que só poderá restringir o direito à propriedade nas hipóteses autorizadas pela Constituição Federal[18].

Nada obstante, e superando uma concepção puramente individualista da propriedade, o texto constitucional estabeleceu que, na ordem econômica por ele disciplinada, a propriedade deverá ter uma função social. O conceito é relativamente difuso, mas abriga idéias centrais como o aproveitamento racional, a utilização adequada dos recursos naturais, a preservação do meio ambiente, o bem-estar da comunidade[19]. A frustração de tal mandamento constitucional dá ensejo a sanções previstas na própria Carta[20].

---

16. Tércio Sampaio Ferraz Jr, *Congelamento de preços — tabelamentos oficiais (parecer)*, Revista de Direito Público nº 91, 1989, p. 77.
17. CF, art. 5º, XXII.
18. A Constituição enunciou quatro formas de intervenção estatal na propriedade privada, a saber: a) a instituição e cobrança de tributos, obedecidas as limitações constitucionais ao poder de tributar (art. 148 e ss., especialmente o art.150), dentre as quais figura a proibição de utilizar tributo com efeito de confisco; b) privação de bens por meio de devido processo legal, assegurada a ampla defesa e o contraditório aos litigantes (art. 5º, LIV e LV); c) o perdimento de bens (art. 5º, XLVI, b) e a expropriação, sem indenização, dos bens envolvidos no cultivo de plantas psicotrópicas e no tráfico de entorpecentes (art. 243), como modalidade de pena criminal; e d) a desapropriação, garantida, como regra, prévia e justa indenização, e a requisição ou ocupação temporárias, assegurada igualmente a indenização se houver dano (arts. 5º, XXIV, 182, § 4º, III, 184 e 5º, XXV).
19. Miguel Reale Jr., *Casos de direito constitucional*, 1992, p. 14: "A propriedade exerce uma função social, se realiza um fim economicamente útil, produtivo e em benefício do proprietário e de terceiros, mormente os que com o trabalho intervêm no processo de utilização de meios econômicos.".
20. *E.g.*, CF, arts. 182, § 4 e 184.

c) Livre concorrência e defesa do consumidor

O princípio da livre concorrência, corolário direto da liberdade de iniciativa, expressa a opção pela economia de mercado. Nele se contém a crença de que a competição entre os agentes econômicos, de um lado, e a liberdade de escolha dos consumidores, de outro, produzirão os melhores resultados sociais: qualidade dos bens e serviços e preço justo. Daí decorre que o Poder Público não pode pretender substituir a regulação natural do mercado por sua ação cogente, salvo as situações de exceção que serão aqui tratadas. Por outro lado, os agentes privados têm não apenas direito subjetivo à livre concorrência, mas também o dever jurídico de não adotarem comportamentos anticoncorrenciais, sob pena de se sujeitarem à ação disciplinadora e punitiva do Estado.

Em suma: a opção por uma economia capitalista se funda na crença de que o método mais eficiente de assegurar a satisfação dos interesses do consumidor de uma forma geral é através de um mercado em condições de livre concorrência, especialmente no que diz respeito a preços.

A experiência demonstrou, todavia, que o sistema de auto-regulação do mercado nem sempre é eficaz em relação a um conjunto de outros aspectos dos produtos e serviços, como qualidade e segurança, veracidade das informações ao consumidor, vedação de cláusulas abusivas, atendimento pós-consumo etc. Daí a necessidade de uma regulamentação específica de proteção ao consumidor, que veio inscrita inclusive como um direito individual constitucionalizado[21]. Trata-se, aqui, tanto de um princípio de funcionamento da ordem econômica, ao qual está vinculada a iniciativa privada, quanto de um dever do Estado. A ele cabe, não apenas assegurar um mercado efetivamente concorrencial, como também criar condições eqüitativas entre partes naturalmente desiguais, ainda que de forma induzida, e assegurar condições objetivas de boa-fé negocial[22].

---

21. CF, art. 5º, XXXII: "o Estado promoverá, na forma da lei, a defesa do consumidor;".
22. Sobre o tema, v. Teresa Negreiros, *Fundamentos para uma interpretação constitucional do princípio da boa-fé*, 1998.

d) Defesa do meio ambiente

Por fim, a preservação do meio ambiente condiciona o exercício das atividades econômicas em geral. O constituinte de 1988 não apenas incluiu sua defesa entre os princípios da ordem econômica (CF, art. 170, VI), como também dedicou todo um capítulo (Capítulo VI do Título VIII) à sua disciplina, elevando-o à categoria de direito de todos. Confira-se o teor do *caput* do art. 225 da Carta, *in verbis*:

> *"Art. 225. Todos têm direito ao meio-ambiente ecologicamente equilibrado, bem de uso comum do povo e essencial à sadia qualidade de vida, impondo-se ao Poder Público e à coletividade o dever de defendê-lo e preservá-lo, para as presentes e futuras gerações."*

O agente econômico, público ou privado, não pode destruir o meio ambiente a pretexto de exercer seu direito constitucionalmente tutelado da livre iniciativa. Um ambiente saudável é o limite ao livre exercício da atividade econômica e, para defendê-lo e garantir a sadia qualidade de vida da população, o Estado tem o poder-dever de intervir na atuação empresarial, mediante a edição de leis e regulamentos que visem a promover o desenvolvimento sustentado[23].

Este conjunto de princípios setoriais, acima examinados, forma, em suma, as "regras do jogo", que limitam e obrigam a conduta dos particulares. O destinatário principal dos princípios de funcionamento da ordem econômica é, como se vê, a iniciativa privada (e também o Estado quando atua empresarialmente, nos termos do art. 173 da Constituição[24]). Cabe ao Poder Público, nesse particular, regulamen-

---

23. Maria Helena Diniz, *Dicionário jurídico*, vol.2, 1998, p. 94. A autora define a já célebre expressão nos seguintes termos: "Desenvolvimento sustentado. *Direito Internacional Público*. Segundo a Comissão Mundial sobre Meio Ambiente e Desenvolvimento, é aquele que visa atender às necessidades do presente, sem que se comprometa a capacidade da futura geração de satisfazer as próprias necessidades". Observe-se que os deveres do Estado para com a preservação do meio-ambiente não se restringem à regulação das atividades econômicas.
24. CF, art. 173: "Ressalvados os casos previstos nesta Constituição, a exploração direta de atividade econômica pelo Estado só será permitida quando neces-

tar aquilo que lhe compete — como, *e.g.*, os direitos do consumidor — e respeitar, sem outras interferências não autorizadas, o exercício da livre iniciativa.

III.2. Princípios-fins

Os princípios-fins delineiam os objetivos que, como produto final, a ordem econômica como um todo deverá atingir. Eles figuram tanto no *caput* do art. 170 quanto em seus incisos finais. São eles: (i) existência digna para todos; (ii) redução das desigualdades regionais e sociais, (iii) busca do pleno emprego; (iv) e a expansão das empresas de pequeno porte constituídas sob as leis brasileiras e que tenham sua sede e administração no país.

Cada um desses princípios descreve uma realidade fática desejada pelo constituinte e comandada ao Poder Público. Assim, o constituinte deseja o fortalecimento das empresas brasileiras de pequeno porte, admitindo, então, tratamento favorecido por parte do Estado. Além disso, a Constituição harmoniza os objetivos da ordem econômica — redução das desigualdades, pleno emprego e existência digna para todos — com os objetivos fundamentais da República Federativa do Brasil, constantes do art. 3º da Carta. Também ali pode-se ler, nos incisos III e IV, que erradicar a pobreza e a marginalização, reduzir as desigualdades sociais e regionais, e promover o bem de todos, sem preconceitos de origem, raça, sexo, cor, idade e quaisquer outras formas de discriminação, são objetivos fundamentais do Estado brasileiro como um todo[25].

---

sária aos imperativos da segurança nacional ou a relevante interesse coletivo, conforme definidos em lei.". O § 1º, II, do mesmo artigo complementa: "§ 1º A lei estabelecerá o estatuto jurídico da empresa pública, da sociedade de economia mista e de suas subsidiárias que explorem atividade econômica de produção ou comercialização de bens ou de prestação de serviços, dispondo sobre: (...) II — a sujeição ao regime jurídico próprio das empresas privadas, inclusive quanto aos direitos e obrigações civis, comerciais, trabalhistas e tributários;".

25. CF, art. 3º, III e IV: "Constituem objetivos fundamentais da República Federativa do Brasil (...) III — erradicar a pobreza e a marginalização e reduzir as desigualdades sociais e regionais; IV — promover o bem de todos, sem preconceitos de origem, raça, sexo, cor, idade e quaisquer outras formas de discriminação.".

Assim, como a própria expressão sugere, os *princípios-fins* são finalidades a que visa o Estado na ordem econômica, já que, ao lado dos particulares, o Poder Público também é um agente econômico. Vale dizer, representam os objetivos sociais do Estado dentro dessa mesma ordem, informando a política econômica do Governo no sentido da plena realização dos preceitos constitucionais.

Uma última observação importante a ser feita a respeito dos princípios setoriais, em qualquer de suas categorias, é que nenhum deles — desde a meta de assegurar a todos existência digna, até o tratamento favorecido para as empresas nacionais de pequeno porte — poderá contrariar ou esvaziar os princípios fundamentais da ordem econômica, tal como positivados no *caput* do art. 170, ainda que lhes estabeleçam certo nível de restrições. Não se pode, sob o pretexto de realizar qualquer deles, eliminar a livre iniciativa ou depreciar o trabalho humano. Confira-se, sobre o ponto, Celso Antonio Bandeira de Mello, *in verbis*:

> *"Seria um verdadeiro absurdo, um contra-senso cabal, extrair do parágrafo de um artigo a outorga de poder para nulificar o que se contém em sua cabeça e em um de seus incisos; o disparate interpretativo seria particularmente inadmissível quando se sabe que o artigo e o inciso em questão (170 e seu inciso IV) apresentam-se, e de modo declarado, como sendo respectivamente, um dos 'fundamentos da ordem econômica' e um dos 'princípios' retores dela. Um fundamento constitucional que pudesse ser arredado por obra de legislação ordinária ou um princípio que esta pudesse menoscabar, a toda evidência, nada valeriam e o constituinte seria um rematado tolo se houvesse pretendido construí-los com tal fragilidade."*[26]

A conclusão a que se chega, portanto, é que nenhum desses princípios setoriais poderá restringir a livre iniciativa a ponto de afetar seus elementos essenciais. Sendo a livre fixação de preços um desses elementos, não se poderá excepcioná-la apenas com fundamento em

---

26. Celso Antonio Bandeira de Mello, *Curso de direito administrativo*, 1999, p. 490/1.

qualquer desses princípios, pois isso representaria uma violação do fundamento da própria ordem econômica.

IV. Agentes da ordem econômica

IV.1. Papel do Estado na ordem econômica

Preservação e promoção dos princípios de funcionamento e implementação de programas para a realização dos princípios-fins

Em linha de coerência com a classificação acima delineada — princípios de funcionamento e princípios-fins —, varia o papel do Estado na implementação de cada um deles. Os princípios de funcionamento, relembre-se, são endereçados primordialmente à atividade do setor privado. Os princípios-fins determinam a política econômica estatal. Veja-se, brevemente, o conteúdo e os limites da atuação estatal na realização de cada um deles.

Cabe ao Estado fiscalizar o regular atendimento, pela iniciativa privada, dos princípios de funcionamento da ordem econômica. No desempenho dessa competência, deverá editar normas coibindo abusos contra o consumidor, prevenindo danos à natureza ou sancionando condutas anti-concorrenciais, para citar alguns exemplos. Ao traçar esta disciplina, deverá o Poder Público, como natural, pautar-se no quadro da Constituição, tendo como vetor interpretativo os fundamentos do Estado e da ordem econômica: livre iniciativa e valorização do trabalho.

É certo que alguns dos princípios setoriais podem autorizar a produção de normas que interfiram com a livre-iniciativa. Isto é natural e inevitável. Mas tais princípios não têm força jurídica para validar atos que venham suprimir a livre iniciativa ou vulnerá-la no seu núcleo essencial. Tércio Sampaio Feraz Jr., em estudo sobre o tema, sintetizou o papel do Estado na preservação e promoção dos princípios de funcionamento da ordem econômica, *verbis*:

> "*Em conseqüência, deve-se dizer, portanto, que o sentido do papel do Estado como agente normativo e regulador está delimitado, negativamente, pela livre iniciativa, que não pode ser suprimida. O Estado, ao agir, tem o dever de omitir a sua supressão. Positivamente, os limites das fun-*

ções de fiscalização, estímulo e planejamento estão nos princípios da ordem, que são a sua condição de possibilidade. O primeiro deles é a soberania nacional. Nada fora do pacto constituinte. Nenhuma vontade pode se impor de fora do pacto constitucional, nem mesmo em nome de alguma racionalidade da eficiência, externa e tirânica. O segundo é a propriedade privada, condição inerente à livre iniciativa. O terceiro é a função social da propriedade, que tem a ver com a valorização do trabalho humano e confere o conteúdo positivo da liberdade de iniciativa. O quarto é a livre concorrência: a livre iniciativa é para todos, sem exclusões e discriminações. O quinto é a defesa do consumidor, devendo-se velar para que a produção esteja a serviço do consumo, e não este a serviço daquela. O sexto é a defesa do meio ambiente, entendendo-se que uma natureza sadia é um limite à atividade e também sua condição de exercício. (...)
Esses nove princípios não se contrapõem aos fundamentos da ordem, mas dão-lhes seu espaço relativo. ***Cumpre ao Estado assegurar os fundamentos, a partir dos princípios. Não se pode, por isso, em nome de qualquer deles eliminar a livre iniciativa nem desvalorizar o trabalho humano. Fiscalizar, estimular, planejar, portanto, são funções a serviço dos fundamentos da ordem, conforme seus princípios. Jamais devem ser entendidos como funções que, supostamente em nome dos princípios, destruam seus fundamentos.***" (negrito acrescentado)[27]

Cabe ao Estado, do mesmo modo, a responsabilidade de implementação dos princípios-fins contidos no art. 170, sempre visando a assegurar a todos existência digna, conforme os ditames da justiça social. No desempenho de tal atribuição, compete-lhe, por exemplo, levar a efeito programas que promovam a redução da desigualdade ou que visem ao pleno emprego. Ao mesmo tempo, é dever do Estado, como agente da ordem econômica, criar mecanismos de incentivo

---

27. Tércio Sampaio Ferraz Jr., *Congelamento de preços — tabelamentos oficiais* (parecer), *in* Revista de Direito Público nº 91, 1989, p. 77/78.

que estimulem a iniciativa privada a auxiliar na consecução desses mesmos fins.

Nessa linha de raciocínio, é próprio do papel do Estado procurar influir legitimamente nas condutas dos agentes econômicos, através de mecanismos de fomento — incentivos fiscais, financiamentos públicos, redução da alíquota de impostos —, sem que possa, todavia, obrigar a iniciativa privada à adesão. De fato, nos termos do art. 174 da Carta em vigor, o Estado exercerá funções de incentivo e planejamento, 'sendo este determinante para o setor público e indicativo para o setor privado'. Sobre o tema, vejam-se as manifestações precisas de Celso Antônio Bandeira de Mello e Marcos Juruena Villela Souto, respectivamente:

> *"... com o advento da Constituição de 1988, tornou-se enfaticamente explícito que nem mesmo o planejamento econômico — feito pelo Poder Público para algum setor de atividade ou para o conjunto deles — pode impor-se como obrigatório para o setor privado. É o que está estampado com todas as letras, no art. 174. (...)*
> *Em suma: a dicção categórica do artigo deixa explícito que, a título de planejar, o Estado não pode impor aos particulares nem mesmo o atendimento às diretrizes ou intenções pretendidas, mas apenas incentivar, atrair os particulares, mediante planejamento indicativo que se apresente como sedutor para condicionar a atuação da iniciativa privada."*
> (negrito acrescentado)[28]
> *"Se o planejamento é determinante para o setor público, por força do princípio da livre iniciativa, é apenas indicativo para o setor privado; quer dizer, o planejamento da economia não obriga a empresa privada a atuar em áreas consideradas estratégicas, mas apenas a incentiva (sanções positivas) a colaborar com o desenvolvimento que vai proporcionar o bem-estar geral (surgem benefícios fiscais, subsídios, empréstimos facilitados, etc.)"*[29]

---

28. Celso Antônio Bandeira de Mello, *Liberdade de iniciativa. Intromissão estatal indevida no domínio econômico*, 1999, in Revista de Direito Administrativo e Constitucional nº 1, p. 178/179.
29. Marcos Juruena Villela Souto, *Constituição econômica*, 1993, in Caderno de Direito Tributário nº 4, p. 232.

Em outras palavras, não se pode, sem prejuízo dos princípios fundamentais da ordem econômica, consagrados na Lei Maior, transferir aos particulares de forma cogente o ônus de concretizar princípios-fins de responsabilidade do Estado. A realização de seus próprios objetivos privados não é incompatível — deve-se enfatizar — com a função social da empresa e certos deveres de solidariedade, mas não inclui o de substituir-se ao Poder Público. Como é intuitivo, o papel da iniciativa privada na ordem econômica é diverso daquele desempenhado pelo Estado. O tema é desenvolvido a seguir.

IV.2. Papel da iniciativa privada na ordem econômica

De acordo com o sistema constitucional que aqui se vem expondo, é fora de dúvida que os particulares são os principais atores da ordem econômica brasileira. Têm eles direito subjetivo à livre concorrência e à busca do lucro e o dever jurídico de observarem os princípios de funcionamento da atividade econômica. O significado dessa preeminência da livre iniciativa foi captado e enfatizado por Tércio Sampaio Ferraz Jr., nos seguintes termos:

> *"Afirmar a livre iniciativa como base é reconhecer na liberdade um dos fatores estruturais da ordem, é afirmar a autonomia empreendedora do homem na conformação da atividade econômica, aceitando sua intrínseca contingência e fragilidade; é preferir, assim, uma ordem aberta ao fracasso a uma 'estabilidade' supostamente certa e eficiente. Afirma-se, pois, que a estrutura da ordem está centrada na atividade das pessoas e dos grupos e não na atividade do Estado. Isto não significa, porém, uma ordem do 'laissez faire', posto que a livre iniciativa se conjuga com a valorização do trabalho humano."*[30]

Tais idéias, naturalmente, não são incompatíveis com o conceito moderno de função social da empresa. Embora não referido de modo

---

30. Tércio Sampaio Ferraz Jr., *Congelamento de preços — tabelamentos oficiais (parecer)*, in Revista de Direito Público nº 91, 1989, p. 77.

expresso no texto constitucional, integra ele o sistema jurídico, como decorrência da idéia de Estado democrático de direito, inspirada por valores como justiça social e participação. A empresa há de ter compromisso social com os parceiros com os quais interage e com a sociedade como um todo.

Tem, assim, deveres para com seus empregados e com a valorização social do trabalho, na forma da lei, bem como com a oferta de emprego e, em última análise, com a existência digna para todos. De parte isto, tem obrigações para com seus fornecedores, que asseguram o ciclo produtivo, e com os consumidores[31], a quem se destina a atividade econômica e cujos direitos limitam seu exercício. Há também os vizinhos e a comunidade como um todo, titulares, em última análise, do direito ao meio ambiente saudável[32] e beneficiários indiretos da utilização produtiva da propriedade[33].

Há, por fim, a responsabilidade social mais geral, consistente na contribuição tributária regular — cujos recursos sustentam a própria existência do Estado e permitem a prestação dos serviços públicos, a entrega de utilidades sociais e as políticas públicas voltadas à realização dos fins estatais.

Como se pode singelamente constatar, o regular exercício de suas atividades pelas empresas privadas — como tal entendido o que observa os princípios de funcionamento da ordem econômica — já viabiliza uma parte importante do bem-estar social. O que o Estado não pode pretender, sob pena de subverter os papéis, é que a empresa privada, em lugar de buscar o lucro, oriente sua atividade para a consecução dos princípios-fins da ordem econômica como um todo, com sacrifício da livre-iniciativa. Isto seria dirigismo, uma opção por um modelo historicamente superado. O Poder Público não pode supor, *e.g.*, que uma empresa esteja obrigada a admitir um número x de empregados, independentemente de suas necessidades, apenas para promover o pleno emprego. Ou ainda que o setor privado deva compulsoriamente doar produtos para aqueles que não têm condições de adquiri-los, ou que se instalem fábricas obrigatoriamente em determinadas regiões do País, de modo a impulsionar seu desenvolvimento.

---

31. CF, art. 170, V.
32. CF, art. 170, VI.
33. CF, art. 170, III.

Ao Estado, e não à iniciativa privada, cabe desenvolver ou estimular práticas redistributivistas ou assistencialistas. É do Poder Público a responsabilidade primária. Poderá desincumbir-se dela por iniciativa própria ou estimulando comportamentos da iniciativa privada que conduzam a esses resultados, oferecendo vantagens fiscais, financiamentos, melhores condições de exercício de determinadas atividades, dentre outras formas de fomento.

V. Intervenção estatal na ordem econômica: disciplina

V.1. Modalidades de intervenção estatal na ordem econômica

Identificados os papéis do Estado na ordem econômica, é possível agora classificar suas modalidades de intervenção e associá-las a cada um deles. A sistematização doutrinária das formas de intervenção do Estado na economia varia conforme o critério adotado. Há autores que se referem à intervenção (*a*) regulatória, (*b*) concorrencial, (*c*) monopolista e (*d*) sancionatória[34]. Outros classificam-na em (*a*) poder de polícia, (*b*) incentivos à iniciativa privada e (*c*) atuação empresarial[35]. Nessa linha, é possível identificar três mecanismos de intervenção estatal no domínio econômico: a atuação direta, o fomento e a disciplina.

O Estado pode interferir na ordem econômica mediante uma **atuação direta,** isto é: assumindo, ele próprio, o papel de produtor ou prestador de bens ou serviços. Essa modalidade de intervenção assume duas apresentações distintas: (a) a prestação de serviços públicos e (b) a exploração de atividades econômicas. Entretanto, cabe não perder de vista que a atuação direta do Estado na economia é excepcional, só autorizada nos termos constitucionais, por representar uma exclusão da livre iniciativa.

Este caráter excepcional é enfatizado pela Constituição em duas normas, uma implícita e outra explícita. A primeira limita a criação de

---

34. Diogo de Figueiredo Moreira Neto, *Curso de direito administrativo*, 1996, p. 365.
35. Celso Antonio Bandeira de Mello, *Curso de direito administrativo*, 1996, p. 434-5.

novos monopólios públicos, além daqueles que já constam da Carta[36]. E a segunda impõe a necessidade de lei autorizativa de qualquer forma de exploração direta de atividade econômica pelo Estado, cujos pressupostos são *os imperativos da segurança nacional ou relevante interesse coletivo*. Além disso, a Constituição estabelece que, nessas hipóteses, o Estado-empresário estará submetido às mesmas condições que os particulares, de modo a evitar a concorrência desleal, com prejuízo maior para o princípio da livre iniciativa[37].

De outra parte, o Estado interfere no domínio econômico por via do ***fomento***, isto é, apoiando a iniciativa privada e estimulando (ou desestimulando) determinados comportamentos, por meio, por exemplo, de incentivos fiscais ou financiamentos públicos.[38] Esta é a

---

36. Essa é a posição consolidada da doutrina. Veja-se, por todos, Fábio Konder Comparato, *Monopólio público e domínio público in Direito Público: estudos e pareceres*, 1996, p. 149: "A vigente Carta Constitucional preferiu seguir o critério de enumeração taxativa dos setores ou atividades em que existe (independentemente, pois, de criação por lei) monopólio estatal, deferido agora exclusivamente à União (art. 177 e 21, X, XI e XII). Quer isto dizer que, no regime da Constituição de 1988, a lei já não pode criar outros monopólios, não previstos expressamente no texto constitucional, pois contra isso opõe-se o princípio da livre iniciativa, sobre o qual se funda toda a ordem econômica (art. 170)." e Celso Antônio Bandeira de Mello, *Curso de direito administrativo*, 1996, p. 441: "Finalmente, convém lembrar que a Constituição previu o monopólio de certas atividades. São elas unicamente as seguintes, consoante arrolamento do art. 177 da Constituição (...) Tais atividades monopolizadas não se confundem com serviços públicos. Constituem-se, também elas, em 'serviços governamentais', sujeitos, pois, às regras do Direito Privado. Correspondem, pura e simplesmente, a atividades econômicas subtraídas do âmbito da livre iniciativa.".
37. CF, art. 173, § 1º: "A lei estabelecerá o estatuto jurídico da empresa pública, da sociedade de economia mista e de suas subsidiárias que explorem atividade econômica de produção ou comercialização de bens ou de prestação de serviços, dispondo sobre:
(...)
II — a sujeição ao regime jurídico próprio das empresas privadas, inclusive quanto aos direitos e obrigações civil, comerciais, trabalhistas e tributários;
(...)
§ 2º As empresas públicas e as sociedades de economia mista não poderão gozar de privilégios fiscais não extensivos às do setor privado.".
38. Luiz Carlos Bresser Pereira, *Cidadania e res publica: a emergência dos direitos republicanos, in* Revista de Direito Administrativo nº 208, p.147 e ss. Em

modalidade própria de que se utiliza o Estado para atingir os princípios-fins da ordem econômica. Como registram Diogo de Figueiredo Moreira Neto e Ney Prado:

> "*Através do* fomento público, *o Estado deverá desenvolver uma atuação suasória, não cogente, destinada a estimular as iniciativas privadas que concorram para restabelecer a igualdade de oportunidades econômicas e sociais ou suprir deficiências da livre empresa no atendimento de certos aspectos de maior interesse coletivo.*"[39].

A peculiaridade dessa forma de intervenção estatal é que ela opera por meio de *normas diretivas*. A adesão ao comportamento sugerido constitui mera opção dos agentes econômicos que se beneficiariam com os mecanismos de fomento criados em lei. Esse aspecto é sublinhado por Eros Roberto Grau, *litteris*:

> "*No caso das normas de* intervenção por indução *defrontamo-nos com preceitos que, embora prescritivos (deônticos), não são dotados da mesma carga de cogência que afeta as normas de intervenção por direção. Trata-se de* normas dispositivas. *Não, contudo, no sentido de suprir a vontade do seu destinatário, porém, na dicção de Modesto Carvalhosa, no de 'levá-lo a uma opção econômica de interesse coletivo e social que transcende os limites do querer individual'. Nelas, a sanção, tradicionalmente manifestada como* comando, *é substituída pelo expediente do* convite *(...). Ao destinatário da norma resta aberta a alternativa de não se deixar por ela seduzir, deixando de aderir à*

---

interessante estudo, o autor identifica como *direito republicano* o direito a que os recursos públicos sejam aplicados no interesse e benefício de toda a coletividade, e não de alguns grupos privados. Embora nem sempre se concorde com os exemplos utilizados pelo autor (que, por vezes, não distingue entre direitos legitimamente adquiridos e interesses privados ilegítimos), o trabalho merece registro.

39. Diogo de Figueiredo Moreira Neto e Ney Prado, *Uma análise sistêmica do conceito de ordem econômica e social*, 1987, *in* Revista de Informação Legislativa do Senado Federal nº 96/121, p. 132.

prescrição nela vinculada. Se adesão a ela manifestar, no entanto, resultará juridicamente vinculado por prescrições que correspondem aos benefícios usufruídos em decorrência dessa adesão. Penetramos, aí, o universo do direito premial."[40]

Por fim, o Poder Público interfere com a atividade econômica traçando-lhe a **disciplina**. O propósito principal dessa forma de intervenção, como já se viu, é a preservação e promoção dos princípios de funcionamento da ordem econômica. Esta modalidade de intervenção na ordem econômica será objeto de análise mais detalhada nos itens seguintes.

V.2. Limites e fundamentos legítimos da intervenção disciplinadora

A modalidade de intervenção estatal mais importante para os fins deste estudo, como já se registrou, é a *disciplina*. Aqui, o Poder Público atua como agente normativo e regulador, exercendo a função de fiscalização, prevista no já referido art. 174 da Carta de 1988[41], e é no âmbito da disciplina estatal da atividade econômica que se insere a discussão acerca do controle de preços.

O Estado disciplina a atividade econômica mediante a edição de leis, de regulamentos e pelo exercício do poder de polícia. De fato, o Poder Público exerce competências normativas primárias e edita normas decisivas para o desempenho da atividade econômica, algumas com matriz constitucional, como, por exemplo, o Código do Consumidor (art. 5, XXXII), a lei de remessa de lucros (art. 172), a lei de repressão ao abuso do poder econômico (art. 173, § 4), dentre inúmeras outras. Exerce, ademais, competências normativas de cunho administrativo, editando decretos regulamentares, resoluções, deli-

---

40. Eros Roberto Grau, *A ordem econômica na Constituição de 1988*, 1990, p. 164.
41. CF, art. 174: "Como agente normativo e regulador da atividade econômica, o Estado exercerá, na forma da lei, as funções de fiscalização, incentivo e planejamento, sendo este determinante para o setor público e indicativo para o setor privado".

berações, portarias, algumas em domínios relevantíssimos como a política de crédito e a política de câmbio, em meio a muitas outras. Por fim, desempenha, também, o poder de polícia, restringindo direitos e condicionando o exercício de atividades em favor do interesse coletivo (*e.g.*, polícia ambiental, sanitária, fiscalização trabalhista).

Diferentemente do que se passa com os instrumentos de fomento, a disciplina impõe comportamentos compulsórios, mediante a edição de *normas cogentes*, cuja violação sujeita o infrator a uma sanção. Na medida em que determinadas condutas são consideradas obrigatórias, opera-se uma retração lógica do espaço da liberdade de iniciativa, que, como visto, não é um princípio absoluto. Porém, ensina a experiência, pode ocorrer que, com a intenção ou a pretexto de restringir e fiscalizar, se chegue a aniquilar e esvaziar a livre iniciativa. Daí a importância de se delinear o regime jurídico da própria disciplina, à luz da Constituição.

Do exame sistemático do texto constitucional, é possível identificar ao menos 2 (duas) ordens de limitações à intervenção disciplinadora do Estado sobre a ordem econômica e 3 (três) conjuntos de fundamentos válidos que podem desencadear essa intervenção. Os *limites* correspondem aos princípios da livre iniciativa (e, no seu âmbito, especialmente a livre concorrência) e da razoabilidade. Os *fundamentos* válidos para a disciplina consistem: (i) na reorganização da própria livre iniciativa e livre concorrência, nas hipóteses excepcionais em que o mercado privado haja se desorganizado; (ii) na valorização do trabalho humano; e (iii) nos princípios de funcionamento da ordem econômica. Veja-se cada um desses elementos separadamente.

a) Limites da disciplina

(i) Elementos fundamentais da livre iniciativa e livre concorrência e (ii) princípio da razoabilidade

A atuação do Estado, como agente normativo e regulador do fenômeno econômico comporta uma gradação importante, à vista do projeto ideológico escolhido. Historicamente, têm sido experimentados modelos que vão de um extremo a outro: do controle absoluto ao liberalismo radical (*laissez-faire*), passando por formas intermediárias. A intensidade do poder de intervenção do Estado leva à distinção entre os conceitos de dirigismo e disciplina.

O *dirigismo* econômico é próprio dos modelos coletivistas, baseados na planificação centralizada e cogente e na propriedade coletiva dos meios de produção. O mercado deixa de estar centrado na atividade das pessoas e dos grupos privados e passa a ser largamente manipulado pelo Estado. Já nos Estados que optaram pela livre iniciativa, a *disciplina* é um instrumento de intervencionismo econômico — prática que teve o seu ponto alto no período em que se fortaleceu a idéia de Estado de bem-estar social —, mas se rege por um postulado essencial: o de que o livre mercado concorrencial é o mecanismo mais eficaz de produção de riquezas e bem estar (ainda que longe de ser perfeito). Em suma: a disciplina é forma de intervenção que se dá não contra o mercado, mas a seu favor[42].

À luz da Constituição brasileira, a ordem econômica funda-se, essencialmente, na atuação espontânea do mercado. O Estado pode, evidentemente, intervir para implementar políticas públicas, corrigir distorções e, sobretudo, para assegurar a própria livre iniciativa e promover seu aprimoramento. Este é o fundamento e o limite de sua intervenção legítima. A característica da disciplina está, exatamente, em que ela não pretende nem pode pretender substituir o mercado em seu papel central do sistema econômico.

Ora bem: o controle prévio de preços não é um dos instrumentos próprios da *disciplina*, tal como pautada pela Constituição. É meio de atuação do *dirigismo*, que autoriza o total domínio da economia pelo Poder Público. Na síntese de Tércio Sampaio Ferraz Jr.:

> "... aqui entra a distinção entre intervencionismo e dirigismo. O primeiro é atitude flexível, que visa a estimular o mercado e a definir as regras do jogo. Já o segundo se caracteriza por uma atitude rígida, que impõe autoritariamente certos comportamentos. Neste há uma direção central da economia que funciona na base de um plano geral obri-

---

42. Tércio Sampaio Ferraz Júnior, *Congelamento de Preços — Tabelamentos Oficiais*, Revista de Direito Público nº 91, 1989, p. 76/86: "Distinto do intervencionismo é, nesse sentido, o dirigismo econômico, próprio das economias de planificação compulsória, e que pressupõe a propriedade estatal dos meios de produção, a coletivização das culturas agropecuárias e o papel do Estado como agente centralizador das decisões econômicas de formação de preços e fixação de objetivos".

gatório que todos executam; a entidade autora do plano determina a necessidade dos sujeitos e a sua prioridade, fixa os níveis de produção e de preços e opera direta ou indiretamente a distribuição dos bens produzidos."[43]

Adotar, portanto, uma política que altere a livre fixação dos preços pelas forças do mercado — sem que se esteja diante de uma deterioração tal do mercado em que esta seja a única medida capaz de restabelecer a livre iniciativa e a livre concorrência — importa, em última instância, a deturpação do modelo instituído pela Constituição de 1988. **Em outras palavras: em condições regulares de funcionamento do mercado concorrencial, não é possível a intervenção estatal que elimine a livre iniciativa e a livre concorrência — de que é exemplo a supressão da liberdade de fixação dos preços —, seja qual for o fundamento adotado para a medida.**

Além de observar o limite material representado pela livre iniciativa — livre concorrência, qualquer medida de disciplina do mercado, ainda que disponha de um fundamento legítimo, deverá apresentar-se de acordo com o *princípio da razoabilidade*. O princípio da razoabilidade é um mecanismo para controlar a discricionariedade legislativa e administrativa. Ele permite ao Judiciário invalidar atos legislativos ou administrativos quando: (a) não haja adequação entre o fim perseguido e o meio empregado; (b) a medida não seja exigível ou necessária, havendo caminho alternativo para chegar ao mesmo resultado com menor ônus a um direito individual; (c) não haja proporcionalidade em sentido estrito, ou seja, o que se perde com a medida tem maior relevo do que aquilo que se ganha.

Desse modo, em primeiro lugar, é preciso que haja um nexo racional e razoável entre a medida disciplinadora implementada e o objetivo que se pretende alcançar, tendo em vista o pressuposto fático que fundamenta a norma. Com efeito, a regra que vier a interferir no mercado deve ser apta a realizar e/ou restaurar o fim constitucional que autorizou sua edição. Vale dizer, deve haver uma *correlação lógico-racional* entre a distorção que se quer corrigir e o seu remédio.

---

43. Tércio Sampaio Ferraz Jr., *Congelamento de Preços — Tabelamentos Oficiais*, in Revista de Direito Público nº 91, 1989, p. 83.

O princípio da razoabilidade exige também, em segundo lugar, que, dentre as medidas aptas a atingir o resultado pretendido, seja escolhida aquela que produz a menor restrição aos direitos consagrados na Constituição. É preciso assegurar a presença do binômio *necessidade/utilidade* no caso concreto, com a conseqüente vedação do excesso. Por fim, a medida deverá ser comparativamente menos danosa aos princípios constitucionais que regem a ordem econômica que o próprio motivo da intervenção. Em outras palavras: o custo-benefício deverá ser positivo.

b) *Fundamentos da disciplina*

(i) Reorganização da livre iniciativa — livre concorrência, (ii) valorização do trabalho humano e (iii) realização dos princípios de funcionamento da ordem econômica

Além de observar os limites constitucionais acima referidos, a ação disciplinadora do Estado se legitima na medida em que procure realizar determinados princípios constitucionais. A primeira possibilidade que justifica a intervenção disciplinadora do Estado, ainda que se trate de hipótese excepcional, é um quadro de deterioração generalizada do princípio da livre iniciativa e da livre concorrência, exigindo-se a ação estatal para sua reorganização. Este fundamento será examinado mais detalhadamente adiante, pois é o único que justifica medidas extremas que afetem a própria essência da livre iniciativa e da livre concorrência.

Em segundo lugar, a valorização do trabalho humano, por ser co-fundamento da ordem econômica brasileira, ao lado da livre iniciativa (CF, art. 170), pode justificar a intervenção estatal. De fato, embora o trabalho humano e a livre iniciativa possam identificar-se e potencializar-se mutuamente, é comum, em uma sociedade capitalista, que estejam em relação de tensão. Daí a legitimidade da atuação disciplinadora do Estado, impondo um elenco de direitos a serem preservados e a distribuição de parte dos proveitos obtidos com o esforço coletivo. É certo, todavia, que este fundamento jamais poderia legitimar o controle de preços: ainda que não houvesse a limitação material representada pelo núcleo do conceito de livre iniciativa, não haveria qualquer relação lógica entre controle de preços e valorização do trabalho.

Por fim, o terceiro fundamento da disciplina, e seu propósito principal, é, exatamente, preservar ou promover os princípios de funcionamento da ordem econômica. Justifica-se a disciplina estatal, em tese, na medida em que ela busque: (i) assegurar a soberania estatal e os próprios comandos constitucionais sobre a matéria; (ii) proteger a propriedade privada e assegurar a realização de sua função social; (iii) defender o consumidor; e (iv) defender o meio ambiente. Em todo caso, lembre-se, os limites constitucionais referidos acima deverão ser observados. Isto é: o Poder Público não poderá, ainda que com o propósito de promover esses princípios, violar o conteúdo básico da livre iniciativa e nem implementar qualquer medida que não resista ao teste da razoabilidade.

Não lhe cabe, assim, determinar *o que produzir, onde comercializar, que preços praticar*. A normatização que poderá a autoridade pública efetuar sobre a atividade econômica circunscreve-se, na lição de Celso Antônio Bandeira de Mello, à "compatibilização dos empreendimentos econômicos com exigências conaturais à segurança, à salubridade, à higidez do meio ambiente, à qualidade mínima do produto em defesa do consumidor e outros bens jurídicos que compõem a constelação de interesses coletivos." E complementa:

> *"É que o Estado em regime de livre iniciativa e livre concorrência — consagrados na Constituição do País — não pode interferir na atividade econômica em si mesma, desempenhada por particulares. Em sendo ela legítima, vale dizer, não proscrita por lei, falece ao Poder Público a possibilidade de determinar a quantidade do produzido, ou de fixar o montante do produto a ser comercializado de cada vez e, como é de clareza solar, de quantificar as unidades que deverão ou poderão existir em cada embalagem."*[44]

---

44. Celso Antônio Bandeira de Mello, *Liberdade de iniciativa. Intromissão estatal indevida no domínio econômico*, A & C — Revista de Direito Administrativo e Constitucional nº 01, 1999, p. 179 e 174.

Parte II
LIMITES CONSTITUCIONAIS À DISCIPLINA DE PREÇOS POR PARTE DO ESTADO

VI. Competência estatal em matéria de preços privados

VI.1. A livre fixação de preços é elemento fundamental da livre iniciativa. O controle prévio de preços como política pública regular viola princípio constitucional

Nos capítulos precedentes, cuidou-se genericamente da intervenção estatal, na modalidade de disciplina da ordem econômica. Cumpre agora aplicar as idéias desenvolvidas à questão específica do controle de preços. Deve-se assinalar, de plano, que o controle prévio de preços é medida própria de dirigismo econômico, e não meio legítimo de disciplina do mercado. A livre fixação de preços integra o conteúdo essencial da livre iniciativa e não pode ser validamente vulnerada, salvo situações extremas que envolvam o próprio colapso no funcionamento do mercado.

Diante de tal premissa, é possível assentar que, em situação de normalidade, independentemente dos fundamentos em tese admissíveis para a intervenção disciplinadora, o controle prévio ou a fixação de preços privados pelo Estado configura inconstitucionalidade patente. A Constituição brasileira não admite como política pública regular o controle prévio de preços.

Note-se que a *situação de normalidade* a que se fez referência não exclui, por natural, a possibilidade episódica da prática de ilícitos contra a ordem econômica. Diante de algum indício de conduta infratora ou anticoncorrencial, podem ser deflagrados os mecanismos próprios de apuração, mediante devido processo legal, e, se for o caso, de punição. Em situações normais, o controle estatal em matéria de preços de produtos e serviços será sempre *posterior* à verificação de práticas abusivas ou anticoncorrenciais, assegurados os direitos fundamentais à ampla defesa e ao devido processo legal (CF, art. 5º, LIV).

VI.2. Somente em situação de anormalidade do mercado, ausentes as condições regulares de livre concorrência, o princípio da livre iniciativa poderá sofrer ponderação para admitir o controle prévio de preços, observados determinados pressupostos

Admite-se, todavia, que em situações anormais seja possível o controle prévio de preços pelo Estado, na medida em que o mercado privado como um todo tenha se deteriorado a ponto de não mais operarem a livre iniciativa e a livre concorrência de forma regular. Nesses casos — excepcionais, repita-se — a intervenção se justifica, afastando o limite material acima referido, exatamente para reconstruir a prática de tais princípios. Isto é: para reordenar o mercado concorrencial de modo que a livre iniciativa e seus corolários possam efetivamente funcionar.

Note-se, porém, que o controle prévio de preços só é admissível por esse fundamento. E, mesmo assim, observado o princípio da razoabilidade. Os demais, representados pela valorização do trabalho humano e pelos princípios de funcionamento da ordem econômica, não podem justificar o controle prévio de preços, pois isso seria incompatível com o conteúdo básico da livre iniciativa. Esta proposição é válida, inclusive, em relação à atuação voltada para a proteção do consumidor — que é um dos princípios de funcionamento da atividade econômica[45]. E, ademais, também quanto a este ponto, ocorreria o limite imposto pela razoabilidade, haja vista que existem mecanismos menos gravosos para esta proteção — incentivo à concorrência, punição administrativa, civil e penal dos infratores.

VI.3. Pressupostos constitucionais para o controle prévio de preços

A admissão de que algum tipo de controle de preços pode ser legítimo — tese aqui defendida, em oposição a boa parte da doutrina

---

[45]. É evidente que ao reorganizar o mercado e restabelecer o funcionamento regular da livre iniciativa e da livre concorrência, o controle de preços — quando admissível — estará funcionando como instrumento *mediato* de defesa do consumidor. Isso porque, como já referido, condições de concorrência reais constituem o principal mecanismo de proteção do consumidor no sistema constitucional brasileiro, especialmente no que diz respeito a preços.

— impõe, como contrapartida, a exigência de rígida observância dos condicionamentos constitucionais para sua adoção.

Com efeito, pelo princípio da unidade da Constituição, inexiste hierarquia entre as normas constitucionais, de forma que jamais se deve interpretar uma delas invalidando ou paralisando a eficácia de outra. Por assim ser, como já se teve ocasião de registrar, deve-se sempre preservar um núcleo mínimo dos princípios constitucionais em ponderação, sob pena de violar-se a unidade da Carta. **Nesse sentido, há razoável consenso em que, mesmo quando admitido o controle de preços, ele sofre três limitações insuperáveis: a) deverá observar o princípio da razoabilidade; b) como medida excepcional, pressupõe uma situação de anormalidade e deve ser limitado no tempo; e c) em nenhuma hipótese pode impor a venda de bens ou serviços por preço inferior ao preço de custo, acrescido de um retorno mínimo, compatível com as necessidades de reinvestimento e de lucratividade próprias do setor privado.**

Não é o caso de se voltar a enunciar o conceito de razoabilidade e de seus sub-princípios. Mas algumas considerações podem ainda ser elucidativas. É que tem amplo curso na teoria econômica e entre seus tradutores jurídicos a tese de que a interferência estatal no preço de bens e serviços não promove justiça social nem protege efetivamente o consumidor, antes pelo contrário: reduz o investimento pelas empresas, diminui a oferta de emprego e torna desinteressante a produção de determinados produtos ou a prestação de serviços. E que a permanente tentação populista do tabelamento e do congelamento de preços foi responsável por mais de uma década de estagnação econômica do país.

Vale dizer: não se trataria sequer de medida adequada para os fins visados. Isto independentemente da vedação do excesso e da proporcionalidade em sentido estrito. Acrescente-se, por derradeiro, que além de figurar como parâmetro da possibilidade em tese do controle de preços, o princípio da razoabilidade será aplicado também para aferir a constitucionalidade dos termos de qualquer medida especificamente adotada, tendo em vista seus pressupostos e os fins que pretenda produzir.

Além de ser razoável, a intervenção estatal sobre os preços terá, em qualquer caso, de observar dois outros limites inequívocos. Um, de natureza conjuntural: a medida deve ser excepcional, para atender a circunstância específica e emergencial. Na ausência de uma situação anormal, fora do comum, não se legitima a providência, menos ainda com caráter duradouro. **Vale dizer: o controle de preços jamais pode ser praticado como uma política pública ordinária.**

Em outras palavras, o controle de preços poderá ser adotado temporária e excepcionalmente para formar um mercado privado e concorrencial, ou para reestabelecê-lo. Daí por diante, o mercado privado, devidamente organizado, passará a reger-se pela livre iniciativa e pela livre concorrência. Essa é a única hipótese em que o controle de preços pelo Estado poderá ser legítimo. Também este ponto de vista tem sido por mim sustentado de longa data, como se verifica da transcrição a seguir:

> *"Sem embargo, tanto o congelamento quanto o tabelamento serão inadmissíveis:*
> *1. quando se prolonguem indefinidamente;*
> *2. quando impuserem ao empresário a venda de seu produto abaixo do preço de custo.*
> *No primeiro caso, a permanência do controle rígido de preços por período de tempo excessivamente longo rompe o caráter excepcional da medida e subverte os princípios da livre iniciativa e da livre concorrência. Tais princípios, como se demonstrou, não são absolutos e devem ser sopesados com outros. De outra parte, não podem ser anulados na prática. A razoabilidade da demora na volta ao regime de mercado será o critério do intérprete.*
> *Quanto ao segundo caso, impor ao empresário a venda com prejuízo configura confisco, constitui privação de propriedade sem devido processo legal (art. 5º, LIV). E mais: é da essência do sistema capitalista a obtenção de* **lucro**. *O preço de um bem deve cobrir o seu custo de produção, as necessidades de reinvestimento e a margem de lucro. O que é condenável e enseja a intervenção é o lucro arbitrário (art. 173, § 4º), o lucro abusivo, de cunho espoliativo."*[46]

Lembre-se mais uma vez que a existência de um mercado privado organizado não significa, naturalmente, que no seu âmbito não

---

46. Luís Roberto Barroso, *A crise econômica e o direito constitucional*, Revista Forense 323/83, 1993.

possam se desenvolver poderes econômicos, que conduzam a condutas anticoncorrenciais. A prática episódica do ilícito faz parte da normalidade. Para isso existem mecanismos próprios de punição e repressão ao abuso do poder econômico e ao aumento arbitrário de lucros, em consonância com a previsão genérica do art. 173, § 4º da Constituição.

O último pressuposto constitucional para reconhecer-se como legítimo o controle prévio de preços diz respeito ao seu conteúdo: jamais se poderá impor ao agente econômico praticar preços que não sejam capazes (i) de cobrir os seus custos — porque haveria confisco —, (ii) de propiciar um lucro mínimo apto a remunerar o dono do capital — porque seria a negação do regime de livre iniciativa — e (iii) de ensejar os reinvestimentos necessários, porque do contrário a atividade se inviabilizaria, frustrando o princípio da livre empresa.

A matéria já foi objeto de pronunciamento do Tribunal Constitucional italiano, consoante noticiado por Bruno Cavallo e Giampiero Di Plinio:

> *"Especificamente no que tange ao controle de preços, o Tribunal Constitucional italiano teve ocasião de julgar que ele se torna excessivo e, por consequinte, ilegítimo, quando penaliza os lucros empresariais, importando na imposição de preços não remunerativos ou tecnicamente desproporcionados aos custos de produção. A jurisprudência italiana ressaltou, por igual, a ilegitimidade de um sistema permanente de controle de preços, dada a natureza essencialmente conjuntural dessa medida de polícia."*[47]

Em conclusão: o controle prévio de preços poderá ser legítimo no sistema constitucional brasileiro diante de uma situação absolutamente anormal, de deterioração do mercado privado concorrencial, e não por qualquer outro fundamento. Seu propósito será o reestabelecimento do mercado livre, deverá se tratar de medida temporária e em nenhuma hipótese poderá impor preços inferiores ao preço de

---

47. Bruno Cavallo e Giampiero Di Plínio, *Manuale di diritto pubblico dell'economia*, Milão, 1983, p. 531, *apud* Fábio Konder Comparato, *Regime constitucional do controle de preços no mercado*, Revista de Direito Público 97, 1991, p. 25.

custo acrescido da margem necessária para reinvestimentos e de um lucro mínimo. E em todos os seus aspectos deverá observar o princípio da razoabilidade.

VII. Conclusão

Ao fim dessa exposição analítica — que se fez inevitavelmente longa — é possível compendiar a essência das idéias desenvolvidas nas proposições seguintes:

1. A livre iniciativa é princípio fundamental do Estado e é da sua essência que os preços de bens e serviços sejam estabelecidos pelo mercado. Como conseqüência, o controle *prévio de preços não é admitido no ordenamento constitucional brasileiro como uma política pública regular.*

2. O controle prévio de preços somente poderá ser legítimo diante da ocorrência de situação de anormalidade, de grave deterioração das condições de mercado, com ausência de livre concorrência e colapso da própria livre iniciativa. Aí a intervenção estatal se legitimaria pela necessidade de restabelecimento dos próprios fundamentos constitucionais da ordem econômica.

3. Mesmo quando possa ser excepcionalmente admitido, o controle prévio de preços está sujeito aos pressupostos constitucionais e sofre três limitações insuperáveis: a) deverá observar o princípio da razoabilidade, em sua tríplice dimensão: adequação lógica, vedação do excesso e proporcionalidade em sentido estrito; b) deverá ser limitado no tempo, não podendo prolongar-se indefinidamente; c) em nenhuma hipótese poderá impor a venda de bens ou serviços por preço inferior ao preço de custo, acrescido do lucro e do retorno mínimo compatível com o reinvestimento.

Constituição, Comunicação Social e as Novas Plataformas Tecnológicas[1]

SUMÁRIO: *I. Introdução: Globalização e cultura. Parte I. Regime constitucional da radiodifusão. II. A Constituição Federal e a comunicação social. III. O tratamento constitucional das empresas de radiodifusão. III.1. Necessidade de concessão especial; III.2. Propriedade das empresas; III.3. Responsabilidade pela administração e orientação intelectual; III.4. Princípios aplicáveis à produção e programação das emissoras. IV. Fundamentos do regime constitucional adotado. Parte II. Regime jurídico aplicável às novas plataformas tecnológicas de comunicação de massa. V. O fenômeno da convergência das plataformas. VI. Extensão do regime jurídico da radiodifusão às novas plataformas tecnológicas a ela equiparáveis. VI.1. Elementos de interpretação jurídica, construção constitucional e interpretação evolutiva; VI.2. Princípio da isonomia. VII. Conclusão.*

I. Introdução: globalização e cultura

A *globalização*, como conceito e como símbolo, é a manchete que anuncia a chegada do novo século. As fronteiras nacionais já não são mais embaraço à circulação de bens, capitais, serviços, pessoas e

---

1. Participaram da pesquisa e da discussão de idéias Nelson Nascimento Diz, Ana Paula de Barcellos e Marina Gaensly.

idéias. A *informação*, por sua vez, é a matéria prima desses tempos. A multiplicidade de sua origem e a velocidade de sua circulação encantam e assombram a civilização contemporânea[2].

Na economia, o mundo aproxima-se da conversão em um mercado único, na produção e no consumo. As mesmas marcas e os mesmos produtos são encontrados em um hemisfério e noutro. As circunstâncias de um Estado ou de um agente econômico de atuação global disseminam-se em cadeia, afetando a todos. Essa integração e *homogeneização* do mundo moderno não se verifica apenas no domínio econômico. Ela se irradia pela vida social como um todo, repercutindo sobre as manifestações culturais, a formação ideológica e a opinião pública, para mencionar alguns dos temas relevantes à análise a ser empreendida. A ambigüidade desse fenômeno tem sido objeto de vasta literatura[3], que ora enfatiza aspectos positivos — como, por exemplo, a universalização da questão dos direitos humanos — ora dá destaque a seus efeitos negativos, como o desemprego e o empobrecimento de nações.

É certo, no entanto, que assim como as economias nacionais e as empresas nem sempre se beneficiam uniformemente da globalização, o mesmo pode se passar com as diversas expressões culturais, artísticas ou ideológicas. De fato, a convivência entre elas pode não se

---

2. Ao comentar alguns desses aspectos da pós-modernidade em texto doutrinário, expressei essa perplexidade: "Vive-se a era (i) do poder dos meios de comunicação e (ii) da velocidade. Velocidade da informação e velocidade da transformação: novas gerações de computadores, novos instrumentos de conexão em rede universal, novas fronteiras nos medicamentos e na genética. As coisas são novas por vinte e quatro horas" (*A segurança jurídica na era da velocidade e do pragmatismo*, in Temas de Direito Constitucional, 2000, p. 51).
3. Zygmunt Bauman, *A globalização: as conseqüências humanas*, 1999; Ignacio Ramonet, O *pensamento único e os regimes globalitários*, in Globalização: *o fato e o mito*, 1998; André-Jean Arnaud, O *direito entre modernidade e globalização*, 1999; Boaventura de Souza Santos, *Uma cartografia simbólica das representações sociais: prolegômenos a uma concepção pós-moderna do direito*, Revista Brasileira de Ciências Criminais, 1996; José Eduardo Faria, *Globalização, autonomia decisória e política*, in Margarida Maria Lacombe Camargo (org.), *1988-1998: uma década de Constituição*, 1999; Marilena Chaui, *Público, privado, despotismo*, in Adauto Novaes (org.), *Ética*, 1992; Norbert Reich, *Intervenção do Estado na economia (reflexões sobre a pós-modernidade na teoria jurídica)*, Revista de Direito Público 94/265.

desenvolver de forma harmoniosa e construtiva, desvirtuando-se no estabelecimento de relações de hegemonia. Por vezes, impulsionada por circunstâncias econômicas, históricas ou sociais, uma cultura poderá impor-se artificialmente, levando outra ao desaparecimento ou à irrelevância. O risco é análogo — porém muito mais grave — ao que se verifica no plano econômico, com a desnacionalização e a ruína de empresas nacionais. A propósito, não chega a surpreender a constatação de que as forças econômicas e culturais que se impõem pela globalização tenham origens comuns.

É nesse cenário envolto em complexidades e sutilezas que se desenvolve a discussão objeto do presente estudo. A definição do regime jurídico aplicável aos meios de comunicação social não representa apenas a disciplina de uma atividade econômica (ou, mais propriamente, de um serviço de utilidade pública). Cuida-se, em verdade, de uma delicada ponderação de valores e de interesses legítimos. De um lado, a preservação da identidade nacional, da cultura popular e da formação de uma opinião pública interna independente. De outro, os proveitos da integração econômica e cultural entre países e povos, a livre circulação de idéias, o multiculturalismo.

A busca de uma interpretação equilibrada, humanista e isonômica, fundada nos princípios e regras aplicáveis, marca o itinerário que se pretende aqui percorrer.

Parte I
O REGIME CONSTITUCIONAL DA RADIODIFUSÃO

II. A Constituição Federal e a comunicação social

A *comunicação social* insere-se em um amplo universo formado pelas liberdades de expressão, de informação e de empresa. A rigor técnico, *comunicação social* designa qualquer forma de transmissão de valores, idéias, sentimentos e informações no âmbito de um determinado grupo, por meio de técnicas diversas como a expressão corporal, a fala, a escrita ou a combinação de sons e imagens.

Entretanto, o conceito de comunicação social tem sido freqüentemente associado ao desenvolvimento tecnológico dos meios de veiculação de conteúdo, em especial daqueles que propiciam uma comunicação coletiva ou *multicast*[4], e à ampliação quantitativa de seus destinatários. Tornou-se comum o emprego da expressão como sinônimo de comunicação de massa — isto é, aquela voltada para um número expressivo de pessoas, que formam um grupo heterogêneo e indiferenciado[5]. É nesse sentido que a utiliza a Constituição de 1988[6].

Independentemente da terminologia adotada e de sua evolução ao longo do tempo, a disciplina dos meios de comunicação integra de longa data as Constituições brasileiras. Já na Carta de 1934 tratou-se das empresas jornalísticas, vedada sua propriedade a sociedades anônimas por ações ao portador e a estrangeiros. Ademais, cabia exclusivamente a brasileiros natos o exercício da responsabilidade principal e de sua orientação intelectual ou administrativa. Ainda em 1934 fez-se incluir, nas competências privativas da União, a exploração, direta ou por meio de concessão, dos serviços de telégrafos e de radiocomunicação[7]. Essas regras foram mantidas, com pequenas adaptações, até a Constituição de 1988.

A Constituição em vigor trata o tema de modo mais abrangente e minucioso. Nela se encontra, de forma nítida, a distinção entre meios de comunicação social ou de massa (expressões aqui utilizadas como sinônimas) — para cuja regulamentação abriu-se um capítulo específico (arts. 220 a 224) — e os meios de comunicação interpessoal ou *unicast*. Estes, de que são exemplos os serviços postais, telegráficos ou telefônicos, foram regulados em disposições esparsas, fora

---

4. Tem-se por meios de comunicação *multicast* aqueles que propiciam que a mensagem seja dirigida a um público amplo, de que são exemplos os *outdoors*, os jornais, os periódicos, o rádio e a televisão. Dependendo da amplitude dos seus destinatários, os meios *multicast* podem vir a caracterizar-se como meios de comunicação de massa. Diversamente, os veículos *unicast* propiciam uma comunicação interpessoal, isto é, que se estabelece apenas entre dois ou poucos indivíduos, sendo exemplo típico a telefonia convencional.
5. V. Gabriel Cohn, *Sociologia da comunicação. Teoria e ideologia*, 1973, p. 17.
6. Assim também entende Manoel Gonçalves Ferreira Filho, *Comentários à Constituição Brasileira de 1988*, 1995, p. 93 e ss.
7. Constituição de 1934: "Art. 5º. Compete à União: (...) VIII — explorar ou dar em concessão os serviços de telégrafos, radiocomunicação e navegação aérea, inclusive as instalações de pouso, bem como as vias férreas que liguem diretamente portos marítimos a fronteiras nacionais, ou transponham os limites de um Estado;"

do capítulo relativo à comunicação social, como o art. 21, incisos X e XI[8], que estabelecem a competência da União para manter os serviços postais e para explorar os serviços de telecomunicações, determinando inclusive a criação de um órgão regulador para o setor.

A razão para o tratamento constitucional diferenciado aos meios de comunicação de massa é intuitiva. É que eles têm imensa capacidade de influenciar a formação da opinião, da ideologia e da agenda social, política e cultural de um determinado povo. Além disso, oferecem maior risco potencial de lesão a direitos subjetivos que a Constituição quer proteger, como a vida privada, a honra, a imagem, os direitos autorais, dentre outros. Por isso, a Carta de 1988 dedicou atenção especial aos meios que, à época de sua promulgação, eram capazes de veicular mensagens a um público amplo, caracterizando-se como meios de comunicação de massa. Assim, foram contemplados com regras específicas os veículos impressos, como jornais e revistas (art. 220, §§ 1º e 6º[9]), as diversões e espetáculos públicos (art. 220, § 3º, I[10]) e o rádio e a televisão (arts. 220, § 3º, II, 221, 222 e 223[11]), estes dois últimos referidos, respectivamente, como serviços de radiodifusão de sons e de radiodifusão de sons e imagens. A radiodifusão (isto é, o rádio e a televisão) é, portanto, uma espécie do gênero *meio de comunicação social* ou *de massa*.

---

8. CF: "Art. 21. Compete à União: (...) X — manter o serviço postal e o correio aéreo nacional; XI — explorar, diretamente ou mediante autorização, concessão ou permissão, os serviços de telecomunicações, nos termos da lei, que disporá sobre a organização dos serviços, a criação de um órgão regulador e outros aspectos institucionais".

9. CF: "Art. 220. (...)
§ 1º Nenhuma lei conterá dispositivo que possa constituir embaraço à plena liberdade de informação jornalística em qualquer veículo de comunicação social, observado o disposto no art. 5º, IV, V, X, XIII e XIV.
(...)
§ 6º A publicação de veículo impresso de comunicação independe de licença de autoridade."

10. CF: "Art. 220. (...)
§ 3º Compete à lei federal:
I — regular as diversões e espetáculos públicos, cabendo ao Poder Público informar sobre a natureza deles, as faixas etárias a que não se recomendem, locais e horários em que sua apresentação se mostre inadequada;"

11. Os dispositivos serão transcritos no corpo do texto mais adiante.

Afora as regras específicas destinadas a cada espécie de meio de comunicação identificado pela Constituição, estabeleceram-se normas gerais aplicáveis a todos eles, como a que assegura indenização por dano material ou moral decorrente da violação da intimidade, vida privada, honra e imagem das pessoas (arts. 5º, IV, V e X; 220, § 1º[12]) e a que procura regular a propaganda comercial, veiculada em meios de comunicação de massa, de produtos que podem ser nocivos à saúde ou ao meio ambiente (art. 220, § 4º[13]). A Constituição previu ainda a criação do Conselho de Comunicação Social, órgão auxiliar do Congresso Nacional (art. 224[14]), cuja atribuição engloba todos os meios de comunicação social ou de massa. O Conselho foi organizado pela Lei nº 8.389, de 30.12. 91.

Registrada a existência dessas regras gerais, cumpre agora examinar o tratamento constitucional específico dado à radiodifusão e às empresas que a exploram.

III. O tratamento constitucional das empresas de radiodifusão

Cabe de início um esclarecimento. Conforme já referido acima, e sob o ponto de vista de sua repercussão social, os serviços de radio-

---

12. CF: "Art. 5º (...) IV — é livre a manifestação do pensamento, sendo vedado o anonimato; (...)
V — é assegurado o direito de resposta, proporcional ao agravo, além de indenização por dano material, moral ou à imagem; (...)
X — são invioláveis a intimidade, a vida privada, a honra e a imagem das pessoas, assegurado o direito a indenização pelo dano material ou moral decorrente de sua violação;
(...)
Art. 220. (...)
§ 1º Nenhuma lei conterá dispositivo que possa constituir embaraço à plena liberdade de informação jornalística em qualquer veículo de comunicação social, observado o disposto no art. 5º, IV, V, X, XIII e XIV.
13. CF: "Art. 220. (...)
§ 4º A propagada comercial de tabaco, bebidas alcoólicas, agrotóxicos, medicamentos e terapias estará sujeita a restrições legais, nos termos do inciso II do parágrafo anterior, e conterá, sempre que necessário, advertências sobre os malefícios decorrentes do seu uso."
14. CF: "Art. 224. Para os efeitos do disposto neste capítulo, o Congresso Nacional instituirá, como órgão auxiliar, o Conselho de Comunicação Social, na forma da lei."

difusão sonora e de sons e imagens são meios de comunicação de massa. Do ponto de vista técnico, entretanto, a radiodifusão subordina-se a uma outra classificação, que identifica as atividades nela compreendidas como espécies do gênero "serviços de telecomunicações".

Com efeito, a propagação de mensagens pode ocorrer por diversos meios, desde o papel até os avançados processos eletromagnéticos concebidos pela moderna ciência. Neste último caso, vale dizer, quando a comunicação é empreendida por meios eletromagnéticos, como rádio, fios, eletricidade, meios óticos etc., ela recebe o nome especial de *telecomunicação*. O conceito de serviço de telecomunicações é enunciado em dois diplomas legais: o Código Brasileiro de Telecomunicações (Lei nº 4.117, de 27.8.62) e a Lei nº 9.472, de 16.7.97 (Lei Geral de Telecomunicações), respectivamente:

> *"Art. 4º. Para os efeitos desta lei, constituem serviços de telecomunicações a transmissão, emissão ou recepção de símbolos, caracteres, sinais, escritos, imagens, sons ou informações de qualquer natureza, por fio, rádio, eletricidade, meios óticos ou qualquer outro processo eletromagnético."*
> *"Art. 60. Serviço de telecomunicações é o conjunto de atividades que possibilita a oferta de telecomunicação.*
> *§ 1º Telecomunicação é a transmissão, emissão ou recepção, por fio, radioeletricidade, meios óticos ou qualquer outro processo eletromagnético, de símbolos, caracteres, sinais, escritos, imagens, sons ou informações de qualquer natureza."*

Nada obstante o fato de a radiodifusão integrar o conceito amplo de telecomunicação, a Constituição claramente optou por dar a cada uma delas um tratamento separado e distinto. Assim, os serviços de radiodifusão receberam regramento próprio, diverso da disciplina geral dos serviços de telecomunicações. Em diversos dispositivos se evidencia o propósito do constituinte de não identificar as duas hipóteses, como se verifica, ilustrativamente, das transcrições abaixo:

> *"Art. 21. Compete à União: (...)*
> *XI — explorar, diretamente ou mediante autorização, concessão ou permissão, os **serviços de telecomunicações**, nos termos da lei, que disporá sobre a organização dos serviços,*

a criação de um órgão regulador e outros aspectos institucionais.
XII — explorar, diretamente ou mediante autorização, concessão ou permissão:
a) os **serviços de radiodifusão sonora ou de sons e imagens.**
(...)
Art. 22. Compete privativamente à União legislar sobre:
(...)
IV — águas, energia, informática, **telecomunicações e radiodifusão**;
(...)
Art. 48. Cabe ao Congresso Nacional, com a sanção do Presidente da República, não exigida esta para o especificado nos arts. 49, 51 e 52, dispor sobre todas as matérias de competência da União, especialmente sobre: (...)
XII — **telecomunicação e radiodifusão**"

Prestado o esclarecimento, tem-se que o regime constitucional próprio da radiodifusão se caracteriza por quatro categorias distintas de regras, impostas às empresas que desejem explorar o serviço, e que podem ser sistematizadas da seguinte forma:

(i) quanto à necessidade de *concessão especial* para a prestação do serviço;
(ii) quanto à *propriedade* de empresa de radiodifusão;
(iii) quanto à responsabilidade por sua *administração e orientação intelectual*; e
(iv) quanto aos princípios aplicáveis à produção e à programação das emissoras.

Veja-se cada uma delas.

III.1. Necessidade de concessão especial para a prestação do serviço de radiodifusão

Qualquer empresa que pretenda explorar os serviços de radiodifusão sonora ou de sons e imagens no país deverá obter junto ao Poder

Público uma concessão especial, que envolve a manifestação do Poder Executivo e do Poder Legislativo nacionais. Como regra, a delegação à iniciativa privada de um serviço considerado público resolve-se no âmbito do Poder Executivo, mediante autorização, permissão ou concessão. Este é o caso dos serviços de telecomunicação em geral, como se depreende do art. 21, XI, da Constituição, acima transcrito.

Na hipótese dos serviços de rádio e televisão, porém, o constituinte estabeleceu uma exigência a mais. O ato ou contrato que venha a delegar ao particular a exploração do serviço deve ser apreciado pelo Congresso Nacional, não obstante a competência para outorga e renovação da concessão, permissão ou autorização permanecer com o Poder Executivo federal. Isso é o que dispõem os arts. 49, XII, e 223 da Constituição:

> *"Art. 49. É da competência exclusiva do Congresso Nacional: (...)*
> *XII — apreciar os atos de concessão e renovação de concessão de emissoras de rádio e televisão.*
> *(...)*
> *Art. 223. Compete ao Poder Executivo outorgar e renovar concessão, permissão e autorização para o serviço de radiodifusão sonora e de sons e imagens, observado o princípio da complementaridade dos sistemas privados, público e estatal.*
> *§ 1º O Congresso Nacional apreciará o ato, no prazo do art. 64, §§ 2º e 4º, a contar do recebimento da mensagem.*
> *§ 2º A não renovação da concessão ou permissão dependerá de aprovação de, no mínimo, dois quintos do Congresso Nacional, em votação nominal.*
> *§ 3º O ato de outorga ou renovação somente produzirá efeitos legais após deliberação do Congresso Nacional, na forma dos parágrafos anteriores.*
> *§ 4º O cancelamento da concessão ou permissão, antes de vencido o prazo, depende de decisão judicial.*
> *§ 5º O prazo da concessão ou permissão será de dez anos para as emissoras de rádio e de quinze para as de televisão."*

Na visão do constituinte, a relevância social dessa espécie de serviço exige a manifestação concertada do Executivo e do Legislativo, o que não acontece com nenhum outro serviço público no âmbito do Estado brasileiro.

III.2. Propriedade de empresa de radiodifusão privativa de brasileiro nato ou naturalizado há mais de dez anos. Limitações à participação de pessoas jurídicas

De acordo com o atual regime constitucional brasileiro, do capital de qualquer empresa jornalística ou de radiodifusão (rádio ou televisão convencionais) somente podem participar brasileiros natos ou naturalizados há mais de dez anos. A par disso, a Constituição faz também outra exigência quanto ao capital dessas empresas: 70% devem pertencer a pessoas físicas. Os outros 30% podem ser de pessoas jurídicas, contanto que: (i) não sejam ações que confiram direito a voto na empresa de comunicação; (ii) as pessoas jurídicas detentoras dessas ações sejam partidos políticos ou sociedades cujo capital pertença exclusiva e nominalmente a brasileiros. É o que prevê o art. 222, da Constituição Federal, *verbis*:

> "*Art. 222. A propriedade de empresa jornalística e de radiodifusão sonora e de sons e imagens é privativa de brasileiros natos ou naturalizados há mais de dez anos, aos quais caberá a responsabilidade por sua administração e orientação intelectual.*
> *§ 1º É vedada a participação de pessoa jurídica no capital social de empresa jornalística ou de radiodifusão, exceto a de partido político ou de sociedades cujo capital pertença exclusiva e nominalmente a brasileiros.*
> *§ 2º A participação referida no parágrafo anterior só se efetuará através de capital sem direito a voto e não poderá exceder a trinta por cento do capital social.*"

Tais disposições não são uma novidade introduzida pela Constituição de 1988, como já registrado. As cartas constitucionais brasileiras sempre estabeleceram restrições à participação de capital estrangeiro em empresas jornalísticas e de radiodifusão. Desde a Constituição de 1934, aliás, proíbe-se que sociedades anônimas ou estrangeiros sejam proprietários de "empresas jornalísticas ou noticiosas". A referência a empresas de "radiodifusão" passou a constar da Carta de 1946, que permitiu também a participação de partidos políticos no seu capital. De lá para cá o regime permaneceu essencialmente o mesmo.

III.3. Responsabilidade pela administração e orientação intelectual privativa de brasileiro nato ou naturalizado há mais de dez anos

Do mesmo artigo 222, *caput*, acima transcrito, extraem-se duas outras espécies de restrições às empresas de radiodifusão, que não se relacionam com a propriedade de suas participações societárias, mas também visam a conservar seu vínculo com o país. A Constituição determina, em termos simples, que a responsabilidade pela administração e pela orientação intelectual dessas empresas estejam a cargo de brasileiros natos ou naturalizados há mais de dez anos.

Assim, afora a questão da propriedade, a responsabilidade pela administração de uma empresa de radiodifusão de sons ou de sons e imagens no Brasil caberá privativamente a brasileiro nato ou naturalizado há mais de dez anos, assim como um nacional, nas condições descritas, deverá necessariamente ser o responsável intelectual pela programação veiculada em tais meios de comunicação.

III.4. Observância de princípios aplicáveis à produção e programação das emissoras

Além das exigências objetivas acima mencionadas, a Constituição impõe algumas linhas de orientação à produção e ao conteúdo da programação veiculada por empresas de radiodifusão sonora ou de sons e imagens.

Apesar de a ampla liberdade de expressão e informação ser o princípio fundamental da comunicação social (CF, art. 220, *caput*), pareceu bem ao constituinte fazer restrições e exceções pontuais a essa norma, em homenagem a direitos de terceiros e com vistas à realização de outros bens e interesses jurídicos, igualmente consagrados em seu texto, como a proteção à infância e à juventude, à cultura nacional, à saúde e ao meio ambiente. Neste sentido, a Constituição enumera uma série de diretrizes que devem ser observadas na programação de rádio e televisão e dispõe que a lei federal deve estabelecer meios que possibilitem à pessoa e à família se defenderem de programas que não as observem. Vejam-se as disposições dos arts. 221 e 220, § 3º, I:

> "Art. 220. A manifestação do pensamento, a criação, a expressão e a informação, sob qualquer forma, processo ou veículo não sofrerão qualquer restrição, observado o disposto nesta Constituição.
> (...)
> § 3º Compete à lei federal:
> I — regular as diversões e espetáculos públicos, cabendo ao Poder Público informar sobre a natureza deles, as faixas etárias a que não se recomendem, locais e horários em que sua apresentação se mostre inadequada.
> (...)
> Art. 221. A produção e programação das emissoras de rádio e televisão atenderão aos seguintes princípios:
> I — preferência a finalidades educativas, artísticas, culturais e informativas[15];
> II — promoção da cultura nacional e regional e estímulo à produção independente que objetive sua divulgação;
> III — regionalização da produção cultural, artística e jornalística, conforme percentuais estabelecidos em lei;
> IV — respeito aos valores éticos e sociais da pessoa e da família."

IV. Fundamentos do regime constitucional adotado

O conjunto de normas identificadas e sistematizadas nesta primeira parte do presente trabalho confere às empresas de radiodifusão

---

15. Lei nº 4.117/62 (Código Brasileiro de Telecomunicações):
"Art. 38. (...)
h) as emissões de radiodifusão, inclusive televisão, deverão cumprir sua finalidade informativa, destinando um mínimo de 5% (cinco por cento) de seu tempo para transmissão de serviço noticioso.".

um regime jurídico peculiar no direito constitucional brasileiro. Tal circunstância se liga à realização de determinados objetivos, que podem ser assim ordenados:

(i) preservação da soberania e identidade nacionais;

(ii) manutenção de espaço para o desenvolvimento da cultura nacional;

(iii) possibilidade de responsabilização, no Brasil, por infrações cometidas através dos meios de comunicação.

A seguir, breve anotação acerca de cada um deles.

Sem prejuízo de seus compromissos principiológicos com a livre iniciativa, o pluralismo e a cooperação entre os povos (arts. 1º, IV, V e 4º, IX[16]), a Constituição brasileira, a exemplo dos ordenamentos jurídicos de quase todos os países, contém dispositivos destinados a *preservar a soberania e a identidade nacionais*. Dentre eles é possível assinalar, ilustrativamente, os que reservam os cargos políticos mais elevados a brasileiros natos (art. 12, § 3º[17]), permitem que a lei discipline os investimentos estrangeiros com base no interesse nacional (art. 172[18]) ou os que diretamente impõem restrições, como ocorre na área de assistência à saúde (art. 199, § 3º[19]) ou em relação às instituições financeiras (art. 192, III c/c ADCT, art. 52, I[20]). E, bem assim, os que disciplinam os meios de comunicação.

---

16. CF: "Art. 4º A República Federativa do Brasil rege-se nas suas relações internacionais pelos seguintes princípios: I — independência nacional; (...) III — autodeterminação dos povos; IV — não-intervenção;"

17. CF: "Art. 12: (...)
§ 3º São privativos de brasileiro nato os cargos: I — de Presidente e Vice-Presidente da República; II — de Presidente da Câmara dos Deputados; III — de Presidente do Senado Federal; IV — de Ministro do Supremo Tribunal Federal; V — da carreira diplomática; VI — de oficial das Forças Armadas; VII — de Ministro de Estado da Defesa."

18. CF: "Art. 172. A lei disciplinará, com base no interesse nacional, os investimentos de capital estrangeiro, incentivará os reinvestimentos e regulará a remessa de lucros."

19. CF: "Art. 199 (...)
§ 3º É vedada a participação direta ou indireta de empresas ou capitais estrangeiros na assistência à saúde no País, salvo nos casos previstos em lei."

20. CF: "Art. 192. O sistema financeiro nacional, estruturado de forma a promover o desenvolvimento equilibrado do País e a servir os interesses da coletividade, será regulado em lei complementar, que disporá, inclusive, sobre: (...)

O poder e a influência dos meios de comunicação de massa na formação da opinião, da ideologia e, conseqüentemente, do comportamento político coletivo[21] de um grupo social têm sido temas de numerosos tratados e constituem um ramo próprio das ciências sociais: a sociologia das comunicações de massa[22]. Impossível exagerar o papel que a mídia desempenha na formação do imaginário das pessoas, na difusão de idéias, na cristalização de valores, enfim, na definição da agenda social, política e cultural de uma sociedade[23]. Nesse contexto, merece especial destaque a televisão, veículo ao qual o acesso tem custo relativo baixo e cuja mensagem é captada pelo destinatário mediante conduta bem menos proativa e consciente que, por exemplo, a leitura de um jornal, de um livro ou mesmo o comparecimento a um espetáculo de cinema ou teatro[24].

III — as condições para a participação do capital estrangeiro nas instituições a que se referem os incisos anteriores, tendo em vista, especialmente:".
CF, ADCT: "Art. 52. Até que sejam fixadas as condições a que se refere o art. 192, III, são vedados:
I — a instalação, no País, de novas agências de instituições financeiras domiciliadas no exterior;".
21. Mario Stoppino, *Ideologia*, in Norberto Bobbio, Nicola Matteucci e Gianfranco Pasquino, *Dicionário de política*, vol. 1, 1999, p. 585 a 597.
22. V. Edgar Morin, *Cultura e comunicação de massa*, 1972, p. 19 e 25: "A sociologia da comunicação de massa, que de 1940 a 1950 constituiu-se no ramo mais original da sociologia americana, formou-se segundo o esquema lassweliano 'quem diz o que a quem e com que efeito' (...). Note-se que esse ramo se formou nos Estados Unidos da América, após a Segunda Guerra Mundial, aproximadamente na mesma conjuntura em que se desenvolveu a televisão."
23. No universo jurídico, diversos autores têm destacado esse papel dos meios de comunicação de massa. Vejam-se: Pinto Ferreira, *Comentários à Constituição Brasileira*, 1995, p. 229 ss; Orlando Soares, *Comentários à Constituição da República Federativa do Brasil*, 1998, p. 692 ss; Arx Tourinho, *A família e os meios de comunicação*, Revista de Informação Legislativa do Senado Federal nº 125, p. 146 ss; Ives Gandra da Silva Martins, *Direitos e deveres no mundo da comunicação. Da comunicação clássica à comunicação eletrônica*, in Revista Forense nº 356, p. 53, onde averbou: "O século XXI será o século do controle da comunicação e quem o detiver, terá o poder."
24. Para ilustrar a diferença do acesso às mensagens veiculadas por esses meios, em termos quantitativos, Paul C. Weiler relata que, em meados da década de noventa, um americano assistia diariamente em média quatro horas de televisão, enquanto que ia ao cinema cinco vezes por ano (*Entertaniment, media, and the law*, 1997, p. 912).

Daí porque, como já se referiu, as restrições à participação estrangeira no capital dos meios de comunicação são preocupação do mundo inteiro. Nos Estados Unidos, por exemplo, é preciso ser norte-americano ou entidade controlada por norte-americanos para obter uma licença para a prestação de serviços de radiodifusão. O órgão responsável pela regulação do setor (*Federal Communication Commission*) define como estrangeiras as pessoas jurídicas (i) que tenham estrangeiros em sua diretoria; (ii) nas quais 20% ou mais das ações sejam de estrangeiros; (iii) nas quais 20% dos direitos de votação sejam de estrangeiros; (iv) corporação controlada por outras empresas que tenham estrangeiros como executivos; (v) corporação controlada por pessoas jurídicas cujo capital votante seja pelo menos 25% de propriedade de estrangeiros; ou (vi) corporações controladas por pessoas jurídicas cujo capital seja pelo menos 25% de estrangeiros[25].

A Inglaterra limita a 20% do capital de empresas de televisão a participação de estrangeiros. Na França essa limitação também é de 20%, exceto se forem europeus, cuja participação pode chegar a 49% do capital. A Espanha limita os investimentos estrangeiros a 25% do capital das empresas de televisão e de telefonia. Na Alemanha e no México, a maioria das ações do capital dessas empresas deve pertencer a nacionais. No Canadá, as empresas de radiodifusão devem ser de propriedade de canadenses e por eles devem ser controladas. A participação de investidores estrangeiros na imprensa escrita deve ter autorização do Ministério da Indústria[26].

Na América do Sul, o Chile exige que o proprietário de jornal, revista, periódico, agência de notícias nacional e o concessionário de radiodifusão sonora ou de televisão sejam chilenos e tenham domicílio e residência no país. As pessoas jurídicas que sejam proprietárias desses meios de comunicação devem ter 85% do seu capital em poder de chilenos. A Colômbia exige que os diretores, gerentes ou proprietários de jornais que se ocupem de política nacional sejam colombianos. Os proprietários, diretores, subdiretores, editores, chefes de redação, gerentes e subgerentes dos meios de comunicação

---

25. Dados da Sociedade Interamericana de Imprensa, disponíveis na página da instituição (www.sipiapa.org).
26. Dados fornecidos pela TV Globo.

social panamenses e equatorianos também devem ser nacionais desses países[27].

No Brasil, assim como nos demais países que não concluíram o ciclo de desenvolvimento pleno, essa preocupação constitucional assume relevo especial. Isso porque o fluxo de informações dos países centrais para os países em desenvolvimento é incontáveis vezes maior que em sentido contrário[28]. Sobre o tema, vejam-se duas manifestações autorizadas, a primeira do professor Marcelo Caetano e a segunda de Amadou Mahtar M'Bow, ex-Diretor Geral da UNESCO:

> *"Repare-se que, apesar da objectividade constituir o lema das agências de informação, dificilmente estas poderão escapar à influência das nações a que pertencem, dos capitais que as apóiam e dos redactores que as servem. Os países que não são produtores dessa mercadoria — a notícia de todo o Mundo para todo o Mundo — são forçados a receber os serviços das agências internacionais americanas, inglesas ou francesas(..) com toda a carga de interesses que cada uma representa."*[29]
>
> *"O fato de que os grandes meios de comunicação — jornais possuindo larga audiência mundial; agências que são as fontes, quase que exclusivas, das notícias de caráter internacional, para a maioria dos países; redes complexas de telecomunicações — dependem dos países desenvolvidos não é indiferente nem para o sentido no qual circula a informação que, produzida nos países desenvolvidos, é difundida no Terceiro Mundo, nem para o conteúdo dessa informação, inevitavelmente concebida segundo a ótica, as*

---

27. Dados da Sociedade Interamericana de Imprensa, disponíveis na página da instituição (www.sipiapa.org).

28. Sobretudo quanto aos meios audiovisuais de comunicação social, mais um fator deve ser levado em conta. Parte expressiva da população brasileira ainda é formada por pessoas que não têm acesso a outras fontes informativas além da televisão. Em estudo sobre a programação de TV, José Carlos Barbosa Moreira reporta dados de que mais de 60% da população brasileira encontra na televisão a sua única fonte de informação habitual (*Ação civil pública e programação de TV*, *in* Revista de Direito Administrativo nº 201, p. 45).

29. Marcelo Caetano, *Ensaios pouco políticos*, s/data, p. 93.

> *mentalidades e os valores e, mesmo, os interesses dos países desenvolvidos. Poder-se-ia assim dizer que o sentido no que se refere a direção, comanda o sentido no que se refere à significação."*[30]

Outro objetivo visado pelo constituinte de 1988 com a disciplina dos meios de comunicação de massa foi *assegurar espaço para as manifestações da cultura nacional*. Não se ignora, por certo, que a formação e a evolução de uma cultura, bem como sua relação com as demais, devem ser pautadas por processos abertos e dinâmicos. Mas todos os países democráticos, simultaneamente à preservação da liberdade de expressão e da livre circulação de idéias, cuidam também de assegurar que seus valores culturais, sociais e comportamentais não sejam artificialmente descaracterizados pela imposição massificada de referenciais externos.

Atenta à questão da defesa da cultura nacional, em um clima de liberdade, a Constituição dedicou um capítulo ao tema, no qual atribui ao Estado o dever de garantir a todos o pleno exercício dos direitos culturais e o acesso às fontes de cultura nacional, além do dever de apoiar e incentivar a valorização e a difusão das manifestações culturais (art. 215, *caput*[31]). De parte isto, cabe-lhe proteger e promover o patrimônio cultural brasileiro, inclusive punindo os danos que lhe sejam causados (art. 216, *caput* e § 4o[32]) e editando lei que deverá

---

30. Amadou Mahtar M'Bow, *apud* Ilmar Penna Marinho, *Novos horizontes do Direito Internacional*, 1978, p. 160.
31. CF: "Art. 215. O Estado garantirá a todos o pleno exercício dos direitos culturais e acesso às fontes da cultura nacional, e apoiará e incentivará a valorização e a difusão das manifestações culturais."
32. "Art. 216. Constituem patrimônio cultural brasileiro os bens de natureza material e imaterial, tomados individualmente ou em conjunto, portadores de referência à identidade, à ação, à memória dos diferentes grupos formadores da sociedade brasileira, nos quais se incluem: I — as formas de expressão; II — os modos de criar, fazer e viver; III — as criações científicas, artísticas e tecnológicas; IV — as obras, objetos, documentos, edificações e demais espaços destinados às manifestações artístico-culturais; V — os conjuntos urbanos e sítios de valor histórico, paisagístico, artístico, arqueológico, palenteológico, ecológico e científico.
(...)
§ 3º Os danos e ameaças ao patrimônio cultural serão punidos, na forma da lei."

estabelecer incentivos para a produção e o conhecimento de bens e valores culturais (art. 216, §§ 1º e 3º)[33]. Dando ao tema a dimensão merecida, assim se pronunciou José Afonso da Silva:

> "A tutela do patrimônio cultural constitui uma preocupação universal. Cada país procura estabelecer normas de proteção desse patrimônio, porque nele se consubstancia e se reverencia a memória da formação nacional, que, por isso, se identifica com a própria nacionalidade. Esta se descaracterizará, no evolver das mutações futuras, se cada geração não cuidar de assegurar a preservação e a permanência do fundamental que foi impregnado de vivência nacional pelas gerações anteriores. Essa preservação é tão importante que interessa à Humanidade como um todo, pelo que os organismos internacionais têm promovido recomendações, acordos e convenções com tal objetivo".[34]

É inerente à proteção da cultura nacional não apenas a participação de brasileiros na produção dos bens culturais, mas em especial na seleção e na orientação valorativa da programação que será oferecida à população, mesmo quando de procedência estrangeira. Sob essa ótica, a exigência constitucional de que a responsabilidade pela administração e pela orientação intelectual de empresas de radiodifusão operando no Brasil seja de nacionais é uma forma de garantir a participação efetiva de brasileiros na seleção dos bens artísticos e culturais que são veiculados ao público.

Há, por fim, um terceiro objetivo que se infere do conjunto de regras constitucionais relativas aos meios de comunicação de massa: *assegurar a observância da legislação nacional e promover a responsa-*

---

33. CF: "Art. 216. (...)
§ 1º O Poder Público, com a colaboração da comunidade, promoverá e protegerá o patrimônio cultural brasileiro, por meio de inventários, registros, vigilância, tombamento e desapropriação, e de outras formas de acautelamento e preservação.
(...)
§ 4º A lei estabelecerá incentivos para a produção e o conhecimento de bens e valores culturais."
34. José Afonso da Silva, *Ordenação constitucional da cultura*, 2001, p. 148.

bilização jurídica do veículo e seus responsáveis, em caso de infração. A Constituição Federal provê acerca da responsabilidade editorial pelos produtos da mídia porque os meios de comunicação social podem se transformar, eventualmente, em instrumentos de lesão tanto à ordem pública quanto a direitos individuais como a honra, a imagem, a vida privada e os direitos autorais, dentre outros. A responsabilização de estrangeiros por tais violações seria extremamente complexa, quando não inviável, envolvendo questões intricadas como lei aplicável, foro competente e colaboração entre Estados.

Parte II
REGIME JURÍDICO APLICÁVEL ÀS NOVAS PLATAFORMAS TECNOLÓGICAS DE COMUNICAÇÃO DE MASSA

V. O fenômeno da convergência das plataformas

A evolução contínua dos meios de comunicação documenta e expressa a história da civilização e os avanços da ciência. Uma longa trajetória que se inicia com incrustrações nas pedras e sinais de fumaça, passa pelo desenvolvimento da escrita em pergaminhos e papiros, depois pela imprensa, o telefone, o rádio e a televisão, até chegar à comunicação por satélite e via *internet*. Não é possível prever completamente o que está para vir.

Uma singularidade desse processo evolutivo tem sido que, muitas vezes, o advento de um novo meio ou de uma nova tecnologia não substitui ou suprime outra já existente. Embora haja, por certo, uma disputa entre eles pelo mercado, os diferentes veículos tradicionalmente oferecem utilidades ou prestam serviços diferenciados, o que sempre permitiu que convivessem entre si. Assim, o rádio não superou o jornal nem foi substituído pela televisão[35]. O telefone não fez

---

35. André Mendes de Almeida. *Mídia Eletrônica — seu controle nos EUA e no Brasil*, 1993, p. 49-50. No Brasil, a radiodifusão sonora se encontrava difundida na década de 20 e a primeira emissora de televisão brasileira foi inaugurada em 1950.

acabar a troca de correspondência escrita, assim como a *internet*, até o momento, não tinha a pretensão ou a capacidade de sobrepor-se aos meios anteriores. A possibilidade de convivência teve como causa provável a diversidade de atrativos e benefícios de cada um, ofertados ao mercado através de uma plataforma tecnológica própria.

A telefonia, por exemplo, colocava à disposição do usuário um serviço de comunicação interpessoal ou *unicast*, isto é, entre o emissor da mensagem e o seu receptor, empregando um determinado sistema tecnológico. O rádio e a televisão, por sua vez, ofereciam outros serviços, através da radiodifusão, que se distinguiam dos anteriores pela transmissão de informações e mensagens de uma entidade emissora a um público amplo (serviço *multicast*). As empresas de cada ramo de atividade, distintos entre si, recebiam regulação também diversa, de acordo com a característica do serviço que ofereciam.

Esse quadro vem sofrendo alterações nos últimos anos. Novos avanços tecnológicos começam a permitir que empresas especializadas em uma determinada plataforma de distribuição, emissão e recepção de informações ofereçam serviços típicos de outras tecnologias. Por exemplo: a telefonia, que até pouco tempo oferecia apenas serviços de comunicação *unicast*, hoje já se torna capaz de transmitir programação audiovisual ao público em geral, no mesmo padrão das televisões.

Essa revolução tecnológica tem sido identificada, em linguagem técnica, como *convergência de mídias*. Com a expressão quer significar-se que as diversas *mídias* existentes — rádio, televisão, imprensa escrita etc. — já podem ser oferecidas ao público através da mesma plataforma tecnológica. Esta nova realidade técnico-científica suscita um conjunto de questões jurídicas.

Como se viu acima, o constituinte de 1988 dedicou especial cuidado à regulamentação dos meios de comunicação de massa (como as empresas jornalísticas e de radiodifusão), impondo-lhes uma disciplina própria, em deferência à preservação da soberania nacional, à livre formação da opinião pública interna, ao desenvolvimento da cultura nacional e à eventual necessidade de responsabilização desses meios de comunicação. Ocorre que a Constituição, como também se registrou, somente faz referência expressa a empresas jornalísticas (em cujo âmbito situa-se a imprensa escrita) e a radiodifusão de sons e de sons e imagens, a saber: rádio e televisão convencionais.

Veja-se, então, a complexidade do problema: a denominada TV por assinatura, transmitida, *e.g.*, através de cabo, não é, tecnicamente, empresa de radiodifusão. Nada obstante, tal sistema já atinge hoje 69% dos domicílios urbanos brasileiros, segundo informação constante do *site* da ANATEL. Uma transmissão do tipo televisão, que venha a ser oferecida através de fibra ótica — tecnologia que pode ser empregada pelas empresas de telefonia — não será tampouco, do ponto de vista técnico, meio de radiodifusão. Entretanto, qualquer pessoa que disponha de um telefone terá condições de ter acesso a ela. Isto é: hoje em dia, através de novos meios tecnológicos, podem ser oferecidos serviços de comunicação de massa que, à época da Constituição, somente eram possíveis ou viáveis por meio da radiodifusão.

Qual a conseqüência disso? É fácil perceber: se outras plataformas oferecem os mesmos serviços, suscitam automaticamente as mesmas preocupações associadas à radiodifusão, referentes à soberania nacional, à opinião pública, à cultura nacional e à responsabilização. Cabe aqui enfatizar, ainda uma vez, a constatação evidente de que o constituinte só fez referência a rádio e televisão, como empresas de radiodifusão, porque este era o "estado da arte", em termos de meios de comunicação de massa, ao tempo em que se desenvolveram os trabalhos de elaboração da Constituição.

De fato, até o final da década de 80, sequer havia no país a denominada televisão *paga*, conceito que se contrapõe à fórmula tradicional da radiodifusão, que é a televisão *aberta*. Tal serviço apenas entrou em operação em 1989, sendo que em 1993 ainda era considerado em fase experimental. A *internet*, por sua vez, estava longe de ser um fenômeno popular[36], em um país onde o *deficit* de telefones fixos era enorme e o serviço nesse setor podia ser qualificado, em geral, como péssimo. Nesse contexto, não há qualquer surpresa em que a Constituição se tenha dedicado à regulamentação específica apenas do rádio e da televisão.

---

36. O Comitê Gestor da *Internet* no Brasil estima que, em 1996, isto é, oito anos após a promulgação da Constituição, o número de usuários da internet no país era de pouco mais de cento e setenta mil pessoas. O número foi multiplicado por dez em menos de dois anos. Os dados estatísticos encontram-se na página oficial da entidade: www.cg.org.br.

Diante desse quadro, impõe-se ao intérprete formular a solução constitucionalmente adequada, movendo-se entre dois extremos. De um lado, as novas realidades tecnológicas e os princípios e objetivos que levaram a Constituição a regular a comunicação social no país. De outro, a literalidade do texto constitucional, que apenas se refere às empresas de radiodifusão.

VI. Extensão do regime jurídico da radiodifusão às novas plataformas tecnológicas a ela equiparáveis

VI.1. Elementos de Interpretação Jurídica, Construção Constitucional e Interpretação Evolutiva

A interpretação constitucional é uma modalidade de interpretação jurídica. Porque assim é, ela se serve dos elementos clássicos da compreensão do Direito em geral, tradicionalmente identificados como (i) literal, (ii) histórico, (iii) sistemático e (iv) teleológico. Nada obstante, a natureza e os fins de uma Constituição dão a suas normas algumas características singulares, na linguagem e no conteúdo, que fazem com que a hermenêutica constitucional desenvolva determinadas especificidades, como a necessidade de *construção* jurídica. Por fim, é preciso levar em conta os processos de mutação constitucional, sem alteração do texto, consectário natural da interpretação evolutiva, que deve caracterizar as relações entre o ordenamento jurídico e a passagem do tempo. O desenvolvimento ordenado dessas idéias básicas aqui apresentadas conduzirá à solução constitucionalmente adequada para o problema em exame.

A interpretação *literal ou semântica* deve sempre ser o ponto de partida do intérprete: sua atividade começa pela revelação do sentido das palavras da norma. Mas jamais deverá estancar nesse ponto, pois o que lhe cabe verdadeiramente fazer é buscar o espírito do texto. A interpretação *histórica* é o segundo momento desse processo, no qual o intérprete irá identificar as razões que motivaram o surgimento da norma, a conjuntura em que se insere. A *mens legis*. Também este deve ser um ponto de passagem, não de chegada. Toda a moderna teoria da interpretação reconhece na lei um sentido objetivo, que se desprende da vontade subjetiva que lhe deu vida, permitindo que seu significado se ajuste às novas realidades, sem ficar prisioneira de um passado distante. A interpretação *sistemática*, por sua vez, situa a norma dentro do subsistema jurídico que ela integra, para compatibilizá-la com as demais normas que cuidam do mesmo tema, e, em seguida, atribui a ela um sentido que se harmonize com o sistema jurídico como um todo. Por derradeiro, a interpretação dita *teleológica*, que consiste na busca da finalidade da norma, na realização concreta dos princípios e objetivos que justificaram a sua criação.

Da aplicação desses diferentes elementos interpretativos a uma dada espécie concreta podem ocorrer duas possibilidades: (a) ou todos eles conduzem a um mesmo resultado; (b) ou apontam eles para resultados divergentes. Na primeira hipótese, o caso será singelamente resolvido, pela incidência da solução única resultante da convergência dos diferentes métodos. Tratar-se-á de um caso *fácil*. Na segunda, estar-se-á diante de um caso *difícil* (um *hard case*, na terminologia clássica do direito anglo-saxão). Para sua solução exige-se do intérprete maior indagação, maior esforço na busca da solução adequada. Não existe, a rigor, qualquer hierarquia predeterminada entre os variados métodos interpretativos, nem um critério rígido de *desempate*. A tradição romana-germânica, todavia, desenvolveu algumas diretrizes que podem ser úteis. Em primeiro lugar, deve-se preservar o núcleo mínimo de sentido das palavras. Em segundo lugar, os métodos *objetivos*, como o sistemático e o teleológico, têm preferência sobre o método tido como *subjetivo*, que é o histórico[37].

A interpretação constitucional exige, ainda, a especificação de um outro conceito relevante, que é o de *construção*. Por sua natureza, uma Constituição contém predominantemente normas de princípio ou esquema, com grande caráter de abstração. Muitas vezes, destina-se a Lei Maior a alcançar situações que não foram expressamente contempladas ou detalhadas no texto. Enquanto a interpretação clássica, ensina Cooley, é a arte de encontrar o verdadeiro sentido de qualquer expressão, a construção significa tirar conclusões a respeito de matérias que estão fora e além das expressões contidas no texto e dos fatores nele considerados. São conclusões que se colhem no espírito, embora não na letra da norma. A construção é assim uma especi-

---

37. V. Winfried Brugger, *Legal interpretation, schools of jurisprudence, and anthropology: some remarks from a German point of view*, The American Journal of Comparative Law, v. 42, 1994.

ficidade da interpretação, que se caracteriza por ir além do texto e recorrer a considerações extrínsecas[38], sendo particularmente importante na exegese constitucional.

Cabe por último, nessa apresentação de idéias introdutórias, assentar a noção de *interpretação evolutiva*. Já se expôs, um pouco mais atrás, a prevalência, na moderna doutrina, da concepção *objetiva* da interpretação, pela qual se deve buscar, não a vontade do legislador histórico (a *mens legislatoris*), mas a vontade autônoma que emana da lei. O que é mais relevante não é a *occasio legis*, a conjuntura em que editada a norma, mas a *ratio legis*, o fundamento racional que a acompanha ao longo de toda a sua vigência. Este é o fundamento da chamada interpretação evolutiva. As normas, ensina Miguel Reale, valem em razão da realidade de que participam, adquirindo novos sentidos ou significados, mesmo quando mantidas inalteradas as suas estruturas formais.[39]

Sem que se opere algum tipo de ruptura na ordem estabelecida — como um movimento revolucionário ou a convocação do poder constituinte originário —, duas são as possibilidades legítimas de mutação ou *transição* constitucional: (a) através de uma reforma do texto, pelo exercício do poder constituinte derivado, ou (b) através do recurso aos meios interpretativos. A *interpretação evolutiva* é um processo informal de adaptação do texto da lei Maior. Consiste ela na atribuição de novos conteúdos à norma constitucional, sem modificação do seu teor literal, em razão de mudanças históricas ou de fatores políticos e sociais que não estavam presentes na mente dos constituintes.

Assentados os conceitos básicos com os quais se vai trabalhar neste capítulo — elementos clássicos de interpretação jurídica, construção das normas constitucionais e interpretação evolutiva —, cabe agora proceder ao enquadramento dos fatos relevantes nessa moldura doutrinária.

---

38. Sobre o tema, vejam-se: Thomas Cooley, *A treatise on the constitutional limitations*, 1890, p. 70; *Black's law dictionary*, 1979. E também: José Alfredo de Oliveira Baracho, *Hermenêutica constitucional*, Revista de Direito Público nº 59-60/46, p. 47; e Luís Roberto Barroso, *Interpretação e aplicação da Constituição*, 4ª ed., 2001, p. 103-4.
39. Miguel Reale, *Filosofia do direito*, 1982, p. 594.

A interpretação *literal* dos dispositivos relevantes levaria à conclusão de que o regime constitucional aqui analisado se aplica tão-somente a empresas de radiodifusão de sons e de sons e imagens, não incidindo sobre outras situações perfeitamente equiparáveis. A seguir se demonstrará que esta percepção conduziria a um resultado tão discrepante do espírito que presidiu a criação das normas na matéria, que a ela se aplicaria com precisão a crítica espirituosa do Ministro Luiz Gallotti, antigo juiz do Supremo Tribunal Federal:

> "De todas, a interpretação literal é a pior. Foi por ela que Clélia, na Chartreuse de Parme, de Stendhal, havendo feito um voto a Nossa Senhora de que não mais veria seu amante Fabrício, passou a recebê-lo na mais absoluta escuridão, supondo que assim estaria cumprindo o compromisso".[40]

O recurso à interpretação *histórica* revelará a evidência: o texto constitucional somente não se referiu a outras plataformas tecnológicas porque elas não existiam à época, ou pelo menos nelas não se vislumbrava potencial para se tornarem meios de comunicação de massa. Por outro lado, a interpretação *sistemática*, que examina a norma dentro do contexto normativo em que se situa, demonstra que o que se pretendeu disciplinar foi a *comunicação social* como um todo — e este foi o título dado ao capítulo no qual a radiodifusão é disciplinada —, em cujo âmbito também se inseriu outro veículo de acesso ao grande público, que são as empresas jornalísticas. Por fim, a interpretação *teleológica* é a única capaz de reconciliar os princípios aplicáveis e os fins visados pelo tratamento constitucional do tema, impondo a extensão do regime jurídico a todas as plataformas tecnológicas de veiculação de conteúdo ao grande público.

O texto de uma norma é mero veículo de uma idéia, de um fim. Sem seu fundamento racional, sua finalidade, ela perde completamente a razão de ser[41]. As normas devem ser interpretadas tendo em

---

40. V. Luís Roberto Barroso, *Interpretação e aplicação da Constituição*, 1999, p. 127.
41. Daí porque a doutrina desenvolveu figuras como a da "fraude à lei" e do "desvio de finalidade", expressões que, em diferentes ramos do direito, procuram descrever atos que precisamente observam o sentido literal da norma, mas violam-lhe a finalidade e o espírito.

conta sua finalidade e seu espírito[42]. A lei, a melhor doutrina e a jurisprudência mais tradicional convergem unânimes para essa inteligência, como se exemplifica a seguir, com a Lei de Introdução ao Código Civil (considerada uma lei materialmente constitucional), o magistério do grande jurista italiano Francesco Ferrara e a jurisprudência tradicional do Supremo Tribunal Federal:
- Lei de Introdução ao Código Civil:

> "Art. 5. Na aplicação da lei, o juiz atenderá aos fins sociais a que ela se dirige e às exigências do bem comum".

- Francesco Ferrara:

> "Toda disposição de direito tem um escopo a realizar, quer cumprir certa função e finalidade, para cujo conseguimento foi criada. A norma descansa num fundamento jurídico, numa ratio iuris, que indigita a sua real compreensão.
> É preciso que a norma seja entendida no sentido que melhor responda à consecução do resultado que quer obter. Pois que a lei se comporta para com a ratio iuris, como o meio para com o fim: quem quer o fim quer também os meios. Para determinar esta finalidade prática da norma, é preciso atender às relações da vida, para cuja regulamentação a norma foi criada. Devemos partir do conceito de que a lei quer dar satisfação às exigências econômicas e sociais que brotam das relações (natureza das coisas)."[43]

- Supremo Tribunal Federal, Relator Ministro Eduardo Espíndola:

> "O uso do método teleológico — busca do fim — pode ensejar transformação do sentido e conteúdo que parece

---

42. Isso é o que dispõe o art. 3.1 do Título Preliminar do Código Civil espanhol.
43. Francesco Ferrara, Interpretação e aplicação das leis, 1987, p. 141. A formulação teórica da interpretação teleológica é tributária dos estudos de Philipp Heck, *Interpretação da lei e jurisprudência dos interesses*, 1947, François Geny, *Méthode d'interpretation em droit privé positif*, 1954 e Rudolf Von Ihering, *A finalidade do direito*, 1979.

> *emergem da fórmula do texto, e também pode acarretar a inevitável conseqüência de, convencendo que tal fórmula traiu, realmente, a finalidade da lei, impor uma modificação do texto que se terá de admitir com o máximo de circunspeção e de moderação, para dar estrita satisfação à imperiosa necessidade de atender ao fim social próprio da lei*"[44]

À vista de tais elementos de interpretação, impõe-se uma atuação construtiva do intérprete, de modo a fazer com que os princípios e fins constantes do texto constitucional venham a reger as novas situações que, embora não tivessem sido expressamente contempladas, exigem o mesmo tratamento jurídico, sob pena de se verem frustrados os objetivos visados pela Constituição. Ora bem: já foram enunciadas, anteriormente, as finalidades constitucionais que inspiram toda a disciplina da comunicação social, destinada originalmente às empresas de radiodifusão — a preservação da soberania, da identidade e da cultura nacionais, a livre formação da opinião pública interna e a viabilidade efetiva da eventual responsabilização por ilícitos. É fora de dúvida, assim, que se há outros meios de comunicação de massa oferecendo programação equivalente à de rádio e televisão, sem se sujeitarem ao regime jurídico vigente, haverá um manifesto esvaziamento dos propósitos constitucionais.

Há ainda um outro ponto, tão ou mais grave, que pode até mesmo comprometer a seriedade com que devem ser interpretadas as normas e respeitadas as instituições. É que basta que as empresas de radiodifusão já existentes passem a oferecer programação de rádio e televisão por outros meios técnicos — o que agora já se tornou possível — para, por esse artifício, se evadirem da normatização constitucional a que estariam inicialmente sujeitas. Claro: se as normas constitucionais não se estendessem às demais plataformas tecnológicas, bastaria que as concessionárias atuais de radiodifusão passassem a servir-se delas. Ou seja: a interpretação acriticamente apegada à literalidade do texto acabaria por permitir a fraude a seu conteúdo. Nada legitimaria isso.

---

44. V. Anna Cândida da Cunha Ferraz, *Processos informais de mudança da Constituição*, 1986, p. 43.

A necessidade de *interpretação evolutiva* decorre da inexorável ação do tempo sobre todos os fenômenos, inclusive sobre as normas, e se destina a adaptar os preceitos jurídicos[45] à mutante vida real, como registra Carlos Maximiliano:

> *"A ação do tempo é irresistível; não respeita a imobilidade aparente dos códigos. Aplica-se a letra intacta a figuras jurídicas diversas, resolve modernos conflitos de interesses, que o legislador não poderia prever.*
> *(...)*
> *Aplicam-se as prescrições coordenadas no tempo de Justiniano aos casos de contrato tácito, dano, etc., verificados com instalações de eletricidade, captação de fôrça motriz hidráulica, navegação a vapor, telegrafia, uso de automóveis, e mil outras eventualidades creadas pelo progresso e impossíveis de prever ha quatorze séculos. Por êsse processo dinâmico se eternizam as fórmulas primitivas, com lhes imprimir significado que os seus autores não vislumbraram.*
> *(...)*
> *Por isso os próprios partidários da doutrina tradicionalista se vêem forçados a reconhecer que o intérprete melhora o texto sem lhe alterar a forma; afim de adaptar aos factos a regra antiga, êle a subordina às imprevistas necessidades presentes, embora chegue a postergar o pensamento do elaborador prestigioso; deduz corretamente e aplica inovadores conceitos que o legislador não quís, não poderia ter querido exprimir."*[46]

Alguns exemplos de aplicação da interpretação evolutiva ajudam a esclarecer a idéia. A Emenda nº 4, de 1791, à Constituição norte-americana, proíbe a busca e apreensão desautorizada e irrazoável sobre pessoas, casas, papéis e coisas[47]. Durante algum tempo, a Supre-

---

45. Christiano José de Andrade, *Problema dos métodos da interpretação jurídica*, 1992, p. 39 e 40.
46. Carlos Maximiliano, *Hermenêutica e aplicação do direito*, 1981, p. 47.
47. Emenda nº 4 à Constituição dos Estados Unidos da América (1791): *"The right of the people to be secure in their persons, houses, papers, and effects, against*

ma Corte americana entendeu que a interceptação telefônica não violava a 4ª Emenda, sob o fundamento curioso de que não existia telefone quando seu texto foi redigido⁴⁸. Esse entendimento foi superado no caso Katz *vs.* United States, quando se entendeu ilegítima, com fundamento na 4ª Emenda, a escuta e gravação realizada pelos agentes do governo sem a devida autorização. A conclusão da Suprema Corte foi o de que a 4ª. Emenda não regula apenas bens tangíveis, devendo estender-se para proteger a privacidade das pessoas, o que era, afinal, a finalidade da disposição constitucional⁴⁹.

No direito brasileiro, a conhecida *doutrina brasileira do "habeas corpus"* é um exemplo notável de interpretação evolutiva, pela qual os tribunais estenderam a figura do *habeas corpus* para tutelar outras situações de ilegalidade e abuso de poder que não aquelas relativas à liberdade de locomoção⁵⁰. Mais recentemente, também por força da interpretação evolutiva, a jurisprudência tem estendido a livros em CD-Rom e disquetes, bem como a dicionários eletrônicos sob a forma de *scanners* manuais (caneta ótica), a imunidade tributária originalmente concedida pela Constituição, art. 150, VI, *a*, a livros, jornais e periódicos impressos⁵¹.

É possível ordenar os argumentos até aqui desenvolvidos nas seguintes idéias básicas: (i) todos os meios técnicos que ofereçam, do ponto de vista do receptor final, programação equivalente à de rádio ou televisão, inclusive quanto ao caráter de comunicação de massa, devem ser equiparados pelo intérprete às empresas de radiodifusão,

---

unreasonable searches and seizures, shall not be violated, and no Warrants shall issue, but upon probable cause, supported by Oath or affirmation, and particularly describing the place to be searched, and the persons or things to be sized."
48. Olmtead vs. United States, 277 U.S. 438 (1928). Em outra oportunidade, já expressei o entendimento de que esse era um exemplo caricato de interpretação histórica não evolutiva, pelo apego ao originalismo. V. Luís Roberto Barroso, *Interpretação e aplicação da Constituição*, 2001, p. 127.
49. 389 U.S. 347
50. Sobre o tema, v. M. Seabra Fagundes, *Meios institucionais de proteção dos direitos individuais*, in Revista da Procuradoria Geral do Estado de São Paulo º 10, p. 120-2.
51. TRF — 2ª Região, Remessa *ex officio* nº 98.02.02873-8, Rel. Des. Rogério Vieira de Carvalho, DJ 18.03.1999, Revista Dialética de Direito Tributário nº 44, 1999.

isto é, a espécie radiodifusão na verdade representa o gênero meios de comunicação de massa; (ii) como conseqüência, o mesmo regime das empresas de radiodifusão, como regra geral, deve aplicar-se também a essas novas plataformas tecnológicas. Em suma: devem-se interpretar extensivamente as normas constitucionais que regulam as empresas de radiodifusão para aplicá-las também às demais plataformas tecnológicas a elas equiparáveis.

Há uma única exceção a essa conclusão, e ela diz respeito à propriedade dessas empresas. A aplicação extensiva do regime constitucional da radiodifusão, na hipótese, importaria em que todas as demais empresas que explorem serviços equiparáveis tivessem de ser de propriedade de brasileiros, nos termos do art. 222 da Constituição. Ocorre que o direito de propriedade insere-se na categoria dos direitos fundamentais, assegurado a brasileiros e estrangeiros, nos termos do art. 5º, *caput* e inciso XXII do texto constitucional[52]. Sendo assim, as restrições a ele impostas devem ter caráter estrito, não devendo ser interpretadas extensivamente.

Todas as demais normas pertinentes — a saber: (i) necessidade de concessão especial, aprovada pelo Congresso Nacional; (ii) obrigatoriedade de que a responsabilidade pela administração e pela orientação intelectual estejam a cargo de brasileiros; e (iii) necessidade de observância dos princípios do art. 221 — aplicam-se sem outras dificuldades.

VI.2. Princípio da isonomia

No direito constitucional brasileiro, o princípio genérico da igualdade vem capitulado como direito individual — "todos são iguais perante a lei, sem distinção de qualquer natureza" (CF, art. 5º, *caput*) — e como objetivo fundamental da República — "promover o bem de todos, sem preconceitos de origem, raça, sexo, cor, idade e quaisquer outras formas de discriminação" (CF, art. 3º, IV). Nada obstante esses preceitos, de longa data se reconhece que legislar consiste em

---

52. CF: "Art. 5º Todos são iguais perante a lei, sem distinção de qualquer natureza, garantido-se aos brasileiros natos e aos estrangeiros residentes no País a inviolabilidade do direito à vida, à liberdade, à segurança e à propriedade, nos termos seguintes. (...) XXII — é garantido o direito de propriedade;"

discriminar situações e classificar pessoas à luz dos mais diversificados critérios[53]. Assim, ao contrário do que se poderia supor à vista da literalidade da matriz constitucional da isonomia, o princípio, em muitas de suas incidências, não apenas não veda o estabelecimento de desigualdades jurídicas, como, ao contrário, muitas vezes impõe o tratamento desigual a fim de contrabalançar desigualdades reais.

Por um lado, se é possível distinguir pessoas e situações, para o fim de lhes dar tratamento jurídico diferenciado, isto não significa que qualquer desequiparação seja válida. O princípio da isonomia se destina exatamente a vedar as desequiparações que não tenham um *fundamento* racional e razoável e que não se destinem a promover um *fim* constitucionalmente legítimo. Veda-se o arbítrio, o capricho, o aleatório, o desvio. O tema tem amplo curso na doutrina nacional[54] e estrangeira,[55] merecendo nota especial a monografia de Celso Antônio Bandeira de Mello sobre o tema[56].

Consoante sistematização da boa doutrina, uma norma que crie desequiparações deve ser examinada sob três enfoques sucessivos, para aferir sua legitimidade constitucional, a saber:

(i) em primeiro lugar, é preciso identificar o fator de *discrimen* escolhido pela norma para saber se tal elemento corresponde a uma diferenciação real, objetivamente existente e relevante entre as pessoas, situações ou coisas[57];

---

53. V. Celso Antônio Bandeira de Mello, O *conteúdo jurídico do princípio da igualdade*, 1993, p. 11.
54. Vejam-se, em meio a outros, San Tiago Dantas, *Igualdade perante a lei e* due process of law, in Problemas de Direito Positivo: Estudos e Pareceres, 1953, p. 37 e ss; Luís Roberto Barroso, *Razoabilidade e Isonomia*, in Temas de direito constitucional; Joaquim B. Barbosa Gomes, *Ação afirmativa e princípio constitucional da* igualdade, 2001; Mônica de Melo, O *princípio da igualdade à luz das ações afirmativas: o enfoque da discriminação positiva*, Cadernos de Direito Constitucional e Ciência Política, 25/90 e ss.
55. A construção do sentido da cláusula constitucional *equality under the law* é um dos mais recorrentes temas do direito constitucional norte-americano. Vejam-se, por todos, Laurence Tribe, *American Constitutional Law*, 1988, e Nowak, Rotunda & Young, *Constitutional Law*, 1986. Entre os autores portugueses, v. J. J. Gomes Canotilho, *Direito Constitucional*, 1997, p. 1160 e ss.
56. Celso Antônio Bandeira de Mello, *Conteúdo jurídico do princípio da igualdade*, 1993.
57. J. J. Gomes Canotilho, ob. cit., p. 1162: o autor sugere uma seqüência de

(ii) em segundo lugar, é preciso que haja um nexo racional e razoável entre a diferença das situações[58] — demarcada pelo elemento de *discrimen* — e o tratamento diferenciado criado pela norma; e

(iii) em terceiro lugar, ainda que o tratamento diferenciado criado pela norma seja racional e razoável, ele deve estar em consonância com os princípios protegidos pela Constituição Federal.

É verdade que não se está aqui examinando a constitucionalidade de disposições infraconstitucionais, mas interpretando normas constitucionais originárias, que, segundo o conhecimento convencional, não podem ser consideradas inconstitucionais[59]. De toda forma, será útil submeter tais normas aos critérios acima enunciados. Teria a Constituição decidido impor um tratamento desigual entre as empresas de radiodifusão e as demais empresas que oferecem serviços idênticos, fundada no sistema tecnológico empregado por cada uma delas? Teria a Carta de 1988 imposto uma disciplina específica e um conjunto de restrições às empresas de radiodifusão e autorizado as demais a atuar em regime de absoluta liberdade? Seria razoável discriminar entre as empresas com fundamento na tecnologia utilizada?

Ora, parece óbvio que o elemento que levou o constituinte a regular destacadamente o rádio e a televisão não foi o fato de serem transmitidos através da técnica de radiodifusão. A tecnologia empregada na hipótese é, a rigor, indiferente. O importante, por natural, era, e é, o fato de tratar-se de meios de comunicação de massa. Ademais, as outras tecnologias, hoje equiparáveis à radiodifusão, não existiam ou não eram viáveis à época da elaboração da Carta, ou simplesmente não se cogitava de equipará-las à televisão ou ao rádio. A Constituição, na verdade, não discriminou entre situações diversas: ela tratou de *todo* o fenômeno existente à época. Diante da nova conjuntura de fato, porém, interpretar a Constituição de modo a impor apenas aos serviços de radiodifusão uma disciplina específica e

---

perguntas para aferir a legitimidade do tratamento diferenciado. A primeira delas é: "Existe uma desigualdade de situações de facto relevante sob o ponto de vista jurídico-constitucional?".

58. Toda distinção de pessoas, situações ou coisas sempre redundará em uma discriminação, legítima ou não, de pessoas.

59. Para um amplo debate sobre a questão da inconstitucionalidade das normas constitucionais, V. Luís Roberto Barroso, *Interpretação e aplicação da Constituição*, 3ª ed., 1999, p. 198 e ss.

um conjunto de restrições, e não aplicá-los às demais tecnologias equiparáveis, geraria uma violação evidente ao princípio constitucional da isonomia.

Em resumo: uma interpretação inadequada da Constituição levaria à violação de um de seus princípios fundamentais. Que teria a Constituição contra a radiodifusão? Por que beneficiar a fibra ótica, o cabo, ou outra técnica qualquer? Não faria nenhum sentido supor que a Constituição da República adotasse um fator de *discrimen* — a tecnologia de oferecimento do serviço — que não atende a nenhum dos três critérios acima expostos, capazes de assegurar a legitimidade de uma desequiparação. Ao contrário, o comportamento legítimo e esperado, tendo em vista o princípio constitucional da igualdade, é que todas essas tecnologias, e as empresas que as utilizam, sejam tratadas isonomicamente, para que não haja privilégios ou perseguições a qualquer delas.

VII. Conclusão

As idéias analiticamente desenvolvidas ao longo do presente estudo podem ser compendiadas, de forma sumária, nas proposições seguintes:

1. O regime constitucional aplicável à radiodifusão, isto é, ao rádio e à televisão convencionais, consiste em:

a) necessidade de concessão especial;

b) controle por brasileiros natos;

c) responsabilidade pela administração e orientação intelectual reservada a brasileiros natos; e

d) observância de princípios específicos quanto à produção e programação das emissoras.

2. Os princípios e regras que disciplinam a radiodifusão são válidos, na verdade, para a comunicação social ou de massa em geral, tendo como principais fundamentos:

a) a preservação da soberania e da identidade nacionais;

b) a manutenção de espaço para o desenvolvimento da cultura nacional; e

c) a possibilidade de responsabilização por infrações cometidas através dos meios de comunicação.

3. Este regime jurídico estende-se a todas as plataformas tecnológicas de veiculação de conteúdo, com características de comunicação de massa, isto é, que visem a atingir parcela significativa da população brasileira. Excetua-se apenas a exigência de controle por brasileiro nato, pela seguinte razão: por tratar-se a propriedade de um direito fundamental, as restrições a ela impostas devem ter caráter estrito, não devendo ser interpretadas extensivamente.

4. A extensão do regime constitucional da radiodifusão às demais plataformas é a conseqüência natural e necessária dos seguintes argumentos:

a) os elementos histórico, sistemático e sobretudo teleológico de compreensão do Direito impõem uma interpretação evolutiva das normas aplicáveis, com a extensão de seu alcance, mediante construção constitucional, a situações que não estavam expressas no texto, mas que decorrem logicamente de seu espírito, isto é, dos princípios e fins que abriga;

b) por força do princípio da isonomia, não é razoável supor que a Constituição, ao disciplinar a comunicação social e seu impacto sobre a sociedade brasileira, iria discriminar os diferentes meios ou veículos com fundamento na tecnologia empregada e não no resultado produzido.

Saneamento Básico: Competências Constitucionais da União, Estados e Municípios

> SUMÁRIO: I. Nota prévia: saneamento e Federação. II. O sistema de águas na Constituição. II.1. Propriedade das águas na Constituição Federal de 1988. II.2. Utilização múltipla da água: tratamento constitucional das competências. a) Administração dos recursos hídricos; b) Outorga do uso das águas; c) Proteção ambiental e controle da poluição; d) Saneamento básico. III. O saneamento básico na Constituição de 1988. III.1. Competência para a prestação do serviço de saneamento básico: a) Competência comum: cooperação entre os entes (art. 23, IX); b)Municípios: interesse local (art. 30, V); c) Estados: interesse comum, região metropolitana (art. 25, § 3º); d) União: planejamento e participação na execução (art. 200, IV). III.2. Conflito de competências potencial entre Estado e Municípios: interesse local/interesse comum. Definição dos limites de cada competência. IV. Conclusões.

I. Nota prévia: saneamento básico e federação

O *saneamento básico* é um dos mais importantes aspectos da saúde pública mundial. Estima-se que 80% das doenças e mais de 1/3 da taxa de mortalidade em todo o mundo decorrem da má qualidade da água utilizada pela população ou da falta de esgotamento sanitário adequado[1]. São patologias como hepatite A, dengue, cólera, diarréia, leptospirose, febre tifóide e paratifóide, esquistossomose, infecções intestinais, dentre outras, que afetam particularmente crianças de até 5 (cinco) anos[2]. São conhecidas no meio médico, cruelmente, como "doenças de pobre" ou "doenças do subdesenvolvimento"[3].

No Brasil, embora as informações estatísticas sejam precárias, estima-se que, em média, apenas 52,8% da população sejam atendidos por rede coletora de esgoto e que 76,1% dos domicílios sejam abastecidos pela rede geral de distribuição de água. Ou seja: quase 24% da população não têm acesso à água tratada. E isso tudo sem considerar as áreas rurais da região norte[4].

Desde meados da década de 80 que a Organização Mundial de Saúde — OMS considera o saneamento como a medida prioritária em termos de saúde pública[5], até porque, de acordo com essa instituição, US$ 1 investido em saneamento representará uma economia de US$ 5 em gastos com prestações de saúde curativa. Nessa mesma linha, no Brasil, as informações do SUS dão conta de que, no ano de 1997, 60% das internações de crianças menores de 5 anos, ao custo de R$ 400 milhões, foram causadas por problemas decorrentes de doenças respiratórias, infecciosas e parasitárias, que poderiam ter sido substancialmente reduzidas através de medidas de saneamento básico[6].

Por saneamento entende-se um conjunto de ações integradas, que envolvem as diferentes fases do ciclo da água e compreende: a captação ou derivação da água, seu tratamento, adução e distribuição, concluindo com o esgotamento sanitário e a efusão industrial. O atra-

---

1. Catherine Allais, O *estado do planeta em alguns números*, in Barrère Martine (org.), *Terra, patrimônio comum*, 1992, p. 250, *apud* Paulo de Bessa Antunes, *Direito ambiental*, 1996, p. 259.
2. R. Franceys, J. Pickford y R. Reied, *Guía para el desarrollo del saneamiento in situ*, OMS, 1994, p. 9/10.
3. Elida Sá, *A reciclagem como forma de educação ambiental*, Revista de direito ambiental nº 4, 1996, p. 123.
4. Os dados são do IBGE, 2000, Pesquisa nacional por amostra de domicílios, 1999 (www.ibge.gov.br)
5. R. Franceys, J. Pickford y R. Reied, *Guía para el desarrollo del saneamiento in situ*, OMS, 1994, p. 4.
6. Fonte: Revista virtual: www.aguaonline.com.br, edição especial *Saúde x Saneamento* de 31.10.2000.

so no desenvolvimento de políticas públicas de saneamento tem como um de seus principais fatores o longo adiamento da discussão aqui empreendida. O estudo ora desenvolvido procura delimitar a competência da União, dos Estados e dos Municípios na matéria, sobretudo visando-se à definição da entidade federativa competente para a prestação dessa espécie de serviço, conforme o caso.

II. O sistema das águas na Constituição

Antes de examinar o tratamento constitucional da matéria, convém fazer uma breve nota sobre os critérios de distribuição de competência adotados pelo constituinte de 1988. Como se sabe, o *Estado Federal* funda-se na descentralização política, com a existência, no caso brasileiro, de três níveis de poder: o da União, o dos Estados-membros e o dos Municípios. Elementos básicos da idéia de Federação — que é um princípio fundamental do Estado brasileiro — são a *autonomia* dos entes federados e a *repartição constitucional de competências*. O primeiro se traduz na capacidade de auto-organização, autogoverno e auto-administração e o segundo consiste na divisão vertical e espacial de poderes.

Tradicionalmente no direito constitucional brasileiro as competências eram distribuídas com certa rigidez, mediante critérios que definiam o âmbito de atuação exclusiva de cada entidade estatal. Assim, a União tinha suas competências enumeradas, os Municípios detinham as competências afetas ao interesse local e os Estados titularizavam os poderes remanescentes.

A Constituição de 1988 manteve, substancialmente, os critérios acima na atribuição de competências exclusivas à União, Estados e Municípios, mas, inspirada na experiência alemã, instituiu, igualmente, um conjunto de competências comuns ou concorrentes, compartilhadas pelas entidades estatais. Do ponto de vista material, as competências públicas, de acordo com critério doutrinário tradicional, dividem-se em político-administrativas, legislativas e tributárias.

Em síntese dos aspectos do federalismo brasileiro relevantes para a hipótese, é possível assentar: União, Estados e Municípios titularizam competências político-administrativas, legislativas e tributárias, que podem ser exercidas em comum ou com exclusividade. As competências tributárias — que não são relevantes para a questão a seguir discutida — são, de regra, exclusivas. Já as competências político-administrativas podem ser comuns (CF, art. 23) e as legislativas podem ser concorrentes (CF, art. 24).

Feita a digressão e retornando ao tema, do ponto de vista operacional, o saneamento está inserido logicamente na disciplina mais geral do sistema das águas, competindo à União, na dicção do art. 22, IV, da Constituição Federal, legislar sobre o que o dispositivo define singelamente como *águas*[7]. É natural que o saneamento sofra repercussão direta do tratamento jurídico da água, na medida em que esta é seu elemento material primário. Desse modo, ainda que brevemente, é importante fazer um registro acerca do sistema constitucional das águas na Constituição de 1988.

II.1. Propriedade das águas na Constituição Federal de 1988

A Constituição de 1988 distribuiu o domínio das águas entre a União e os Estados membros, deixando de fora da partilha original os Municípios[8]. Isso é o que dispõem os artigos 20, III e VI, e 26, I, *in verbis*:

> "*Art. 20. São bens da União:*
> *(...)*
> *III — os lagos, rios e quaisquer correntes de água em terrenos de seu domínio, ou que banhem mais de um Estado, sirvam de limites com outros países, ou se estendam a território estrangeiro ou dele provenham, bem como os terrenos marginais e as praias fluviais;*
> *(...)*
> *VI — o mar territorial;"*
> *" Art. 26. Incluem-se entre os bens dos Estados:*

---

7. Art. 22. Compete privativamente á União legislar sobre:
(...)
IV — águas (...);
8. José Afonso da Silva, *Direito ambiental constitucional*, 1995, p. 85/6, e Diogo de Figueiredo Moreira Neto, *Curso de direito administrativo*, 1992, p. 259/260.

> *I — as águas superficiais ou subterrâneas, fluentes, emergentes e em depósito, ressalvadas, neste caso, na forma da lei, as decorrentes de obras da União;"*

A Constituição, entretanto, distinguiu a propriedade da água em si da dos potenciais de energia hidráulica, sendo esta última sempre atribuída à União, nos termos do art. 176 da Carta[9]. Garante-se, nada obstante, aos Estados e Municípios em cujo território estiverem tais potenciais, participação no resultado (*royalties*) ou compensação financeira por sua exploração (art. 20, § 1º[10]).

A determinação do titular do domínio da água é fundamental para o estudo do saneamento básico, pois quem quer que seja o ente competente para prestar o serviço, em cada caso, deverá obter uma outorga do proprietário da água, a não ser, por evidente, que já seja o proprietário. A este ponto se voltará adiante.

II.2. Utilização múltipla da água: tratamento constitucional das competências

A distribuição constitucional de competências para as diversas formas de utilização da água é relativamente complexa e se serve, cumulativamente, dos critérios referidos no capítulo inicial: há, na matéria, competências exclusivas e não exclusivas, bem como competências político-administrativas e legislativas. Confira-se a análise sistemática que se segue.

A água, tendo em vista suas múltiplas utilizações no mundo moderno, mereceu numerosas referências constitucionais, diretas ou

---

9. Art. 176. As jazidas, em lavra ou não, e demais recursos minerais e os potenciais de energia hidráulica constituem propriedade distinta da do solo, para efeitos de exploração ou aproveitamento, e pertencem à União, garantida ao concessionário a propriedade do produto da lavra.

10. Art. 20. (...)
§ 1º. É assegurada, nos termos da lei, aos Estados, ao Distrito Federal e aos Municípios, bem como a órgãos da administração direta da União, participação no resultado da exploração de petróleo ou gás natural, de recursos hídricos para fins de geração de energia elétrica e de outros recursos minerais no respectivo território, plataforma continental, mar territorial ou zona econômica exclusiva, ou compensação financeira por essa exploração.

indiretas. Basta lembrar que, além de funcionar como o elemento primário do saneamento, ela é indispensável para o consumo por homens e animais e elemento vital como insumo industrial ou agrícola (*e.g.*: resfriamento de caldeiras e irrigação) ou ainda como matéria prima de outros bens (*e.g.*: produção de metano). Constitui meio de transporte limpo, barato e eficiente[11], e pode apresentar-se como importante fonte de energia, como já assinalado. Ademais, sua preservação e conservação são hoje, compreensivelmente, alguns dos temas mais debatidos no mundo[12].

A Constituição, como já antecipado, distribuiu entre os entes federativos competências legislativas e político-administrativas relativamente às várias atividades nas quais a água está envolvida. Dentre elas, destacadamente, o saneamento. Deve-se assinalar neste passo, porque muito relevante, que as diferentes utilizações da água não podem nem devem ser tratadas isoladamente. Elas formam, como visto, um *sistema*, o que pressupõe harmonia e articulação entre as partes.

Nessa linha de idéias, para chegar-se, de forma ordenada e coerente, à questão específica da competência para a prestação do serviço de saneamento — espécie de competência político-administrativa —, impõe-se, previamente, o exame do tratamento constitucional de três atividades diretamente relacionadas com o saneamento: (i) a administração dos recursos hídricos; (ii) a outorga do uso da água; e (iii) a proteção ambiental e controle da poluição.

a) Administração dos recursos hídricos

A Constituição confere à União a competência político- administrativa para "*instituir sistema nacional de gerenciamento de recursos hídricos (...)*", na dicção do art. 21, XIX. Cabe-lhe, também,

---

11. Compete à União legislar sobre regime dos portos, navegação lacustre, fluvial e marítima (art. 22, I).
12. Sobre a *Agenda 21*, produto dos trabalhos da Conferência Rio 92, veja-se: Paulo de Bessa Antunes, *Direito ambiental*, 1996, p. 260/1, Vladimir Passos de Freitas (org.), *Direito ambiental em evolução*, 1998, e a Revista do Centro de Estudos Judiciários do Conselho da Justiça Federal 12, Dezembro 2000, da qual constam as transcrições de palestras proferidas no simpósio "Água, bem mais precioso do milênio", organizado pelo Centro de Estudos Judiciários do Conselho da Justiça Federal, em maio de 2000.

como já se fez referência, legislar genericamente sobre águas (art. 22, IV). Desse modo, o constituinte concentrou na União as decisões fundamentais a respeito da utilização da água no país, sob suas variadas formas, bem como os critérios para acesso aos recursos hídricos e as prioridades no seu uso. Cabe aos Estados e Municípios apenas, na forma do art. 23, XI, da Constituição Federal, *"registrar, acompanhar e fiscalizar as concessões de direitos de pesquisa e exploração de recursos hídricos e minerais em seus territórios"*.

Para o fim de regulamentar o art. 21, XIX, da Constituição, foi editada a Lei nº 9.433, de 8.1.97, que criou o Sistema Nacional de Gerenciamento de Recursos Hídricos[13]. Além de organizar uma complexa estrutura administrativa para implementar e fiscalizar o cumprimento da política nacional de recursos hídricos, a nova lei consolidou alguns entendimentos e inovou em relação a outros[14].

Em primeiro lugar, a Lei nº 9.433, de 8.1.97, definiu a água como um bem de domínio público (art. 1º, I), cuja utilização prioritária, em situações de escassez, há de ser o consumo humano e a dessedentação de animais (art. 1º, III, e 13). Além disso, seu uso depende de outorga do poder público federal ou estadual (art. 14) — conforme se tratem, naturalmente, de águas federais ou estaduais —, incluindo-se na expressão "uso" a captação ou derivação para abastecimento público e o lançamento em corpo de água de esgotos, tratados ou não (art. 12, I e III). Assim, a prestação do serviço de saneamento, além de atingir seus próprios objetivos típicos, haverá de submeter-se também à política nacional de recursos hídricos e às suas metas, na gestão global das águas nacionais.

b) Outorga do uso das águas

Conforme referido acima, nos termos da Lei nº 9.433, de 8.1.97, a utilização da água, inclusive para fins de saneamento, depen-

---

13. Observe-se que o antigo Código de Águas (Decreto nº 24.643, de 10.7.34) continua em vigor naquilo que não tenha sido revogado pela legislação posterior ou no que não contrarie a Constituição de 1988, especialmente no que diz respeito à definição de conceitos técnicos sobre os corpos de águas.

14. Veja-se sobre o tema: Paulo Affonso Leme Machado, *Direito ambiental brasileiro*, 1998, p, 351 e ss., e Fernando Quadros da Silva, *A gestão dos recursos hídricos após a Lei nº 9.433, de 08 de janeiro de 1997*, in Vladimir Passos de Freitas (org.), *Direito ambiental em evolução*, 1998.

de de outorga por parte da União ou do Estado sob cuja titularidade se encontre. Com efeito, compete à União, como registrado acima, e nos termos do art 21, XIX, *"definir critérios de outorga de direitos de seu uso* [da água]".

Esses critérios vieram estabelecidos na Lei n° 9.433, de 8.1.97, que, em linhas gerais, cuidou de afirmar que o regime de outorga de uso dos recursos hídricos (i) *"tem como objetivos assegurar o controle quantitativo e qualitativo dos usos da água e o efetivo exercício dos direitos de acesso à água"* (art. 11), (ii) deverá priorizar o consumo humano e a dessedentação de animais (art. 1°, III, e 13) e (iii) deverá proporcionar o uso múltiplo da água (art. 1°, IV, e 13, parágrafo único).

Nada obstante isso, a União e os Estados não podem dispor arbitrariamente da autoridade de conceder ou negar outorgas. Somente será legítima a recusa quando houver um fundamento relevante e de interesse público, como, por exemplo, a ameaça de dano para o sistema hídrico em geral. Veja-se que o acesso à água não depende de qualquer tipo de licitação para sua outorga. Pois bem: à vista de tais premissas, é certo que a União e os Estados deverão conceder as outorgas solicitadas, salvo situações excepcionais, quando se tratar de um serviço público atribuído pela Carta a outro ente federativo, para cuja prestação a utilização da água seja indispensável, como é o caso do saneamento[15].

c) Proteção ambiental e controle da poluição

A falta de esgotamento sanitário adequado, etapa final do saneamento, é uma das principais causas de contaminação do solo e das

---

15. Veja-se sobre o tema: Paulo Affonso Leme Machado, *Direito ambiental brasileiro*, 1998, p, 351 e ss.O autor entende mesmo que União e Estados não são proprietários, mas gestores do bem no interesse de todos, *in verbis*: "A dominialidade pública da água, afirmada na Lei 9.433/97, não transforma o Poder Público federal e estadual em proprietário da água, mas torna-o gestor desse bem, no interesse de todos. Como acentua o administrativista italiano Massimo Severo Giannini, o 'ente público não é proprietário, senão no sentido puramente formal (tem o poder de autotutela do bem), na substância é um simples gestor do bem de uso coletivo'".

fontes de água, de modo que a proteção ambiental e o controle da poluição são temas intimamente relacionados ao saneamento[16].

A Constituição, entretanto, distribuiu diferentemente a competência legislativa e a competência político-administrativa na matéria. Com efeito, de acordo com o art. 24, VI, da Carta, compete à União e aos Estados, concorrentemente, *legislar* sobre proteção do meio ambiente e controle da poluição, ao passo que é competência comum dos três níveis federativos *"proteger o meio ambiente e combater a poluição em qualquer de suas formas"*, como dispõe o art. 23, VI[17].

d) Saneamento básico

Por fim, é preciso registrar, antes de ingressar no debate sobre a competência político-administrativa para a prestação do serviço de saneamento, que do ponto de vista legislativo compete à União, por meio de lei ordinária[18], dispor a respeito das diretrizes na matéria. Essa é a dicção do art. 21, XX:

> *"Art. 21. Compete à União:*
> *(...)*
> *XX — instituir diretrizes para o desenvolvimento urbano, inclusive habitação, saneamento básico e transportes urbanos;"*

A União, portanto, poderá fixar parâmetros nacionais no que diz respeito à prestação do serviço de saneamento, como, *e.g.*, de qualidade ou técnicos, de modo inclusive a inserir o saneamento na política nacional de gerenciamento dos recursos hídricos. Não custa lembrar que "instituir diretrizes" não autoriza a União a exaurir o tema, de modo a esvaziar a autonomia dos entes federativos competentes para prestar o serviço.

---

16. R. Franceys, J. Pickford y R. Reied, *Guía para el desarrollo del saneamiento in situ*, OMS, 1994, p. 4.
17. Vladimir Passos de Freitas, *Poluição de águas*, in *Direito ambiental em evolução*, 1998, p. 361 e ss.
18. As diretrizes da área de saneamento podem ser fixadas por lei ordinária, na medida em que a Constituição Federal não exige lei complementar para o tratamento da matéria.

Em síntese: é possível assentar que a Constituição de 1988 concentrou na União a maioria absoluta das *competências legislativas* em matéria de águas: desde a referência genérica a águas que consta do art. 22, IV, passando pela criação do sistema de gerenciamento de recursos hídricos (art. 21, XIX), a definição de critérios para a outorga de uso da água (art. 21, XIX), a proteção ambiental e o controle de poluição (art. 24, I) e as diretrizes para o saneamento básico (art. 21, XX).

Aos Estados compete tratar concorrentemente da proteção ambiental e controle de poluição, na forma como dispõem os parágrafos do art. 24[19]. Os Municípios não mereceram qualquer menção específica nessa distribuição, salvo que remanesce, em todo tempo, sua competência geral para suplementar a legislação federal e a estadual no que couber, como lhe autoriza o art. 30, II, da Carta de 1988.

Quanto à atuação político-administrativa, continua sendo competência da União exercer a administração global dos recursos hídricos nacionais. À União e aos Estados compete a concessão da outorga para o uso da água, e todos os entes — União, Estados e Municípios — têm o poder-dever de proteger o meio ambiente e controlar a poluição. Resta tratar da competência para a prestação do serviço de saneamento.

Antes de passar adiante, é interessante observar que, caso a Constituição Federal não fizesse referência expressa ao saneamento no momento da repartição de competências entre os entes, tal serviço seria certamente incluído sob duas epígrafes, ou sob uma das duas: a saúde pública — especialmente por força da fase de captação, tratamento e distribuição de água para consumo — e controle da poluição e preservação do meio ambiente — focando-se a etapa final do esgotamento sanitário, embora esta atividade também esteja diretamente relacionada com a saúde básica.

Interessantemente, de acordo com a Carta de 1988, os três níveis federativos têm competência político-administrativa nos dois temas — saúde pública e controle da poluição e preservação do meio ambiente (art. 23) —, estando igualmente comprometidos, por im-

---

19. O parágrafo único do art. 22 admite que lei complementar venha a autorizar os Estados a legislarem sobre questões específicas concorrentemente com a União. A lei complementar referida, entretanto, inexiste até o momento.

posição constitucional, com o oferecimento desses bens à população. A verdade, entretanto, é que a Constituição pinça o saneamento básico do conjunto maior em que estaria inserido para dar-lhe tratamento particular, de modo que o recurso ao gênero é desnecessário, mas o registro é útil e será retomado adiante. A discussão específica envolvendo a competência político-administrativa para a prestação do serviço de saneamento será o tema do tópico que se segue.

III. Saneamento básico na Constituição de 1988

III.1. Competência para a prestação do serviço de saneamento básico

A titularidade para a prestação do serviço de saneamento no Brasil é produto de uma sofisticada conjugação de técnicas de repartição de competências no Estado federal. Afora as menções já feitas à competência para cuidar da saúde pública e para o controle da poluição e preservação do meio ambiente, uma pesquisa no texto constitucional de 1988 indica 4 (quatro) dispositivos que se relacionam com o tema da competência político-administrativa em matéria de saneamento. São eles os artigos 23, IX, 30, V, 25, § 3º, e 200, IV[20]. Examine-se o sentido de cada um deles.

a) Competência comum: cooperação entre os entes (art. 23, IX)

O art. 23 da Carta em vigor enuncia as competências comuns da União, Estados e Municípios, dentre as quais se encontra a promoção da melhoria das condições de saneamento básico[21]. Confira-se a literalidade do dispositivo:

---

20. O art. 25 foi indicado depois do 30 propositalmente, já que o primeiro trata da competência dos Municípios e o segundo da dos Estados, devendo a análise iniciar do ente menor para o maior.
21. Hely Lopes Meirelles, *Direito municipal brasileiro*, 1998, p. 124: "A Constituição da República instituiu a competência comum da União, dos Estados, do Distrito Federal e dos Municípios para as matérias enumeradas em seu art. 23. Por *competência comum* deve-se entender a que cabe, indiferentemente, às quatro entidades estatais para solucionar matérias que estejam nas suas atribuições institucionais.".

"Art. 23. É competência comum da União, dos Estados, do Distrito Federal e dos Municípios:
(...)
IX — promover programas de construção de moradias e a melhoria das condições habitacionais e de saneamento básico;"

A norma não se refere à titularidade do serviço, mas à possibilidade de uma ação de quaisquer dos entes estatais visando ao melhor resultado na matéria. A finalidade constitucional é a cooperação produtiva entre eles, e não, evidentemente, uma superposição inútil e dispendiosa[22]. Com efeito, o parágrafo único do mesmo art. 23 prevê que *"Lei complementar fixará normas para a cooperação entre a União e os Estados, o Distrito Federal e os Municípios, tendo em vista o equilíbrio do desenvolvimento e do bem-estar em âmbito nacional.".* A lei complementar geral em questão não foi editada até o momento[23].

Em suma: a exemplo do que estabelecera em relação à saúde (art. 23, II) e à proteção do meio ambiente e combate à poluição (art. 23, VI), o constituinte previu a possibilidade de ação conjunta em tema de saneamento básico. Ao lado dessa atuação comum, cuidou de

---

22. Augusto Zimmermann, *Teoria geral do federalismo democrático*, 1999, p. 57: "Dominante no cenário político, o federalismo cooperativo não dispõe de fronteiras claramente definidas na questão da distribuição de competências dentre os níveis autônomos de poder. O objetivo explícito é, em síntese, a promoção de uma livre cooperação da União com as unidades federadas.".
23. Segundo Lucia Valle Figueiredo, a falta de lei complementar não impede que os entes exercitem plenamente suas competências na matéria. Lucia Valle Figueiredo, *Competências administrativas dos estados e municípios*, Revista de Direito Administrativo n° 207, 1997, p. 5: "*Quid juris*, inexistente a lei complementar? Ficariam inibidas as competências? Não se nos afigura, pois que são as competências deveres. Nunca será demais repetir que exercem os entes políticos, enumerados nos artigos premencionados função. E função é 'atividade de quem não é dono' (Cirne Lima), e seu desempenho é obrigatório. (...) as pessoas elencadas no art. 23 devem exercitar plenamente a competência constitucional, mesmo sem se denotar a cooperação, que se deverá dar, se editada fosse a lei complementar.". Não há como ignorar, entretanto, que em uma área como o saneamento, a prestação concomitante do serviço, por todos os entes, seria medida extremamente ineficiente.

instituir regras de atribuição exclusiva de competência a cada ente, à vista de sua titularidade do serviço.

b) Municípios: interesse local (art. 30, V)

O segundo comando constitucional relacionado com a prestação do serviço de saneamento, ainda que indiretamente, é o art. 30, V, que prevê a cláusula genérica pela qual compete ao Município prestar quaisquer serviços de interesse local. Esta a dicção do artigo:

> "*Art. 30. Compete aos Município:*
> *(...)*
> *V — organizar e prestar, diretamente ou sob regime de concessão ou permissão, os serviços de interesse local, incluído o de transporte coletivo, que tem caráter essencial*".

A norma procura realizar o denominado *princípio da subsidiariedade*, pelo qual todos os serviços de interesse tipicamente local, isto é, que possam ser prestados adequadamente pelo Município e se relacionem com a sua realidade de forma específica, estejam no âmbito de competência desse nível federativo. Resta, todavia, definir o que é *interesse local*.

A rigor, praticamente todo e qualquer serviço apresentará, em última instância, uma dose de interesse local, ao passo que dificilmente algum serviço local será indiferente aos interesses regionais e mesmo nacionais. Basta imaginar, *e.g.*, o serviço de telefonia, de produção de energia elétrica e de distribuição de gás canalizado, os dois primeiros conferidos à União (art. 21, XI e XII, *b*) *e* o último aos Estados (art. 25, § 2º). Todos esses serviços repercutem sobre os Municípios e seus habitantes que, por óbvio, desenvolvem os mais diversos *interesses* (utilizando-se a expressão aqui em sentido não técnico) acerca deles. Nada obstante isso, a própria Carta expressamente declinou que tais serviços nunca poderão ser prestados pelos Municípios, já que atribuídos a outros entes federativos de forma expressa.

Não há como negar que uma certa superposição de interesses é natural no Estado federal, não fosse pelo fato de os vários níveis de poder ocuparem o mesmo território, pela circunstância de a população de cada Município ser também de um Estado e estar igualmente ligada ao ente central. A proposta da doutrina para superar essa dificuldade é o critério da *predominância* do interesse. Essa a lição clássica de Hely Lopes Meirelles, seguida por praticamente todos os autores, *in verbis*:

> "O critério do interesse local *é sempre relativo ao das demais entidades estatais. Se sobre determinada matéria predomina o interesse do Município em relação ao do Estado-membro e ao da União, tal matéria é da competência do Município.* (....) *A aferição, portanto, da competência municipal sobre serviços públicos locais há de ser feita em cada caso concreto, tomando-se como elemento aferidor o critério da* predominância do interesse, *e não o da exclusividade, em face das circunstâncias de lugar, natureza e finalidades do serviço.*" (grifos no original)[24]

Diogo de Figueiredo Moreira Neto cuidou de dar um conteúdo mais preciso à idéia de *predominância*, catalogando também os diversos elementos apontados pelos autores como próprios para a identificação do interesse local dos Municípios. Estas as suas conclusões:

> "Com essas achegas doutrinárias já se pode tabular alguns elementos que podem identificar o interesse local dos municípios:
> 1. predominância do local (Sampaio Dória)
> 2. interno às cidades e vilas (Black)
> 3. que se pode isolar (Bonnard)
> 4. territorialmente limitado ao município (Borsi)
> 5. sem repercussão externa ao município (Mouskheli)
> 6. próprio das relações de vizinhança (Jellinek)
> 7. simultaneamente oposto a regional e nacional (legal)
> 8. dinâmico (Dallari)"[25].

---

24. Hely Lopes Meirelles, *Direito municipal brasileiro*, 1998, p. 262. Nesse mesmo sentido: José Nilo de Castro, *Direito municipal positivo*, 1998, p. 3, Antônio Ceso Di Munno Corrêa, *Planejamento urbano: competência para legislar dos Estados e dos Municípios*, Revista dos Tribunais nº 646, 1989, p. 47 e Joaquim Castro Aguiar, *Direito da cidade*, 1986, p. 29, dentre outros.
25. Diogo de Figueiredo Moreira Neto, *Poder concedente para o abastecimento de água*, Revista de Direito da Associação dos Procuradores do Novo Estado do Rio de Janeiro nº 1, 1999, p. 66/7.

A noção de *predominância* de um interesse sobre os demais implica a idéia de um conceito dinâmico[26]. Isto é: determinada atividade considerada hoje de interesse predominantemente local, com a passagem do tempo e a evolução dos fenômenos sociais, poderá perder tal natureza, passando para a esfera de predominância regional e até mesmo federal. Uma série de fatores pode causar essa alteração: desde a formação de novos conglomerados urbanos, que acabam fundindo municípios limítrofes, até a necessidade técnica de uma ação integrada de vários Municípios, para a realização do melhor interesse público. Também não é impossível imaginar o processo inverso, diante de uma substancial alteração da forma de ocupação populacional no território[27].

Assim, todo o serviço público que não esteja expressamente afetado a outro ente federativo e que possa ser caracterizado como de predominante interesse local, relativamente ao interesse dos Estados e da União, será da competência dos Municípios. A regra vale, naturalmente, para os serviços afetos ao saneamento básico.

c) Estados: interesse comum; região metropolitana (art. 25, § 3º)

O terceiro dispositivo constitucional pertinente para o debate que ora se trava é o art. 25, § 3º, da Carta de 1988, transcrito a seguir:

> *"Art. 25. Os Estados organizam-se e regem-se pelas Constituições e leis que adotarem, observados os princípios desta Constituição.*
> *(...)*
> *§ 3º Os Estados poderão, mediante lei complementar, instituir regiões metropolitanas, aglomerações urbanas e microrregiões, constituídas por agrupamentos de Municípios limítrofes, para integrar a organização, o planejamento e a execução de funções públicas de interesse comum."*

---

26. Adilson de Abreu Dallari, O *uso do solo metropolitano*, Revista de Direito Público nº 14, 1970, p. 289: "o conceito de peculiar interesse é essencialmente dinâmico, de vez que a *predominância de interesse*, como se observa na prática, varia e efetivamente tem variado no tempo e no espaço.".
27. Um forte êxodo das metrópoles para o interior, *e.g.*, poderia produzir esse resultado em relação a serviços que possam ser prestados localmente.

A norma estabelece um contraponto lógico bastante claro em relação à idéia exposta no item anterior. Se há serviços que, em determinadas circunstâncias, configuram predominante interesse local, devendo ser prestados pelos Municípios, existem também outros, ou outras circunstâncias, que se relacionam com o interesse comum de um conjunto de Municípios, de uma região mais ampla do que um Município isolado, os quais estão afetados aos Estados.

Mais que isso, os conceitos jurídicos de *região metropolitana, aglomerações urbanas, microrregiões*, de um lado, e *serviços de interesse comum* de competência dos Estados, de outro, são um reflexo no mundo do direito de um fenômeno amplamente conhecido: a formação dos grandes conglomerados urbanos, especialmente a partir da década de 30[28]. É suficiente lembrar que, no Brasil, em 1960, apenas 44,7% da população vivia em cidades, ao passo que, em 1996, a taxa de urbanização do país atingiu 78,4%[29].

A repercussão dessa realidade social sobre a organização dos serviços públicos a serem prestados pelo Estado teve significativas conseqüências. O fenômeno é descrito com precisão por Eros Roberto Grau, *in verbis*:

> "*O intenso crescimento urbano determina como fato característico do século XX o aparecimento dos centros metropolitanos.*
>
> *Tal processo de crescimento se manifesta de tal modo que em torno de determinados núcleos urbanos outros se vão agregando, integrando-se a ponto de comporem nova realidade urbana. Assim, as várias unidades integradas formam um aglomerado único, tecido de relações e interações mútuas que transformam todo o conjunto em um sistema sócio-econômico relativamente autônomo, abrangente de todas elas.*
>
> *(...)*

---

28. No Brasil, a disposição acerca das regiões metropolitanas foi inserida pela primeira vez na Constituição de 1937, art. 29.

29. Os dados são do IBGE, 1997, Pesquisa nacional por amostra de domicílios 1960 e 1996 (www.ibge.gov.br). Os dados do censo 2000 ainda não se encontravam disponíveis.

> *Ao mesmo tempo, começa a surgir uma grande expansão da demanda de serviços públicos, de sorte que as autoridades administrativas na área já não podem mais, isoladamente, dar solução satisfatória às necessidades coletivas sem o concurso da **ação unificada e coordenada de todos os escalões governamentais implicados**.*"[30] (negrito acrescentado)

Percebeu-se, com relativa facilidade, que os Municípios isoladamente não eram capazes de prestar os serviços demandados por essa enorme quantidade de pessoas que passou a viver nos grandes centros ou ao seu redor, sem qualquer preocupação específica com os limites municipais. O fato é que atender às necessidades desse contingente populacional tornou-se caro, complexo e muitas vezes tecnicamente inviável para cada Município sozinho. A solução foi adotar a prestação integrada pela autoridade regional, no caso os Estados, de modo que o interesse público — aí entendido o interesse primário, isto é, da população, e não o interesse fazendário de cada ente estatal[31] — fosse

---

30. Eros Roberto Grau, *Regiões metropolitanas: regime jurídico*, 1974, p. 5 e 10. No mesmo sentido, dentre outros, Ives Gandra Martins, *Comentários à Constituição do Brasil*, vol. III, t.1, 1992, p. 413: "Após a Segunda Grande Guerra, em quase todos os países latino-americanos, com a industrialização, intensificou-se o processo de urbanização via dinamização do movimento migratório campo-cidade. Assim, as grandes cidades passam a ser o *locus* privilegiado do processo de desenvolvimento econômico-social. O poder público, e neste particular o local, passa a articular a lógica de uma atuação no sentido de dar condições de infra-estrutura à expansão econômica bem como de melhorar a vida da população. A crescente ampliação da escala de operação do capital e a concomitante divisão social do trabalho a nível nacional passam a exigir que as condições de serviços públicos e infra-estrutura não se reduzam mais a nível da municipalidade, mas se ampliem ao nível metropolitano, que cada vez mais se torna o epicentro de todo o processo de desenvolvimento econômico.".
31. Não se confundem *interesse público* e *interesse do erário*. A distinção é corrente na doutrina e muito relevante na hipótese. Interesse público — também denominado interesse público primário — é o interesse da coletividade, do povo, expressado na Constituição e nas leis. O interesse do Estado enquanto sujeito de direitos — chamado interesse público secundário ou do erário — se orienta pelo propósito de despender o mínimo de recursos e obter o máximo deles. Veja-se, por todos, Celso Antônio Bandeira de Mello, *Curso de direito administrativo*, 1992, p. 31/2 e 57.

mais bem atendido. Em suma: esses serviços deixaram de ser de interesse predominantemente local para transformarem-se em serviços de interesse regional ou estadual. Esta a conclusão, que vale transcrever, de Hely Lopes Meirelles:

> "*A Região Metropolitana, como área de serviços unificados, é conhecida e adotada em vários países para solução de problemas urbanos e interurbanos das grandes cidades, como Paris, Los Angeles, São Francisco, Toronto, Londres e Nova Delhi. Resume-se na delimitação da zona de influência da metrópole e na atribuição de serviços de âmbito metropolitano a uma Administração única, que planeje integralmente a área, coordene e promova as obras e atividades de interesse comum da região, estabelecendo as convenientes prioridades e normas para o pleno atendimento das necessidades das populações interessadas.*
> *É notório que a complexidade e o alto custo das obras e serviços de caráter intermunicipal ou metropolitano já não permitem que as Prefeituras os realizem isoladamente, mesmo porque o seu interesse não é apenas local, mas regional, afetando a vida e a administração de todo o Estado e, não raro, da própria União. Daí por que a Constituição condicionou o estabelecimento destas Regiões a lei complementar estadual (...)*"[32]

Pode-se concluir, assim, que a competência estadual para os serviços de interesse comum, particularmente no âmbito das regiões metropolitanas, aglomerações urbanas e microrregiões, decorre de uma imposição do interesse público, no que diz respeito à eficiência e qualidade do serviço prestado e, muitas vezes, até mesmo à sua própria possibilidade[33].

---

32. Hely Lopes Meirelles, *Direito municipal brasileiro*, 1998, p. 78/9.
33. Veja-se, sobre o ponto, Orlando Soares, *Comentários à Constituição da República Federativa do Brasil*, 1998, p. 286: "(...) as Regiões Metropolitanas são formadas pelo conjunto de Municípios que gravitam em torno de uma grande cidade e têm interesses e problemas em comum, ensejando a unificação dos serviços públicos para melhor atendimento da região (...)" e Joaquim Castro Aguiar, *Direito da cidade*, 1986, p. 224: "(...) somente existe interesse comum

Tanto é assim que o entendimento da doutrina é o de que a associação à região metropolitana é compulsória para os Municípios. Ou seja: editada a lei instituidora da região metropolitana — atualmente, nos termos do art. 25, § 3º, da Constituição, uma lei complementar estadual — não podem os Municípios se insurgir contra ela. E isso porque o elemento local, particular, não pode prejudicar o interesse comum, geral; se a associação não fosse compulsória, faleceria a utilidade da instituição da região metropolitana para o atendimento do interesse público regional de forma mais eficiente. Toda a população da região seria prejudicada pela ação ilegítima da autoridade local, mesmo porque, a essa altura, os serviços em questão não podem mais ser considerados como de predominante interesse local. Essa é a opinião, dentre muitos outros[34], de Alaôr Caffé Alves[35], Diogo de Figueiredo Moreira Neto[36] e Sérgio Ferraz[37].

Vale ainda fazer uma observação final neste tópico. É que a instituição de regiões metropolitanas, aglomerações urbanas e microrregiões por uma lei complementar estadual, com a conseqüente assunção, pelo Estado, das competências para os serviços comuns, não representa restrição indevida da autonomia municipal. Como se sabe, a autonomia dos entes em um Estado federal não pré-existe, mas é

---

metropolitano se a função tiver de ser necessariamente organizada, planejada e executada de forma integrada entre os Municípios envolvidos, não podendo ser desenvolvida isoladamente, sob pena de não ser satisfatoriamente realizada.".

34. Nivaldo Brunoni, *A tutela das águas pelo município*, in Vladimir Passos de Freitas (org.), *Águas: aspectos jurídicas e ambientais*, 2000, p. 84: "Frise-se, entretanto, que a adesão dos municípios não é voluntária, mas compulsória."

35. Alaôr Caffé Alves, *Regiões metropolitanas, aglomerações urbanas e microrregiões: novas dimensões constitucionais da organização do estado brasileiro* (parecer), 1999, Revista de Direito Ambiental, nº 15, 1999, p. 186: "Quer dizer também que, uma vez constituídas por lei complementar, a integração dos Municípios será compulsória para o efeito da realização das funções públicas de interesse comum, não podendo o ente local substrair-se à figura regional, ficando sujeito às condições estabelecidas a nível regional para realizar aquelas funções públicas de interesse comum.".

36. Diogo de Figueiredo Moreira Neto, *Poder concedente para o abastecimento de água*, Revista de Direito da Associação dos Procuradores do Novo Estado do Rio de Janeiro nº 1, 1999, p. 70.

37. Sérgio Ferraz, *As regiões metropolitanas no direito brasileiro*, Revista de Direito Público nº 37/38, 1976, p. 22.

exatamente definida pelo texto constitucional. Ora, o mesmo texto que confere aos Municípios competência para os serviços de interesse local é o que dispõe acerca das regiões metropolitanas, do interesse comum e do papel dos Estados nesse particular. O ponto é observado, com precisão, por Caio Tácito, *in verbis*:

> *"A lei complementar estadual, instituidora da região metropolitana, afirma a íntima correlação de interesses que, em benefício do princípio da continuidade, da produtividade e da eficiência, torna unitária e coordenada, em entidade própria, segundo a lei complementar, a gestão de serviços e atividades originariamente adstritos à administração local.*
> *A avocação estadual de matéria ordinariamente municipal não viola a autonomia do Município na medida em que se fundamenta em norma constitucional, ou seja, em norma de igual hierarquia. É a própria Constituição que, ao mesmo tempo, afirma e limita a autonomia municipal."*[38]

Desse modo, e para os fins que aqui importam, a conclusão é que se, em determinada circunstância, o saneamento básico for considerado um serviço de interesse comum ou regional, e não local, ele deverá ser prestado pelos Estados, e não pelos Municípios.

d) União: planejamento e participação na execução (art. 200, IV)

Não há norma específica que atribua à União competência para a prestação do serviço de saneamento básico, afora a competência concorrente para promover a melhoria de suas condições, prevista no art. 23, IX. A única menção especial que pode ser aplicada à União é o disposto no art. 200, IV, *in verbis*:

> *"Art. 200. Ao sistema único de saúde compete, além de outras atribuições, nos termos da lei:*
> *(...)*

---

38. Caio Tácito, *Saneamento básico — região metropolitana — competência estadual* (parecer), Revista de Direito Administrativo nº 213, 1998, p. 324.

IV — participar da formulação da política e da execução das ações de saneamento básico."

Assim, além de deter uma competência comum para as ações nessa área, a União deve participar, em conjunto com os demais entes, do planejamento das ações de saneamento e de sua execução, o que se poderá dar direta ou indiretamente, sob a forma de custeio e investimentos financeiros, auxílio técnico etc.

III.2. Conflito de competências potencial entre Estado e Municípios: interesse local x interesse comum. Definição dos limites de cada competência.

Como desenvolvido acima, o constituinte brasileiro optou pelo emprego de cláusulas genéricas — interesse *local, comum, regional* — na repartição de competências em determinadas áreas de atuação dos entes estatais. Tal circunstância, como intuitivo, dá margem a conflitos potenciais entre Estados e Municípios e transfere para o intérprete a responsabilidade de definir, em relação a determinado serviço — no caso o saneamento básico — e em determinada região, qual o ente estatal competente. É possível considerar, aqui, três fórmulas diversas.

A primeira possibilidade é o exame casuístico[39] das circunstâncias de cada serviço, em cada lugar, tendo em vista os critérios doutrinários que dão conteúdo às cláusulas do *interesse local* e do *interesse comum*. Diogo de Figueiredo Moreira Neto apresenta de forma resumida e ordenada esses parâmetros, que se reproduzem ainda uma vez, nos seguintes termos:

> *"Com essas achegas doutrinárias já se pode tabular alguns elementos que podem identificar o interesse local dos municípios:*
> *1. predominância do local (Sampaio Dória)*

---

39. Michel Temer, *Elementos de direito constitucional*, 1990, p. 105: "(...) a competência do Município em tema de *interesse local* será desvendada casuisticamente." (grifo no original).

2. interno às cidades e vilas (Black)
3. que se pode isolar (Bonnard)
4. territorialmente limitado ao município (Borsi)
5. sem repercussão externa ao município (Mouskheli)
6. próprio das relações de vizinhança (Jellinek)
7. simultaneamente oposto a regional e nacional (legal)
8. dinâmico (Dallari)
(...)
Com efeito, se se aplicar a tabulação acima organizada, encontraremos como elementos característicos do interesse comum estadual:
1. que apresenta predominância do regional
2. que se externaliza às cidades e às vilas
3. que não está isolado
4. que não está territorialmente limitado ao município
5. que tem repercussão externa ao município
6. que transcende as relações de vizinhança
7. que é simultaneamente oposto a local e nacional
8. que está estabilizado por uma definição legal específica."[40]

É preciso fazer menção, por muito importante, que boa parte da doutrina, com razão, aplicando os critérios referidos acima à realidade das regiões metropolitanas, microrregiões ou aglomerações urbanas brasileiras, entende que o saneamento básico é um serviço comum, de titularidade do Estado. Com efeito, em grandes conglomerados urbanos, como a chamada *Grande São Paulo*, ou o *Grande Rio*, parece difícil que se possa isolar a prestação do serviço de saneamento em relação a cada Município ou, ainda que isso fosse possível, que os Municípios, isoladamente, tivessem condições de prestá-lo em todas as suas fases, de forma eficiente, e com a melhor relação qualidade e custo para o consumidor. Essa é a opinião, respectivamente, de Manoel Gonçalves Ferreira Filho, Eros Roberto Grau e Alaôr Caffé, dentre outros[41].

---

40. Diogo de Figueiredo Moreira Neto, *Poder concedente para o abastecimento de água*, Revista de Direito da Associação dos Procuradores do Novo Estado do Rio de Janeiro nº 1, 1999, p. 66/7.
41. Nivaldo Brunoni, *A tutela das águas pelo município*, in Vladimir Passos de

"A experiência revela a impossibilidade da solução de certos problemas no âmbito restrito e exclusivo do município. Na verdade, alguns problemas, dos mais graves que afligem a população, não podem ser resolvidos por um município isolado, já que extravasam os seus limites. É o que ocorre, por exemplo com relação ao abastecimento de água, ao tratamento de esgotos, e mesmo ao combate à poluição, nas cidades."[42]

"As necessidades metropolitanas decorrem do fenômeno da concentração urbana e exigem soluções que só podem ser equacionadas a nível global. Tamanha é a sua magnitude, conexão e interdependência (...) Assim, para que se possa proporcionar à comunidade metropolitana, como um todo, qualidade de vida urbana compatível com as suas expectativas (...) impõe-se conexão intensa e orgânica entre os vários níveis de poder político-administrativo (...) Nestes núcleos urbanos de grande concentração demográfica, a demanda de serviços públicos e as necessidades de infraestrutura são de tal grandiosidade que caracterizam atitudes governamentais tipicamente metropolitanas: os problemas de saneamento (...)"[43]

"Não há, pois, atividades, serviços ou obras que, por natureza intrínseca, sejam considerados de exclusivo interesse local. Assim, por exemplo, os serviços de captação e tratamento de água para consumo público, tradicionalmente, são de interesse local, inscritos na competência do Município. Entretanto, esses mesmo serviços são inequivocamente de interesse comum numa região metropolitana como a de São Paulo, por exemplo, devendo ser de competência regional e não do Município isolado. O mesmo serviço, conforme o enfoque, o lugar, o modo e as circunstâncias de sua pres-

---

Freitas (org.), *Àguas: aspectos jurídicas e ambientais*, 2000, p. 83: "Como assuntos de interesse comum, apresentam-se o serviço de captação e tratamento de água para abastecimento público e a proteção dos mananciais, cujos problemas, por não se conterem nos limites de cada município de uma região metropolitana, exigem uma ação conjunta para o atendimento de suas necessidades.".

42. Manoel Gonçalves Ferreira Filho, *Comentários à Constituição brasileira*, 1986, p. 671/2.

43. Eros Roberto Grau, *Regiões metropolitanas: regime jurídico*, 1974, p. 16/7.

tação, será objeto de interesse local ou regional, dependendo do caso."[44]

A segunda possibilidade para definir se o saneamento apresenta-se, em cada caso, como serviço de interesse local ou comum é a via legislativa. A lei complementar estadual que cria a região metropolitana, as aglomerações urbanas ou as microrregiões poderá (e, a rigor, deverá) especificar que serviços são considerados de interesse comum e, portanto, de titularidade do Estado, sendo-lhe legítimo fazê-lo nos termos do art. 25, § 3º, da Constituição[45]. Lembre-se que a integração dos Municípios, nesse caso, é compulsória, de modo que, em termos de rigidez e certeza, a alternativa legislativa figura no extremo oposto relativamente à primeira opção, que repousa sobre critérios de relativa fluidez e de elaboração meramente doutrinária. O ponto é salientado por Caio Tácito, *in verbis*:

> *"As atividades do poder público em matéria de saneamento básico comportam uma variedade de entendimento que, segundo o grau de abrangência e de interdependência, podem limitar-se ao plano municipal ou exigir a integração em entidade de nível estadual, segundo a mencionada competência prevista no art. 25, § 3º da constituição.*
> *(...)*
> *De duas formas poderá se deslocar do Município para o Estado (representado por órgãos ou entidades de sua administração) a efetividade da prestação de serviços de saneamento básico: ou pela forma coercitiva de integração, a que se refere a previsão do art. 25, § 3º da Constituição, pela via da lei complementar, ou, em menor grau de inte-*

---

44. Alaôr Caffé Alves, *Regiões metropolitanas, aglomerações urbanas e microrregiões: novas dimensões constitucionais da organização do Estado brasileiro* (parecer), 1999, Revisto de Direito Ambiental, nº 15, 1999, p. 194.

45. Pode-se cogitar de uma fraude a autonomia municipal em casos teratológicos, quando a lei complementar qualifique como serviço comum atividade típica e reconhecidamente de interesse apenas local. Nesse caso, a constitucionalidade da lei poderá ser discutida, tendo em vista a irrazoabilidade de seu preceito. Sobre o tema da razoabilidade, veja-se, nosso, *Interpretação e aplicação da Constituição*, 1999, p. 209 e ss.

gração, mediante acordo, consubstanciado em convênio administrativo quando não venha a ser criada Região Metropolitana."[46]

Sintomaticamente, boa parte das leis complementares que criaram regiões metropolitanas no país — federais, na vigência da Carta anterior, e estaduais após 5.10.1988 —, incluíram o saneamento básico como serviço comum. Assim foi feito, *e.g.*, pelas seguintes normas: (i) Lei complementar federal nº 14, de 08.06.73, que cria as Regiões Metropolitanas de São Paulo, Belo Horizonte, Porto Alegre, Recife, Salvador, Curitiba, Belém e Fortaleza[47]; (ii) Lei complementar federal nº 20, de 01.07.94, que cria a Região Metropolitana do Rio de Janeiro, dentre outras providências[48]; (iii) Lei complementar do Estado de São Paulo nº 94, de 29.05.74, que dispõe sobre a Região Metropolitana da Grande São Paulo[49]; (iv) Lei complementar do Estado de São Paulo nº 760, de 1º.08.94, que trata da criação de regiões metropolitanas, aglomerações urbanas e microrregiões no âmbito do Estado[50]; **(v)** Lei complementar do Estado de São Paulo nº 815, de 30.07.96, que cria a Região Metropolitana da Baixada Santista como unidade regional do Estado de São Paulo[51]; e (vi) Lei complementar

---

46. Caio Tácito, *Saneamento básico — região metropolitana — competência estadual* (parecer), Revista de Direito Administrativo nº 213, 1998, p. 326.
47. "Art. 5º. Reputam-se de interesse metropolitano os seguinte serviços comuns aos municípios que integram a região:
(...)
II — saneamento básico, notadamente abastecimento de água e rede de esgotos e serviço de limpeza pública"
48. "Art. 20. Aplica-se à Região Metropolitana do Rio de Janeiro o disposto nos artigos 2, 3, 4, 5 e 6 da Lei Complementar nº 14, de 8 de junho de 1973."
49. "Art. 2º. Reputam-se de interesse metropolitano os seguintes serviços comuns aos municípios que integram ou venham a integrar a Região Metropolitana da Grande São Paulo:
(...)
II — saneamento básico, notadamente abastecimento de água e rede de esgotos e serviço de limpeza pública"
50. "Art.7º. Poderão ser considerados de interesse comum das entidades regionais os seguintes campos funcionais;
(...)
IV — saneamento básico;"
51. "Art. 5º. As funções públicas de interesse comum serão definidas pelo Con-

do Estado do Rio de Janeiro nº 87, de 16.12.97, que institui a Região Metropolitana do Rio de Janeiro[52].

Há, ainda, uma terceira possibilidade de distinguir o interesse local do comum, envolvendo a competência da União para instituir diretrizes sobre saneamento básico (art. 21, XX), para legislar sobre águas (art. 22, IV) e para dispor sobre a cooperação entre os entes federados em matéria de saneamento (art. 23, parágrafo único, e art. 241). Com efeito, a União poderá, no exercício de suas competências, fixar um critério técnico que concretize as noções de interesse local ou comum em matéria de saneamento, aplicável de forma geral.

A utilização de um critério técnico apresenta algumas vantagens que merecem registro. A primeira delas é dar um grau de certeza jurídica à questão, retirando-a das flutuações doutrinárias. Ao eleger elementos técnicos, objetivos na definição do que seja interesse local ou comum, reduz-se a discricionariedade do intérprete e eventuais disputas daí resultantes. Além disso, o parâmetro técnico poderá balizar a ação dos Estados na definição dos serviços de interesse comum das regiões metropolitanas, aglomerações urbanas e microrregiões, de modo a evitar situações teratológicas, como, *e.g.*, a criação de uma região metropolitana sem a correspondência de qualquer

---

selho de Desenvolvimento da Região Metropolitana da Baixada Santista, entre os seguintes campos funcionais:
(...)
IV — Saneamento básico;"
52. "Art. 3º. Consideram-se de interesse metropolitano ou comum as funções públicas e os serviços que atendam a mais de um município, assim como os que, restritos ao território de um deles, sejam de algum modo dependentes, concorrentes, confluentes ou integrados de funções públicas, bem como os serviços supramunicipais, notadamente:
(...)
II — saneamento básico, incluindo o abastecimento e produção de água desde sua captação bruta dos mananciais existentes no Estado, inclusive subsolo, sua adução, tratamento e reservação, a distribuição de água de forma adequada ao consumidor final, o esgotamento sanitário e a coleta de resíduos sólidos e líquidos por meio de canais, tubos ou outros tipos de condutos e o transporte das águas servidas e denominadas esgotamento, envolvendo seu tratamento e decantação em lagoas para posterior devolução ao meio ambiente em cursos d'água, lagos, baías e mar, bem como as soluções alternativas para os sistemas de esgotamento sanitário."

situação real de conurbação urbana, com a conseqüente transferência ilegítima de serviços de interesse tipicamente local para a esfera de competência estadual.

Por fim, o critério técnico também proporciona certa uniformidade, em âmbito nacional, nos parâmetros de distribuição de competência para o serviço, lembrando-se que a União dispõe do poder constitucional de fazê-lo, tanto com fundamento em sua competência para fixar diretrizes para o serviço de saneamento (art. 21, XX), como também para instituir sistema nacional de gerenciamento de recursos hídricos (art. 21, XIX)[53].

IV. Conclusão

Ao fim dessa exposição, é possível organizar as idéias desenvolvidas em um conjunto ordenado de conclusões, enunciadas a seguir, contendo a síntese do tratamento constitucional dado ao tema.

1. A questão do saneamento básico insere-se no sistema constitucional das águas e tem repercussão decisiva sobre a saúde pública e sobre a proteção do meio ambiente. Trata-se de uma das mais importantes políticas públicas a serem implementadas no País. O adiamento da discussão aqui desenvolvida tem importado em elevado custo social.

2. De acordo com os critérios de partilha de competências introduzido pela Constituição de 1988, as competências relevantes em matéria de águas e, especificamente, de saneamento, são de natureza político-administrativa e legislativa, exercidas, conforme o caso, em comum pelos diversos entes estatais ou com exclusividade por apenas um deles.

3. As competências *legislativas* em matéria de águas concentram-se na União Federal, desde a referência genérica a águas que

---

53. Recentemente foi apresentada uma proposta de Projeto de Lei Federal no *Forum* Nacional dos Secretários de Estado ligados ao setor, que reproduz, basicamente, o esquema constitucional sobre a matéria, conferindo ao Município a competência para o serviço como regra, salvo se sua prestação for considerada de interesse comum pela lei complementar estadual que cria a região metropolitana, aglomeração urbana ou microrregiões, nos termos do art. 25, § 3º, da Carta de 1988.

consta do art. 22, IV, passando pela criação do sistema de gerenciamento de recursos hídricos (art. 21, XIX), a definição de critérios para a outorga de uso da água (art. 21, XIX), a proteção ambiental e o controle de poluição (art. 24, I) e as diretrizes para o saneamento básico (art. 21, XX). Quanto às competências *político-administrativas*, cabe ainda à União exercer a administração global dos recursos hídricos nacionais, à União e aos Estados a concessão da outorga para o uso da água e à União, Estados e Municípios o poder-dever de proteger o meio ambiente e controlar a poluição.

4. No tocante ao tema específico aqui estudado, a Constituição prevê a competência da União, Estados e Municípios para a promoção da melhoria das condições de saneamento básico, uma competência político-administrativa comum. A *titularidade* do serviço, todavia, é atribuída *com exclusividade* ao Município ou ao Estado, conforme a hipótese seja de predominância do interesse local ou comum-regional.

5. É natural e legítimo, à vista do art. 25, § 3º da Constituição, que no âmbito das regiões metropolitanas, aglomerações urbanas e microrregiões, constituídas por agrupamentos de Municípios limítrofes, o serviço de saneamento básico seja considerado função de interesse comum e, conseqüentemente, de competência do Estado. Ademais, afigura-se adequada a utilização, como critério técnico para definir a titularidade do serviço de saneamento básico, a capacidade do ente federado de prestá-lo de forma completa, em todas as suas etapas.

Regime Constitucional do Serviço Postal. Legitimidade da Atuação da Iniciativa Privada

SUMÁRIO: I. A ordem econômica na Constituição de 1988. I.1. Pré-compreensão do tema e princípios constitucionais. I.2. A livre iniciativa como princípio fundamental do Estado brasileiro. I.3. Modalidades de intervenção do Estado na ordem econômica: a) disciplina; b) fomento; e c) atuação direta. I.4. O sistema constitucional da atuação direta do Estado na ordem econômica: a) Prestação de serviços públicos: (i) serviços públicos inerentes e (ii) serviços públicos por opção político-normativa. Os serviços públicos por opção político-normativa podem ser ainda: 1. delegados aos particulares de acordo com o art. 175 da Constituição; e 2. delegados aos particulares diretamente pela Constituição; b) Desempenho de atividade econômica. Quanto à forma da atuação estatal: (i) monopolizada, (ii) não monopolizada e sob regime concorrencial. Quanto à necessidade da atuação estatal: (i) atividades obrigatórias por determinação constitucional, e (ii) atividades facultativas por opção político-normativa. II. Natureza constitucional do serviço postal II.1. O serviço postal não é serviço público. II.2. O serviço postal é atividade econômica não monopolizada, admitindo exploração concomitante pelos particulares. II.3. Quanto à necessidade da atuação estatal, o serviço postal é atividade obrigatória por determinação constitucional; quanto à forma de atuação estatal, o serviço postal é não monopolizado e sob regime concorrencial. III. Situação constitucional da Empresa Brasileira de Correios e Telégrafos —

EBCT. A Constituição de 1988 não recepcionou o monopólio legal da Lei nº 6.538/78. A EBCT desempenha atividade econômica obrigatória por determinação constitucional (CF, art. 21, X), não monopolizada e sob regime concorrencial. IV. Conclusões.

I. A ordem econômica na Constituição de 1988

I.1. A pré-compreensão do tema e os princípios constitucionais

A interpretação constitucional não é um exercício abstrato de busca de verdades universais e atemporais. Toda interpretação é produto de uma época, de um momento histórico, e envolve os fatos a serem enquadrados, o sistema jurídico, as circunstâncias do intérprete e o imaginário de cada um. A identificação do cenário, dos atores, das forças materiais atuantes e da posição do sujeito da interpretação constitui o que se denomina de *pré-compreensão*.[1] Assinale-se, ainda, que o toque de singularidade da interpretação nesta virada de século — em uma fase identificada como *pós-positivismo*[2] — é a ascensão dos princípios e do papel que desempenham na revelação e construção do sentido das normas, sobretudo as de natureza constitucional. Abre-se, assim, breve tópico para a discussão desses dois aspectos — pré-compreensão e princípios constitucionais —, que são premissas doutrinárias relevantes das idéias desenvolvidas ao longo do texto.

A Constituição econômica brasileira atual

A despeito de seus discutíveis antecedentes — estigmatizados pelo patrimonialismo e pela apropriação privada —, o Estado foi

---

1. Sobre o tema da *pré-compreensão*, v. Konrad Hesse, *Escritos de derecho constitucional*, 1983, p. 44: "*El intérprete no puede captar el contenido da la norma desde un punto casi arquimédico situado fuera de la existencia histórica sino únicamente desde la concreta situación histórica en la que se encuentra, cuya plasmación ha conformado sus hábitos mentales, condicionando sus conocimientos y sus pre-juicios*".
2. Sobre o tema, vejam-se, dentre muitos, na doutrina nacional: Paulo Bonavides, *Curso de direito constitucional*, 1999, p. 237; Margarida Maria Lacombe Camargo, *Hermenêutica e argumentação*, 1999, p. 132.

depositário de uma série de expectativas do constituinte de 1988. A verdade, todavia, é que o modelo de maior intervencionismo estatal não resistiu à onda mundial de esvaziamento do Estado como protagonista do processo econômico. Além da simbologia radical da queda do muro de Berlim, a verdade inafastável é que mesmo em países de tradição social-participativa, como Reino Unido e França, houve uma inequívoca redefinição do papel do Estado[3].

No Brasil, o tema ainda vive momentos de efervescência política e jurídica. O Estado, seu tamanho e seu papel estão no centro do debate institucional e ainda mobilizam paixões antagônicas. Não é irrelevante observar, todavia, que a reforma do Estado (econômica, administrativa, previdenciária), nas suas dimensões constitucional e legislativa, foi aprovada com índices expressivos de apoio de opinião pública e parlamentar. Sem embargo de outras cogitações mais complexas e polêmicas, é fora de dúvida que a sociedade brasileira vem crescentemente rejeitando a idéia de um Estado volumoso e ativo no campo econômico.

As reformas econômicas brasileiras envolveram três transformações estruturais que se complementam mas não se confundem, e que podem ser assim sistematizadas: a) *extinção de determinadas restrições ao capital estrangeiro* (Emendas Constitucionais ns 6, de 15.08.95, e 7, de 15.08.95), modificando o regime jurídico de temas relevantes como pesquisa e lavra de recursos minerais, aproveitamento de potenciais de energia elétrica e navegação de cabotagem; *b) flexibilização dos monopólios estatais* (Emendas Constitucionais ns 5, de 15.08.95; 8, de 15.08.95; e 9, de 09.11.95), em serviços públicos como gás canalizado e telecomunicações e em atividades econômicas

---

3. V. Marcos Juruena Villela Souto, *Desestatização, privatização, concessões e terceirizações*, 2000, p. 4: "Na Inglaterra a privatização foi uma opção mais filosófica, consistente em definir que não cabe ao Estado produzir riqueza, gerar lucros e exercer atividades econômicas. Este papel deveria caber à iniciativa privada, que o faria com maior eficiência. (...) O processo francês de privatização teve como uma de suas grandes preocupações democratizar o patrimônio público constituído pelas estatais, através de um sistema de venda pulverizada das suas ações, permitindo ao pequeno poupador particular influir na condução dos negócios do país. (...) Tinha-se em mente, também, dar vida ao setor privado como força motriz do crescimento econômico, retirando o Estado do setor industrial competitivo".

tidas como estratégicas, como pesquisa e lavra de petróleo; e *c) desestatização* (Lei nº 8.031, de 12.04.90, modificada pela Lei nº 9.491, de 9.09.97) levada a efeito por mecanismos como a (i) alienação, em leilão nas bolsas de valores, do controle de entidades estatais, e (ii) a concessão de serviços públicos a empresas privadas[4].

É possível detectar, assim, uma tendência nítida nas aspirações da sociedade brasileira. Tal tendência institucionalizou-se pelos mecanismos constitucionais próprios da emenda e da edição de legislação infraconstitucional. A concordância ou discordância em relação a este formato de Estado — fundado, essencialmente, no mercado e na livre concorrência — podem e devem ser manifestadas nas instâncias próprias. Não se pode, todavia, negar ou falsear uma ordem legitimamente em vigor. É preciso evitar, aqui, uma das patologias crônicas da hermenêutica constitucional no Brasil: a interpretação retrospectiva, pela qual se procura interpretar o texto novo de maneira a que ele não inove nada, mas, ao revés, fique tão parecido quanto possível com o antigo.[5] Com argúcia e espírito, Barbosa Moreira estigmatiza a equivocidade desta postura:

> *"Põe-se ênfase nas semelhanças, corre-se um véu sobre as diferenças e conclui-se que, à luz daquelas, e a despeito destas, a disciplina da matéria, afinal de contas, mudou pouco, se é que na verdade mudou. É um tipo de interpretação em que o olhar do intérprete dirige-se antes ao passado que ao presente, e a imagem que ele capta é menos a representação da realidade que uma sombra fantasmagórica."*[6]

---

4. Acrescente-se, em desfecho do levantamento aqui empreendido, que, além das Emendas Constitucionais nos 5, 6, 7, 8 e 9, assim como das Leis nos 8.031/90 e 9.491/97, os últimos anos foram marcados por uma fecunda produção legislativa em temas econômicos, que inclui diferentes setores, como: energia (Lei nº 9.247, de 26.12.96), telecomunicações (Lei nº 9.472, de 16.7.97) e petróleo (Lei nº 9.478, de 6.8.97), com a criação das respectivas agências reguladoras; modernização dos portos (Lei nº 8.630, de 25.2.93) e defesa da concorrência (Lei 8.884, de 11.6.94); concessões e permissões (Leis nos 8.987, de 13.2.95 e 9.074, de 7.7.95), para citar alguns exemplos.
5. Sobre este e outros aspectos da interpretação constitucional, *vide* Luís Roberto Barroso, *Interpretação e aplicação da Constituição*, 1999.

Os princípios constitucionais

O ponto de partida do intérprete há de ser sempre os *princípios constitucionais*, que são o conjunto de normas que espelham a ideologia da Constituição, seus postulados básicos e seus fins. Dito de forma sumária, os princípios constitucionais são as normas eleitas pelo constituinte como fundamentos ou qualificações essenciais da ordem jurídica que institui. A atividade de interpretação da Constituição deve começar pela identificação do princípio maior que rege o tema a ser apreciado, descendo do mais genérico ao mais específico, até chegar à formulação da regra concreta que vai reger a espécie.

Aos princípios cabe (i) embasar as decisões políticas fundamentais, (ii) dar unidade ao sistema normativo e (iii) pautar a interpretação e aplicação de todas as normas jurídicas vigentes. Os princípios irradiam-se pelo sistema normativo, repercutindo sobre as demais normas constitucionais e infraconstitucionais. Conforme sua amplitude e influência, classificam-se como fundamentais, gerais e setoriais[7]. Pois bem: no direito constitucional brasileiro a *livre iniciativa* figura como princípio fundamental e como princípio geral, na dicção do art. 1º, IV, e do art. 170, *caput*:

> "*Art.1º. A República Federativa do Brasil (...) tem como fundamentos:*
>
> ....
>
> *IV — os valores sociais do trabalho e da livre iniciativa;*"
> "*Art. 170. A ordem econômica, fundada na valorização do trabalho humano e na livre iniciativa (...)*"

---

6. José Carlos Barbosa Moreira, O *Poder Judiciário e a efetividade da nova Constituição*, in Revista Forense, vol. 304, p. 152.

7. Princípios constitucionais *fundamentais* são aqueles que contêm as decisões estruturais do Estado, as opções essenciais do constituinte na esfera política, econômica e social; princípios constitucionais *gerais* são especificações dos princípios fundamentais, com menor grau de abstração, ensejando a tutela imediata das situações que contemplam, dentre os quais se situa a legalidade (CF, art. 5º, II), a isonomia (CF, art. 5º, *caput*) e a liberdade de trabalho (CF, art. 5º, XIII); e princípios constitucionais *setoriais* ou *especiais* são aqueles que presidem um específico conjunto de normas afetas a determinado tema, capítulo ou título da Constituição, como o sistema tributário, a Administração Pública ou a ordem econômica.

É, portanto, à luz desses elementos principiológicos que se deve promover o equacionamento jurídico da matéria.

I.2. A livre iniciativa como princípio fundamental do Estado brasileiro

Do ponto de vista jurídico, o princípio da livre iniciativa pode ser decomposto em alguns elementos que lhe dão conteúdo, todos eles desdobrados no texto constitucional. Pressupõe ele, em primeiro lugar, a existência de *propriedade privada*, isto é, de apropriação particular dos bens e dos meios de produção (CF, arts. 5°, XXII e 170, II). De parte isto, integra, igualmente, o núcleo da idéia de livre iniciativa a *liberdade de empresa*, conceito materializado no parágrafo único do art. 170, que assegura a todos o livre exercício de qualquer atividade econômica, independentemente de autorização, salvo nos casos previstos em lei. Em terceiro lugar situa-se a *liberdade de lucro*, lastro para a faculdade de o empreendedor estabelecer os seus preços, que hão de ser determinados, em princípio, pelo mercado, por meio de "livre concorrência", locução abrigada no art. 170, IV. Por fim, é da essência do regime de livre iniciativa a *liberdade de contratar*, decorrência lógica do princípio da legalidade, fundamento das demais liberdades, pelo qual ninguém será obrigado a fazer ou deixar de fazer alguma coisa senão em virtude de lei (CF, art. 5°, II).

Note-se, todavia, que o princípio da livre iniciativa, como intuitivo, não é absoluto, devendo ser ponderado com outros valores e fins públicos previstos no próprio texto da Constituição, como, por exemplo, o dever do Estado de promover o bem de todos (art. 3°, IV) e a justiça social (art. 170, *caput*).[8] Sujeita-se, assim, à atividade reguladora e fiscalizadora do Estado voltadas à implementação das normas constitucionais destinadas a neutralizar ou reduzir as distorções que

---

8. Sobre a teoria dos princípios e a ponderação de valores, veja-se Robert Alexy, *Teoria de los derechos fundamentales*, 1997, p. 83; Daniel Sarmento, *A ponderação de interesses na Constituição Federal*, 2000, p. 41 e ss. e Heinrich Scholler, O *princípio da proporcionalidade no direito constitucional e administrativo da Alemanha*, Trad. Ingo Wolfgang Sarlet, 1999, Revista Interesse Público n° 2, p. 93 e ss.

possam advir do abuso da liberdade de iniciativa. Diogo de Figueiredo Moreira Neto sistematizou o tema com apuro:

> "O *princípio da* liberdade de iniciativa *tempera-se pelo da iniciativa suplementar do Estado; o princípio da* liberdade de empresa *corrige-se com o da definição da função social da empresa; o princípio da* liberdade de lucro, *bem como o da liberdade de competição, moderam-se com o da repressão do abuso de poder econômico; o princípio da* liberdade de contratação *limita-se pela aplicação dos princípios de valorização do trabalho e da harmonia e solidariedade entre as categorias sociais de produção; e, finalmente, o princípio da* propriedade privada *restringe-se com o princípio da função social da propriedade.*"[9]

A propósito, deve-se registrar o fato de que o tratamento constitucional da livre iniciativa no Texto de 1988 traz uma visão diversa da ordem econômica e do papel do Estado, em contraste com os modelos anteriores.[10] Já não se concede mais, como fazia a Carta de 1967-69,[11] ampla competência na matéria ao legislador ordinário, ao qual era reconhecida até mesmo a possibilidade de instituir monopólios estatais. A experiência demonstrou que tal faculdade distorceu o caráter subsidiário e excepcional da atuação estatal na economia, propiciando a criação de centenas de empresas estatais. Em setembro de 1981, recenseamento oficial arrolava a existência, apenas no plano

---

9. Diogo de Figueiredo Moreira Neto, *Ordem econômica e desenvolvimento na Constituição de 1988*, 1989, p. 28.
10. Alguns autores, a fim de ilustrar a afirmação de que a Constituição de 1988 restringiu, mais que as anteriores, a possibilidade de intervenção do Estado na economia, ressaltam que o Texto não mais fala em "intervenção", mas sim em "atuação". Nesse sentido: Hely Lopes Meirelles, *Direito administrativo brasileiro*, 1993, p. 545, e Eros Roberto Grau, *A ordem econômica na Constituição de 1988. Interpretação e crítica*, 1990, p. 138.
11. "Art. 163. São facultados a intervenção no domínio econômico e o monopólio de determinada indústria ou atividade, mediante lei federal, quando indispensável por motivo de segurança nacional ou para organizar setor que não possa ser desenvolvido com eficácia no regime de competição e de liberdade de iniciativa, assegurados os direitos e garantias individuais."

federal, de 530 pessoas jurídicas públicas de caráter econômico, inclusive autarquias, fundações e entidades paraestatais.[12]

A Carta de 1988 manteve a referência já tradicional à livre iniciativa, no capítulo dedicado à ordem econômica, mas promoveu-a a princípio fundamental do Estado brasileiro, dando-lhe novo *status* constitucional[13]. Além disso, disciplinou exaustivamente as formas de intervenção do Estado no domínio econômico, fixando os limites da ação legislativa na matéria — em qualquer caso excepcional[14] —, na qual não se inclui a possibilidade de criar novos monopólios. Qualquer restrição ao princípio precisa estar fundada na própria Constituição.

Investigou-se, assim, o sentido e o alcance do princípio da livre iniciativa na Constituição, à vista da circunstância de ser ele o vetor interpretativo a ser seguido e ao qual se deve dar a devida dimensão de peso na ponderação com outros valores constitucionais. Em seguida serão examinadas as possibilidades legítimas de atuação econômica do Estado.

I.3. Modalidades de intervenção do Estado na ordem econômica

A sistematização doutrinária das formas de intervenção do Estado na economia varia conforme o critério adotado. Há autores que se referem a intervenção (*a*) regulatória, (*b*) concorrencial, (*c*) monopolista e (*d*) sancionatória[15]. Outros classificam-na em (*a*) poder de polícia, (*b*) incentivos à iniciativa privada e (*c*) atuação empresarial[16]. Nessa linha, é possível identificar três mecanismos de intervenção

---

12. Caio Tácito, O *retorno do pêndulo: serviço público e empresa privada. O exemplo brasileiro.* Revista de Direito Administrativo nº 202, p. 1 e ss.
13. Geraldo Vidal, *A ordem econômica* in *A Constituição brasileira — 1988 — interpretações*, 1988, p. 383.
14. Como registra o art. 173 da Constituição, a atuação do Estado como agente econômico será sempre excepcional, mesmo quando não exclua a participação dos particulares e se processe em regime concorrencial.
15. Diogo de Figueiredo Moreira Neto, *Curso de direito administrativo*, 1996, p. 365.
16. Celso Antonio Bandeira de Mello, *Curso de direito administrativo*, 1996, p. 434-5.

estatal no domínio econômico: a disciplina, o fomento e a atuação direta.

O Poder Público interfere com a atividade econômica, em primeiro lugar, traçando-lhe a **disciplina**, e o faz mediante a edição de leis, de regulamentos e pelo exercício do poder de polícia. De outra parte, o Estado interfere no domínio econômico por via do **fomento**, isto é, apoiando a iniciativa privada e estimulando (ou desestimulando) determinados comportamentos, por meio, por exemplo, de incentivos fiscais ou financiamentos públicos.[17] Por fim, o Estado interfere, ainda, na ordem econômica, mediante **atuação direta**. Aqui, todavia, é necessário distinguir duas possibilidades: (a) a prestação de serviços públicos; e (b) a exploração de atividades econômicas.

Os serviços públicos podem ser prestados *diretamente*, pelos órgãos despersonalizados integrantes da Administração, ou *indiretamente*, por entidades com personalidade jurídica própria. Na prestação indireta, abrem-se duas possibilidades: pode o Estado constituir pessoas jurídicas públicas (autarquias e fundações públicas) ou privadas (sociedades de economia mista e empresas públicas) e, mediante lei (CF, art. 37, XIX), *outorgar* a tais entes a prestação do serviço público, seja de educação, água, eletricidade ou qualquer outro. Ou pode, por outro lado, *delegar* à iniciativa privada, mediante contrato ou outro ato negocial, a prestação do serviço[18]. Serve-se aí o Estado de figuras jurídicas como a concessão e a permissão. O *caput* do art. 175 provê sobre a matéria e será objeto de exame pouco mais à frente.

A exploração da atividade econômica, à sua vez, não se confunde com a prestação de serviços públicos, quer por seu caráter de subsi-

---

17. Luiz Carlos Bresser Pereira, *Cidadania e* res publica: *a emergência dos direitos republicanos*, Revista de Direito Administrativo nº 208, p.147 e ss. Em interessante estudo, o autor identifica como *direito republicano* o direito a que os recursos públicos sejam aplicados no interesse e benefício de toda a coletividade, e não de alguns grupos privados. Embora nem sempre se concorde com os exemplos utilizados pelo autor (que, por vezes, não distingue entre direitos legitimamente adquiridos e interesses privados ilegítimos), o trabalho merece registro.

18. Salvo no caso dos serviços de educação, saúde e previdência privada, que a Constituição delega diretamente aos particulares. Para o desempenho dessas atividades, a iniciativa privada deverá obter apenas uma licença prévia, ato vinculado da Administração. Sobre esse ponto se voltará no item 1.4.

diariedade, quer pela existência de regras próprias e diferenciadas. De fato, sendo o princípio maior o da livre iniciativa, somente em hipóteses restritas e constitucionalmente previstas poderá o Estado atuar diretamente, como empresário, no domínio econômico. Tais exceções se resumem aos casos de:
   a) imperativo da segurança nacional (CF, art. 173, *caput*);
   b) relevante interesse coletivo (CF, art. 173, *caput*);
   c) monopólio outorgado à União (*e.g.*, CF, art. 177).
O tema é aprofundado no capítulo que se segue.

I.4. O sistema constitucional da atuação direta do Estado na ordem econômica

a) A prestação de serviços públicos

A noção de serviço público não é estável nem precisa, de modo que nem sempre é fácil distingui-lo, do ponto de vista material, de uma atividade econômica pura[19]. Justo ao contrário, a moderna doutrina reconhece que seus contornos variam em função do tempo e do espaço, flutuando "ao sabor das necessidades e contingências políticas, econômicas, sociais e culturais de cada comunidade, em cada momento histórico"[20]. A diversidade histórica e geográfica das funções estatais conduz à impossibilidade de se utilizarem conceitos teóricos rígidos e imutáveis[21]. Nada obstante, saber se determinada atividade constitui ou não serviço público é de fundamental importância para determinar-se a disciplina jurídica a ela aplicável.

O serviço público é tradicionalmente conceituado como atividade exercida pelo Estado, a fim de satisfazer necessidades coletivas, sob regime jurídico de direito público[22]. Identificam-se nessa concei-

---

19. Eros Roberto Grau, *A ordem econômica na Constituição de 1988. Interpretação e crítica*, 1990, p. 132, onde se utiliza a expressão "atividade econômica em sentido estrito".
20. Hely Lopes Meirelles, *Direito Administrativo brasileiro*, 1993, p. 294 e Fernando Herren Aguillar, *Controle social de serviços públicos*, 1999, p. 112/117.
21. Diogo de Figueiredo Moreira Neto, *Mutações do direito administrativo*, 2000, p. 124 e ss.
22. José Cretella Júnior, *Administração indireta brasileira*, 1980, p. 55.

tuação seus três elementos característicos: o elemento *subjetivo* (o serviço é prestado pelo Estado), um elemento *material* (o serviço se destina à satisfação concreta de necessidades coletivas) e um elemento *formal* (o serviço se submete a regime jurídico público).

Esse conceito, entretanto, bem como a verificação rigorosa de seus elementos, tem sofrido flexibilizações com o tempo, razão pela qual alguns autores chegam a falar em "crise da noção de serviço público"[23]. Com efeito, a primeira modificação observada nos critérios comumente utilizados para conceituá-lo operou-se no âmbito *subjetivo*. É que, embora os serviços públicos continuem sendo titularizados pelo Estado, a sua efetiva prestação deixou de ser exclusividade dos órgãos públicos. De fato, a execução de muitos serviços passou a ser transferida a pessoas jurídicas especificamente criadas pelo Estado para esse fim, e também a particulares, através de contratos de concessão ou permissão. Assim, o elemento subjetivo do serviço público teve de ser adaptado para englobar não só a prestação direta pelo Estado, mas também por qualquer outro ente ao qual se transferisse o encargo, por outorga legal ou delegação contratual[24].

---

23. Sobre o tema, confiram-se: Celso Antônio Bandeira de Mello, *Natureza e regime jurídico das autarquias*, 1968, p. 137 e ss.; Diogo Figueiredo Moreira Neto, *Mutações do Direito Administrativo*, 2000, p. 124 e Maria Sylvia Zanella de Pietro, *Direito administrativo*, 1999, p. 96 e ss.

24. A propósito das modificações no aspecto subjetivo do serviço público, escreve Diogo de Figueiredo Moreira Neto, *Mutações do direito administrativo*, 2000, p. 126: "Hoje, basta que o Estado *preste*, por qualquer de seus órgãos, ou apenas *assegure sua prestação*, seja através de *delegatários legais*, sem interferência de qualquer órgão ou entidade da Administração Pública, seja, como classicamente se tem entendido, através de *delegatários administrativos*. Diversificam-se e enriquecem-se, assim, as modalidades de prestação de serviços públicos com a crescente e multifária colaboração do setor privado, necessitando-se, em conseqüência, de novos conceitos e atualizadas sistematizações. Com efeito, tornou-se necessário enfrentar uma bateria de recentes questionamentos que estão atingindo, em extensão e profundidade, o conceito de serviços públicos: como se configura a gestão estatal? Como se caracterizam os serviços públicos independentes do aparelho da Administração Pública? Que tipo de gestão se compatibiliza com as diferentes modalidades de serviços públicos? Quais as modalidades de transferência de gestão de serviços públicos admissíveis? Quais os limites de transferibilidade da gestão de serviços públicos? Quais os instrumentos de controle dos serviços transferidos? etc.".

A Constituição de 1988 assimilou essa concepção mais abrangente quanto ao aspecto subjetivo do serviço público, especialmente no que diz respeito à delegação a particulares, afirmando a possibilidade de concessão ou permissão da execução do serviço tanto na regra geral inscrita em seu art. 175, como em todas as ocasiões em que cuidou dos serviços públicos, sejam federais (art. 21, XI e XII), estaduais (art. 25, § 2º) ou municipais (art. 30, V). Confira-se a dicção dos dispositivos referidos:

> "Art. 175. Incumbe ao Poder Público, na forma da lei, diretamente ou sob regime de concessão ou permissão, sempre através de licitação, a prestação de serviços públicos."
> "Art. 21. Compete à União:
> (...)
> XI — explorar, diretamente ou mediante autorização, concessão ou permissão, os serviços de telecomunicações (...)
> XII — explorar, diretamente ou mediante autorização, concessão ou permissão (...)"
> "Art. 25. (...)
> § 2º. Cabe aos Estados explorar diretamente, ou mediante concessão, os serviços locais de gás canalizado (...)"
> "Art. 30. Compete aos Municípios:
> (...)
> V — organizar e prestar, diretamente ou sob regime de concessão ou permissão, os serviços públicos de interesse local, incluído o de transporte coletivo, que tem caráter essencial ".

O elemento *formal* também sofreu alguns temperamentos, até mesmo em conseqüência da participação de particulares na prestação de serviços públicos, não se considerando mais adequado afirmar a existência de um regime puramente de direito público. De toda sorte, ainda é o elemento formal quem dá a nota jurídica que caracteriza a noção de serviço público pois, nada obstante a tentativa de harmonizar os interesses público e privado envolvidos, o regime jurídico aplicado à prestação dos serviços públicos apresenta elementos inconfundíveis, de natureza pública, que o diferencia dos demais. Celso Antônio Bandeira de Mello enumera alguns desses elementos nos seguintes termos:

> "A *estrita submissão ao princípio da legalidade, a utilização de técnicas autoritárias, expressivas da soberania, de que são manifestações a possibilidade de constituir obrigações por ato unilateral, a presunção de legitimidade dos atos praticados, a auto-executoriedade deles, bem como sua revogabilidade e unilateral declaração de nulidade, a continuidade necessária das atividades havidas como públicas, donde — no plano do serviço público — a impossibilidade do concessionário invocar a* exceptio non adimpleti contractus *para eximir-se da regular continuidade de seu desempenho, a rigorosa obediência ao princípio da isonomia etc.*"[25].

O mais grave traço da "crise" da noção de serviço público, todavia, diz respeito ao seu elemento *material*. Tradicionalmente, o serviço público era compreendido como aquele que atendia a uma necessidade coletiva, que só poderia ser suprida pela ação estatal. O serviço público era, portanto, aquela atividade que, em determinado momento histórico, encontrava-se vinculada à própria noção de Estado, decorria de sua soberania. Não se cogitava que ela pudesse ser prestada por outrem que não o Estado.

Essas noções mudaram significativamente ao longo do século XX, na medida em que o Estado, sob o rótulo de prestação de *serviço público*, passou a assumir papéis ativos na ordem econômica e social, incumbindo-se de tarefas que antes eram reservadas à iniciativa privada. Doutrinariamente, tornou-se necessário estender o elemento material do serviço público para que ele pudesse compreender também a prática de atividades comerciais e industriais pelo Estado Moderno, justificando daí a classificação dos serviços públicos em (i) inerentes e (ii) por opção político-constitucional, objeto de tratamento mais detalhado a seguir.

Serviços públicos: (i) inerentes ou (ii) por opção político-constitucional

Na medida em que se passou a aplicar à categoria de *serviço público* os mais variados conteúdos, esse elemento substancial ou

---

25. Celso Antônio Bandeira de Mello, *Curso de direito administrativo*, 1997, p. 426.

material restou desacreditado como critério capaz de conceituá-lo. Nessa linha, Celso Antônio Bandeira de Mello cuidou de registrar a insuficiência do elemento material para configurar a noção jurídica de serviço público, na passagem que se transcreve:

> "Percebe-se, sem muita dificuldade, então, que o primeiro elemento do serviço público é absolutamente insuficiente para configurá-lo, de vez que se trata de simples suporte fático, substrato material, sobre que se constrói a noção jurídica propriamente dita. Por isso, tal substrato pode existir inúmeras vezes sem que, entretanto, se possa falar em serviço público. Isto é, quando houver prestação de utilidade ou comodidade, oferecida pelo Estado e fruível diretamente pelos administrados, haverá serviço governamental, mas não necessariamente serviço público. Este só existirá se o regime de sua prestação for o regime administrativo, ou seja, se a prestação em causa configurar atividade administrativa pública, em uma palavra, atividade prestada sob o regime de Direito Público."[26]

Tanto assim que a doutrina preocupou-se em formular classificações teóricas para dar conta dessa circunstância de ampliação da noção de serviços públicos[27], observando que, embora se possa assinalar a existência de serviços ontologicamente públicos — isto é, que se relacionam intimamente, em dado momento histórico, com as atribuições advindas da própria soberania estatal —, outros só são assim considerados por mera opção política. A propósito, confira-se a lição de Hely Lopes Meirelles:

> "Também não é a atividade em si que tipifica o serviço público, visto que algumas tanto podem ser exercidas pelo

---

26. Celso Antônio Bandeira de Mello, *Curso de direito administrativo*, 1997, p. 426-7.
27. René Chapus, *Droit Adtninistratif General*, 1995, p. 526: "*Les rapports d'un service administratif avec ses usagers, son personnel et les tiers sont em principe régis par le droit public, alors que c'est le droit privé qui s'applique en principe aux relations d'un service public industriel et commercial avec ses usagers (volontiers qualifiés de 'clients'), son personnel et les tiers.*".

Estado quanto pelos cidadãos, como objeto da iniciativa privada, independentemente de delegação estatal, a exemplo do ensino, que, ao lado do oficial, existe o particular, sendo aquele um serviço público e este, não. **O que prevalece é a vontade soberana do Estado,** *qualificando o serviço como* público *ou de utilidade pública, para sua prestação direta ou indireta, pois* **serviços há que, por natureza, são privativos do Poder Público e só por seus órgãos devem ser executados, e outros são comuns ao Estado e aos particulares, podendo ser realizados por aqueles e estes.** *Daí a gama infindável de serviços que ora estão exclusivamente com o Estado, ora com o Estado e particulares e ora unicamente com particulares.* **Essa distribuição de serviços não é arbitrária, pois atende a critérios jurídicos, técnicos e econômicos, que respondem pela legitimidade, eficiência e economicidade na sua prestação.**"[28] (negrito acrescentado)

Neste último caso, isto é, quando a atividade desenvolvida não se relaciona de forma inerente com o poder de império do Estado, a doutrina acaba por resignar-se em encontrar no elemento *normativo* a definição, afinal, do conceito. Assim, nessas hipóteses, será serviço público a atividade que a *norma* definir como tal, submetendo-a a uma disciplina jurídica específica. À vista desta constatação, registra Miguel Reale, não sem certo desalento: *"no fundo, serviço público é aquele que, em cada conjuntura, a lei configura como tal, razão pela qual só subsistem, a respeito, definições genéricas."*[29]

Nada obstante, e como se vê, a distinção com base no critério material não deixou de ser importante. Ao contrário, é exatamente com base nele que se pode identificar, de um lado, os serviços públicos inerentes e, de outro, os serviços públicos que apenas o são por uma escolha política veiculada em lei ou na própria Constituição. O tema merece um pouco mais de atenção, pois não se trata de classificação puramente doutrinária ou acadêmica. Ao contrário, pertencer a uma dessas duas classes acarreta importantes conseqüências do ponto de vista jurídico.

---

28. Hely Lopes Meirelles, *Direito Administrativo brasileiro*, 1993, p. 295.
29. Miguel Reale, *Temas de direito positivo*, 1992, p. 136.

Como já referido, os serviços públicos inerentes são aqueles genética ou ontologicamente ligados às funções estatais típicas, que decorrem de seu poder de império, pois envolvem alguma dose de autoridade pública, sendo mesmo difícil imaginar que pudessem ser prestados por particulares. Em sendo assim, e essa a primeira conseqüência da distinção, não há necessidade de qualquer previsão de direito objetivo definindo tais atividades como serviços públicos, pois isso decorre implicitamente de sua própria natureza.

É despicienda, portanto, qualquer norma que declare, por exemplo, que a prestação jurisdicional com emprego de coação ou a defesa nacional são serviços públicos, na medida em que o exercício dessas funções não pode ser dissociado da própria razão de ser do Estado. A estas atividades a doutrina costuma também chamar de *serviços públicos propriamente ditos* ou *serviços próprios do Estado*. Confira-se mais uma vez a conceituação de Hely Lopes Meirelles:

> "*Serviços Públicos propriamente ditos, são os que a Administração presta diretamente à comunidade, por reconhecer sua essencialidade e necessidade para a sobrevivência do grupo social e do próprio Estado. Por isso mesmo, tais serviços são considerados privativos do Poder Público, no sentido de que só a Administração deve prestá-los, sem delegação a terceiros, mesmo porque geralmente exigem atos de império e medidas compulsórias em relação aos administrados. Exemplos desses serviços são os de defesa nacional, os de polícia, os de preservação da saúde pública. (...)*
> *Serviços próprios de Estado são aqueles que se relacionam intimamente com as atribuições do poder Público (segurança, polícia, higiene e saúde pública etc.) e para a execução dos quais a administração usa de sua supremacia sobre os administrados. Por esta razão, só devem ser prestados por órgãos ou entidades públicas, sem delegação a particulares. Tais serviços, por sua essencialidade, geralmente são gratuitos ou de baixa remuneração, para que fiquem ao alcance de todos os membros da coletividade.*"[30]

---

30. Hely Lopes Meirelles, Direito Administrativo brasileiro, 1993, p. 295.

Ao lado dos serviços públicos inerentes, há aquelas atividades que, embora tenham conteúdo tipicamente econômico, e não de serviço público, assim foram consideradas por uma norma jurídica. Sua existência decorre não da natureza da atividade mas de uma manifestação de vontade específica do Estado no sentido de que tal atividade, tendo em vista sua relevância ou outras ponderações relacionadas com o interesse público, passe a ser de sua incumbência, avocando, portanto, sua prestação e gestão[31]. A diferença entre o serviço público inerente e o que decorre de uma opção político-normativa é, como se vê, fundamental.

Ora bem. Se o serviço público inerente dispensa previsão legal e decorre da própria existência do Estado, não se trata, como intuitivo, de esfera de atuação privada, mas tipicamente pública. O serviço público que decorre de uma opção política, ao contrário — e aqui se está cuidando do serviço público em sua forma tradicional —, depende de previsão normativa que exatamente opera a retirada de uma determinada atividade do *domínio da livre iniciativa* transferindo-a para o controle estatal. O particular não poderá mais desenvolver livremente aquela atividade, como decorreria da aplicação do princípio da livre iniciativa; ela passou a ser titularizada pelo Poder Público, que a exercerá diretamente ou delegará sua exploração aos particulares, mediante concessão ou permissão, mas sempre sob o controle estatal. Essa é, portanto, a característica do serviço público por opção político-normativa tradicional, cuja delegação ao particular se dá na forma do art. 175 da Constituição Federal[32]. Não é difícil perceber

---

31. É interessante notar que o espectro dessas tarefas invocadas pelo Estado teve grande variação ao longo do tempo. Sob esse prisma, podem ser observadas três fases bem nítidas, desde o início deste século: a *pré-modernidade*, em que o Estado possuía funções reduzidas, confinadas à segurança, justiça e serviços essenciais, a *modernidade*, época em que o Estado assume diretamente diversos papéis econômicos e a *pós-modernidade*, onde prepondera o discurso da flexibilização, privatização e maior atuação das organizações não-governamentais. Sobre o tema, v. Luís Roberto Barroso, *Intervenção no domínio econômico. Sociedade de economia mista. Abuso de poder econômico*. Revista de Direito Administrativo nº 212, p. 303 e ss. e Norbert Reich, *Intervenção do Estado na economia (reflexões sobre a pós-modernidade na teoria jurídica)*, Revista de Direito Público nº 94, p.265 e ss.

32. Carlos Ari Sundfeld, *Loterias estaduais na Constituição de 1988*, Revista de Direito Público nº 91, p. 97: "De outro lado, existem os serviços públicos,

que o serviço público por opção política representa, na verdade, uma drástica restrição ao princípio constitucional da livre iniciativa.

Já se pode, neste ponto, chegar a uma conclusão. Se a criação de serviços públicos não inerentes, por mera opção política, diminui o campo de incidência da livre iniciativa — o que de fato ocorre[33] —, ela só será possível com fundamento em autorização ou previsão constante da Lei Maior. Caso contrário, estar-se-ia admitindo que uma norma infraconstitucional, de inferior hierarquia, violasse uma norma constitucional — a que consagra a livre iniciativa e todas as demais que a complementam ou lhe servem de pressuposto[34]. Ademais, tal criação há de ser sempre balizada pelo critério da razoabilidade, a fim de evitar abusos que busquem esvaziar indiretamente a livre iniciativa.

Não por outra razão a Constituição de 1988 cuidou, ela própria e analiticamente, dessa categoria de serviços públicos. Além de enumerar as atividades que decidiu seriam serviços públicos, nada obstante sua natureza tipicamente econômica, dispôs acerca da possibili-

---

titularizados pelo Estado, que deve realizá-los diretamente ou através de particulares concessionários ou permissionários (art. 175, *caput*). Os serviços públicos são, destarte, atividades exclusivas do Estado, monopolizadas por ele, e só podem ser prestadas por terceiros quando investidos de uma delegação estatal".

33. Gaspar Ariño Ortiz, *Servicio público y libertades públicas*, in *Expansión*, 1999, *apud* Fábio Medina Osório, *Direito administrativo sancionador* 2000, p. 42. Para o autor espanhol: "*donde aprece en las Leyes el concepto de servicio público desaparecen, antes o después, las libertades públicas. Servicio público y libertades públicas son (en gran medida) incompatibles.*" E explica: "*La razón es sencilla: el servicio público, por definición, supone la asunción por el Estado — la publificación — de un conjunto de actividades de la vida social que, a partir del momento de su declaración legal, pasan a incorporarse al ámbito de actuación del Estado, esto es, se convierten en tarea estatal, quedando vetadas en lo sucesivo a la libre iniciativa empresarial.*".

34. Toda interpretação constitucional se assenta na premissa da superioridade jurídica da Constituição sobre os demais atos normativos no âmbito do Estado. Conforme a teoria clássica, a Constituição é documento dotado de supremacia no ordenamento jurídico estatal, servindo de fundamento de validade a todos os demais atos normativos que lhe são inferiores. A supremacia da Constituição subordina o conteúdo de toda a atividade normativa estatal à conformidade com os princípios e regras da Lei Maior. Veja-se, a respeito do tema: Hans Kelsen, *Teoria pura do direito*, 1979, p. 310 e J.J. Gomes Canotilho, *Direito constitucional*, 1991, p. 141-2.

dade genérica de delegação de sua execução a particulares, mediante concessão ou permissão (art. 175), e os repartiu entre os entes federativos (arts. 21, XI e XII, 25, § 2º, e 30, V).

Veja-se que a Constituição, atenta ao caráter excepcional de tais serviços públicos por definição normativa, identifica-os de maneira expressa. De fato, ao enunciar os serviços públicos dessa natureza que caberiam à União, aos Estados e aos Municípios — arts. 21, XI e XII, 25, § 2º, e 30, V[35] — teve o cuidado de utilizar a expressão *"explorar o serviço x diretamente ou mediante concessão ou permissão"*, ou outra similar. Preocupou-se em deixar claro que tais atividades só poderiam ser desempenhadas pelos particulares mediante delegação do Poder Público, por terem sido subtraídas da livre iniciativa. Nada disso acontece, *v.g.*, quando a Constituição afirma competir à União "assegurar a defesa nacional" ou "emitir moeda" (art. 21, III e VII), que são inequivocamente serviços públicos inerentes.

Vale fazer o registro que, nessa linha, parte da doutrina entende mesmo que a lei não pode criar novas modalidades de serviços públicos por opção normativa, além dos que já constam da Constituição Federal. Do contrário, argumenta-se, a atribuição do *status* de serviço público a toda e qualquer atividade que aprouvesse ao legislador ordi-

---

35. "Art. 21. Compete à União: (...) XI — **explorar, diretamente ou mediante autorização, concessão ou permissão, os serviços** de telecomunicações, nos termos da lei, que disporá sobre a organização dos serviços, a criação de um órgão regulador e outros aspectos institucionais; XII — **explorar, diretamente ou mediante autorização, concessão ou permissão: a) os serviços** de radiodifusão sonora e de sons e imagens; b) os serviços e instalações de energia elétrica e o aproveitamento energético dos cursos de água, em articulação com os Estados onde se situam os potenciais hidroenergéticos; c) a navegação aérea, aeroespacial e a infra-estrutura aeroportuária; d) os serviços de transporte ferroviário e aquaviário entre portos brasileiros e fronteiras nacionais, ou que transponham os limites de Estado ou Território; e) os serviços de transporte rodoviário interestadual e internacional de passageiros; f) os portos marítimos, fluviais e lacustres."
"Art. 25. (...) § 2º Cabe aos Estados **explorar diretamente, ou mediante concessão, os serviços** locais de gás canalizado, na forma da lei, vedada a edição de medida provisória para a sua regulamentação."
"Art. 30. Compete aos Municípios: (...) V — **organizar e prestar, diretamente ou sob regime de concessão ou permissão, os serviços públicos** de interesse local, incluído o de transporte coletivo, que tem caráter essencial."

nário, retirando-as da livre iniciativa do particular, estaria em franca oposição ao princípio fundamental da livre iniciativa. A lei ordinária, portanto, não poderia ampliar as hipóteses de intervenção estatal na ordem econômica através da prestação de serviços públicos, sob pena de tornar inócua a previsão do art. 1º, inciso IV, da CF[36].

No caso da União Federal, a esse argumento se agregaria outro, que diz respeito à técnica de repartição de competências adotada pelo constituinte originário. Com efeito, a Constituição de 1988 manteve a técnica de repartição de competências entre os entes federativos, de inspiração norte-americana e adotada no Brasil desde 1891, pela qual reservam-se à União Federal e aos Municípios competências expressas[37], deixando a cargo dos Estados-membros as chamadas competências residuais ou remanescentes (art. 25, §2º)[38]. Além dessas competências exclusivas — que desempenham sem a participação de qualquer outro — a Constituição prevê ainda competências concorrentes, em áreas que comportam a atuação das diferentes esferas de poder da federação.

Nesse contexto, a União não poderia criar, através de lei, novos serviços públicos não inerentes — isto é, transformar, por lei, atividades econômicas em serviços públicos em conseqüência de uma opção política —, além dos constitucionalmente previstos, sob pena de violação da competência remanescente dos Estados membros (art. 25, § 1º, da CF). A esse propósito, Celso Ribeiro Bastos assinalou:

---

36. Fernando Herren Aguillar, *Controle social de serviços públicos*, 1999, p. 133: "O regime de privilégio típico dos serviços públicos (...) opera verdadeiro monopólio de uma dada atividade econômica. Daí que o mesmo regime imposto ao Estado para o fim de monopolizar uma determinada atividade econômica é também aplicável para as hipóteses de criação de novo serviço público. (...) Assim, se não quisermos desconsiderar o art. 173, teremos que admitir, logicamente, que somente é possível instituir Serviços Públicos não previstos constitucionalmente mediante emenda constitucional. (...) os serviços públicos no regime constitucional vigente não podem ser instituídos por lei, inovadoramente em relação à lista de serviços públicos constitucionais."
37. No caso dos Municípios, as competências são, mais precisamente, referenciadas à noção de interesse local.
38. "Art. 25 (...)
§ 1º São reservadas aos Estados as competências que não lhes sejam vedadas por esta Constituição."

> "A nossa Constituição reserva para si esta tarefa de definir quais são os serviços públicos. Reparte-os entre a União, os Estados e os Municípios, segundo um rol de competências que ela mesma estipula. Para a União, temos o art. 21, XII, que deixa certo pertencer a ela para ser explorado diretamente ou mediante autorização, concessão ou permissão tudo o que vem arrolado nas cinco letras daquele inciso. Quanto aos Estados há pelo menos uma referência a um serviço público de sua alçada, previsto no art. 25, § 2º, que se refere aos serviços locais de gás canalizado. Aos Municípios compete organizar e prestar os serviços públicos de interesse local, incluído o transporte coletivo."[39]

Independentemente de aceitar-se ou não a tese da total impossibilidade de criação legislativa de novos serviços públicos por opção normativa, o fato é que essa modalidade de serviço público constitui, sem qualquer dúvida, restrição ao princípio da livre iniciativa. Sendo assim, só será admitida com fundamento, ainda que genérico, em outra norma constitucional e, em qualquer caso, deverá ser interpretada restritivamente, como convém a normas excepcionais e restritivas de direitos[40].

No que diz respeito às normas constitucionais que tratam do assunto, é importante reiterar, consolidando o que já se expôs, que a Carta adotou dupla cautela: (i) enumerou as hipóteses de serviços públicos por opção normativa, referindo de forma expressa que o

---

39. Carlos Ari Sundfeld, *Sistema constitucional de competências*, Revista Trimestral de Direito Público nº 1, p. 272.
40. Carlos Maximiliano, *Hermenêutica e Aplicação do Direito*, 1980, p. 227: "As disposições excepcionais são estabelecidas por motivos ou considerações particulares, contra outras normas jurídicas, ou contra o Direito comum; por isso não se estendem além dos casos e tempos que designam expressamente.". No mesmo sentido a jurisprudência do Supremo Tribunal Federal: "(...) A exceção prevista no parágrafo 5º do artigo 29 do ADCT ao disposto no inciso IX do artigo 129 da parte permanente da Constituição Federal diz respeito apenas ao exercício da advocacia nos casos ali especificados, e, por ser norma de direito excepcional só admite interpretação estrita, não sendo aplicável por analogia, e portanto, não indo além dos casos nela expressos, nem se estendendo para abarcar as conseqüências lógicas desses mesmos casos, (...)." (STF, ADIn 41/DF, Relator Ministro Moreira Alves, DJ 28.06.91).

acesso dos particulares a elas só poderia se dar através de concessão ou permissão; como também (ii) adotou dispositivos com redação específica, deixando claro tratarem-se de atividades econômicas que, por variadas razões, foram retiradas da esfera dos particulares.

Vale referir, como nota final deste tópico, que é possível identificar, ao lado desses serviços públicos que se acaba de descrever, uma outra categoria, ainda no âmbito dos serviços públicos por opção político-normativa, considerando-se a forma como os particulares podem vir a ter acesso a tais atividades.

A regra aplicável aos serviços públicos em geral, não há dúvida, é dada pelo art. 175 da Constituição. Todavia, o próprio constituinte cuidou de excepcionar a aplicação desse dispositivo a alguns serviços que, nada obstante serem prestados pelo Estado, foram franqueados diretamente aos particulares pela própria Constituição. A exploração desses serviços pela iniciativa privada, diferentemente da regra geral, dependerá apenas, se for o caso, de licença prévia da autoridade competente — ato administrativo vinculado —, uma vez atendidas as exigências legais[41].

Enquadram-se nessa categoria, especificamente, os serviços de educação (art. 209), saúde (art. 199) e previdência (art. 201 e seguintes). Estes os dispositivos constitucionais pertinentes, *in verbis*:

> "Art. 209. O ensino é livre à iniciativa privada, atendidas as seguintes condições:
> (...)
> II — autorização e avaliação de qualidade pelo Poder Público."
> "Art. 199. A assistência à saúde é livre à iniciativa privada."

---

41. Hely Lopes Meirelles, *Direito administrativo brasileiro*, 1993, p.: 170: "Licença é o ato administrativo vinculado e definitivo pelo qual o Poder Público, verificando que o interessado atendeu a todas as exigências legais, faculta-lhe o desempenho de atividades (...)" . A Lei de Diretrizes e bases (Lei nº 9.394, de 20.12.96), estabelece as normas a que as instituições de ensino privadas estão submetidas. A Lei nº 6.435, de 20.07.77, dispõe sobre a necessidade de "prévia autorização" do Governo Federal para o funcionamento de entidades de previdência privada, embora o termo técnico devesse ser licença, e não autorização. A Lei nº 8.080, de 19.09.90, da mesma forma, cuida das normas aplicáveis aos serviços privados de assistência à saúde.

"Art. 202. O regime de previdência privada, de caráter complementar e organizado de forma autônoma em relação ao regime geral de previdência social, será facultativo, baseado na constituição de reservas que garantam o benefício contratado, e regulado por lei complementar."

A peculiaridade desses serviços está, portanto, em que a atuação do Estado não impede que os particulares explorem a mesma atividade concomitantemente, afastando, por expressa previsão da própria Carta, a incidência do art. 175. A razão de tal regime jurídico é o interesse público em que a oferta de tais serviços seja a maior possível, observados apenas os requisitos mínimos legais.

Seria possível, mesmo, especular que o serviço postal estaria enquadrado nessa categoria: assegurada a prestação mínima pelo Estado, poderia a iniciativa privada multiplicar a oferta, propiciando benefícios aos usuários relativamente à qualidade e ao preço. Por essa linha de entendimento, qualquer empresa estaria habilitada a atuar no setor, observada a legislação própria, desde que existente.

Estou convencido, no entanto, que o chamado "serviço postal" não é serviço público, mas atividade econômica. Nas páginas seguintes procura-se demonstrar o argumento.

b) Desempenho de atividade econômica

O mesmo contexto histórico que acarretou a ampliação, acima referida, do conteúdo material da noção de *serviço público* explica também o novo papel do Estado no desempenho de atividades econômicas nessa qualidade. Com efeito, ao longo deste século, em determinados momentos (de crise, *e.g.*) e lugares (países em desenvolvimento, *e.g.*), entendeu-se que o Estado deveria assumir o papel de empresário, como se fosse um particular, e empenhar-se na exploração e desenvolvimento de determinada atividade econômica.

As razões que explicam essa atuação estatal atípica eram as mais diversas: desde a necessidade urgente de geração de empregos em um momento de crise grave, como em 1929, nos EUA, até a incapacidade de investimentos do setor privado, hipótese recorrente nas décadas de 40 e 50 nos países em desenvolvimento[42]. De toda sorte, ainda que

---

42. Sobre o tema, veja-se: Luís Roberto Barroso, *Crise econômica e direito constitucional*, Revista Trimestral de Direito Público n° 6, p. 32 e ss.

este seja um movimento em claro refluxo neste fim de século, a exploração direta pelo Estado de atividade econômica foi uma fórmula para atender determinados interesses públicos sem acarretar, necessariamente, o inconveniente de bloquear o acesso do particular a essas atividades. De fato, isto é o que aconteceria se se optasse por uma caracterização como serviço público por opção político-normativa, em sua forma tradicional, que, como regra, interdita a atuação privada, salvo mediante delegação.

Note-se que, do ponto de vista operacional, o regime dos serviços públicos que a Constituição delegou de forma direta aos particulares — educação, saúde e previdência privada, acima referidos — aproxima-se do adotado para a exploração direta pelo Estado de atividade econômica, já que não afasta a possibilidade de exploração concomitante pelos particulares, independentemente de concessão ou permissão. Há inclusive quem defenda que educação, saúde e previdência constituem, em verdade, atividades econômicas, e não serviços públicos[43]. A discussão doutrinária é instigante, porém indiferente para a questão em análise.

Feita a digressão, e retornando ao desenvolvimento que se vinha dando ao tema, o fato é que a possibilidade de acesso direto do particular às atividades em questão é, portanto, o diferencial mais relevante que distingue o serviço público por opção normativa tradicional do desempenho pelo Estado de determinada atividade econômica. Embora ambas as modalidades de intervenção na seara econômica possam acabar versando sobre a mesma atividade concreta[44], a

---

43. Fernando Herren Aguillar, *Controle social de serviços públicos*, 1999, p. 139: "Tais conclusões nos parecem logicamente inafastáveis em decorrência da leitura do art. 175. Elas nos permitem refutar categoricamente, por exemplo, a tradicional classificação doutrinária segunda a qual os serviços de saúde e educação seriam serviços públicos quando desempenhados pelo Estado, mas não o seriam quando fossem desempenhados pela iniciativa privada. Essa conclusão é logicamente inaceitável, visto que, se os particulares podem desempenhar essas atividades sem concessão ou permissão, então, seguindo-se as premissas 'b' e 'e' acima, não podem ser consideradas como serviços públicos. Saúde e educação são, pois, funções irrenunciáveis do Estado, como veremos adiante, mas que na atual sistemática constitucional podem ser desempenhadas livremente pela iniciativa privada. Não são serviços públicos em sentido estrito, mas *funções* do Estado.".
44. Eros Roberto Grau, *A ordem econômica na Constituição de 1988*, 1998, p.

atuação do Estado como agente econômico, *nas mesmas condições* que os particulares, afeta em menor intensidade o princípio da livre iniciativa, na medida em que não os proíbe de desenvolverem também a atividade. A questão, entretanto, ainda abriga mais uma complexidade, pois a Constituição prevê hipóteses em que o Estado não estará atuando *nas mesmas condições* que os particulares.

De fato, do exame sistemático da Constituição Federal de 1988 é possível classificar o desempenho pelo Estado de atividade econômica em duas categorias. A *primeira*, e a mais importante para os fins deste estudo, diz respeito à forma de atuação estatal. A Constituição prevê 2 (dois) regimes: (i) sob forma monopolizada; e (ii) sob forma não monopolizada e regime concorrencial A *segunda* dessas categorias descreve a intervenção do Estado no que diz respeito à sua necessidade do ponto de vista constitucional. Sob este ângulo, as atividades podem ser classificadas em (i) obrigatórias, por previsão constitucional específica, e (ii) facultativas, por opção legislativa. Explica-se a seguir cada uma dessas classificações.

Formas de atuação estatal no desempenho de atividade econômica: (i) monopolizada e (ii) não monopolizada e sob regime concorrencial.

A forma padrão de atuação do Estado como agente econômico é a **não monopolizada sob regime concorrencial**, pela qual ele atua como empresário mas sem impedir o acesso dos particulares à atividade em questão, e em condições de igualdade com a iniciativa privada. Isto é: a atuação estatal exige que sejam asseguradas condições de competitividade equivalentes, para que não venha a sufocar os atores privados, beneficiando-se de condições privilegiadas. Isso é o que prevê de forma expressa o art. 173 da Constituição, *in verbis*:

> "*Art. 173. Ressalvados os casos previstos nesta Constituição, a exploração direta de atividade econômica pelo Es-*

132: "Insista-se em que *atividade econômica em sentido amplo* é território dividido em dois campos: o do *serviço público* e o da *atividade econômica em sentido estrito*. As hipóteses indicadas no art. 173 do texto constitucional são aquelas nas quais é permitida a atuação da União, dos Estados-membros e dos Municípios neste segundo campo."

tado só será permitida quando necessária aos imperativos da segurança nacional ou a relevante interesse coletivo, conforme definidos em lei."

É importante notar que, embora seja a forma menos gravosa à livre iniciativa, também esta modalidade de exercício de atividade econômica é considerada excepcional, como consta expressamente do artigo transcrito, só se admitindo sua criação por lei no caso de imperativos da segurança nacional ou relevante interesse coletivo.

Os parágrafos e incisos do artigo 173 estabelecem as normas gerais a serem observadas no desenvolvimento dessas atividades. Em primeiro lugar, o Estado deve instituir uma das duas formas empresariais previstas no dispositivo: empresa pública ou sociedade de economia mista. Essas empresas paraestatais, por sua vez, deverão submeter-se ao regime próprio da iniciativa privada, inclusive quanto às obrigações civis, comerciais, trabalhistas e tributárias, como deixa claro o § 1º, II, e § 2º do art. 173, da Carta, de modo a evitar a concorrência desleal em relação aos competidores privados. Vale conferir o teor do dispositivo, *in verbis*:

"Art. 173 (...)
§ 1º — A lei estabelecerá o estatuto jurídico da empresa pública, da sociedade de economia mista e de suas subsidiárias que explorem atividade econômica de produção ou comercialização de bens ou de prestação de serviços, dispondo sobre:
(...)
II — a sujeição ao regime jurídico próprio das empresas privadas, inclusive quanto aos direitos e obrigações civis, comerciais, trabalhistas e tributários;
(...)
§ 2º — As empresas públicas e as sociedades de economia mista não poderão gozar de privilégios fiscais não extensivos às do setor privado."

É evidente que tais empresas, integrantes que são da administração pública indireta, estão obrigadas a observar os princípios e regras de direito público expostos no art. 37 e seguintes da Constituição. O essencial, no entanto, é que a Carta de 1988 procura assegurar que o

Estado-empresário atue em condições de igualdade em relação aos particulares, seus competidores, a fim de evitar a concorrência desleal[45].

A outra forma de atuação do Estado para o exercício de atividade econômica é a *monopolizada*, situação absolutamente excepcional, que a Constituição sequer admite seja reproduzida pelo legislador ordinário. Tal forma de atuação só convive com o princípio da livre iniciativa, com o qual se confronta, por força do princípio da unidade, pelo qual todas as normas constitucionais originárias têm a mesma hierarquia e harmonizam-se, por meio de uma interpretação sistemática, de modo a garantir a integridade do texto[46].

A Carta de 1988, nada obstante substanciais alterações empreendidas nos últimos anos por meio de várias emendas constitucionais, ainda prevê a reserva de atividades econômicas à exploração direta e monopolizada da União. É o caso, *v.g.*, dos ciclos econômicos dos minérios e minerais nucleares e do petróleo (art. 177, I a V, da CF)[47]. Ora, como se sabe, atividade monopolizada é aquela cuja mer-

---

45. Diogo de Figueiredo Moreira Neto, *Curso de direito administrativo*, 1997, p. 369: "Mesmo atuando concorrentemente, o Estado empresário, através de suas empresas públicas, sociedades de economia mista ou de outros tipos de entidades, sujeitar-se-á ao regime jurídico próprio das empresas privadas, inclusive quanto às obrigações trabalhistas e tributárias, não podendo gozar de quaisquer privilégios fiscais que não sejam extensivos ao setor privado (art. 173, §§ 1º e 2º, CF). Garante-se, destarte, que a ineficiência do Estado empresário não se mascare por trás de privilégios que, em última análise, oneram o público, como consumidor, como usuário e como contribuinte, assegurando-se, sobretudo, o primado da livre concorrência.".
Esse também o entendimento do STF, *in verbis*: "O artigo 173, par. 1º, (...) visa a assegurar a livre concorrência, de modo que as entidades públicas que exercem ou venham a exercer atividade econômica não se beneficiem de tratamento privilegiado em relação a entidades privadas que se dediquem a atividade econômica na mesma área ou em área semelhante." (STF, RE nº 172.816, Relator Ministro Paulo Brossard, DJ 09.02.94).
46. A propósito, já averbamos em outro trabalho: "O papel do princípio da unidade é o de reconhecer as contradições e tensões — reais ou imaginárias — que existam entre normas constitucionais e delimitar a força vinculante e o alcance de cada uma delas. Cabe-lhe, portanto, o papel de harmonização ou "otimização" das normas, na medida em que se tem de produzir um equilíbrio, sem jamais negar por completo a eficácia de qualquer delas." (Luís Roberto Barroso, *Interpretação e aplicação da Constituição*, 1999, p. 185).
47. O monopólio das atividades relacionadas a minérios e minerais nucleares é

cadoria ou serviço só são fornecidos por uma única empresa, que tem, portanto, a prerrogativa de fixar-lhe o preço[48]. No caso, o exercício de atividade econômica pelo Estado em regime de monopólio significa que tais atividades não apenas passam a ser exercidas pelo Estado, como que os particulares estão impedidos de explorá-las.

É o que basta para a verificação de que o monopólio é a antítese, a negação, da livre iniciativa. Por esse motivo, a doutrina é pacífica em afirmar que, a partir da entrada em vigor da nova Carta, só são admitidos os monopólios estatais por ela previstos expressamente; lei alguma pode criá-los. Lembre-se, aliás, que a Constituição de 67/69 admitia que a lei, respeitados determinados requisitos, pudesse instituir monopólios[49]. Não mais assim na nova Constituição, que deixou de reproduzir o dispositivo. Essa é a opinião, dentre outros[50], de Fábio Konder Comparato e Celso Antônio Bandeira de Mello e Nelson Eizirik, respectivamente:

> "*A vigente Carta Constitucional preferiu seguir o critério de enumeração taxativa dos setores ou atividades em que existe (independentemente, pois, de criação por lei) monopólio estatal, deferido agora exclusivamente à União (art. 177 e 21, X, XI e XII). Quer isto dizer que, no regime da Constituição de 1988, a lei já não pode criar outros monopólios, não previstos expressamente no texto constitucional, pois contra isso opõe-se o princípio da livre iniciativa, sobre o qual se funda toda a ordem econômica (art. 170).*"[51]

---

absoluto, mas no que diz respeito às que envolvem petróleo, a União, embora detendo o monopólio, poderá contratar empresas estatais ou privadas (art. 177, § 1º).

48. V. Nelson Eizirik, *Monopólio estatal da atividade econômica*, Revista de Direito Administrativo nº 194, p. 73.

49. "Art. 163. São facultados a intervenção no domínio econômico e o monopólio de determinada indústria ou atividade, mediante lei federal, quando indispensável por motivo de segurança nacional ou para organizar setor que não possa ser desenvolvido com eficácia no regime de competição e de liberdade de iniciativa, assegurados os direitos e garantias individuais."

50. V. Pinto Ferreira, *Comentários à Constituição brasileira*, 1994, p. 386 e J. Cretella Jr., *Comentários à Constituição de 1988*, vol. VIII, 1998, p. 4152 e ss.

51. Fábio Konder Comparato, *Monopólio público e domínio público in Direito público: estudos e pareceres*, 1996, p. 149.

> "Finalmente, convém lembrar que a Constituição previu o monopólio de certas atividades. São elas unicamente as seguintes, consoante arrolamento do art. 177 da Constituição (...) Tais atividades monopolizadas não se confundem com serviços públicos. Constituem-se, também elas, em 'serviços governamentais', sujeitos, pois, às regras do Direito Privado. Correspondem, pura e simplesmente, a atividades econômicas subtraídas do âmbito da livre iniciativa."[52]
>
> "Com relação à intervenção monopolista do Estado na atividade econômica, embora tenha a vigente Constituição ampliado o elenco de hipóteses em que ela ocorre, impossibilitou-se a criação de novos monopólios estatais, salvo por emenda constitucional."[53]

<u>Necessidade de atuação estatal no desempenho de atividade econômica: (i) atividades obrigatórias por disposição constitucional expressa; e (ii) atividades facultativas, por opção legislativa.</u>

Além da forma como o Estado pode desempenhar atividades econômicas, sua atuação nesse âmbito também pode ser classificada em função da imperatividade ou não da intervenção. De fato, há atividades econômicas que a Constituição expressamente determina que o Estado desenvolva. E há, por outro lado, o art. 173 da Carta, que veicula cláusula geral permitindo que a lei, atendidos os pressupostos constitucionais (*imperativos da segurança nacional ou a relevante interesse coletivo*), decida a respeito da exploração de determinada atividade econômica pelo Poder Público. Estas, portanto, hão de ser atividades facultativamente empreendidas pelo Estado, de acordo com a avaliação do legislador ordinário.

As atividades determinadas pela Constituição como de prestação obrigatória correspondem a decisões políticas do próprio constituinte originário a respeito daqueles pressupostos — *imperativos da segurança nacional e relevante interesse coletivo*. Podem ser incluídos nesta categoria, *v.g.*, o serviço de estatística, geografia, geologia, car-

---

[52]. Celso Antônio Bandeira de Mello, *Curso de direito administrativo*, 1996, p. 441.
[53]. Nelson Eizirik, *Monopólio estatal da atividade econômica*, Revista de Direito Administrativo nº 194, p. 63.

tografia (art. 21, XV) e o **serviço postal e o correio aéreo nacional (art. 21, X)**[54].

II. Natureza constitucional do serviço postal

Na primeira parte deste trabalho procurou-se estabelecer de forma ordenada, conquanto inevitavelmente analítica, o sistema constitucional da intervenção do Estado na ordem econômica. Firmados os pressupostos teóricos, investiga-se, agora, a natureza do serviço postal e da atuação da Empresa Brasileira de Correios e Telégrafos-EBCT, bem como a possibilidade de exploração por particulares do serviço postal.

II.1. O serviço postal não é serviço público

O art. 21, X, da Constituição de 1988 dispõe que *"Compete à União manter o serviço postal e o correio aéreo nacional"*. A primeira questão a saber, portanto, é se essa atuação do Estado na ordem econômica assume a forma de um serviço público — inerente ou por opção político-normativa — ou se se trata do desempenho de uma atividade econômica. A conclusão, como se verá, é que o Estado, ao explorar o serviço postal, encontra-se desempenhando uma atividade econômica, e não um serviço público, por uma variedade de motivos.

O serviço público, já se expôs, pode ser *inerente*, isto é, estar intimamente associado às funções estatais e a seu poder de império, ou decorrer de uma *opção político-normativa*. O serviço postal e o correio aéreo nacional[55], todavia, não são serviços públicos inerentes. A demonstração é simples, mas pressupõe breve reflexão sobre a realidade econômica em que se inserem tais atividades, que integram a *pré-compreensão* do intérprete, sobretudo do intérprete constitucional, que não deve operar com categorias abstratas arbitrárias, mas

---

54. Há autores que, como visto, aqui acrescentam educação (art. 208), saúde (art. 198) e previdência (art. 203).
55. O correio aéreo nacional é espécie do gênero serviço postal, de modo que a referência ao gênero estará automaticamente englobando a espécie.

com dados da realidade e dos problemas concretos que lhe cabe equacionar e resolver[56].

Houve época em que a infra-estrutura necessária à prestação de serviços postais só poderia ser oferecida pelo Poder Público. As vias de comunicação do país eram precárias. No início da década de 30, por exemplo, apenas a Aeronáutica tinha condições de fazer o transporte aéreo de correspondência, tanto que o atual Correio Aéreo Nacional (CAN) foi, por bastante tempo, denominado de Correio Aéreo Militar (CAM)[57], e continua sob operação da FAB. A iniciativa privada não tinha capacidade, nem interesse econômico, em desempenhar essa atividade em todo o território nacional. Em vista disso, atendendo a interesse coletivo, o Estado se incumbiu de tal tarefa, aparelhando-se para a entrega, recebimento e transporte de objetos e correspondências. Desde o século passado, aliás, existia, no âmbito do Poder Executivo, um departamento específico para regular e controlar a prestação de tais serviços, o Departamento dos Correios e Telégrafos — DCT. É razoável crer, nessas circunstâncias, que o serviço postal fosse percebido como um serviço público *inerente*.

A evolução econômica e tecnológica verificada ao longo do século, entretanto, principalmente no âmbito dos meios de comunicação e transporte, mudou esse quadro, conferindo às empresas privadas aptidão para o desempenho eficiente daquelas atividades. Não faz qualquer sentido imaginar hoje, por exemplo, que apenas o Estado possa transportar correspondências por via aérea; muito ao contrário. No mesmo passo, as transformações de ordem social passaram a exi-

---

56. Sobre o tema, v. Konrad Hesse, *Elementos de direito constitucional da República Federal da Alemanha*, 1998, p. 61 e ss.

57. No site oficial do Comando da Aeronáutica (www.aer.mil.br), encontra-se uma significativa passagem sobre o assunto, no texto que conta a história da Aeronáutica brasileira, *in verbis*: "A 12 de junho de 1931, dois Tenentes da Aviação Militar — Nélson Freire Lavenére-Wanderley e Casimiro Montenegro Filho — pilotando um Curtiss Fledgling, saíram do Rio de Janeiro e chegaram a São Paulo, conduzindo uma mala postal (com 2 cartas). Nascia assim o Correio Aéreo Militar (CAM). Esse CAM, atualmente denominado Correio Aéreo Nacional (CAN), permanece com a missão de assegurar a presença do Governo Federal nos mais diversos rincões do Brasil, o que levou o nosso Congresso, tocado por um forte espírito cívico, a exigir da Força Aérea Brasileira a continuidade da operação do Correio Aéreo Nacional, incluindo-o na Constituição de 1988.".

gir a prestação de serviços diferenciados e cada vez mais sofisticados, como, *v.g.*, a entrega rápida ou a transferência de recursos por via postal. Já há algum tempo uma demanda mais abrangente por atividades de transporte e entrega de bens criou um mercado que movimenta hoje, só no Brasil, aproximadamente cinco bilhões de reais por ano[58].

A realidade demonstra que, em todo o mundo, a prestação de serviço postal não pressupõe o exercício de um poder estatal: muitos Estados não lhe atribuem a qualidade de serviço público e outros sequer prevêem essa modalidade de intervenção do Estado na economia[59]. Com efeito, ninguém é capaz de imaginar, na realidade atual, que o serviço postal só possa ser prestado pelo Estado ou que decorra de alguma de suas funções básicas[60]. O serviço postal, portanto, não é, definitivamente, um serviço público *inerente*. Resta saber se o direito objetivo brasileiro, por uma *opção político-normativa*, atribui ao serviço postal tal qualidade. Também aqui a resposta é negativa.

A ordem jurídica anterior à Constituição de 1988 não considerava o serviço postal como serviço público — ao menos desde a década de 60 — e também a nova Carta assim não o consagrou. Como já referido, o serviço postal pode ter sido considerado um serviço público no passado, em razão principalmente da falta de capacidade ou

---

58. Estimativa do Jornal do Brasil, em ampla reportagem intitulada *Reforma Postal*, publicada na edição de 9 de abril do corrente ano.

59. As cartas constitucionais de alguns estados sequer se referem a serviços postais. Este é o caso, por exemplo, de Portugal, Suécia, Luxemburgo, Itália, Irlanda, Grécia, Dinamarca, França, Finlândia, Bélgica, Bolívia, Colômbia, Costa Rica, Cuba, Chile, Equador, Guatemala, Honduras, Nicarágua e Panamá. Nos Estados Unidos, os serviços postais não são serviços públicos, mas sua Constituição prevê a competência do Congresso em estabelecer agências postais (Article 1. Section 8). Semelhante disposição há na Constituição argentina, que prevê a competência do Congresso Nacional para estabelecer "las postas y correos generales de la Nación" (art. 67, XIII). Na Alemanha, o serviço postal prestado pelo Estado convive com o privado, explorado como atividade econômica (art. 87). Veja-se, sobre o caso alemão Konrad Hesse, *Elementos de direito constitucional da República Federativa da Alemanha*, 1998, p. 199/2000.

60. Sobre este ponto, vale o registro de que a exposição de motivos da Proposta de Diretiva nº 139/2000, da União Européia, cuidou exatamente de ressaltar a importância econômica dos serviços postais e a necessidade de estimular a concorrência e a competitividade no setor, para garantir sua eficiência.

interesse da iniciativa privada nesse empreendimento, mas já de algum tempo evoluiu para uma atividade econômica. O marco legal dessa alteração histórica na natureza do serviço postal brasileiro foi a transformação do Departamento de Correios e Telégrafos — DCT, em 1968, em empresa pública, à qual competia, nos termos do Decreto-lei 509, de 20.3.1969, a execução e controle, *em regime de monopólio*, dos serviços postais. Lembre-se que a Constituição em vigor à época permitia que a lei ordinária instituísse monopólios.

Ora bem. Somente atividades econômicas podem ser objeto de monopólio estatal; o Estado o institui exatamente para subtrair da iniciativa privada o exercício de determinada atividade econômica. O serviço público é, por sua própria natureza e definição jurídica, titularizado pelo Estado, de modo que não há necessidade nem lógica em prever, em relação a ele, um regime de monopólio. Os serviços públicos já são, por assim dizer, essencialmente "monopolistas": aos particulares só pode ser delegado seu *exercício*, e ainda assim mediante um ato negocial específico do Poder Público, precedido de um procedimento administrativo de licitação (art. 175, CF). Conseqüentemente, basta que não se conceda ou permita a prestação de determinado serviço para que ele seja desempenhado exclusivamente pelo Estado.

Essa evidência pode ser observada no próprio texto da Carta de 1988. Todos os casos de monopólio que são ou foram arrolados no texto referem-se a atividades econômicas: exploração de atividades nucleares e petrolíferas (art. 177), e de resseguro (art. 192, alterado pela Emenda Constitucional nº 13, de 21.8.1996), etc. O mesmo acontecia com a Constituição de 1967/69, cujo art. 163 facultava a *"intervenção no domínio econômico e o monopólio de determinada* **indústria ou atividade**, *mediante lei federal, quando indispensável por motivo de segurança nacional ou para organizar setor* **que não possa ser desenvolvido com eficácia no regime de competição e de liberdade de iniciativa**.". Assim, ao menos desde 1968, o direito brasileiro não considera o serviço postal serviço público, e sim atividade econômica explorada pelo Estado (àquela altura em regime de monopólio).

Com o advento da Carta de 1988, o tema ganhou estatura unicamente constitucional, não mais podendo ser alterado pela legislação ordinária[61], mas o sentido manteve-se o mesmo, na tradição do que há

---

61. A Carta de 67/69 também se referia ao serviço postal, rigorosamente nos

décadas já acontecia no país. Com efeito, o texto do art. 21, inciso X, da Carta Magna cuida de impor à União a obrigação de manter um serviço postal, mas não autoriza o entendimento de que tais serviços tenham se transformado em serviços públicos, na concepção técnica do termo. Muito ao revés, e significativamente, o texto do dispositivo constitucional em questão é inteiramente diferente daqueles, no mesmo artigo, nos quais a Constituição prevê a prestação de serviços públicos pela União Federal. Confira-se:

> "*Art. 21. Compete à União:*
> *(...)*
> *X — manter o serviço postal e o correio aéreo nacional;*
> *XI — explorar, diretamente ou mediante autorização, concessão ou permissão, os serviços de telecomunicações, nos termos da lei, que disporá sobre a organização dos serviços, a criação de um órgão regulador e outros aspectos institucionais;*
> *XII. explorar, diretamente ou mediante autorização, concessão ou permissão:*
> *a) os serviços de radiofusão sonora e de sons e imagens;*
> *b) os serviços e instalações de energia elétrica e o aproveitamento energético dos cursos de água, em articulação com os Estados onde se situam os potenciais hidroenergéticos;*
> *c) a navegação aérea, aerospacial, e a infra-estrutura aeroportuária;*
> *d) os serviços ferroviário e aquaviário entre os portos brasileiros e fronteiras nacionais, ou que transponham os limites do Estado ou Território;*
> *e) os serviços de transporte rodoviário interestadual e internacional de passageiros;*
> *f) os portos marítimos, fluviais e lacustres.*"

---

mesmos termos que a atual (art. 8º, XI: *Compete à União manter o serviço postal e o Correio Aéreo Nacional;*). Lembre-se, porém, que ela permitia a monopolização pelo Estado de atividade econômica através de lei ordinária (art. 163). A lei, assim, era capaz de transformar uma exploração não monopolista sob regime concorrencial em monopolista (o que efetivamente ocorreu no caso do serviço postal, tanto com o Decreto-lei nº 509/69, como com a Lei nº 6.538/78), o que não é mais possível na nova Constituição.

Do confronto entre os três incisos acima citados é possível concluir que, ao tratar de serviços públicos, a Carta Magna deixou expressa a possibilidade de a União Federal prestá-los diretamente ou mediante delegação de seu exercício aos particulares, em regime de concessão ou permissão. Tanto no caso do inciso XI, quanto no inciso XII, o legislador constituinte se vale da locução *"explorar, diretamente ou mediante autorização, concessão ou permissão"*, deixando claro que todas as atividades arroladas nesses dispositivos são consideradas serviços públicos[62].

Os serviços postais mereceram tratamento distinto. Além de ter previsto no art. 22, V, a competência genérica da União para legislar sobre a matéria[63], o constituinte tornou explícita a necessidade de esse mesmo ente *"manter os serviços postais"*. É de se ver que, em lugar de outorgar competência ao Poder Público *"para exploração direta ou mediante delegação"*, como fez no caso das telecomunicações (art. 21, XI, CF), a Constituição tão somente impôs à União a obrigação de *manter* tal atividade[64]. Imaginar que o serviço postal é um serviço público, como os dos incisos XI e XII, seria ignorar a gritante diferença de texto que os distingue, como se o constituinte nada quisesse dizer com isso, e estivesse apenas fazendo uso diletante das formas linguísticas, para dizer a mesma coisa de modos inteiramente diversos[65].

---

62. Dinorá Adelaide Musetti Grotti, *Teoria dos serviços públicos e sua transformação in Direito administrativo econômico*, Coord. Carlos Ari Sundfeld, 2000, p. 65: "(...) o art. 21, XI e XII, arrola os serviços que a União pode executar diretamente ou mediante autorização, concessão ou permissão, aí incluídos os serviços de (...)".
63. Fernando Herren Aguillar, *Controle social de serviços públicos*, 1999, p. 137. O autor faz o registro de que a competência legislativa conferida ao ente político não lhe dá o direito de explorar as atividades que hão de estar submetidas a tal regulamentação em regime de serviço público. O ponto é por si evidente. Basta observar que compete à União legislar, *e.g.*, sobre direito agrário e marítimo (art. 22, I), o que não transforma tais atividades em serviços públicos, mas apenas realiza a competência regulamentar prevista no art. 174 da Carta.
64. Celso Ribeiro Bastos e Ives Gandra Martins, *Comentários à Constituição do Brasil*, vol. III, 1992, p. 148: "O Serviço Postal Nacional cabe à União manter. Tal prestação de serviços não é exclusiva".
65. Vale fazer o registro de que parcela da doutrina inclui o serviço postal, um tanto acriticamente, no rol dos serviços públicos da União, juntamente com as

Ademais, como já se viu, a exploração do serviço público, por caracterizar hipótese de intervenção estatal na ordem econômica, tem natureza excepcional e deve ser interpretada de forma estrita. Não é possível assim estender o sentido do verbo *manter*, que por si só não exclui a participação dos particulares nesse setor da economia, para que ele venha a abranger a prestação pelo Estado dessa atividade na qualidade de serviço público, com toda a restrição que essa forma de intervenção acarreta para o princípio da livre iniciativa. Se esta fosse a vontade do constituinte, ele teria se valido das mesmas expressões que utilizou no art. 21, XI e XII. A interpretação textual das disposições constitucionais sobre serviços postais também chancela o entendimento de que eles são meras atividades econômicas, e não serviços públicos.

Há ainda uma última razão que demonstra que os serviços postais não são serviços públicos por opção político-normativa, sendo explorados pelo Estado como modalidade de atividade econômica. A partir de 1988, a Empresa Brasileira de Correios e Telégrafos — ECT iniciou uma campanha de franqueamento de novas agências que se tornou notória, celebrando, para isso, uma série de contratos de exploração de serviços postais com as agências franqueadas.

Pois bem: se a prestação de serviço postal fosse considerada serviço público, jamais poderia ter havido o franqueamento de agências, por evidente violação do art. 175, da Constituição. Este artigo, como se sabe, exige concessão ou permissão, *mediante prévia licitação*, para que seja possível ao particular prestar qualquer serviço público. Se o serviço postal fosse serviço público, não poderia ter sido franqueado através de um simples contrato. O entendimento da ECT, portanto, sempre foi de que sua atividade não constituía um serviço público, mas sim uma atividade econômica explorada pelo Estado por determinação constitucional[66].

Vale fazer menção, nesse ponto, à Lei nº 9.648, de 27.5.1998[67], que passou a exigir fosse realizada licitação prévia para a exploração

---

atividades previstas nos incisos XI e XII do art. 21. Na boa parte dos casos, todavia, essa afirmação é incompatível com a fundamentação teórica exposta por esses próprios autores a respeito do serviço público.

66. Fernando Herren Aguillar, *Controle social de serviços públicos*, 1999, p. 138: "(...) se uma atividade puder ser desempenhada por particulares sem concessão ou permissão, ela não pode ser considerada serviço público.".

67. A Lei nº 9.648/98 acrescentou parágrafo único ao art. 1º da Lei nº 9.074, de

de serviços postais por particulares, e não mais apenas o contrato de franqueamento. Não se imagine, todavia, que a superveniência da lei em questão tenha produzido alguma alteração no que aqui se discute. Explica-se.

Embora às pessoas jurídicas de direito privado constituídas pelo Estado não se aplique, em geral, o regime jurídico público, algumas normas de direito público podem e devem ser por elas observadas, como se mencionou em item anterior. O Superior Tribunal de Justiça e o Supremo Tribunal Federal já decidiram que as empresas públicas (como a ECT) e as sociedades de economia mista não só podem, como em determinados casos devem licitar, tendo em vista o princípio da impessoalidade que também lhes cabe observar[68]. O fato de a lei passar a exigir prévia licitação para o franqueamento de agências da ECT não altera sua natureza, mas consiste em uma opção política do controlador da empresa, que é o governo federal.

Além disso, uma vez que a natureza do serviço postal é definida pela Constituição, se esta os houvesse considerado como serviços públicos, submetidos ao regime do art. 175, a lei ordinária não poderia simplesmente validar — contra a Constituição — os atuais contratos, como o fez a Lei 9.648/98, já referida. Imaginar o serviço postal como serviço público acarretaria a invalidade de todos os contratos de franqueamento, bem como da lei no ponto em que teria pretendido validá-los.

Como se vê, em conclusão, o serviço postal não é serviço público, seja *inerente*, seja *por opção político-normativa*. Este era o entendimento da legislação ordinária anterior à Constituição de 1988, esta a interpretação adequada do art. 21, X, da nova Carta, e esta também

---

07/07/1995, com o seguinte teor: "Parágrafo único. Os atuais contratos de exploração de serviços postais celebrados pela Empresa Brasileira de Correios e Telégrafos — ECT com as Agências de Correio Franqueadas — ACF, permanecerão válidas pelo prazo necessário à realização dos levantamentos e avaliações indispensáveis à organização das licitações que precederão à delegação das concessões ou permissões que os substituirão, prazo esse que não poderá ser inferior a 31 de dezembro de 2001 e não poderá exceder a data limite de 31 de dezembro de 2002."

68. STJ, AGA 28633/RJ, Rel. Min. Sávio de Figueiredo Teixeira, DJ 29.11.93; Resp 84082/RS, Rel. Min. Demócrito Reinaldo, DJ 1.07.96; Resp 202157/PR, Rel. Min. Humberto Gomes de Barros; DJ 21.02.2000; e STF, RE 99.239-1/DF, Rel. Min. Neri da Silveira, DJ 8.10.85.

a compreensão da Administração Pública (ECT) e da legislação ordinária produzida posteriormente a 1988. Vale dizer: o presente estudo não subverte o conhecimento convencional, mas apenas sistematiza, com o embasamento doutrinário cabível, o que já se pratica de longa data, ainda que sem percepção clara.

II.2. O serviço postal pode ser explorado por particulares, pois é atividade econômica não monopolizada

Visto, assim, que os serviços postais não podem ser caracterizados como serviços públicos, chega-se à inevitável conclusão de que, atualmente, sua prestação pelo Poder Público configura meio de exploração de atividade econômica, o que, como regra, não impede que os particulares também a explorem concomitantemente, salvo a exceção da exploração monopolista legitimamente atribuída ao Estado. Cumpre, portanto, analisar se o serviço postal, embora explorado como atividade econômica e não serviço público, estaria submetido a um regime de monopólio.

Como já se teve a oportunidade de esclarecer, as hipóteses de reserva de monopólio estatal são situações absolutamente excepcionais, pois importam em negativa da liberdade de concorrência. Mais que isso, com a entrada em vigor da Constituição de 1988, apenas subsistem os monopólios que a nova Carta tenha consagrado. Com efeito, em um regime em que a livre iniciativa é princípio constitucional fundamental, só podem ser consideradas monopolizadas aquelas atividades que a própria Constituição expressamente assim considera. A análise a ser empreendida neste ponto é, portanto, bastante simples: cuida-se apenas de saber se a Constituição de 1988 considerou o serviço postal como atividade a ser explorada pela União em regime de monopólio. A resposta é negativa.

Como já se referiu, subsistem na Constituição apenas os monopólios previstos — de forma inequívoca, aliás — em seu art. 177, nos quais não se inclui qualquer menção ao serviço postal. Esse é o teor do dispositivo, *in verbis*:

> *"Art. 177. Constituem monopólio da União:*
> *I — a pesquisa e a lavra de jazidas de petróleo e gás natural e outros hidrocarbonetos fluidos;*

II — a refinação do petróleo nacional ou estrangeiro;
III — a importação e a exportação dos produtos e derivados básicos resultantes das atividades previstas nos incisos anteriores;
IV — o transporte marítimo do petróleo bruto de origem nacional ou de derivados básicos de petróleo produzidos no País, bem assim o transporte, por meio de conduto, de petróleo bruto, seus derivados e gás natural de qualquer origem;.
V — a pesquisa, a lavra, o enriquecimento, o reprocessamento, a industrialização e o comércio de minérios e minerais nucleares e seus derivados."

Não é possível ao legislador ordinário ampliar o rol exaustivo de monopólios expressamente previstos na Constituição de 1988, da mesma forma como os monopólios anteriormente existentes, mas que não receberam a chancela da nova Carta — como o dos serviços postais —, não foram recepcionados pela ordem constitucional vigente, ainda que constituídos com fundamento em permissivo da Constituição anterior (art. 163, da Constituição de 1969)[69].

Repita-se: em face do sistema instituído pela Carta de 1988, que assegura a livre iniciativa como fundamento do Estado brasileiro e enuncia, *numerus clausus*, os casos em que determinada atividade poderá ser subtraída da livre concorrência para ser explorada em regime de monopólio pelo Poder Público, as hipóteses criadas pela lei, anteriormente ao advento da nova ordem e não reproduzidas na Constituição Federal de 1988, não foram por ela recepcionadas.

Desse entendimento não discrepa a doutrina, como se consta da autorizada lição de Diogo de Figueiredo Moreira Neto:

> "*Finalmente, os* institutos monopolistas *estabelecem exceções plenas aos princípios do art. 170, caput e inciso IV, transferindo da sociedade ao Estado a exploração de ati-*

---

[69]. Sobre o processo de filtragem da ordem infraconstitucional anterior pela nova Constituição, vejam-se: Luís Roberto Barroso, *Interpretação e aplicação da Constituição*, 1999, p. 49 e ss. e Paulo Ricardo Schier, *Filtragem constitucional*, 1999.

vidades econômicas específicas. É a eliminação total da concorrência e, em conseqüência, da definição do lucro pelos mecanismos de mercado. Distintamente da Carta de 1969, que também deixava em aberto, ao legislador ordinário, instituir monopólios (art. 163), a Constituição de 1988 restringiu a seis os monopólios estatais — petróleo (arts. 177, I, II, III e IV), energia nuclear (art. 177, V) e distribuição local de gás canalizado (art. 25, § 2º), sendo que os cinco primeiros, em favor da União e o sexto, dos Estados membros.

O Estado brasileiro ampliou, portanto, seus monopólios constitucionais mas, em compensação, **com o desaparecimento da imprecisa regra do art. 163,** *caput,* **da Carta de 1969, tornou-se impossível, salvo em caso de Emenda à Constituição, a criação de qualquer outra modalidade.**"[70] (negrito acrescentado)

Desse modo, a prestação de serviços postais pelo Estado deve ser entendida como forma de exploração estatal de atividade econômica não monopolizada, o que significa que os particulares podem livremente desenvolver os serviços de entrega, recebimento, expedição e transporte de objetos de correspondências, valores ou encomendas, independentemente de ato de delegação prévia do Poder Público[71].

A natureza jurídica de atividade econômica não monopolizada também encontra amparo no próprio artigo 21, X, da Constituição Federal. Ao estabelecer que compete à União *manter* o serviço postal, a Carta Magna impôs que tal atividade seja obrigatoriamente exercida pelo Poder Público federal, tendo em vista a importância do serviço para a integração nacional, mas em nenhum momento afastou a possibilidade de que os particulares também a explorem, se assim lhes convier. Quis assegurar o mínimo e não impedir o mais. Entendimento diverso violaria toda a lógica da interpretação constitucional que,

---

70. Diogo de Figueiredo Moreira Neto, *A ordem econômica na Constituição de 1988*, Revista de Direito da Procuradoria Geral do Estado do Rio de Janeiro nº 42, p.65.
71. O que não afasta a competência da União para regular e normatizar o setor, com fundamento nos arts. 22, V, e 174 da Constituição.

como já registrado, se orienta pela liberdade de iniciativa, e não pela intervenção estatal. A respeito do tema, Bulhões Pedreira observou com precisão, *in verbis*:

> "*O sentido da reserva ao Estado de determinada atividade econômica ou empresarial difere em função da natureza da ordem ou sistema econômico consagrado no plano constitucional: no sistema econômico liberal ou neoliberal, aquela reserva constitui exceção, porque nesses sistemas prevalecem os princípios da livre iniciativa e da competição econômica; já no sistema de economia centralizada, ou estatizada, a atuação do Estado na ordem econômica é princípio geral, dominante, e as regras permissivas de atuação do particular como agente econômico são exceções. Na primeira hipótese, a interpretação das regras sobre "monopólios" estatais há de ser restrita, porque são especiais; na segunda, há de ser irrestrita e abrangente, porque são gerais.*"[72]

II.3. Quanto à forma de atuação estatal o serviço postal é não monopolizado sob regime concorrencial; quanto à necessidade da atuação estatal, o serviço postal é obrigatório por expressa determinação constitucional

Consolidando tudo que se expôs até aqui, convém classificar o serviço postal nas categorias apresentadas inicialmente.

Em primeiro lugar, o serviço postal é uma atividade econômica explorada pelo Estado, e não um serviço público. Quanto à forma de atuação estatal, já referida, o serviço postal só pode ser explorado de maneira não monopolizada e sob regime concorrencial. Com relação a este último aspecto, lembre-se que o regime não concorrencial só pode ser adotado pelo Estado se assim autorizado de modo específico pela Constituição, uma vez que constitui exceção ao seu art. 173. Não há, em toda a Carta, qualquer menção que excepcione o serviço

---

72. Bulhões Pedreira, *Monopólio-gás* (parecer), Revista Trimestral de Direito Público, nº 101, p. 38.

postal da obediência a este dispositivo, de modo que sua exploração deverá se dar em condições concorrenciais.

Por fim, quanto à necessidade da atuação estatal, o serviço postal é obrigatório, por força de previsão constitucional. Como já se mencionou, o constituinte originário entendeu haver *relevante interesse público ou imperativo de segurança nacional* (art. 173) em que a União mantivesse continuamente um serviço postal, à parte dos serviços privados que possam existir. A idéia, bastante evidente e implementada também em outros países, decorre de uma percepção histórica da atividade postal como de fundamental importância para as comunicações do país. Embora essa realidade já tenha sido substancialmente alterada, com o advento das comunicações eletrônicas, deseja a Constituição que a União tenha sempre um serviço postal reserva em operação, evitando-se dificuldades maiores na hipótese de os particulares, por qualquer razão, deixarem de explorar a atividade.

III. Situação Constitucional da Empresa Brasileira de Correios e Telégrafos — EBCT. A Constituição de 1988 não recepcionou o monopólio legal da Lei nº 6.538/78. A EBCT desempenha atividade econômica constitucionalmente obrigatória (CF, art. 21, X), não monopolizada e em regime concorrencial

Aplicando tudo que se expôs até aqui ao caso concreto, resta apenas avaliar a situação da Empresa Brasileira de Correios e Telégrafos — EBCT. A EBCT foi criada pelo Decreto-lei 509/69 (a essa altura ECT), a fim de *"executar e controlar, em regime de monopólio, os serviços postais brasileiros"* (art. 2º)[73]. A Lei 6.538, de 22.6.1978, que regulou direitos e obrigações concernentes ao serviço postal, não alterou tal regime de exploração de atividade econômica, que continuou a ser monopolista (art. 9º)[74].

---

73. "Art.2 — À ECT compete: I — executar e controlar, em regime de monopólio, os serviços postais em todo o território nacional; II — exercer, nas condições estabelecidas nos arts.15 e 16, as atividades ali definidas."
74. "Art. 9º. São exploradas pela União, em regime de monopólio, as seguintes atividades postais: I — recebimento, transporte e entrega, no território nacional e expedição, para o exterior, de carta e cartão postal; II — recebimento, transporte e entrega, no território nacional, e a expedição, para o exterior, de corres-

O advento, porém, da Constituição de 1988 — que, como se viu, prevê um elenco exaustivo de atividades monopolizadas — não mais permite falar-se em monopólio dos serviços postais. Desse modo, as leis anteriormente referidas não foram recepcionadas pela Carta vigente, no que tange à instituição do monopólio.

À Empresa Brasileira de Correios e Telégrafos cabe, assim, em face da nova ordem constitucional, desenvolver a atividade econômica de prestação de serviços postais, na forma do disposto no art. 21, X, da Constituição Federal, em regime não monopolista e concorrencial, sendo livre à iniciativa privada a exploração dos serviços postais desde 5 de outubro de 1988.

IV. Conclusões

O presente estudo foi desenvolvido sobre as formulações doutrinárias a seguir resumidas:

1. A interpretação jurídica deve voltar-se para a realização dos princípios constitucionais, que são as normas que espelham a ideologia da Constituição, suas premissas básicas e seus fins. O constituinte de 1988 elegeu a livre iniciativa como fundamento do Estado brasileiro e como princípio específico da ordem econômica. Nessa linha, ponderados, naturalmente, eventuais valores contrapostos, devem ser prestigiados na interpretação constitucional os postulados que realizam o princípio da livre iniciativa, como a liberdade de empresa, a livre concorrência e a liberdade de contratar.

2. A atuação direta do Estado na ordem econômica pode dar-se (i) pela prestação de serviços públicos e (ii) pela exploração de atividade econômica. Os pressupostos e o regime constitucional de cada uma dessas modalidades de intervenção estatal são diversos.

3. O conteúdo material do que seja serviço público varia em razão do momento, do lugar e, por vezes, dependerá de uma opção política. Classificam-se, assim, os serviços públicos em (i) *inerentes*, que são aqueles ligados ontologicamente às funções típicas do Estado e que involvem o seu poder de império; e (ii) *por opção político-cons-*

pondência agrupada; III — fabricação, emissão de selos e de outras fórmulas de franqueamento postal."

titucional, que são aqueles que abrigam atividades tipicamente econômicas, mas que em razão de sua relevância ou outras considerações de interesse público, foram definidos por norma jurídica como serviço público.

4. A exploração de atividade econômica pelo Estado deve dar-se em caráter excepcional e subsidiário, em reverência ao princípio constitucional da livre iniciativa. Quanto à forma de atuação, poderá ser (i) monopolizada e (ii) não monopolizada, sob regime concorrencial. Quanto à necessidade da atuação estatal, poderá ser (i) obrigatória, por disposição constitucional expressa ou (ii) facultativa, por opção legislativa.

Com base nelas, é possível compendiar as principais conclusões desse estudo nas seguintes proposições objetivas:

1. O serviço postal não é um serviço público, ainda que possa ter tido tal natureza nos primórdios de sua implantação. Trata-se de uma atividade econômica e como tal tem sido tratado no direito brasileiro, pelo menos desde o regime constitucional anterior.

2. O serviço postal é uma atividade econômica obrigatória para o Estado, por força de mandamento constitucional, mas desenvolvida em regime concorrencial. De fato, a Constituição de 1988 só tolera os monopólios por ela instituídos e, dentre eles, não se encontra o serviço postal. Lei anterior à Carta em vigor e que dispunha em sentido diverso não foi recepcionada, consoante regra elementar de direito intertemporal.

3. À Empresa Brasileira de Correios e Telégrafos — EBCT, controlada pela União, cabe a prestação de serviços postais, não podendo demitir-se o Poder Público do desempenho dessa atividade. Nada obstante, à luz da Constituição e da legislação validamente em vigor, é livre à iniciativa privada o desempenho da atividade econômica de exploração dos serviços postais.

Algumas Questões sobre a Extradição no Direito Brasileiro[1]

SUMÁRIO: *I. Introdução. II. Questões constitucionais. II.1. Competência para apreciar pedidos de extradição; II.2. Não extradição de nacionais; II.3. Impossibilidade de extradição por crime político: a) Histórico e direito comparado; b) Quadro normativo; c) Doutrina e jurisprudência; d) A extradição política disfarçada; II.4. Impossibilidade da extradição por crime de opinião; II.5. Impossibilidade de extradição nos casos de sério risco de vida no país requerente. III. Questões legais. III.1. Aspectos formais: a) O pedido; b) Defeito de forma do pedido; III.2. Aspectos materiais: a) Impossibilidade de extradição de brasileiros e por crimes políticos; b) O princípio da dupla tipicidade; c) Prescrição; d) Julgamento no exterior por juízo ou tribunal de exceção; e) Existência no Brasil de processo contra o extraditando; f) O princípio da especialidade; g) Proibição da extradição para cumprir pena corporal ou de morte. A questão da possibilidade da extradição para cumprir pena de prisão perpétua. IV. Conclusões.*

---

1. Este artigo é dedicado à memória de Antônio Evaristo de Moraes. Texto escrito em co-autoria com a Professora Carmen Tiburcio, mestre e doutora em Direito Internacional pela Universidade de Virginia, EUA e professora Adjunta de Direito Internacional Privado da Universidade do Estado do Rio de Janeiro.

I. Introdução

Instrumento de cooperação judiciária entre os Estados em matéria penal, a extradição consiste na entrega de um indivíduo, que está no território do Estado solicitado, para responder a processo penal ou cumprir pena no Estado solicitante.

Pressuposto do pedido de extradição é a existência de um tratado, geralmente bilateral[2] ou, na sua ausência, uma promessa de reciprocidade feita pelo Estado requerente, pela qual este promete acolher, no futuro, pedidos de extradição enviados pelo Estado requerido.

No plano interno, o tema é tratado na Constituição Federal (art. 102, I, g; art. 22, XV; e art. 5º, LI e LII), na Lei nº 6.815, de 18.08.80 (arts. 76 a 94), também conhecida como Estatuto do Estrangeiro, e no Regimento Interno do STF (arts. 207 a 214).

O presente trabalho não pretende exaurir o tema abordado, mas, como o título denota, tratar de algumas questões sobre o instituto da extradição no direito brasileiro atual.

II. Questões constitucionais

II.1. Competência para apreciar pedidos de extradição

Determina o art. 102 da Constituição Federal:

---

2. Atualmente o Brasil tem tratados de extradição com os seguintes países: **Argentina** (Buenos Aires, 15.11.61; Dec. Leg. n.º 85/64, de 29.09.64; Dec. Exec. n.º 62.979, de 11.07.68), **Austrália** (Camberra, 22.08.94; Dec. Leg. n.º 36/96, de 28.03.96; Dec. Exec. n.º 2.010, de 23.09.96), **Bélgica** (Rio de Janeiro, 06.05.53; Dec. Leg. n.º 26/56, de 19.06.56; Dec. Exec. n.º 41.909, de 29.07.57), **Espanha** (Brasília, 02.02.88; Dec. Leg. n.º 75/89, de 29.11.89; Dec. Exec. n.º 99.340, de 22.06.90), **EUA** (Rio de Janeiro, 13.01.61; Dec. Leg. n.º 13/64, de 18.06.64; Dec. Exec. n.º 55.750, de 11.02.65), **Itália** (Roma, 17.10.89; Dec. Leg. n.º 78/92, de 20.11.92; Dec. Exec. n.º 863, de 09.07.93), **Paraguai** (Assunção, 24.02.22; Dec. Leg. n.º 4.612/22, de 29.11.22; Dec. Exec. n.º 16.925, de 27.05.25), **Portugal** (Brasília, 07.05.91; Dec. Leg. n.º 96/92, de 23.12.92; Dec. Exec. n.º 1.325, de 02.12.94) e **Reino Unido** (Londres, 18.07.95; Dec. Leg. n.º 91/96, de 11.09.96; Dec. Exec. n.º 2.347, de 10.10.97).

"*Compete ao Supremo Tribunal Federal, precipuamente, a guarda da Constituição, cabendo-lhe:
I — processar e julgar, originariamente:
...
g) a extradição solicitada por Estado estrangeiro*"

Estabelece também a Lei n.º 6.815/80 que:

"*Art. 83. Nenhuma extradição será concedida sem prévio pronunciamento do plenário do Supremo Tribunal Federal sobre sua legalidade e procedência, não cabendo recurso da decisão*".

Esses dispositivos devem ser combinados com a regra constitucional que determina:

"*Art. 84. Compete privativamente ao Presidente da República:
...
VII — manter relações com Estados estrangeiros*"

Assim, como cabe ao Presidente da República manter relações com Estados estrangeiros, o exame do Supremo Tribunal Federal circunscreve-se à legalidade do pedido, sem que isto implique necessariamente na efetiva concessão da medida, que é da competência exclusiva do Chefe do Executivo Federal.

Portanto, o pedido formulado ao Brasil pelo governo estrangeiro é encaminhado ao Supremo Tribunal, que examina a sua legalidade. Uma vez autorizada a extradição, compete ao Executivo decidir sobre a sua conveniência. Portanto, é possível que o Supremo autorize a extradição e esta não venha a ser efetivada, por não ser conveniente ao Executivo.[3] Contrariamente, seria impossível a extradição se o

---

3. Hildebrando Acioly e Geraldo Eulálio do Nascimento e Silva, *Manual de direito internacional público*, 1996, p. 358-9 e Celso Albuquerque Mello, *Direito penal e direito internacional*, 1978, p. 60-1. Adotando posição divergente, J. F. Rezek, *Direito internacional público. Curso elementar*, 1991, p. 203, entende que, uma vez enviado o pedido ao STF, assume o Executivo o compromisso de extraditar, caso o Judiciário a autorize.

Supremo Tribunal indeferisse o pedido e o Executivo ainda assim quisesse efetivá-la.[4] Neste caso, estaríamos diante de uma violação a um dispositivo constitucional que determina que compete ao Supremo Tribunal o julgamento da extradição de Estado estrangeiro. Observe-se, entretanto, que, em havendo tratado de extradição entre o Brasil e o Estado requerente, fica o Presidente da República obrigado a conceder a extradição, uma vez autorizada pelo Supremo, sob pena de violar obrigação assumida perante o direito internacional.[5]

Observe-se ainda que, como o julgamento do Supremo Tribunal Federal é exigido pelo texto constitucional, mesmo que o extraditando concorde com o pedido formulado e deseje se submeter à jurisdição do Estado requerente, ainda assim deve a legalidade do pedido ser apreciada pela Corte:

> *"(...) O controle jurisdicional, pelo Excelso Pretório, do pedido de extradição deduzido por Estado estrangeiro, traduz indeclinável exigência de ordem constitucional e poderosa garantia — de que nem mesmo o extraditando pode dispor — contra ações eventualmente arbitrárias do próprio Estado"*.[6]

É bem de ver, ainda, que o exame judicial circunscreve-se às questões enunciadas nas normas constitucionais e na legislação ordinária, sem adentrar aspectos relativos ao mérito do processo que tramita no exterior. Este entendimento encontra-se consolidado na jurisprudência, como se vê das transcrições abaixo:

> *"Inadmissibilidade da pretensão de trazer a prova documental produzida no Estado requerente ao conhecimento do*

---

4. Celso Albuquerque Mello, *Direito Penal e Direito Internacional*, 1978, p. 60.
5. J. F. Rezek, *Direito Internacional Público, Curso Elementar*, 1991, p. 202.
6. Extradição nº 509, rel. Min. Celso de Mello, j. 04.05.90, DJU de 01.06.90, p. 4.930. No mesmo sentido: "Não pode, entre nós, o extraditando, como no sistema francês, renunciar ao benefício da lei, mediante a exteriorização do propósito de ser colocado à disposição do Estado que o reclama independentemente do pronunciamento judiciário". Extradição nº 314, rel. Min. Bilac Pinto, RTJ 64/22; HC nº 52.251, rel. Min. Luiz Gallotti, j. 22.05.74, DJU 23.08.74.

Supremo Tribunal Federal como se fora este, não apenas o Juízo da legalidade da extradição, como de fato é, mas o próprio julgador da ação penal a que responde o paciente.(...)"[7]

Na mesma linha:

"(...) 3. Não compete à Justiça brasileira, no processo de extradição, decidir sobre o acerto ou desacerto da Justiça portuguesa, na interpretação e aplicação de sua legislação. 4. Ao se pronunciar sobre o pedido de extradição, não cabe ao STF examinar o mérito da condenação ou emitir juízo a respeito de vícios que porventura tenham maculado o processo no estado requerente.(...)"[8]

II.2. Não extradição de nacionais

A extradição é um tema tradicionalmente merecedor da atenção específica do constituinte brasileiro. Prevê o texto constitucional em vigor, em seu art. 5º, LI que *"nenhum brasileiro será extraditado, salvo o naturalizado, em caso de crime comum, praticado antes da naturalização, ou de comprovado envolvimento em tráfico ilícito de entorpecentes e drogas afins, na forma da lei"*.

A proibição de extraditar nacionais não está presente nem na Constituição Imperial, nem na Carta republicana de 1891, surgindo somente na história constitucional brasileira a partir de 1934,[9] permanecendo nos textos posteriores.

Mantendo a proibição de extraditar nacionais, a Constituição Federal de 1988 inova ao admitir a extradição de naturalizados em

---

7. Extradição nº 773, rel. Min. Octavio Gallotti, j. 23.02.00, DJU de 28.04.00, p. 72. No mesmo sentido, Extradição nº 768, rel. Min. Ilmar Galvão, j. 03.05.00, DJU de 16.06.00, p. 31 e Extradição nº 776, rel. Min. Celso de Mello, j. 06.04.00, DJU de 10.08.00, p. 3.
8. Extradição nº 565, rel. Min. Sydney Sanches, RTJ 160/402.
9. A Constituição de 1934 determinava: "Art. 113 § 31. Não será concedida a Estado estrangeiro a extradição por crime político ou de opinião, nem, em caso algum, de brasileiro".

duas situações: (1) *em caso de crimes praticados antes da naturalização*, ou (2) *em hipóteses de comprovado envolvimento em tráfico ilícito de entorpecentes e drogas afins*, encerrando assim um debate doutrinário acerca da possível inconstitucionalidade da regra, prevista na legislação ordinária,[10] que admitia a extradição de brasileiros naturalizados por crimes cometidos antes da naturalização. Parte da doutrina entendia que, como o texto constitucional equiparava os brasileiros naturalizados aos natos, não poderia a legislação ordinária tratar aqueles diferentemente, admitindo a sua extradição nestes casos específicos.[11]

A este argumento costumava-se contrapor o fato de que, a rigor, não teria havido válida aquisição da nacionalidade brasileira[12], à vista dos requisitos legais impostos à concessão da naturalização: (1) *bom procedimento*; (2) *inexistência de denúncia, pronúncia ou condenação no Brasil ou no Exterior por crime doloso a que seja cominada pena mínima de prisão, abstratamente considerada, superior a um ano*[13] . A questão ficou superada com a nova Carta, havendo a Suprema Corte decidido não ser necessário anular previamente a naturalização para conceder-se a extradição.[14]

A outra novidade prevista no texto constitucional foi a possibilidade de extradição de brasileiros naturalizados por envolvimento em tráfico de drogas. Diversamente da primeira ressalva, esta hipótese tinha mesmo de constar da Constituição para ser legítima: diante da

---

10. Art. 1º § 1º do Decreto-Lei nº 394/38; art. 88, I do Decreto-Lei nº 941/69 e art. 77, I da Lei nº 6.815/80.
11. V. Artur Gueiros Souza, *As Novas Tendências do Direito Extradicional*, 1998, p. 126-130.
12. Neste sentido, Carmen Tiburcio, *The Human Rights of Aliens under International and Comparative Law*, nota nº 55 *in fine*, p. 9, Kluwer Law International, no prelo.
13. Art. 112, VI e VII da Lei nº 6.815/80, respectivamente.
14. "*Habeas Corpus*. Extradição de brasileiro naturalizado anteriormente condenado no país de origem por crimes comuns. Artigo 77, I da Lei 6.815/80, em face da norma do art. 5º, inciso LI da Constituição de 1988. Desnecessidade de prévia anulação da naturalização, para a concessão da extradição. Alegações sobre a identidade entre os crimes praticados no país de origem e os previstos na legislação penal brasileira, cujo exame excede o âmbito do habeas corpus, devendo ser deduzidas no processo de extradição. *Habeas corpus* denegado". HC nº 67.621, rel. Min. Carlos Madeira, RTJ 135/96.

equiparação entre brasileiros natos e naturalizados, prevista em sede constitucional, qualquer tratamento distinto estabelecido na legislação ordinária seria necessariamente considerado discriminação, violando assim a Carta Política.

Em seu denso estudo sobre extradição, assinalou Artur Gueiros a propósito da previsão constitucional:

> *"Nesse prisma, pode-se sustentar que, se de um lado a inovação em causa é digna de críticas, na medida em que discrimina, in pejus, o brasileiro naturalizado — em detrimento de uma tradicional política de proteção à nacionalidade adquirida —, por outro não se pode deixar de reconhecer que, ante o elevado índice de extraditandos envolvidos no tráfico de drogas, alguma ação necessitava ser tomada ao nível do direito positivo, constitucional ou não"*.[15]

Cabe observar que o Supremo Tribunal Federal deu alcance restritivo ao dispositivo, ao interpretar os requisitos a serem exigidos para conceder-se a extradição: *comprovado envolvimento no tráfico ilícito de entorpecentes* e *na forma da lei*, como previstos no texto constitucional. Liderado pelo Ministro Sepúlveda Pertence, o entendimento dominante da Corte é no sentido de só permitir a extradição na hipótese de (a) ser promulgada lei regulando a matéria e (b) tratar-se de extradição executória. Foi o que se decidiu no primeiro pedido de extradição formulado após a promulgação da Constituição:

> *"(...) II — Extradição do brasileiro naturalizado anteriormente ao crime, no caso de 'comprovado envolvimento em tráfico ilícito de entorpecentes, na forma da lei'(CF, art. 5º, LI, parte final): pressupostos não satisfeitos de eficácia e aplicabilidade da regra constitucional.*

---

15. Ob. cit., p. 133. Relativamente à última parte da citação, *"constitucional ou não"* deve-se chamar a atenção dos leitores que qualquer alteração necessariamente deveria ser feita em sede constitucional, diante da equiparação entre brasileiros natos e naturalizados na Constituição, conforme comentário anterior feito no texto.

1. Ao princípio geral de inextraditabilidade do brasileiro, incluído o naturalizado, a Constituição admitiu, no art. 5º, LI, duas exceções: a primeira, de eficácia plena e aplicabilidade imediata, se a naturalização é posterior ao crime comum pelo qual procurado; a segunda, no caso de naturalização anterior ao fato, se se cuida de tráfico de entorpecentes: aí, porém, admitida, não como a de qualquer estrangeiro, mas, sim, 'na forma da lei', e por 'comprovado envolvimento' no crime: a essas exigências de caráter excepcional não basta a concorrência dos requisitos formais de toda extradição, quais sejam, a dúplice incriminação do ato imputado e o juízo estrangeiro sobre a seriedade da suspeita.
2. No 'sistema belga', a que se filia o da lei brasileira, os limites estreitos do processo extradicional traduzem disciplina adequada somente ao controle limitado do pedido de extradição, no qual se tomam como assentes os fatos, tal como resultem das peças produzidas pelo Estado requerente; para a extradição do brasileiro naturalizado antes do fato, porém, que só a autoriza no caso de seu 'comprovado envolvimento' no tráfico de drogas, a Constituição impõe à lei ordinária a criação de um procedimento específico, que comporte a cognição mais ampla da acusação, na medida necessária à aferição da concorrência do pressuposto de mérito, a que excepcionalmente subordinou a procedência do pedido extraditório: por isso, a norma final do art. 5º, LI, da CF, não é regra de eficácia plena, nem de aplicabilidade imediata (...)"[16]

II.3. Impossibilidade de extradição por crime político

Dispõe ainda a Constituição em vigor, em seu artigo 5º, LII, que *"não será concedida extradição de estrangeiro por crime político ou de*

---

16. Extradição nº 541, rel. Min. Néri da Silveira, rel. para o Acórdão Min. Sepúlveda Pertence, j. 07.11.92, DJU 18.12.92, p. 24.374. No mesmo sentido, V. os pedidos de Extradição nºs 688, rel. Min. Celso de Mello, j. 09.10.96, DJU 22.08.97, p. 38.760, e 690, rel. Min. Néri da Silveira, j. 06.03.97, DJU 20.03.98, p. 5.

opinião". Trata-se da reprodução de regra que já constava das Cartas de 1967-69 (art. 150, §19 e art. 153, § 19), 1946 (art. 141, § 33) e 1934 (art. 113, n.º 31).

a) Histórico e Direito Comparado

Em seus primórdios, o instituto da extradição visava somente à entrega de pessoas que houvessem cometido crimes contra os soberanos, tanto porque havia considerável uniformidade ideológica — e assim o crime contra um monarca era uma ameaça potencial aos demais —, como também porque criminosos comuns não eram considerados um "perigo público".[17]

Após a Reforma Protestante, a Revolução Industrial e as revoluções burguesas, o quadro histórico alterou-se substancialmente na Europa, tendo em vista, por um lado, o fim da hegemonia ideológica e a convivência com um certo pluralismo político e religioso, e, por outro, o grande aumento da mobilidade individual proporcionado pelas novas máquinas, que permitia que pessoas acusadas de crimes comuns passassem a se locomover para além das fronteiras do Estado nacional, surgindo a necessidade de adotar a extradição para os crimes de homicídio, estupro e roubo.[18] Esse conjunto de fatores acabou por desencadear um movimento inverso, passando-se a admitir a extradição somente para aqueles acusados de crimes comuns, sendo os acusados de crimes políticos excluídos deste instituto.

A França e a Bélgica foram os países precursores desta nova tendência excludente já no início do século XIX,[19] até que em 1890, com a eclosão do movimento anarquista, que visava a destruir todas as formas de governo, surgem dúvidas acerca da extensão desta regra.

A exceção do crime político é justificada por vários fundamentos, o que acaba tornando a questão mais complexa. O primeiro baseia-se no conceito de que os Estados não devem se imiscuir nas

---

17. Christine van den Wijngaert, *The political offence exception to extradition*, 1980, p. 5.
18. R. Stuart Phillips, *The political offence exception and terrorism: its place in the current extradition scheme and proposals for its future*, Dickinson Journal of International Law, vol. 15, 1997, p. 339.
19. Henri Labayle, *Le juge, la Constitution et l'extradition*, Revue Française de Droit Administratif, vol. 12, 1996, p. 894.

atividades internas dos demais, e a extradição de criminosos políticos significaria um *parti pris* do Estado concedente face ao Estado requerente. Pondera-se ainda que, embora o crime político seja contrário à moral, este se justificaria pelas circunstâncias do momento. Além disso, vale lembrar que o acusado de crime político tem mais chances do que o criminoso comum de ser submetido a julgamentos injustos ou a outras violações de direitos fundamentais básicos.[20] Outras considerações podem justificar esta regra: (1) os delitos políticos são considerados crimes para o vencido, mas não para o vencedor; (2) a sua punição, no lugar em que são praticados, depende mais do êxito ou do fracasso da causa que os impulsiona; (3) o país estrangeiro, que deve permanecer neutro, não deve (e nem pode) ser instrumento penal de uma das partes em disputa.[21]

Assim, a grande dificuldade passou a residir na definição de crime político, sem que jamais se questionasse a existência da regra em si: a não extradição de acusados de crimes políticos. Com efeito, o grande internacionalista Hersch Lauterpacht já registrou: "*in the legislation of modern states there are few principles so universally adopted as that of non-extradition of political offenders*".[22] O problema da definição de crime político foi enfatizado por Oppenheim, que considerava tal tarefa impossível; por Glaser, que via a questão como "*une des tâches les plus difficiles du droit extraditionnel*"; e por R. Koehring-Joulin que a ela se referiu como "*définition introuvable*".[23]

Na busca de tal definição, a doutrina e a prática dos Estados passaram a distinguir entre os crimes políticos puros e os complexos. Os primeiros têm por sujeito passivo o Estado, não afetando os civis. São os casos, *v.g.*, dos crimes de traição, conspiração para derrubar

---

20. A. H. J. Swart, *Refusal of extradition and the UN Model Treaty on Extradition*, Netherlands Yearbook of International Law, vol. XXIII, 1992, p.182/183.
21. Antonio Sanchez de Bustamante y Sirven, *Derecho internacional privado*, vol. 3, nº 1.719, 1943, p. 137, *apud* Yussef Said Cahali, *Estatuto do estrangeiro*, 1993, p. 343.
22. "Na legislação dos estados modernos há poucos princípios que sejam adotados de forma tão universal quanto o da não extradição dos criminosos políticos". *Laws of nations and the punishment of war crimes*, British Yearbook of International Law, 1944, p. 58.
23. *Apud* Roger Errera, *Extradition et droits de l'homme*, Collected Courses of the Academy of European Law, vol. VI-2, 1995, p. 283.

um governo e espionagem[24] — hipóteses que, inequivocamente, impedem a extradição.

O problema surge nos crimes políticos complexos ou relativos, quando há, num mesmo fato, uma mistura de elementos de crimes tanto políticos quanto comuns. Os países adotam critérios diversos para admitir ou não a extradição nestes casos. Os Estados Unidos e a Inglaterra tendem a adotar o critério da existência de um momento político conturbado para a definição de crime político — "*(...) if those crimes were incidental to and formed a part of political disturbances*"; a Suíça adota o critério do motivo determinante do acusado, que deve ter fundamento político conjugado com o critério da finalidade; e a França adota o critério da motivação, conjugado com a gravidade do crime cometido.[25]

b) Quadro normativo

A proibição de extraditar em virtude da prática de crime político é também reproduzida em nível infraconstitucional, no art. 77, VII da Lei nº 6.815/80, que estabelece:

> "*Art. 77. Não se concederá a extradição quando (...)*
> *VII — o fato constituir crime político;*
> *§ 1º A exceção do item VII não impedirá a extradição quando o fato constituir, principalmente, infração da lei penal comum, ou quando o crime comum, conexo ao delito político, constituir o fato principal.*
> *§ 2º Caberá, exclusivamente, ao Supremo Tribunal Federal, a apreciação do caráter da infração.*
> *§ 3º O Supremo Tribunal Federal poderá deixar de considerar crimes políticos os atentados contra Chefes de Estado ou quaisquer autoridades, bem assim os atos de anarquismo, terrorismo, sabotagem, seqüestro de pessoa, ou que im-*

---

24. Stuart Philips, ob. cit., p. 342.
25. Com base neste critério a França negou o pedido de extradição de Abu Daoud, suspeito de ter participado no massacre conhecido como "setembro negro", contra os atletas israelenses nas Olimpíadas de 1972, formulado pela então Alemanha Ocidental e Israel. *Id*, 347-9.

portem propaganda de guerra ou de processos violentos para subverter a ordem política ou social".

Esta mesma regra é adotada pela Convenção Européia de 1957 sobre extradição, em seu art. 3.1.

Na XI Conferência Interamericana, a Comissão Jurídica Interamericana (órgão da OEA, sediado no Rio de Janeiro) concluiu pela adoção dos seguintes critérios para a definição de crime político:

> *1. São delitos políticos as infrações contra a organização e funcionamento do Estado.*
> *2. São delitos políticos as infrações conexas com os mesmos. Existe conexidade quando a infração se verificar: (1) para executar ou favorecer o atentado configurado no número 1; (2) para obter a impunidade pelos delitos políticos.*
> *3. **Não são delitos políticos os crimes de barbárie ou vandalismo** e em geral todas as infrações que excedam os limites lícitos do ataque e da defesa.*
> *4. Não é delito político o genocídio, de acordo com a Convenção das Nações Unidas".*

A Convenção Modelo da ONU sobre Extradição prevê, em seu artigo 3º, que a extradição não será concedida se o delito que motivou o pedido extradicional for qualificado no Estado requerido como de natureza política.[26]

Ademais, a qualificação da natureza do crime como político cabe ao Estado requerido. Neste sentido é a regra prevista na Lei nº 6.815/80, art. 77:

> "§ *2º Caberá, exclusivamente, ao Supremo Tribunal Federal, a apreciação do caráter da infração".*

Também assim determina o Código Bustamante:

---

26. *"Mandatory grounds for refusal: Extradition shall not be granted in any of the following circumstances: a) If the offence for which extradition is requested is regarded by the requested State as an offence of a political nature".*

> *"Art. 355. Estão excluídos da extradição os delitos políticos e os com eles relacionados, segundo a definição do Estado requerido".*

c) Doutrina e jurisprudência

Autores nacionais têm convergido para a idéia de que é mais fácil definir o que não é crime político, do que o contrário. Nesse sentido, Celso Albuquerque Mello: *"Atualmente tem predominado a aplicação de um critério misto para a verificação da natureza política ou não de um crime. Contudo, somos da opinião que não há qualquer vantagem e que existe uma impossibilidade de se definir crime político. É mais fácil de definir o que não é crime político"*.[27] Nessa linha de abordagem negativa, Heleno Fragoso escreveu que não devem ser considerados crimes políticos *"os que atingem interesses administrativos do Estado, que são crimes comuns"*.[28]

Tem prevalecido, em toda parte, o critério do exame das circunstâncias de cada caso concreto *para concluir se o crime é ou não político, sem a adoção de uma definição prévia. Sobre o assunto, escreveu Viscount Radcliffe, a propósito do tratamento da matéria no Reino Unido:*

> "O que é um delito de natureza política? Os tribunais, eu presumo, têm formulado esta questão periodicamente desde que ela foi inicialmente posta em 1890 no caso In re Castioni, e, até agora, nenhuma definição foi elaborada ou está prestes a ser. Aliás, tem-se considerado uma vantagem o fato de não haver uma definição. Inclino-me para concordar com que isto seja uma vantagem desde que se reconheça que o significado das palavras 'crime político', mesmo que não compreenda uma definição precisa, representa entretanto uma idéia que pode e deve ser descrita se vier a integrar o fundamento de uma decisão judicial".[29]

---

27. Celso Albuquerque Mello, *Direito penal e direito internacional*, 1978, p. 53.
28. Heleno Fragoso, *Lições de direito penal. Parte geral*, 1976, p. 148.
29. No caso *R. v. Governor of Brixton Prison ex parte Schtraks*, em 1964, *apud* William C. Gilmore, *Extradition and the political offence exception: reflections*

Na jurisprudência brasileira, o Supremo Tribunal Federal, confirmando o sentido do mandamento constitucional, já assentou que a vedação da extradição na hipótese de crime político configura uma inafastável garantia individual, um direito público subjetivo, em decisão na qual se lavrou:

> "A inextraditabilidade de estrangeiros por delitos políticos ou de opinião reflete, em nosso sistema jurídico, uma tradição constitucional republicana. Dela emerge, em favor dos súditos estrangeiros, um direito público subjetivo, oponível ao próprio Estado e de cogência inquestionável. Há, no preceito normativo que consagra esse favor constitutionis, uma insuperável limitação jurídica ao poder de extraditar do Estado brasileiro (...)".[30]

Mas, no tocante à caracterização do crime político, não se afastou da inevitabilidade do exame das circunstâncias concretas, resumida na ementa abaixo:

> "Crime Político. (...)
> Exame caso por caso, pelo Supremo Tribunal Federal. Descaracterização de delito político, na hipótese em julgamento (...)".[31]

---

on United Kingdom law and practice, Commonwealth Law Bulletin, p. 704, 1992. O texto transcrito é uma tradução livre do original: "What then is an offence of a political character? The courts, I am afraid, have been asking this question at intervals ever since it was first posed juridically in 1890 in In re Castioni, and no definition has yet emerged or by now is ever likely to. Indeed, it has come to be regarded as something of an advantage that there is to be no definition. I am ready to agree in the advantage so long as it is recognised that the meaning of such words as 'a political offence', while not to be confined within a precise definition, does nevertheless represent an idea which is capable of description and needs description if it is to form part of the apparatus of a judicial decision".
30. Extradição nº 524, rel. Min. Celso de Mello, j. 31.10.90, DJU 08.03.91, p. 2.200.
31. Extradição nº 446, rel. Min. Célio Borja, j. 17.12.86, DJU 07.08.87, p. 15.432. No mesmo sentido a Extradição nº 321, rel. Min. Aliomar Baleeiro, RTJ 74/1, onde se decidiu que o cunho político da infração deve ser demonstrado

Inúmeros votos e decisões traduzem o esforço nesse sentido, neles sobressaindo a verificação da presença dos elementos motivação e finalidade. Enfrentando o tema, averbou o Ministro Aldir Passarinho:

> "(...) O crime será político ou não pela motivação do agente e os fins a que visa. O crime é político ou não pelas características que o envolvem. Ele é, ou não é, substancialmente(...)".[32]

Em outro caso, o Ministro Djaci Falcão enfatizou a idéia da finalidade, nos seguintes termos:

> "(...) Nada nestes autos, por outro lado, demonstra ou sequer insinua na personalidade do extraditando o substrato psíquico dos delinqüentes políticos, senão o puro intuito comercial do lucro (...) ".[33]

Na mesma linha de determinação da finalidade como elemento fundamental para a identificação do crime político, pronunciou-se o Ministro Célio Borja, in verbis:

> "(...) Em nenhum momento, entretanto, alegou, sequer, que os teria praticado com vistas à consecução de um fim político. Se verdadeiras as imputações, o extraditando teria causado a morte e torturado prisioneiros confiados à sua guarda, quando no exercício de funções públicas de relevo, em seu país. Tal conduta é punível pelo direito penal comum, não se constituindo em crime político, mas em abuso de autoridade, conduta arbitrária, ou em agravante da pena cominada (...)".[34]

---

pelo extraditando, e seu exame deve ser deduzido em função das peculiaridades de cada caso concreto.
32. Extradição nº 417, rel. Min. Alfredo Buzaid, rel. Para o Acórdão Min. Oscar Correa, RTJ 111/16.
33. Extradição nº 347, rel. Min. Djaci Falcão, RTJ 86/1.
34. Extradição nº 446, rel. Min. Célio Borja, j. 17.12.86, DJU 07.08.87, p. 15.432.

No recente julgamento do pedido formulado pelo Paraguai de extradição de Gustavo Stroessner, filho do ex-presidente Alfredo Stroessner, o Ministro Relator Celso de Mello parece ter concordado com o parecer da Procuradoria Geral da República, quando, ao negar a natureza política dos crimes imputados ao extraditando, enfatiza que o extraditando "inclusive parece não ter exercido qualquer cargo de natureza político-administrativa".[35]

O exame dos precedentes, brevemente exemplificados acima, permite incluir, entre os elementos relevantes para caracterizar a ocorrência de crime político, a motivação do agente, os fins visados e a circunstância de ter exercido cargo ou função político-administrativos.

Aqui é importante fazer uma nota. O critério da preponderância, considerado arbitrário por alguns,[36] compõe a definição de crime político, já que a legislação ordinária a ele se refere no art. 77, § 1º da Lei n.º 6.815/80, in verbis:

> "A exceção do item VII não impedirá a extradição quando o fato constituir, principalmente, infração da lei penal comum, ou quando o crime comum, conexo ao delito político, constituir o fato principal".

Entretanto, a norma constitucional que veda a extradição com base em crime político não prevê qualquer ressalva ou limitação. Desse modo, havendo crime político, este sempre haverá de preponderar sobre o comum, para os fins de evitar a extradição, não podendo a lei ordinária impor restrições à garantia constitucional, sob pena de violar a Carta Magna.

Neste sentido é a lição de Pontes de Miranda:

> "Para o direito brasileiro, nenhuma das limitações que se conhecem ao princípio da inextraditabilidade, em casos de crime político ou de opinião, pode ser admitida. Seria contrária à Constituição de 1967, art. 153, § 19, como o seria a que permitisse a extradição do autor de crime político se

---

35. Extradição nº 524, rel. Min. Celso de Mello, j. 31.10.90, DJU 08.03.91, p. 2.200.
36. Yussef Said Cahali, *Estatuto do estrangeiro*, 1983, p. 349.

é 'particularmente odioso', ou 'crime contra a pessoa do Chefe de Estado', ou 'crime comum com maior gravidade do que o crime político'"[37]

José Afonso da Silva perfilha este mesmo entendimento:

> "(...) É portanto, inconstitucional o § 1º do art. 77 da Lei 6.815/80 ao declarar que o fato político não impedirá a extradição quando constituir, principalmente, infração da lei penal comum, conexo ao delito político, constituir fato principal. Ora, o fato principal, para a tutela constitucional, é sempre o crime político. Este é que imuniza o estrangeiro da extradição. Logo, onde ele se caracterize, onde ele exista, predomina sob qualquer outra circunstância, e, portanto, não cabe a medida, pouco importando haja ou não delito comum envolvido, que fica submergido naquele".[38]

O ilustre constitucionalista completa ainda: "O *Supremo saberá atuar com prudência e visão do sentido da garantia constitucional, de sorte que, em havendo dúvida quanto à natureza política do delito, se decida por esta*".[39]

De fato, ao julgar o pedido de extradição de Fernando Carlos Falco, apresentado pela República Argentina, devido à invasão do quartel de La Tablada, o Supremo Tribunal Federal decidiu que o fato político principal contamina os delitos conexos comuns:

> "Ditos fatos, por outro lado, ainda quando considerados crimes diversos, estariam contaminados pela natureza política do fato principal conexo, a rebelião armada, à qual se vincularam indissoluvelmente, de modo a constituírem delitos políticos relativos (...)".[40]

---

37. *Comentários à Constituição de 1967, com a Emenda nº 1 de 1969*, tomo V, 1974, p. 281.
38. *Curso de direito constitucional positivo*, 1997, p. 327.
39. *Id.*
40. Extradição nº 493, rel. Min. Sepúlveda Pertence, j. 04.10.89, DJU 03.08.90, p. 7.235.

Assim, no caso supracitado, como os crimes foram cometidos durante uma rebelião armada, tais atos, mesmo sendo considerados como crimes comuns, foram absorvidos pelo crime político a que estavam vinculados.

Cabe, ainda, uma observação final acerca da regra inscrita no § 3º do artigo 77 da Lei nº 6.815/80, na qual se prevê:

> "*O Supremo Tribunal Federal poderá deixar de considerar crimes políticos os atentados contra chefes de Estado ou quaisquer autoridades, bem assim os atos de anarquismo, terrorismo, sabotagem, seqüestro de pessoa, ou que importem propaganda de guerra ou de processos violentos para subverter a ordem política ou social*".

Quanto à possibilidade de deixar de considerá-los crimes políticos, como já visto acima, existe a fundada alegação de que não caberia à legislação ordinária estabelecer limitações a um direito subjetivo público, previsto em sede constitucional, que é o da não extradição com base em crime político. Além disso, tem sido impugnado o tratamento diferenciado dado ao atentado dirigido a determinadas autoridades públicas e o que se volte para outras pessoas, quando a motivação política esteja presente em uma e em outra hipótese. Sobre o ponto, escreveu Gilda Russomano:

> "*Além disso, muitos crimes de direito comum, por se encontrarem ligados, intimamente, a acontecimentos políticos (como uma insurreição), são excluídos, pela sua natureza, da medida extradicional. Por que, então, julgar, diferentemente, o assassínio de um chefe de Estado resultante, também, de paixões políticas?*"[41]

Hildebrando Accioly e Geraldo Eulálio do Nascimento Silva também se pronunciaram contra a regra do § 3º, art. 77, da Lei n.º 6.815/80, pelos fundamentos a seguir reproduzidos:

> "*Muitos autores, entretanto, condenam — não sem razão — a aludida cláusula de exceção, a qual se tornou conhe-*

---

41. Gilda Russomano, *A extradição no direito internacional e no direito brasileiro*, 1981, p. 95.

> *cida como 'cláusula do atentado' ou 'cláusula belga'. Entre os que a criticam, uns dizem não ser justo entregar-se o assassino de um chefe de Estado e não proceder de igual forma nos casos de assassínios de pessoas menos importantes; outros sustentam ser inadmissível que a natureza de um ato e as regras que, em virtude de tal natureza, lhe devem ser aplicadas sejam determinadas a priori, fazendo-se abstração das circunstâncias do caso ou não as levando em conta".*[42]

Ressalve-se, entretanto, que este dispositivo veicula mera faculdade, já que é em caráter excepcional que se admite que o Supremo Tribunal não considere tais crimes como políticos, apesar de o serem. Assim, independentemente da discussão acerca de sua constitucionalidade ou não, a Corte pode deixar de aplicá-la.

d) A extradição política disfarçada

Exatamente porque todas as convenções internacionais e a legislação interna dos Estados em geral proíbem a extradição com base em crimes políticos, tendo esta regra se tornado de aceitação universal,[43] muitas vezes o Estado requerente solicita a extradição com base em delitos puníveis pelo direito comum, embora de fato exista uma situação de perseguição política. Esta tese foi desenvolvida no Brasil pelo então advogado e hoje Ministro do Supremo Tribunal Federal, José Paulo Sepúlveda Pertence, em minucioso trabalho apresentado na VIII Conferência Nacional da OAB em 1980, quando sustentou:

> *"(...) Uma das formas mais odiosas de perseguição política é a que se esconde, particularmente nos períodos pós-revolucionários, sob a aparência legal dos processos forjados a propósito de delitos comuns, gerando, na esfera internacional, a preocupação com a chamada extradição política disfarçada ('extradition politique déguisée').*

---

42. *Manual de direito internacional público*, 1996, p. 354-355.
43. V. *Survey of International Law*, texto da ONU, citado por Gilda M. C. Meyer Russomano, *op. cit*., p. 85.

(...) Põe-se, assim, o problema da extradição política disfarçada, quando as circunstâncias demonstrem que a persecução formalmente desencadeada por imputação de delitos comuns dissimula o propósito de perseguir inimigos políticos ou, pelo menos, evidenciem que a posição política do extraditando, na conjuntura real do Estado requerente, influirá desfavoravelmente no seu julgamento".[44]

Mais tarde, no exame de um caso concreto, o Ministro Francisco Rezek adotou essa tese em seu voto, ao afirmar, in verbis:

*"(...) Não posso perder de vista que, neste caso, é duvidoso que a extradição vise tão-somente ao exercício da justiça penal no seu aspecto ordinário. A boa fé do governo requerente não obscurece o fato, mais ou menos notório, de que o processo penal contra antigos líderes montoneros pretende neutralizar certo incômodo político que se produz em setores outros do próprio quadro político argentino, e que estimam tendencioso o intento persecutório do regime hoje ali estabelecido.
Acompanho o voto do eminente relator, indeferindo o pedido de extradição".[45]*

A Convenção de Genebra de 1951, que versa sobre o estatuto dos refugiados, já tratava, em seu artigo 33, da proibição de expulsão ou de "refoulement" *do refugiado — seja de que forma isto ocorra — para um país no qual a sua vida ou liberdade sejam ameaçadas em virtude de sua raça, religião, nacionalidade, participação em certo grupo social ou suas opiniões políticas.*

Ao estabelecer, em seu art. 3º, a regra geral de proibição da extradição por delitos políticos, a Convenção Européia de 1957 já incluía nesta vedação a extradição política disfarçada, caso o Estado requerido tivesse razões sérias para acreditar que o pedido de extra-

---

44. José Paulo Sepúlveda Pertence, Liberdade e direito de asilo, Anais da VIII Conferência Nacional da OAB, 1980, p. 67.
45. Extradição nº 417, rel. Min. Alfredo Buzaid, rel. para o Acórdão Min. Oscar Corrêa, RTJ 111/16.

dição por uma infração de direito comum fora motivado pela finalidade de punir um indivíduo em razão de sua raça, religião, nacionalidade, opinião política ou se a situação deste indivíduo pudesse vir a ser agravada em função de qualquer uma destas razões.[46] A recente Lei Modelo sobre Extradição da ONU, em seu art. 3º, adota esta mesma regra.[47]

A Convenção sobre o Genocídio de 1948 e a Convenção Européia de 1977 sobre a Supressão do Terrorismo, que adotam a regra geral de que os crimes previstos em cada uma delas não devem ser considerados como políticos para os fins de evitar a extradição, estabelecem, entretanto, a ressalva de que tal medida não deve ser concedida se o Estado requerido tem razões para acreditar que o pedido de extradição foi formulado com o propósito de perseguição ou punição com base em raça, religião, nacionalidade, ou opiniões políticas ou que a posição do acusado será prejudicada por um destes fatores.[48]

O direito brasileiro absorveu esta regra com o Código Bustamante, que prevê:

> *"Art. 356. A extradição também não será concedida se a petição de entrega foi formulada, de fato, com o fim de se julgar ou castigar o acusado por um delito de caráter político".*

A origem desta regra remonta à proibição do *"refoulement"*, considerada como um direito fundamental, independentemente de sua

---

46. No original :*"La même règle s'appliquera si la partie requise a des raisons sérieuses de croire que la demande d'extradition motivée par une infraction de droit commun a été présentée aux fins de poursuivre ou de punir un individu pour des considérations de race, de religion, de nationalité, ou d'opinions politiques, ou que la situation de cet individu risque d'être aggravée pour l'une ou l'autre de ces raisons".*

47. *"Mandatory Grounds for Refusal: Extradition shall not be granted in any of the following circumstances: If the requested State has substantial grounds for believing that the request for extradition has been made for the purpose of prosecuting or punishing a person on account of that person's race, religion, nationality, ethnic origin, political opinions, sex or status, or that that person's position may be prejudiced for any of those reasons".*

48. William C. Gilmore, *ob. cit.*, p. 703.

inclusão em tratados e na legislação interna dos Estados,⁴⁹ pelo qual a vítima de perseguição por suas idéias e posições políticas não deve ser enviada de volta para o país que a persegue.

Independentemente desta construção, o fato é que no Brasil esta regra tem força obrigatória, por estar também prevista no Pacto de São José da Costa Rica, de 1969, ratificado pelo Brasil⁵⁰, cujo art. 23 determina que:

> "§ 8° *Em nenhum caso o estrangeiro pode ser expulso ou entregue a outro país, seja ou não de origem, onde seu direito à vida ou a liberdade pessoal esteja em risco de violação por causa da sua raça, nacionalidade, religião, condição social ou de suas opiniões políticas".*

Lembre-se que, em virtude do § 2° do art. 5° da Constituição Federal, que determina que *"os direitos e garantias expressos nesta Constituição não excluem outros decorrentes do regime e dos princípios por ela adotados, ou dos tratados internacionais em que a República Federativa do Brasil seja parte"*, a ordem interna brasileira está obrigada a respeitar os direitos e garantias individuais previstos em tratados de direitos humanos regularmente ratificados. Desse modo, a entrega do extraditando para um país onde esteja sujeito a perseguições em virtude de suas opiniões políticas violará frontalmente o citado dispositivo.

II.4. Impossibilidade de extradição por crime de opinião

A Constituição Federal, como já transcrito, veda também a extradição por crime de opinião. Essa garantia decorre do direito de expressar-se livremente, reconhecido a todos desde a Declaração dos

---

49. Sobre esta categoria dos direitos fundamentais e a inclusão nela desta regra, V. Guy Goodwin-Gill, *International law and the movement of persons between States*, p. 75 e 141, 1978. V. também Carmen Tiburcio, *The human rights of aliens under international and comparative law*, p. 75-102, Kluwer Law International, no prelo.
50. Decreto n° 678, de 6.11.92.

Direitos do Homem e do Cidadão de 1789, em seu art. 11. A liberdade de manifestação do pensamento é um direito fundamental presente em todos os instrumentos de direitos humanos e está assegurada a todos os indivíduos na Declaração Universal dos Direitos Humanos de 1948, art. 19 e no Protocolo de Direitos Civis e Políticos da ONU de 1966, ratificado pelo Brasil, também em seu art. 19. Entre nós, este direito é garantido expressamente em sede constitucional tanto a brasileiros como a estrangeiros residentes, nos termos dos arts. 5º, IV e IX, e 220.

II.5. Impossibilidade de extradição nos casos de sério risco de vida no país requerente

O direito à vida é garantido a todos, brasileiros e estrangeiros, com base no artigo 5º, *caput* da Constituição Federal. Adicionalmente, e como já mencionado, por força do § 2º deste mesmo dispositivo, *"os direitos e garantias expressos nesta Constituição não excluem outros decorrentes do regime e dos princípios por ela adotados, ou dos tratados internacionais em que a República Federativa do Brasil seja parte"*. Assim, reforçam esse direito um conjunto de atos internacionais garantidores do direito à vida: a Declaração Universal dos Direitos Humanos de 1948, o Protocolo de Direitos Civis e Políticos de 1966, ratificado pelo Brasil, e especificamente, o Pacto de São José da Costa Rica de 1969, também já citado, cujo art. 23 determina:

> *"§ 8º Em nenhum caso o estrangeiro pode ser expulso ou entregue a outro país, seja ou não de origem, onde seu direito à vida ou à liberdade pessoal esteja em risco de violação por causa da sua raça, nacionalidade, religião, condição social ou de suas opiniões políticas".*

Aliás, a Corte Européia de Direitos Humanos tem utilizado este argumento para impedir a saída compulsória de estrangeiros, quando tal medida implique num provável risco de vida no país para onde estaria sendo enviado. Tem entendido que, nesses casos, a expulsão/extradição/deportação do estrangeiro viola a regra assecuratória do direito à vida, prevista no art. 3º da Convenção Européia dos Direitos Humanos, aplicável a todos os indivíduos, nacionais e estrangeiros. Nessa linha a decisão do caso *Soering v. UK*, na qual se considerou que o Estado membro infringiu a regra acima mencionada quando decidiu extraditar um indivíduo para um país onde a sua integridade física não estava totalmente assegurada. No mesmo sentido, os casos *Chahal v. UK*, decisão de 15.11.96, e *Ahmed v. Austria*, decidido em 17.12. 96.[51]

III. Questões legais

III.1. Aspectos formais:

a) O pedido

O Estatuto do Estrangeiro prevê que o pedido de extradição deve ser enviado ao Brasil por via diplomática ou diretamente pelo governo estrangeiro, o que exclui a possibilidade de pedidos formulados por autoridade judiciária ou administrativa estrangeira. Assim, nos países onde a autoridade judiciária é a competente para solicitar a extradição, o pedido deve ser ratificado pelo governo estrangeiro. Textualmente, prescreve a Lei nº 6.815/80:

> "Art. 80. *A extradição será requerida por via diplomática ou, na falta de agente diplomático do Estado que a requerer, diretamente de governo a governo (...)*"

Com base em tal princípio, que já vem desde o regime legal anterior na matéria, o Supremo Tribunal Federal já indeferiu pedido de extradição formulado pela autoridade judiciária estrangeira, sem a intervenção do governo[52], como se vê do acórdão a seguir:

> "*Extradição. Pressuposto. Competência.*
> *É pressuposto essencial da extradição que seja ela requerida por governo de país estrangeiro.*

---

51. O caso *Soering v. UK* foi reproduzido na *Revue Universelle des Droits de l'Homme*, 1989, p. 99. O caso *Chahal v. UK* foi publicado no LXVIII *The British Yearbook of International Law*, 1997, 388-390. *Ahmed v. Austria* foi publicado na *Revue Universelle des Droits de l'Homme*, 1997, p. 386.
52. V. também art. 76 da Lei nº 6.815/80.

Pedido não conhecido, visto que formulado por autoridade judiciária estrangeira".[53]

b) *Defeito de forma do pedido*

O art. 85, § 1º da Lei nº 6.815/80 prevê o vício de forma dos documentos apresentados pelo Estado requerente como impedimento à concessão da extradição, nos seguintes termos: *"A defesa versará sobre a identidade da pessoa reclamada, defeito de forma dos documentos apresentados ou ilegalidade da extradição".* E o art. 80 da mesma lei, por sua vez, estabelece:

> *"Art. 80. A extradição será requerida por via diplomática ou, na falta de agente diplomático do Estado que a requerer diretamente de governo a governo, devendo o pedido ser instruído com a cópia autêntica ou a certidão da sentença condenatória, da de pronúncia ou da que decretar a prisão preventiva, proferida por juiz ou autoridade competente. Esse documento ou qualquer outro que se juntar ao pedido conterá indicações precisas sobre o local, data, natureza e circunstâncias do fato criminoso, identidade do extraditando, e, ainda, cópia dos textos legais sobre o crime, a pena e sua prescrição".*

O Supremo Tribunal Federal tem indeferido inúmeros pedidos de extradição com base em defeitos de forma dos documentos apresentados pelo Estado requerente, como comprovam as decisões abaixo:

> *"Extradição. Incompetência quanto aos crimes praticados em Sobibór, na Polônia, já que o extraditando perdeu a nacionalidade austríaca. Mandado de captura, quanto aos fatos ocorridos em Hartheim, que não preenche os requisitos exigidos pela lei brasileira. ...".*[54]

---

53. Extradição nº 314, rel. Min. Bilac Pinto, RTJ 64/22.
54. Extradição nº 359, rel. Min. Cunha Peixoto, RTJ 92/955.

E, no mesmo sentido:

> "Não é de se conceder a extradição se a descrição dos fatos tidos como ilícitos não atende aos requisitos exigidos no art. 80 da Lei 6815/80".[55]

Especificamente, o Supremo Tribunal Federal tem exigido que os fatos motivadores do pedido extradicional sejam narrados com clareza e objetividade:

> "*É essencial, especialmente nas extradições instrutórias, que a descrição dos fatos motivadores da persecução penal no Estado requerente esteja demonstrada com suficiente clareza e objetividade. Impõe-se deste modo, no plano da demanda extradicional, que seja plena a discriminação dos fatos, os quais, indicados com exatidão e concretude em face dos elementos vários que se subsumem ao tipo penal, poderão viabilizar, por parte do Estado requerido, a análise incontroversa dos aspectos concernentes: (a) à dupla incriminação; (b) à prescrição penal; (c) à gravidade objetiva do delito; (d) à competência jurisdicional do Estado requerente e ao eventual concurso de jurisdição; (e) à natureza do delito e (f) à aplicação do princípio da especialidade. O descumprimento desse ônus processual, por parte do Estado requerente, justifica e impõe, quer em atenção ao que preceituam as cláusulas do tratado de extradição, quer em obséquio às prescrições de nosso direito positivo interno, o integral e pleno indeferimento da extradição passiva. Pedido indeferido*".[56]

E também:

> "*Os crimes de associação para delinqüir são imputáveis a cada um dos associados, independentemente de sua parti-*

---

55. Extradição nº 452, rel. Min. Aldir Passarinho, j. 01.04.87, DJU 08.05.87, p. 8.360.
56. Extradição nº 524, rel. Min. Celso de Mello, j. 31.10.90, DJU 08.03.91, p. 2.200.

cipação em cada um dos delitos-fim da organização criminosa; mas, para que o deferimento da extradição autorize o processo também por esses últimos, é preciso que a documentação instrutória do pedido precise em relação a cada um deles, a conduta do extraditando".[57]

Além disto, na descrição dos fatos imputados ao extraditando, deve ficar clara a sua participação nos mesmos, como igualmente enfatizado pela Corte:

"Essa condenação não contém indicação de fatos concretos de participação do extraditando em atos de terrorismo ou de atentado contra a vida ou a incolumidade física das pessoas. E o texto é omisso quanto às condutas que justificaram a condenação dos demais agentes, de sorte que não se pode aferir quais foram os fatos globalmente considerados (...)"[58]

Quanto a este aspecto, observou o ex-Ministro Francisco Rezek, em texto doutrinário, que o fato determinante da extradição deverá ser "narrado em todas as suas circunstâncias", sendo objeto de "minuciosa narrativa", a cargo do Estado requerente.[59] E o Supremo Tribunal Federal já exigiu, particularmente em pedido de extradição instrutória, que haja indícios razoáveis sobre a culpabilidade do extraditando, como se depreende da decisão a seguir:

"Pedido de extradição; quando não se acha em termos para ser deferido, segundo o próprio tratado entre o Brasil e o país requerente e o Código de Direito Internacional Privado, a que o Brasil aderiu pelo Decreto n. 18.871, de 1929. Falta de motivação da prisão preventiva decretada contra

---

57. Extradição n° 670, rel. Min. Sepúlveda Pertence, j. 11.06.97, DJU 27.06.97, p. 30.225.
58. Extradição n° 694, rel. Min. Sydney Sanches, j. 13.02.97, DJU 22.08.97, p. 38.760.
59. José Francisco Rezek, *Direito internacional público*, 1989, p. 206.

o extraditando ou cópia de peças que subministrem, pelo menos, indícios razoáveis de culpabilidade".[60]

Mais recentemente, extrai-se de voto do Ministro Celso de Mello a seguinte observação:

"Nem mesmo a comunicação policial em que se baseou contém elementos descritivos suficientes, que permitam definir, de forma a ensejar a verificação do princípio da dupla tipicidade, qual o comportamento ilícito imputado ao extraditando, quando teria ele ocorrido, de que modo teria sido a execução da prática criminosa, em que lugar teria sido consumada (...)".[61]

Finalmente, o Código Bustamante, promulgado no Brasil pelo Decreto nº 18.871/29, estabelece:

"Art. 365. Com o pedido definitivo de extradição devem apresentar-se:
1. Uma sentença condenatória ou um mandado ou auto de captura ou um documento de igual força, ou que obrigue o interessado a comparecer periodicamente ante a jurisdição repressiva, acompanhado das peças do processo que subministrem provas ou, pelo menos, indícios razoáveis da culpabilidade da pessoa de que se trate.
2. A filiação do indivíduo reclamado ou os sinais ou circunstâncias que possam servir para o identificar.
3. A cópia autêntica das disposições que estabeleçam a qualificação legal do fato que motiva o pedido de entrega, definam a participação nele atribuída ao culpado e precisem a pena aplicável".

A aplicação do Código Bustamante, inclusive para relações jurídicas ligadas a países que não sejam Partes da convenção que o insti-

---

60. Extradição nº 171, rel. Min. Nelson Hungria, j. 06.08.52, DJU 31.12.52.
61. Extradição nº 524, rel. Min. Celso de Mello, j. 31.10.90, DJU 08.03.91, p. 2.200.

tuiu, defendida entre nós, inicialmente, por Clóvis Beviláqua, é matéria que já foi apreciada pelo Supremo Tribunal Federal, consoante a decisão ora reproduzida:

> "Observou-se, algures, aplicar-se no Brasil o Código Bustamante exclusivamente aos súditos dos países que o adotaram. Não parece apoiado em boa razão e acerto: os tratados, sim, apenas obrigam as partes contratantes; mas um Código, seja qual for a sua origem, é lei do país que o promulgou, rege o direito por ele regulado, qualquer que seja a nacionalidade das pessoas que naquele território o invoquem".[62]

Mesmo após a edição da Lei n° 6.815/80, a aplicabilidade do Código Bustamante afigura-se como a melhor linha de entendimento, a despeito da existência de pronunciamento eventual do Supremo Tribunal Federal em sentido diverso:

> "O Código Bustamante — que constitui obra fundamental de codificação do direito internacional privado — não mais prevalece, no plano do direito positivo brasileiro, no ponto em que exige que o pedido extradicional venha instruído com peças do processo penal que comprovem, ainda que mediante indícios razoáveis, a culpabilidade do súdito estrangeiro reclamado (art. 365, I, in fine)".[63]

De fato, consoante jurisprudência consolidada, os tratados plurilaterais situam-se no mesmo plano hierárquico das leis federais.[64] Assim, a norma interna posterior somente prevalece sobre o ato internacional quando ocorrer antinomia manifesta ou revogação expressa. Fora dessas duas hipóteses, e em nome da preservação dos

---

62. Sentença Estrangeira n° 993, rel. Min. Carlos Maximiliano, RT 136/824.
63. Extradição n° 662, rel. Min. Celso de Mello, j. 28.11.96, DJU 30.05.97, p. 23.176.
64. Jacob Dolinger, As soluções da Suprema Corte brasileira para os conflitos entre o direito interno e o direito internacional: um exercício de ecletismo, RF 334/71.

compromissos internacionais do país, deve-se buscar interpretação harmonizadora. A incompatibilidade entre as normas não deve ser presumida, e sendo possível a convivência, ambas subsistem. A este propósito, confira-se a lição de Carlos Maximiliano:

> *"Em suma: a incompatibilidade implícita entre duas expressões de Direito <u>não se presume</u>; na dúvida, se considerará uma norma conciliável com a outra(...)*
> *Para a abrogação a incompatibilidade deve ser absoluta e formal, de modo que seja impossível executar a norma recente sem postergar, destruir praticamente a antiga.*
> *(3) para a derrogação, basta a inconciliabilidade parcial, embora também absoluta quanto ao ponto em contraste. Portanto a abolição das disposições anteriores se dará nos limites da incompatibilidade; o prolóquio — a lei posterior derroga a anterior (*lex posterior derogat priori*) deve ser aplicado em concordância com outro, já transcrito —* leges posteriores ad priores pertinent.*(...)"* (grifo no original)[65]

Ora bem: a Lei nº 6.815/80 nem revogou expressamente o Código Bustamante, nem é com este conflitante, razão pela qual continuam vigentes, válidos e eficazes os requisitos ali estabelecidos quanto aos documentos exigíveis e a necessidade da existência de indícios razoáveis de culpabilidade do extraditando. Não há que se invocar, tampouco, o critério da especialidade — *lex specialis derogat generalis* — tanto por não haver conflito entre as normas como porque ambos os diplomas, a lei e o tratado, contêm normas genéricas sobre o assunto.

III.2. Aspectos materiais

A Lei nº 6.815/80 traz ainda um conjunto de óbices materiais que impedem conceder-se a extradição. Confira-se a transcrição seletiva de dispositivos do seu art. 77, *in verbis*:

---

65. Carlos Maximiliano, *Hermenêutica e aplicação do direito*, 1947, p. 427-428.

"Art. 77. Não se concederá a extradição quando:
I — se tratar de brasileiro, salvo se a aquisição dessa nacionalidade verificar-se após o fato que motivar o pedido;
II — o fato que motivar o pedido não for considerado crime no Brasil ou no Estado requerente;
III — (...)
IV — a lei brasileira impuser ao crime a pena igual ou inferior a 1 (um) ano;
V — (...)
VI — estiver extinta a punibilidade pela prescrição segundo a lei brasileira ou a do Estado requerente;
VII — o fato constituir crime político;
VIII — o extraditando houver de responder, no Estado requerente, perante tribunal ou juízo de exceção.
§ 1º A exceção do item VII não impedirá a extradição quando o fato constituir, principalmente, infração da lei penal comum, ou quando o crime comum, conexo ao delito político, constituir o fato principal.
§ 2º Caberá, exclusivamente, ao Supremo Tribunal Federal, a apreciação do caráter da infração.
§ 3º O Supremo Tribunal Federal poderá deixar de considerar crimes políticos os atentados contra Chefes de Estado ou quaisquer autoridades, bem assim os atos de anarquismo, terrorismo, sabotagem, seqüestro de pessoa, ou que importem propaganda de guerra ou de processos violentos para subverter a ordem política ou social".

a) *Impossibilidade de extradição de brasileiros e por crimes políticos*

Os temas já foram desenvolvidos no capítulo II deste trabalho, pois as proibições de extradição de brasileiros e por crimes políticos constam originalmente do texto da Constituição Federal.

b) O *princípio da dupla tipicidade*

Os fatos imputados ao extraditando devem ser tipificados como crime tanto no país requerente como no país requerido, como determina o inciso II do art. 77 da Lei nº 6.815/80. Isto significa que em ambos os países os crimes imputados ao extraditando devem ser puníveis pela legislação penal, pouco importando as diferenças terminológicas existentes na legislação dos dois países. Neste sentido já determinou o Supremo Tribunal:

> "(...)Extradição e Princípio da Dupla Tipicidade.
> Revela-se essencial, para a exata aferição do respeito ao postulado da dupla incriminação, que os fatos atribuídos ao extraditando — não obstante a incoincidência de sua designação formal — revistam-se de tipicidade penal e sejam igualmente puníveis tanto pelo ordenamento jurídico doméstico quanto pelo sistema de direito positivo do Estado requerente. Precedente: RTJ 133/1075. (...)"[66]

Não basta que o fato punível praticado pelo extraditando seja apenado tanto na legislação do Estado requerente como na do Brasil, mas também que em ambos o fato seja punível como *crime*. Assim, se a legislação brasileira tipificar o fato como contravenção, o pedido extradicional será indeferido, como já se decidiu:

> "Extradição e porte ilegal de arma de fogo — Contravenção penal — Impossibilidade
> O porte ilegal de arma de fogo — ainda que seja qualificado como crime pela legislação penal do Estado estrangeiro —não autoriza a extradição, eis que se trata de ilícito tipificado como simples contravenção penal pelo direito positivo vigente no Brasil. Precedentes do STF".[67]

c) *Prescrição*

Outro pressuposto básico da extradição é que o fato imputado ao extraditando não esteja com a sua punibilidade extinta, seja pela lei brasileira, seja pela lei do Estado requerente. Estão abrangidos por

---

66. Extradição nº 669, rel. Min. Celso de Mello, j. 06.03.96, DJU 29.03.96, p. 9.343.
67. Extradição nº 669, rel. Min. Celso de Mello, j. 06.03.96, DJU 29.03.96, p. 9.343. Esta decisão é anterior à Lei n 9437, de 20.02.97, que em seu art.10 passou a tipificar o porte de arma como crime.

esta excludente não só a prescrição, mas também a anistia, graça ou indulto.[68] Esta regra é decorrência básica da premissa de que os fatos imputados ao extraditando devem ser passíveis de punição, tanto no Estado requerente como no Estado requerido e um crime considerado prescrito pelo Estado requerido não atenderia o requisito da punição em ambos os países.

d) Julgamento no exterior por juízo ou tribunal de exceção

A lei ordinária veda a extradição, como se observa do artigo 77, VIII, supracitado, sempre que o extraditando vier a ser submetido no Estado requerente a julgamento por tribunal de exceção. Com fundamento nesta regra, o Supremo Tribunal negou a extradição, requerida pelo Haiti, do coronel Albert Pierre, chefe de polícia durante o regime do Presidente Duvalier:

> "(...) V- *Juízo ou tribunal de exceção.*
> *Caracteriza-se quando instituído ou modificado o regime de competência dos órgãos jurisdicionais,* intuitu personae.
> *Conceitos divergentes sobre juízo de exceção entre o país requerente e o adotado na doutrina e precedentes judiciais brasileiros.*
> *Verificação,* in casu, *da excepcionalidade do juízo pela fixação de novo regime de competência tendo em vista, única e exclusivamente, a pessoa do extraditando.*
> *Pedido de extradição indeferido".*[69]

Observe-se que a Corte tem dado a esse dispositivo amplitude maior do que a simples verificação da existência de um tribunal criado especialmente para julgar o extraditando. A este respeito, esclarece Artur Gueiros:

> *"Sobre a questão da vedação de tribunais de exceção — prevista no artigo 5º, inciso XXXVII, da Constituição da República e no artigo 77, inciso VIII da Lei nº 6.815/80*

---

68. Arthur Gueiros Souza, *ob. cit.*, p. 21.
69. Extradição nº 446, rel. Min. Célio Borja, RTJ 122/865.

> — *deve-se salientar que o Supremo Tribunal ampliou seu âmbito de abrangência, para compreender não apenas a proibição de entrega de alguém para uma jurisdição criada ex post facto, mas, também, para denegar os pedidos oriundos de lugares onde não exista o mínimo de respeito ao cinturão de garantias compreendidas na cláusula do devido processo legal".*[70]

Este entendimento do devido processo legal, mais preocupado com as condições da realidade do que apenas com elementos formais, tem sido adotado pelo Supremo Tribunal Federal em vários precedentes, como ilustrado a seguir:

> *"A noção de tribunal de exceção admite, para esse efeito, configuração conceitual mais ampla. Além de abranger órgãos estatais criados* ex post facto, *especialmente instituídos para o julgamento de determinadas pessoas ou de certas infrações penais, com evidente ofensa ao princípio da naturalidade do juízo, também compreende os tribunais regulares, desde que caracterizada, em tal hipótese, a supressão, em desfavor do réu, de qualquer das garantias inerentes ao devido processo legal. A possibilidade de privação, em juízo penal, do* due process of law, *nos múltiplos contornos em que se desenvolve esse princípio assegurador dos direitos e da própria liberdade do acusado — garantia de ampla defesa, garantia do contraditório, igualdade entre as partes perante o juiz natural e garantia de imparcialidade do magistrado processante — impede o válido deferimento do pedido extradicional".*[71]

e) *Existência no Brasil de processo contra o extraditando*

O artigo 89 da Lei nº 6.815/80 impede a entrega do extraditando se este estiver sendo processado no Brasil por crime punível com

---

70. *Ob. cit.*, p. 118.
71. Extradição 524, rel. Min. Celso de Mello, j. 31.10.90, DJU 08.03.91, p. 2.200. V. também Extradição nº 232, RTJ 26/01.

pena privativa de liberdade. Entretanto, a extradição pode ser efetivada, se for da conveniência do governo brasileiro:

> *"Quando o extraditando estiver sendo processado no Brasil, por infração penal punível com pena privativa de liberdade, o ato extradicional somente deverá ser executado após concluído o processo-crime ou, quando for o caso, depois de cumprida a pena. O Presidente da República, contudo, atento a razões de conveniência pertinentes ao interesse nacional, poderá ordenar a imediata efetivação da extradição, inobstante haja processo penal instaurado ou, até mesmo, tenha ocorrido condenação.*
> *Esta faculdade, conferida pelo art. 89, in fine, do Estatuto do Estrangeiro, pertence ao chefe do Poder Executivo da União, a cuja discrição e exclusiva deliberação submete-se o seu exercício. O presidente da República, em tal circunstância, é o único árbitro da conveniência e oportunidade da efetivação dessa medida excepcional".*[72]

f) O princípio da especialidade

Prevê o art. 91 da Lei n.º 6.815/80 os compromissos que o Estado requerente deverá assumir para, depois de concedida a extradição pelo plenário do Supremo Tribunal Federal, ser-lhe entregue o extraditando. Dentre estes, figura o princípio da especialidade, segundo o qual o extraditando não pode ser punido, no país solicitante, por crime diverso daquele que motivou o pedido original de extradição:

> *"Art. 91. Não será efetivada a entrega sem que o Estado requerente assuma o compromisso:*
> *I — de não ser o extraditando preso nem processado por fatos anteriores ao pedido".*

---

72. Extradição nº 509, rel. Min. Celso de Mello, j. 04.05.1990, DJU 01.06.1990, p. 4.930. V. inúmeros precedentes do STF que autorizaram a extradição, mesmo havendo processo no Brasil em curso: Extradição nº 418, rel. Min. Aldir Passarinho, j. 05.12.1984, DJU 08.03.1985, p. 2.597; Extradição nº 657, rel. Min. Mauricio Corrêa, RTJ 114/10.

Para que o Estado estrangeiro possa vir a punir o extraditando por crime diverso daquele que motivou o pedido de extradição, deve solicitar uma extensão do pedido original:

> "Constitucional. Pena. Extradição: Pedido de extensão. Pedido feito pelo Governo Suíço.
> I- Pedido de extradição para o fim de o extraditando ser processado por fatos delituosos não compreendidos no pedido de extradição. (...)
> II- O princípio da especialidade, adotado no art. 91, I, da Lei n.º 6.815/80, não impede que o Estado requerente de extradição já concedida solicite sua extensão para abranger delito diverso. Precedentes do STF".[73]

g) *Proibição da extradição para cumprir pena corporal ou de morte. A questão da possibilidade da extradição para cumprir pena de prisão perpétua.*

Estabelece o art. 91 da Lei n.º 6.815/80 que :

> "Art. 91. Não será efetivada a entrega sem que o Estado requerente assuma o compromisso:
> (...)
> III- de comutar em pena privativa de liberdade a pena corporal ou de morte, ressalvados, quanto à última, os casos em que a lei brasileira permitir a sua aplicação".

Vedar a extradição para cumprimento de pena corporal ou de morte é questão pacífica na doutrina e jurisprudência brasileiras, por se tratar de regra expressa contida na lei. Nestes casos, a rigor, a extradição vem a ser efetivada, mediante compromisso do Estado requerente de comutar tal pena por outra restritiva de liberdade.[74]

---

73. Pedido de extensão na Extradição nº 548, rel. Min. Carlos Velloso, j. 11.11.96, DJU 19.12.96, p. 51.765. V. também Extradição nº 444-1, rel. Min. Celso de Mello, despacho de 10.02.00, DJU de 17.02.00, p. 5.
74. V. Extradição nº 744, rel. Min. Celso de Mello, j. 01.12. 99, DJU 18.02. 00, p. 54.

Nada obstante, alguns países que não adotam a pena de morte extraditam estrangeiros para outros que imponham tal pena, sem qualquer ressalva. Este é o caso do Canadá, cuja Suprema Corte, no caso *Kindler v. Canada (Minister of Justice)*, ratificou uma ordem extradicional do Ministro de Justiça para os Estados Unidos, sem a exigência de que a pena de morte não foose imposta ao extraditando. A Corte concluiu que a ordem do Ministro não constituía uma pena cruel e sustentou:

> "*A execução, se ocorrer, será nos EUA, com base na legislação norte-americana, envolvendo um nacional norte-americano com relação a um delito ocorrido nos EUA*".[75]

Entretanto, tem despertado polêmica a possibilidade de conceder-se a extradição para cumprimento de pena de prisão perpétua no Estado requerente, por tratar-se de sanção inadmitida pela Constituição brasileira.[76]

De início, o STF adotou o entendimento de que a pena de prisão perpétua deveria ser comutada por prisão com o prazo máximo fixado na legislação brasileira, que é de trinta anos.[77] Foi esta a posição adotada em pedido de extradição do ex-oficial da SS alemã, Franz Paul Stangl, de cuja ementa do acórdão constou:

> "*(...)3. Comutação da pena.*
> *a. A extradição está condicionada à vedação constitucional de certas penas, como a prisão perpétua, embora haja controvérsia a respeito, especialmente quanto às vedações da lei penal ordinária.*

---

75. No original : "*The execution, if it takes place, will be in the US under American law against an American citizen in respect of an offense that took place in the US*". (1991) 2 S.C.R., j. 26.09.91, caso nº 21.321.
76. Esta proibição constou, inicialmente, do texto constitucional de 1934, no art. 113, § 29. Com exceção da Carta de 1937, foi mantida em todas as Constituições posteriores. Atualmente é prevista no art. 5º, XLVII.
77. V. art. 75 do Código Penal.

> b. *O compromisso de comutação da pena deve constar do pedido, mas pode ser prestado pelo Estado requerente antes da entrega do extraditando".*[78]

Este precedente foi seguido em pedidos de extradição subseqüentes,[79] até o julgamento do caso Russel Wayne Weisse, quando a Corte alterou o seu entendimento e deferiu a extradição, sem a ressalva da comutação da pena de prisão perpétua em pena limitativa de liberdade.[80] Essa decisão fundou-se, sobretudo, em dois argumentos: 1) impossibilidade de emprestar eficácia transnacional aos direitos previstos na nossa Constituição; 2) a Lei n.º 6.815/80, art. 91, III e a grande maioria dos tratados de extradição em vigor, só impõem aos Estados a obrigação de comutar a pena corporal ou de morte, nada mencionando sobre a pena de prisão perpétua.

As decisões posteriores da Corte têm mantido este novo entendimento:

> *"Extradição — Possibilidade da concessão ainda que esteja o extraditando sujeito à pena de prisão perpétua no país requerente — Inexistência de restrição. Voto vencido.*
> *É admissível, sem qualquer restrição, a possibilidade de o Governo Brasileiro extraditar o súdito estrangeiro reclamado, mesmo nos casos em que esteja ele sujeito a sofrer pena de prisão perpétua no país requerente(...)"*[81]

---

78. Extradições nº 272, 273 e 274, *Extradições — Julgamentos e Legislação*, p. 46.
79. V., *e.g.*, Extradição nº 399, rel. Min. Aldir Passarinho, RTJ 108/18 e Extradição nº 417, rel. Min. Alfredo Buzaid, rel para o Acórdão Min. Oscar Correa, RTJ 111/16.
80. Extradição nº 426, rel. Min. Rafael Mayer, RTJ 115/969.
81. Extradição nº 588, rel. Min. Marco Aurélio, rel para o Acórdão Min. Celso de Mello, RT 752/509. No mesmo sentido: Extradição nº 429, rel. Min. Djaci Falcão, RTJ 119/483; Extradição nº 469, rel. Min. Francisco Rezek, RTJ 136/1051; Extradição nº 472, rel. Min. Moreira Alves, RTJ 128/998; Extradição nº486, rel. Min. Octavio Gallotti, RTJ 132/1083; Extradição nº 669, rel. Min. Celso de Mello, j. 06.03.96, DJU 29.03.96, p. 9.343; Extradição nº 773, rel. Min. Octavio Gallotti, j. 23.02.00, DJU 28.04.2000, p. 72.

IV. Conclusões

1. A extradição é um instrumento de cooperação judiciária em matéria penal entre Estados, subordinada a prévio pronunciamento judicial e, em caso de deferimento, à decisão política do Executivo. O Supremo Tribunal Federal, ao apreciar a matéria, não examina o mérito do processo que, no país estrangeiro, deu ensejo ao pedido extradicional. Compete-lhe, tão somente, verificar o cumprimento dos pressupostos constitucionais e legais para a concessão da medida.

2. A Constituição veda a extradição de brasileiros natos em qualquer caso, e também a de naturalizados, salvo duas exceções: (i) no caso de crime comum, praticado antes da naturalização, e (ii) na hipótese de comprovado envolvimento em tráfico ilícito de entorpecentes e drogas afins, na forma da lei. Na ausência da lei referida no texto constitucional, não é possível a extradição de brasileiro naturalizado.

3. É vedada a extradição por crime político, como tal consideradas as infrações contra a organização e o funcionamento do Estado. Tratando-se de crime político *puro*, a interdição é absoluta. As dificuldades surgem em relação aos delitos políticos *complexos* ou *relativos*, nos quais estão igualmente presentes elementos de crime comum.

4. Não existe um critério rígido, prévio e abstrato para a caracterização de um crime como político quando também estão presentes elementos de crime comum. Tal definição somente pode ser feita à vista do caso concreto e deverá levar em conta fatores como: (a) a situação política do Estado requerente, (b) a motivação do agente, (c) o fim visado e (d) a condição da vítima (*e. g.*, ocupante de cargo público, candidato a cargo político etc.). Deve o intérprete estar atento à extradição política disfarçada, na qual a persecução ideológica da vítima se oculta sob a imputação de crime comum.

5. Além das vedações constitucionais, que incluem também o crime de opinião, existem diversas hipóteses legais nas quais não se concederá a extradição: defeito de forma no pedido, inocorrência de dupla tipicidade (o fato tem de ser crime no país requerente e no Brasil), pena imposta pela lei brasileira inferior a um ano e ocorrência de prescrição, seja pela lei brasileira ou do Estado requerente.

6. A lei prevê, ainda, a não concessão da extradição quando esteja sujeito o extraditando a juízo ou tribunal de exceção. Tal cláu-

sula, submetida ao filtro constitucional, irradia-se para incluir as hipóteses em que o pedido tenha se originado em procedimento no qual não foi observado o devido processo legal (de acordo com *standards* mínimos estabelecidos na lei brasileira ou em atos internacionais), ou se houver risco real de vida para o extraditando no país requerente.

7. Em matéria extradicional vigora o *princípio da especialidade*: o extraditando não pode ser punido, no país solicitante, por crime diverso do que motivou o pedido original de extradição. Se o Estado requerente quiser punir por outro crime o extraditando, deverá requerer ao Brasil autorização expressa para isto, formulando um pedido de extradição supletiva.

8. Quando o extraditando estiver sujeito, no Estado requerente, a pena de morte, o Supremo Tribunal Federal impõe como condição para deferir a extradição a comutação de pena, que somente poderá ser privativa de liberdade. Quando sujeito a prisão perpétua, prevaleceu longamente na Corte o entendimento de que o Estado requerente deveria comutar a pena para o prazo máximo previsto na lei brasileira (trinta anos). Recentemente, contudo, passou a conceder a extradição, nessa hipótese, sem qualquer ressalva.

Agências reguladoras. Constituição, Transformações do Estado e legitimidade democrática[1]

> SUMÁRIO: *Parte I. Constituição e ordem econômica. I. Breve notícia histórica. A decadência do Estado-empresário. II. A reforma do Estado no Brasil. III. Modalidades de intervenção do Estado no domínio econômico. IV. O novo perfil do Estado e o surgimento das agências reguladoras no Brasil. Parte II. V. A estrutura jurídica das agências reguladoras. VI. Função reguladora e as diferentes atividades das agências. a) Atividade executiva e os limites do controle exercido pelo Poder Executivo e pelo Tribunal de Contas; b) Função decisória e limites do controle exercido pelo Poder Judiciário; c) Função normativa: algumas controvérsias. Conclusão. Transformações do Estado, desregulação e legitimidade democrática.*

Parte I
CONSTITUIÇÃO E ORDEM ECONÔMICA

I. Breve notícia histórica. A decadência do estado-empresário

---

[1] Para uma reflexão ideológica acerca do papel do Estado após o colapso dos projetos socialistas, v. na última parte deste volume o texto O *Estado que nunca foi*, publicado como prefácio ao livro de Diogo de Figueiredo Moreira Neto, *Direito regulatório*.

O Estado atravessou, ao longo do século que vem de se encerrar, três fases diversas e razoavelmente bem definidas. A primeira delas, identificada como *pré-modernidade*[2] ou Estado liberal, exibe um Estado de funções reduzidas, confinadas à segurança, justiça e serviços essenciais. É o Estado da virada do século XIX para o XX.[3] Nele vivia-se a afirmação, ao lado dos direitos de participação política, dos direitos individuais, cujo objeto precípuo era o de traçar uma esfera de proteção das pessoas em face do Poder Público. Estes direitos, em sua expressão econômica mais nítida, traduziam-se na liberdade de contrato, na propriedade privada e na livre iniciativa.

Na segunda fase, referida como *modernidade* ou Estado social (*welfare state*), iniciada na segunda década do século que se encerrou, o Estado assume diretamente alguns papéis econômicos, tanto como condutor do desenvolvimento como outros de cunho distributivista, destinados a atenuar certas distorções do mercado e a amparar os contingentes que ficavam à margem do progresso econômico. Novos e importantes conceitos são introduzidos, como os de função social da propriedade e da empresa, assim como se consolidam os chamados *direitos sociais*, tendo por objeto o emprego, as condições de trabalho e certas garantias aos trabalhadores.

A quadra final do século XX corresponde à terceira e última fase, a *pós-modernidade*, que encontra o Estado sob crítica cerrada, densamente identificado com a idéia de ineficiência, desperdício de recursos, morosidade, burocracia e corrupção. Mesmo junto a setores que o vislumbravam outrora como protagonista do processo econômico, político e social, o Estado perdeu o charme redentor, passando-se a encarar com ceticismo o seu potencial como instrumento do progresso e da transformação. O discurso deste novo tempo é o da desre-

---

2. A terminologia *pré-modernidade*, *modernidade* e *pós-modernidade* é empregada em Norbert Reich, *Intervenção do Estado na economia (reflexões sobre a pós-modernidade na teoria jurídica)*, RDP 94/265.

3. No modelo liberal clássico, o Estado tinha três papéis a cumprir, consoante página clássica de Adam Smith (*The nature and causes of the wealth of nations* (*The Works of Adam Smith*, vol. IV, Londres, 1811, p. 42: 1º) o dever de proteger a sociedade da violência e da invasão por outros Estados; 2º) o dever de estabelecer uma adequada administração da justiça; 3º) o dever de realizar obras públicas e prestar certos serviços públicos que são economicamente desinteressantes para os particulares. Sobre o tema, v. também Alberto Venancio Filho, *A intervenção do Estado no domínio econômico*, 1968.

gulamentação, da privatização e das organizações não-governamentais. No plano da cidadania, desenvolvem-se os direitos ditos *difusos*, caracterizados pela pluralidade indeterminada de seus titulares e pela indivisibilidade de seu objeto. Neles se inclui a proteção ao meio ambiente, ao consumidor e aos bens e valores históricos, artísticos e paisagísticos.

Não se deve encobrir, artificialmente, a circunstância de que o Brasil chega à pós-modernidade sem ter conseguido ser nem liberal nem moderno. De fato, no período *liberal*, jamais nos livramos da onipresença do Estado. A sociedade brasileira, historicamente, sempre gravitou em torno do *oficialismo*. As bênçãos do poder estatal sempre foram — ressalvadas as exceções que confirmam a regra — a razão do êxito ou do fracasso de qualquer projeto político, social ou empresarial que se pretendesse implantar. Este é um traço marcante do caráter nacional, com raízes na colônia, e que atravessou o Império, exacerbou-se na República Velha e ainda foi além.[4]

A *modernidade* teria começado com a Revolução de 30, institucionalizando-se com a Constituição de 1934 — que abriu um título para a ordem econômica e social — e se pervertido no golpe do *Estado Novo*, de 1937. Reviveu, fugazmente, no período entre 1946-1964, mas sofreu o desfecho melancólico do golpe militar de 1964. Findo o ciclo ditatorial, que teve ainda como apêndice o período entre 1985-1990, chegou-se à *pós-modernidade*, que enfrentou, logo na origem, a crise existencial de ter nascido associada ao primeiro governo constitucionalmente deposto da história do país.

Passa-se ao largo, por imperativo das circunstâncias, da discussão sobre as razões que levaram à ampliação da atuação empresarial do Estado brasileiro, notadamente como alternativa importante à concessão de setores estratégicos à exploração da iniciativa privada estrangeira[5]. Cabe o registro, contudo, de que o inchamento do Estado

---

4. Sobre o tema, inclusive com exemplos ilustrativos, v. Luís Roberto Barroso, *A crise econômica e o direito constitucional*, RF 323/83. Veja-se também Raymundo Faoro, *Os donos do poder*, 1979, vol. I, p. 343.
5. Não se deve perder de vista, todavia, o fato de que as sociedades capitalistas periféricas, de industrialização tardia, dependem intensamente do Poder Público. As razões são muitas, mas uma delas, conquanto intuitiva, não costuma ser destacada. É que na maior parte dos países industrializados e desenvolvidos, o processo de acumulação de capitais que ensejou o impulso vital do modelo privatista ocorreu em uma época em que a exploração do trabalho se operava em

brasileiro é um processo contínuo de muitas décadas. A atuação econômica estatal, no Brasil, começa na década de 40, sob a inspiração da substituição das importações. Com uma iniciativa privada frágil, a economia era impulsionada substancialmente por iniciativa oficial. Essa década assistiu à criação das primeiras grandes empresas estatais, a Companhia Siderúrgica Nacional, a Fábrica Nacional de Motores, a Companhia Vale do Rio Doce e a Companhia Hidrelétrica do São Francisco.

A década de 50 viveu a discussão ideológica acerca do papel do Estado. Era a época da guerra fria, da bipolarização das doutrinas econômicas. Nesse período convulsionado surgiram apenas duas empresas estatais merecedoras de destaque: o Banco Nacional do Desenvolvimento Econômico — BNDE (depois BNDES) e a Petróleo Brasileiro S.A. — Petrobrás, que foi criada simbolicamente, após uma ampla mobilização popular. Curiosa e paradoxalmente, o avanço e o agigantamento do Estado Econômico brasileiro se deu a partir da década de 60, sobretudo após o movimento militar de 1964, e ao longo de toda a década de 70, quando foram criadas mais de 300 empresas estatais: Eletrobrás, Nuclebrás, Siderbrás etc. Foi a era das empresas "brás". Em setembro de 1981, recenseamento oficial arrolava a existência, apenas no plano federal, de 530 pessoas jurídicas públicas, de teor econômico, inclusive autarquias, fundações e entidades paraestatais.[6]

Após a Constituição de 1988 e, sobretudo, ao longo da década de 90, o tamanho e o papel do Estado passaram para o centro do debate institucional. E a verdade é que o intervencionismo estatal não resistiu à onda mundial de esvaziamento do modelo no qual o Poder Público e as entidades por ele controladas atuavam como protagonistas do processo econômico[7]. Sem embargo de outras cogitações mais

---

níveis infracivilizados. Homens, mulheres e crianças trabalhavam em jornadas de até 14 horas, sem direitos sociais de qualquer ordem: salário mínimo, repouso remunerado, férias, gratificações etc. Os países em desenvolvimento, cujo processo de industrialização foi mais tardio, não puderam desfrutar dessas "facilidades". Daí a necessidade de intervenção do Estado, atuando, paradoxalmente, como agente do capitalismo, porque só ele detinha o capital.

6. Caio Tácito, O *retorno do pêndulo: serviço público e empresa privada. O exemplo brasileiro*, RDA 202/1, p. 3.
7. Além da simbologia radical da queda do muro de Berlim, não é irrelevante

complexas e polêmicas, é fora de dúvida que a sociedade brasileira exibia insatisfação com o Estado no qual se inseria e não desejava vê-lo em um papel onipotente, arbitrário e ativo — desastradamente ativo — no campo econômico.

O modelo dos últimos vinte e cinco anos se exaurira. O Estado brasileiro chegou ao fim do século XX grande, ineficiente, com bolsões endêmicos de corrupção e sem conseguir vencer a luta contra a pobreza. Um Estado da direita, do atraso social, da concentração de renda. Um Estado que tomava dinheiro emprestado no exterior para emprestar internamente, a juros baixos, para a burguesia industrial e financeira brasileira. Esse Estado, portanto, que a classe dominante brasileira agora abandona e do qual quer se livrar, foi aquele que a serviu durante toda a sua existência. Parece, então, equivocada a suposição de que a defesa desse Estado perverso, injusto e que não conseguiu elevar o patamar social no Brasil seja uma opção avançada, progressista, e que o alinhamento com o discurso por sua desconstrução seja a postura reacionária.

A privatização de serviços e atividades empresariais, por paradoxal que possa parecer, foi, em muitos domínios, a alternativa possível de publicização de um Estado apropriado privadamente, embora, é verdade, o modelo escolhido não tenha sido o da democratização do capital. Ao fim desse exercício de desconstrução, será preciso então repensar qual o projeto de país que se pretende concretizar sobre as ruínas de um Estado que, infelizmente, não cumpriu adequadamente o seu papel.

---

observar que mesmo os países de tradição social-participativa, como Reino Unido e França, viveram uma inequívoca redefinição do papel do Estado. Como assinala Marcos Juruena Villela Souto (*Desestatização, privatização, concessões e terceirizações*, 2000, p. 4): "Na Inglaterra a privatização foi uma opção mais filosófica, consistente em definir que não cabe ao Estado produzir riqueza, gerar lucros e exercer atividades econômicas. Este papel deveria caber à iniciativa privada, que o faria com maior eficiência. (...) Buscou-se ainda, libertar o Governo das pressões sindicalistas e corporativas"; e, quanto ao processo francês de privatização, o mesmo autor observa que teve este como uma de suas grandes preocupações "democratizar o patrimônio público constituído pelas estatais, através de um sistema de venda pulverizada das suas ações, permitindo ao pequeno poupador particular influir na condução dos negócios do país. (...) Tinha-se em mente, também, dar vida ao setor privado como força motriz do crescimento econômico, retirando o Estado do setor industrial competitivo".

II. A reforma do Estado no Brasil

As recentes reformas econômicas brasileiras envolveram três transformações estruturais que se complementam, mas não se confundem. Duas delas tiveram de ser precedidas de emendas à Constituição, ao passo que a terceira se fez mediante a edição de legislação infraconstitucional e a prática de atos administrativos. Confira-se, a seguir, cada uma delas.

A primeira transformação substantiva da ordem econômica brasileira foi a *extinção de determinadas restrições ao capital estrangeiro*. A Emenda Constitucional nº 6, de 15.08.95, suprimiu o art. 171 da Constituição, que trazia a conceituação de empresa brasileira de capital nacional e admitia a outorga a elas de proteção, benefícios especiais e preferências. A mesma emenda modificou a redação do art. 176, *caput*, para permitir que a pesquisa e lavra de recursos minerais e o aproveitamento dos potenciais de energia elétrica sejam concedidos ou autorizados a empresas constituídas sob as leis brasileiras, dispensada a exigência do controle do capital nacional. Na mesma linha, a Emenda Constitucional nº 7, de 15.08.95, modificou o art. 178, não mais exigindo que a navegação de cabotagem e interior seja privativa de embarcações nacionais e a nacionalidade brasileira dos armadores, proprietários e comandantes e, pelo menos, de dois terços dos tripulantes. Mais recentemente ainda, foi promulgada a Emenda Constitucional nº 36, de 28.05.02, que permitiu a participação de estrangeiros em até trinta por cento do capital das empresas jornalísticas e de radiodifusão.

A segunda linha de reformas que modificaram a feição da ordem econômica brasileira foi a chamada *flexibilização dos monopólios estatais*. A Emenda Constitucional nº 5, de 15.08.95, alterou a redação do § 2º do art. 25, abrindo a possibilidade de os Estados-membros concederem às empresas privadas a exploração dos serviços públicos locais de distribuição de gás canalizado, que, anteriormente, só podiam ser delegados a empresa sob controle acionário estatal. O mesmo se passou com relação aos serviços de telecomunicações e de radiodifusão sonora e de sons e imagens. É que a Emenda Constitucional nº 8, de 15.08.95, modificou o texto dos incisos XI e XII, que só admitiam a concessão a empresa estatal. E, na área do petróleo, a Emenda Constitucional nº 9, de 09.11.95, rompeu, igualmente, com o monopólio estatal, facultando à União Federal a contratação com empresas privadas de atividades relativas à pesquisa e lavra de jazidas de petróleo, gás natural e outros hidrocarbonetos fluidos, a refinação do petróleo nacional ou estrangeiro, a importação, exportação e transporte dos produtos e derivados básicos de petróleo (outrora vedados pela CF, art. 177 e § 1, e pela Lei nº 2.004/51).

A terceira transformação econômica de relevo — a denominada *privatização* — operou-se sem alteração do texto constitucional, com a edição da Lei nº 8.031, de 12.04.90, que instituiu o Programa Nacional de Privatização, depois substituída pela Lei nº 9.491, de 9.09.97. Entre os objetivos fundamentais do programa incluíram-se, nos termos do art. 1, incisos I e IV: (i) reordenar a posição estratégica do Estado na economia, transferindo à iniciativa privada atividades indevidamente exploradas pelo setor público; (ii) contribuir para a modernização do parque industrial do País, ampliando sua competitividade e reforçando a capacidade empresarial nos diversos setores da economia.

O programa de desestatização[8] tem sido levado a efeito por mecanismos como (a) a alienação, em leilão nas bolsas de valores, do controle de entidades estatais, tanto as que exploram atividades econômicas como as que prestam serviços públicos e (b) a concessão de serviços públicos a empresas privadas. No plano federal inicialmente foram privatizadas empresas dos setores petroquímico, siderúrgico, metalúrgico e de fertilizantes, seguindo-se a privatização da infra-estrutura, envolvendo a venda da empresa com a concomitante outorga do serviço público, como tem se passado com as empresas de energia e telecomunicações e com rodovias e ferrovias.

Acrescente-se, em desfecho do levantamento aqui empreendido, que, além das Emendas Constitucionais nºs 5, 6, 7, 8 e 9, assim como da Lei nº 8.031/90, os últimos anos foram marcados por uma fecunda produção legislativa em temas econômicos, que inclui diferentes setores, como: energia (Lei nº 9.247, de 26.12.96), telecomunicações (Lei nº 9.472, de 16.07.97) e petróleo (Lei nº 9.478, de 6.08.97), com a criação das respectivas agências reguladoras; modernização dos portos (Lei nº 8.630, de 25.02.93) e defesa da concorrência (Lei nº 8.884, de 11.06.94); concessões e permissões (Leis nº 8.987, de 13.02.95 e 9.074, de 7.07.95), para citar alguns exemplos.

---

8. Sobre as possíveis formas de desestatização, v. Marcos Juruena Villela Souto, *Desestatização, privatização, concessões e terceirizações*, 2000, p. 14 e ss.

A redução expressiva das estruturas públicas de intervenção direta na ordem econômica não produziu um modelo que possa ser identificado com o de Estado mínimo. Pelo contrário, apenas deslocou-se a atuação estatal do campo empresarial para o domínio da disciplina jurídica, com a ampliação de seu papel na regulação e fiscalização dos serviços públicos e atividades econômicas. O Estado, portanto, não deixou de ser um agente econômico decisivo. Para demonstrar a tese, basta examinar a profusão de textos normativos editados nos últimos anos.

De fato, a mesma década de 90, na qual foram conduzidas a flexibilização de monopólios públicos e a abertura de setores ao capital estrangeiro, foi cenário da criação de normas de proteção ao consumidor em geral e de consumidores específicos, como os titulares de planos de saúde, os alunos de escolas particulares e os clientes de instituições financeiras[9]. Foi também nesse período que se introduziu no país uma política específica de proteção ao meio ambiente[10], limitativa da ação dos agentes econômicos, e se estruturou um sistema de defesa e manutenção das condições de livre concorrência[11] que, embora longe do ideal, constituiu um considerável avanço em relação ao modelo anterior. Nesse ambiente é que despontaram as agências reguladoras como instrumento da atuação estatal.

---

9. Nesse período foram editados os seguintes diplomas normativos: Lei nº 8.078, de 11.09.90 (Código de Defesa do Consumidor); Lei nº 9.394, de 20.12.96 (Lei de Diretrizes e Bases); Lei nº 9.656, de 03.06.98 (Lei dos Planos e Seguros Privados de Saúde); Lei nº 9.870, de 23.11.99 (anuidades escolares); Lei nº 10.167 de 27.12.00 (banimento à publicidade de cigarros); Lei complementar nº 109 de 29.05.01 (disciplina a previdência privada); Resolução BACEN nº 2.878, de 26.07.01 (procedimentos a serem observados pelas instituições financeiras e demais instituições autorizadas a funcionar pelo Banco Central do Brasil na contratação de operações e na prestação de serviços aos clientes e ao público em geral).
10. Lei nº 9.605, de 12.02.98 (Lei do Meio Ambiente e dos Crimes Ambientais)
11. Lei nº 8.158, de 08.01.91 (já revogada; instituía normas para a defesa da concorrência); Lei nº 8.884, de 11.6.94 (Lei de Defesa da Ordem Econômica); Lei nº 9.021, de 30.03.95 (implementação do CADE).

III. Modalidades de intervenção do Estado no domínio econômico

Tendo em conta o sistema constitucional, já integrado pelas reformas descritas inicialmente, é possível sistematizar, por diferentes critérios, as formas de intervenção do Estado no domínio econômico. Há autores que se referem à intervenção (a) regulatória, (b) concorrencial, (c) monopolista e (d) sancionatória[12]. Outros classificam-nas em (a) poder de polícia, (b) incentivos à iniciativa privada e (c) atuação empresarial[13]. A primeira classificação será retomada mais adiante. Por ora, cabe explorar com brevidade a segunda, da qual decorrem três conjuntos de mecanismos de intervenção estatal no domínio econômico: pela disciplina, pelo fomento e pela atuação direta.

Como já se registrou, o Poder Público interfere na atividade econômica, em primeiro lugar, traçando-lhe a *disciplina*, e o faz mediante a edição de leis, de regulamentos e pelo exercício do poder de polícia. De fato, o Estado exerce competências normativas primárias e edita normas decisivas para o desempenho da atividade econômica, algumas com matriz constitucional, como, por exemplo, o Código de Defesa do Consumidor (art. 5, XXXII), a lei de remessa de lucros (art. 172), a lei de repressão ao abuso do poder econômico (art. 173, § 4), entre outras. Exerce, ademais, competências normativas de cunho administrativo, editando decretos regulamentares, resoluções, deliberações, portarias, algumas em domínios relevantíssimos como a política de crédito e a de câmbio. Por fim, desempenha, também, o poder de polícia, restringindo direitos e condicionando o exercício de atividades em favor do interesse coletivo (*e.g.*, polícia ambiental, sanitária, fiscalização trabalhista).

De outra parte, o Estado interfere no domínio econômico por via do *fomento*, isto é, apoiando a iniciativa privada e estimulando determinados comportamentos. Assim, por exemplo, através de incentivos fiscais, o Poder Público promove a instalação de indústrias

---

12. Diogo de Figueiredo Moreira Neto, *Curso de direito administrativo*, 1996, p. 365.
13. Celso Antônio Bandeira de Mello, *Curso de direito administrativo*, 1996, p. 434-5.

ou outros ramos de atividade em determinada região. Do mesmo modo, a elevação ou redução da alíquota de impostos — notadamente os que têm regime excepcional no tocante aos princípios da legalidade e anterioridade (CF, arts. 150, § 1º e 153, § 1º), como IPI, imposto sobre a importação, IOF — é decisiva na expansão ou retração de determinado segmento da economia. Igualmente relevante, no fomento da atividade econômica, é a oferta de financiamento público a determinadas empresas ou setores do mercado, mediante, por exemplo, linha de crédito junto ao BNDES.

Por fim, o Estado interfere, ainda, na ordem econômica[14], mediante *atuação direta*. Aqui, todavia, é necessário distinguir duas hipóteses: (a) a prestação de serviços públicos; e (b) a exploração de atividades econômicas. Não há necessidade, nesta instância, de percorrer, com maior grau de detalhamento, aspectos orgânicos e funcionais da Administração Pública. Basta o registro de que os serviços públicos podem ser prestados *diretamente*, pelos órgãos despersonalizados integrantes da Administração, ou *indiretamente*, por entidades com personalidade jurídica própria.

Na prestação indireta abrem-se duas possibilidades: pode o Estado constituir pessoas jurídicas públicas (autarquias e fundações públicas — as chamadas "fundações autárquicas") ou privadas (sociedades de economia mista e empresas públicas) e, mediante lei (CF, art. 37, XIX), *outorgar* a tais entes a prestação do serviço público, seja de educação, água, eletricidade ou qualquer outro. Ou pode, por outro lado, *delegar* à iniciativa privada, mediante contrato ou outro ato negocial, a prestação do serviço. Serve-se aí o Estado de figuras jurídicas como a concessão e a permissão. Mais recentemente, têm sido concebidas diferentes formas de delegação, identificadas genericamente como *terceirização*, que incluem espécies negociais como a franquia e o contrato de gestão, entre outros[15]. O *caput* do art. 175 provê sobre o tema:

---

14. Para uma análise ampla da atuação do Estado na ordem econômica, v. Eros Roberto Grau, *A ordem econômica na Constituição*, 1990.
15. A respeito do tema, consulte-se Maria Sylvia Zanella Di Pietro, *Parcerias na Administração Pública, concessão, permissão, franquia, terceirização e outras formas*, 1999.

> *"Art. 175. Incumbe ao Poder Público, na forma da lei, diretamente ou sob regime de concessão ou permissão, sempre através de licitação, a prestação de serviços públicos".*

A exploração da atividade econômica, por sua vez, não se confunde com a prestação de serviços públicos, quer por seu caráter de subsidiariedade, quer pela existência de regras próprias e diferenciadas. De fato, sendo o princípio maior o da livre iniciativa, somente em hipóteses restritas e constitucionalmente previstas poderá o Estado atuar diretamente, como empresário, no domínio econômico. Tais exceções se resumem aos casos de:
 a) imperativo da segurança nacional (CF, art. 173, *caput*);
 b) relevante interesse coletivo (CF, art. 173, *caput*);
 c) monopólio outorgado à União (*v. g.*, CF, art. 177).

Como se viu em tópico anterior, a reserva de atividades econômicas à exploração direta e monopolizada da União foi substancialmente alterada e flexibilizada. E, quando não se trate de monopólio, o Estado deverá atuar diretamente no domínio econômico sob o mesmo regime jurídico das empresas privadas, como deflui do § 1 do art. 173 da Carta Federal[16].

IV. O novo perfil do Estado e o surgimento das agências reguladoras

A constatação de que o Estado não tem recursos suficientes para todos os investimentos necessários e que, além disso, é geralmente um mau administrador, conduziu ao processo de transferência para o setor privado da execução de ampla gama de serviços públicos. Mas o fato de determinados serviços públicos serem prestados por empresas privadas concessionárias não modifica a sua natureza pública[17]: o Es-

---

16. A EC 19/98 deu nova redação ao § 1º do art. 173 da Constituição Federal, tendo reiterado a sujeição das empresas públicas, sociedades de economia mista, bem como suas subsidiárias que explorem atividade econômica de produção ou comercialização de bens ou de prestação de serviços, ao regime jurídico próprio das empresas privadas, "inclusive quanto aos direitos e obrigações civis, comerciais, trabalhistas e tributários".
17. Precisa, nesse passo, a observação de Gustavo Binenbojm, *As agências regu-*

tado conserva responsabilidades e deveres em relação à sua prestação adequada. Daí a privatização haver trazido drástica transformação no papel do Estado: em lugar de protagonista na execução dos serviços, suas funções passam a ser as de planejamento, regulação e fiscalização. É nesse contexto histórico que surgem, como personagens fundamentais, as *agências reguladoras*.

É bem de ver que a relação direta que se tem feito entre as agências reguladoras e serviços públicos executados por particulares é apenas histórica, já que nada impede a existência de agências para regulação de atividades puramente privadas, como instrumento de realização da disciplina jurídica do setor. Quanto aos serviços públicos, as funções transferidas para as agências reguladoras não são novas: o Estado sempre teve o encargo de zelar por sua boa prestação. Ocorre todavia que, quando os serviços públicos eram prestados diretamente pelo próprio Estado ou indiretamente por pessoas jurídicas por ele controladas (como as sociedades de economia mista e as empresas públicas), estas funções não tinham visibilidade e, a rigor, não eram eficientemente desempenhadas[18]. Agora, todavia, a separação mais nítida entre o setor público e o setor privado revigora esse papel fiscalizador[19].

---

ladoras e o estatuto jurídico de seus dirigentes — Controvérsias constitucionais e procedimentos possíveis, in Livro de teses do XXV Congresso Nacional dos Procuradores do Estado, p. 219: "A *desestatização* de serviços públicos e atividades econômicas de relevante interesse coletivo não importa, todavia, a sua *despublicização*. Ao contrário, a transferência ou devolução da execução destas tarefas à iniciativa privada exige antes a *republicização* dos mecanismos de controle do Estado sobre elas". No mesmo sentido, Diogo de Figueiredo Moreira Neto, *Agência Nacional de Vigilância Sanitária: natureza jurídica, competência normativa, limites de atuação*, RDA 215/71, p. 72.

18. Sergio Nelson Mannheimen, *Agências estaduais reguladoras de serviços públicos*, RF 343/221, p. 225, anota que "quando o Estado é o prestador do serviço, ocorrem distorções no papel fiscalizador do Estado, uma vez que não se sente ele estimulado a denunciar as próprias falhas ou deficiências".

19. Como acentua Juan Carlos Cassagne, "el fenómeno de la privatización al abarcar la transferencia al sector privado de la gestión de los servicios públicos que antes prestaban empresas estatales, ha generado la correlativa necesidad de regular esas actividades para proteger los intereses de la comunidad" (*La intervención administrativa*, 1994, p. 151).

Quanto às atividades econômicas propriamente ditas, o art. 174 da Constituição de 1988 já previra a função reguladora a ser desempenhada pelo Estado. Não obstante, muito antes, entre as décadas de 30 e de 70, surgiram alguns órgãos estatais com funções reguladoras, como por exemplo, o Conselho Nacional de Telecomunicações — CONTEL e o Conselho Administrativo de Defesa Econômica — CADE. Estes órgãos resistiram ao longo do tempo, mas viram frustrada sua efetiva atuação reguladora porque, à exceção do CADE, nasceram subordinados, decisória e financeiramente, ao Poder Executivo, fosse à Presidência da República, ou mesmo a algum Ministério[20].

Recentemente, por força de modificações introduzidas por Emendas à Constituição de 1988, passou-se a ter previsão expressa, em sede constitucional, de órgãos reguladores para os setores de telecomunicações (nova redação dada ao art. 21, XI[21], da Constituição Federal, pela EC 8/95) e de petróleo (o inciso III[22] do § 2º do art. 177 da Constituição ganhou nova redação com a EC 9/95). Tais reformas possibilitaram não só a introdução de órgãos reguladores, aos quais a legislação infraconstitucional sabiamente dotou de *autonomia*, mas também a expansão da atividade regulatória para outras áreas.

Até o início de 2002, haviam sido criadas no país as seguintes agências: a Agência Nacional de Telecomunicações — ANATEL, prevista na Lei nº 9.472, de 16.07.97; a Agência Nacional de Energia Elétrica — ANEEL, instituída pela Lei nº 9.427, de 26.12.97; a Agência Nacional do Petróleo — ANP, que foi instituída pela Lei nº 9.478, de 6.08.97; a Agência Nacional de Vigilância Sanitária (Lei nº 9.782, de 26.01.990); a Agência Nacional de Saúde Suplementar — ANS (Lei nº 9.961, de 28.01.2000), a Agência Nacional de Águas — ANA (Lei nº 9.984, de 17.07.2000), e as recentes Agência Nacional de Transportes Terrestres — ANTT e Agência Nacional de Transportes Aquaviários —

---

20. Pedro Dutra, *Órgãos reguladores: futuro e passado*, Revista de Direito Econômico, jul./dez. de 1996, p. 60.
21. O dispositivo passou a ter a seguinte redação: "Art. 21. Compete à União: ... XI — explorar, diretamente ou mediante autorização, concessão ou permissão, os serviços de telecomunicações, nos termos da lei, que disporá sobre a organização dos serviços, a criação de um *órgão regulador* e outros aspectos institucionais".
22. O referido § 2º assevera em seu inciso III que a lei disporá sobre "a estrutura e atribuições do *órgão regulador* do monopólio da União".

ANTAQ, ambas criadas pela Lei nº 10.233, de 5.06.2001[23]. A Comissão de Valores Mobiliários, que para muitos já era uma agência reguladora, recebeu da Lei nº 10.411 de 6.02.2002 maior grau de autonomia, incluindo mandatos estáveis para seus dirigentes.

No âmbito dos Estados-membros, também foram criadas agências reguladoras. Em alguns deles, como o Rio de Janeiro, foi feita a opção pela criação de um único órgão regulador, abrangendo uma pluralidade de áreas de atuação[24]. Assim surgiu a Agência Reguladora de Serviços Públicos Concedidos do Estado do Rio de Janeiro (ASEP-RJ) criada pela Lei estadual nº 2.686, de 13.12.97. Também no Estado do Ceará instituiu-se, pela Lei estadual nº 12.786, de 30.12.97, um órgão único, a Agência Reguladora de Serviços Públicos Delegados do Estado do Ceará (ARCE), uma autarquia especial vinculada à Procuradoria-Geral do respectivo Estado. Da mesma forma, no Estado do Rio Grande do Sul, foi criada pela Lei estadual nº 10.931, de 9.01.97, a Agência Estadual de Regulação dos Serviços Públicos Delegados do Rio Grande do Sul (AGERGS). Espírito Santo[25], Mato Grosso[26], Minas Gerais[27], Pará[28], Rio Grande do Norte[29], Santa Catarina[30] e Sergipe[31] igualmente criaram uma única agência para regulação dos serviços públicos estaduais em geral.

---

23. Está sendo discutida a criação de uma agência na área de defesa do consumidor e da concorrência e outra na área de aviação civil.
24. Marcos Juruena Villela Souto denomina estas agências de *"multisetoriais"*, vale dizer, sem especialização, com competência para todos os serviços (*Desestatização, privatização, concessões e terceirizações*, 2000, p. 285).
25. Agência Estadual de Serviços Públicos do Estado do Espírito Santo (AGES), Lei estadual nº 5.721 de 19.8.98.
26. Agência Estadual de Regulação dos Serviços Públicos Delegados do Estado de Mato Grosso (AGER/MT), Lei estadual nº 7.101, de 14.01.99).
27. Agência Estadual de Regulação de Serviços Públicos de Minas Gerais (ARSEMG), Lei estadual nº 12.999, de 31.07.98.
28. Agência Estadual de Regulação e Controle de Serviços Públicos, Lei estadual nº 6.099, de 30.12.97.
29. Agência Reguladora de Serviços Públicos do Estado do Rio Grande do Norte (ASEP-RN), Lei estadual nº 7.463, de 2.03.99.
30. Agência Catarinense de Regulação e Controle (SC/ARCO), Lei estadual nº 11.355, de 18.01.00.
31. Agência Reguladora de Serviços Concedidos do Estado de Sergipe (ASES), Lei estadual nº 3.973, de 10.10.98.

Já em outros Estados, como São Paulo e Bahia, fez-se a opção por agências especializadas, no âmbito de cada um dos setores dos serviços concedidos, a exemplo do modelo federal. O processo de especialização em São Paulo teve início com a Lei Complementar estadual nº 833, de 17.10.97, que criou a Comissão de Serviços Públicos de Energia (CSPE), autarquia vinculada à Secretaria de Estado de Energia, com a finalidade de regular, controlar e fiscalizar a qualidade do fornecimento de tais serviços públicos, os preços, tarifas e demais condições de atendimento aos usuários, coibindo abusos e discriminações[32]. Na Bahia, a Lei estadual nº 7.314, de 19.05.98, criou a Agência Estadual de Regulação de Serviços Públicos de Energia, Transporte e Comunicações da Bahia (AGERBA).

Parte II
AS AGÊNCIAS REGULADORAS

V. A estrutura jurídica das agências reguladoras

As agências reguladoras foram introduzidas no Brasil sob a forma de autarquias e, conseqüentemente, com personalidade jurídica de direito público. Estão sujeitas, assim, ao mandamento do art. 37, XIX da Constituição[33] e sua criação somente poderá se dar mediante lei específica[34]. O mesmo quanto à sua extinção, pois ato administrativo

---

32. Marcos Juruena Villela Souto, *Desestatização, privatização, concessões e terceirizações*, 2000, p. 288.
33. Como anota Diogo de Figueiredo Moreira Neto, com a nova redação dada ao inciso XIX do art. 37 pela Emenda Constitucional 19/98, "corrige-se impropriedade técnica do inciso original, passando-se a distinguir a lei de *criação* de uma *autarquia*, como desdobramento institucional do próprio Estado, à qual são *outorgadas* determinadas competências, da lei de *autorização* para instituir *empresa pública, sociedade de economia mista* e *fundação*, às quais são *delegadas* atribuições específicas" (*Apontamentos sobre a reforma administrativa*, 1999, p. 63).
34. Não assim, porém, quanto à criação de subsidiárias das entidades da administração indireta, como já deixou claro o Supremo Tribunal Federal: "Pela falta de plausibilidade jurídica da argüição de inconstitucionalidade por ofensa aos inci-

não poderia destruir o que se construiu por norma de hierarquia superior[35]. As agências, todavia, são autarquias *especiais*[36], dotadas de prerrogativas próprias e caracterizadas por sua *autonomia* em relação ao Poder Público.

A instituição de um regime jurídico especial visa a preservar as agências reguladoras de ingerências indevidas, inclusive e sobretudo, como assinalado, por parte do Estado e de seus agentes. Procurou-se demarcar, por esta razão, um espaço de legítima discricionariedade, com predomínio de juízos técnicos sobre as valorações políticas. Constatada a necessidade de se resguardarem essas autarquias especiais de injunções externas inadequadas, foram-lhe outorgadas autonomia político-administrativa e autonomia econômico-financeira.

No tocante à autonomia político-administrativa, a legislação instituidora de cada agência prevê um conjunto de procedimentos, garantias e cautelas, dentre as quais normalmente se incluem: (i) nomeação dos diretores com lastro político (em âmbito federal[37] a no-

---

sos XIX e XX do art. 37, da CF, o Tribunal indeferiu medida cautelar requerida em ação direta em face dos arts. 64 e 65 da Lei 9.478/97. Afirmando o caráter genérico da autorização legislativa para a criação de subsidiárias de empresa pública, sociedade de economia mista, autarquia ou fundação pública a que se refere o inciso XX, do art. 37, da CF, o Tribunal entendeu que a Lei atacada atende a esse permissivo constitucional por nela haver a previsão para essa finalidade (art. 64), afastando-se, portanto, a alegação de que seria necessária a autorização específica do Congresso Nacional para se instituir cada uma das subsidiárias de uma mesma entidade" (STF, ADIn-MC 1.649-DF, Inf. STF 90/2, Rel. Min. Maurício Corrêa).

35. Celso Antônio Bandeira de Mello, *Curso de direito administrativo*, 1997, p. 102.

36. Como observa Hely Lopes Meirelles, "*autarquia de regime especial* é toda aquela a que a lei instituidora conferir privilégios específicos e aumentar sua autonomia comparativamente com as autarquias comuns, sem infringir os preceitos constitucionais pertinentes a essas entidades de personalidade pública" (*Direito administrativo brasileiro*, 1993, p. 315).

37. Nos Estados-membros tais funções são exercidas, respectivamente, pelo Governador e pela Assembléia Legislativa. Assim se passa, por exemplo, no Estado do Rio de Janeiro, assim dispondo o art. 7°, *caput*, da Lei estadual n° 2.686/97: "Art. 7° O Conselho Diretor da Agência Reguladora de Serviços Públicos Concedidos do Estado do Rio de Janeiro — ASEP/RJ será formado por 05 (cinco) Conselheiros indicados pelo Governador do Estado, e por este nomeados uma vez aprovados, após audiência pública e por voto secreto, pela

meação é feita pelo Presidente da República, com aprovação do Senado[38]); (ii) mandato fixo de três[39] ou quatro[40] anos; e (iii) impossibilidade de demissão dos diretores, salvo falta grave apurada mediante devido processo legal[41].

A imposição legal de requisito para a exoneração de dirigente de agência reguladora pelo Chefe do Poder Executivo estadual foi questionada perante o Supremo Tribunal Federal. Apreciando medida liminar requerida no âmbito de ação direta de inconstitucionalidade ajuizada pelo Governador do Estado do Rio Grande do Sul, o STF suspendeu dispositivo de lei estadual que condicionava a destituição de Conselhei-

---

Assembléia Legislativa, cabendo a um deles a Presidência do Conselho, também por indicação do Governador do Estado".
38. *E. g.*, quanto à ANATEL, o art. 23 da Lei n° 9.472/97 assim dispõe: "Os conselheiros serão brasileiros, de reputação ilibada, formação universitária e elevado conceito no campo de sua especialidade, devendo ser escolhidos pelo Presidente da República e por ele nomeados, após aprovação pelo Senado Federal, nos termos da alínea *f* do inciso III do art. 52 da Constituição Federal".
39. O mandato de três anos foi previsto para os diretores da Agência Nacional de Saúde Suplementar — ANS, nos termos do art. 6° da Lei n° 9.961, de 28.01.2000.
40. Relativamente à ANEEL, o *caput* do art. 5° da Lei n° 9.427/96 dispõe: "O Diretor-Geral e os demais Diretores serão nomeados pelo Presidente da República para cumprir mandatos não coincidentes de quatro anos...". Também assim quanto à ASEP-RJ, o art. 11 da Lei estadual n° 2.686/97.
41. Nesse sentido, dispõe o *caput* do art. 26 da Lei n° 9.472/9, relativamente à ANATEL: "Os membros do Conselho Diretor somente perderão o mandato em virtude de renúncia, de condenação judicial transitada em julgado ou de processo administrativo disciplinar". Já o art. 8° da Lei n° 9.427/96 prevê que "a exoneração imotivada de dirigente da ANEEL somente poderá ser promovida nos quatro meses iniciais do mandato, findos os quais é assegurado seu pleno e integral exercício. Parágrafo único. Constituem motivos para a exoneração de dirigente da ANEEL, em qualquer época, a prática de ato de improbidade administrativa, a condenação penal transitada em julgado e o descumprimento injustificado do contrato de gestão". No Estado do Rio de Janeiro, o art. 13 da Lei estadual n° 2.686/97 incorporou algumas inovações relativamente à ASEP-RJ: "Art. 13. Uma vez nomeado, o Conselheiro só perderá o cargo por decisão judicial irrecorrível, condenação penal definitiva por crime doloso punido com pena igual ou superior a 02 (dois) anos de reclusão ou ainda por decisão da maioria dos membros da Assembléia Legislativa em processo de iniciativa do Governador do Estado ou do próprio Conselho Diretor, em que lhe seja assegurada ampla defesa".

ro da AGERGS à decisão da Assembléia Legislativa, fundado em aparente afronta à separação de poderes. Mas deixou claro que tal decisão se dava sem prejuízo das restrições à demissibilidade dos Conselheiros, pelo Governador do Estado, sem justo motivo[42].

Ainda no que se refere à autonomia político-administrativa, as leis instituidoras das agências também previram, como regra, que os dirigentes estarão impedidos de prestar, direta ou indiretamente, qualquer tipo de serviço às empresas sob sua regulamentação ou fiscalização, inclusive controladas, coligadas ou subsidiárias[43], ao longo

---

42. "Por aparente ofensa ao princípio da separação dos Poderes (CF, art. 2º), o Tribunal deferiu o pedido de medida liminar para suspender, até decisão final da ação, a eficácia do art. 8º da Lei estadual nº 10.931/97 ("O conselheiro só poderá ser destituído, no curso de seu mandato, por decisão da Assembléia Legislativa."), na redação que lhe deu o art. 1º da Lei estadual nº 11.292/98), assim como na sua redação original. Ademais, o Tribunal, considerando que o vazio legislativo decorrente da suspensão desta norma, que é a única forma de demissão prevista na referida Lei, seria mais inconstitucional do que a própria norma impugnada, declarou, por maioria, que a suspensão cautelar do art. 8º se dava sem prejuízo das restrições à demissibilidade, pelo Governador do Estado, sem justo motivo, conseqüentes da investidura a termo dos conselheiros da AGERGS, conforme o art. 7º da Lei nº 10.931/97 — que condiciona a posse dos conselheiros à prévia aprovação de seus nomes pela Assembléia Legislativa, cujo pedido de suspensão liminar fora indeferido na assentada anterior —, e também sem prejuízo da superveniência de legislação válida. Vencido em parte o Min. Marco Aurélio, que se limitava à suspensão de eficácia do mencionado art. 8º, por entender que o STF estaria atuando como legislador positivo ao declarar que o conselheiro não seria demissível *ad nutum*, ou seja, que o seu afastamento só poderia ocorrer mediante justa motivação" (STF, ADIn-MC 1.949-RS, Inf. STF 171/2, Rel. Min. Sepúlveda Pertence).
43. Quanto à ANATEL, o art. 30 da Lei nº 9.472/97 dispõe: "Até um ano após deixar o cargo, é vedado ao ex-conselheiro representar qualquer pessoa ou interesse perante a agência. Parágrafo único. É vedado, ainda, ao ex-conselheiro utilizar informações privilegiadas obtidas em decorrência do cargo exercido, sob pena de incorrer em improbidade administrativa". Relativamente à ANEEL, o art. 9º da Lei nº 9.472/96 dispõe: "O ex-dirigente da ANEEL continuará vinculado à autarquia nos doze meses seguintes ao exercício do cargo, durante os quais estará impedido de prestar, direta ou indiretamente, independentemente da forma ou natureza do contrato, qualquer tipo de serviço às empresas sob sua regulamentação ou fiscalização, inclusive controladas, coligadas ou subsidiárias".
Já a Lei nº 9.478/97, que instituiu a ANP, dispôs em seu art. 14: "Terminado o mandato, ou uma vez exonerado do cargo, o ex-diretor da ANP ficará impedido,

de determinado período (normalmente doze meses) subseqüente ao término de seus mandatos. É o que se convencionou chamar de "quarentena". Durante tal período é assegurada ao ex-dirigente a remuneração equivalente à do cargo de direção que exercera, admitindo-se que continue a prestar serviço à Agência ou a qualquer outro órgão da Administração Pública, em área atinente à sua qualificação profissional, desde que isso, naturalmente, não frustre a finalidade de impedir que se beneficie de relações e informações para favorecer sua atuação privada ou a de outrem[44-45].

Com isto, procurou-se criar um estatuto jurídico próprio para os dirigentes destas autarquias *especiais*, diverso do aplicável aos demais agentes administrativos. Em âmbito federal, o tema foi objeto de sistematização levada a efeito pela Lei nº 9.986, de 18.07.2000, que dispõe sobre a gestão de recursos humanos das agências reguladoras. No art. 1º, o novo diploma estabelece que as agências terão suas relações de trabalho regidas pela Consolidação das Leis do Trabalho — CLT e legislação trabalhista correlata, em regime de emprego

---

por um período de doze meses, contados da data de sua exoneração, de prestar, direta ou indiretamente, qualquer tipo de serviço a empresa integrante da indústria do petróleo ou de distribuição". No mesmo sentido dispõe o art. 9º da Lei estadual nº 2.686/97, quanto à Agência Reguladora de Serviços Públicos Concedidos do Estado do Rio de Janeiro — ASEP-RJ.

44. O § 1º do art. 9º da Lei nº 9.472/96 assim dispõe: "Durante o prazo da vinculação estabelecida neste artigo, o ex-dirigente continuará prestando serviço à ANEEL ou a qualquer outro órgão da Administração Pública direta da União, em área atinente à sua qualificação profissional, mediante remuneração equivalente à do cargo de direção que exerceu". Também assim o § 1º do art. 14 da Lei nº 9.478/97 no que toca à ANP: "Durante o impedimento, o ex-diretor que não tiver sido exonerado nos termos do art. 12 poderá continuar prestando serviço à ANP, ou a qualquer órgão da Administração direta da União, mediante remuneração equivalente à do cargo de direção que exerceu".

45. No entanto, em sede doutrinária há quem espose entendimento diverso. É o que sustenta Marcos Juruena Villela Souto: "A lei deve prever que os dirigentes não devem manter, durante o mandato e na quarentena, qualquer vínculo com o concedente, concessionário ou associação de usuários, não devendo deles receber qualquer remuneração. Devem, pois, ser licenciados ou ter seus contratos de trabalho suspensos, sem remuneração, e não 'postos à disposição' da agência, conservando seus vencimentos, sob pena de restar mantido o vínculo e a potencialidade de interferência da fonte pagadora" (*Agências reguladoras*, RDA 216/125, p. 140).

público. Como se vê, a lei se beneficia da extinção da obrigatoriedade do regime jurídico único, operada pela EC nº 19/98, na nova redação dada ao art. 39 da Constituição.

No geral, a lei endossa as linhas de entendimento que se haviam cristalizado na doutrina, prevendo: (i) nomeação de conselheiro ou diretor, pelo Presidente da República, com aprovação do Senado Federal, atendidos os requisitos da nacionalidade brasileira, reputação ilibada, formação universitária e elevado conceito no campo de especialidade dos cargos (art. 5º); (ii) quarentena, com o impedimento ao ex-dirigente, terminado o mandato, de prestar qualquer tipo de serviço no setor público ou nas empresas integrantes do setor regulado pela agência (art. 8º); (iii) estabilidade: os conselheiros e diretores somente perderão o mandato em caso de renúncia, de condenação judicial transitada em julgado ou de processo administrativo disciplinar (art. 9º)[46].

No que toca à autonomia econômico-financeira, por sua vez, procura-se conferir às agências reguladoras, além das dotações orçamentárias gerais[47], a arrecadação de receitas provenientes de outras

---

46. A constitucionalidade de diversos dispositivos dessa lei encontram-se suspensos por decisão liminar do Min. Marco Aurélio, na ADIn 2.310, proposta pelo Partido dos Trabalhadores — PT e pelo Partido Democrático Trabalhista — PDT. A decisão ainda não foi publicada. No *site* do STF colhe-se a informação de que a decisão liminar encontra-se pendente de ratificação do Plenário, devido a pedido de vista, e que o Ministro Moreira Alves suscitou a preliminar de suspensão do julgamento, até que seja apreciada a ADIn 2.135, que tem por objeto a constitucionalidade das alterações operadas pela EC n 19/98.
47. Sobre a questão, v. Marcos Juruena Villela Souto (*Agências reguladoras*, RDA 216/125, p. 143), ao referir-se às receitas provenientes das taxas de regulação ou fiscalização: "A agência, com isso, não depende de recursos orçamentários, mas em compensação, se submete à crítica de ser custeada pelo sujeito fiscalizado". Há previsão expressa de dotações orçamentárias em algumas das leis instituidoras das agências reguladoras federais como, *v. g.*, o art. 49 da Lei 9.472/97, relativamente à ANATEL: "Art. 49. A agência submeterá anualmente ao Ministério das Comunicações a sua proposta de orçamento, bem como a do FISTEL, que serão encaminhadas ao Ministério do Planejamento e Orçamento para inclusão no projeto de lei orçamentária anual a que se refere o § 5º do art. 165 da Constituição Federal". Também assim, quanto à ANEEL, o art. 11, II, da Lei 9.427/96, e quanto à ANP, o art. 15, II, da Lei 9.478/97. Nos Estados-membros a possibilidade é idêntica, como o fez o art. 5º, II, da Lei estadual 2.686/97, com relação à ASEP-RJ.

fontes, tais como taxas de fiscalização e regulação, ou ainda participações em contratos e convênios, como ocorre, por exemplo, nos setores de petróleo e energia elétrica[48].

As leis instituidoras de cada uma das agências, seja no âmbito federal[49] ou estadual[50], cuidaram de estabelecer taxas de fiscalização ou regulação do serviço público objeto de delegação como uma das importantes fontes de receita dessas autarquias. A doutrina debate acerca da natureza desse recolhimento, alguns defendendo que se cuida de taxa propriamente dita e outros que se trata de preço contratual, cobrado pelo Poder Concedente dos delegatários. Salvo nas hipóteses em que o Estado é o titular do bem ou do serviço que passa a ser utilizado ou prestado pelo particular, cobranças destinadas a custear o serviço de fiscalização dificilmente poderão deixar de ter natureza tributária.

VI. Função reguladora e as diferentes atividades das agências

Embora a etimologia sugira a associação da função reguladora com o desempenho de competências normativas, seu conteúdo é mais amplo e variado. Ainda quando se aproxime, eventualmente, da

---

48. Como prevêem, respectivamente, os arts. 15, III, da Lei n° 9.478/97, e 11, V, da Lei n° 9.427/96; e, no âmbito do Estado do Rio de Janeiro, relativamente à ASEP-RJ, o art. 5°, V, da Lei n° 2.686/97.

49. Como por exemplo, com relação à ANATEL, fez o art. 51 da Lei n° 9.472/97, ao dar nova redação ao art. 6° da Lei n° 5.070/66: "Art. 6° As taxas de fiscalização a que se refere a alínea *f* do art. 2° são as de instalação e de funcionamento. § 1° Taxa de fiscalização de instalação é a devida pelas concessionárias, permissionárias e autorizatárias de serviços de telecomunicações e de uso de radiofreqüência, no momento da emissão do certificado de licença para o funcionamento das estações. § 2° Taxa de fiscalização de funcionamento é a devida pelas concessionárias, permissionárias e autorizatárias de serviços de telecomunicações e de uso de radiofreqüência, anualmente, pela fiscalização do funcionamento das esta-ções". Quanto à ANEEL, os arts. 12 e 13 da Lei n° 9.427/96 dispõem sobre a taxa de fiscalização de serviços de energia elétrica.

50. No Estado do Rio de Janeiro, A Lei n° 2.686/97, em seu art. 19, instituiu a taxa de regulação de serviços públicos concedidos. No Estado do Rio Grande do Sul, a Lei n° 11.073/97 instituiu a taxa de fiscalização e controle dos serviços públicos delegados.

idéia de poder de polícia administrativa — poder de direcionar as atividades privadas de acordo com interesses públicos juridicamente definidos[51] —, a regulação contempla uma gama mais ampla de atribuições, relacionadas ao desempenho de atividades econômicas e à prestação de serviços públicos, incluindo sua disciplina, fiscalização, composição de conflitos e aplicação eventual de sanções. Às agências reguladoras, no Brasil, tem sido cometido um conjunto diversificado de tarefas, dentre as quais se incluem, a despeito das peculiaridades de cada uma delas, em função da diversidade de textos legais, as seguintes[52]:

a) controle de tarifas, de modo a assegurar o equilíbrio econômico e financeiro do contrato;

b) universalização do serviço, estendendo-os a parcelas da população que deles não se beneficiavam por força da escassez de recursos;

c) fomento da competitividade, nas áreas nas quais não haja monopólio natural;

d) fiscalização do cumprimento do contrato de concessão;

e) arbitramento dos conflitos entre as diversas partes envolvidas: consumidores do serviço, poder concedente, concessionários, a comunidade como um todo, os investidores potenciais etc.

Segundo a elaboração desenvolvida por Diogo de Figueiredo, a função reguladora é na verdade um híbrido de atribuições de natureza variada, inclusive fiscalizadoras e negociadoras, mas também normativas, gerenciais, arbitradoras e sancionadoras. Ela se vale de um complexo de funções clássicas — administrativas, normativas e judicantes —, variando apenas o método decisório. No domínio da função reguladora devem predominar as escolhas técnicas, preservadas das disputas partidárias e das complexidades dos debates congressuais, mais apropriados às escolhas político-administrativas[53]. Em uma tentativa de sistematização, inspirada pela clássica divisão de funções no âmbito do Estado, é possível classificar as atividades das agências reguladoras em executivas, decisórias e normativas.

---

51. Caio Tácito, *Serviço de utilidade pública. Autorização. Gás Liquefeito de Petróleo*, in *Temas de direito público*, 1997, p. 1236.
52. Sobre a sistematização adotada, v. Sergio Nelson Mannheimer, *Agências estaduais reguladoras de serviços públicos*, RF 343/221, p. 226-8.
53. Diogo de Figueiredo Moreira Neto, *Direito da regulação*, 2002.

a) Atividade executiva e os limites do controle exercido pelo Poder Executivo e pelo Tribunal de Contas

A atividade executiva, de parte a própria auto-administração da agência, envolve a implementação das políticas públicas e diretrizes ditadas pelo legislador, bem como a concretização e individualização das normas relativamente ao setor público ou privado regulado. É nesse espaço de atuação que estão compreendidos os atos de fiscalização bem como os de natureza sancionatória, em caso de descumprimento do regramento aplicável. Embora seja o domínio próprio de uma entidade integrante da Administração Pública, o desempenho da atividade executiva pelas agências envolve complexidades jurídicas que vêm sendo enfrentadas pela doutrina.

A primeira delas diz respeito aos conflitos de atribuições entre as diferentes agências e entre elas e órgãos ou entidades da Administração Pública já existentes. Apenas alguns exemplos. A Lei nº 9.472/97, art. 19, XIX, *e.g.*, conferiu à ANATEL competência para exercer o controle, a prevenção e a repressão de infrações à ordem econômica, nada obstante as atribuições da Secretaria de Defesa Econômica do Ministério da Justiça e do Conselho Nacional de Defesa Econômica — CADE. Por sua vez, a Lei nº 9.961/01, art. 4º, XXII, outorgou à ANS competência para autorizar modificações na estrutura societária das empresas do setor (*v.g.*, art. 4º, XXII, da Lei da ANS), a despeito da existência de entidade que já detém atribuição análoga.

Uma outra questão que se põe no exercício da função executiva das agências é a sua relação com as diretrizes políticas expedidas pela Chefia do Poder Executivo ou por agentes que dele recebem delegação. Por força de lei, as agências deverão implementar políticas traçadas pelos órgãos da Administração direta. A Lei da ANP (Lei nº 9.478/97) prevê que o Conselho Nacional de Política Energética (art. 7º, I) deverá fixar tais diretrizes; a Lei da ANEEL (Lei nº 9.427/97) atribui ao próprio Ministério das Minas e Energia essa competência (art. 2º); a Lei da ANATEL (Lei nº 9.472/97) determina que a agência envie ao Ministério das Telecomunicações relatórios periódicos, além de submetê-la a auditorias operacionais levadas a cabo pelo Ministério referido (art. 19, incisos XXIX, XXX).

Por outro lado, as mesmas leis registram que as agências não mantêm vínculo hierárquico ou decisório com a Administração direta ou com qualquer órgão governamental (art. 8º, § 2º da Lei da ANATEL, art. 1º, parágrafo único, da Lei da ANS), sequer havendo previsão de recurso hierárquico impróprio, contra suas decisões, dirigido à Administração direta[54]. Ao contrário, o que se extrai das diversas normas que cuidaram do assunto é que as agências reguladoras funcionam como última instância administrativa para julgamento dos recursos contra seus atos (art. 19, XXV, da Lei nº 9.472/97; art. 15, VII, § 2º da Lei nº 9.782/99; art. 3º, V, Lei nº 9.427/96).

Assim, não será possível o controle administrativo pela via do recurso hierárquico impróprio, sendo em princípio inadmissível que as decisões tomadas pelas agências possam ser revistas ou modificadas por algum agente político (Ministro ou Secretário de Estado)[55]. O controle do Executivo sobre as agências reguladoras limita-se, como regra, à escolha de seus dirigentes, sob pena de se ofender a autonomia que lhes é assegurada pelas leis instituidoras[56]. A subordinação seria incompatível com a implementação eficiente da regulação de atividades que mobilizam interesses múltiplos do Estado, como empresário, arrecadador de tributos ou agente social. Mas a questão não é tão simples.

É que se couber às agências a determinação integral das políticas públicas do setor regulado, pouco restará ao Chefe do Executivo em termos de competência decisória, valendo lembrar que é ele quem detém a legitimidade democrática, recebida nas eleições, para exercer a função administrativa. É possível mesmo vislumbrar um cenário no qual a multiplicação das agências, cada qual dotada de completa independência em relação ao Executivo, acabaria por esvaziar o espaço decisório que lhe cabe constitucionalmente. Como se vê, os parâmetros dessa relação ainda deverão ser fixados.

---

54. Em geral, a não previsão de cabimento do recurso hierárquico autoriza a conclusão de que ele não é cabível. Como ressalta Celso Antônio Bandeira de Mello: "O controle administrativo ou tutela administrativa, segundo generalizada lição doutrinária, exerce-se nos limites da lei. Não se presume. Existirá quando, como e na forma prevista em lei". (*Curso de direito administrativo*, 1999, p. 147).
55. Marcos Juruena Villela Souto, *Agências reguladoras*, RDA 216/125, p. 148.
56. Neste sentido, v. também Maria Sylvia Zanella Di Pietro, *Direito administrativo*, 1997, p. 480.

A terceira questão que envolve o exercício da função executiva pelas agências diz respeito ao controle de suas contas e gastos. A Constituição de 1988 esteve atenta ao assunto e, embora não tenha sido totalmente feliz no seu intuito de reequacionar o tratamento da matéria, o fato é que o controle externo das contas e gastos públicos foi minudentemente regulado no Texto Constitucional, competindo ao Poder Legislativo efetuá-lo, com auxílio do Tribunal de Contas (art. 70 e 71, CF). É bem de ver que a nova Carta alargou consideravelmente essa atividade fiscalizatória externa, seja por permitir exame por outros ângulos que não o da estrita legalidade, seja pela ampliação do controle a todos aqueles que venham a deter recursos públicos. O parágrafo único do art. 70, na redação que lhe deu a Emenda Constitucional nº 19, de 4.06.98, assim dispõe:

> *"Art. 70. (...)*
> *Parágrafo único. Prestará contas qualquer pessoa física ou jurídica, pública ou privada, que utilize, arrecade, guarde, gerencie ou administre dinheiros, bens e valores públicos ou pelos quais a União responda, ou que, em nome desta, assuma obrigações de natureza pecuniária."*

O reverso dessa nova e abrangente configuração está em que a fiscalização externa, para a qual desempenha papel relevante o Tribunal de Contas, não se pode afastar das pautas constitucionais, conforme vem decidindo reiteradamente o Poder Judiciário, inclusive em pronunciamentos do Supremo Tribunal Federal[57]. Cabe ainda acentuar que o modelo de fiscalização delineado na Constituição Federal é aplicável aos Estados e Municípios. Disto resulta que as atribuições cometidas ao Tribunal de Contas da União e, conseqüentemente, os balizamentos à sua atuação, condicionam igualmente o controle a ser desempenhado pelos Tribunais e Conselhos de Contas dos Municípios (CF, art. 75).

---

57. STF, RTJ 147/507 e 154/457. Em ambos os arestos a Corte Suprema entendeu inconstitucional a atribuição de controle prévio aos Tribunais de Contas, sob o argumento de que essa competência não lhes havia sido conferida pela Constituição Federal.

Avançando no tema, converge a doutrina em que são basicamente três os campos em que se desenvolve a atuação dos Tribunais de Contas: a) auditoria financeira e orçamentária; b) julgamento das contas dos administradores e responsáveis por bens e valores públicos; e c) emissão de parecer prévio sobre as contas prestadas anualmente pelo Executivo[58]. Portanto, em consonância com os ditames constitucionais, é próprio da fiscalização externa examinar as contas das entidades da administração direta e indireta, aos ângulos da legalidade, legitimidade e economicidade. É essencial, todavia, para que se abra a possibilidade de fiscalização, tratar-se efetivamente de *uso de dinheiro público*, quando então até as pessoas privadas estarão sujeitas à prestação de contas. Neste ponto, não há maior divergência, assim na jurisprudência[59] como na doutrina[60].

Assim sendo, escapa às atribuições dos Tribunais de Contas o exame das atividades dessas autarquias especiais quando elas não envolvam dispêndio de *recursos públicos*. Isto se dá, por exemplo, quando o Tribunal de Contas objetiva obter informações a respeito de

---

58. Eduardo Domingos Bottalo, *Competência dos Tribunais de Contas na Constituição de 1988*, RDP 89/216.
59. "Compreende a delicadeza da missão confiada pela Carta ao Tribunal de Contas da União, órgão auxiliar do Congresso Nacional no exercício do controle externo do emprego de *recursos públicos* (...)" (STF, RTJ 156/848, MS nº 21.636-RJ, Rel. Min. Marco Aurélio).
60. Manoel Gonçalves Ferreira Filho, *Comentários à Constituição Federal de 1988*, vol. 2, 1990/92, p. 125; Pinto Ferreira, *Comentários à Constituição brasileira*, vol. 3, 1992, p. 388. Mais analiticamente, mas apenas reiterando o consenso doutrinário, Regis de Oliveira correlaciona a fiscalização a ser exercida pelos Tribunais de Contas com as despesas públicas e com o patrimônio público: "Quer me parecer, em primeiro lugar, no que tange ao controle contábil, (*sic*) significa um mero controle técnico, ou seja, a contabilidade, entrada e despesa, numericamente relacionadas sem maior novidade... A fiscalização financeira opera-se em relação a *gastos e receitas públicas* fazendo-se através desse instrumento da contabilidade esse possível controle (...) O controle operacional quer me parecer dar uma idéia de *modus procedendi* da *despesa pública* e portanto é possível controlar-se a forma pela qual se chega a uma despesa, a uma receita, seja na coleta do dinheiro ou seja no gasto que se efetue; fala também o preceito em controle patrimonial, controle que deve estabelecer-se entre os *bens, as coisas que pertencem ao Poder Público* (...)" (Regis Fernandes de Oliveira, *Fiscalização financeira e orçamentária*, RDP 96/213, grifo acrescentado).

deveres dos concessionários, atividades que, a par de não envolverem dispêndio de dinheiro público, constituem a razão da criação da própria agência reguladora[61]. Não lhe caberá avançar a atividade fiscalizadora sobre a atividade-fim da agência reguladora, sob pena de violação do princípio da separação de Poderes.

Este, portanto, o limite da atribuição do Tribunal de Contas[62]. Nada, rigorosamente nada, no texto constitucional o autoriza a investigar o mérito das decisões administrativas de uma autarquia, menos ainda de uma autarquia com as características especiais de uma agência reguladora. Não pode o Tribunal de Contas procurar substituir-se ao administrador competente no espaço que a ele é reservado pela Constituição e pelas leis. O abuso seria patente. Aliás, nem mesmo o Poder Legislativo, órgão que é coadjuvado pelo Tribunal de Contas no desempenho do controle externo, poderia praticar atos dessa natureza[63].

---

61. Sobre o assunto relativo aos limites da fiscalização das Cortes de Contas sobre as agências reguladoras, e, mais especificamente sobre a ASEP-RJ, v. Luís Roberto Barroso, *Natureza jurídica e funções das agências reguladoras de serviços públicos — Limites da fiscalização a ser desempenhada pelo Tribunal de Conta do Estado* (parecer), Boletim de Direito Administrativo nº 6, 1999, pp. 367-374.
62. Sobre os vários aspectos das atribuições dos Tribunais de Contas, v. Luís Roberto Barroso, *Tribunais de Contas: Algumas incompetências*, RDA 203/131.
63. A matéria, neste ponto, é objeto de consenso doutrinário. No sentido do texto, Ricardo Lobo Torres, *O Tribunal de Contas e o controle da legalidade, economicidade e legitimidade*, RILSF 121/265, p. 270 (grifo acrescentado): "O aspecto político do controle se estende também ao Tribunal de Contas, que, sobre exercer fiscalização idêntica à do Congresso quanto à legalidade e economicidade da gestão financeira, precisa dotar as suas decisões do mesmo conteúdo e extensão dos atos administrativos que controla, *sem, todavia, substituir as decisões da política econômica pelas de suas preferências. Há que distinguir entre o controle dos objetivos das decisões políticas, vedado à Corte de Contas, e o controle das contas dos órgãos políticos ou das premissas constitucionais (legalidade e economicidade) das decisões políticas, plenamente compatível com a estrutura democrática do País*". E também Walter Ceneviva, *Direito constitucional brasileiro*, 1989, p. 173: "A competência não constitui intromissão ofensiva da independência dos outros poderes, mas, cumprida na forma da Lei Maior, corresponde a mecanismo qualificado para o equilíbrio e para a interdependência que lhes impede ou dificulta a superposição de um em relação aos outros".

b) Função decisória e limites do controle exercido pelo Poder Judiciário

Ao lado do exercício de funções puramente administrativas, as agências reguladoras também exercem *competências decisórias*, resolvendo conflitos em âmbito administrativo entre os agentes econômicos que atuam no setor e entre eles e os consumidores. A Lei da ANATEL, *e.g.*, prevê que ela comporá administrativamente os conflitos de interesse entre as prestadoras dos serviços de telecomunicações (art. 19, XVII); a Lei da ANEEL atribui a essa agência o poder de dirimir divergências entre os delegatários, bem como entre eles e seus consumidores (art. 3º, V); a Lei da ANP contém previsões nessa mesma linha (art. 18).

O exercício dessa função decisória merece atenção especial. Como referido, as agências reguladoras costumam ser autorizadas por lei a dirimir tanto controvérsias nas quais o poder concedente é parte — hipótese em que se instaura um contencioso administrativo normal, com a possibilidade de recurso ao Judiciário em seguida —, quanto as que se instaurem entre dois ou mais particulares, sejam concessionários ou empresas do setor, seja entre essas empresas e seus usuários, exercendo a função decisória tal como um árbitro[64].

Pois bem: qual o espaço de revisão judicial dessas decisões? Ou, de forma mais ampla, qual o espaço de controle jurisdicional das agências em geral Como se sabe, o sistema brasileiro é o da jurisdição una, vale dizer, vige o princípio da inafastabilidade do acesso ao Poder Judiciário (art. 5º, XXXV, CF). A princípio, portanto, não é possível impedir que as decisões das agências reguladoras sejam submetidas à

---

64. Veja-se, por exemplo, o que dispõe o art. 3º, incisos VI e VII, da Lei da ANEEL: "Art. 3º. Além das incumbências prescritas nos arts. 29 e 30 da Lei nº 8.987, de 3 de fevereiro de 1995, aplicáveis aos serviços de energia elétrica, compete especialmente à ANEEL: (...) VI — fixar critérios para cálculo do preço de transporte de que trata o § 6º do art. 15 da Lei nº 9.074, de 7 de julho de 1995, e arbitrar seus valores nos casos de negociação frustrada entre os agentes envolvidos; VII — articular com o órgão regulador do setor de combustíveis fósseis e gás natural os critérios para fixação de preços de transporte desses combustíveis, quando destinados à geração de energia elétrica, e para arbitramento de seus valores, nos casos de negociação frustrada entre os agentes envolvidos."

apreciação judicial. De outra parte, o controle judicial do ato administrativo, consoante doutrina tradicional, seria limitado aos aspectos de legalidade, não alcançando o mérito da decisão administrativa. Cabe revisitar essas idéias.

O conhecimento convencional no sentido de não ser possível exercer controle de mérito sobre os atos administrativos tem cedido passo a algumas exceções qualitativamente importantes, geradas no âmbito do pós-positivismo e da normatividade dos princípios. Nesta nova realidade, destacam-se princípios com reflexos importantes no direito administrativo, dentre os quais o da razoabilidade, da moralidade e da eficiência. À luz desses novos elementos, já não é mais possível afirmar, de modo peremptório, que o mérito do ato administrativo não é passível de exame. Isso porque verificar se alguma coisa é, por exemplo, razoável — ou seja, se há adequação entre meio e fim, necessidade e proporcionalidade — constitui, evidentemente, um exame de mérito.

Em suma: a doutrina convencional em tema de controle dos atos administrativos, aí incluídos os das agências reguladoras, não perdeu a validade, mas sofre exceções importantes. Sem embargo, no tocante às decisões das agências reguladoras, a posição do Judiciário deve ser de relativa auto-contenção, somente devendo invalidá-las quando não possam resistir aos testes constitucionalmente qualificados, como os de razoabilidade ou moralidade, já mencionados, ou outros, como os da isonomia e mesmo o da dignidade da pessoa humana. Notadamente no que diz respeito a decisões informadas por critérios técnicos, deverá agir com parcimônia, sob pena de se cair no domínio da incerteza e dos subjetivismo.

c) *Função normativa: algumas controvérsias.*

Por fim, além de funções executivas e decisórias, praticamente todas as leis que organizaram agências reguladoras conferiram-lhes funções normativas de largo alcance, sendo esta certamente a mais polêmica das questões que envolvem as agências[65]. A dificuldade está

---

65. A Lei que institui a ANS, por exemplo, outorga uma série de competências normativas à agência, dentre as quais a de normatizar os conceitos de doenças e lesões preexistentes (art. 4º, IX), estabelecer normas para ressarcimento ao

em que, embora em alguns casos seja possível dizer que a lei apenas atribui um espaço discricionário amplo aos agentes administrativos, em outros há verdadeira delegação de funções do Legislativo para a agência, transferindo-se quase inteiramente a competência para disciplinar determinadas questões.

O problema aqui, naturalmente, é o confronto dessas disposições com o princípio da legalidade, que, embora passe por ampla reformulação, continua a funcionar como uma das mais importantes garantias individuais, nos termos do art. 5°, II, da Constituição. É verdade que a doutrina tem construído em torno do tradicional princípio da legalidade uma teorização mais sofisticada, capaz de adaptá-lo à nova distribuição de espaços de atuação entre os três Poderes. Com efeito, o crescimento do papel do Executivo, alimentado pela necessidade moderna de agilidade nas ações estatais e pela relação cada vez mais próxima entre ação estatal e conhecimentos técnicos especializados[66], acabou por exigir uma nova leitura do princípio, e nessa linha é que se admite hoje a distinção entre reserva absoluta e reserva relativa de lei, de um lado, e, de outro, entre reserva de lei formal ou material.

Fala-se de reserva legal absoluta quando se exige do legislador que esgote o tratamento da matéria no relato da norma, sem deixar espaço remanescente para a atuação discricionária dos agentes públicos que vão aplicá-la. Será relativa a reserva legal quando se admitir a atuação subjetiva do aplicador da norma ao dar-lhe concreção. De parte isso, também é possível distinguir a (a) reserva de lei formal da (b) reserva de lei material. Haverá reserva de lei formal quando determinada matéria só possa ser tratada por ato emanado do Poder Legislativo, mediante adoção do procedimento analítico ditado pela própria Constituição, que normalmente incluirá iniciativa, discussão

---

Sistema Único de Saúde (art. 4°, VI), estabelecer critérios, responsabilidades, obrigações e o procedimento para a garantia de direitos assegurados pela Lei de Planos e Seguros de Saúde (Lei n 9.656/98) (art. 4°, XI), dentre inúmeras outras. A Lei Geral de Telecomunicações, por seu turno, confere poderes a ANATEL para expedir normas quanto à outorga, prestação e fruição dos serviços de telecomunicações em regime publico e privado (art. 19, VI e X), para citar um exemplo apenas. E disposições como estas se repetem, via de regra, em relação a todas as demais entidades.

66. Sobre o tema, veja-se Clèmerson Merlin Clève, *Atividade legislativa do poder executivo*, 2000.

e votação, sanção-veto, promulgação e publicação. A Constituição contempla, de outra parte, atos normativos que, embora não emanados diretamente do Legislativo, têm força de lei. Dizem-se, assim, atos materialmente legislativos, gênero onde se situam espécies normativas como as medidas provisórias e as leis delegadas.

Nada obstante toda essa construção, cujo propósito evidente já é atenuar a rigidez da noção original do princípio da legalidade (inicialmente associado apenas a atos expedidos pelo Poder Legislativo), permanece válida a concepção tradicional no direito constitucional brasileiro[67] de que é vedada a delegação de funções de um Poder a outro[68] fora das hipóteses constitucionais[69]; ou, ao menos, de que a

---

67. A Constituição de 1967/69 dispunha textualmente: "Art. 6º (...) Parágrafo único. Salvo as exceções previstas nesta Constituição, é vedado a qualquer dos Poderes delegar atribuições; quem for investida na função de um deles não poderá exercer a de outro". Não obstante a textualidade do dispositivo, ocorreram no regime constitucional anterior inúmeras delegações legislativas, copiosamente exemplificáveis. Algumas já vinham de longe, mas não foram questionadas. Confirme-se. Pela Lei nº 1779, de 22.12.52, criou-se a autarquia Instituto Brasileiro do Café, à qual se cometeram diversas atribuições de cunho normativo, inclusive quanto ao trânsito do café entre a produção e o escoamento, fixação de quotas etc. Semelhantemente se passara com o açúcar desde o Decreto nº 22.779, de 01.06.33. Mais recentemente, foi também por via de delegação que se submeteu a disciplina de todo o setor monetário e financeiro às resoluções do Banco Central do Brasil e do Conselho Monetário Nacional, com fulcro na Lei nº 4.595, de 31.12.64. Também no setor de comércio exterior, sucessivos diplomas legais, desde a Lei nº 3.244, de 1957, repassaram a órgãos do Executivo vastíssimas competências de cunho normativo.

68. Confira-se, a propósito, o seguinte excerto de trabalho doutrinário do Ministro Carlos Mario da Silva Velloso: "no Direito Constitucional clássico, anotam os autores, a regra é a indelegabilidade, como corolário, aliás, da doutrina da separação de poderes teorizada por Montesquieu. Locke, no *Segundo Tratado de Governo Civil*, deixa expresso que nenhum poder pode delegar atribuições, porque o poder é exercido por delegação do soberano, e quem age por delegação não pode delegar o que não lhe pertence, o que se enuncia na máxima latina: *delegata potestas delegari non potest*". (*Delegação legislativa — A legislação por associações*, RDP 90/179, p. 180).

69. Nessa linha, CF/88, ADCT: "Art. 25. Ficam revogados, a partir de cento e oitenta dias da promulgação da Constituição, sujeito este prazo a prorrogação por lei, todos os dispositivos legais que atribuam ou deleguem a órgão do Poder Executivo competência assinalada pela Constituição ao Congresso Nacional, especialmente no que tange a: I. ação normativa; (...)"

delegação, ainda que possível, não pode ser "em branco", isto é, desacompanhada de parâmetros ou diretrizes obrigatórias.

Essa última flexibilização do princípio da legalidade, que acaba por admitir a delegação, desde que acompanhada de "standards", já foi implicitamente aceita pelo Supremo Tribunal Federal[70]. O mesmo Tribunal, porém, em outro julgamento, suspendeu a eficácia de dispositivo da Lei da ANATEL que conferia à agência poderes normativos para dispor sobre o procedimento licitatório de outorga do serviço de telefonia de forma diversa da prevista na lei geral de licitações[71].

A grande dificuldade que envolve a discussão sobre o poder normativo das agências reguladoras, portanto, diz respeito ao seu convívio com o princípio da legalidade. É preciso determinar os limites dentro dos quais é legítima a sua flexibilização, sem que se perca sua identidade como uma norma válida e eficaz. É neste território que se opera a complexa interação — ainda não totalmente equacionada — entre a reserva legal, de um lado, e fenômenos afetos à normatização de condutas, como o poder regulamentar, a delegação legislativa e a polêmica figura da *deslegalização*[72], entendida como a retirada,

---

70. Com efeito, o STF já admitiu a delegação legislativa, desde que, porém, com a fixação de *standards*, nos seguintes termos: "O legislador local, como se vê, instituiu e nomeou uma vantagem remuneratória, delegando, porém, ao Executivo — livre de quaisquer parâmetros legais —, a definição de todos os demais aspectos de sua disciplina — a qual, acrescente-se, se revelou extremamente complexa —, incluídos aspectos essenciais como o valor de cada ponto, as pontuações mínima e máxima e a quantidade de pontos atribuíveis a cada atividade e função. Essa delegação sem parâmetro, contudo, penso eu, é incompatível com o princípio da reserva de lei formal a que está submetida a concessão de aumentos aos servidores públicos (CF, art. 61, § 1º, II, *a*)." (STF, RE n.º 264289/CE, Min. Sepúlveda Pertence, DJ de 14.12.01).
71. STF, ADIn 1668, Rel. Min. Marco Aurélio de Mello, DJ 23.10.97.
72. Sobre o tema da deslegalização, vejam-se Diogo de Figueiredo, *Direito regulatório*, 2002, bem como as dissertações de mestrado de Alexandre Santos de Aragão, *A função e a posição das agências reguladoras no Estado contemporâneo*, mimeografado, 2001, pp. 450 ss. e Patrícia Ferreira Batista, *Transformações do direito administrativo contemporâneo: constitucionalização e participação na construção de uma dogmática administrativa legitimadora*, mimeografado, 2001, onde averbou com rigor técnico: "Tradicionalmente, nos países que se

pelo próprio legislador, de certas matérias do domínio da lei, para atribuí-las à disciplina das agências.

Conclusão
TRANSFORMAÇÕES DO ESTADO, DESREGULAÇÃO E LEGITIMIDADE DEMOCRÁTICA

O Estado moderno, o direito constitucional e o direito administrativo passaram nas últimas décadas por transformações profundas, que superaram idéias tradicionais, introduziram conceitos novos e suscitaram perplexidades ainda não inteiramente equacionadas. Nesse contexto, surgem questões que desafiam a criatividade dos autores, dos legisladores e dos tribunais, dentre as quais se incluem, em meio a diversas outras:

> a) a definição do regime jurídico e das interações entre duas situações simétricas: o desempenho de atividades econômicas privadas pelos entes públicos e, especialmente, a realização por pessoas privadas de atividades que deixaram de ser estatais, mas continuaram públicas ou de relevante interesse público;
> b) o difícil equilíbrio entre diferentes demandas por parte da sociedade, envolvendo valores que se contrapõem ou, no mínimo, guardam entre si uma relação de tensão, como:

---

inspiraram no modelo francês, o conteúdo deste princípio (o da legalidade) foi associado à idéia da vinculação positiva à lei: à Administração somente é lícito fazer aquilo que a lei expressamente autoriza. Entretanto, com a superação do Estado liberal e a crise da lei formal, desapareceram as condições que justificavam a tese da vinculação positiva à lei. A deslegalização, por meio da qual se abre ao poder regulamentar o trato de matérias antes atribuídas ao poder legislativo, é uma das provas da insuficiência daquela tese para a realidade contemporânea. Desenvolveu-se, assim, a teoria da vinculação da Administração Pública ao Direito, especialmente aos princípios e regras do ordenamento constitucional. Subsiste, de qualuqer forma, a regra da vinculação positiva à lei para aquelas matérias submetidas, pelo constituinte, à reserva de lei e para as atividades administrativas de natureza gravosa, passíveis de limitar ou extinguir direitos subjetivos dos administrados".

(i) eficiência administrativa, (ii) participação dos administrados e (iii) controle da Administração Pública e suas agências pelos outros órgãos de Poder e pela sociedade;
c) a superação do caráter axiomático e absoluto do princípio da supremacia do interesse público, em um universo jurídico no qual se verificou a ascensão dos direitos fundamentais e foram desenvolvidas novas fórmulas doutrinárias, como a teoria dos princípios. Direitos e princípios passam, assim, a ser valorados à vista do caso concreto, de acordo com sua dimensão de peso específico, à luz de critérios como o da razoabilidade-proporcionalidade e o da dignidade da pessoa humana.

O surgimento de centros de poder como os das agências reguladoras — cujas características são a não eletividade de seus dirigentes, a natureza técnica das funções desempenhadas e sua autonomia em relação aos Poderes tradicionais — desperta, naturalmente, a discussão acerca da legitimidade política no desempenho de tais competências. Este *deficit democrático* tem sido objeto de ampla reflexão pela doutrina[73], que aponta alguns aspectos que, idealmente, seriam capazes de neutralizar suas conseqüências. Dentre eles, invocam-se os seguintes: o Legislativo conserva o poder de criar e extinguir agências, bem como de instituir as competências que desempenharão; o Executivo, por sua vez, exerce o poder de nomeação dos dirigentes, bem como o de traçar as políticas públicas para o setor específico; o Judiciário exerce controle sobre a razoabilidade e sobre a observância do devido processo legal, relativamente às decisões das agências. Ressalte-se que em tempos de liberdade de imprensa, de organização da sociedade e de existência de uma opinião pública esclarecida e atuan-

---

73. Veja-se, a propósito, Alexandre Santos de Aragão, *A função e a posição das agências no Estado contemporâneo*, cit., p. 238-9: "Todavia, a adoção de um modelo multiorganizativo ou pluricêntrico de Administração Pública traz riscos à legitimidade democrática da sua atuação. Em outras palavras, uma das suas maiores vantagens — a distância dos critérios político-partidários de decisão, assegurada, sobretudo, pela impossibilidade do Chefe do Poder Executivo (eleito) exonerar livremente os seus dirigentes (nomeados) — é também um dos seus maiores riscos".

te, sobreleva a importância do dever de motivação adequada, do dever de argumentativa e racionalmente demonstrar-se o acerto das ponderações de interesse e das escolhas realizadas.

Este, portanto, o ambiente no qual se vem discutindo a atuação do Estado no plano econômico, o papel das agências e o surgimento do direito da regulação. Em desfecho dos apontamentos aqui alinhavados, é possível compendiar as idéias desenvolvidas nos capítulos precedentes nas proposições enunciadas a seguir:

A. O Estado brasileiro, ao longo da década de 90, sofreu um conjunto amplo de reformas econômicas, levadas a efeito por emendas à Constituição e por legislação infraconstitucional, e que podem ser agrupadas em três categorias: a extinção de determinadas restrições ao capital estrangeiro, a flexibilização de monopólios estatais e a desestatização.

B. Tais transformações modificaram as bases sobre as quais se dava a atuação do Estado no domínio econômico, tanto no que diz respeito à prestação de serviços públicos como à exploração de atividades econômicas. A diminuição expressiva da atuação empreendedora do Estado transferiu sua responsabilidade principal para o campo da regulação e fiscalização dos serviços delegados à iniciativa privada e das atividades econômicas que exigem regime especial.

C. É nesse contexto que surgem as agências reguladoras, via institucional pela qual se consuma a mutação do papel do Estado em relação à ordem econômica. As agências são autarquias especiais, que desempenham funções executivo-administrativas, normativas e decisórias, dentro de um espaço de competências deferido por lei, cujos limites ainda não estão pacificados na doutrina e na jurisprudência. No exercício de suas atribuições, cabem às agências encargos de grande relevância, como zelar pelo cumprimento dos contratos de concessão, fomentar a competitividade, induzir à universalização dos serviços, definir políticas tarifárias e arbitrar conflitos entre o poder concedente, os concessionários e os usuários.

D. Naturalmente, o desempenho de tarefas dessa natureza e significado exige que as agências sejam dotadas de autonomia político-administrativa — referente à investidura e permanência de seus diretores nos cargos — e autonomia econômico-financeira, materializada na arrecadação de recursos próprios suficientes. Nessa linha, as leis instituidoras têm introduzido mecanismos destinados a preservá-las de ingerências externas inadequadas, tanto por parte dos interesses privados quanto pelos próprios órgãos e entidades estatais.

E. A demarcação do espaço institucional de atuação das agências reguladoras enfrenta tensões de ordens diversas. De um lado, a tradição personalista de ingerência do Poder Executivo. De outro, a desconfiança que nos últimos anos se desenvolveu no Brasil em relação ao abuso no exercício de competências normativas delegadas. E, por fim, há ainda o avanço do ativismo judicial em relação ao mérito das decisões administrativas, fruto da democratização e da doutrina pós-positivista, com o reconhecimento de normatividade aos princípios.

F. Uma das mais intrincadas questões afetas às agências reguladoras e ao direito da regulação é sua compatibilização com o princípio da reserva legal, que ainda hoje é da essência do modelo democrático. Para além dos temas recorrentes, como o poder regulamentar e as delegações legislativas, há a questão específica da chamada *deslegalização, que contrasta com os conceitos tradicionais ao contemplar a transferência de competências normativas primárias para uma entidade da Administração.*

G. Estas tensões institucionais entre Poderes e entidades são próprias das democracias em geral, e mais especialmente daquelas de consolidação mais recente, como é o caso do Brasil. As agências reguladoras, no entanto, tornaram-se peças fundamentais no ambicioso projeto nacional de melhoria da qualidade dos serviços públicos e de sua universalização, integrando ao consumo, à cidadania e à vida civilizada enormes contingentes mantidos à margem do progresso material.

H. Se este projeto fracassar, será um longo caminho de volta.

Água: a Próxima Crise[1]

SUMÁRIO: I. Alguns aspectos do problema. II. Saneamento básico: a solução adiada. III. Público ou privado: a falsa questão. IV. Conclusão.

I. Alguns aspectos do problema

Uma das singularidades do caráter nacional é a capacidade de surpreender-se com o que era previsível, quando não com o óbvio. Os exemplos são tantos e tão variados, que nem seria preciso recorrer ao susto da hora: o colapso energético do país, tão inesperado como um pôr-do-sol no fim do dia. Do desmatamento da Amazônia ao submundo do financiamento eleitoral, aguarda-se apenas a próxima tragédia ou o próximo escândalo para todos ficarmos perplexos com o que já sabíamos. Como me foi gentilmente oferecido este espaço, sinto-me na obrigação de anunciar o sobressalto de amanhã: a água. Os problemas são a escassez, a qualidade e o acesso pela população.

No primeiro item, que depende apenas da natureza, o Brasil foi afortunado: o país concentra aproximadamente 14% de toda a água potável do planeta. Mas é relevante saber que em muitos países da África, Oriente Médio e Ásia Central a água potável tornou-se mais preciosa que o petróleo, e sua escassez é responsável por conflitos

---

1. Publicado na Revista da Associação dos Magistrados do Estado do Rio de Janeiro (www.amaerj.org.br).

armados e por um clima de constante tensão. Apenas 2,7% da água da Terra são potáveis (a dessalinização em grande escala é economicamente inviável, por enquanto) e mais de 75% desse percentual encontram-se nas geleiras e calotas polares[2]. Esta preocupação, que deve ser compartilhada por toda a sociedade, não tem despertado maior emoção ou interesse por aqui, salvo o de grupos restritos e dos militantes devocionais. Mas há uma luz acesa no painel.

Os outros problemas a serem enfrentados — a qualidade da água e o acesso a ela por parte da população — remetem a duas competências fundamentais do Poder Público, embora freqüentemente negligenciadas: o controle da poluição e o saneamento básico. O presente trabalho irá concentrar-se na segunda, procurando equacionar algumas complexidades jurídicas a ela afetas. Ao tema da poluição das águas são reservadas as considerações genéricas que se seguem.

O controle da poluição, em suas múltiplas manifestações, insere-se na discussão mais ampla da questão ambiental, cujo tratamento normativo em âmbito mundial remonta à década de 70. No Brasil, a Lei 6.938/81 instituiu a política nacional do meio ambiente e a Constituição de 1988 dedicou um capítulo ao tema. A competência legislativa no tocante à proteção do meio ambiente e ao controle da poluição é compartilhada pela União e pelos Estados (CF, art. 24, VI), cabendo à União traçar normas gerais e aos Estados suplementar a legislação federal. As competências político-administrativas, que abrangem as ações concretas e o poder de polícia, são comuns aos três níveis de governo.

O discurso da proteção ambiental é extremamente sedutor e tem curso universal. Não é análogo à questão racial ou à questão da afirmação da condição feminina, para citar dois exemplos de causas que tiveram de enfrentar a tradição, a dominação e o preconceito. Ao contrário, aqui há unanimidade no discurso. O problema é a indiferença generalizada na ação. O meio ambiente em geral, e as águas em particular, enfrentam três grandes categorias de inimigos: os interesses econômicos, a pobreza e a desinformação. As duas primeiras são auto-explicativas. A terceira merece uma observação.

A desinformação é um problema que se agrava em sociedades heterogêneas e divididas. A atávica opção preferencial pelos ricos,

---

2. Os dados são do Ministério do Meio Ambiente.

que marca a formação social brasileira desde o descobrimento, gera um abismo cultural entre os diferentes grupos. Este é um fenômeno que se superpõe, mas não se confunde com o conflito de classes. Aqui se trata, como lembrou o professor José Reinaldo Lopes, de um conflito de civilizações diferentes: a civilização que produz césio radioativo e o despeja nas ruas e a que não sabe o que é radioatividade e o apanha nas mãos.

A denominada Agenda 21, fruto da Conferência das Nações Unidas sobre Meio Ambiente e Desenvolvimento, realizada no Rio de Janeiro, em 1992, dedicou um capítulo à proteção da qualidade e do abastecimento dos recursos hídricos e outro ao manejo seguro e ambientalmente saudável dos resíduos sólidos e questões relacionadas com os esgotos. Ao correlacionar meio ambiente e desenvolvimento e ao analisar as dimensões sociais e econômicas da questão ambiental, o documento produzido pela Conferência deu ênfase à necessidade de desenvolvimento sustentável (que é o que atende às necessidades básicas das gerações atuais e futuras, bem como assegura a renovação dos recursos), ao combate à pobreza e à mudança dos padrões de consumo.

A questão do controle da poluição, portanto, tem sido bem equacionada do ponto de vista técnico, inclusive em documentos internacionais, e não apresenta dificuldades jurídicas na definição das competências públicas. Está-se, aqui, no domínio da eleição de prioridades e da vontade política na ação. A propósito, um registro final: fracassou, melancolicamente, o programa de despoluição da Baía de Guanabara. Os próprios organismos internacionais que financiavam o projeto desistiram.

II. Saneamento básico: a solução adiada

Uma crônica dificuldade nacional em acertar prioridades manteve afastado do debate político-institucional a questão do saneamento básico, nada obstante tratar-se da principal política pública de saúde, conforme parâmetro mundialmente aceito. O imobilismo vinha sendo atribuído a um suposto impasse constitucional: a indefinição acerca de qual ente estatal tem competência na matéria, em um disputa que contrapõe Estados e Municípios. Embora o tratamento jurídico do tema envolva algumas sutilezas e complexidades, a verdade é que a Constituição não carrega essa culpa: ela é clara nos seus propósitos e na distribuição de atribuições.

Dois conceitos fundamentais permeiam a discussão: o de saneamento e o de Federação. *Saneamento básico* compreende um conjunto de ações integradas envolvendo as diferentes fases do ciclo da água: a captação ou derivação, seu tratamento, adução e distribuição, encerrando-se com o esgotamento sanitário ou efusão industrial. *Federação* é a forma de organização do Estado brasileiro, fundada na descentralização política, pela qual as competências públicas são repartidas pela Constituição entre União, Estados e Municípios, todos dotados de autonomia.

A Constituição democrática de 1988 trata ampla e analiticamente da questão da água em suas múltiplas aplicações e faz opções inequívocas. A *propriedade das águas*, por exemplo, é distribuída entre a União e os Estados (CF, arts. 20, III e 26, I), vale dizer: não há águas municipais. As competências *legislativas* sobre o tema, por sua vez, são concentradas na União. A questão decisiva, nesse momento, diz respeito à definição das competências *político-administrativas* em matéria de saneamento básico, conceito no qual está incluída a titularidade da prestação do serviço. Estas competências são repartidas pela Constituição entre Municípios e Estados, com base em critério cuja enunciação é singela: a competência é municipal quando se tratar de serviço público de *interesse local* (CF, art. 30, V); nas demais hipóteses, isto é, sendo o interesse *comum* a diversos Municípios ou tendo caráter *regional*, o titular do serviço será o Estado (CF, art. 25, §§ 1 e 3).

A distinção entre o que seja interesse local, de um lado, e interesse comum ou regional, de outro, conquanto possa parecer intuitiva, é um mar revolto onde deságuam rios de tinta. É que, a rigor, praticamente todo e qualquer serviço apresentará, em última análise, uma dose de interesse local, ao passo que dificilmente algum serviço local será indiferente aos interesses regionais ou mesmo nacionais. Para fugir à circularidade desses argumentos, o critério tradicionalmente utilizado é o da identificação da *predominância* do interesse local ou regional.

Projeto de lei ora em tramitação no Congresso, que institui diretrizes para o saneamento básico, contém uma fórmula eficaz para a solução das disputas interpretativas, elegendo um critério técnico: se o Município for capaz de prestar o serviço de modo completo, desincumbindo-se de todas as fases afetas ao saneamento — que inclui, como visto, desde a captação da água até o esgotamento sanitário —, é sua a competência. Na hipótese inversa, se a prestação do serviço envolver a atuação e os interesses de diversos Municípios, já não será legítimo falar em interesse predominantemente local. A competência, então, passa a ser do Estado. É o que sucede, como regra, nas regiões metropolitanas, formadas por grupamento de Municípios, bem como nas aglomerações urbanas e microrregiões.

A distinção constitucional e o critério legal proposto fundam-se no princípio da eficiência. Se o interesse for comum, a gestão pelo Estado é mais apta a obter a universalização do serviço, a qualidade e a modicidade das tarifas. No caso de tratar-se de um serviço eminentemente local, o Município terá melhores condições de realizar estes objetivos. Nada impede, ademais, que em lugar do conflito político se faça a opção madura pela celebração de convênio, com a definição consensual dos papéis de cada um. O projeto de lei em discussão contempla hipóteses de gestão associada e de gestão regional integrada.

A conseqüência prática inegável do tratamento constitucional — e legal, se vier a ser aprovado o projeto em tramitação no Congresso, em regime de urgência — é que, como regra, o poder concedente será o Estado. Sem embargo dessa convicção, que é técnica e não ideológica, o sistema não tem como funcionar adequadamente sem a participação dos Municípios. É um equívoco político supor que eles não devam ou não possam ter ingerência, notadamente na fase de distribuição ou fornecimento domiciliar do serviço. Portanto, a parceria entre Estados e Municípios será a única fórmula de viabilizar a ampliação e universalização da rede, com a realização dos investimentos necessários.

III. Público ou privado: a falsa questão

Os serviços públicos referentes à água, como os serviços públicos em geral, podem ser prestados direta ou indiretamente pelo Poder Público. Os serviços afetos à água dificilmente poderiam ser prestados pela administração direta, diante da complexidade da atividade e da agilidade exigida no seu desempenho. Portanto, a fórmula escolhida na maior parte dos Estados e dos Municípios que os prestam foi a criação de empresas estatais, isto é, o serviço é atribuído a entidades instituídas no âmbito da administração indireta, normalmente sob a forma de sociedade de economia mista. Este é o sistema que se encontra em xeque na quadra atual, por sua incapacidade de atender à demanda pelo serviço.

Não se partilha aqui da crença que se difundiu no Brasil de que todo serviço prestado pelo Estado é ineficiente e de que todo serviço prestado privadamente é eficiente. Essa é uma falsa dicotomia, que se desfaz com alguns exemplos emblemáticos: o serviço de transporte público urbano, na maior parte do país, há muitas décadas, é um serviço público prestado privadamente. Não tem sido motivo de orgulho. Por outro lado, os serviços postais, prestados pelo Estado (embora não mais sob regime de monopólio), funcionam adequadamente. Portanto, a desestatização deve ser vista sem preconceito: nem a favor, nem contra. Depende das circunstâncias.

De fato, onde o Estado ou o Município tiver recursos próprios ou capacidade de endividamento suficiente para obtê-los, a escolha pela prestação privada ou pública do serviço será puramente ideológica. Porém, onde esta capacidade de gerar recursos não exista, não há opção: a parceria com o setor privado impõe-se como dever de justiça social para os que não têm acesso ao abastecimento e ao esgotamento sanitário. Permanecer fiel ao dogma ideológico de que esse é um serviço público essencial, e que o Estado, portanto, deve necessariamente desempenhá-lo, significará ser coerente com as próprias convicções, mas provocar a conseqüência perversa de continuar negando o acesso ao saneamento básico a uma imensa legião de brasileiros.

É preciso atentar que a eventual delegação da execução do serviço à iniciativa privada não descaracteriza sua natureza de serviço público. O Estado continua a desempenhar um papel vital na matéria, quer no planejamento, quer na fiscalização do cumprimento das metas estabelecidas na concessão, quer na regulação adequada da prestação do serviço. Nessa passagem do Estado de prestador a regulador e fiscalizador do serviço, assume destaque a figura das agências reguladoras, que, para funcionarem adequadamente, deverão conservar independência político-administrativa e econômico-financeira. Mas aqui já se começa outra história.

IV. Conclusão

O Brasil, por força de sua localização geográfica bem-aventurada, não vive, como diversos outros países do mundo, risco próximo de escassez de água, embora a questão não deva ser negligenciada[3]. Nada obstante, a preservação da qualidade desse recurso vital, mediante controle da poluição e políticas ambientais, tem sido historicamente deficiente. Para agravar o problema, o país não tem uma diretriz nacional em matéria de saneamento básico, fato atribuído injustamente a uma suposta indefinição constitucional. Tal circunstância paralisou a realização de investimentos no setor, tanto públicos como privados, à espera da conclusão de uma disputa interminável entre Estados e Municípios acerca de quem é o titular do serviço. O pano de fundo passou a ser a voracidade por verbas e não a eficiência do saneamento.

No Brasil, por força de uma herança patrimonialista renitente, o serviço público ainda não é visto como uma função, um compromisso com a cidadania, com a realização de objetivos sociais amplos. Ao contrário, é freqüentemente tratado como mero instrumento de poder político — poder de ocupar o espaço público, de nomear aliados, de creditar-se favores — ou fonte de arrecadação de recursos. A indefinição prolongada na matéria tem adiado investimentos e ações concretas, com conseqüências dramáticas à qualidade de vida da população, sendo causa direta de mortes, doenças evitáveis e degradação ambiental. Nessa matéria, estamos atrasados e com pressa. Agora que há oferta abundante de telefones celulares, talvez seja a oportunidade para cuidar dessas miudezas.

---

3. Não se discute no presente artigo a questão da seca, cujas causas e conseqüências não estão imediatamente relacionadas com os tópicos aqui desenvolvidos.

A Superação da Ideologia da Segurança Nacional e a Tipificação dos Crimes contra o Estado Democrático de Direito

SUMÁRIO: Introdução. Parte I. A Lei de Segurança Nacional em vigor e sua superação histórica. I. A doutrina de segurança nacional e o regime constitucional anterior. II. A legislação de segurança nacional na experiência brasileira. III. A atual Lei de Segurança Nacional e a Constituição de 1988. Parte II. O anteprojeto proposto. I. Introdução. II. O conteúdo do anteprojeto. Anexo: o anteprojeto de lei.

Introdução

O texto abaixo consiste em minuta de exposição de motivos apresentada à comissão constituída pelo Ministro da Justiça para a elaboração de um anteprojeto de lei sobre a matéria referida no título acima. Em seguida vem a proposta elaborada pela comissão, que foi integrada pelo ex-Ministro do Superior Tribunal de Justiça, Luiz Vicente Cernichiaro (coordenador), pelo Professor Luiz Alberto David Araújo, pelo Procurador da República José Bonifácio Borges de Andrada e por mim.

Exposição de motivos

Excelentíssimo Senhor Ministro da Estado da Justiça:
A Portaria nº 413, de 30.05.2000, firmada por Vossa Excelência, criou Comissão Especial para efetuar estudos sobre as Medidas de Proteção ao Estado Democrático de Direito. Em seu art. 1º, o mencionado ato administrativo assim dispôs:

> *"Art. 1º Fica constituída, no âmbito do Ministério da Justiça, Comissão Especial para efetuar estudos sobre a legislação de Segurança Nacional, com as seguintes atribuições:*
> *I — exarar parecer sobre a vigência da Lei nº 7.170, de 14 de dezembro de 1983 (Lei de Segurança Nacional), em face do ordenamento constitucional atual;*
> *II — sugerir princípios gerais que devam nortear a elaboração de Anteprojeto de Lei de Defesa do Estado Democrático de Direito"*

O texto que se segue dá cumprimento ao previsto na citada Portaria.

Parte I
A LEI DE SEGURANÇA NACIONAL EM VIGOR E SUA SUPERAÇÃO HISTÓRICA

I. A doutrina de segurança nacional e o regime constitucional anterior

A doutrina de segurança nacional, embora tenha sua origem associada à política francesa durante a guerra da Argélia, desenvolveu-se sobretudo nas escolas militares dos Estados Unidos da América, no período posterior à segunda guerra mundial. No Brasil, sua importação e adaptação se deveram especialmente à Escola Superior de Guerra, criada em 1949, e que foi o centro de difusão das idéias que deram suporte ao sistema de poder que se implantou no país após o movimento militar de 1964.

A doutrina foi concebida sob o espectro da guerra — da guerra fria, da guerra revolucionária e da terceira guerra mundial, tida por longo tempo como uma inevitabilidade histórica. Em nome da segurança nacional, disseminou-se nos países periféricos do bloco ocidental um truculento sentimento anticomunista, fundamento da repressão, da censura e da perseguição política. Quase todos os países da América Latina sofreram o impacto antidemocrático da ideologia da segurança nacional, com o colapso das instituições constitucionais e a ascensão de regimes militares.

A Constituição de 1967, no texto original e, após, com a redação que lhe foi dada pela Emenda Constitucional nº 1, de 17 de outubro de 1969, outorgada pelos Ministros da Marinha de Guerra, do Exército e da Aeronáutica Militar, dispunha sobre o tema com impropriedade e exagero, prevendo no art. 86: "Toda pessoa, natural ou jurídica, é responsável pela segurança nacional, nos limites definidos em lei". O Conselho de Segurança Nacional era o órgão de mais alto nível na assessoria direta ao Presidente da República para formulação e execução da política de segurança nacional (art. 87), tendo um vasto elenco de competências listadas no art. 89, que incluía "estabelecer os objetivos nacionais permanentes e as bases para a política nacional".

II. A legislação de segurança nacional na experiência brasileira

Bem antes do desenvolvimento de uma específica doutrina, a locução *segurança nacional* já era parte integrante do direito constitucional brasileiro. A Constituição de 1934, por exemplo, a ela dedicava o seu título VI, voltado, todavia, predominantemente, para questões afetas à segurança externa e às Forças Armadas. Foi sob a égide desta carta que surgiu a Lei nº 38, de 4 de abril de 1935, editada após a denominada *Intentona Comunista*, e que deu início à tipificação, em lei especial, dos crimes contra a segurança nacional, seguida de outros textos legislativos.

Após o colapso da ordem constitucional, em 1964, foi editado o Decreto-lei nº 314, de 13.03.67, primeira lei de segurança nacional do novo regime, editada com base no Ato Institucional nº 2. Veio em substituição à Lei nº 1.802, de 1953, que definia os crimes contra a ordem política e social. O Decreto-lei nº 314/67, por sua vez, foi substituído pelo Decreto nº 898, de 21.09.69, texto que procurava definir figuras estranhas, como *guerra psicológica adversa*, fazia menção a conceitos enigmáticos, como *pressões antagônicas*, criminalizava a greve nos serviços públicos e nas atividades essenciais, bem como a *propaganda subversiva*, dentre outras singularidades.

Sobrevieram a Lei nº 6.620, de 17.12.78, aprovada por decurso de prazo no final do governo do General Ernesto Geisel, e, finalmente, a Lei nº 7.170, de 14.12.83, presentemente em vigor, que, consoante ementa oficial, "define os crimes contra a segurança nacional, a ordem política e social, estabelece seu processo e julgamento e dá outras providências". A Lei encontra-se dividida em três partes, assim identificadas:

Título I: Disposições gerais;
Título II : Dos crimes e das penas:
Título III: Da competência, do processo e das normas especiais de procedimentos.

Na Exposição de Motivos encaminhada ao Presidente da República, firmada pelo Ministro da Justiça, Ibrahim Abi-Ackel, e pelo Secretário-Geral do Conselho de Segurança Nacional, Danilo Venturini, perfilhando orientação oposta à que será adiante defendida por esta Comissão Especial, ficou consignado:

> *"As leis que sucessivamente vêm tratando de tais crimes no Brasil conservam o caráter de legislação especial, por isso mesmo não incorporada a um Código, dada a necessidade de sua freqüente alteração para atender a contingências político-sociais. Dificilmente se harmonizará tal necessidade com o caráter mais duradouro e menos flexível das normas codificadas. Por essa razão, aliada a outras de Política Criminal, não fizemos incorporar na reforma penal projetada título referente aos crimes contra a segurança do Estado."*

III. A atual lei de segurança nacional e a Constituição de 1988

A Constituição de 1988 foi a superação histórica do regime que tinha como um de seus fundamentos a ideologia da segurança nacional, e toda carga autoritária que dela decorria. Por tal razão, a própria locução segurança nacional ficou praticamente fora de seu texto, salvo uma intempestiva menção no art. 173, onde se cuida das hipóteses excepcionais de exploração da atividade econômica pelo Estado. No Título V, incorporando o ideário vitorioso, a Carta emprega a terminologia compatível com a nova ordem: "Da Defesa do Estado e das Instituições Democráticas".

Produto de uma outra época, a Lei de Segurança Nacional, tanto na sua filosofia como nos princípios e conceitos que utiliza, não se harmoniza com o Estado democrático de direito introduzido pela Constituição de 1988. Embora promulgada no período menos agudo do regime militar — após a lei da anistia e do fim dos atos institucionais —, ainda foi contemporânea da intolerância política e do conflito ideológico mundial. De fato, em 1984, quando da votação da emenda constitucional destinada à introdução das eleições diretas, a capital federal esteve sob medidas de emergência e o movimento que apoiava a modificação foi, em diversas ocasiões, intimidado e reprimido. O muro de Berlim, marco simbólico da guerra fria, somente veio a ser derrubado mais adiante, em final de 1989, quando já em vigor a nova Carta.

Na *definição dos crimes*, a Lei nº 7.170/83 emprega a terminologia superada, impregnada de subjetivismo ideológico e facciosismo político, como por exemplo: incitar à subversão da ordem política ou social, à animosidade entre as Forças Armadas e as instituições civis ou à luta com violência entre as classes sociais (art. 23); fazer funcionar partido político ou associação dissolvidos por força de disposição legal ou de decisão judicial (art. 25); imputar ao Presidente da República, do Senado Federal, da Câmara dos Deputados ou do Supremo Tribunal Federal fato definido como crime ou ofensivo à reputação (art. 26), independentemente de ser verdadeiro ou falso.

Dispõe, ainda, a Lei nº 7.170/83 que, na sua aplicação, será observada, no que couber, "a Parte Geral do Código Penal Militar e, subsidiariamente, a sua Parte Especial". No plano *processual*, prevê a competência da Justiça Militar para processar e julgar os crimes nela previstos, com a observância das normas estabelecidas no Código de Processo Penal Militar. Contempla, ademais, a instauração de inquérito policial-militar sendo o agente civil e admite a decretação de prisão pela autoridade que presidir o inquérito. Nenhuma dessas disposições pode subsistir à luz da Constituição de 1988.

Além da inconstitucionalidade explícita de inúmeros de seus preceitos, há também, em relação a boa parte das normas da Lei nº

7.107/83, uma incompatibilidade de sistema com a nova ordem constitucional: os fatos tipificados e os valores nela considerados afastam-se dos princípios e conceitos que inspiraram a reconstrução democrática do país. São, por isso mesmo, incompatíveis com o pluralismo político, previsto como um dos fundamentos da República Federativa do Brasil no art. 1º, V da Constituição. Há, é certo, residualmente, dispositivos que não são em si inconstitucionais e que tutelam bens jurídicos que devem ser preservados em qualquer circunstância.

Poderiam ser citados, apenas como exemplos, o artigo 8º, que pune aquele que entrar em entendimento ou negociação com governo ou grupo estrangeiro, ou por seus agentes, para provocar guerra ou atos de hostilidade contra o Brasil; ou ainda o artigo 9º, que pune aquele que tentar submeter o Território Nacional ou parte dele, ao domínio ou a soberania de outro país. Mas contaminam-se por integrar um diploma que, no seu conjunto, não fez validamente a travessia entre a ordem autoritária e a ordem democrática. A aplicação isolada desses artigos, servindo-se da legislação processual regular, apesar de possível, não restará harmônica com os já mencionados fundamentos e dispositivos autoritários da Lei em comento.

IV. Conclusão

Pelas razões expostas, e em cumprimento ao inciso I do art. 1º da Portaria, o ponto de vista da Comissão é o de que se impõe a elaboração de uma nova lei, não mais inspirada pela ideologia da segurança nacional, mas voltada para a defesa do Estado Democrático de Direito. Até o advento da nova legislação, o entendimento da Comissão é no sentido de que a velha Lei de Segurança Nacional, salvo tipos que indubitavelmente devem subsistir (como, por exemplo, traição ou atentado à soberania), não deva ser aplicada.

Parte II
O ANTEPROJETO PROPOSTO

V. Apresentação

O texto ora submetido à consideração de Vossa Excelência colheu valiosos subsídios em trabalhos análogos anteriores. Dentre eles, merecem destaque: (i) o anteprojeto de Lei de Defesa do Estado Democrático, elaborado em 1985, pela Comissão presidida pelo Ministro Evandro Lins e Silva e integrada pelos Professores René Ariel Dotti, Nilo Batista e Antônio Evaristo de Moraes; e (ii) o anteprojeto da Comissão Revisora para elaboração do Código Penal (Portaria n° 232, de 24.03.98). Foram levados em conta, igualmente, projetos em tramitação no Congresso Nacional e sugestões encaminhadas pelo Gabinete de Segurança Institucional da Presidência da República.

O anteprojeto visa a tutelar valores e princípios fundamentais do Estado brasileiro, dentre os quais a soberania nacional, o regime democrático, os direitos de cidadania e o pluralismo político. Com tal propósito, acrescentou-se ao Código Penal um Título XII, denominado "Dos crimes contra o Estado Democrático de Direito". Abandona-se, assim, em definitivo, a referência a *segurança nacional*, empregando-se a terminologia consagrada pelo próprio texto constitucional. O título introduzido ficou dividido em cinco capítulos, a saber:

Capítulo I: Dos crimes contra a soberania nacional;

Capítulo II: Dos crimes contra as instituições democráticas;

Capítulo III: Dos crimes contra o funcionamento das instituições democráticas e dos serviços essenciais;

Capítulo IV: dos crimes contra a autoridade estrangeira ou internacional;

Capítulo V: Dos crimes contra a cidadania.

VI. O conteúdo do anteprojeto

O capítulo I — *Dos crimes contra a soberania nacional* — impõe deveres de lealdade ao Estado brasileiro. Nele estão previstos tipos penais já conhecidos e definidos em quase todas as legislações, que incluem: atentado à soberania, traição, violação do território, atentado à integridade nacional e espionagem. Foi expressamente contemplada a violação do território nacional com o fim de explorar riquezas naturais e, no tocante à tentativa de desmembramento do território nacional, somente foi punida a hipótese de movimento armado. Embora a Constituição consagre a indissolubilidade da Federação, não se criminalizou a mera expressão de idéias ou sentimentos separatistas.

O capítulo II — *Dos crimes contra as instituições democráticas* — abriga alguns tipos igualmente tradicionais, como insurreição, conspiração e incitamento à guerra civil. Manteve-se a previsão do crime específico de atentado à autoridade, quando a vítima seja o Presidente ou o Vice-Presidente da República ou os Presidentes da Câmara dos Deputados, do Senado Federal e do Supremo Tribunal Federal. Instituiu-se o crime de golpe de Estado, imputável a servidor público civil ou militar que tentar depor o governo constituído ou impedir o funcionamento das instituições constitucionais. Empregou-se a locução *servidor público*, em lugar de funcionário público (Código Penal, art. 327), por fidelidade à moderna terminologia vigente na matéria, seguida pela Constituição Federal (Título III, Seção II: "Dos Servidores Públicos").

O capítulo III — *Dos crimes contra o funcionamento das instituições democráticas e dos serviços essenciais* — contém a previsão do crime de sabotagem, inclusive a forma qualificada pelo resultado. Institui-se, também, em substituição à previsão genérica da legislação em vigor, relativa à tentativa de impedir o livre exercício dos Poderes da União ou dos Estados, o crime de coação contra autoridade legítima, consistente em constranger, mediante violência ou grave ameaça, por motivo de facciosismo político, autoridade legítima a não fazer o que a lei permite ou a fazer o que ela não manda, no exercício das suas atribuições.

O capítulo IV — *Dos crimes contra autoridade estrangeira ou internacional* — tutela a integridade física de representante de Estado estrangeiro no país, ou dirigente de organização internacional, que se encontrem no território nacional. A Comissão optou por não incluir no anteprojeto outros crimes com repercussão sobre as relações internacionais, considerados crimes contra a humanidade — como genocídio e tortura —, por já terem sido disciplinados em outros documentos legislativos em vigor.

Por fim, o capítulo V — *Dos crimes contra a cidadania* — constitui importante inovação. Nele se procura coibir o abuso de poder por parte do Estado e o abuso de direito por parte de particulares. Prevê-se, assim, o crime de atentado a direito de manifestação, que consiste em impedir ou tentar impedir, mediante violência ou grave ameaça, sem justa causa, o livre e pacífico exercício do direito de manifestação. Pode ser sujeito ativo do crime tanto o particular como o servidor público. O anteprojeto também pune a associação discriminatória e a propagação racista ou atentatória a direitos fundamentais, com o fim de desestimular o preconceito e a intolerância.

Excelentíssimo Senhor Ministro: Estas as propostas que temos a honra de submeter a Vossa Excelência. A Comissão elaborou o presente anteprojeto procurando interpretar o sentimento da sociedade civil brasileira, ciosa da importância da liberdade duramente conquistada e da necessidade do respeito ao pluralismo político e às instituições democráticas. Trata-se de um texto de tutela de valores elevados do Estado e da sociedade, a serem respeitados a todo tempo, por oposição e governo, independentemente de quem esteja em uma ou outra posição. Um documento que celebre a maturidade institucional brasileira.

ANEXO: ANTEPROJETO DE LEI

PROJETO DE LEI N.º **6.764/2002**

Introduz, na Parte Especial do Código Penal (Decreto-Lei nº 2.848, de 7 de dezembro de 1940), Título relativo aos crimes contra o Estado Democrático de Direito e revoga e Lei de Segurança Nacional (Lei nº 7.170, de 14 de dezembro de 1983).

Art. 1º A Parte Especial do Código Penal, Decreto-Lei nº 2848, de 7 de dezembro de 1940, passa a vigorar acrescida do seguinte Título:

TÍTULO XII
DOS CRIMES CONTRA O ESTADO
DEMOCRÁTICO DE DIREITO

CAPÍTULO I
DOS CRIMES CONTRA A SOBERANIA NACIONAL

Atentado à soberania
Art. 360. Tentar submeter o território nacional, ou parte dele, ao domínio ou à soberania de outro país:
I — empreendendo ação para ofender a integridade ou a independência nacional;

II — executando ordem ou determinação de governo estrangeiro que ofenda ou exponha a perigo a soberania do País:
Pena — reclusão, de quatro a doze anos.

Traição
Art. 361. Entrar em entendimento ou negociação com governo ou grupo estrangeiro, ou seus agentes, com o fim de provocar guerra ou atos de hostilidade contra o País, desmembrar parte do seu território, ou invadi-lo:
Pena — reclusão, de três a doze anos.
§ 1º Incorre na mesma pena quem incita, publicamente, governo estrangeiro para promover guerra ou hostilidade contra o País.
§ 2º Aumenta-se a pena de metade até o dobro, se declarada a guerra, desencadeados os atos de hostilidade, desmembrada parte do território ou efetivada a invasão.

Violação do território
Art. 362. Violar o território nacional com o fim de explorar riquezas naturais ou nele exercer atos de soberania de outro país:
Pena — reclusão, de três a oito anos.
Parágrafo único. Aumenta-se a pena de metade, se ocorre a exploração ou a prática de atos de soberania.

Atentado à integridade nacional
Art. 363. Tentar desmembrar parte do território nacional, por meio de movimento armado, para constituir país independente.
Pena — reclusão, de dois a oito anos, além da pena correspondente à violência.

Espionagem
Art. 364. Obter documento, dado ou informação essencial para o interesse do Estado brasileiro ou classificados como secretos ou ultra-secretos, com o fim de revelá-los a Governo ou grupo estrangeiro, ou seus agentes:
Pena — reclusão, de três a doze anos.
§ 1º Incorre na mesma pena quem:
I — mantém serviço de espionagem ou dele participa, com o objetivo de realizar os atos previstos neste artigo;
II — realiza, com o mesmo objetivo, atividade aerofotográfica ou sensoreamento remoto em qualquer parte do território nacional;

III — oculta ou presta auxílio a espião, conhecendo essa circunstância, para subtraí-lo à ação da autoridade pública;

§ 2º Se o documento dado ou a informação for transmitida ou revelada com violação do dever de sigilo:

Pena — reclusão de seis a quinze anos.

§ 3º Facilitar o funcionário culposamente a prática de qualquer dos crimes previstos neste artigo:

Pena — detenção de um a quatro anos.

CAPÍTULO II
DOS CRIMES CONTRA AS INSTITUIÇÕES DEMOCRÁTICAS

Insurreição

Art. 365. Tentar com emprego de grave ameaça ou violência, impedir ou dificultar o exercício do Poder legitimamente constituído, ou alterar a ordem constitucional estabelecida:

Pena — reclusão, de dois a oito anos, além da pena correspondente à violência.

Golpe de Estado

Art. 366. Tentar, o funcionário público civil ou militar, depor o governo constituído ou impedir o funcionamento das instituições constitucionais:

Pena — reclusão, de quatro a doze anos.

Conspiração

Art. 367. Associarem-se, duas ou mais pessoas, para a prática de insurreição ou de golpe de estado:

Pena — reclusão, de um a cinco anos.

Atentado à autoridade

Art. 368. Atentar contra a integridade física do Presidente da República, do Vice-Presidente da República, o Presidente do Senado Federal, da Câmara dos Deputados e do Supremo Tribunal Federal, e do Procurador-Geral da República, por facciosismo político ou para alterar a estrutura do Estado democrático ou a ordem constitucional:

Pena — reclusão, de dois a oito anos.

§ 1º — Se resulta lesão corporal grave:

Pena — reclusão, de três a dez anos.
§2º — Se resulta morte:
Pena — reclusão, de doze a trinta anos.
§ 3º Nas mesmas penas incorre quem cometer o crime contra as autoridades correspondentes dos Estados, Municípios e do Distrito Federal.

Seqüestro e Cárcere Privado
Art. 369. Privar as autoridades mencionadas no art. 368 de sua liberdade, mediante seqüestro ou cárcere privado, por facciosismo político ou para alterar a estrutura do Estado democrático ou a ordem constitucional:
Pena — reclusão, de quatro a doze anos.

Incitamento a guerra civil
Art. 370. Incitar, publicamente, a prática de guerra civil ou dos crimes previstos neste Capítulo.
Pena — reclusão, de um a quatro anos.

CAPÍTULO III
DOS CRIMES CONTRA O FUNCIONAMENTO DAS INSTITUIÇÕES DEMOCRÁTICAS E DOS SERVIÇOS ESSENCIAIS

Terrorismo
Art. 371. Praticar, por motivo de facciosismo político ou religioso, com fim de infundir terror, o ato de:
I — devastar, saquear, explodir bombas, seqüestrar, incendiar, depredar ou praticar atentado pessoal ou sabotagem, causando perigo efetivo ou dano a pessoas ou bens,
II — apoderar-se ou exercer o controle, total ou parcialmente, definitiva ou temporariamente, de meios de comunicação ao público ou de transporte, portos, aeroportos, estações ferroviárias ou rodoviárias, instalações públicas ou estabelecimentos destinados ao abastecimento de água, luz, combustíveis ou alimentos, ou à satisfação de necessidades gerais e impreteríveis da população:
Pena — reclusão, de dois a dez anos.
§ 1º Na mesma pena incorre quem pratica as condutas previstas neste artigo, mediante acréscimo, supressão ou modificação de da-

dos, ou por qualquer outro meio interfere em sistemas de informação ou programas de informática.
§ 2º Se resulta lesão corporal grave:
Pena — reclusão de quatro a doze anos.
§ 3º Se resulta morte:
Pena — reclusão, de oito a quatorze anos.
§ 4º Aumenta-se a pena de um terço, se o agente é funcionário público ou, de qualquer forma, exerce funções de autoridade pública.

Apoderamento ilícito de meios de transporte
Art. 372. Apoderar-se ou exercer o controle, ilicitamente, de aeronave, embarcação ou outros meios de transporte coletivo, por motivo de facciosismo político, religioso ou com o objetivo de coagir autoridade:
Pena — reclusão, de dois a dez anos.
§ 1º Se resulta lesão corporal grave:
Pena — reclusão de quatro a doze anos.
§ 2º Se resulta morte:
Pena — reclusão, de oito a quatorze anos.

Sabotagem
Art. 373. Destruir, inutilizar, total ou parcialmente, definitiva ou temporariamente, meios de comunicação ao público ou de transporte, portos, aeroportos, estações ferroviárias ou rodoviárias, instalações públicas ou estabelecimentos destinados ao abastecimento de água, luz, combustíveis ou alimentos, ou à satisfação de necessidades gerais e impreteríveis da população:
Pena — reclusão, de dois a oito anos.
§ 1º Na mesma pena incorre quem pratica as condutas previstas neste artigo, mediante acréscimo, supressão ou modificação de dados, ou por qualquer outro meio interfere em sistemas de informação ou programas de informática.
§ 2º Se resulta lesão corporal grave:
Pena — reclusão, de quatro a dez anos.
§ 3º Se resulta morte:
Pena — reclusão, de oito a doze anos.

Ação de grupos armados
Art. 374. Praticar, por meio de grupos armados, civis ou militares, atos contra a ordem constitucional e o Estado Democrático.

Pena — reclusão, de quatro a doze anos.
Coação contra autoridade legítima
Art. 375. Constranger, mediante violência ou grave ameaça, por motivo de facciosismo político, autoridade legítima a não fazer o que a lei permite ou a fazer o que ela não manda, no exercício das suas atribuições:
Pena — reclusão, de um a cinco anos, ou multa.

CAPÍTULO IV
DOS CRIMES CONTRA AUTORIDADE ESTRANGEIRA OU INTERNACIONAL

Atentado à autoridade estrangeira ou internacional
Art. 376. Atentar contra a integridade física de Chefe de Estado ou de governo estrangeiro, embaixador, cônsul ou representante de Estado estrangeiro no país, ou dirigente de organização internacional, que se encontrem no território nacional.
Pena — reclusão, de dois a oito anos.
§1º — Se resulta lesão corporal grave:
Pena — reclusão, de três a dez anos.
§2º — Se resulta morte:
Pena — reclusão, de doze a trinta anos.

Seqüestro e Cárcere privado de autoridade estrangeira ou internacional
Art. 377. Privar as autoridades mencionadas no art. 376 de sua liberdade, mediante seqüestro ou cárcere privado:
Pena — reclusão, de quatro a doze anos.

CAPÍTULO V
DOS CRIMES CONTRA A CIDADANIA

Atentado a direito de manifestação
Art. 378. Impedir ou tentar impedir, mediante violência ou grave ameaça, sem justa causa, o livre e pacífico exercício de manifestação de partidos ou grupos políticos, étnicos, raciais, culturais ou religiosos:
Pena — reclusão, de um a quatro anos.
§ 1º Se resulta lesão corporal grave:

Pena — reclusão, de dois a dez anos.
§ 2º Se resulta morte:
Pena — reclusão, de quatro a doze anos.
§ 3º Aumenta-se a pena de um terço, se o agente é funcionário público ou, de qualquer forma, exerce funções de autoridade pública.

Associação discriminatória
Art. 379. Constituir ou tentar constituir associação, ou dela participar, com o fim de pregar a discriminação ou o preconceito de raça, etnia, cor, sexo ou orientação sexual, condição física ou social, religião ou origem:
Pena — reclusão, de um a três anos.

Discriminação racial ou atentatória aos direitos fundamentais
Art. 380. Praticar, induzir, incitar a discriminação ou preconceito de raça, etnia, cor, sexo, orientação sexual, condição física ou social, religião ou origem
Pena — reclusão, de um a três anos, e multa.
Parágrafo único — Fabricar, comercializar, distribuir ou veicular símbolos, emblemas, ornamentos, distintivos ou propaganda, inclusive cruz suástica ou gamada, que se destinem à propagação de racismo ou atentatória aos direitos fundamentais.
Pena — reclusão de dois a cinco anos, e multa.
Art. 2º Fica revogada a Lei nº 7.170, de 14 de dezembro de 1983, Lei de Segurança Nacional.
Art. 3º Esta Lei entrará em vigor três meses após a data de sua publicação.

Parte II

PARECERES

Imunidades parlamentares. Proposta de sua Supressão pelo Conselho de Defesa dos Direitos da Pessoa Humana[1]

SUMÁRIO: *Parte I. Os Conceitos Fundamentais. I. Generalidades. 1. Origem. 2. Justificativa. 3. Direito brasileiro. 4. Espécies de imunidade. II. Imunidade material. III. A imunidade formal ou processual. Parte II. A necessidade de reexame da imunidade parlamentar. I. Manutenção da imunidade material. II. Supressão da imunidade formal ou processual. 1. O desvio da finalidade. 2. A proposta de supressão.*

Parte I
OS CONCEITOS FUNDAMENTAIS

I. Generalidades

1. Origem

O instituto da imunidade parlamentar remonta à Revolução Inglesa, consumada em 1689, primeiro grande antecedente histórico do

---

1. Parecer apresentado ao CDDPH, em junho de 2001, e aprovado por unanimidade. O Conselho atuou intensamente para a reforma do instituto, que veio a materializar-se na Emenda Constitucional n.º 35, de 20.12.2001.

Estado Liberal. Com a afirmação política do Parlamento em face da Monarquia restaurada, a Declaração de Direitos (*Bill of Rights*) assegurou aos parlamentares liberdade de opinião (*freedom of speech*) e o direito de não serem presos (*freedom from arrest*). É interessante observar que, na matriz inglesa, a proteção impedia a prisão por dívida, sanção de natureza civil, sem estender-se ao processo penal, em relação ao qual não havia qualquer espécie de imunidade. Somente com a Revolução Francesa, um século depois, consagrou-se e disseminou-se a imunidade também em âmbito criminal.

2. Justificativa

O fundamento das imunidades parlamentares encontra-se, mais remotamente, na soberania popular, sendo mecanismo essencial à independência dos Poderes. Os membros do Poder Judiciário têm garantias específicas — *e.g.* vitaliciedade, inamovibilidade e irredutibilidade de vencimentos (subsídios) —, bem como o chefe do Poder Executivo, em face de quem não é possível instaurar ação por crime de responsabilidade ou crime comum sem a observância de um procedimento próprio e complexo. Pois bem: as imunidades parlamentares são as garantias específicas de independência dos membros das Casas Legislativas. Visam a proteger os parlamentares das perseguições políticas, de arbitrariedades e da indevida ingerência na sua atuação por parte de agentes dos outros Poderes.

3. Direito brasileiro

As imunidades parlamentares figuram no direito brasileiro desde a Constituição Imperial de 1824, onde foram previstas nos artigos 26 e 27, com a seguinte dicção:

> *"Art.26. Os Membros de cada uma das Câmaras são invioláveis pelas opiniões, que proferirem no exercício de suas funções".*
> *"Art.27. Nenhum Senador, ou Deputado, durante a sua deputação, pode ser preso por Autoridade alguma, salvo por ordem da sua respectiva Câmara, menos em flagrante delicto de pena capital".*

Com variações que não alteraram sua essência, foram mantidas nas Constituições de 1891, 1934, 1937, 1946 e 1967. Na Emenda Constitucional n°1, reconhecida como Constituição de 1969, promoveu-se alteração no tocante à instauração da ação penal, com previsão do seguinte teor:

> "Art.32. ....
> §3°. Nos crimes comuns, imputáveis a deputados e senadores, a Câmara respectiva, por maioria absoluta, poderá a qualquer momento, por iniciativa da Mesa, sustar o processo".

4. Espécies de imunidades

A locução imunidades parlamentares abriga dois conteúdos diversos, identificados como imunidade material e imunidade formal ou processual. A imunidade material, também dita inviolabilidade, exclui a ocorrência de crime na prática dos atos típicos da atividade parlamentar, isto é, por opiniões, palavras e votos. Já a imunidade processual institui o quadro de proteção do parlamentar em face da prisão e da instauração de processo penal.

II. A imunidade material

A imunidade material vem consagrada na Carta em vigor no caput do artigo 53, *in verbis*:

> "Art. 53. Os Deputados e Senadores são invioláveis por suas opiniões, palavras e votos".

A inviolabilidade, como visto, exclui a ilicitude da conduta, afastando a incidência de norma penal. Ela se aplica aos atos funcionais do parlamentar, relacionados, portanto, com o exercício do mandato, mesmo quando praticados fora da tribuna da Casa legislativa que integre.[2] A imunidade material implica em supressão de responsabili-

---

2. STF, QCRQO 681-SP, RTJ 155, p.396, Rel. Min. Celso de Mello: "A prer-

dade penal, disciplinar, política e, mais recentemente, cristalizou-se o entendimento de que ela se estende também à responsabilidade civil.[3] A inviolabilidade tem caráter perpétuo, o que significa dizer que o parlamentar não pode ser responsabilizado por suas opiniões, palavras e votos, manifestados no exercício do mandato legislativo, mesmo após o seu término.

III. A imunidade formal ou processual

Assim dispõe o §1º do artigo 53 da Constituição:

> "Art.53..
> *§1º Desde a expedição do diploma, os membros do Congresso Nacional não poderão ser presos, salvo em flagrante de crime inafiançável, nem processados criminalmente, sem prévia licença de sua Casa".*

Como se depreende do dispositivo transcrito, somente mediante prévia licença da Casa legislativa será possível a prisão ou instauração de ação penal, com a ressalva única da prisão em flagrante por crime inafiançável. A apreciação do pedido de licença é política e sua concessão ou negação não importam em qualquer juízo de mérito vinculante para o Judiciário. A imunidade processual, ao contrário da inviolabilidade, independe da natureza do crime ou de sua relação com o exercício do mandato. Ela protege o parlamentar em qualquer hipótese.

É certo, todavia, que a imunidade formal ou processual não exclui o cometimento do crime pelo congressista. De modo que a não concessão da licença impede, tão-somente, que a ação penal seja instaurada e se desenvolva dentro do período que vai desde a diplomação até o término do mandato. A este propósito, prevê a Constitui-

---

rogativa constitucional da imunidade parlamentar em sentido material protege o congressista em todas as suas manifestações que guardem relação com o exercício do mandato, ainda que produzidas fora do recinto da própria casa legislativa, ou, com maior razão, quando exteriorizadas no âmbito do Congresso Nacional".
3. STF/Pleno, RE 210.907-RJ, Informativo STF 118, ago. 1998.

ção que o indeferimento do pedido de licença ou a ausência de deliberação suspende a prescrição enquanto durar o mandato.[4] Na prática, porém, a pretensão punitiva se esvazia por completo com o decurso do tempo.

Parte II
A NECESSIDADE DE REEXAME DA IMUNIDADE PARLAMENTAR

I. Manutenção da imunidade material

A imunidade material ou inviolabilidade do parlamentar por suas opiniões, palavras e votos é elemento essencial para o Estado de Direito Democrático. É certo que em algumas hipóteses uma denúncia infundada feita da tribuna ou um pronunciamento ofensivo e injusto produzirão resultado socialmente indesejável. Nada obstante, embora o exercício irrazoável de liberdade deva ser eticamente condenado, pior seria a situação em que os parlamentares fossem alvo fácil dos interesses contrariados. Daí porque o constituinte de 1988 não reproduziu a cláusula do regime constitucional anterior, que excluía o crime contra a honra da regra da inviolabilidade.

Portanto, a reformulação do instituto da imunidade parlamentar não deve afetar o regime constitucional da imunidade material ou inviolabilidade.

II. Supressão da imunidade formal ou processual

1. O desvio da finalidade

A razão de ser do instituto da imunidade, inclusive em sua dimensão processual, é, idealmente, impedir a perseguição pessoal ou

---

4. STF, INQ 761-DF, DJ 10-05-96, Rel. Min. Maurício Corrêa: "A ausência de autorização da Câmara dos Deputados para instauração do processo penal adequado, suspende a prescrição enquanto durar o mandato".

política e a ingerência de um Poder da República em outro. O papel da Casa legislativa, ao apreciar o pedido, deveria ser o de apurar se há alguma motivação torpe ou reprovável na persecução penal ao parlamentar. Sob esta perspectiva, a imunidade processual constituiria uma prerrogativa funcional irrenunciável, instituída no interesse da cidadania, e não um privilégio pessoal, incompatível com o regime democrático e republicano.

A experiência, todavia, não provou assim. Circunstâncias variadas da vivência política brasileira fizeram com que as Casas legislativas, como regra, deixassem de apreciar ou de conceder os pedidos de licença para a instauração de processo criminal contra parlamentares. Isto independentemente da natureza do crime e da existência de elementos que pudessem induzir à crença na existência de perseguição de qualquer espécie. A imunidade processual, portanto, tornou-se instrumento de desigualdade, de direito de não ser punido como os demais cidadãos.

A suspensão da prescrição não é antídoto eficiente, e por diversas razões. Em primeiro lugar, o distanciamento no tempo entre o fato e o processo-crime dilui a reação social e dificulta a prova. Em segundo lugar, a possibilidade de reeleição do parlamentar prorroga indefinidamente a possibilidade de instauração de ação penal. A Casa legislativa, assim, acaba sendo, em certos casos, refúgio garantidor da impunidade. O instituto da imunidade processual sofreu, ao longo da história, gravíssimo desvio de finalidade e já não atende aos motivos superiores que legitimaram a sua previsão constitucional.

2. A proposta de supressão

Há três regimes possíveis de tratamento da imunidade processual. O primeiro é o que vigora presentemente no Brasil, consistente na exigência de prévia licença para a prisão ou instauração de ação penal contra parlamentar. Parece haver consenso de que este modelo ficou superado e não atende mais às expectativas da sociedade. O segundo, também já experimentado em regime constitucional anterior, é o da possibilidade de suspensão do processo pela Casa legislativa, depois de sua instauração. A vantagem desta fórmula é a de que a inércia, a não deliberação vem em favor da continuidade da ação. Mas há uma desvantagem grave: o risco de que a pretensão punitiva venha a ser interrompida precisamente quando a culpa já se tenha caracterizado, trazendo desmoralização à justiça ainda maior do que antes.

Por estas razões, hoje, ao contrário de ontem, a proposta democrática e igualitária é a de suprimir, pura e simplesmente, o instituto da imunidade formal ou processual. O parlamentar passa, dessa forma, a estar equiparado, em direitos e deveres, ao cidadão comum, que lhe cabe representar. Fica abolido, assim, um regime jurídico que se tornou fonte de privilégio e causa de impunidade em uma sociedade que vem se empenhando em superar os ciclos de atraso.

Discricionariedade administrativa, realização adequada dos fins legais e observância dos princípios constitucionais. Direito subjetivo à prorrogação de contrato de concessão para exploração de gás e petróleo

> SUMÁRIO: *I. A Hipótese. II. A decisão do Tribunal de Contas da União (TCU) e seus efeitos. II.1. Conteúdo e alcance da decisão. II.2. Natureza jurídica das decisões dos Tribunais de Contas e limites de sua eficácia. III. A decisão da Agência Nacional do Petróleo (ANP) e seus fundamentos. IV. O poder discricionário da Administração Pública e a posição jurídica do administrado. IV. 1. Ato vinculado, ato discricionário e direito subjetivo do administrado. Natureza do poder discricionário. IV. 2. Limites ao poder discricionário da Administração Pública na hipótese; a) A finalidade pública estabelecida pela lei e os princípios constitucionais da eficiência e da razoabilidade; b) O princípio constitucional da segurança jurídica e o dever de boa-fé da Administração Pública; c) Princípios constitucionais da isonomia e da impessoalidade. V. Conclusões.*

I. A hipótese

Trata-se de estudo acerca de dois temas de direito constitucional e administrativo, ambos relacionados com o pedido de prorrogação do contrato de concessão para exploração, desenvolvimento e produção de petróleo e gás natural firmado entre a Petróleo Brasileiro S.A. — Petrobrás e a Agência Nacional de Petróleo (ANP) em 06.07.98, do qual as consulentes (doravante referidas como *duas empresas nacionais*) são cessionárias em parte.

A compreensão das questões suscitadas exige a descrição prévia dos fatos, que podem ser resumidos na forma que segue.

1. A abertura do setor de petróleo e gás à iniciativa privada no Brasil, determinada pela Emenda Constitucional n° 9, de 09.11.95, foi organizada pela Lei n° 9.478, de 06.08.97, que criou a ANP e dispôs sobre a política energética nacional, dentre outras providências. A primeira etapa da abertura do setor foi a regulamentação das atividades em curso, desenvolvidas, àquela altura, apenas pela Petrobrás (Lei n° 9.478/97, arts. 31 e ss.).

2. Nesse propósito, ficou estabelecido pela lei que a ANP celebraria com a Petrobrás contratos de concessão para exploração das áreas (blocos) nas quais esta já havia promovido investimentos. Tais contratos teriam o prazo de três anos (arts. 33 e 34[1]), sendo no mais regidos pelas regras gerais aplicáveis a todos os contratos de concessão (Lei n° 9.478/97, Seção V, arts. 43 e 44). Uma dessas regras — art. 43, II, da Lei n° 9.478/97[2] — exige como cláusula obrigatória a

---

1. Lei n° 9.478/97:
"Art. 33. Nos blocos em que, quando do início da vigência desta Lei, tenha a PETROBRÁS realizado descobertas comerciais ou promovido investimentos na exploração, poderá ela, observada sua capacidade de investir, inclusive por meio de financiamentos, prosseguir nos trabalhos de exploração e desenvolvimento pelo prazo de três anos e, no caso de êxito, prosseguir nas atividades de produção.
Parágrafo único. Cabe à ANP, após a avaliação da capacitação financeira da PETROBRÁS e dos dados e informações de que trata o art. 31, aprovar os blocos em que os trabalhos referidos neste artigo terão continuidade.
Art. 34. Cumprido o disposto no art. 31 e dentro do prazo de um ano a partir da data de publicação desta Lei, a ANP celebrará com a PETROBRÁS, dispensada a licitação prevista no art. 23, contratos de concessão dos blocos que atendam às condições estipuladas nos arts. 32 e 33, definindo-se, em cada um desses contratos, as participações devidas, nos termos estabelecidos na Seção VI.
Parágrafo único. Os contratos de concessão referidos neste artigo serão regidos, no que couber, pelas normas gerais estabelecidas na Seção anterior e obedecerão ao disposto na Seção V deste Capítulo."
2. Lei n° 9.478/97:

previsão das condições para prorrogação do prazo de duração da fase de exploração. Foram firmados cento e quinze contratos dessa natureza entre a Petrobrás e a ANP, em **06.07.1998**.

3. Nos primeiros meses de 1999, entretanto, a Petrobrás solicitou à ANP a prorrogação de trinta e seis dos cento e quinze contratos, alegando um conjunto de eventos imprevistos de natureza macroeconômica e política (crises russa e asiática, maxidesvalorização do real, indefinição acerca das regras de regulação do setor e de exportação e tributação etc.) que vinham prejudicando sua capacidade de obter financiamento, bem como de firmar parcerias para prosseguir na exploração dos blocos.

4. Os pedidos receberam parecer favorável da Procuradoria-Geral da ANP, que reconheceu a incidência da teoria da imprevisão, tendo em conta a substancial alteração nas condições existentes à época do ajuste, e a existência de interesse público na prorrogação, opinando pelo seu deferimento nos termos do art. 43, II, da Lei nº 9.478/97, já referido. É importante transcrever alguns trechos dessa manifestação, que consta do Parecer PROGE-RJ nº 015/99, Rio de Janeiro, de 10 de maio de 1999, subscrito pela Dra. Sônia Maria Agel da Silva, *verbis*:

> "a PETROBRÁS, em apertada síntese, alega: fatores adversos que afetaram o cenário econômico da empresa e dificultaram a efetivação de parcerias, o desconhecimento das regras que iriam reger o setor, a demora do Governo em definir a regulamentação para a exportação e tributação, corte nos investimentos, mudanças na Administração e principalmente o interesse da empresa em atender ao mercado nacional e fomentar o crescimento da produção doméstica.
>
> (...)
>
> Voltando à análise do pleito, a premissa assumida pelas partes Contratantes foi a de que estaria a estatal em plenas

---

"Art. 43. O contrato de concessão deverá refletir fielmente as condições do edital e da proposta vencedora e terá como cláusulas essenciais:
....
II — o prazo de duração da fase de exploração e as condições para sua prorrogação;"

condições de dar imediata continuidade às atividades de exploração que vinha exercendo nos blocos escolhidos e que serviram de fundamento à sua outorga à PETROBRÁS. A não confirmação de tal premissa se deu em função de circunstâncias alheias à vontade da empresa, advindas de fatos supervenientes que tornaram inexeqüível o ajuste inicial feito pelas partes.
(...)
o legislador cuidou de excepcionar a empresa, objetivando não somente preservar os interesses adquiridos pela estatal mas, principalmente, garantir a soberania nacional através do desenvolvimento, ampliação do mercado, valorização dos recursos energéticos, promoção da livre concorrência, atração de investimentos e ampliação da competitividade internacional do País. Assim é que o texto legal dedica, dentro de seu Capítulo V, uma Seção específica para as atividades da estatal (Seção II). Reconhecido o interesse do legislador em não prejudicar os interesses da PETROBRÁS, passamos a uma breve análise das cláusulas relacionadas com o pleito apresentado pela empresa.
(...)
*Nessa linha de raciocínio, cumpre-nos referenciar o parágrafo único do artigo 34 da Lei nº 9.478/97 o qual remete à regência do Capítulo V, as normas gerais dos Contratos de Concessão firmados com a PETROBRÁS, no que couber. O art. 43, inciso II, dispõe como cláusula essencial dos Contratos de Concessão a determinação da fase de exploração e as **condições para sua prorrogação**. A se considerar que a fase de exploração se acha determinada no art. 33 do mencionado diploma legal, fica evidente que o instrumento contratual firmado, em decorrência das circunstâncias existentes na ocasião da firmatura do instrumento, deixou de contemplar tais situações, o que não impossibilita, na atual conjuntura, a revisão dessas condições.*
Face ao exposto, os fatos trazidos pela PETROBRÁS à análise desta ANP, por serem supervenientes, podem ser entendidos como do tipo que caracterizam a teoria da imprevisão, razão pela qual modificam aquelas condições previstas contratualmente, de modo que se torna recomendável, ba-

*seado precipuamente no **interesse público**, que àquela estatal seja concedido um prazo maior para avaliação de descobertas (...)".* (grifos no original)

5. A Diretoria da ANP, na linha do parecer transcrito, deferiu a prorrogação solicitada, como consta da Resolução de Diretoria nº 69, de **11.05.99**:

> *"RESOLUÇÃO: A Diretoria da Agência Nacional do Petróleo — ANP, tendo em vista as razões de interesse público e os fatos supervenientes apontados pela Petrobrás S/A, através de seu expediente GAPRE nº 211/99, de 07 de maio de 1999, e consoante o Parecer nº 015/99, da Procuradoria-Geral desta Agência, RESOLVE:*
> *Aprovar modificações nos Contratos de Concessão, especificados no processo supra mencionado, nos seguintes termos:*
> *(...)*
> *b) determinar que, nos trinta e seis blocos elencados no anexo II, seja admitida a prorrogação, para avaliação, após uma descoberta, para cada bloco considerado, sendo tal prorrogação de 6 anos nos blocos localizados na Foz do Amazonas e de 2 anos para os demais;"*

6. Ao longo dos **meses de junho e julho de 1999**, na seqüência da decisão da ANP, foram elaborados dois tipos de aditivos aos contratos de concessão firmados com a Petrobrás. O *primeiro* deles — incluído nos trinta e seis contratos referidos na decisão da ANP, relativamente aos quais a Petrobrás havia solicitado a prorrogação — prevê: (i) o direito à *prorrogação* do contrato por dois anos, na hipótese de descoberta, e (ii) a possibilidade de *extensão* do prazo, relativamente a áreas específicas dentro do bloco, a ser autorizada pela Agência, por período a ser definido pela ANP. A *extensão* é cabível quando o concessionário houver realizado e notificado uma descoberta próximo ao final da fase de exploração, já prorrogada, de modo que não seja possível completar a avaliação da descoberta antes do fim da fase de exploração. A *segunda modalidade de aditivo* foi incluída em todos os demais contratos — inclusive no contrato de que

as duas empresas nacionais são cessionárias — e previa apenas a possibilidade de *extensão* do prazo, nas condições descritas acima (exceto quanto à referência ao prazo prorrogado da fase de exploração). Segue abaixo a dicção das cláusulas inseridas, respectivamente, pelo primeiro e segundo aditivos:

> *Primeiro Aditivo*
> "*5.1. A Fase de Exploração começará na Data de Entrada em Vigor e terá a duração de 3 (três) anos, **podendo ser prorrogada exclusivamente nos termos dos parágrafos 5.1.1 e 7.1.2***[3].
> *5.1.1. A primeira notificação de Descoberta de Petróleo, Gás Natural ou outro hidrocarboneto feito pelo Concessionário à ANP na forma do parágrafo 6.1 deste Contrato **configurará hipótese de êxito** na condução das atividades referentes ao Programa Exploratório Mínimo a que se refere o parágrafo 5.2 abaixo, **ensejando o direito de prorrogação do prazo estabelecido no parágrafo 5.1 por um período adicional de 2 (dois) anos, contados do término do prazo ali referido**.*
> *5.1.2. No encerramento da Fase de Exploração, o Concessionário somente poderá reter as Áreas de Desenvolvimento aprovadas pela ANP e devolverá todas as áreas restantes, exceto nos seguintes casos:*
> *(...)*
> *(c) Se o Concessionário tiver realizado e notificado uma Descoberta próximo ao **final da Fase de Exploração, já prorrogada**, de modo que não seja possível completar a Avaliação da Descoberta e apresentar Declaração de Comercialidade antes do final da Fase de Exploração, de acordo com as Melhores Práticas da Indústria do Petróleo, a Fase de Exploração poderá ser prorrogada, mediante prévia aprovação pela ANP de um Plano de Avaliação, o qual deverá ser concluído dentro do prazo aprovado pela ANP.*

---

3. A cláusula 7.1.2 autoriza a prorrogação, nos termos que estabelece, nas hipóteses em que a comercialidade do recurso dependa da criação de mercado ou da instalação de infra-estrutura.

*Se esta Avaliação levar a uma Declaração de Comerciali-
dade, o Concessionário poderá reter a área aprovada, nos
termos do subitem (b) acima."* (negrito acrescentado)
Segundo Aditivo
*"5.1. A Fase de Exploração começará na Data de Entrada
em Vigor e terá duração de 3 (três) anos, **podendo ser
prorrogada exclusivamente nos termos do parágrafo
7.1.2**.
5.1.1. No encerramento da Fase de Exploração, o Concessionário somente poderá reter as Áreas de Desenvolvimento
aprovadas pela ANP e devolverá todas as áreas restantes,
exceto nos seguintes casos:
(...)
(c) Se o Concessionário tiver realizado e notificado uma
Descoberta próximo ao final da Fase de Exploração, de
modo que não seja possível completar a Avaliação da Descoberta e apresentar Declaração de Comercialidade antes
do final da Fase de Exploração, de acordo com as Melhores
Práticas da Indústria do Petróleo, a Fase de Exploração
poderá ser prorrogada, mediante prévia aprovação pela
ANP de um Plano de Avaliação, o qual deverá ser concluído
dentro do prazo aprovado pela ANP. Se esta Avaliação
levar a uma Declaração de Comercialidade, o Concessionário poderá reter a área aprovada, nos termos do subitem
(b) acima."* (negrito acrescentado)

7. Diante desse novo contexto, duas empresas nacionais firmaram com a Petrobrás um termo de cessão parcial do contrato de
concessão relativo ao Bloco BCAM-40 em **14.01.2000**, subscrito
igualmente pela ANP como interveniente anuente, a fim de iniciar
parceria entre as três empresas para a exploração do referido bloco. O
consórcio então formado foi particularmente bem sucedido, desco-
brindo um importante poço de gás na região. Diante da descoberta, o
consórcio requereu à ANP, em **07.12.2000** a prorrogação do contrato
por mais dois anos (E&P — CORP/EXP 1070/00). Na mesma data,
por cautela e em eventualidade, o consórcio apresentou também pedido de extensão do contrato por seis meses relativamente a uma área
do bloco, nos termos da cláusula 5.1.1 (c), acima transcrita, introduzida pelo aditivo em seu contrato de concessão.

8. O pedido de extensão foi deferido pela ANP em **06.03.2001** relativamente à área solicitada. Quanto à prorrogação, o pedido foi negado pela Agência em **03.07.2001**, quase quatro meses depois de apresentado, sob o fundamento de que o atendimento da solicitação de extensão por seis meses o teria prejudicado, já que os dois pedidos seriam excludentes.

9. Uma última informação fática relevante diz respeito à decisão do Tribunal de Contas da União (TCU) acerca dos aditivos contratuais firmados pela ANP que previam a possibilidade de prorrogação por dois anos da Fase de Exploração. Em decisão de **22.11.2000**, o TCU entendeu inválida a possibilidade de prorrogação introduzida pelos aditivos. Apreciando os pedidos de reexame formulados pela ANP e pela Petrobrás, entretanto, o TCU reconsiderou sua decisão nos seguintes termos:

> *"No primeiro caso, temos como passível de aceitação a dilação do prazo exploratório pelo período de 2 anos, visto que razoável para ajustar os contratos aos eventos novos, imprevistos e imprevisíveis que afetaram a capacidade de investir da estatal e dificultaram a formação de parcerias."*

10. A conclusão da decisão proferida nos pedidos de reexame, em 27.03.2001, foi a seguinte (Decisão nº 150/2001-TCU-Plenário; Processo TC 000.858/2000-4):

> *"8.3. declarar regulares os termos aditivos firmados entre a Petrobrás e a Agência Nacional do Petróleo, em cumprimento à resolução de Diretoria/ANP expedida na Reunião de Diretoria nº 69, realizada em 11/05/1999, que deliberou sobre a prorrogação do prazo dos contratos de concessão outorgados à Petróleo Brasileiro S/A, por força do art. 33 da Lei nº 9.478/97, por ser aplicável à espécie a Teoria da Imprevisão;*
> *8.4. determinar à Agência Nacional do Petróleo que se abstenha de promover novas prorrogações do prazo de exploração nos contratos, examinados nestes autos, de concessão firmados entre a Autarquia e a Petrobrás;"*

11. Convém registrar que do conjunto de fatos que se narrou até aqui tivemos acesso aos seguintes documentos: o contrato de conces-

são nº 48000.003518/97-82, firmado entre a ANP e a Petrobrás, a Resolução da Diretoria da ANP (Reunião de Diretoria nº 69), o Parecer nº 015/99 da Procuradoria-Geral da ANP, o termo aditivo ao contrato de concessão referido, o termo aditivo ao contrato de concessão nº 48000.003534/97-39 (um dos trinta e seis contratos nos quais foi incluída a possibilidade de *prorrogação* e *extensão* do prazo), o contrato de cessão e o contrato de consórcio firmado entre a Petrobrás e as duas empresas nacionais, os dois ofícios encaminhados pelo Gerente Geral de Exploração da Unidade Corporativa de E&P à ANP, um requerendo a prorrogação do prazo contratual por dois anos e o outro solicitando a extensão do prazo relativamente aos pontos a respeito dos quais apresenta Plano de Avaliação Exploratória, o ofício nº 124/SEP da ANP concedendo a extensão do prazo solicitada, os pareceres proferidos pela Superintendência de Exploração e pela Procuradoria Geral da ANP opinando pelo indeferimento do pedido de prorrogação referido, o ofício nº 443/SEP da ANP informando o indeferimento do pedido de prorrogação e a decisão do TCU proferida no Pedido de Reexame (processo nº TC 000.858/2000-4). Todas as demais informações foram prestadas pelas duas empresas nacionais.

O estudo versa afinal sobre dois pontos:

> (i) o alcance da decisão proferida pelo TCU em relação a novos pedidos de prorrogação; e
> (ii) os limites do poder discricionário da Administração Pública na hipótese e a posição jurídica em que estão investidas a Petrobrás e as duas empresas nacionais relativamente à prorrogação do contrato de concessão referente ao Bloco BCAM-40.

Cada um desses pontos comporta abordagem autônoma, daí a conveniência de ordenar o estudo conforme o roteiro apresentado inicialmente.

II. A decisão do Tribunal de Contas da União (TCU) e seus efeitos

II.1. Conteúdo e alcance da decisão

O primeiro ponto a ser estudado diz respeito aos efeitos da decisão acima referida, proferida pelo TCU nos Pedidos de Reexame apresentados pela Petrobrás e pela ANP. Especificamente, a dúvida está em concluir se a decisão do TCU poderia legitimamente ser interpretada como uma determinação de caráter geral, isto é, regulamentar e normativa, dirigida à ANP, para que esta se abstenha de autorizar novos pedidos de prorrogação nos contratos de concessão firmados pela Agência. A resposta, já se pode adiantar, é negativa por um conjunto de razões. A primeira delas decorre do simples fato de que a dicção do que restou decidido pelo TCU não admite essa interpretação, pois em nenhum momento veiculou comando dessa natureza. Confira-se novamente, por facilidade, o trecho relevante da decisão:

> "*8.3. declarar regulares os termos aditivos firmados entre a Petrobrás e a Agência Nacional do Petróleo, em cumprimento à resolução de Diretoria/ANP expedida na Reunião de Diretoria nº 69, realizada em 11/05/1999, que deliberou sobre a prorrogação do prazo dos contratos de concessão outorgadas à Petróleo Brasileiro S/A, por força do art. 33 da Lei nº 9.478/97, por ser aplicável à espécie a Teoria da Imprevisão;*
> *8.4. determinar à Agência Nacional do Petróleo que se abstenha de promover novas prorrogações do prazo de exploração nos contratos, examinados nestes autos, de concessão firmados entre a Autarquia e a Petrobrás;*"
> (negrito acrescentado)

O texto da norma ou da decisão é sempre o limite das possibilidades semânticas do intérprete[4]. Na hipótese, não há como supor que a expressão "*se abstenha de promover novas prorrogações do prazo de exploração dos contratos, **examinados nestes autos***" (negrito acrescentado) pretenda significar coisa diversa daquilo que dispõe, nem como lhe atribuir um sentido oculto e improvável. A decisão do TCU limitou-se a dispor acerca dos contratos que estava examinando,

---

4. Karl Larenz, *Metodologia da ciência do direito*, 1969, p. 369: "O sentido literal possível, isto é, a totalidade daqueles significados que, segundo a linguagem vulgar, ainda podem estar ligados à expressão, indica o *limite da interpretação* (em sentido restrito)".

como lhe é próprio, a respeito dos quais assumiu duas posições: considerou válida a prorrogação que já havia sido deferida pela ANP, mas entendeu por bem vedar, nesses mesmos contratos, novos atos de prorrogação.

A decisão do TCU, portanto, como ela expressamente registra, não se aplica a outras hipóteses além daquelas submetidas à sua apreciação, não tendo qualquer repercussão sobre a relação jurídica das duas empresas nacionais no sentido de prejudicar ou impedir o deferimento do pedido de prorrogação do contrato de que são cessionárias; aliás, muito ao contrário.

A decisão do TCU, como já reportado inicialmente, confirmou o entendimento da própria ANP e reconheceu a incidência da teoria da imprevisão à hipótese, tendo em conta um conjunto de fatos políticos e macroeconômicos (crises mundiais, maxidesvalorização da moeda brasileira, demora na regulação do setor pelo Poder Público, aí incluindo a indefinição das regras de exportação e tributárias etc.) que reduziram a capacidade de investimento da Petrobrás e dificultaram, ou ao menos retardaram, a formação de parcerias. Com fundamento nessa circunstância de fato, que alterou as condições inicialmente previstas pelas partes, o TCU considerou válidas as prorrogações deferidas pela ANP aos trinta e seis contratos de concessão já mencionados.

Pois bem. Não haveria qualquer coerência ou razoabilidade na posição do TCU se este considerasse válidas as prorrogações dos trinta e seis contratos, de um conjunto original de cento e quinze contratos idênticos, e vedasse o deferimento de pedidos de prorrogação para os demais ajustes que foram igualmente afetados pelo mesmo conjunto de fatos identificado pelo TCU[5]. Ao revés, o natural é que o TCU venha a considerar igualmente válidas as prorrogações dos demais contratos. Não será excessivo lembrar que todos os eventos supervenientes e imprevistos referidos são inteiramente exógenos a qualquer dos contratos individualmente considerados, isto é, não se vinculam a qualquer deles em especial. Por se tratarem de fenômenos macroeconômicos ou de deficiências e atrasos na construção do am-

---

5. Segundo informação prestada pelas duas empresas nacionais, a Petrobrás limitou-se a solicitar a prorrogação dos trinta e seis contratos, pois apenas quanto a eles já havia alguma definição relativamente a parcerias.

biente regulatório, todos os ajustes, celebrados na mesma data, foram igualmente atingidos por eles.

Assim, ainda que o TCU não esteja, a rigor, vinculado juridicamente às teses acolhidas em suas decisões pretéritas, o provável e natural é que ele continue a adotá-las, mesmo porque não haveria qualquer sentido em concluir que o conjunto de circunstâncias fáticas referido acima se verificou no caso dos trinta e seis contratos — e portanto a prorrogação foi legítima — mas não se observou relativamente aos demais contratos, firmados na mesma data, entre as mesmas partes e com idêntico teor, proibindo-se aqui a prorrogação. A falta de razoabilidade e a violação do princípio da isonomia justificariam o controle judicial de tal pronunciamento, se fosse o caso.

II.2. Natureza jurídica das decisões dos tribunais de contas e limites de sua eficácia

Neste momento, passa-se a examinar se, em tese, o TCU poderia proferir decisão de caráter normativo para o fim de determinar à ANP o indeferimento de qualquer novo pedido de prorrogação, inclusive os formulados relativamente aos contratos que não tiveram seu prazo prorrogado nenhuma vez, à guisa de regulamentação da Lei nº 9.478/97. Repita-se, embora já se tenha esclarecido o ponto, que essa determinação não pode ser extraída da decisão proferida pelo TCU no caso, que se circunscreveu rigorosamente aos limites de sua competência, de modo que se trata de mera hipótese teórica para o desenvolvimento do raciocínio.

Convém, a propósito deste tópico, traçar algumas distinções essenciais entre *lei, regulamento* e *atos administrativos inferiores*. Com a ascensão da ideologia liberal e a consagração da separação de Poderes, os Estados democráticos, há mais de duzentos anos, organizam-se atribuindo as funções estatais de legislar, administrar e julgar a órgãos diversos. Como corolário de tal ordenação de Poderes, é nota essencial desta modalidade de Estado a submissão de todas as atividades dos cidadãos e dos órgãos públicos a normas gerais preexistentes. Tal peculiaridade recebe a designação de *princípio da legalidade*.

Após a lei e antes de sua aplicação individual, entretanto, há ainda espaço para o *poder regulamentar,* outorgado pela Constituição aos Chefes dos Executivos nos três níveis federativos. A faculdade regulamentar, lembra Sergio Ferraz, longe de infirmar o princípio da separação de Poderes, antes o confirma: o regulamento é uma das principais formas de manifestação da atuação administrativa, e não poderá contrariar a lei formal.[6]

O conceito de *poder regulamentar* foi expresso, com a clareza habitual, pelo saudoso professor Hely Lopes Meirelles:

> "*O poder regulamentar é a faculdade de que dispõem os Chefes de Executivo (Presidente da República, Governadores e Prefeitos) de explicar a lei para sua correta execução, ou de expedir decretos autônomos sobre matéria de sua competência ainda não disciplinada por lei. É um poder inerente e privativo do Chefe do Executivo (CF, art. 84, IV).*"[7]

No mesmo sentido, veja-se a lição do professor Caio Tácito, expondo, de forma didática, os diferentes níveis de atuação normativa do Estado:

> "*A capacidade ordinatória do Estado se manifesta por meio de círculos concêntricos que vão, sucessivamente, da Constituição à lei material e formal, isto é, àquela elaborada pelos órgãos legislativos; desce aos regulamentos por meio dos quais o Presidente da República complementa e particulariza as leis; e, finalmente, aos atos administrativos gerais, originários das várias escalas de competência administrativa.*"[8]

Como se constata, singelamente, não é controvertido, em doutrina, que o poder regulamentar é privativo do Chefe do Executivo. A única polêmica que existe na matéria é sobre a existência ou não de regulamentos *autônomos*, ao lado dos regulamentos *de execução*, ge-

---

6. Sergio Ferraz, verbete "Regulamento" do *Repertório enciclopédico do direito brasileiro*, vol. LVIII, 1973.
7. Hely Lopes Meirelles, *Direito administrativo brasileiro*, 1993, p. 112.
8. Caio Tácito, O *mandado de segurança e o poder normativo da administração*, Revista de Direito Administrativo nº 46, p. 246.

neralizadamente admitidos. Estes últimos têm seu fundamento constitucional no art. 84, IV, ao passo que os primeiros se legitimariam nos incisos II e VI do mesmo artigo. A discussão não é importante para os fins aqui visados.[9]

À vista da clareza da dicção constitucional, bem como da univocidade da doutrina quanto à competência privativa do Chefe do Executivo para exercer o poder regulamentar, não há dúvida de que não é possível ao Tribunal de Contas proferir decisão visando à regulamentação de lei com caráter normativo, isto é: dotada de generalidade e abstração. Cabe ao Tribunal de Contas apenas a fiscalização dos atos do Poder Público, de acordo com os parâmetros estabelecidos na Constituição, art. 70, e nos limites fixados pelo art. 71 da Carta. Não lhe compete, por evidente, fixar a orientação geral da atividade administrativa.

Nesse ponto, demanda um esclarecimento a referência que consta do art. 3º da Lei nº 8.443, de 16.07.1992, que dispõe sobre a Lei Orgânica do Tribunal de Contas da União, a *poder regulamentar*. Essa a dicção do dispositivo:

> *"Art. 3º. Ao Tribunal de Contas da União, no âmbito de sua competência e jurisdição, assiste o poder regulamentar, podendo, em conseqüência, expedir atos e instruções normativas sobre matéria de suas atribuições e sobre a organização dos processos que lhe devam ser submetidos, obrigando ao seu cumprimento, sob pena de responsabilidade."*

Entendida isoladamente, a expressão *"assiste o poder regulamentar"* é evidentemente inconstitucional. De fato, do longo rol de competências atribuídas ao Tribunal de Contas, constante dos incisos do art. 71 da Constituição, não figura a referida locução, até porque, como já se viu, o poder regulamentar é privativo do Poder Executivo. A inconstitucionalidade, portanto, seria patente.

---

9. Para um amplo levantamento da doutrina na matéria, v. Luís Roberto Barroso, O *Direito constitucional e a efetividade de suas normas*, 2000, p. 389-91. Sobre o ponto específico versado neste capítulo, v. nosso *Tribunal de Contas: algumas competências controvertidas*, in Temas de direito constitucional, 2001.

Porém, a doutrina e a jurisprudência brasileiras, inspiradas pela produção do Tribunal Constitucional Federal alemão, têm desenvolvido e aplicado a diversos casos a chamada *interpretação conforme a Constituição*. Por este mecanismo, procura-se resguardar a validade de uma determinada norma, excluindo-se expressamente a interpretação mais óbvia — que conduziria à sua inconstitucionalidade — e estabelecendo uma outra interpretação, que permita ao dispositivo ser aplicado em harmonia com o texto constitucional. Por esta técnica, é possível admitir a validade da expressão "poder regulamentar", desde que se entenda que o legislador quis referir-se a uma competência administrativa normativa. Vale dizer: fez referência à espécie — regulamento —, quando queria significar o gênero — ato administrativo normativo.

De fato, parece aceitável reconhecer-se ao Tribunal de Contas competência para editar atos normativos administrativos, como seu Regimento Interno, ou para baixar uma Resolução ou outros atos internos. Poderá, igualmente, expedir atos ordinatórios, como circulares, avisos, ordens de serviço. Essa, aliás, a interpretação que se extrai do dispositivo como um todo ao referir que, em decorrência do poder regulamentar, o TCU poderá *"expedir atos e instruções normativas sobre matéria de suas atribuições e sobre a organização dos processos que lhe devam ser submetidos"*. Nunca, porém, será legítima a produção de atos de efeitos externos, notadamente quando dirigidos a órgãos constitucionais de outro Poder. Situa-se ao arrepio da Constituição, e foge inteiramente ao razoável, o exercício, pelo Tribunal de Contas, de uma indevida competência regulamentar, equiparada à do Executivo, ou mesmo, em alguns casos de abuso mais explícito, de uma competência legislativa, com inovações à ordem jurídica.

Com efeito, o Supremo Tribunal Federal tem considerado inconstitucionais atos de Tribunais de Contas com caráter normativo, sendo o *leading case* a Ação Direta de Inconstitucionalidade nº 828-5-RJ,[10] na qual o STF fulminou, por inconstitucionais, pretensões normativas do Tribunal de Contas do Estado do Rio de Janeiro. Assim

---

10. ADIn 828-5-RJ, Rel. Min. Marco Aurélio. A ação foi ajuizada pelo Procurador-Geral da República, tendo sido proferida decisão liminar suspendendo os dispositivos em 25.05.93.

é que considerou inválida a Deliberação nº 45, na qual se previa que a solução de consulta encaminhada ao Tribunal teria caráter normativo. O mesmo entendimento tem sido manifestado em várias outras ocasiões[11].

Em conclusão: a decisão do TCU proferida na hipótese não veda em qualquer momento o deferimento de novos pedidos de prorrogação no âmbito de contratos diversos daqueles trinta e seis que já tiveram seu prazo prorrogado. Ainda que assim fizesse, todavia, tal decisão seria inválida, pois a Constituição Federal não atribuiu aos Tribunais de Contas poder regulamentar. Não tem competência o Tribunal de Contas para editar atos normativos genéricos e abstratos, vinculativos para a Administração. No caso concreto, além disso, decisão desse teor seria inteiramente irrazoável e consagraria tratamento discriminatório, justificando sua revisão pelo Poder Judiciário.

III. A decisão da Agência Nacional do Petróleo (ANP) e seus fundamentos

Conforme já se concluiu até aqui, a decisão proferida pelo TCU no processo nº TC 000.858/2000-4 (Decisão nº 150/2001-TCU-Plenário) não impede a ANP de deferir o pedido de prorrogação de prazo formulado em relação ao contrato de concessão pertinente ao Bloco BCAM-40, cabendo a essa autarquia, portanto, decidir acerca da matéria dentro dos limites que a ordem jurídica lhe impõe.

Na última parte deste estudo se estará cuidando precisamente dos limites jurídicos que restringem a ação discricionária da Administração Pública em geral e que, no caso, reduzem as possibilidades de decisão da ANP a apenas uma: a de prorrogar o contrato de concessão

---

11. ADIn 1400-5-SP, Rel. Min. Ilmar Galvão, DJ 31.05.96: "Revestem-se as decisões impugnadas de caráter normativo, porque estabelecem normas de alcance geral, compreendendo todos os servidores do Tribunal de Constas e do Primeiro Tribunal de Alçada Civil, ambos do Estado de São Paulo (...) Os atos estatais em questão revelam o extravasamento do campo reservado à atuação dos respectivos Tribunais, que acabaram por reconhecer a todos os servidores integrantes dos seus quadros vantagens que só poderiam emergir da lei.". No mesmo sentido: ADIn 697-5-DF, Rel. Min. Sepúlveda Pertence, DJ 06.06.97, e ADIn 1.777-9-DF, Rel. Min. Sydney Sanches, DJ 26.05.2000.

relativo ao Bloco BCAM-40. Antes de abordar esse ponto, porém, é necessário registrar que no dia 03.07.01, a ANP negou o pedido de prorrogação apresentado em 07.12.2000 pelo consórcio formado pelas duas empresas nacionais e a Petrobrás, sob o fundamento de que a extensão por seis meses, deferida pela ANP em relação a uma área dentro do bloco, ainda em março de 2001, prejudicaria a solicitação de prorrogação por dois anos, já que os dois pedidos seriam excludentes[12].

---

12. A decisão da ANP acolheu, sem fundamentação autônoma, os pareceres da Superintendência de Exploração e da Procuradoria Geral, vazados nos seguintes termos:
"SUPERINTENDÊNCIA DE EXPLORAÇÃO
PARECER
Ref.: Processo 48610.008637/2001-81 de 04/06/2001
Solicitação da Petróleo Brasileiro S.A. para prorrogar em 2 anos o término da Fase de Exploração do Contrato de Concessão nº 48610.003518/97-82, bloco BCAM-40, localizado na Bacia de Camamú.
A Operadora alega que em correspondência enviada a esta Superintendência em 7 de dezembro de 2000 solicitou a prorrogação do prazo da Fase de Exploração do referido bloco por mais 2 (dois) anos e que até a presente data não recebeu nenhuma notificação da ANP a cerca deste pleito.
Independentemente dos argumentos elencados pelo Operador no documento anexo a este parecer, os quais já foram previamente analisados por esta Superintendência (ver Parecer anexo e a resolução decorrente do Processo 48.610001639/2001 de 31/01/2001), reafirmamos que no entendimento desta Superintendência esta questão já foi devidamente tratada no escopo do processo acima referido, tendo sido determinado que o Operador seria beneficiado por uma extensão de apenas 6 (seis) meses do prazo final da Fase de Exploração, a qual estaria restrita à área efetivamente contemplada pelo Plano de Avaliação de Descoberta ocorrida no poço 1-BRSA-14-BAS.
Mais especificamente, devemos ressaltar que o processo acima referido tratava de um segundo pleito apresentado pelo mesmo Operador, praticamente concomitante ao primeiro, que solicitava a extensão da Fase de Exploração, apoiada na necessidade de bem avaliar a descoberta do poço 1-BRSA-14-BAS. Após a resolução da Diretoria desta agência, relativa a este segundo pleito, o operador foi informado da decisão acerca do mesmo. Na ocasião esta Superintendência entendeu que a resposta dada ao Operador com respeito à extensão para a avaliação da descoberta tornava desnecessária uma resposta específica para o primeiro pleito — extensão da Fase de Exploração para todo o bloco — por serem excludentes. Este não foi o entendimento do Operador.
Assim sendo, pelo acima exposto, recomendamos que

É preciso, portanto, fazer alguns esclarecimentos antes de prosseguir. Como se vê, o fundamento da decisão da ANP corresponde, estranhamente, à não distinção pela Agência entre as figuras da *extensão para avaliação* de prazo (doravante apenas *extensão*) e da *prorro-*

---

1. Seja indeferido o pleito do Operador de que trata este parecer, de forma que seja reafirmada a decisão pretérita desta Agência; e
2. Que esta decisão seja informada ao Operador pela Superintendência de Exploração.
Atenciosamente
JQC
Rio, 6/6/2001"

"Parecer Jurídico Referente à Proposta de Ação nº 1893/2001
NOTA PROGE-RJ nº 451 Rio de Janeiro, 11 de junho de 2001.
Assunto: Prorrogação da Fase Exploratória — Bloco BCAM-40
Referência: Proposta de Ação nº 1893/2001

Senhora Procuradora-Geral,

Trata-se de pedido apresentado pela PETROBRAS onde reitera a solicitação de prorrogação de prazo da Fase Exploratória do Bloco BCAM-40, por mais 2 (dois) anos, a partir de 06 de agosto de 2001.
A Superintendência de Exploração em seu Parecer de 06/06/2001 informa que o entendimento da SEP já foi manifestado no Processo 48.6100016639/2001 de 31/01/2001, quando se opinou pela extensão de apenas 6 (seis) meses do prazo final da fase de exploração, extensão esta que estaria restrita à área efetivamente contemplada pelo Plano de Avaliação de Descoberta ocorrida no poço 1-BRSA-14-BAS.
Concluindo, a SEP opina pelo indeferimento do pleito do Operador, mantendo-se a decisão pretérita da ANP, objeto da Proposta nº 1457/2001.
Ao nosso ver, o parecer da SEP é conclusivo. Além do mais, o pleito do Recorrente é despido de qualquer fundamentação contratual ou legal. Isto posto opinamos pelo indeferimento da Proposta de Ação, como sugerido pela área técnica.
Cordialmente,
Ana Brígida Villela de Andrade
Advogada

Aprovo. Ao Senhor Diretor com vistas à RD.
Rio, 13.06.01
Sonia Agel
Procuradora Geral".

gação de prazo, nomenclatura adotada para identificar situações bem diversas. A decisão referida não resiste a um reexame atento.

A posição da ANP, explicitada na decisão em exame, de que *extensão* e *prorrogação* se confundiriam como uma coisa só e de que o deferimento de uma prejudicaria a outra, contraria não apenas o entendimento anterior da própria ANP, explicitamente formulado, como seu comportamento junto aos administrados. Ora, como já se registrou, o elemento que diferenciava as duas modalidades de aditivos contratuais firmados entre a ANP e a Petrobrás era exatamente a circunstância de um deles incluir a possibilidade de *extensão* e *prorrogação* do prazo — este aditivo incluído apenas nos trinta e seis contratos em relação aos quais foi solicitada a prorrogação por dois anos — e o outro prever apenas a hipótese de *extensão*.

Não é sem razão que a cláusula do primeiro aditivo acerca da *extensão* refere que ela terá ocasião ao fim do prazo de exploração *já prorrogado* — ou seja: *prorrogação* e *extensão* podem ser cumuladas —, o que não consta do segundo aditivo exatamente porque este foi incluído nos contratos em relação aos quais, à época, não havia pedido de prorrogação. No mesmo sentido, o *caput* da cláusula 5.1, na redação dada pelo primeiro aditivo, menciona como hipóteses de prorrogação as cláusulas 5.1.1 — esta a que prevê a prorrogação — e 7.1.2; o segundo aditivo se refere apenas à cláusula 7.1.2 e nenhum deles identifica como hipótese de prorrogação a *extensão*, descrita no primeiro aditivo na cláusula 5.1.2 (c) e no segundo na 5.1.1 (c). Transcrevem-se abaixo, mais uma vez, as cláusulas contratuais na redação que lhes deram o primeiro e o segundo aditivos, respectivamente, de modo a facilitar a visualização do que se acaba de afirmar:

> "*5.1. A Fase de Exploração começará na Data de Entrada em Vigor e terá a duração de 3 (três) anos, **podendo ser prorrogada exclusivamente nos termos dos parágrafos 5.1.1 e 7.1.2.***
>
> *5.1.1. A primeira notificação de Descoberta de Petróleo, Gás Natural ou outro hidrocarboneto feito pelo Concessionário à ANP na forma do parágrafo 6.1 deste Contrato **configurará hipótese de êxito** na condução das atividades referentes ao Programa Exploratório Mínimo a que se refere*

*o parágrafo 5.2 abaixo, **ensejando o direito de prorrogação do prazo estabelecido no parágrafo 5.1 por um período adicional de 2 (dois) anos, contados do término do prazo ali referido.***
5.1.2. No encerramento da Fase de Exploração, o Concessionário somente poderá reter as Áreas de Desenvolvimento aprovadas pela ANP e devolverá todas as áreas restantes, exceto nos seguintes casos:
(...)
*(c) Se o Concessionário tiver realizado e notificado uma Descoberta próximo ao **final da Fase de Exploração, já prorrogada**, de modo que não seja possível completar a Avaliação da Descoberta e apresentar Declaração de Comercialidade antes do final da Fase de Exploração, de acordo com as Melhores Práticas da Indústria do Petróleo, a Fase de Exploração poderá ser prorrogada, mediante prévia aprovação pela ANP de um Plano de Avaliação, o qual deverá ser concluído dentro do prazo aprovado pela ANP. Se esta Avaliação levar a uma Declaração de Comercialidade, o Concessionário poderá reter a área aprovada, nos termos do subitem (b) acima."* (negrito acrescentado)
*"5.1. A Fase de Exploração começará na Data de Entrada em Vigor e terá duração de 3 (três) anos, **podendo ser prorrogada exclusivamente nos termos do parágrafo 7.1.2.***
5.1.1. No encerramento da Fase de Exploração, o Concessionário somente poderá reter as Áreas de Desenvolvimento aprovadas pela ANP e devolverá todas as áreas restantes, exceto nos seguintes casos:
(...)
(c) Se o Concessionário tiver realizado e notificado uma Descoberta próximo ao final da Fase de Exploração, de modo que não seja possível completar a Avaliação da Descoberta e apresentar Declaração de Comercialidade antes do final da Fase de Exploração, de acordo com as Melhores Práticas da Indústria do Petróleo, a Fase de Exploração poderá ser prorrogada, mediante prévia aprovação pela

> *ANP de um Plano de Avaliação, o qual deverá ser concluído dentro do prazo aprovado pela ANP. Se esta Avaliação levar a uma Declaração de Comercialidade, o Concessionário poderá reter a área aprovada, nos termos do subitem (b) acima."* (negrito acrescentado)

Como parece óbvio, não haveria sentido algum em elaborar dois aditivos diversos, com cláusulas diferentes, para dizer a mesma coisa, como pretende agora fazer crer a ANP. Mais incongruente ainda seria o mesmo aditivo fazer expressamente a distinção, se ela não existisse.

Convém registrar também que o conteúdo da *prorrogação* e da *extensão* é inteiramente distinto. A *prorrogação* foi prevista por prazo previamente determinado — dois anos —, é um direito do concessionário na hipótese de descoberta (êxito) e diz respeito ao contrato como um todo, isto é, a todo o bloco. O deferimento da *extensão*, por sua vez, depende de um conjunto de avaliações da ANP, a quem também caberá fixar o prazo necessário para o término da Avaliação de Descoberta, e diz respeito apenas às áreas, dentro do bloco, especificamente identificadas e autorizadas pela ANP, e não ao bloco inteiro. A distinção entre as duas figuras, bem como a possibilidade de se cumularem, é, como se vê, claríssima, sendo verdadeiramente incomum que a ANP, que elaborou e firmou os referidos aditivos, tenha agora confundido os dois conceitos.

A distinção entre *prorrogação* e *extensão* também pode ser extraída da posição do TCU. Tanto é assim que, no exame dos aditivos, levado a cabo pelo TCU, a discussão acerca da legalidade da prorrogação dos contratos centrou-se exclusivamente na cláusula que previa a prorrogação por dois anos. Não se considerou a cláusula que dispõe acerca da *extensão* como espécie de prorrogação, que sequer foi objeto de qualquer censura ou observação específica na ocasião.

Em suma: o fundamento apresentado pela ANP para sua decisão de negar a prorrogação solicitada pelas duas empresas nacionais e pela Petrobrás não apenas não apresenta qualquer consistência lógica como também contraria frontalmente o entendimento da própria ANP sobre a matéria, consubstanciado em um conjunto de atos de efeitos externos, que repercutiram sobre a esfera jurídica dos administrados. Esclarecida a suposta dificuldade suscitada pela referida decisão, cumpre examinar os limites jurídicos da ação discricionária da ANP, que a Agência está obrigada a respeitar.

IV. O poder discricionário da administração pública e a posição jurídica do administrado

IV. 1. Ato vinculado, ato discricionário e direito subjetivo do administrado. Natureza do poder discricionário

Os atos administrativos são classificados pela doutrina tendo em conta diferentes critérios, sendo um deles o que opõe atos vinculados e discricionários[13]. O elemento que justifica a classificação traduz-se em que, nos atos vinculados, os cinco elementos que a doutrina administrativa tradicional identifica nos atos administrativos — competência, forma, finalidade, motivo e objeto[14] — são rigidamente definidos pela norma legal ou regulamentar. Ademais, diante de um ato vinculado, há direito subjetivo para o administrado, a saber: presentes todos os elementos previstos pela norma, o particular tem direito à prática do ato[15].

---

13. Celso Antônio Bandeira de Mello, *Curso de direito administrativo*, 1997, p. 260 e ss. O autor classifica os atos administrativos quanto à natureza da atividade, quanto à estrutura do ato, quanto aos destinatários do ato, quanto à função da vontade administrativa, quanto aos efeitos, quantos aos resultados sobre a esfera jurídica dos administrados, quanto à situação de terceiros, quanto à composição da vontade produtora do ato, quanto à formação do ato, quanto à natureza das situações-jurídicas que criam, quanto à posição jurídica da Administração e quanto ao grau de liberdade da Administração em sua prática, pelo qual se classificam os atos administrativos em discricionários e vinculados.
14. V., por todos, Hely Lopes Meirelles, *Direito administrativo brasileiro*, 1993, p. 134 e ss.
15. Esse é o entendimento pacífico da doutrina. Veja-se, por todos, Maria Sylvia Zanella Di Pietro, *Direito administrativo*, 2000, p. 196: "Por isso mesmo se diz que, diante de um poder vinculado, o particular tem um **direito subjetivo** de exigir da autoridade a edição de determinado ato, sob pena de, não o fazendo, sujeitar-se à correção judicial." (negrito no original). Exemplo de direito subjetivo já clássico, derivado de ato vinculado, é o direito à aposentadoria, como registra Celso Antônio Bandeira de Mello, *Curso de direito administrativo*, 1997, p. 267: "Seria exemplo de ato vinculado a aposentadoria compulsória de funcionário aos 70 anos de idade. (...) o Poder Público está *obrigado* a aposentar o funcionário. Isto é, a lei já previu antecipadamente com rigor incontroversível tanto a situação de fato que dá margem ao ato quanto o conteúdo do ato, que só pode ser no sentido de aposentar.".

A particularidade dos atos discricionários consiste em que, embora competência, forma e finalidade continuem sendo elementos vinculados, a lei admite, de forma expressa ou em decorrência do emprego de conceitos indeterminados, alguma liberdade de decisão ao administrador quanto à motivação e ao objeto. Nessas hipóteses é que se encontra o chamado *poder discricionário* da Administração Pública.

A justificação do poder discricionário — sempre excepcional, já que a regra geral é a da estrita vinculação da Administração à lei[16] — decorre da incapacidade de se prever, com alguma objetividade e em tese, a solução mais adequada, mais justa, mais correta para determinadas situações[17]. A discricionariedade é, portanto, serva do interesse público e um instrumento para melhor atender à finalidade pública[18] estabelecida na lei que confere à Administração a competência discricionária[19]. Neste ponto convém fazer três observações a respeito do poder discricionário; a primeira e a segunda dizem respeito à sua natureza e a terceira, aos limites de sua atuação.

Em primeiro lugar, embora se faça comumente referência a "competência" ou "poder" discricionário, na verdade, a discriciona-

---

16. Luís Roberto Barroso, *Apontamentos sobre o princípio da legalidade (delegações legislativas, poder regulamentar e repartição constitucional das competências legislativas) in* Temas de direito constitucional, 2001, p. 166/7.
17. Confiram-se também: Diogo de Figueiredo Moreira Neto, *Legitimidade e discricionariedade*, 1989; Lúcia Valle Figueiredo, *Curso de direito administrativo*, 1994, p. 113 e ss.; Maria Sylvia Zanella Di Pietro, *Discricionariedade administrativa na Constituição de 1988*, 1991; Eros Roberto Grau, *Poder discricionário*, Revista de Direito Público nº 93, p. 41 e ss., 1990, e Carlos Ari Sundfeld, *Discricionariedade e revogação do ato administrativo*, Revista de Direito Público nº 79, p. 132 e ss., 1986.
18. Diogo de Figueiredo Moreira Neto, *Legitimidade e discricionariedade*, 1998, p. 34: "Em outros termos: *a discricionariedade não pode ser exercida nem contra a finalidade nem mesmo sem ela, mas, apenas, em favor dela.*" (grifo no original).
19. Celso Antônio Bandeira de Mello, *Curso de direito administrativo*, 1997, p. 271: "Assim, a discricionariedade existe, por definição, *única e tão somente para proporcionar a cada caso a escolha da providência ótima*, isto é, daquela que realize superiormente o interesse público alvejado pela lei aplicanda. Não se trata, portanto, de uma liberdade para a Administração decidir a seu talante, mas para decidir-se de modo que torne possível o alcance perfeito do desiderato normativo." (grifo no original).

riedade tem natureza de dever. Em geral, a expressão "poder" transmite a idéia de exercício livre e independente de uma capacidade, e definitivamente não é disso que se trata. A Administração Pública faz escolhas, no âmbito de sua discricionariedade, porém inteiramente vinculadas ao interesse público explicitado pela norma. O ponto é registrado com precisão por Celso Antônio Bandeira de Mello, em sua obra monográfica sobre o tema:

> "*A ordenação normativa propõe uma série de finalidades a serem alcançadas, as quais se apresentam, para quaisquer agentes estatais, como obrigatórias. A busca destas finalidades tem o caráter de dever (antes do que 'poder'), caracterizando uma função, em sentido jurídico.*
> *(...)*
> *Como não há outro meio para se atingir esta finalidade, para obter-se o cumprimento deste dever, senão irrogar a alguém certo poder instrumental, ancilar, ao cumprimento do dever, surge o poder, como* mera decorrência, como mero instrumento impostergável para que se cumpra o dever. (...) *percebe-se que o chamado 'poder discricionário' tem que ser simplesmente o cumprimento do* dever de alcançar a finalidade legal."[20] (grifos no original)
> "*A lei só quer aquele específico ato que venha a calhar à fiveleta para o atendimento do interesse público. Tanto faz que se trate de vinculação, quanto de discrição. O comando da norma sempre propõe isto. Se o comando da norma sempre propõe isto e se uma norma é uma imposição, o administrador está, então, nos casos de discricionariedade, perante o dever jurídico de praticar, não qualquer ato dentre os comportados pela regra, mas, única e exclusivamente aquele que atenda com absoluta perfeição à finalidade da lei.*"[21]

---

20. Celso Antônio Bandeira de Mello, *Discricionariedade e controle jurisdicional*, 1992, p. 14/5.
21. Celso Antônio Bandeira de Mello, *Discricionariedade e controle jurisdicional*, 1992, p. 33.

Note-se ainda que a vinculação à finalidade legal repercute não apenas sobre a decisão acerca do conteúdo do ato administrativo, mas também sobre a oportunidade de praticá-lo, de modo que a omissão do ato que a finalidade da norma exige igualmente poderá configurar desvio de finalidade, assim como ocorre com as escolhas arbitrárias feitas a respeito do conteúdo do ato administrativo[22].

A segunda observação importante, ainda sobre a natureza do poder discricionário, pode ser apresentada da seguinte forma: só há discricionariedade se for impossível identificar, no caso concreto, de forma pacífica e racional, qual a solução capaz de realizar da melhor forma possível a finalidade legal. Se por qualquer razão se puder concluir, de forma incontroversa, qual a medida adequada para a hipótese, não há poder discricionário — a Administração estará vinculada a essa solução, a bem do interesse público que a norma pretende fomentar.

Para que haja discrição, é necessário que seja confirmada pelos fatos a suposição legal de que haveria, no caso concreto, possibilidades variadas de solução capazes de realizar seu propósito — e que justificou, afinal, a outorga ao administrador do poder discricionário. Desse modo, só há poder discricionário legítimo diante de mais de uma solução plausível para o problema[23], ou seja, quando houver mais

---

22. Celso Antônio Bandeira de Mello, *Discricionariedade e controle jurisdicional*, 1992, p. 75: "Não é logicamente repugnante a hipótese de desvio de poder por omissão. Com efeito, bem o disse Afonso Rodrigues Queiroz: 'não agir é também agir (não autorizar é decidir não autorizar.)'. Ou pelo menos assim o será em inúmeros casos. Tem-se, pois, que o agente administrativo pode decidir abster-se de praticar um ato que deveria expedir para correto atendimento do interesse público, animado por intuitos de perseguição, favoritismo ou, de todo modo, objetivando finalidade alheia à da regra de competência que o habilitava.".

23. Celso Antônio Bandeira de Mello, *Curso de direito administrativo*, 1997, p. 579: "Com efeito, discricionariedade só existe nas hipóteses em que, perante a situação vertente, seja impossível reconhecer de maneira pacífica e incontrovertível qual a solução idônea para cumprir excelentemente a finalidade legal. Ou seja: naquelas em que mais de uma opinião for razoavelmente admissível sobre a medida apropriada para dar a melhor satisfação ao objetivo da lei.

Logo, nos casos em que, em juízo equilibrado, sereno, procedido segundo os padrões de razoabilidade, seja convinhável que dada providência seguramente é a melhor ou que seguramente não o é, ter-se-á de reconhecer inexistência de discricionariedade na opção que houver discrepado de tal juízo.".

de uma possibilidade de ato a ser praticado, todos igualmente aptos a realizar o fim público. Se houver apenas uma possibilidade de solução ótima, não haverá mais discricionariedade e o ato será, na realidade, vinculado.

Ora bem: se em determinada situação concreta não há discricionariedade, mas na verdade vinculação, uma vez que apenas se atingirá excelentemente o fim público mediante *uma* determinada ação, o particular tem direito subjetivo à prática desse ato administrativo, como se passa com os atos vinculados em geral. Celso Antônio Bandeira de Mello também destacou esse aspecto em seu estudo, nos seguintes termos:

> "*A existência de norma ensanchadora de liberdade administrativa* não é o bastante para concluir-se que exista discrição na prática de um determinado ato. É requisito indispensável; não porém suficiente. (...) *A discricionariedade do ato só existe in concreto, ou seja, perante o quadro da realidade fática com suas feições polifacéticas, pois foi em função disto que a lei se compôs de maneira a obrigá-la.* (...) *Haverá casos em que pessoas sensatas, equilibradas, normais, serão todas concordes em que só um dado ato — e não outro — atenderia à finalidade da lei invocada (...) Segue-se que em hipóteses desse jaez, se a Administração agir de maneira inversa, evidentemente terá descumprido a finalidade legal. Por isso, não lhe aproveitará invocar a norma atributiva de discrição, pois, consoante se disse, a discrição na regra de Direito é condição necessária mas não suficiente para configurá-la na prática do ato.* (...) **Assim, é óbvio que o Poder Judiciário, a instâncias da parte, deverá invalidar atos que incorram nos vícios apontados, pois nestes casos** não há realmente discrição, mas vinculação, ou a discrição não se estende até onde se pretendeu que exista, *já que — repita-se — discricionariedade é margem de liberdade que efetivamente exista* perante o caso concreto." (grifos no original; negrito acrescentado)[24]

---

24. Celso Antônio Bandeira de Mello, *Curso de direito administrativo*, 1997, p.

A terceira observação a ser feita acerca do ponto relaciona-se com os limites jurídicos do poder discricionário. Como toda a ação da Administração Pública e do Estado brasileiro em geral, também o poder discricionário está vinculado antes de tudo aos princípios e regras constitucionais. Com efeito, a Administração está obrigada a reger toda a sua atuação pelas normas constitucionais e toda a sua atividade deve dirigir-se à realização das metas e propósitos estabelecidos na Constituição.

O poder discricionário, portanto, encontra limites, como já referido, na finalidade legal da norma que o instituiu, mas também, e primordialmente, nas normas constitucionais[25]. No normal das circunstâncias, como no caso examinado neste estudo, a finalidade legal do ato a ser praticado e as normas constitucionais são limites que convivem harmoniosamente para demarcar o espaço de atuação do administrador, mas é importante registrar que, em caso de conflito insuperável entre esses dois elementos, a supremacia será sempre das normas constitucionais, admitindo-se até mesmo que o administrador deixe de dar cumprimento à lei em reverência à Constituição[26]. Na hipótese, entretanto, não há necessidade de cogitar dessa dificuldade, pois ela inexiste.

271/2. No mesmo sentido, Maria Sylvia Zanella Di Pietro, *Direito administrativo*, 2000, p. 204: "Existem situações extremas em que não há dúvida possível (...) Por exemplo, o conceito de 'notável saber jurídico' permite certa margem de discricionariedade na referida zona cinzenta; mas não a permite quando os elementos de fato levam à conclusão, sem sobra de dúvida, de que o requisito constitucional não foi atendido.".

25. Luís Roberto Barroso, *Fundamentos teóricos e filosóficos do novo direito constitucional brasileiro*, Revista da Escola da Magistratura do Estado do Rio de Janeiro (no prelo): "A Constituição passa a ser, assim, não apenas um sistema em si — com a sua ordem, unidade e harmonia — mas também um modo de olhar e interpretar todos os demais ramos do Direito. Este fenômeno, identificado por alguns autores como *filtragem constitucional*, consiste em que toda a ordem jurídica deve ser lida e apreendida sob a lente da Constituição, de modo a realizar os valores nela consagrados. A constitucionalização do direito infraconstitucional não identifica apenas a inclusão na Lei Maior de normas próprias de outros domínios, mas, sobretudo, a reinterpretação de seus institutos sob uma ótica constitucional".

26. V. Luís Roberto Barroso, *Poder Executivo — lei inconstitucional — descumprimento*, Revista de Direito Administrativo nº 181-182, p. 387, 1990.

A verdade na matéria é que tanto o Supremo Tribunal Federal como o Superior Tribunal de Justiça têm posição consolidada no sentido de que os atos discricionários estão sujeitos ao controle judicial, tendo como parâmetros desse controle a finalidade legal e as normas constitucionais. Veja-se:

> "*Na dicção sempre oportuna de Celso Antônio Bandeira de Mello, mesmo nos atos discricionários não há margem para que a administração atue com excesso ou desvios ao decidir, competindo ao Judiciário a glosa cabível.*"[27]
> "*Limites do poder discricionário. Os atos do poder público, além de sujeitos aos princípios da legalidade e moralidade, também devem atender a princípio de justiça.*"[28]
> "*O controle dos atos administrativos pelo Poder Judiciário está vinculado a perseguir a atuação do agente público em campo de obediência aos princípios da legalidade, da moralidade, da eficiência, da impessoalidade, da finalidade e, em algumas situações, o controle do mérito.*"[29]
> "*Em nosso atual estágio, os atos administrativos devem ser motivados e vinculam-se aos fins para os quais foram praticados (...) Não existem, nesta circunstância, atos discricionários, absolutamente imunes ao controle jurisdicional.*"[30]

A conclusão a que se chega do exame da hipótese descrita pelas duas empresas nacionais é que não há aqui, a rigor, poder discricionário, uma vez que, das duas opções possíveis (prorrogar o contrato ou não fazê-lo), apenas uma delas (prorrogar) é capaz de realizar a finalidade legal e atender aos princípios constitucionais pertinentes. A rigor, esta opção única já havia sido identificada na motivação apresentada pela ANP para a decisão que prorrogou os trinta e seis contratos e pelos termos da cláusula 5.1.1 inserida no aditivo a eles relativo.

---

27. STF, Rext 131.661-ES, Rel. Min. Marco Aurélio, DJ 17.11.95.
28. STF, Rext 173.820-DF, Rel. Min. Néri da Silveira, DJ 13.09.96.
29. STJ, Resp 169.876-SP, Rel. Min. José Delgado.
30. STJ, MS 6.166-DF, Rel. Min. Humberto Gomes de Barros, DJ 13.10.99.

A mesma conclusão resulta da aplicação dos princípios constitucionais pertinentes, como se verá adiante.

Em suma: tendo em conta os fatos narrados na hipótese e o conjunto de limites legais e constitucionais aplicáveis, as opções plausíveis de ação administrativa foram reduzidas a apenas uma. Diante de uma só possibilidade, a Administração encontra-se, na verdade, diante de um ato vinculado, o que confere ao particular o direito subjetivo ao ato, como já referido anteriormente. É sobre os limites jurídicos incidentes na hipótese e sobre a posição jurídica das duas empresas nacionais que se passa então a tratar.

IV.2. Limites ao poder discricionário da administração pública na hipótese

a) A finalidade pública estabelecida pela lei e os princípios constitucionais da eficiência e da razoabilidade

As finalidades públicas pretendidas pela Lei nº 9.478/97, que rege a atuação da ANP e regula toda a questão específica discutida neste estudo, vêm expressas em seu Capítulo I, que tem por título "Dos Princípios e Objetivos da Política Energética Nacional". Do art. 1º da Lei nº 9.478/97 podem-se destacar os seguintes incisos:

> *"Art. 1º. As políticas nacionais para o aproveitamento racional das fontes de energia visarão aos seguintes objetivos:*
> *I — preservar o interesse nacional;*
> *II — promover o desenvolvimento, ampliar o mercado de trabalho e valorizar os recursos energéticos;*
> *..*
> *VI — incrementar, em bases econômicas, a utilização do gás natural;"*

Esses propósitos da lei, aliás, foram enfatizados pelo parecer proferido pela Procuradoria-Geral da ANP (parcialmente transcrito neste estudo, na hipótese), ao opinar pelo deferimento do pedido de prorrogação formulado pela Petrobrás relativamente aos trinta e seis contratos (Parecer PROGE-RJ nº 015/99, Rio de Janeiro, 10 de maio de 1999), e também na decisão do TCU, que destaca, reportando a manifestação dos setores técnico e jurídico do Tribunal, o propósito legal de "promover a desejada auto-suficiência nacional em petróleo no mais curto espaço de tempo" e de atrair "maiores investimentos no setor".

É possível dizer, em suma, que a finalidade básica da lei no tocante à produção é ampliar a matriz energética do país, em bases racionais e eficientes. As decisões da ANP, portanto, devem ter esses propósitos em vista. Agregam-se a essa finalidade especificamente legal, apontando a mesma direção e sentido à ação administrativa, os princípios constitucionais da razoabilidade e da eficiência.

A razoabilidade é uma noção que se extrai da cláusula do "devido processo legal" (CF, art. 5º, LIV) em seu sentido substantivo ou material e funciona como um mecanismo de controle da discricionariedade legislativa e administrativa. Conceitualmente, a idéia de razoabilidade se decompõe em três elementos: adequação entre meio e fim; necessidade-exigibilidade da medida; e proporcionalidade em sentido estrito[31]. Explica-se.

A atividade estatal normalmente se dá à vista de certas circunstâncias (motivos) e destina-se a prover meios para realizar determinados fins. A razoabilidade expressa, em primeiro lugar, a *adequação* lógica, a racionalidade que deve haver entre estes motivos, meios e fins. Em segundo lugar, a *necessidade* ou *exigibilidade* da medida impõe a verificação da inexistência de meio menos gravoso para a realização dos fins visados. Por fim, a razoabilidade deve embutir, ainda, a idéia de *proporcionalidade em sentido estrito*, que é a ponderação entre o ônus imposto e o benefício trazido, para constatar se a medida é legítima. Na hipótese, portanto, a Administração deverá optar pela medida que possa ser submetida e aprovada em cada um desses três subcritérios, especialmente o primeiro, isto é: ser capaz de produzir os fins pretendidos pela norma, acima listados[32].

---

31. Luís Roberto Barroso, *Interpretação e aplicação na Constituição*, 1999, p. 209 e ss.

32. Sobre o tema da razoabilidade, há ampla produção recente na doutrina brasileira: Raquel Denize Stumm, *Princípio da proporcionalidade no direito constitucional brasileiro*, 1995; Suzana de Toledo Barros, *O princípio de proporcionalidade e o controle de constitucionalidade das leis restritivas de direitos fundamentais*, 1996; Gilmar Ferreira Mendes, *Controle de constitucionalidade*, 1990, p. 38 e ss.; Paulo Armínio Tavares Buechele, *O princípio da proporciona-*

O princípio da eficiência, introduzido formalmente no *caput* do art. 37 da Constituição pela Emenda Constitucional nº 19/98, relaciona-se com a noção de custo/benefício e economicidade administrativa, aliadas ao sucesso na realização da finalidade pública. O princípio é assim delineado por Paulo Modesto:

> "*Na primeira dimensão do princípio da eficiência, insere-se a* exigência de economicidade, igualmente positiva entre nós, *sendo o desperdício a idéia oposta imediata. Trata-se aqui da eficiência como qualidade da ação administrativa que maximiza recursos na obtenção de resultados previstos. Na segunda dimensão, cuida-se da eficiência como qualidade da ação administrativa que obtém resultados satisfatórios ou excelentes, constituindo a obtenção de resultados inúteis ou insatisfatórios uma das formas de contravenção mais comuns ao princípio.*"[33] (grifos no original)

O controle jurisdicional do princípio da eficiência já era reconhecido pelos Tribunais Superiores, aliás, desde antes da EC nº 19/98, e continua sendo aplicado para o controle dos atos discricionários[34], como se vê das decisões abaixo, todas do Superior Tribunal de Justiça:

> "*A Administração Pública é regida por vários princípios: legalidade, impessoalidade, moralidade e publicidade*

---

lidade e a interpretação da Constituição, 1999; e Luís Roberto Barroso, *Razoabilidade e isonomia no direito brasileiro*, in Temas de direito constitucional, 2001, p. 153 e ss.

33. Paulo Modesto, *Notas para um debate sobre o princípio da eficiência*, Revista Interesse Público nº 7, p. 75, 2000.

34. Também nesse sentido a doutrina. V. Diogo de Figueiredo Moreira Neto, *Legitimidade e discricionariedade*, 1998, p. 76/7: "Finalmente, a discricionariedade não pode tornar-se um pretexto para decisões ineficientes, assim consideradas as que atendam *deficientemente* ao interesse público definido na finalidade da lei.
(...)
A eficiência deve ser considerada como limite à discricionariedade em tese." (grifos no original).

(Const. art. 37). Outros também se evidenciam na Carta Política. Dentre eles o princípio da eficiência. A atividade administrativa deve orientar-se para alcançar resultado de interesse público."[35]

"É de vital importância, no trato da coisa pública, a permanente perseguição ao binômio qualidade/eficiência"[36]

"O controle dos atos administrativos pelo Poder Judiciário está vinculado a perseguir a atuação do agente público em campo de obediência aos princípios da legalidade, da moralidade, da eficiência, da impessoalidade, da finalidade e, em algumas situações, o controle do mérito."[37]

Como referido, tanto a finalidade legal, como a razoabilidade e a eficiência funcionam como limites à atuação discricionária da Administração. Especificamente no que diz respeito às agências reguladoras, situação da ANP, a finalidade exposta pela lei e a eficiência se encontram de maneira especial, como registra Tércio Sampaio Ferraz Júnior: *"A eficiência é pressuposto tanto de atos vinculados quanto de discricionários, estando o agente da regulação obrigado a afinar suas decisões com os objetivos políticos setoriais prescritos em lei (legalidade em sentido de legitimação)"*[38].

Pois bem. Das duas opções de que dispõe a Administração Pública diante do pleito do consórcio formado pelas duas empresas nacionais e pela Petrobrás — prorrogar ou não prorrogar o contrato — não há dúvida de que a decisão pela prorrogação é a que mais eficientemente realiza a finalidade pública de valorizar e ampliar os recursos energéticos e incrementar a utilização de tais recursos em bases econômicas (Lei nº 9.478/97, art. 1º). E isso por duas razões.

A primeira delas diz respeito ao desperdício de tempo e ao atraso nos trabalhos de exploração no Bloco BCAM-40, no qual, lembre-se, já foram feitas descobertas de gás natural. Com a não prorrogação do contrato, a Petrobrás e suas parceiras terão de interromper a

---

35. STJ, RMS 5.590-6-DF, Rel. Min. Luiz Vicente Cernicchiaro, j. 16.04.96.
36. STJ, Resp 144.750-SP, Rel. Min. Francisco Falcão, DJ 25.09.2000.
37. STJ, Resp 169.876-SP, Rel. Min. José Delgado, DJ 16.06.98.
38. Tercio Sampaio Ferraz Junior, *Agências reguladoras: legalidade e constitucionalidade*, Revista Tributária e de Finanças Públicas nº 35, p. 157, 2000.

exploração no início de agosto de 2001 e o restante do Bloco, que ainda não foi explorado suficientemente, será submetido a nova licitação, enquanto as áreas em que já houve descoberta prosseguem com a Petrobrás e as duas empresas nacionais, iniciando a fase de produção.

Ora, de acordo com o histórico da atuação da ANP, o novo processo licitatório será realizado daqui a aproximadamente um ano (como ocorreu nas "rodadas anteriores") e o licitante vencedor, após cumpridas todas as formalidades legais, que igualmente demandam tempo, levará cerca de seis meses para iniciar a operação do Bloco, segundo informam as duas empresas nacionais. Quase dois anos depois, note-se, estar-se-á exatamente no mesmo ponto em que se está hoje, sob a ótica do desenvolvimento energético nacional e da exploração do Bloco BCAM-40, ao passo que, se o contrato referido for prorrogado, a Petrobrás e as duas empresas nacionais já terão encerrado a exploração de todo o Bloco. A própria decisão do TCU, referindo o parecer técnico que a instruiu, registra esse ponto nos seguintes termos:

> *"O tempo que se despenderia para a abertura de processo licitatório, a incerteza quanto à ocorrência de interessados, a retomada dos trabalhos de exploração, tudo, sem dúvida, redundaria em maiores esforços e consumiria maior tempo do que aquele dado, inicialmente, à estatal brasileira. Não sendo razoável tal solução (pois contrária ao interesse do País), segue-se que também não é razoável interpretar a lei dessa forma restritiva, vedando à Petrobrás a possibilidade de prorrogação dos contratos."*

O segundo aspecto que indica a prorrogação do contrato como única opção capaz de atender à finalidade legal e aos princípios constitucionais referidos tem natureza mais técnica e diz respeito ao melhor aproveitamento dos recursos energéticos já descobertos no Bloco BCAM-40 e dos que porventura ainda o venham a ser.

Com efeito, o consórcio formado pela Petrobrás e as duas empresas nacionais não apenas já realizou descobertas no Bloco referido como entende que elas são comercialmente viáveis mediante a construção de gasoduto e infra-estrutura compatível. Ora, se o mesmo consórcio tiver oportunidade de explorar o restante do Bloco, qualquer nova reserva de gás ali existente, ainda que isoladamente não apresente condições de comercialidade, poderá ser aproveitada no conjunto, ampliando o potencial energético do país; o mesmo não acontecerá, contudo, se qualquer outra empresa explorar o restante do bloco.

Por esse conjunto de razões, pode-se afirmar que, tendo em conta a finalidade legal explicitada pela Lei nº 9.478/97 e os princípios da razoabilidade e da eficiência, não há discricionariedade da ANP, devendo a Agência prorrogar o contrato por ser esta a medida que melhor realiza a finalidade pública e os princípios constitucionais. Como registra Marcelo Harger:

> "É que o administrador não pode optar de maneira aleatória entre as várias opções disponíveis. O caso concreto poderá demonstrar que uma dentre as várias soluções possíveis é a melhor. Nesses casos não haverá margem de escolha. O princípio da eficiência impõe a adoção da melhor opção. O desrespeito a essa regra implica a invalidade do ato. Essa é a grande utilidade do princípio da eficiência. Serve de baliza para a atuação discricionária."[39]

b) O princípio constitucional da segurança jurídica e o dever de boa-fé da Administração Pública

A segurança jurídica é um dos propósitos gerais do Direito, ao lado da justiça, e um princípio implícito da Constituição, manifestado em um conjunto de dispositivos, como os que prevêem a proteção ao direito adquirido, à coisa julgada e ao ato jurídico perfeito (CF, art. 5º, XXXVI) e o princípio da anterioridade tributária (CF, art. 150, III), dentre outros.

Na dinâmica das relações entre Administração Pública e administrados, o princípio da segurança jurídica se liga ao dever de boa-fé[40], igualmente implícito no texto constitucional, no sentido de im-

---

39. Marcelo Harger, *Reflexões iniciais sobre o princípio da eficiência*, Revista de Direito Administrativo nº 217, p. 160, 1999.
40. Sobre o tema, embora sob ótica civilista, v. Teresa Negreiros, *Fundamentos para uma interpretação constitucional do princípio da boa-fé*, 1998.

por à Administração o dever de agir com coerência e lógica, respeitando as legítimas expectativas dos administrados criadas em decorrência da observação, por estes, dos padrões de comportamento da própria Administração. Cabe à Administração zelar por manter um ambiente de previsibilidade e segurança em suas relações com os particulares, excepcionando motivadamente as situações que exijam tratamento específico diferenciado.

Com efeito, a Lei nº 9.784, de 29.01.99, que dispõe acerca dos processos administrativos em geral, cuidou de explicitar tanto o princípio da segurança como o da boa-fé, bem como a regra, deles derivada, que veda a aplicação retroativa de nova interpretação conferida à norma jurídica pela Administração. Este o teor de seu artigo 2º, *verbis*:

> *"Art. 2º. A Administração Pública obedecerá dentre outros aos princípios da legalidade, finalidade, motivação, razoabilidade, proporcionalidade, moralidade, ampla defesa, contraditório, segurança jurídica, interesse público e eficiência.*
> *Parágrafo único. Nos processos administrativos serão observados, entre outros, os critérios de:*
> ....
> *IV — atuação segundo padrões éticos de probidade, decoro e boa-fé;*
> ....
> *XIII — interpretação da norma administrativa da forma que melhor garanta o atendimento do fim público a que se dirige, vedada aplicação retroativa de nova interpretação."*

Note-se, portanto, que o dever de boa-fé é um limite jurídico à ação discricionária da Administração Pública, que não pode simplesmente adotar qualquer comportamento, encontrando-se vinculada a agir em boa-fé e de forma uniforme diante de situações idênticas, não surpreendendo o administrado injustificadamente. O tema é explorado por Celso Antônio Bandeira de Mello e pelo professor francês Michel D. Stassinopoulos:

> *"Cumpre, no Estado de Direito, que os administrados estejam, de antemão, assegurados de que o proceder admi-*

nistrativo não lhes causará surpresas. E não as causará tanto porque outros fins, que não os estabelecidos em lei, estão vedados ao administrador, quanto porque estes mesmos fins só podem ser alcançados pelas vias previstas na regra de direito como as adequadas ao caso."[41]

"*Si l'autorité administrative a exercé son pouvoir discrétionnaire non pas simultanément, mais successivement dans plusieurs cas, est-elle obligée de procéder toujours de la même façon? La notion de 'bonne administration' impose la réponse affirmative; (...)*"[42]

Também o Superior Tribunal de Justiça tem se manifestado reiteradamente nesse mesmo sentido, inclusive quanto à necessária segurança e previsibilidade que se espera da própria atividade jurisdicional, como modalidade de ação estatal, valendo transcrever trechos de algumas dessas decisões, *in verbis*:

"*Não pode o Estado, após vincular-se ao entendimento de que aceita como boa tradução do idioma sueco para a língua inglesa, elaborada por tradutor juramentado no estrangeiro, recusar versão daquele idioma para nosso vernáculo, feita por pessoa juramentada em idênticas condições.*"[43]

"*O Poder Judiciário deve ao jurisdicionado, em casos idênticos, uma resposta firme, certa e homogênea. Atinge-se, com isso, valores tutelados na ordem político-constitucional e jurídico material, com a correta prestação jurisdicional, como meio de certeza e segurança para a sociedade. Afasta-se, em conseqüência, o rigor processual técnico, no qual se estaria negando a aplicação do direito material, para alcançar-se a adequada finalidade da prestação jurisdi-*

---

41. Celso Antônio Bandeira de Mello, *Discricionariedade e controle jurisdicional*, 1992, p. 60.
42. Michel D. Stassinopoulos, *Traité des Acts Administratifs*. 1954, p. 213/4. Em tradução livre para o vernáculo: "Se a autoridade administrativa tiver exercido seu poder discricionário não simultaneamente, mas sucessivamente em diversos casos, está ela obrigada a proceder sempre do mesmo modo? A noção de 'boa administração' impõe a resposta afirmativa; (...)".
43. STJ, MS 5281-DF, Rel. Min. Demócrito Reinaldo, DJ 09.03.98.

cional, que é a segurança de um resultado uniforme para situações idênticas."[44]
"*O escopo primordial do princípio da segurança jurídica é de que todos tenham certeza que o direito será aplicado uniforme e isonomicamente, ante situações semelhantes.*"[45]

Ora, que aconteceu na hipótese em estudo? A ANP deferiu pedidos de prorrogação formulados pela Petrobrás em relação a trinta e seis contratos, com fundamento em um conjunto de razões integralmente aplicáveis ao contrato do Bloco BCAM-40. Mais que isso, a ANP fez incluir naqueles trinta e seis contratos cláusula (cláusula 5.1.1) afirmando que "A primeira notificação de Descoberta de Petróleo, Gás Natural ou outro hidrocarboneto feito pelo Concessionário à ANP na forma do parágrafo 6.1 deste Contrato **configurará hipótese de êxito** na condução das atividades referentes ao Programa Exploratório Mínimo a que se refere o parágrafo 5.2 abaixo, **ensejando o direito de prorrogação do prazo estabelecido no parágrafo 5.1 por um período adicional de 2 (dois) anos, contados do término do prazo ali referido.**" (negrito acrescentado).

Quando da assinatura da cessão entre a Petrobrás e as duas empresas nacionais, em janeiro de 2000, todos esses eventos já haviam ocorrido, gerando nas duas empresas nacionais a justificável confiança de que a ANP se comportaria relativamente ao Bloco BCAM-40 assim como vinha se comportando em relação aos demais, que se encontram nas mesmas condições. Note-se ainda que a ANP participou como interveniente-anuente da referida cessão, estando plenamente ciente não só da dificuldade experimentada pela Petrobrás para firmar parcerias que viabilizassem a exploração dos blocos, como também do fato de que, no caso concreto, restavam menos de dezoito meses para o término do prazo de três anos fixado no contrato de concessão firmado entre a ANP e a Petrobrás.

Ora, a legítima expectativa das duas empresas nacionais, que não foi elidida por qualquer fundamentação específica apresentada pela ANP (como já se viu, a decisão que negou a prorrogação sequer apresenta motivação autônoma e os argumentos expostos nos parece-

---

44. STJ, Resp 227.940-AL, Rel. Min. Jorge Scartezzini, DJ 27.03.2000.
45. STJ, AGA 304.282-SP, Rel. Min. Francisco Falcão, DJ 02.04.01.

res jurídico e técnico não se sustentam), era de que o contrato de que são cessionárias seria igualmente beneficiado pela prorrogação do prazo, uma vez que o consórcio formado por elas e pela Petrobrás já preencheu todos os requisitos descritos na cláusula contratual acima referida que assegura *direito* à prorrogação.

Sob encomenda para a hipótese aqui discutida é a lição de Maria Sylvia Zanella Di Pietro:

> "*O princípio da segurança jurídica, que não tem sido incluído nos livros de direito administrativo entre os princípios da Administração Pública, foi inserido entre os mesmos pelo art. 2º, caput, da Lei nº 9.784/99.*
> *(...) A segurança jurídica tem muita relação com a idéia de respeito à boa-fé. Se a Administração adotou determinada interpretação como a correta e a aplicou a casos concretos, não pode depois vir a anular atos anteriores, sob o pretexto de que os mesmos foram praticados com base em errônea interpretação. (...) Se a lei deve respeitar o direito adquirido, o ato jurídico perfeito e a coisa julgada, por respeito ao princípio da segurança jurídica, não é admissível que o administrado tenha seus direitos flutuando ao sabor de interpretações jurídicas variáveis no tempo.*"[46].

c) *Princípios constitucionais da isonomia e da impessoalidade*

Os últimos limites ao poder discricionário da Administração Pública que se vão aqui examinar são os princípios da isonomia e da impessoalidade. Ambos constam expressamente da Constituição Federal, o primeiro do *caput* do art. 5º, que consagra que "todos são iguais perante a lei", e o segundo do *caput* do art. 37, como um princípio geral da Administração, embora a impessoalidade seja um corolário da idéia mais geral de isonomia[47].

---

46. Maria Sylvia Zanella Di Pietro, *Direito administrativo*, 2000, p. 85.
47. Celso Antônio Bandeira de Mello, *Curso de direito administrativo*, 1997, p. 70: "Nele [no princípio da impessoalidade] se traduz a idéia de que a Administração tem que tratar a todos os administrados sem discriminações, benéficas ou detrimentosas. (...) O princípio em causa não é senão o próprio princípio da igualdade ou isonomia.".

Na formulação clássica do princípio da igualdade, os iguais deverão ser tratados igualmente e os desiguais, desigualmente, na medida de sua desigualdade. A impessoalidade, nessa mesma linha, exige que a Administração trate a todos sem discriminações de qualquer natureza, sejam benéficas ou prejudiciais. O que a isonomia veda, portanto, são as desequiparações que não tenham um *fundamento* racional e razoável e que não se destinem a promover um *fim* constitucionalmente legítimo. Veda-se o arbítrio, o capricho, o aleatório, o desvio. O tema tem amplo curso na doutrina nacional[48] e estrangeira,[49] merecendo nota especial a monografia de Celso Antônio Bandeira de Mello sobre o tema.[50]

Consoante sistematização que se afigura adequada, um tratamento diferenciado deve ser examinado sob três enfoques sucessivos, para aferir sua legitimidade constitucional, a saber: (i) em primeiro lugar, é preciso identificar o fator de *discrimen* escolhido pela norma ou pelo administrador para saber se tal elemento corresponde a uma diferenciação real, relevante e objetivamente existente entre as pessoas, situações ou coisas[51]; (ii) em segundo lugar, é preciso que haja um nexo racional e razoável entre a diferença das situações[52] — de-

---

48. Vejam-se, em meio a outros, San Tiago Dantas, *Igualdade perante a lei e* due process of law, in Problemas de Direito Positivo: Estudos e Pareceres, 1953, p. 37 e ss.; Carlos Roberto de Siqueira Castro, O *princípio da isonomia e a igualdade da mulher no direito constitucional*, 1983; Luís Roberto Barroso, *Razoabilidade e isonomia no direito brasileiro*, in Temas de direito constitucional, 2001; Mônica de Melo, O *princípio da igualdade à luz das ações afirmativas: o enfoque da discriminação positiva*, Cadernos de Direito Constitucional e Ciência Política, 25, p.90 e ss., 1998.
49. A construção do sentido da cláusula constitucional *equality under the law* é um dos mais recorrentes temas do direito constitucional norte-americano. Vejam-se, por todos, Laurence Tribe, *American Constitutitional Law*, 1988, e Nowak, Rotunda & Young, *Constitutional Law*, 1986. Entre os autores portugueses, v. J. J. Gomes Canotilho, *Direito Constitucional*, 1997, p. 1160 e ss.
50. Celso Antônio Bandeira de Mello, *Conteúdo jurídico do princípio da igualdade*, 1993.
51. J. J. Gomes Canotilho, *Direito constitucional*, 2000, p. 1162: o autor sugere uma seqüência de perguntas para aferir a legitimidade do tratamento diferenciado. A primeira delas é: "Existe uma desigualdade de situações de facto relevante sob o ponto de vista jurídico-constitucional?".
52. Toda distinção de pessoas, situações ou coisas sempre redundará em uma discriminação, legítima ou não, de pessoas.

marcada pelo elemento de *discrimen* — e o tratamento diferenciado aplicado; e (iii) em terceiro lugar, ainda que seja racional e razoável o tratamento diferenciado, ele deve estar em consonância com os princípios protegidos pela Constituição Federal.

Se a Administração se encontra diante de situações rigorosamente idênticas, não havendo nenhum elemento de fato relevante que as diferencie, está obrigada a proceder da mesma forma relativamente a todas elas. Mais que isso, o particular terá o direito de exigir o mesmo tratamento com fundamento no princípio da isonomia, que impõe limite fundamental ao poder discricionário da Administração. Lúcia Valle Figueiredo e Odete Medauar registram o ponto de forma explícita, nos seguintes termos:

> "*Enfatize-se a existência, como limite, na dinâmica da discricionariedade, necessariamente, da proporcionalidade, da boa-fé, da lealdade, e da igualdade.* (...) *Este — o princípio da igualdade — não pode tolerar discrímenes não compatíveis com as situações discriminadas.* **Não pode tolerar que, em nome de uma vaga conveniência administrativa, permita-se a um o que se nega a outro.**"[53]
> (grifos no original; negrito acrescentado)
> "*Fatores de limitação incidentes sobre o próprio juízo de oportunidade: (...) d) Limites extraídos dos princípios gerais do ordenamento, como, p. ex. o princípio da igualdade; o poder discricionário deve ser exercido de modo uniforme em todos os casos iguais.*"[54]

Também esse o entendimento já manifestado pelo Superior Tribunal de Justiça:

> "*Demonstração inequívoca* **de que ilegal o 'traço desigualador acolhido'**, *in casu,* pela Administração.
> *Inexistência, sob qualquer aspecto que se aborde, de justificativa* **objetiva, racional ou plausível** *para o trata-*

---

53. Lúcia Valle Figueiredo, *Curso de direito administrativo*, 1994, p. 124.
54. Odete Medauar, *Poder discricionário da administração*, Revista dos Tribunais nº 610, p. 44, 1986.

mento jurídico diversificado que se realizou."⁵⁵ (negrito no original)

Na doutrina estrangeira, o professor Michel D. Stassinopoulos expressamente sublinha que há direito subjetivo do administrado de obter pronunciamento idêntico ao emitido pela Administração em casos semelhantes ao seu, como conseqüência do princípio da isonomia. Confira-se:

> "*Le pouvoir discrétionnaire a une limite encore, celle de l'égalité. Il y a égalité quand on prend les mêmes mesures dans des conditions semblables ou analogues; il n'y a pas, en revanche, égalité, si, dans les mêmes conditions, on refuse à l'un ce que l'on a accordé à l'autre.*
> *La limite de l'égalité découle du principe constitutionnel selon lequel 'les citoyens sont égaux devant la loi'.*
> *(...)*
> **Cette limite crée un droit subjectif de l'administré vis-à-vis de l'administration dans l'exercice du pouvoir discrétionnaire; car une application inégale de la loi sur des personnes que la Constitution considère comme égales, ne saurait être tolérée. Le pouvoir discrétionnaire doit donc être exercé d'une façon uniforme dans tous les cas semblables.**"⁵⁶

---

55. STJ, ROMS 10.696-CE, Rel. Min. Felix Fischer, DJ 04.06.01.
56. Michel D. Stassinopoulos, *Traité des acts administratifs*, cit., p. 212/215. Em tradução livre para o vernáculo: "O poder discricionário tem ainda um limite, o da igualdade. Há igualdade quando se tomam as mesmas medidas em condições semelhantes ou análogas; não há, ao revés, igualdade, se, nas mesmas condições, se recusa a um o que se garantiu a outro. O limite da igualdade provém do princípio constitucional segundo o qual 'os cidadãos são iguais perante a lei'.
(...)
Esse limite cria um direito subjetivo do administrado face à administração no exercício do poder discricionário; pois uma aplicação desigual da lei, a pessoas que a Constituição considere como iguais, não poderia ser tolerada. O poder discricionário deve então ser exercido de um modo uniforme em todos os casos semelhantes.".

O professor francês enfrenta ainda uma questão pertinente e que merece nota. A Administração estaria proibida, por conta do princípio da isonomia, de reconhecer um erro cometido no passado e de passar a adotar o comportamento que considere adequado? Naturalmente que não, mas a mudança de comportamento — e nesse ponto a idéia se aproxima do princípio da boa-fé já referido — deverá vir acompanhada de ampla fundamentação que demonstre as razões da alteração de conduta por parte da Administração. A mudança súbita e imotivada é vedada pelo princípio da isonomia, consistindo limite ao poder discricionário da Administração. Confira-se, mais uma vez, o trecho em que Stassinopoulos aborda o ponto:

> "Si l'autorité administrative a exercé son pouvoir discrétionnaire non pas simultanément, mais successivement dans plusieurs cas, est-elle obligée de procéder toujours de la même façon? La notion de 'bonne administration' impose la réponse affirmative; (...).
> Toutefois, on ne saurait interdire à l'administration d'avoir, à un moment donné, une opinion différente de celle qu'elle a eue jadis sur le même cas, du moment qu'elle estime que sa première decision était erronée (). Le changement n'est donc pas illégal, mais il doit être motivé. Un changement subit de la pratique administrative ou des revirements réiterés n'invoquant aucun motif important ni des documents versés au dossier, constituent une violation du principe de l'égalité, qui impose que, dans des conditions similaires, la loi soit appliquée d'une manière uniforme."[57]

---

57. Michel D. Stassinopoulos, *Traité des acts administratifs*. 1954, p. 213/4. Em tradução livre para o vernáculo: "Se a autoridade administrativa tiver exercido seu poder discricionário não simultaneamente, mas sucessivamente em diversos casos, está ela obrigada a proceder sempre do mesmo modo? A noção de 'boa administração' impõe a resposta afirmativa; (...).
De toda maneira, não se poderia vedar à administração que esta venha a ter, num dado momento, uma opinião distinta da que já tenha tido sobre o mesmo caso, desde que considere errônea sua primeira decisão. (...) A mudança não é portanto ilegal, mas deve ser motivada. Uma súbita mudança da prática administrativa ou reviravoltas reiteradas, sem invocar nenhum motivo importante nem documentos trazidos ao processo, constituem uma violação do princípio da igualdade, que impõe, em condições similares, aplicação uniforme da lei."

Na hipótese descrita, e tendo em conta a motivação da decisão proferida pela ANP ao deferir a prorrogação dos trinta e seis contratos, em 11.05.99, é possível concluir que não há qualquer distinção relevante entre a situação desses ajustes e do contrato de que as duas empresas nacionais são cessionárias, nada justificando o tratamento diverso. Ao contrário, todos os requisitos que constam da cláusula contratual inserida naqueles trinta e seis ajustes prevendo o *direito à prorrogação* do prazo são integralmente preenchidos pela situação das duas empresas nacionais e do Bloco BCAM-40.

Mais que isso, a decisão da ANP que negou a prorrogação solicitada pelo consórcio de que fazem parte as duas empresas nacionais não apresenta nenhuma justificação para tanto, inexistindo qualquer apreciação a respeito do conjunto de elementos de fato alegados[58] — idênticos aos que por ela já foram acolhidos em relação aos trinta e seis contratos prorrogados — ou mesmo qualquer tentativa de demonstrar a distinção da circunstância de fato que justificaria o tratamento diferente.

Ainda a propósito do princípio da igualdade, vale fazer uma última nota. Embora a Constituição Federal não mais consagre, em termos gerais, tratamento privilegiado para as duas empresas nacionais em detrimento das estrangeiras, continua em vigor o princípio pelo qual, nas mesmas condições, deve-se dar preferência ao produto ou serviço nacional, como forma de realizar os princípios constitucionais que propugnam pelo desenvolvimento do mercado interno e pela ampliação da oferta de emprego no país. A previsão figura em diversas normas, como a Lei nº 8.666/93, art. 3º[59], Lei nº 8.987/95, art. 15, § 4º[60], e a própria Lei nº 9.478/97, art. 42[61].

---

58. Agustín Godilho, *Princípios gerais de direito público*, 1977, p. 184: "A decisão 'discricionária' do funcionário será ilegítima, apesar de não transgredir nenhuma norma concreta e expressa, se é 'irrazoável', o que pode ocorrer, principalmente, quando: a) não dê os fundamentos de fato ou de direito que a sustentam ou; b) não leve em conta os fatos constantes do expediente ou públicos e notórios;".
59. Lei nº 8.666/93:
"Art. 3º. A licitação destina-se a garantir a observância do princípio constitucional da isonomia e a selecionar a proposta mais vantajosa para a Administração e será processada e julgada em estrita conformidade com os princípios básicos da legalidade, da impessoalidade, da moralidade, da igualdade, da publicidade, da

Ambas as empresas são nacionais, diversamente da maior parte das parceiras da Petrobrás nos trinta e seis contratos referidos, a maioria formada por empresas estrangeiras, em relação aos quais foi autorizada a prorrogação. Não há sentido, portanto, na ação administrativa que inverte o princípio aplicável, além da isonomia, e, nas mesmas condições, trata as duas empresas nacionais de forma desfavorável em relação às estrangeiras.

V. Conclusões

De tudo o que se expôs até aqui, é possível compendiar as principais idéias desenvolvidas nas seguintes proposições objetivas:

1. As decisões do Tribunal de Contas da União não produzem efeitos fora das situações concretas analisadas. Nada obstante, deve a Corte guardar coerência em seus pronunciamentos, sendo legítimo esperar — e, eventualmente, exigir — que hipóteses idênticas sejam decididas da mesma forma. A Constituição Federal não atribuiu aos Tribunais de Contas poder regulamentar, de modo que eles não dispõem de competência para editar atos normativos — *i. e., com caráter genérico e abstrato — vinculantes para a Administração Pública.*

2. O poder discricionário da Administração Pública só existe legitimamente quando, além da previsão legal que o outorga, de forma explícita ou implícita, o caso concreto efetivamente autorize mais

---

probidade administrativa, da vinculação ao instrumento convocatório, do julgamento objetivo e dos que lhes são correlatos. (...)
§ 2º — Em igualdade de condições, como critério de desempate, será assegurada preferência, sucessivamente, aos bens e serviços:
I — Produzidos ou prestados por empresas brasileiras de capital nacional.
II — Produzidos no País.
III — Produzidos ou prestados por empresas brasileiras."
60. Lei nº 8.987/95:
"Art. 15. No julgamento da licitação será considerado um dos seguintes critérios: (...)
§ 4º — Em igualdade de condições, será dada preferência à proposta apresenta por empresa brasileira."
61. Lei nº 9.478/97:
"Art. 42. Em caso de empate, a licitação será decidida em favor da PETROBRÁS, quando esta concorrer não consorciada com outras empresas."

de uma solução igualmente capaz de realizar a finalidade legal. Se houver apenas uma possibilidade de atingir de forma objetivamente ideal o fim legal, não haverá discrição, mas vinculação e, em conseqüência, direito subjetivo do administrado à prática daquele ato pela Administração Pública.

3. O espaço de liberdade do poder discricionário é também restringido pelos princípios constitucionais da razoabilidade, da eficiência, da boa-fé administrativa, da isonomia e da impessoalidade. No caso concreto, tendo em conta os fatos descritos pelas duas empresas nacionais e as próprias manifestações da ANP, pode-se concluir que não há discricionariedade na apreciação do requerimento de prorrogação apresentado pelo consórcio formado pela Petrobrás e pelas duas empresas nacionais, e sim vinculação, já que a decisão de prorrogar é a única que realiza otimamente as finalidades legais e atende às exigências dos princípios constitucionais referidos. Em conseqüência, portanto, há direito subjetivo ao ato de prorrogação.

A Comissão de Valores Mobiliários e a legitimidade de sua transformação em agência reguladora. Possibilidades e limites do poder de emenda parlamentar

SUMÁRIO: I. Competências legislativas do Congresso Nacional. O poder de emenda parlamentar. I.1. O art. 61, § 1º, II, "e" da Constituição Federal e o Projeto de Lei nº 3.115/97 (criação, estruturação e atribuições dos órgãos da Administração Pública). I.2. O art. 61, § 1º, II, "a" da Constituição Federal e o Projeto de Lei nº 3.115/97 (criação de cargos públicos). II. Matérias reservadas à lei complementar prevista no art. 192 da Constituição Federal. III. Conclusão.

I. Competências legislativas do congresso nacional. O poder de emenda parlamentar

Em um Estado constitucional fundado na separação de Poderes, a regra é que o Poder Legislativo desempenhe a função legislativa, isto é, pratique os atos de criação do direito positivo e inovação da ordem jurídica. Em inúmeros países do mundo, inclusive o Brasil, o Poder Executivo pode eventualmente desempenhar competências legislativas primárias, em situações de urgência, editando atos com força de lei (medidas provisórias, decretos-leis). Tais atribuições, como natural, não eliminam as do Congresso Nacional, que continua a ser o principal órgão de criação de atos legislativos.

Nos países presidencialistas, como regra geral, o Executivo participa do processo legislativo através da sanção ou veto. A sanção é a certidão de nascimento da lei, ato pelo qual o que antes era projeto transforma-se em norma positiva. Não anuindo ao projeto, o Executivo pode vetá-lo, hipótese em que ele somente virá a converter-se em lei se o veto for derrubado.

Não é incomum, tampouco, que o Presidente da República participe do processo legislativo mediante a apresentação de projetos de lei ao Congresso, através de mensagem. Nas últimas décadas, boa parte das leis aprovadas resultaram de iniciativa presidencial. O que tem caráter de exceção é a reserva de determinadas matérias à iniciativa *privativa* do Chefe do Executivo para a deflagração do processo legislativo, de que é exemplo o art. 61, § 1º, cujas partes relevantes para os fins aqui visados vão abaixo transcritas:

> "*Art. 61* ....
> *§ 1º. São de iniciativa privativa do Presidente da República as leis que:*
> *I —* ....
> *II — disponham sobre:*
> *a) criação de cargos, funções ou empregos públicos na administração direta e autárquica ou aumento de sua remuneração;*
> *(...)*
> *e) criação, estruturação e atribuições dos Ministérios e órgãos da administração pública".*

Diante de tal previsão, e antes de enfrentar as impugnações específicas ao projeto de lei em tela, convém delimitar os espaços de convivência entre a reserva de iniciativa legislativa conferida ao Executivo e a liberdade de emenda parlamentar. A reserva da iniciativa de determinadas leis em favor do Presidente da República, como já antecipado, é uma *exceção* ao princípio da separação de Poderes, uma vez que retira dos membros do Poder Legislativo a possibilidade de deflagrar sua atividade típica com relação a essas matérias. Vale notar que na matriz presidencialista, a Constituição Americana de 1787, tal prerrogativa do Presidente sequer existe. A atividade interpretativa, portanto, já encontra aqui uma regra: assim como para qualquer exceção, a prerrogativa estabelecida no artigo 61, § 1º, da CF deve ser interpretada *restritivamente*.

Nesse sentido já se pronunciou o Supremo Tribunal Federal. Confira-se:

> *"A iniciativa reservada, por constituir matéria de direito estrito, não se presume e nem comporta interpretação ampliativa, na medida em que — por implicar limitação ao poder de instauração do processo legislativo — deve necessariamente derivar de norma constitucional explícita e inequívoca."* (ADIMC 724/RS, Tribunal Pleno, rel. Min. Celso de Mello, j. 07.05.1992, DJ 27.04.2001)

Pois bem. A reserva de iniciativa legislativa conferida ao Presidente da República produz dois efeitos: um de natureza temporal e outro de mérito. O efeito *temporal* outorga ao Chefe do Executivo a capacidade de decidir a conveniência e oportunidade de introduzir a disciplina de determinada matéria, suscitando a discussão e a deliberação pelo Legislativo. Sobre o tema, esclarece Manoel Gonçalves Ferreira Filho que *"a iniciativa não é propriamente uma fase do processo legislativo, mas sim o ato que o desencadeia. Em verdade, juridicamente, a iniciativa é o ato por que se propõe a adoção de* direito novo.*"*[1] (destaque acrescentado)

O efeito quanto ao *mérito*, a seu turno, é temperado. Apesar de algumas opiniões em contrário, hoje superadas pelo entendimento pacífico do STF e pelo próprio texto constitucional em vigor, o Legislativo não está restrito a aprovar ou rejeitar a proposta do Executivo, podendo alterá-la pelo exercício do poder de emenda, observadas apenas as seguintes limitações:

(i) restrição constitucional expressa impeditiva do aumento de despesa (CF, art. 63, I)[2];

---

1. Manoel Gonçalves Ferreira Filho, *Do processo legislativo*, 1995, p. 202.
2. Constituição Federal:
"Art. 63. Não será admitido aumento de despesa:
I — nos projetos de iniciativa exclusiva do Presidente da República, ressalvado o disposto no art. 166, §§ 3º e 4º" (...).

(ii) restrição jurisprudencial concernente à pertinência da matéria objeto da emenda relativamente ao tema da proposta[3]; e

(iii) restrição constitucional implícita consistente em que o poder de emenda seja exercido observando não só a pertinência temática, mas também o princípio da razoabilidade.

Ora, o poder de alteração das propostas do Executivo, típico e natural do Legislativo, não está limitado quanto ao seu exercício à via da emenda a projeto de lei apresentado pelo Presidente da República. Convertido que tenha sido o projeto em lei e introduzida a disciplina da matéria no ordenamento jurídico, exaure-se a eficácia temporal da restrição objeto do art. 61, § 1º, da Constituição. Vale dizer: a capacidade de o Legislativo promover alterações em projeto de iniciativa do Executivo não é afetada pelo fato de a norma haver ingressado no mundo jurídico. O Legislativo conserva a faculdade discricionária de rever a sua própria manifestação, respeitadas as três restrições antes mencionadas, que igualmente condicionam o poder de emendar.

Crença diversa desta será uma reverência tardia à hegemonia do Poder Executivo, fruto de um imaginário que se habituou a ditaduras sucessivas. É preciso evitar aqui uma das patologias crônicas da hermenêutica constitucional no Brasil: a interpretação retrospectiva, pela qual se procura interpretar o texto novo de maneira a que ele não inove nada, mas, ao revés, fique tão parecido quanto possível com o antigo[4].

---

3. Confiram-se, exemplificativamente, os seguintes acórdãos do Supremo Tribunal Federal:
"Poder Legislativo. Sua competência para emendar projetos de lei de iniciativa do Executivo, desde que a emenda não seja estranha à matéria objeto da proposta. (...)" (RMS 15.110/SP, Tribunal Pleno, rel. Min. Evandro Lins, j. 24.11.1965, DJ 16.02.1966)
"Relevância jurídica da argüição da inconstitucionalidade, perante o art. 96, II, b e d, da Carta Federal, de dispositivos de Leis Complementares Estaduais em cuja elaboração foram inseridos, por emenda parlamentar, dispositivos destituídos de pertinência temática com projeto oriundo do Tribunal de Justiça." (ADIMC 1.682/SC, Tribunal Pleno, rel. Min. Octavio Gallotti, j. 01.10.1997, DJ 07.11.1997)
No mesmo sentido: RMS 14.710/SP, Tribunal Pleno, rel. Min. Gonçalves de Oliveira, j. 30.05.1968, DJ 24.06.1968; ADI 574/DF, Tribunal Pleno, rel. Min. Ilmar Galvão, j. 03.06.1993, DJ 11.03.1994.
4. Sobre este e outros aspectos da interpretação constitucional, v. Luís Roberto Barroso, *Interpretação e aplicação da Constituição*, 1999.

Com argúcia e espírito, Barbosa Moreira estigmatiza a equivocidade desta postura:

> *"Põe-se ênfase nas semelhanças, corre-se um véu sobre as diferenças e conclui-se que, à luz daquelas, e a despeito destas, a disciplina da matéria afinal de contas, mudou pouco, se é que na verdade mudou. É um tipo de interpretação em que o olhar do intérprete dirige-se antes ao passado que ao presente, e a imagem que ele capta é menos a representação da realidade que uma sombra fantasmagórica."*[5]

I.1. O art. 61, § 1º, II, "e", da Constituição Federal e o projeto de Lei nº 3.115/97 (criação, estruturação e atribuições dos órgãos da administração pública)

O primeiro questionamento específico a respeito do Projeto de Lei nº 3.115/97 versa sobre a alínea "e" do art. 61, §1º, inciso II, da Constituição, que estabelece caber ao Presidente da República a iniciativa privativa de leis que disponham sobre *"criação, estruturação e atribuições dos Ministérios e órgãos da administração pública"*. Pergunta-se, desse modo, se o projeto de lei em questão teria invadido a iniciativa reservada ao Executivo quanto a algum desses pontos.

O projeto de lei em análise contém disposições relativas à CVM que podem ser classificadas em dois grupos: (i) disposições que procuram reforçar a independência da CVM em face do Poder Executivo, exigindo, em especial, a aprovação prévia de seus dirigentes pelo Senado Federal e conferindo-lhes mandato fixo, cuja perda apenas ocorrerá em virtude de renúncia, de condenação judicial transitada em julgado ou de processo administrativo disciplinar, respeitada a ampla defesa e o devido processo legal[6]; e (ii) disposições que atuali-

---

5. José Carlos Barbosa Moreira, O *Poder Judiciário e a efetividade da nova constituição*, Revista Forense nº 304, p. 151/152.
6. Essa medida, vale notar, há muito é reclamada pela doutrina pátria, valendo referir o trabalho de Nelson Eizirik: *A urgente reforma da Lei 6.385/76*, Revista de Direito Mercantil nº 98, p. 58 e ss.

zam as competências da CVM em face das modificações introduzidas na legislação sobre mercado de capitais e sobre as sociedades anônimas, tema principal do projeto de lei.

O primeiro conjunto de modificações referido, por evidente, não cria ou estrutura qualquer Ministério ou órgão da Administração Pública, nem dispõe sobre suas atribuições, limitando-se a alterar, em aspectos pontuais, o regime jurídico dos cargos ocupados pelos dirigentes da CVM.

O segundo conjunto de alterações constantes do projeto de lei tem por objetivo, como já referido, amoldar a atuação da CVM às novas normas em discussão no Congresso Nacional, constantes do mesmo projeto, sobre mercado de capitais e sociedades anônimas (sendo que para tais matérias não se exige a iniciativa do Presidente da República — a esse ponto se voltará adiante).

Examinando cada uma das três situações descritas pelo art. 61, § 1º, II, "*e*", da Constituição — *criação, estruturação* e *atribuições* de Ministérios e órgãos da administração pública —, é fácil concluir que as alterações desse segundo grupo não *criam* ou *estruturam* o que quer que seja. Como se sabe, a CVM foi criada pela Lei 6.385/76, que a definiu como entidade autárquica vinculada ao Ministério da Fazenda (art. 5º). O projeto de lei não cria figura diversa nem altera sua estrutura ou natureza. O máximo de que se pode cogitar na hipótese é de modificação das *atribuições* da CVM, embora para isso seja necessário ultrapassar um obstáculo hermenêutico considerável. Explica-se.

A disposição constitucional referida menciona "*Ministérios e órgãos da administração pública*". De Ministério à evidência não se trata. É possível sustentar, todavia, que se cuidaria de "*órgãos da administração pública*", pois o legislador constituinte poderia ter utilizado tal expressão de forma genérica, referindo não só a unidades administrativas em que se decompõe a administração direta — destituídas de personalidade jurídica própria —, como igualmente a entidades da administração indireta — essas titulares de personalidade jurídica autônoma. A CVM, lembre-se, pertence a essa última categoria, já que tem a natureza de autarquia.

A doutrina administrativa nacional, todavia, não oferece lastro a essa interpretação, na medida em que conceitua os *órgãos* como parcelas integrantes da administração direta, reservando o termo *entidade* para designar as estruturas personalizadas componentes da administração indireta. Confiram-se, respectivamente, Carlos Ari Sundfeld e Maria Sylvia Zanella di Pietro:

> "*A Administração Pública divide-se — inclusive por previsão contida no art. 37, caput, da Constituição Nacional — em Administração direta e Administração indireta. A Administração indireta é composta de seres — a que se dá o nome de pessoas governamentais — com personalidade jurídica própria, distinta da personalidade da Administração direta. Já a Administração direta compõe-se de órgãos públicos.*
> *Órgãos públicos são parcelas sem personalidade jurídica própria em que se divide a Administração Pública direta e através das quais esta expressa sua vontade.*"[7]
> "*...órgão não tem personalidade jurídica própria, já que integra a estrutura da Administração direta, ao contrário da* **entidade***, que constitui 'unidade de atuação dotada de personalidade jurídica'(...); é o caso das entidades da Administração indireta (autarquias, fundações, empresas públicas e sociedades de economia mista).*"[8] (negrito no original)

O entendimento da doutrina se harmoniza também com a interpretação sistemática do texto constitucional, ao longo do qual o legislador constituinte emprega com freqüência a distinção entre administração direta e indireta e entre órgãos daquela e entidades desta. Assim, por exemplo, no próprio art. 61, §1º, II, a Constituição especifica na alínea "a" — que será adiante abordada — a distinção: "*criação de cargos, funções ou empregos públicos na administração direta e autárquica ou aumento de sua remuneração.*"

No capítulo dedicado à Administração Pública, que vai do art. 37 ao art. 43, a distinção está presente não só no próprio *caput* do art. 37 ("*A administração pública direta, indireta ou fundacional...*"), como na quase totalidade dos artigos, a saber: art. 37, *caput* e incisos

---

7. Carlos Ari Sundfeld, Criação, estruturação e extinção de órgãos públicos — limites da lei e do decreto regulamentar, Revista de Direito Público nº 97, p. 43.
8. Maria Sylvia Zanella Di Pietro, *Direito administrativo*, 2000, p. 411.

XI e XVII, §§ 1º, 3º, e 8º; art. 38; art. 39, §7º; art. 40; art. 42, §4º. O artigo 37, §8º, é específico ao referir a órgãos da administração direta e a entidades da administração indireta: *"A autonomia gerencial, orçamentária e financeira dos órgãos e entidades da administração direta e indireta (...)"*. O mesmo ocorre no §7º do art. 39: *"Lei da União, dos Estados, do Distrito Federal e dos Municípios disciplinará a aplicação dos recursos orçamentários provenientes da economia com despesas correntes em cada órgão, autarquia e fundação (...)"*.

Mesmo fora do Capítulo dedicado especificamente à Administração Pública, o texto constitucional distingue a administração direta da autárquica (arts. 54, I, "a"; 61, §1º, II, "a"; art. 70; art. 71, II, III, IV e XI; art. 74, II; art. 87, I; art. 165, §5º, I e §9º, II). Desses exemplos, alguns fazem uma identificação ainda mais técnica entre órgão e entidade, como o art. 71, IX (*"assinar prazo para que o órgão ou entidade..."*); o art. 74, II (*"comprovar a legalidade e avaliar os resultados, quanto à eficácia e eficiência, da gestão orçamentária, financeira e patrimonial nos órgãos e entidades..."*); o art. 87, I (*"exercer a orientação, coordenação e supervisão dos órgãos e entidades ..."*); e o art. 165, §5º, I (*"o orçamento fiscal referente aos Poderes da União, seus fundos, órgãos e entidades da administração direta e indireta, inclusive fundações instituídas e mantidas pelo Poder Público"*).

Caso se entenda, portanto, que o dispositivo se refere exclusivamente a *órgãos* da administração pública, conforme consta de sua dicção, a norma sequer se aplicaria à CVM, que é *entidade* da administração pública indireta. De toda sorte, mesmo desconsiderando os elementos acima expostos e supondo que o art. 61, § 1º, II, "e", pretendeu abranger também as entidades da administração indireta, o dispositivo constitucional não impede que o Poder Legislativo promova as alterações constantes do Projeto de Lei nº 3.115/97, e isso por duas razões.

A primeira delas foi apresentada em tese no primeiro tópico deste estudo e diz respeito ao poder de emenda parlamentar. Como já se expôs, o Legislativo não está impedido de apresentar emendas em projetos de iniciativa reservada ao Executivo, respeitadas as três restrições mencionadas — impossibilidade de aumento de despesa, pertinência temática e razoabilidade. Mais que isso, a capacidade reconhecida aos parlamentares de promoverem alterações na disciplina de tais matérias perdura no tempo, não se esvaindo quando o projeto é transformado em lei. Da mesma forma como podiam modificar as atribuições da CVM, conforme propostas pelo Executivo, enquanto o projeto de lei originário que a organizou estava em discussão, os parlamentares continuam a poder fazê-lo, pelas mesmas razões, que em nada se alteram pelo simples fato de o projeto ter sido convertido em lei.

Mas o art. 61, § 1º, II, "e", não se aplica ao caso também por uma segunda razão. As alterações introduzidas pelo projeto de lei ora em exame se devem à modificação de legislação conexa — a lei das sociedades por ações —, não sujeita à iniciativa do Executivo, mas cujo conteúdo reflete diretamente na atuação da CVM. Modificar tal legislação e manter descompassada a atuação do órgão regulador e fiscalizador dessas atividades — a CVM — seria conduta repreensível, frustrante das expectativas geradas pela nova legislação e contrária ao princípio constitucional da eficiência da administração pública.

Além disso, seria totalmente contrário ao princípio constitucional da separação dos Poderes, bem como aos princípios fundamentais de interpretação constitucional, inviabilizar o exercício regular de prerrogativas típicas do Legislativo (a saber: legislar eficientemente sobre o mercado de capitais e as sociedades por ações, por iniciativa própria) em decorrência da ampliação de uma norma excepcional (como é o caso das que prevêem a iniciativa reservada do Executivo).

Em suma: nada justifica a limitação que se pretende impor ao Poder Legislativo, com suposto fundamento no art. 61, § 1º, II, "e" da Constituição, relativamente ao projeto de lei em questão.

I.2. O art. 61, § 1º, II, "a", da Constituição Federal e o projeto de Lei nº 3.115/97 (criação de cargos públicos)

O segundo questionamento que o Projeto de Lei nº 3.115/97 tem suscitado diz respeito especificamente às alterações que pretendem conferir à CVM maior independência, por meio da previsão de mandato fixo e a termo certo para seus diretores, que continuam a ser nomeados pelo Presidente da República, mas passam a ter seus nomes submetidos à prévia aprovação do Senado Federal (isto é: o primeiro grupo de modificações identificado acima). A crítica se relaciona com a alínea "a" do inciso II do art. 61 da Constituição, que reservou à iniciativa do Executivo as leis que disponham sobre a *"criação de cargos, funções ou empregos públicos na administração direta e autárquica ou aumento de sua remuneração"*. Sustentam alguns que o dispositivo constitucional impediria o Legislativo de alterar as características de cargo já existente, como pretende o projeto de lei em questão. Não se está de acordo com esse entendimento.

A iniciativa do Presidente da República para a *criação* de cargos, funções e empregos nos órgãos da administração direta e entidades autárquicas e para o *aumento* de sua remuneração encerra evidente preceito de independência financeira entre os Poderes, que se completa com a limitação de emendas legislativas que provoquem aumento de despesa (CF, art. 63, I). Com efeito, *criar* cargos e *aumentar* sua remuneração são decisões que afetam os níveis de despesa pública, o que não acontece com a alteração da natureza do cargo, ou especificamente com o fato de se vedar a demissão *ad nutum* de seu titular e submeter sua nomeação previamente ao Senado Federal.

Em segundo lugar, convém lembrar que a regra geral em matéria de cargo público é a de que ele seja efetivo e de que sua investidura resulte de aprovação em concurso de provas ou de provas e títulos; a exceção é a nomeação para cargo em comissão, declarado *em lei* de livre nomeação e exoneração. Confira-se o texto do inciso II do art. 37 da CF, *in verbis*:

> *"II — a investidura em cargo ou emprego público depende de aprovação prévia em concurso público de provas ou de provas e títulos, de acordo com a natureza e a complexidade do cargo ou emprego, na forma prevista em lei, ressalvadas as nomeações para cargo em comissão declarado em lei de livre nomeação e exoneração."*

Ainda que se admita, como até recomenda o bom senso, que ao exercer a iniciativa reservada para a lei de *criação* de cargos públicos o Presidente da República indique se se trata de cargo efetivo ou em comissão — o que não depende exclusivamente de sua vontade, mas da natureza do cargo, sob pena de burlar-se a regra constitucional do concurso público —, certo é que não fica o Legislativo subordinado a aceitar a opinião do Executivo e nem mesmo obrigado a concordar que, sendo o cargo em comissão, a lei o deva sempre declarar de "livre nomeação e exoneração".

Com efeito, o art. 84 da Constituição prevê explicitamente que *a lei* poderá submeter à aprovação do Senado Federal a nomeação de outros servidores para cargos em comissão, além dos que o próprio artigo já lista, *verbis*:

> "Art. 84 — *Compete privativamente ao Presidente da República:*
>
> ....
>
> *XIV* — *nomear,* **após aprovação pelo Senado Federal***, os Ministros do Supremo Tribunal Federal e dos Tribunais Superiores, os Governadores dos Territórios, o Procurador-Geral da República, o Presidente e os diretores do Banco Central e* **outros servidores, quando determinado em lei***;"*

Pois bem. A lei a que se refere o dispositivo transcrito não é, certamente, de iniciativa privativa do Presidente da República. Não apenas por não constar do rol exaustivo do art. 61, mas também porque se trata de lei restritiva de sua própria atuação. Não parece lógico que tal lei dependa de uma **renúncia** de poder do Chefe do Executivo, que é legítimo supor dificilmente ocorrerá (no exemplo do Banco Central, a sociedade há muito clamava por tal providência, que foi sempre frustrada pelo Executivo, só vindo a ocorrer em face da disposição constitucional).

O legislador constituinte previu, ele próprio, hipóteses em que o poder do Presidente da República sofre essa espécie de limitação, enumerando cargos determinados no art. 84, XIV. Relativamente aos demais, deixou ao legislador ordinário a faculdade de assim o determinar por sua iniciativa, não em dependência do Executivo.

Ou seja: na hipótese examinada, o Legislativo pode subordinar cargo criado por iniciativa do Presidente da República à exigência do inciso XIV do art. 84 da Constituição, bem como restringir as hipóteses em que se poderá demitir o ocupante de cargo em comissão, tanto por força de emenda ao projeto do Executivo, como no uso de seu poder de emenda posterior à edição da lei, face a novas circunstâncias que demandem maior independência da entidade. Ademais, todos os três limites à atuação do Legislativo foram observados na hipótese: o exercício do poder de emenda não gera aumento de despesa, encerra pertinência temática e está dotado de razoabilidade, sendo, pois, perfeitamente legítimo.

II. Matéria reservada à lei complementar prevista no art. 192 da Constituição Federal

A última crítica formulada ao Projeto de Lei nº 3.115/97 tem o seguinte conteúdo: o projeto seria inconstitucional, pois a instituição de uma *nova* CVM, com traços de agência reguladora autônoma, só seria possível com a edição da lei complementar prevista no art. 192 da Constituição, por se tratar de instituição integrante do Sistema Financeiro Nacional. Boa parte da lógica desse argumento está na comparação com o Banco Central, tendo em conta a exigência formulada pelo referido art. 192, incisos IV e V, de que *"a organização, o funcionamento e as atribuições do Banco Central e demais instituições financeiras públicas e privadas"*, bem como de que *"os requisitos para a designação de membros da diretoria do Banco Central e demais instituições financeiras, bem como seus impedimentos após o exercício do cargo"* sejam disciplinados por lei complementar.

A argumentação, todavia, não procede. Em primeiro lugar, o Projeto de Lei nº 3.115/97 não pretende criar uma nova CVM, como agência reguladora autônoma: a CVM já constitui, a rigor, uma agência reguladora, desde sua criação.

Com efeito, a CVM foi criada e subsiste, desde então e até hoje, como uma autarquia (art. 5º da Lei nº 6.385, de 07.12.1976), dotada, portanto, de personalidade jurídica própria e autonomia administrativa e financeira, como se passa com as referidas agências. Além disso, compete à CVM, como também é típico das agências reguladoras, a normatização e fiscalização das atividades que constituem objeto de sua atuação[9], competências essas que a lei em vigor confere-lhe expressamente (art. 8º da Lei nº 6.385/76)[10].

---

9. Nesse sentido, afirma Marcos Paulo de Almeida Salles: "Em síntese, após este período em que pretendemos haver tangenciado o maior número de pontos referentes à implantação de uma 'agência governamental' destinada a promover e fiscalizar o Mercado de Valores Mobiliários no sentido de evitarem-se prejuízos aos acionistas minoritários (ou simplesmente investidores), podemos dizer que a autarquia vinculada ao Ministério da Fazenda, como órgão da administração indireta do poder executivo, denominada Comissão de Valores Mobiliários, tem os poderes que lhe outorgam as Leis nºs 6.385/76 e 6.404/76 para a consecução desse objetivo com jurisdição em todo o território nacional e nos limites

de sua competência." (*Aspectos da competência do CMN e da CVM no mercado de valores mobiliários*, Revista de Direito Mercantil n° 108, p. 109/110).
10. Também a Lei n° 6.404/76 ("Lei das S.As.") conferiu à CVM uma série de competências normativas e fiscalizatórias. Confiram-se, exemplificativamente, os seguintes dispositivos:
Art. 4°, parágrafo único: "Somente os valores mobiliários de companhia registrada na Comissão de Valores Mobiliários podem ser distribuídos no mercado e negociados em bolsa ou no mercado de balcão."
Art. 11, §3°: "O valor nominal das ações de companhia aberta não poderá ser inferior ao mínimo fixado pela Comissão de Valores Mobiliários."
Art. 34, §2°: "Somente as instituições financeiras autorizadas pela Comissão de Valores Mobiliários podem manter serviços de ações escriturais."
Art. 41, *caput*: "A instituição financeira autorizada pela Comissão de Valores Mobiliários a prestar serviços de custódia de ações fungíveis pode contratar custódia em que as ações de cada espécie, classe e companhia sejam recebidas em depósito como valores fungíveis."
Art. 66, §2°: "A Comissão de Valores Mobiliários poderá estabelecer que nas emissões de debêntures negociadas no mercado o agente fiduciário, ou um dos agentes fiduciários, seja instituição financeira."
Art. 67, parágrafo único: "A Comissão de Valores Mobiliários fiscalizará o exercício da função de agente fiduciário das emissões distribuídas no mercado, ou de debêntures negociadas em bolsa ou no mercado de balcão, podendo: a) nomear substituto provisório, nos casos de vacância; b) suspender o agente fiduciário de suas funções e dar-lhe substituto, e deixar de cumprir os seus deveres."
Art. 71, §1°: "A assembléia de debenturistas pode ser convocada pelo agente fiduciário, pela companhia emissora, por debenturistas que representem dez por cento, no mínimo, dos títulos em circulação, e pela Comissão de Valores Mobiliários."
Art. 82: "A constituição de companhia por subscrição pública depende do prévio registro da emissão na Comissão de Valores Mobiliários, e a subscrição somente poderá ser efetuada com a intermediação de instituição financeira.
§ 1° O pedido de registro de emissão obedecerá às normas expedidas pela Comissão de Valores Mobiliários e será instruído com:
a) o estudo da viabilidade econômica e financeira do empreendimento;
b) o projeto do estatuto social;
c) o prospecto, organizado e assinado pelos fundadores e pela instituição financeira intermediária.
§ 2° A Comissão de Valores Mobiliários poderá condicionar o registro a modificações no estatuto ou no prospecto e denegá-lo por inviabilidade ou temeridade do empreendimento, ou inidoneidade dos fundadores."
Art. 136, §2°: "A Comissão de Valores Mobiliários pode autorizar a redução do "quorum" previsto neste artigo no caso de companhia aberta com a propriedade das ações dispersa no mercado, e cujas três últimas assembléias tenham sido

Em segundo lugar, a analogia com o exemplo do Banco Central é inteiramente equivocada, por duas razões. Diferentemente do Banco Central, a CVM não é instituição financeira a que se possam aplicar os incisos IV e V do art. 192 da CF, acima referidos, que afirmam aplicar-se ao *"Banco Central e demais instituições financeiras"*. Basta notar que a CVM não opera com a intermediação de valores, característica inerente às instituições financeiras[11].

Independentemente disso, porém, a lei complementar que deverá estipular os requisitos para a designação dos diretores do Banco Central, prevista no inciso V, do art. 192, da Constituição (que os críticos pretendem aplicar à CVM), não poderá disciplinar, exatamente, o aspecto da prévia aprovação dos ocupantes de tais cargos pelo Senado Federal. Isso porque tal requisito já se encontra constitucionalmente estabelecido pelo art. 84, XIV, como referido.

De fato, é esse mesmo dispositivo — o art. 84, XIV, da CF — que autoriza que a *lei* submeta à prévia aprovação do Senado Federal o provimento de outros cargos, além dos que a própria norma enuncia. Ora, como é corrente, não havendo o constituinte qualificado a expressão *lei*, cuida-se de lei ordinária e não complementar, no entendimento já pacificado pelo Supremo Tribunal Federal:

> *"Só cabe lei complementar, no sistema de direito positivo brasileiro, quando formalmente reclamada sua edição por norma constitucional explícita."* (ADI 789/DF, Tribunal Pleno, rel. Min. Celso de Mello, j. 26.05.1994, DJ 19.12.1994)
>
> *"De há muito se firmou a jurisprudência desta Corte no sentido de que só é exigível lei complementar quando a*

---

realizadas com a presença de acionistas representando menos da metade das ações com direito a voto. Neste caso, a autorização da Comissão de Valores Mobiliários será mencionada nos avisos de convocação e a deliberação com "quorum" reduzido somente poderá ser adotada em terceira convocação."

11. José Afonso da Silva, *Curso de direito constitucional*, 2001, p. 803: "Instituições financeiras são pessoas jurídicas públicas ou privadas que tenham como atividade principal ou acessória a coleta, intermediação ou aplicação de recursos próprios ou de terceiros, em moeda nacional ou estrangeira, e a custódia de valores de propriedade de terceiros.".

Constituição expressamente a ela faz alusão com referência a determinada matéria (...)" (ADIMC 2028/DF, Tribunal Pleno, rel. Min. Moreira Alves, j. 11.11.1999, DJ 16.06.2000)

Assim, pelas razões expostas, não há, na hipótese, necessidade de lei complementar para regular a matéria objeto do projeto de lei em análise, não padecendo o mesmo, também por essas razões, de qualquer vício de inconstitucionalidade formal.

III. Conclusão

Diante dos argumentos desenvolvidos no presente estudo, é possível concluir que o Projeto de Lei n° 3.115, de 1997 é formalmente constitucional, pelas seguintes razões:

1. O poder de emenda reconhecido aos parlamentares, relativamente aos projetos cuja iniciativa é originariamente reservada ao Executivo, não se exaure quando o projeto de lei é convertido em norma positiva, perdurando no tempo. Vale dizer: a possibilidade de alterar a legislação em vigor subsiste, com as mesmas limitações aplicáveis ao poder de emenda (não incremento de despesa, pertinência temática e razoabilidade). Esta é a interpretação superadora da tradição autoritária brasileira, historicamente apegada à hegemonia do Executivo.

2. Ainda quando não prevalecesse a tese anterior — o que se admite para argumentar, sem conceder —, a hipótese não é de incidência quer da alínea "e" quer da alínea "a" do art. 61, § 1°, II, da Constituição, porque não se trata da criação de órgão novo — a CVM não só não é *órgão* como não está sendo criada, porque já existe de longa data — nem a mudança do regime jurídico de um cargo em comissão se equipara à criação de um cargo novo.

3. Tampouco é exigível, na hipótese, lei complementar, uma vez que: (i) o projeto de lei não cria uma *nova* CVM, que, a rigor, sempre teve natureza de agência reguladora; (ii) a CVM não é instituição financeira, pressuposto para a aplicação do art. 192 da Constituição; e (iii) a respeito da proposta de que os diretores da CVM devem ser previamente aprovados pelo Senado Federal e dispor de mandato

fixo, tal previsão depende apenas de lei ordinária, por força do art. 84, XIV da Constituição[12].

---

12. O Projeto de Lei n.º 3.115/97 foi convertido na Lei n.º 10.303, de 31.10.01, promulgada com vetos parciais do Presidente da República. Na mesma data de promulgação da lei, todavia, foi editada a Medida Provisória n.º 8/01, depois convertida na Lei n.º 10.411, de 26.02.02, que deu à CVM *status* de agência reguladora, assegurada a autonomia político-administrativa de seus diretores. Confira-se, a propósito, a nova redação atribuída aos artigos 5º e 6º, *caput* e § 1º, da Lei nº 6.385/76, que dispõe sobre o mercado de valores mobiliários e cria a CVM:
"Art. 5º. É instituída a Comissão de Valores Mobiliários, entidade autárquica em regime especial, vinculada ao Ministério da Fazenda, com personalidade jurídica e patrimônio próprios, dotada de autoridade administrativa independente, ausência de subordinação hierárquica, mandato fixo e estabilidade de seus dirigentes, e autonomia financeira e orçamentária.
Art.6º. A Comissão de Valores Mobiliários será administrada por um Presidente e quatro Diretores, nomeados pelo Presidente da República, depois de aprovados pelo Senado Federal, dentre pessoas de ilibada reputação e reconhecida competência em matéria de mercado de capitais.
§ 1º O mandato dos dirigentes da Comissão será de cinco anos, vedada a recondução, devendo ser renovado a cada ano um quinto dos membros do Colegiado".

Poder constituinte derivado, segurança jurídica e coisa julgada

(Sentido das locuções juros legais e valor real na EC nº 30/2000)

SUMÁRIO: *I. Introdução: conceitos fundamentais aplicáveis à hipótese. I.1. Poder Constituinte Originário. I.2. Poder Constituinte Derivado. I.3. Segurança Jurídica. II. Definição e alcance da expressão "juros legais" constante do art. 78 do ADCT. III. Correção monetária aplicável aos precatórios. IV. Impertinência do precedente jurisprudencial acerca do art. 33 do ADCT. V. Conclusão.*

I. Introdução: conceitos fundamentais aplicáveis à hipótese

Trata-se de estudo tendo por objeto a interpretação e aplicação da Emenda Constitucional nº 30, de 13 de setembro de 2000, relativamente aos precatórios já expedidos quando de sua promulgação. A EC nº 30/2000 acrescentou o art. 78 ao Ato das Disposições Constitucionais Transitórias, com a seguinte dicção:

> *"Art. 78. Ressalvados os créditos definidos em lei como de pequeno valor, os de natureza alimentícia, os de que trata o art. 33 desse Ato das Disposições Constitucionais Transitórias e suas complementações e os que já tiverem os seus respectivos recursos liberados ou depositados em juízo, os*

> *precatórios pendentes na data de promulgação desta Emenda e os que decorram de ações iniciais ajuizadas até 31 de dezembro de 1999 serão liquidadas pelo seu valor real, em moeda corrente, acrescido de juros legais, em prestações anuais, iguais e sucessivas, no prazo máximo de dez anos, permitida a cessão dos créditos."*

Os precatórios sob análise foram expedidos contra um Estado da Federação e são oriundos de ações judiciais já definitivamente encerradas. As decisões respectivas, transitadas em julgado antes da promulgação da EC nº 30/2000, determinaram que os créditos materializados nos precatórios em exame deverão sofrer os seguintes acréscimos: (i) juros de 12% (doze por cento) ao ano, computados de forma capitalizada a cada 31 de dezembro; e (ii) correção monetária, a ser calculada de acordo com a variação do IGP/DI. O Estado da Federação optou por liquidar as dívidas em questão beneficiando-se do parcelamento previsto na EC nº 30/2000.

Tendo em conta tal situação específica, formulam-se os seguintes quesitos:

1) Como deve ser interpretada a locução "juros legais" constantes do art. 78 do ADCT?

2) Como interpretar os arts. 1.062 e 1.063 do Código Civil em consonância com o art. 78 do ADCT?

3) Havendo sentenças transitadas em julgado, condenando o Estado ao pagamento de juros à razão de 12% (doze por cento) ao ano, capitalizados a cada 31 de dezembro, poderia a EC nº 30/2000 alterar a situação jurídica do cálculo do valor dos precatórios objetos de tais sentenças?

4) Que índice de correção monetária deverá ser utilizado para a atualização das parcelas anuais? O previsto nas sentenças judiciais ou outro qualquer?

5) Considerando que no art. 33 do ADCT — dispositivo constitucional que originalmente previa a liquidação parcelada de precatórios — não havia a previsão de acréscimo de juros legais sobre as parcelas, seria correto afirmar que precedente jurisprudencial acerca de sua interpretação (STF, **RE nº 155.979-9/SP) não serve de paradigma para a interpretação do art. 78 do ADCT?**

O presente estudo se fundará na premissa de constitucionalidade em tese da EC nº 30, cuja validade não é objeto do trabalho, e seguirá o roteiro já enunciado.

I.1. Poder constituinte originário

O Poder Constituinte é a energia inicial que cria ou reconstrói o Estado, através de uma Constituição. Nas sociedades democráticas, esse poder, cuja natureza é essencialmente política, reside idealmente no povo. Consoante a doutrina convencional, trata-se de um poder que não é limitado pelo poder constituído, vale dizer: o Poder Constituinte *originário* não sofre qualquer subordinação por parte da ordem jurídica preexistente. Nada obstante, a moderna doutrina constitucional recusa-lhe a qualificação de poder ilimitado, por entender que ele deverá respeitar certos atos internacionais, bem como preservar determinados valores universais incorporados ao patrimônio da humanidade. A discussão, embora instigante, não é de relevo para a hipótese aqui cogitada.

Obra do Poder Constituinte originário, a Constituição é o documento que materializa a travessia entre o poder político e a ordem jurídica, criando os órgãos e instituições do Estado e estabelecendo os limites legítimos de sua atuação, sobretudo em face dos direitos fundamentais que este deverá respeitar. Por não estar limitada pela ordem jurídica anterior, uma nova Constituição, obra legítima do Poder Constituinte originário, poderá desconstituir situações legitimamente estabelecidas, retroagindo até mesmo para afetar direitos adquiridos, atos jurídicos perfeitos e a coisa julgada. Como assinalei em estudo doutrinário:

> "*O princípio da não-retroatividade, todavia, não condiciona o exercício do poder constituinte* originário. *A Constituição é o ato inaugural do Estado, primeira expressão do Direito na ordem cronológica, pelo que não deve reverência à ordem jurídica anterior, que não lhe pode impor regras ou limites. Doutrina e jurisprudência convergem no sentido de que 'não há direito adquirido contra a Constituição'*".[1]

---

1. Luís Roberto Barroso, *Interpretação e aplicação da Constituição*, 2001, p. 55. Vejam-se ainda, na doutrina, Caio Mário da Silva Pereira, *Direito constitucional intertemporal*, RF, *304*:29, 1988, e Wilson de Souza Campos Batalha, *Direito intertemporal*, 1980, p. 438. Na jurisprudência, *v.* RTJ, *67:327*, Rep. nº 895, Rel. Min. Djaci Falcão, *RTJ, 71*:461, RE 75.418, Rel. Min. Thompson Flores, e *RTJ, 140*:1008, AI 134.271, Rel. Min. Moreira Alves, *RDA, 196*:107,

Não obstante isso, mesmo na interpretação da vontade constitucional originária, a irretroatividade há de ser a regra, e a retroatividade a exceção. Sempre que for possível, incumbe ao intérprete aplicar o direito positivo, de qualquer nível, sem afetar situações jurídicas já definitivamente constituídas, em nome do princípio da segurança jurídica, que será objeto de comentário logo adiante. E mais: não há retroatividade tácita[2]. Um preceito constitucional pode retroagir, mas para tanto deverá haver texto expresso nesse sentido[3]. Na Constituição brasileira de 1988 há exemplo de retroatividade expressa, como o art. 17 do Ato das Disposições Constitucionais Transitórias[4]. Com base nele, aliás, chegou-se a entender não ser oponível sequer a preexistência de coisa julgada, impondo-se a redução dos vencimentos do servidor aos limites constitucionais[5]. Tal linha de entendimento, todavia, foi desautorizada pelo Supremo Tribunal Federal[6].

1994, ADIn 248-1-RJ, Rel. Min. Celso de Mello, onde se lavrou: "A supremacia jurídica das normas inscritas na Carta Federal não permite, ressalvadas as eventuais exceções proclamadas no próprio texto constitucional, que contra elas seja invocado o direito adquirido". Também no Superior Tribunal de Justiça se decidiu: "A nova Carta Política proibiu, no art. 7º, IV, a vinculação de valores ao salário mínimo, 'para qualquer efeito'. Dada a vedação, insubsiste qualquer direito adquirido à percepção de vencimentos ou proventos expressos em número desses salários" (*RT*, *692*:162, 1993, RMS 762-0-GO, Rel. Min. Demócrito Reinaldo).

2. Carlos Maximiliano, *Direito intertemporal*, 1946, p. 52.
3. Igual orientação é seguida por Wilson Batalha, *Direito Intertemporal*, 1980, p. 438. Veja-se também Manoel Gonçalves Ferreira Filho, *Comentários à Constituição brasileira*, 1990, v.1, p.9: "Só se deve por isso aceitar como retroativa uma norma constitucional se isto resultar inapelavelmente do texto".
4. Art. 17: "Os vencimentos, a remuneração, as vantagens e os adicionais, bem como os proventos de aposentadoria que estejam sendo percebidos em desacordo com a Constituição serão imediatamente reduzidos aos limites dela decorrentes, *não se admitindo, neste caso, invocação de direito adquirido* ou percepção de excesso a qualquer título".
5. *RT*, 685:73, Ap. 158.745-1/1, TJESP, 2ª Câm., Rel. Des. Cézar Peluso.
6. "A cláusula temporária e extravagante do art. 17 do Ato das Disposições Consitucionais Transitórias da Carta de 1988 não alcança situações jurídicas cobertas pela preclusão maior, ou seja, pelo manto da coisa julgada" (STF, *RTJ*, *167*:656, 1999, RE 146.331-SP, Rel. Min. Marco Aurélio). E, nos termos do voto do relator, ficou didaticamente consignado: "A norma diz da impossibilidade de evocar-se o direito adquirido, silenciando quanto à coisa julgada, isto é,

Em síntese: o Poder Constituinte originário não está condicionado pelo Direito preexistente e pode, portanto, determinar a aplicação retroativa das normas constitucionais que editar. Tal hipótese, todavia, é excepcional, há que ser expressa e, como regra, deverá preservar a coisa julgada.

I.2. Poder constituinte derivado

A Constituição é um documento com vocação de permanência. Imprime-lhe tal caráter a sua própria razão de ser: consolidar de forma estável as normas supremas que devem reger a vida coletiva. Nada obstante, nenhuma Constituição pode aspirar à perenidade. Ao contrário, a regra é que existam mecanismos de compatibilizar a Lei Fundamental com situações futuras, novas realidades e mudanças sociais, que exijam modificações em seu texto. Desde a Constituição norte-americana de 1787, todas as Cartas modernas prevêem a sua própria reforma e estabelecem regras que vão reger a matéria.

O poder de reforma da Constituição, identificado como Poder Constituinte *derivado*, de revisão ou reformador, é titularizado, como regra, pelo Poder Legislativo, o que, no caso brasileiro, significa o Congresso Nacional. Trata-se, como intuitivo, de órgão do poder constituído cuja atuação é juridicamente limitada pelos princípios e regras determinados pelo constituinte originário. No direito positivo brasileiro, o poder de emenda subordina-se a limitações formais, circunstanciais e materiais.

As limitações *formais* dizem respeito à observância das regras de competência e de procedimento ditadas pela Constituição, que aponta as pessoas e órgãos legitimados para propor emenda à Carta, prevendo ainda, na tradição nacional de rigidez constitucional, as seguin-

---

aquelas situações jurídicas submetidas ao crivo do Estado-juiz e já cobertas pelo manto da preclusão maior, no que voltada à segurança da vida em sociedade. É certo que, ao término do preceito, há referência à percepção de excesso a qualquer título. Todavia,a menção de Ter alcance perquirido considerada a referência a direito adquirido e ao silêncio, já consignado, quanto à coisa julgada. É induvidoso que o instituto da coisa julgada, agasalhado sistematicamente pelas Cartas brasileiras, revela-se possuidor de contornos inerentes às cláusulas pétreas...".

tes regras: a) discussão e votação em dois turnos em cada Casa do Congresso e (b) aprovação mediante voto de três quintos dos membros de cada uma delas (art. 60, I, II, III e § 2º). As limitações *circunstanciais* impedem a modificação do texto constitucional em determinadas conjunturas de crise e estão expressas no art. 60, § 1º: *"A Constituição não poderá ser emendada na vigência de intervenção federal, de estado de defesa ou de estado de sítio".*

Por fim, as denominadas limitações *materiais*, também cognominadas *cláusulas pétreas*, previstas no art. 60, § 4º, onde se veda a apreciação de emendas tendentes a abolir: (i) a forma federativa de Estado; (ii) o voto direito, secreto, universal e periódico; (iii) a separação dos Poderes; e (iv) os direitos e garantias individuais. Dentre estes últimos, estão os inscritos no art. 5º, XXXVI: *"a lei não prejudicará o direito adquirido, o ato jurídico perfeito e a coisa julgada"*. A referência a *lei* não limita o alcance do dispositivo, que se aplica tanto ao legislador ordinário quanto ao constituinte derivado, consoante entendimento pacífico que tive ocasião de endossar, em outro estudo:

> *"É bem de ver que a regra do art. 5º, XXXVI dirige-se, primariamente, ao legislador e, reflexamente, aos órgãos judiciários e administrativos. Seu alcance atinge, também, o constituinte derivado, haja vista que a não retroação, nas hipóteses constitucionais, configura direito individual que, como tal, é protegido pelas limitações materiais do art. 60, § 4º, IV da CF. Disso resulta que as emendas à Constituição, tanto quanto as leis infraconstitucionais, não podem malferir o direito adquirido, o ato jurídico perfeito e a coisa julgada. O princípio da não-retroatividade só não condiciona o exercício do poder constituinte originário. Mesmo assim, por refugir ao princípio geral, deverá ele dispor de modo expresso."*[7]

Em síntese sumária, portanto: o Poder Constituinte derivado, apto a emendar a Constituição, é juridicamente condicionado, não podendo, por força de limitação material expressa, abolir direito adquirido, ato jurídico perfeito ou coisa julgada.

---

7. Luís Roberto Barroso, *Temas de direito constitucional* 2001, p. 55.

I.3. Segurança jurídica

Um último comentário ainda neste capítulo inicial. O conhecimento convencional, de longa data, inclui a segurança — e, no seu âmbito, a *segurança jurídica* — dentre os fundamentos do Estado e do Direito, ao lado da justiça e, mais recentemente, do bem-estar social. As teorias democráticas acerca da origem e justificação do Estado, de base contratualista, assentam-se sobre uma cláusula comutativa: recebe-se em segurança aquilo que se concede em liberdade. No seu desenvolvimento doutrinário e jurisprudencial, a expressão *segurança jurídica* passou a designar um conjunto abrangente de idéias e conteúdos, que incluem:

1. a existência de instituições estatais dotadas de poder e garantias, assim como sujeitas ao princípio da legalidade;

2. a confiança nos atos do Poder Público, que deverão reger-se pela boa-fé e pela razoabilidade;

3. a estabilidade das relações jurídicas, manifestada na durabilidade das normas, na anterioridade das leis em relação aos fatos sobre os quais incidem e na conservação de direitos em face da lei nova;

4. a previsibilidade dos comportamentos, tanto os que devem ser seguidos como os que devem ser suportados;

5. a igualdade na lei e perante a lei, inclusive com soluções isonômicas para situações idênticas ou próximas.

A realização da segurança jurídica não pode prescindir de valores essenciais, como o respeito ao direito adquirido e à coisa julgada. *Direito adquirido* traduz a situação em que o fato aquisitivo de um direito aconteceu por inteiro, mas por qualquer razão ainda não se operaram os efeitos dele resultantes. Nesta hipótese, a Constituição assegura a regular produção de seus efeitos, tal como previsto na norma que regeu sua formação, nada obstante a existência de uma norma nova. Já a *coisa julgada*, segundo a doutrina dominante, é o fenômeno da imutabilidade do comando emergente de uma decisão judicial da qual não cabe mais recurso[8]. Não deixa de ser uma espécie

---

8. Enrico Tullio Liebman, *Eficácia e autoridade da sentença*, 1984, p. 54. V. também entre os autores brasileiros José Frederico Marques, *Manual de direito processual civil*, 1990, p. 235 e José Carlos Barbosa Moreira, *Coisa julgada e declaração in* Temas de direito processual, v. 1, p. 81 e ss.

de direito adquirido, mas qualificado pelo reconhecimento judicial de sua existência.

Por força de tal atributo, a coisa julgada tem merecido proteção ainda mais especial. De fato, o entendimento corrente é no sentido de que nem mesmo a declaração de inconstitucionalidade de uma norma, considerando-a *nula*, tem o condão de destruir a coisa julgada que com base nela se formou. Com muito menos razão poderia uma emenda constitucional ter tal poder. Sobre o tema, veja-se, por todos, em sede doutrinária, Gilmar Ferreira Mendes:

> "*O sistema de controle da constitucionalidade brasileiro parece contemplar uma ressalva expressa a essa rigorosa doutrina da retroatividade: a coisa julgada. Embora a doutrina não se refira a essa peculiaridade, tem-se por certo que a pronúncia da inconstitucionalidade não faz tabula rasa da coisa julgada, erigida pelo constituinte em garantia constitucional (CF, art. 153, § 3º). Ainda que não se possa cogitar de direito adquirido ou de ato jurídico perfeito, fundado em lei inconstitucional, afigura-se evidente que a nulidade* ex tunc *não afeta a norma concreta contida na sentença ou acórdão.*"[9]

E, também, a jurisprudência do Supremo Tribunal Federal, de longa data firmada:

> "*A suspensão da vigência da lei por inconstitucionalidade torna sem efeito todos os atos praticados sob império da lei inconstitucional. Contudo, a nulidade da decisão judicial transitada em julgada só pode ser declarada por via de ação rescisória.*"[10]

---

9. Gilmar Ferreira Mendes, O *controle incidental de normas no direito brasileiro* in Cadernos de Direito Constitucional e Ciência Política n. 23, p. 44. Na mesma linha, Gustavo Tepedino, *Temas de direito civil*, 1999, p. 452; Clémerson Merlin Clève, *Fiscalização abstrata da constitucionalidade no direito brasileiro;* José Carlos Barbosa Moreira, *El control judicial de la constitucionalidad de las leyes en el Brasil: un bosquejo* in Temas de Direito Processual, v. 6, p. 190.
10. *RTJ 55:744*, STF, RMS 17.076, Rel. Min. Amaral Santos.

Nestes tempos marcados pelo fetiche da velocidade e por pragmatismos variados, o intérprete constitucional deve ser o guardião da segurança jurídica e, no seu âmbito, da coisa julgada. Porque isto significa velar pela confiança, estabilidade, previsibilidade e igualdade que tornam a vida civilizada. E o Estado, por sua vez, não deve confundir interesse público com interesses circunstanciais do erário. Em suas relações com a sociedade e o cidadão, não pode sucumbir à tentação das espertezas ilegítimas nem às condutas ardilosas e condenáveis.

II. Definição e alcance da expressão "Juros Legais" constante do art. 78 do ADCT[11]

Estabelecidos os pressupostos doutrinários que deverão conduzir o estudo, cabe agora examinar as questões específicas anteriormente enunciadas. A primeira delas diz respeito à interpretação da EC nº 30/2000, tendo em conta os índices de juros determinados pelas decisões judiciais que deram origem aos precatórios por ela titularizados.

Tradicionalmente, os *juros* são definidos como o rendimento do capital, vale dizer, os frutos civis produzidos pelo dinheiro. São, assim, considerados bens acessórios, nos termos do art. 60 do Código Civil.[12] Na idéia de juros integram-se dois elementos. O primeiro representa o preço pago pelo devedor em virtude da utilização do capital alheio. O segundo traduz-se em uma remuneração do credor

---

11. Confira-se, ainda uma vez, a dicção do dispositivo: "Art. 78. Ressalvados os créditos definidos em lei como de pequeno valor, os de natureza alimentícia, os de que trata o art. 33 desse Ato das Disposições Constitucionais Transitórias e suas complementações e os que já tiverem os seus respectivos recursos liberados ou depositados em juízo, os precatórios pendentes na data de promulgação desta Emenda e os que decorram de ações iniciais ajuizadas até 31 de dezembro de 1999 serão liquidadas pelo seu valor real, em moeda corrente, acrescido de juros legais, em prestações anuais, iguais e sucessivas, no prazo máximo de dez anos, permitida a cessão dos créditos."
12. "Art. 60. Entram na classe das coisas acessórias os frutos, produtos e rendimentos."

pela circunstância de privar-se de seu capital, cobrindo-lhe o risco em que incorre de não mais o receber de volta.[13]

Surge daí a classificação dos juros em: (i) *juros compensatórios*, que, como regra, decorrem do uso consentido do capital alheio — fora, portanto, do âmbito da inexecução da obrigação; e (ii) *juros moratórios*, que constituem sanção imposta ao devedor pelo atraso na devolução do capital, uma espécie de "indenização" por sua utilização não consentida.

Para além dessa distinção quanto à sua natureza, a doutrina clássica costuma distinguir os juros também no que tange à forma de estipulação da obrigação, enquadrando-os em duas categorias — usualmente apresentadas como antagônicas e inconciliáveis — que a praxe jurídica convencionou identificar pelas expressões *juros convencionais* e *juros legais*. Assim, os *juros convencionais* seriam aqueles fixados pela vontade das partes, ao passo que os *legais* decorreriam de uma imposição normativa.

É também freqüente que, sem uma reflexão mais acurada, se acabe por supor que a natureza convencional da *fixação* da obrigação de pagar juros se estenderia também à taxa aplicável — isto é: quando as partes pudessem pactuar a cobrança de juros estariam também autorizadas a dispor sobre a taxa[14] (respeitado, em qualquer caso, o limite legal de 12% ao ano) — e, de maneira semelhante que, quando se tratasse de juros impostos por lei, a taxa seria imutável pelas partes, que estariam vinculadas ao índice de 6% ao ano, não podendo ajustar diversamente. Cuida-se, no entanto, de um equívoco técnico

---

13. Maria Helena Diniz, *Curso de direito civil brasileiro*, 2º vol., 1999, p. 368 e ss. Sobre o tema, vejam-se ainda, exemplificativamente, Miguel Maria de Serpa Lopes, *Curso de direito civil*, vol. II, 1966, p. 71 e ss.; Orlando Gomes, *Obrigações*, 1968, p. 64 e ss.; Caio Mário da Silva Pereira, *Instituições de direito civil*, vol. II, 1997, p. 86 e ss.; Washington de Barros Monteiro, *Curso de direito civil*, 4º vol., 1ª parte, 1994, p. 337 e ss.; e Álvaro Villaça Azevedo, *Teoria geral das obrigações*, 1994, p. 232 e ss.

14. É o que dispõe o art. 1º do Decreto nº 22.626, de 07.04.1933 — conhecido como Lei da Usura —, com a redação dada pelo Decreto-lei nº 182, de 05.01.1938, *in verbis*: "Art.1º. É vedado, e será punido nos termos desta Lei, estipular em quaisquer contratos taxas de juros superiores ao dobro da taxa legal.". A mesma previsão, só que em caráter geral, encontra-se na Constituição, art. 192, § 3º, mas o STF entendeu que tal norma não é aplicável enquanto não for regulamentada.

confundir a natureza convencional ou imperativa da incidência de juros com questão inteiramente diversa, que diz respeito à taxa aplicável, como se demonstrará a seguir. E se é verdade que esse equívoco conceitual não traz repercussões maiores para boa parte das situações, na hipótese em estudo tal imprecisão teria conseqüências tão graves que acarretaria a inconstitucionalidade da incidência de uma emenda constitucional. Confira-se.

A expressão "juros legais" denomina figura prevista no Código Civil, correspondendo ao título do Capítulo XV do Título II, que trata dos Efeitos das Obrigações. Além desses dispositivos, que tratam da matéria de forma geral[15], existem normas, espalhadas ao longo do próprio Código Civil e na legislação extravagante, prevendo especificamente a incidência de juros. Do exame sistemático de tais normas, é possível verificar que, ao contrário do se imagina normalmente (sem fundamentação legal específica), a expressão *juros legais* designa, na verdade, um *gênero* que corresponde às *duas espécies antes referidas*, a saber: 1. juros legais convencionais; e 2. juros legais impostos ex vi lege.

Na primeira espécie — juros legais convencionais — ocorrem, ordinariamente, duas manifestações de vontade das partes. A primeira tem por objeto a estipulação da incidência de juros, valendo-se as partes da permissão legal. A segunda consiste no estabelecimento da taxa de juros. Contudo, esta segunda manifestação, se inexistente, não torna sem eficácia a primeira, simplesmente acarretando que a taxa seja a de 6% (seis por cento) ao ano, supletivamente aplicável na forma do art. 1.062 do CC, que tem a seguinte dicção:

> "Art. 1.062. A taxa dos juros moratórios, quando não convencionada (art. 1.262), será de 6% (seis por cento) ao ano."[16]

---

15. Exceto o art. 1.064 que, embora conste do mesmo capítulo ao lado dos arts. 1.062 e 1.063, é, na verdade, apenas uma espécie de juros *ex vi lege*, como se verá adiante.
16. Embora o art. 1.062 se refira exclusivamente aos juros moratórios, o art. 1.262 ("É permitido, mas só por cláusula expressa, fixar juros ao empréstimo de dinheiro ou de outras coisas fungíveis. Esses juros podem fixar-se abaixo ou acima da taxa legal (art. 1.062), com ou sem capitalização."), que trata dos juros convencionais compensatórios, remete de forma expressa à regra do art. 1.062.

Nessas situações, portanto, a fixação dos juros pode ser convencionada pelas partes e, quanto à taxa, aplica-se a regra constante do art. 1.062, pela qual, na falta de ajuste, a taxa pertinente é a de 6% ao ano.

Na segunda espécie — juros *ex vi lege* —, a manifestação das partes estipulando sua incidência é desnecessária, pois que nela os juros são impostos por expressa previsão legal, como se percebe, exemplificativamente, dos arts. 441[17], 1.064[18], 1.311[19] e 1.303[20] do Código Civil. Mas o que se passa com a fixação da taxa?

Ora, os juros *ex vi lege* regem-se, quanto à taxa, pelo disposto no art. 1.063, *verbis*:

> "Art. 1.063. Serão também de 6% (seis por cento) ao ano os juros devidos por força de lei, ou quando as partes os convencionarem sem taxa estipulada."

O art. 1.063 reproduz, em sua primeira parte, a referência ao índice de 6% ao ano, reconhecendo em sua cláusula final (em texto truncado, é verdade) que esta será a taxa caso as partes não convencionem diversamente. Com efeito, a parte final do art. 1.063 do Código Civil (*"Serão também de 6% (seis por cento) ao ano os juros devidos por força de lei*, ou quando as partes os convencionarem sem taxa estipulada"), permite concluir que a imposição *ex vi lege* diz respeito apenas à *incidência* de juros, não à fixação de sua taxa.

Há certamente uma impropriedade redacional do artigo no ponto em que o texto registra *"quando as partes os convencionarem (...)"*. A redação, em uma leitura apressada, poderia fazer crer que a norma

---

17. "Art. 441. O alcance do tutor, bem como o saldo contra o tutelado, vencerão juros desde o julgamento definitivo das contas."
18. "Art. 1.064. Ainda que se não alegue prejuízo, é obrigado o devedor aos juros da mora, que se contarão assim às dívidas em dinheiro, como às prestações de outra natureza, desde que lhes esteja fixado o valor pecuniário por sentença judicial, arbitramento, ou acordo entre as partes."
19. "Art. 1.311. As somas adiantadas pelo mandatário, para a execução do mandato, vencem juros, desde a data do desembolso."
20. "Art. 1.303. Pelas somas que devia entregar ao mandante, ou recebeu para despesas, mas empregou em proveito seu, pagará, o mandatário, juros, desde o momento em que abusou."

diz respeito à convenção da própria incidência dos juros. Não é o caso. A primeira parte da frase registra claramente que o artigo cuida dos *juros devidos por força de lei*; não se cuida aqui de juros convencionais, portanto, mas sim dos *ex vi lege*.

Também não faria qualquer sentido supor que a referida cláusula final se aplicasse aos juros convencionais e não aos *ex vi lege*. Em primeiro lugar, qual a lógica de posicionar, em artigo que cuida de juros devidos por força de lei, norma sobre juros convencionais (na mesma frase, separada apenas por uma vírgula)? Além disso, qual a necessidade de tal previsão se o dispositivo que cuida dos juros convencionais — o art. 1.062 — já dispõe acerca da supletividade da taxa de juros de 6% (*"Art. 1.062. A taxa dos juros moratórios, quando não convencionada (art. 1.262), será de 6% (seis por cento) ao ano."*)? Para que uma repetição inútil da regra do art. 1.062? A única interpretação consistente com a sistemática do próprio capítulo que cuida dos juros legais é, desse modo, a que conclui que os juros *ex vi lege* o são apenas no que diz respeito à sua imposição, mas não no tocante à taxa, que poderá ser convencionada pelas partes. Só se aplicará o índice de 6% caso a taxa não tenha sido ajustada previamente.[21]

Com efeito, o caráter eminentemente supletivo do percentual legal de 6% já foi assinalado por Orlando Gomes e Serpa Lopes nos seguintes termos, respectivamente:

> "*Os juros legais são impostos pela lei aos devedores de determinadas dívidas, tendo aplicação mais freqüente no caso de* mora. Neste caso, chamam-se juros moratórios. A taxa também é fixada por disposição legal, de caráter supletivo." (destaque no original)[22]

> "*A aplicação dos juros legais depende, em primeiro lugar e em relação à convenção*, que nela se haja pactuado esse elemento acessório, sem se precisar sua taxa; *em segundo lugar, que se trate de uma das hipóteses supramencionadas*

---

21. Como já referido, a fixação da taxa de juros está ainda restrita pela legislação de combate à usura, que a limita ao percentual de 12% (doze por cento) ao ano, salvo nas operações próprias do sistema financeiro, realizadas pelas instituições que o integram.
22. Orlando Gomes, *Obrigações*, 1968, p. 65.

> *em que a lei expressamente os impôs. Por conseguinte, fora dessas circunstâncias, não são admissíveis juros legais (...).*" (destaque acrescentado)[23]

Essa conclusão também é a que se extrai do exame de algumas das normas específicas de incidência de juros *ex vi lege*. Para demonstrar o que se afirma, basta conferir a redação dos arts. 1.450 e 1.497 do Código Civil, duas hipóteses de incidência de juros *ex vi lege* que contemplam expressamente a possibilidade de estipular-se taxa diversa da legal:

> "*Art. 1.450. O segurado presume-se obrigado a pagar os juros legais do prêmio atrasado, independentemente de interpelação do segurador*, se a apólice ou os estatutos não estabelecerem maior taxa."[24]
>
> "*Art. 1.497. O fiador tem direito aos juros do desembolso pela taxa estipulada na obrigação principal, e*, não havendo taxa convencionada, *aos juros legais da mora.*"

É verdade que nem todas as disposições que estabelecem juros *ex vi lege* — e.g., CC, arts. 441, 1.303, 1.311 e 1.497 — dispõem de forma expressa sobre a possibilidade de fixação da taxa em percentual distinto de 6% ao ano. A doutrina em geral não chega a examinar o ponto. Aliás, é possível encontrar autores que, na mesma obra, ora consideram estabelecida a taxa de 6% ao ano, ora admitem a estipulação diversa. É o caso de J. M. Carvalho Santos que, ao comentar o disposto no art. 441 do Código Civil, peremptoriamente afirma que "*os juros são os legais, de 6% (artigo 1.063)*".[25] No entanto, relativamente ao art. 1.311, registra: "*Os juros*, em falta de estipulação, *são os legais de 6% ao ano (art. 1063)*".[26] O mesmo autor alude ainda à

---

23. Miguel Maria de Serpa Lopes, *Curso de direito civil*, vol. II, 1966, p. 75.
24. Vale adiantar que o legislador utilizou-se da expressão "juros legais" um tanto atecnicamente na hipótese, de vez que a real significação que se deve imprimir ao termo é *taxa legal de juros*, como se verá logo adiante.
25. J. M. Carvalho Santos, *Código Civil brasileiro interpretado*, vol. VI, 1958, p.352.
26. J. M. Carvalho Santos, *Código Civil brasileiro interpretado*, vol. XVIII, 1958, p. 287 (destaque acrescentado).

possibilidade de pactuar-se livremente a taxa de juros no caso do art. 1.303 do Código Civil, quando ao comentá-lo faz menção à disciplina do art. 1.062.[27] E, em que pese a previsão do art. 1.497, acima transcrito, de que a taxa de 6% é apenas supletiva, o autor salienta, comentando o artigo, que: "*Não havendo estipulação de taxa dos juros de obrigação principal, contam-se os juros do desembolso pela taxa legal, ou sejam 6% ao ano, de conformidade com o disposto no art. 1.062.*"[28]

Pois bem. O que se pode perceber, depois de todo o exposto, é que, como à falta de estipulação convencional resta a taxa de 6% (seis por cento) ao ano, os autores freqüentemente se referem a essa taxa como "juros legais", designando o todo pela parte, figura de linguagem conhecida como *sinédoque*. Legais, contudo, são todas as formas de juros disciplinadas nos artigos 1.062 e 1.063, encimadas, afinal, por tal designação — *juros legais* — no Capítulo XV do Título II do Código Civil. Assim, são *juros legais* tanto aqueles cuja incidência a lei possibilita convencionar, como aqueles que incidem *ex vi lege*, seja a taxa a ajustada pelas partes, seja a aplicável onde tal ajuste não tenha existido, isto é: a *taxa legal* de 6% ao ano.

De tudo o que se vem de expor, conclui-se que a locução *juros legais* é gênero, que engloba tanto os juros convencionados quanto os decorrentes da lei — ou ainda os fixados judicialmente[29] —, desde que respeitem o limite de 12% (doze por cento) ao ano. Assim, nem mesmo em sua acepção de juros impostos *ex vi lege* a locução implica, necessariamente, a aplicação da taxa legal de 6% (seis por cento) ao ano.

Do mesmo modo, e pelas mesmas razões, a expressão "acrescido de juros legais" constante do art. 78 do ADCT, em sua versão atual, não pode de forma alguma ser entendida em todos os casos como equivalente a "taxa de juros de 6% (seis por cento) ao ano". Assim sendo, tendo as decisões judiciais que deram origem aos precatórios,

---

27. J. M. Carvalho Santos, *Código Civil brasileiro interpretado*, vol. XVIII, 1958, p. 258.
28. J. M. Carvalho Santos, *Código Civil brasileiro interpretado*, vol. XIX, 1958, p. 476.
29. Note-se que os juros decorrentes de sentença judicial nada mais são que a fixação, em sede contenciosa, de uma dessas duas espécies — juros convencionais ou *ex vi lege* —, vale dizer, uma forma de fazer atuar a vontade anteriormente manifestada, seja a das partes, seja a da lei.

estabelecido a taxa de juros a ser aplicada dentro do limite de 12% imposto pelo Decreto nº 22.262/33 — não se limitando a dizer que eram devidos os juros —, seu cumprimento em nada desrespeita a norma constitucional transitória em exame.

Ademais, tendo as referidas decisões judiciais *transitado em julgado antes da promulgação da EC nº 30/2000*, a observância de suas determinações, inclusive no que toca à fixação da taxa de juros, é obrigatória, sob pena de violar-se irremediavelmente a garantia constitucional da coisa julgada, protegida mesmo em face do poder constituinte derivado, nos termos do art. 60, § 4º, IV, da Constituição Federal, como visto no capítulo anterior.[30]

A propósito, ressalte-se que, ainda quando a decisão judicial — transitada em julgado e originária do precatório — haja silenciado quanto à própria incidência de juros (e não só quanto à taxa destes), serão eles devidos, na hipótese do art. 78 do ADCT, com a redação da EC nº 30/2000. A referência a "juros legais", veiculada pelo próprio dispositivo, será então entendida — aqui, *necessariamente* — como juros à taxa de 6% (seis por cento) ao ano, regra supletiva aplicável diante do silêncio quanto à taxa[31].

Este, aliás, parece ter sido o propósito do constituinte derivado que, na impossibilidade de prejudicar a coisa julgada (CF, art. 5º, XXXVI, c/c art. 60, § 4º, IV), e desejoso de assegurar ao titular de crédito objeto de precatório atingido pela EC nº 30/2000 um benefício atenuador da delonga de sua liquidação, encontrou na fórmula "acrescido de juros legais" — estes em sua acepção de gênero, tal

---

30. O STF já se manifestou sobre o ponto de forma específica (RE nº 135193-4, Rel. Min. Marco Aurélio, DJ 02.04.1994): "JUROS DA MORA — DÉBITO TRABALHISTA — REGÊNCIA — COISA JULGADA — DECRETO-LEI Nº 2.322/87. Os juros da mora são regidos pela legislação em vigor nas épocas de incidência próprias. A aplicação imediata da legislação aos processos pendentes não se confunde com a retroativa e pressupõe a fase de conhecimento. Os efeitos ocorrem a partir da respectiva vigência, sendo que o trânsito em julgado de sentença prolatada à luz da legislação pretérita obstaculiza totalmente a incidência da lei nova. Decisão em sentido contrário conflita com a garantia constitucional relativa ao direito adquirido e à coisa julgada, ensejando conhecimento do extraordinário e acolhida do pedido nele formulado.".
31. A rigor, independentemente do art. 78 do ADCT, o art. 293 do Código de Processo Civil determina que o pedido formulado pelo autor já compreende o de juros.

como usada a expressão no Código Civil — a solução jurídica adequada, uma vez que lhe possibilitou conceder o benefício a quem não o tinha, sem retirar de outros o que já lhes pertencia.

Em suma: a interpretação restritiva da locução *juros legais*, tal como utilizada no art. 78 do ADCT, na redação que lhe deu a EC nº 30/2000, para significar 6% (seis por cento) ao ano, incorreria em patente inconstitucionalidade se importasse em redução de juros superiores fixados em decisão judicial transitada em julgado. Por evidente, o intérprete não deve optar pela interpretação que conduza a norma à inconstitucionalidade. Assim, no caso descrito, os juros aplicáveis aos precatórios serão os juros fixados pelas decisões judiciais respectivas.

III. Correção monetária aplicável aos precatórios

A segunda preocupação manifestada diz respeito ao índice que deverá corrigir os créditos a serem pagos de forma parcelada pelo Poder Público, nos termos autorizados pelo novo art. 78 do ADCT. A questão não é particularmente complexa, mas alguma confusão se tem formado sobre o tema, exigindo esclarecimentos.

Como já mencionado, o art. 78 do ADCT, com a redação que lhe deu a Emenda Constitucional nº 30/2000, autorizou o Poder Público a parcelar um conjunto de seus débitos, que poderão ser pagos em até dez anos. O dispositivo prevê que os débitos serão liquidados pelo seu valor *real*, em moeda corrente, acrescidos de juros legais. Confira-se, ainda uma vez, o texto integral do *caput* do art. 78 do ADCT:

> "*Art. 78. Ressalvados os créditos definidos em lei como de pequeno valor, os de natureza alimentícia, os de que trata o art. 33 deste Ato das Disposições Constitucionais Transitórias e suas complementações e os que já tiverem seus respectivos recursos liberados ou depositados em juízo, os precatórios pendentes na data de promulgação desta Emenda e os que decorram de ações iniciais ajuizadas até 31 de dezembro de 1999* serão liquidados pelo seu valor real, em moeda corrente, acrescidos de juros legais, em prestações

anuais, iguais e sucessivas, no prazo máximo de dez anos, permitida a cessão dos créditos."

O texto constitucional é bastante claro ao registrar que os débitos deverão ser liquidados por seu valor *real*, isto é, seu valor efetivo. A mesma expressão *valor real* é empregada em outras ocasiões pela Constituição, sempre com o mesmo sentido, como se vê dos arts. 182, § 4º, III e 184, *caput, verbis*:

> "*Art. 182. (...)*
> *§ 4º (...)*
> *III — desapropriação com pagamento mediante títulos da dívida pública de emissão previamente aprovada pelo Senado Federal, com prazo de resgate de até dez anos,* em parcelas anuais, iguais e sucessivas, assegurados o valor real da indenização e os juros legais.
> (...)
> *Art. 184. Compete à União desapropriar por interesse social, para fins de reforma agrária, o imóvel rural que não esteja cumprindo sua função social, mediante prévia e justa indenização em títulos da dívida agrária,* com cláusula de preservação do valor real, *resgatáveis no prazo de até vinte anos, a partir do segundo ano de sua emissão, e cuja utilização será definida em lei.*"

Com efeito, *valor real* significa o valor corrigido monetariamente, de modo a neutralizar o desgaste inflacionário e preservar seu poder aquisitivo, como registra Letácio Jansen, *verbis*:

> "*A noção de 'valor real' — por oposição ao conceito de valor nominal — está na base da doutrina valorista brasileira. Daí o insistente emprego da expressão no texto de 1988, para substituir (tal como ocorre com o substantivo 'atualização'), o termo 'correção monetária'.*"[32]

---

32. Letácio Jansen, *Resquícios da correção monetária na Constituição de 1988*, p. 9-10.

A doutrina registra inclusive que a expressão foi preferida pelo constituinte de 1988 — ao invés da locução "corrigida monetariamente", empregada tradicionalmente — para evitar que manobras nos índices de correção monetária acabassem por diminuir o valor real das indenizações e débitos devidos pelo Poder Público. Nesse sentido as observações de Celso Ribeiro Bastos, ao comentar o art. 184:

> "Como vimos, a expressão valor real veio substituir a cláusula exata correção monetária. Parece que a intenção do Texto foi reforçar a garantia do título quanto à perda de substância de seu valor nominal. Procurou-se uma expressão mais denotativa do poder aquisitivo da moeda. Em outras palavras, tentou-se assegurar ao proprietário o valor da moeda, como se inflação alguma houvesse. Embora a correção monetária tenha a mesma teleologia, ela se presta a uma eventual manipulação governamental, uma vez que a responsabilidade última pela fixação dos índices oficiais e atualização da moeda é do próprio governo."[33]

Note-se que a referência constante do art. 78 do ADCT a prestações *iguais*, idêntica à que se lê no art. 182, § 4º, III do corpo permanente da Carta, não significa, sob pena de completa ilogicidade, que as prestações devam ser nominalmente idênticas no momento do pagamento e que, por isso, uma vez que a aplicação de índices de correção ao longo do tempo importa necessariamente a variação das quantias finais a serem pagas, os valores devidos não poderiam ser corrigidos monetariamente. Explica-se melhor.

O dispositivo fala de *prestações iguais*, de *valor real*, de *juros* e de *prazo máximo de dez anos*. Ora, se os pagamentos poderão ser feitos ao longo de dez anos, parceladamente, e se, da mesma forma, seu valor real deverá ser preservado e se deverão computar juros sobre cada parcela, todas inicialmente idênticas por determinação constitucional, é evidente que incidirão percentuais de juros e de correção monetária variados, dependendo do momento em que sejam pagas as prestações. Assim, sobre a parcela paga no terceiro ano,

---

33. Celso Ribeiro Bastos e Ives Gandra Martins, *Comentários à Constituição do Brasil*, 7º vol., 1990, p. 254 e ss.

incidirão correção monetária e juros correspondentes aos três anos decorridos, ao passo que a parcela a ser paga no décimo ano, terá acrescido ao seu valor principal o equivalente aos juros e à correção monetária dos dez anos que o credor teve de aguardar.

A expressão *prestações iguais* empregada pelo texto constitucional, portanto, só pode significar que o montante inicial devido pelo Poder Público é que deve ser dividido em parcelas iguais, tal como se passa com o art. 182, § 4º, III. Cada parcela, no entanto, receberá a carga pertinente de acessórios, composta de correção monetária e juros, tendo em conta o momento em que efetivamente liquidada. Interpretar a expressão *prestações iguais* como uma forma de inviabilizar a aplicação de correção monetária e juros (pois o mesmo problema ocorreria também com estes últimos) seria de tal modo sem sentido que levaria o dispositivo a um impasse insuperável, já que partes dele simplesmente não poderiam ser aplicadas. Não se pode supor que o legislador, no mesmo dispositivo, houvesse determinado a aplicação de correção monetária e juros e inviabilizado a execução destas mesmas providências.

De toda sorte, e independentemente de tudo o que se acaba de expor, o fato é que ainda que o constituinte derivado houvesse efetivamente pretendido expurgar a correção monetária dos créditos em questão, ele simplesmente não poderia fazê-lo: sua ação estaria eivada de inconstitucionalidade. Não é difícil demonstrar o porquê.

Como é pacífico no âmbito da doutrina e da jurisprudência, a correção monetária não é um elemento que seja somado ao crédito, mas, na verdade, uma fórmula de evitar que esse crédito seja progressivamente esvaziado de seu conteúdo econômico. A correção monetária simplesmente recompõe o poder aquisitivo da moeda corroída pela inflação, como está bem ciente qualquer brasileiro de mais de vinte anos. O Supremo Tribunal Federal e o Superior Tribunal de Justiça já se manifestaram diversas vezes sobre o assunto[34], como se vê dos trechos de acórdãos transcritos abaixo, *verbis*:

---

34. Exatamente sob o fundamento de que a correção monetária não importa majoração de tributo, o STF tem entendido que a alteração de índice de atualização de tributos não está sujeita ao princípio da anterioridade. V. STF, AGRRE 180047/RS, Rel. Min. Maurício Corrêa (não há informação disponível sobre publicação).

"VENCIMENTOS — SATISFAÇÃO A DESTEMPO — REPOSIÇÃO DO PODER AQUISITIVO. A reposição do poder aquisitivo de vencimentos satisfeitos a destempo mostra-se consentânea com a natureza alimentar da prestação, implicando, acima de tudo, esvaziamento da obrigação e, portanto, enriquecimento ilícito de uma das partes."[35]

"1. São inconstitucionais dispositivos de Cartas Estaduais, inclusive Emendas, que concedam aumento de remuneração a servidores públicos ou que, de qualquer modo, acarretem majoração da despesa pública, por ser da competência exclusiva do Chefe do Poder Executivo a iniciativa de lei sobre a matéria. Precedentes. 2. Diversa da correção monetária, cujo instituto objetiva tão-somente a reposição do poder aquisitivo, a multa estabelecida no § 3º acrescentado ao artigo 137 da Carta Estadual pela Emenda Constitucional nº 11/99 representa penalidade imposta ao Estado e redunda em aumento na remuneração do servidor público sempre que ocorrer atraso na folha de pagamento."[36] *(destaque acrescentado)*

"2. Consistindo a correção monetária em um minus, e não um plus, para assegurar o valor da moeda, deve a atualização corresponder ao índice que melhor reflita a realidade inflacionária, ou seja, o IPC."[37]

"(...) Se é remansoso, nesta Corte Superior, que a correção monetária nada acrescenta, tão-somente preserva o valor da moeda aviltada pelo processo inflacionário, não constituindo um plus, mas sim um minus, tem-se por essencial a sua correta apuração."[38]

Uma vez que a correção monetária apenas preserva o valor da prestação ao longo do tempo, excluir sua incidência representa, de um lado, diminuição do patrimônio do credor e, de outro, enriquecimento sem causa do devedor, como registrou o STF na primeira

---

35. STF, RE 174191/SP, Rel. Min. Marco Aurélio, DJ 24.08.2001.
36. STF, ADIMC 2050/RO, Rel. Min. Maurício Corrêa, DJ 01.10.1999.
37. STJ, RESP 173260/SC, Rel. Min. Milton Luiz Pereira, DJ 19.11.2001.
38. STJ, RESP 252819/SP, Rel. Min. Jorge Scartezzini, DJ 29.10.2001.

decisão transcrita acima. No caso de débitos oriundos de decisões judiciais, a questão foi pacificada com o art. 1º da Lei nº 6.899/1981[39], que determina em caráter geral a aplicação da correção monetária, inclusive sobre o valor de custas e honorários de advocacia. Mais que isso, o entendimento consolidado a partir do advento da Lei nº 6.899/1981 é o de que a correção monetária independe até mesmo de pedido expresso por parte do autor, devendo ser determinada de ofício pelo Juízo[40].

Pois bem. Se a exclusão da correção monetária, ou mesmo a aplicação de índices que não correspondem à variação efetiva do poder aquisitivo da moeda, representam uma forma de diminuir o patrimônio do credor, interferindo com seu direito de propriedade, o poder constituinte derivado não poderia instituir norma nesse sentido, sob pena de violação do art. 60, § 4º, IV, da Constituição.

Já se fez o registro doutrinário acerca dos limites ao poder constituinte derivado. Diferentemente do poder constituinte originário, que não encontra limitação no Direito preexistente, estabelecendo por si próprio um novo fundamento de validade para a ordem jurídica, o poder de emenda foi concedido ao Congresso Nacional pelo constituinte originário dentro de certos limites. Assim, nos termos do art. 60, § 4º, IV, não se admitem emendas que restrinjam direitos e garantias individuais, dentre as quais se encontra o direito de proprie-

---

39. Lei nº 6.899/1981: "Art 1º — A correção monetária incide sobre qualquer débito resultante de decisão judicial, inclusive sobre custas e honorários advocatícios."

40. José Joaquim Calmon de Passos, *Comentários ao Código de Processo Civil*, vol. III, 2000, p. 210, ao comentar o art. 293 do CPC, que considera implícito no pedido a condenação em juros moratórios, registrou: "Outra modalidade de pedido implícito é o de correção monetária. Dissentiram desse entendimento alguns julgados do TJ-SP, mas isso ocorreu antes do advento da Lei nº 6.899/81. Antes dela, aliás, o STF já admitira o pedido como implícito em ação de indenização. Hoje, com o advento da lei referida, julgamos não se possa entender diversamente. O seu art. 1º é decisivo: a correção monetária incide sobre qualquer débito resultante de decisão judicial, inclusive sobre custas e honorários de advogado.". A posição do STF a que o autor se refere, antes mesmo da Lei nº 6.899/81, foi veiculada na súmula nº 562, que tem a seguinte dicção: "Na indenização de danos materiais decorrentes de ato ilícito cabe a atualização de seu valor, utilizando-se, para esse fim, dentre outros critérios, os índices de correção monetária.".

dade (art. 5º, XXII), sendo modalidades de propriedade não apenas os bens corpóreos, mas também os incorpóreos, como os créditos. Emenda constitucional, portanto, não poderia expurgar a correção monetária de débitos a serem pagos pelo Poder Público, pois isso importaria uma redução patrimonial do que é devido ao credor e uma interferência ilegítima no direito de propriedade.

Na hipótese exposta, qualquer ação do constituinte derivado em tal sentido estaria vedada não só pela proteção constitucional do direito de propriedade, como também por força da existência de decisões judiciais transitadas em julgado determinando a atualização monetária dos créditos em exame. Também em decorrência do art. 60, § 4º, IV, a coisa julgada está protegida da interferência do legislador constituinte derivado. A intangibilidade da coisa julgada, consagrada no art. 5º, XXXVI, da Constituição, é uma das principais garantias de segurança e estabilidade do cidadão, não se admitindo que, após terem as partes percorrido todas as instâncias recursais, e não havendo mais possibilidade de ação rescisória[41], seja possível alterar qualquer elemento coberto pela coisa julgada material. Especificamente sobre a questão da correção monetária e dos índices a serem aplicados, a jurisprudência é pacífica no sentido de que eles não podem ser alterados após o trânsito em julgado da decisão. Confiram-se os seguintes trechos de acórdãos do Supremo Tribunal Federal e do Superior Tribunal de Justiça:

> "Liquidação de sentença. Correção monetária. Coisa julgada. Questão resolvida expressamente na sentença de conhecimento, com formação de coisa julgada, que não pode ser revista no processo de liquidação. Precatório expresso em ORTNs."[42]
>
> "Ocorrendo a homologação dos cálculos, elaborados e atualizados por determinado índice, tendo a sentença transitado em julgado, não pode haver a substituição deste pelo IPC

---

41. A ação rescisória, embora uma exceção relativa à intangibilidade da coisa julgada, é admitida pois foi reconhecida pela própria Constituição, como se vê, e.g., dos arts. 102, I, alínea j e 105, I, alínea e.
42. STF, RE 113.080/SP, Rel. Min. Sydney Sanches, DJ 22.05.1987.

ou por qualquer outro índice porque isso importaria em violação à coisa julgada."[43]

"Os índices utilizados quando da elaboração e atualização dos cálculos não podem ser substituídos por qualquer outro após o trânsito em julgado da sentença, por isso que importaria em violação à coisa julgada."[44]

Com fundamento no mesmo dispositivo constitucional — o art. 5º, XXVI — o Supremo Tribunal Federal já registrou também, diversas vezes, que são inválidas, por violação do ato jurídico perfeito, normas determinando a aplicação de índices diversos a contratos celebrados anteriormente. Isto é: a convenção das partes não pode ser afetada por lei posterior que pretenda alterar o índice de correção ajustado; com muito mais razão, é impossível que isso ocorra em relação à decisão judicial transitada em julgado. Eis algumas dessas decisões, *verbis*:

"O contrato concluído se constitui em ato jurídico perfeito e goza da garantia de não estar adstrito à lei nova, tanto quanto a coisa julgada e o direito adquirido, eis que a eficácia da lei no tempo vem sendo regulada há mais de meio século. A garantia prevista no art. 5º, XXXVI, da Constituição submete qualquer lei infraconstitucional, de direito público ou privado. Precedentes do Plenário: Repr. Nº 1.451-DF, RTJ 127/799; ADIn nº 493-DF, RTJ 143/724; etc. (...)
Este pacto não pode ser alcançado pelos supervenientes Decretos-leis nºs 2.290, de 21.11.86, e 2.322, de 27.2.87, que determinaram a incidência de correção monetária proporcional nos contratos vinculados à OTN durante o período do congelamento. Precedentes."[45]

"O Supremo Tribunal Federal, no julgamento das ADins 493, Relator o Sr. Ministro Moreira Alves, 768, Relator o Sr. Ministro Marco Aurélio e 959-DF, Relator o Sr. Mi-

---

43. STJ, Resp 163.681/RS, Rel. Min. Garcia Vieira, DJ 10.04.1999.
44. STJ, Resp 141.161/SP, Rel. Min. Francisco Peçanha, DJ 11.06.2001.
45. STF, RE 159.979-1/SP, Rel. Min. Paulo Brossard, DJ 19.12.1994.

nistro Sydney Sanches, não excluiu do universo jurídico a Taxa Referencial, TR, vale dizer, não decidiu no sentido de que a TR não pode ser utilizada como índice de indexação. O que o Supremo Tribunal Federal decidiu, nas referidas ADIns, é que a TR não pode ser imposta como índice de indexação em substituição a índices estipulados em contratos firmados anteriormente à Lei 8.177, de 01.03.91. Essa imposição violaria os princípios constitucionais do ato jurídico perfeito e do direito adquirido. C.F., art. 5º, XXXVI."[46]

Uma nota importante deve ser feita neste passo. Não se confunda o que se discute aqui com o entendimento do Supremo Tribunal Federal de que *não há direito adquirido a regime jurídico*. A idéia do *regime jurídico* ou do *regime estatutário*, ainda não muito precisamente delineada pela doutrina, corresponde a relações entre o Estado e o indivíduo em que este adere a um sistema normativo existente, sem manifestar qualquer vontade específica acerca do conteúdo das normas que disciplinam o relacionamento que passa a desenvolver com o Poder Público. De acordo com o STF, tais relacionamentos não teriam natureza contratual. Alguns exemplos usuais dessas relações são as que se estabelecem entre o Estado e os depositantes do Fundo de Garantia por Tempo de Serviço, entre o Estado e seus servidores e entre o Estado e os integrantes do sistema de previdência pública.

O entendimento do STF é de que, nessas situações específicas, não há um contrato, não há um ato jurídico perfeito e, portanto, não há direito adquirido ao regime jurídico existente quando do ingresso no sistema, nem a qualquer outro, estando o Poder Público autorizado a modificar unilateralmente as condições de suas relações com os indivíduos, nesse particular. Em conseqüência desse entendimento, o STF concluiu ainda que os integrantes desses regimes estatutários não têm direito a índices específicos de correção monetária, os quais poderão variar ao longo do tempo em que integram o sistema.[47]

---

46. STF, RE 175.678-1/MG, Rel. Min. Carlos Velloso, DJ 04.08.1995.
47. STF, RE 248.188/SC, Rel. Min. Ilmar Galvão, DJ 31.08.2000: "Fundo de garantia por tempo de serviço — FGTS. Correção monetária (...) Não revestindo tais contas caráter contratual, mas estatutário, não há falar em direito adquirido dos seus titulares à atualização monetária dos respectivos saldos, em face de

Por evidente, não é de nada disso que se cuida aqui, não havendo qualquer regime estatutário em discussão. A hipótese descrita diz respeito a decisões, transitadas em julgado, condenando o Estado a indenizar e determinando a correção monetária dos créditos de acordo com um certo índice. Por natural, a regra fixada pela sentença é a que deverá reger todo o pagamento, ainda que parcelado nos termos do art. 78 do ADCT, sob pena de violação à coisa julgada, como já exposto.

A única hipótese de alteração desse quadro seria uma norma posterior e válida que viesse a extinguir o índice de correção monetária estabelecido pela decisão judicial transitada em julgado. Nessas circunstâncias, não há como brigar com a realidade: se o índice deixou de ser calculado, impossível aplicá-lo. Ele então poderá ser substituído, a partir da entrada em vigor da nova norma, por aquele que vier a ser indicado por esta como aplicável. O novo índice, é bom sublinhar, terá de corresponder à efetiva desvalorização da moeda, sob pena de fraudar a disposição constitucional que determina a preservação do valor real dos pagamentos a serem feitos, bem como a proteção do direito de propriedade. Como já se viu das decisões transcritas anteriormente, o índice deve refletir a alteração real do poder aquisitivo da moeda, caso contrário tratar-se-á de um simulacro da garantia constitucional.

Afora essa hipótese excepcional, porém, não resta dúvida que os créditos em análise, oriundos de decisões transitadas em julgado, que vierem a ser objeto de parcelamento nos termos do art. 78 do ADCT, deverão ser corrigidos monetariamente nos termos estabelecidos por essas mesmas decisões, não se podendo determinar a aplicação de índices diversos dos ali previstos, salvo se estes não mais existirem.

IV. Impertinência do precedente judicial acerca do art. 33 do ADCT

Resta ainda abordar uma questão específica, relativa ao disposto no art. 33 do Ato das Disposições Constitucionais Transitórias,

---

novos índices fixados por lei (...) posto inexistir direito adquirido a regime jurídico."

norma constante do texto original da Carta, bem como à interpretação que lhe conferiu o Supremo Tribunal Federal.

O art. 33 do ADCT corresponde à disposição constitucional transitória que disciplinou originalmente a liquidação dos precatórios pendentes de pagamento quando da promulgação da Carta de 1988, possibilitando ao Estado parcelar suas dívidas acumuladas, a fim de viabilizar seu efetivo pagamento. Confira-se a dicção do dispositivo:

> *"Art. 33. Ressalvados os créditos de natureza alimentar, o valor dos precatórios judiciais pendentes de pagamento na data da promulgação da Constituição, incluído o remanescente de juros e correção monetária, poderá ser pago em moeda corrente, com atualização, em prestações anuais, iguais e sucessivas, no prazo máximo de oito anos, a partir de 1º de julho de 1989, por decisão editada pelo Poder Executivo até cento e oitenta dias da promulgação da Constituição."*

A falta de expressa previsão quanto à incidência de juros (juros *ex vi lege*) relativamente ao período posterior à promulgação da Constituição Federal de 1988 desencadeou uma série de ações judiciais em que se discutia a interpretação a ser conferida ao dispositivo no tocante a esse ponto específico — cômputo de juros nas dívidas que seriam pagas por meio dos referidos precatórios —, de modo a harmonizá-lo com os direitos e garantias individuais assegurados no corpo permanente da Carta.

Uma das principais controvérsias na ocasião dizia respeito aos precatórios originados de processos de desapropriação, caso em que a Constituição expressamente garante ao expropriado justa e prévia indenização em dinheiro, nos termos do art. 5º, inciso XXIV.[48] Discutia-se, então, se a interpretação do art. 33 do ADCT que excluía a incidência de juros dos precatórios a partir da data de promulgação da Constituição seria compatível com a garantia constitucional do paga-

---

48. "Art. 5º (...):
XXIV — a lei estabelecerá o procedimento para desapropriação por necessidade ou utilidade pública, ou por interesse social, mediante justa e prévia indenização em dinheiro, ressalvados os casos previstos nesta Constituição."

mento de preço justo em caso de desapropriação, apontando-se uma aparente antinomia insuperável entre os dois dispositivos.

Com efeito, a questão foi submetida por diversas vezes à apreciação do Supremo Tribunal Federal, cumprindo examinar, por exemplo, a decisão proferida no Recurso Extraordinário nº 155.979-9/SP, precedente que acabou se tornando o principal paradigma para uma série de casos análogos.

No caso, o Tribunal Pleno do STF decidiu, por maioria de votos, que, na hipótese do parcelamento previsto no art. 33 do ADCT, descabia a incidência de juros relativamente ao período posterior à data de promulgação da Constituição Federal. Este o teor da ementa:

> *"JUROS — DÉBITOS DA FAZENDA — ARTIGO 33 DO ATO DAS DISPOSIÇÕES CONSTITUCIONAIS TRANSITÓRIAS. O preceito no artigo 33 do Ato das Disposições Constitucionais Transitórias encerra uma nova realidade. Faculta-se ao Estado a satisfação dos valores pendentes de precatórios, neles incluídos os juros remanescentes. Observadas as épocas próprias das prestações — vencimentos — impossível é se cogitar da mora, descabendo, assim, a incidência dos juros, no que pressupõem inadimplemento e, portanto, a 'mora solvendi'. Os compensatórios têm a incidência cessada em face da referência apenas aos remanescentes e às parcelas tidas como iguais e sucessivas."*[49]

O voto vencedor, da lavra do eminente relator, Min. Marco Aurélio, consagrou o entendimento de que a norma constitucional em exame — incluída no campo das disposições transitórias e, por isso mesmo, de caráter excepcional — buscou abrir caminho à real satisfação dos débitos de precatórios, em face da antes infindável mora do Estado. Assim, respeitados os novos prazos estipulados para o pagamento das parcelas, não mais haveria como falar em mora, pressuposto básico para a incidência de juros.[50] Ademais, a exclusão dos juros

---

49. STF, Tribunal Pleno, RE 155.979-9/SP, Rel. Min. Marco Aurélio, j. em 11.11.1994.
50. O relator ressalva, todavia, que a não incidência dos juros de mora pressupõe o efetivo pagamento das prestações nas datas previstas, sob pena de surgir a causa ensejadora do acréscimo de tal acessório.

após a Carta de 1988 adviria, de forma inequívoca, da redação do dispositivo, seja quando alude expressa e tão somente aos juros *remanescentes*, garantindo para além disso apenas a correção monetária — único acessório que se poderia incluir no termo *atualização* —, seja quando se refere a *prestações anuais e iguais*, o que não seria possível se houvesse a incidência de juros[51].

Por outro lado, o voto vencido, da lavra do Min. Carlos Velloso, registra que não se pode admitir que a Constituição "*dê com uma mão e tire com a outra*", isto é, assegure solenemente o direito à justa indenização em caso de desapropriação (CF, art. 5º, XXIV) e, logo após, nas disposições transitórias, retire o que concedeu. Entendeu o eminente Ministro, assim, que a única exegese possível do art. 33 do ADCT, a conformar-se com o espírito da Carta, é aquela que inclui no vocábulo *atualização*, contido no dispositivo, também os juros moratórios e compensatórios.

Pois bem. Independentemente do acerto ou não da tese sustentada no voto vencedor, o fato é que o acórdão proferido no RE nº 155.979-9/SP não poderia em nenhuma circunstância servir de paradigma para a interpretação do art. 78 do ADCT. E isso por duas razões bastante singelas.

Em primeiro lugar, cumpre notar que o art. 33 do ADCT é expressão do *Poder Constituinte originário*, ao passo que o art. 78 do ADCT foi ali introduzido pela EC nº 30/2000, fruto do *Poder Constituinte derivado*. Ora, o primeiro não encontra limites na ordem jurídica preexistente, conforme visto pontualmente no item I.1 supra. Dessa forma, ainda que se entenda que o legislador constituinte originário realmente excluiu a incidência dos juros na hipótese do art. 33 do ADCT, o fato é que ele poderia tê-lo feito, não conduzindo tal interpretação a qualquer inconstitucionalidade.

O mesmo não ocorre com o *Poder Constituinte derivado*, que está condicionado às limitações materiais do art. 60, § 4º da Carta — além das limitações formais e circunstanciais, todas referidas no item I.2 —, não podendo interferir com a propriedade ou com a coisa julgada. Assim, imprimir à regra do art. 78 do ADCT, na parte em

---

51. Embora o ponto não tenha sido enfrentado pelo STF, note-se que a correção monetária, como já referido, também impede que as prestações sejam iguais no momento do pagamento.

que dispõe sobre a incidência de juros, o mesmo caráter restritivo conferido pelo STF ao art. 33 do ADCT importaria em flagrante inconstitucionalidade.

Em segundo lugar, é bem de ver que a redação do art. 33 do ADCT não previu expressamente a incidência de juros a partir da promulgação da Carta de 1988; ao contrário, é possível inferir de sua interpretação literal que de fato os exclui. Já o art. 78 em exame, por sua vez, traz expressa previsão de incidência de juros, não dando sequer margem à discussão suscitada quando do julgamento do RE n° 155.979-9/SP, cuja tese vencedora, por mais esse motivo, não pode ser aplicada em nenhuma circunstância à hipótese em análise.

Saliente-se, aliás, que o constituinte derivado incluiu tal previsão expressa de acréscimo de juros na redação do art. 78 do ADCT porque tinha que fazê-lo, sob pena de incorrer em inconstitucionalidade. Com efeito, a Constituição Federal de 1988 assegura, assim como o fazia a anterior, o direito de propriedade como direito individual intangível (art. 5°, XXII) — e os juros, na hipótese, já se integraram ao patrimônio do credor por força da decisão judicial[52] — e a invulnerabilidade da coisa julgada (art. 5°, XXXVI), direitos garantidos inclusive contra emendas constitucionais e contra a atuação do legislador em geral (arts. 60, § 4°, IV).

Também por essa razão, evidencia-se a completa impertinência do precedente judicial sobre a exegese do art. 33 do ADCT para a disciplina jurídica da situação em exame.

V. Conclusão

Em conclusão de tudo o que se vem de expor, cabe agora responder aos quesitos formulados de forma objetiva.

---

52. O direito de propriedade, decerto, está longe de ser absoluto. A própria Constituição dispõe que sua utilização deverá respeito à função social da propriedade em geral (art. 5°, XXIII), função essa disciplinada pela própria Carta, conforme se trate de uma propriedade fundiária urbana (arts. 182 e ss.) ou rural (art. 186 e ss). Nem por isso, no entanto, se permite ao Estado a livre intervenção no âmbito da propriedade privada. Assim como todos os demais direitos individuais constitucionalmente garantidos, sua restrição só será válida se expressamente autorizada pela própria Constituição.

1) Como deve ser interpretada a locução "juros legais" constante do art. 78 do ADCT?

R.: A locução *juros legais* deve ser interpretada como significando aqueles estipulados na forma da lei ou decorrentes de lei. A estipulação de juros pode se dar por uma imposição legal, por convenção das partes ou por força de sentença. Em qualquer hipótese, o limite máximo da taxa será de 12% (doze por cento) ao ano. Interpretar a expressão "juros legais" constante do art. 78 do ADCT com o sentido de reduzi-los a 6% (seis por cento) ao ano importa em imprecisão técnica e, no caso estudado, em inconstitucionalidade, por violação da coisa julgada.

2) Como interpretar os arts. 1.062 e 1.063 do Código Civil em consonância com o art. 78 do ADCT?

R.: Os dispositivos combinados representam a disciplina normativa dos "juros legais" a que se refere o art. 78 do ADCT. De sua interpretação sistemática resulta que apenas quando não há taxa de juros convencional, e sendo hipótese de incidência de juros, aplica-se o art. 1.063 do Código Civil, que fixa a *taxa legal de 6%* ao ano. A expressão "juros legais", que corresponde ao título sob o qual estão congregados todos esses dispositivos, não se confunde, portanto, com a taxa legal de 6% ano.

3) Havendo sentenças transitadas em julgado, condenando o Estado ao pagamento de juros à razão de 12% (doze por cento) ao ano, capitalizados a cada 31 de dezembro, poderia a EC nº 30/2000 alterar a situação jurídica do cálculo do valor dos precatórios objetos de tais sentenças?

R.: Não. O poder constituinte derivado está condicionado às limitações materiais constantes do art. 60, § 4º, da Constituição Federal, dentre as quais se incluem as garantias e direitos individuais (inciso IV), gênero de que é espécie a previsão de que *"a lei não prejudicará o direito adquirido, o ato jurídico perfeito e a coisa julgada"* (CF, art. 5º, XXXVI). Desta forma, a garantia da coisa julgada constitui *cláusula pétrea*, protegida inclusive em face de emendas constitucionais.

4) Qual índice de correção monetária deverá ser utilizado para a atualização das parcelas anuais? O previsto nas sentenças judiciais ou outro qualquer?

R.: O índice de correção monetária aplicável ao precatório será aquele fixado pela decisão judicial transitada em julgado — *in casu*, o

IGP/DI —, salvo norma jurídica posterior válida que venha a extingui-lo.

5) Considerando que no art. 33 do ADCT — dispositivo constitucional que originalmente previa a liquidação parcelada de precatórios — não havia a previsão de acréscimo de juros legais sobre as parcelas, seria correto afirmar que precedente jurisprudencial acerca de sua interpretação (STF, RE nº 155.979-9-SP) não serve de paradigma para a interpretação do art. 78 do ADCT?

R.: Independentemente do acerto ou não da tese majoritária do acórdão proferido no RE nº 155.979-9/SP, o fato é que ela em nenhuma circunstância se aplica à presente hipótese. Isto porque o constituinte originário, por não encontrar limitações à sua atuação na ordem jurídica preexistente, pode interferir no direito de propriedade, desconstituir direitos adquiridos e até mesmo afetar a coisa julgada. Não assim, porém, o constituinte derivado, a quem também se dirige o art. 5º, XXXVI, bem como a limitação material do art. 60, § 4º, IV. Ademais, a redação do art. 33 do ADCT permite concluir pela exclusão da incidência de juros, ao passo que o seu art. 78 expressamente prevê o acréscimo de juros legais, o que evidencia a diferença substancial entre as duas hipóteses.

Argüição de descumprimento de preceito fundamental. Hipótese de cabimento. Decreto estadual anterior à constituição de 1988 vinculando remuneração de servidores ao salário mínimo

> SUMÁRIO: I. Introdução. II. Não recepção do art. 34 do Regulamento de Pessoal em questão pela Constituição de 1988: a) Violação do art. 7º, IV, da Constituição de 1988; b) Violação do princípio constitucional federativo. III. Cabimento da argüição de descumprimento de preceito fundamental — ADPF: a) ato do poder público; b) preceito fundamental; c) inexistência de outro meio capaz de sanar a lesão. IV. Conclusão.

I. Introdução

Trata-se de estudo sobre dois temas diversos, ainda que proximamente relacionados, a saber: (i) a constitucionalidade, à luz da Carta de 1988, do art. 34 do Regulamento de Pessoal de um extinto Instituto de Desenvolvimento Econômico-Social de um Estado da Federação, aprovado pelo Decreto estadual nº 4.307, de 12 de maio de 1986[1], que vincula a remuneração dos servidores do extinto insti-

---

1. Publicado no Diário Oficial do Estado da Federação em questão no dia 14 de maio de 1986, com efeitos retroativos a 1º de maio do mesmo ano.

tuto a múltiplos do salário mínimo federal; e (ii) o cabimento de argüição de descumprimento de preceito fundamental como instrumento processual pelo qual se poderia obter declaração de invalidade do referido art. 34 com efeitos *erga omnes* e vinculante.

O Estado da Federação informa que, com base na vinculação ao salário mínimo estabelecida pelo Regulamento aqui questionado, diversos servidores estaduais vinculados ao extinto instituto vêm obtendo êxito ao postularem em juízo reajustes salariais referentes a períodos posteriores a 05 de outubro de 1988 (foram-nos encaminhadas cópias de peças processuais e decisões judiciais tratando da matéria no âmbito do Judiciário estadual). O Estado da Federação narra ainda que, embora o instituto tenha sido extinto pela Lei nº 6.211, de 28 de abril de 1999, o Estado da Federação o sucedeu em todos os direitos e obrigações, inclusive na responsabilidade por débitos provenientes de decisões judiciais[2].

Diante desse quadro, o Estado da Federação indaga objetivamente:

> (i) se o art. 34 do Regulamento de Pessoal do extinto instituto, que vincula a remuneração de seus servidores ao salário mínimo, é compatível com a Constituição Federal de 1988; e
> (ii) caso o supracitado dispositivo seja efetivamente inconstitucional, se é viável a propositura de argüição de descumprimento de preceito fundamental, instrumento previsto no § 1 do art. 102 da Constituição e regulamentado na Lei n 9.882/99, para que seja reconhecida, com eficácia *erga omnes* e efeito vinculante, a incompatibilidade entre o referido art. 34 e a Constituição de 1988.

---

2. Confira-se, a propósito, a redação dos arts. 10 e 11 da Lei Estadual n 6.211/99:
"Art. 10. O Estado (da Federação), através da Procuradoria-Geral do Estado, ingressará em todos os processos judiciais em que o extinto instituto for autor, réu, litisconsorte, assistente, opoente ou terceiro interessado, substituindo a Autarquia ora extinta em todos os direitos e obrigações".
"Art. 11. O Estado (...) é sucessor do (referido instituto) para todos os fins de direito".

Organizou-se o presente estudo conforme o roteiro já antes apresentado e concluiu-se, pelas razões a seguir expostas, que (i) o art. 34 do Regulamento de Pessoal do extinto instituto viola o art. 7º, IV, da Constituição de 1988 e o princípio federativo acolhido por esta em diversos de seus artigos, de modo que, ainda que fosse originariamente válido, não foi recepcionado pela ordem jurídica inaugurada em 05 de outubro de 1988; e (ii) que é cabível, na hipótese, a argüição de descumprimento de preceito fundamental.

II. Não recepção do artigo 34 do regulamento de pessoal em questão pela Constituição de 1988

O art. 34 do Regulamento de Pessoal, adotado pela Resolução n 8/86 de seu Conselho de Administração e aprovado pelo Decreto estadual nº 4.307, de 12 de maio de 1986, tem a seguinte redação:

> *"Art. 34. O Quadro de Salários do* (referido instituto) *terá por base 1 (hum) salário mínimo para o pessoal de Nível Médio e 06 (seis) salários mínimos para o pessoal de Nível Superior.*
> *§ 1º. O diferencial de salário-base entre cargos consecutivos será de 30% (trinta por cento), para o pessoal de Nível Médio; e de 15% (quinze por cento), para o pessoal de Nível Superior.*
> *§ 2º. A variação salarial entre níveis consecutivos do pessoal de Nível Médio será correspondente a 8% (oito por cento), do salário-base de cada cargo, e de 4% (quatro por cento), entre níveis dos demais cargos, tomada essa variação em termos absolutos."*

Três situações podem ser identificadas na norma transcrita. Em primeiro lugar, vinculou-se a base salarial do pessoal de nível médio do instituto em questão a um salário mínimo; em seguida, adotou-se a mesma espécie de vinculação para o pessoal de nível superior, só que agora a base salarial passou a ser de seis salários mínimos; e, por fim, o dispositivo criou, através de seus parágrafos, mecanismos de indexação salarial para todos os cargos, a partir dos dois parâmetros antes fixados (bases dos níveis médio e superior). Não há dúvida, portanto, de que a norma em questão utiliza o salário mínimo como fator de reajuste automático da remuneração dos servidores vinculados ao extinto instituto. Teria sido tal disposição recepcionada pela Constituição de 1988?

Neste ponto é relevante fazer uma nota de cunho teórico. A Constituição é o documento inaugural do Estado, que o cria ou recria, organizando-o e estabelecendo seus fundamentos. Como norma hierarquicamente superior, ápice da pirâmide normativa, na difundida imagem proposta por Hans Kelsen[3], a Constituição não está vinculada à ordem jurídica preexistente. Ao contrário, no momento em que uma nova Constituição entra em vigor, como se deu em 05 de outubro de 1988, todas as normas infraconstitucionais[4] serão obrigatoriamente submetidas a um processo que a doutrina vem denominando de "filtragem constitucional"[5], isto é, as normas anteriores apenas serão recepcionadas no novo ambiente se forem compatíveis ou puderem ser compatibilizadas por meios hermenêuticos com o texto constitucional; as que não puderem transpor tal "filtro" terão sido revogadas pela nova Carta[6].

---

3. Hans Kelsen, *Teoria pura do direito*, 1979, p. 310: "A ordem jurídica não é um sistema de normas jurídicas ordenadas no mesmo plano, situadas umas ao lado das outras, mas é uma construção escalonada de diferentes camadas ou níveis de normas jurídicas. A sua unidade é produto da conexão de dependência que resulta do facto e de a validade de uma norma, que foi produzida de acordo com outra norma, cuja produção, por seu turno, é determinada por outra; e assim por diante, até abicar finalmente na norma fundamental — pressuposta. A norma fundamental — hipotética, nestes termos — é, portanto, o fundamento de validade último que constitui a unidade desta interconexão criadora. Se começarmos por tomar em conta apenas a ordem jurídica estadual (estatal), a Constituição representa o escalão de Direito positivo mais elevado". Na mesma linha, em versão mais didática, v. Norberto Bobbio, *Teoria do ordenamento jurídico*, 1990, p. 48 e ss.

4. Quanto às normas constitucionais anteriores, o entendimento convencional é o de que a nova Constituição substitui integralmente a anterior, operando sua revogação global. V. sobre o tema, nosso *Interpretação e aplicação da Constituição*, 2001, p. 57 e ss.

5. Sobre o processo de filtragem da ordem infraconstitucional anterior pela nova Carta, vejam-se: nosso *Interpretação e aplicação da Constituição*, 1999, p. 49 e ss. e Paulo Ricardo Schier, *Filtragem constitucional*, 1999.

6. Sobre o assunto veja-se nosso, *Interpretação e aplicação da Constituição*, 2001, p. 67 e ss.

Ao submeter o art. 34 do Regulamento de Pessoal à "filtragem" acima descrita, é possível identificar uma grave incompatibilidade entre seu comando principal — a vinculação da remuneração dos servidores do extinto instituto a múltiplos do salário mínimo federal — e dois preceitos da nova ordem constitucional: o art. 7º, IV e o princípio federativo, que tem assento em diversos dispositivos, em particular nos arts. 1º e 18 da Carta em vigor. Esses dois pontos serão examinados nos tópicos seguintes.

a) Violação do art. 7º, IV, da Constituição de 1988

O art. 7º, IV, da Constituição de 1988 prevê, como um direito social de todo trabalhador, a percepção do que denominou *salário mínimo*, que deverá bastar para atender as necessidades básicas daquele indivíduo e de sua família. O constituinte incluiu ainda dois outros comandos no mesmo dispositivo: determinou que o poder aquisitivo do salário mínimo deve ser preservado através de reajustes periódicos e que é vedada a vinculação ao salário mínimo para qualquer fim. Confira-se:

> *"Art. 7º São direitos dos trabalhadores, urbanos e rurais, além de outros que visem à melhoria de sua condição social:*
> *(...)*
> *IV* — salário-mínimo, *fixado em lei, nacionalmente unificado, capaz de atender a suas necessidades básicas e às de sua família com moradia, alimentação, educação, saúde, lazer, vestuário, higiene, transporte e previdência social, com reajustes periódicos que lhe preservem o poder aquisitivo,* sendo vedada sua vinculação para qualquer fim".

A parte final do inciso é a que interessa mais diretamente ao presente estudo, na qual a Constituição expressamente proíbe que se utilize o salário mínimo como fator genérico de indexação, afastando seu emprego como forma de atualização automática de valores. Um dos propósitos da norma é bastante claro: evitar reajustes em cadeia e, com isso, efeitos inflacionários. Mas há outro objetivo, menos evidente, mas de importância provavelmente ainda maior para a realização dos valores constitucionais.

Os direitos sociais são tradicionalmente considerados direitos positivos ou prestacionais, pois sua efetivação depende de prestações estatais que exigem considerável soma de recursos. Sem ingressar no debate, hoje em elaboração, a respeito do custo de todos os direitos[7], o fato é que muitas vezes a realização plena dos direitos sociais depende de uma atuação progressiva do Estado, de investimentos e de alterações na estrutura econômica do país, encontrando obstáculos nas possibilidades imediatas da sociedade[8]. É por essa razão que boa parte dos tratados internacionais sobre direitos sociais contém o compromisso dos Estados-Partes de adotarem medidas para assegurar progressivamente a realização dos direitos em questão até o máximo de recursos disponíveis[9].

Pois bem. Não se deve supor, contra todas as evidências, que o constituinte, ao elaborar a norma constitucional sobre o salário mínimo, pretendia declarar um *status* já existente, isto é, que a norma estaria a afirmar que o salário mínimo então vigente — e o salário

---

7. V. sobre o ponto, Stephen Holmes e Cass R. Sunstein, *The cost of rights*, 1999.
8. Sobre o assunto v. nosso O *direito constitucional e a efetividade de suas normas*, 1996, p. 107.
9. Confiram-se alguns artigos do Pacto Internacional sobre Direitos Econômicos, Sociais e Culturais, de 1966, aprovado pelo Decreto Legislativo nº 226, de 12.12.91, e promulgado pelo Decreto nº 591, de 06.07.92:
"Art. 2º, 1. Cada Estado Parte do Presente Pacto compromete-se a adotar medidas tanto por esforço próprio como pela assistência e cooperação internacionais, principalmente nos planos econômico e técnico, até o máximo de seus recursos disponíveis, que visem a assegurar, progressivamente, por todos os meios apropriados, o pleno exercício dos direitos reconhecidos no presente Pacto, incluindo, em particular, a adoção de medidas legislativas."
Disposição semelhante consta da Convenção Americana sobre Direitos Humanos, de São José de Costa Rica, 1969, aprovada pelo Decreto Legislativo nº 27, de 16.05.92, e promulgada pelo Decreto nº 678, de 06.11.92:
"Art. 26. Desenvolvimento progressivo.
Os Estados-Partes comprometem-se a adotar providências, tanto no âmbito interno como mediante cooperação internacional, especialmente econômica e técnica, a fim de conseguir progressivamente a plena efetividade dos direitos que decorrem das normas econômicas, sociais e sobre educação, ciência e cultura, constantes da Carta da Organização dos Estados Americanos, reformada pelo Protocolo de Buenos Aires, na medida dos recursos disponíveis, por via legislativa ou outros meios apropriados."

mínimo já existia há muito no direito brasileiro — era suficiente para atender todas as necessidades básicas do trabalhador e de sua família. O sentido possível da norma é o de fixar uma meta estatal obrigatória, principalmente ao legislador, vinculando-o ao objetivo constitucional[10]. Cabe ao Poder Público envidar todos os esforços[11] para que a norma em questão se efetive o mais rapidamente possível e o salário mínimo seja de fato capaz de prestar-se a tudo aquilo que vem descrito no art. 7º, IV.

Feita a digressão, retorna-se ao ponto. A norma que veda a vinculação do salário para qualquer fim, constante do art. 7º, IV, tem um alcance mais amplo do que o de apenas evitar a espiral inflacionária. Destina-se ela também — e sobretudo — a garantir que o salário mínimo seja paulatinamente majorado até atingir o propósito constitucional, sem que outras considerações derivadas de seu impacto sobre qualquer outro elemento da economia a ele indexado possam interferir em tal processo e retardá-lo.

O propósito de preservar de ingerências externas o processo de construção do salário mínimo nos padrões constitucionais tem sido sublinhado pelo Supremo Tribunal Federal em reiteradas decisões, que vêm considerando inconstitucional qualquer espécie de vincula-

---

10. O Supremo Tribunal Federal, na ADIn 1.458-7, Rel. Min. Celso de Mello, já inclusive declarou a inconstitucionalidade por omissão da conduta do legislador, que até o momento não tornou efetivo o direito social contido na garantia do salário mínimo (ADV 46/96, nº 76.099, p. 694).

11. O Poder Público, na verdade, está obrigado a empenhar-se de fato, aplicando os recursos prioritariamente para a realização desse fim constitucional, e não aquilo que sobejar, como bem registra German J. Bidart Campos, *El orden socioeconómico en la constitución*, 1999, p. 343: "*Para comprenderlo, se ha de partir de un principio elemental, cual es de que los derechos sociales son derechos humanos y, como tales, gozan de una prioridad imperativa y exigible que implica el deber de asignarles el máximo posible de recursos, no con un tope arbitrariamente cuantificado por el voluntarismo del estado, sino con el que una escala axiológica señala como necesaria y debida, dentro de lo disponible y posible. Es verdad que no se puede marcar rígidamente con una cifra inamovible el máximo de recursos disponibles. Lo que sí se puede y se debe es presuponer que el máximo 'disponible' es el máximo que razonablemente surge de una evaluación objetiva, con la que al distribuir los ingresos y los gastos de la hacienda pública se prioriza lo más valioso y se escalona, a partir de allí, lo menos valioso.*".

ção ao salário mínimo[12]. Confira-se recente acórdão (RE n° 242.740-GO) relatado pelo Ministro Moreira Alves:

> *"Pensão especial cujo valor é estabelecido em número de salários mínimos. Vedação contida na parte final do artigo 7°, IV, da Carta Magna, a qual tem aplicação imediata.*
> *(...)*
> *A vedação constante da parte final do artigo 7°, IV, da Constituição, que diz respeito à vinculação do salário mínimo para qualquer fim, visa precipuamente a que ele não seja usado como fator de indexação, para que, com essa utilização, não se crie empecilho ao aumento dele em face da cadeia de aumentos que daí decorrerão se admitida essa vinculação. E é o que ocorre no caso, em que a pensão especial, anteriormente à promulgação da atual Constituição, foi instituída no valor unitário mensal sempre correspondente a seis vezes o salário mínimo, o que implica dizer que o salário mínimo foi utilizado para o aumento automático da pensão em causa sempre que houvesse majoração de seu valor. Isso nada tem que ver com a finalidade do salário mínimo como piso salarial a que qualquer um tem direito e que deve corresponder às necessidades básicas a que alude a Constituição, pois, em casos como o presente, não se está estendendo à pensão a norma constitucional (art. 7°, IV) que diz respeito ao piso salarial — ou seja, que nenhum trabalhador pode receber menos que o salário mínimo —, o que ocorreria — e aí seria válido o argumento de que a pensão tem por finalidade atender às mesmas garantias que a Constituição concede ao trabalhador — se a pensão em causa fosse estabelecida no valor de um salário mínimo. E não é demais atentar para a circunstância de*

---

12. Nesse mesmo sentido: STF, AGRG em RE n° 253.247-PR, Rel. Min. Maurício Corrêa, DJ 04.05.01 e RE n° 294.221-PR, Rel. Min. Moreira Alves (acórdão pendente de publicação): "Professores do Estado do Paraná. Piso salarial de três salários mínimos. A vinculação desse piso salarial a múltiplo de salários mínimos ofende o disposto no artigo 7°, IV, da Constituição Federal. Precedentes do STF.".

> *que, mesmo com relação a salário, a vedação de sua vinculação ao salário mínimo se aplica se, porventura, se estabelecer que o salário de certo trabalhador será o de 'valor correspondente a algumas vezes o salário mínimo', pois aqui não se está concedendo a ele a garantia constitucional do artigo 7º, IV, mas, sim, se está utilizando o salário mínimo como indexador para aumento automático de salário de valor acima dele."*[13]

Uma dessas ingerências, de que o constituinte pretendeu livrar o salário mínimo, foi exatamente a remuneração dos servidores públicos. É fácil perceber que o processo de aumento do poder aquisitivo do salário mínimo sofreria fortes pressões, no sentido de retardá-lo, se qualquer majoração de seu valor provocasse um impacto imediato sobre os vencimentos de servidores e, conseqüentemente, sobre as contas públicas de algum ente federativo. Esse aspecto foi registrado com precisão pelo Ministro Sepúlveda Pertence, *verbis*:

> "Mas não é só. A inspiração dessa vedação constitucional vai mais longe. A experiência mostra, por exemplo, que, hoje o maior obstáculo à elevação real do salário mínimo tem sido menos o empregador privado do que os Estados e Municípios, uma vez que, como era inevitável pelo próprio significado do salário-mínimo, a Constituição expressamente o assegurou a qualquer trabalhador, incluídos os servidores públicos das diversas esferas.
> Por isso, a preocupação subjacente à vedação do art. 7º, IV, é a de evitar mecanismos de pressão de outros interesses, que sofreriam o reflexo do aumento do salário-mínimo, contra esse aumento em si mesmo.
> É evidente que os Estados, que já sofrem com a elevação do salário-mínimo, pelo aumento da sua folha de pessoal — sobretudo os Estados mais pobres que têm um imenso percentual dos seus servidores recebendo apenas o salário-mínimo — teriam, no caso, uma razão a mais para opor-se,

---

13. STF, RE nº 242.740-GO, Rel. Min. Moreira Alves, DJ 18.05.01.

à sua elevação, qual seja a diminuição das receitas do seu sistema previdenciário."[14]

Nesse mesmo sentido concluiu o Ministro Marco Aurélio:

"*O Constituinte de 1988 teve um cuidado especial e lançou, na parte derradeira do inciso IV do artigo 7º, cláusula vedadora que tem uma razão de ser, a de tomar-se o salário-mínimo para o efeito de vinculação; vinculação a qualquer título, não importa. Qual teria sido o objetivo? Qual é realmente o alcance dessa cláusula que proíbe a adoção do salário-mínimo como um verdadeiro fator de indexação? O Plenário acompanhou-me quando do julgamento da Ação Direta de Inconstitucionalidade nº 1.425. Na oportunidade, fiz ver que essa norma tem como escopo maior evitar que interesses estranhos aos versados nela própria, quanto à finalidade do salário-mínimo, possam de alguma forma inibir a iniciativa do legislador no sentido da preservação do poder aquisitivo do salário-mínimo.*
Ora, Senhor Presidente, mesmo diante do afastamento da vinculação, do uso limitado do salário-mínimo, percebemos que não ocorre essa atualização, em vista da espiral inflacionária. O que acontecerá se o salário-mínimo for adotado em outros segmentos da vida econômica, financeira e gregária a ponto de se ter qualquer majoração, qualquer reposição do poder aquisitivo, qualquer reajuste do salário mínimo alcançando situações múltiplas? Aí é que não haverá mesmo, diante dos interesses envolvidos, das repercussões da própria dívida pública, a atualização do salário-mínimo. E foi isso que se quis obstaculizar quando se vedou, na parte final do inciso IV, vinculação do salário-mínimo para qualquer fim."[15]

Convém registrar que, durante algum tempo, após a entrada em vigor da nova Carta, o Supremo Tribunal Federal entendeu que ver-

---

14. STF, ADIn nº 1.425-1-PE, Rel. Min. Marco Aurélio, DJ 01.10.97.
15. STF, RE nº 197.072-3-SC, Rel. Min. Marco Aurélio, DJ 08.06.01.

bas de natureza salarial ou alimentar não estavam subordinadas à vedação do art. 7º, IV, parte final, considerando que o propósito da norma era apenas evitar a indexação da economia como um todo e a progressão inflacionária[16]. Esse entendimento foi superado[17], como se pôde observar das decisões já transcritas ou referidas, na medida em que se observou que o fim principal da norma é, na realidade, a efetivação da garantia social do salário mínimo, e não apenas um efeito econômico. A atual posição do Supremo Tribunal Federal, como registrada pelo Ministro Moreira Alves no acórdão acima transcrito, é a de que apenas se admite a vinculação em matéria salarial ou alimentar se a indexação for a *uma* unidade de salário mínimo, pela razão simples de que nenhum trabalhador poderá perceber menos do que essa quantia. Eis o trecho pertinente do acórdão, que se reproduz novamente por facilidade:

> "*E não é demais atentar para a circunstância de que*, mesmo com relação a salário, a vedação de sua vinculação ao salário mínimo se aplica *se, porventura, se estabelecer que o salário de certo trabalhador será o de 'valor correspon-*

---

16. STF, RE nº 170.203-GO, Rel. Min. Ilmar Galvão, j. 30.11.93, RTJ 151/652. A hipótese discutia uma pensão especial fixada no valor de três salários mínimos. Essa foi a conclusão, à época: "Além disso, o recorrente pretende que se dê ao dispositivo constitucional uma interpretação equivocada. É certo que a parte final do inciso IV do art. 7º da CF/88 veda a vinculação ao salário mínimo para qualquer fim. Entretanto, a cláusula final 'para qualquer fim' evidentemente não pode abranger hipóteses em que o objeto da prestação expressa em salários mínimos tem a finalidade de atender aquelas necessidades vitais básicas que a parte inicial do inciso deseja preservar ("moradia, alimentação, educação, saúde, lazer, vestuário, transporte e previdência social"), como ocorre, por exemplo, quando se trata de obrigação alimentar ou de pensão. A vedação de vinculação diz respeito a obrigações sem conteúdo salarial ou alimentar, como é o caso de aluguel, seguro, prestações decorrentes de venda à prazo etc.".
17. A evolução foi expressamente registrada pelo Ministro Nelson Jobim no AGRG em RE nº 298.431-1-PR, Rel. Min. Nelson Jobim, DJ 21.09.01: "Os precedentes referidos pelos agravantes não correspondem à recente jurisprudência do STF. A decisão agravada fundamentou-se na atual jurisprudência do STF que veda a vinculação de vencimentos ao salário mínimo. Dessa orientação, o acórdão recorrido (fls. 380/389) não divergiu. Nego provimento ao regimental".

dente a algumas vezes o salário mínimo', pois aqui não se está concedendo a ele a garantia constitucional do art. 7º, IV, mas, sim, se está utilizando o salário mínimo como indexador para aumento automático de salário de valor acima dele."[18] (destaque acrescentado)

Ora, o art. 34 do Regulamento de Pessoal, ao fixar a remuneração de seus servidores em múltiplos do salário mínimo, implementa exatamente conduta vedada pela Constituição e, desse modo, não há outra conclusão possível senão a de que tal norma não foi recepcionada pela Carta atual, não sendo aplicável a partir de 05 de outubro de 1988. Acrescente-se ainda que, na linha do entendimento doutrinário corrente, de que não há direito adquirido em face do poder constituinte originário[19], a própria Carta afirma, no art. 17 do Ato das Disposições Constitucionais Transitórias, que os vencimentos que estejam sendo percebidos em desacordo com a nova Constituição deverão ser reduzidos aos limites dela decorrentes e, pelas mesmas razões, adequados às demais regras por ela introduzidas sobre a matéria, não se admitindo invocação de direito adquirido[20]. Em suma: os vencimentos vigentes em 05 de outubro de 1988 não podem mais ser majorados em função dos aumentos do salário mínimo.

A única ressalva a ser feita neste ponto diz com a obrigatoriedade, também introduzida pela Constituição, de que nenhum trabalhador receba quantia inferior a um salário mínimo, o que significa, no caso de servidores públicos, que os estipêndios recebidos (não o vencimento base, vale registrar, mas o valor final percebido pelo servidor, somadas todas as demais parcelas[21]) não podem ser inferiores a esse patamar.

---

18. STF, RE nº 242.740-GO, Rel. Min. Moreira Alves, DJ 18.05.01.
19. V. nosso *Interpretação e aplicação da Constituição*, 2001, p. 55.
20. CF/88, ADCT, art. 17: "Os vencimentos, a remuneração, as vantagens e os adicionais, bem como os proventos de aposentadoria que estejam sendo percebidos em desacordo com a Constituição serão imediatamente reduzidos aos limites dela decorrentes, não se admitindo, neste caso, invocação de direito adquirido ou percepção de excesso a qualquer título".
21. Esse o entendimento consolidado do STF. V., dentre outros, o RE nº 197.072-3-SC, Rel. Min. Marco Aurélio, DJ 08.06.01.

b) Violação do princípio constitucional federativo

O art. 34 do Regulamento de Pessoal em análise, além de violar o art. 7º, IV, da Constituição, afronta também o princípio federativo. A Constituição de 1988, como todas as Cartas brasileiras desde a proclamação da República, adotou a forma federal de Estado, como expressamente declara nos artigos 1º e 18, *verbis*:

> *"Art. 1º. A República Federativa do Brasil, formada pela união indissolúvel dos Estados e Municípios e do Distrito Federal, constitui-se em Estado Democrático de Direito e tem como fundamentos:"*
> *"Art. 18. A organização político-administrativa da República Federativa do Brasil compreende a União, os Estados, o Distrito Federal e os Municípios, todos autônomos, nos termos desta Constituição."*

O princípio federativo é uma das cláusulas pétreas constitucionais (art. 60, § 4º, I) e seu principal sentido, como consta do art. 18 supratranscrito, é o de conferir *autonomia* aos entes que formam o Estado (no caso brasileiro: União, Estados e Municípios). A autonomia corresponde, de maneira simples, ao espaço de atuação próprio delineado e assegurado pela Constituição para cada ente federativo, através da repartição de competências. A noção, como é corrente, não se confunde com a soberania, própria do Estado federal globalmente considerado, isto é, da união de todos os entes federados[22].

A autonomia se desdobra ainda nas capacidades de auto-organização, auto-governo e auto-administração, que não cabe aqui aprofundar, valendo apenas o registro de que a auto-administração, dentre outros aspectos, envolve a capacidade atribuída a cada ente federativo de gerir seus recursos, inclusive no que diz respeito à prestação de serviços e manutenção de seus servidores, sem ingerência de outros entes da federação. A autonomia, como decorrência de um princípio fundamental do Estado brasileiro e de uma cláusula pétrea constitucional, é indisponível e inafastável, inclusive pelos próprios entes federativos, como registra Jessé Torres Pereira Júnior:

---

22. Sobre o tema, v. nosso *Direito constitucional brasileiro: o problema da federação*, 1982, p. 17 e ss.

*"A autonomia assegurada no art. 18 da CF/88 é indisponível e inafastável pelos Estados e Municípios, porquanto sua inobservância acarretaria ruptura do princípio federativo, uma das cláusulas pétreas enunciadas no art. 60, § 4, I, da Carta da República. Por conseguinte, se é defesa emenda à Constituição tendente a abolir a federação, **muito menos poderia lei estadual ou municipal conduzir o ente local a abdicar da autonomia identificadora da forma federativa e adotar critério de reajustamento de vencimentos de seus servidores que se vinculasse a índices federais**, se estatutário for o regime destes ("Na dicção da ilustrada maioria ..., a adoção pelo Estado de índice federal, embora via ato normativo, vulnera o princípio da autonomia inserta na Carta da República. Precedentes: Ações Originárias n 258-3-SC, 286-9-SC e 300-8-SC, relatadas pelos Ministros Ilmar Galvão e Maurício Corrêa (as duas últimas) e julgadas pelo Pleno, sendo a primeira em 26 de maio de 1995 e as demais em 3 de agosto de 1995, e Ação Originária n 263-0-SC, relatada pelo Min. Octávio Gallotti — AO n 327-SC, rel. Min. Marco Aurélio — DJU de 26.08.98)."*[23] (negrito acrescentado).

Aplicando a teoria constitucional ao caso em análise, tem-se a seguinte situação. O Regulamento de Pessoal mencionado, ao vincular os vencimentos de seus servidores ao salário mínimo, cujo valor é decidido exclusivamente pelo Governo Federal, garante a servidores estaduais reajuste automático, independente de uma decisão específica do Estado-membro, adequada às suas possibilidades financeiras[24], em ofensa clara à sua autonomia e ao equilíbrio federativo. Se o princípio federativo — cláusula pétrea da Constituição da República — não tolera que se subordine a política salarial do funcionalismo

---

23. Jessé Torres Pereira Júnior, *Da reforma administrativa constitucional*, 1999, p. 91.
24. Ver a propósito, apenas com a diferença de que o enfoque é dirigido à autonomia municipal, Paulo Bonavides, *Curso de direito constitucional*, 2000, p. 322.

público local à variação de índices fixados pela União, a conclusão inexorável é a de que o art. 34 do Regulamento de Pessoal do extinto instituto, também por essa razão, é inconstitucional[25]. O tema não é novo e já foi apreciado reiteradas vezes pelo Supremo Tribunal Federal[26], como registra o Ministro Moreira Alves, *verbis*:

> *"Com relação à autonomia, temos sido rigorosos até no sentido de se impossibilitar que a remuneração nos Estados esteja vinculada a índices de inflação estabelecidos pela União. Assim, com mais razão, quando essa vinculação se estabelece de forma que, se o salário mínimo aumentar, a arrecadação da contribuição poderá cair com a circunstância séria de o Estado dar benefícios com base no salário do servidor público."*[27]

Até mesmo o Ministro Sepúlveda Pertence — que, em posição isolada no âmbito do STF, entende não haver ofensa à autonomia estadual se a norma vincular vencimentos de servidores estaduais a índice de inflação federal presumidamente objetivo — expressamente registrou que seu entendimento não se aplica ao salário mínimo, como se observa do trecho abaixo:

> *"É que a mim me parece que a nossa jurisprudência está extremamente firme na impossibilidade de utilizar-se quais-*

---

25. V., sobre o mesmo ponto, parecer que elaborei para o Estado do Espírito Santo, *Norma incompatível com a Constituição. Não aplicação pelo Poder Executivo, independentemente de pronunciamento judicial. Legitimidade*, in O direito constitucional e a efetividade de suas normas, 1996, p. 375 e ss.
26. STF, RDA 210/307. No mesmo sentido, confira-se: "A vinculação, na Constituição Estadual, da remuneração e da jornada de servidores estaduais à disciplina que se estabelece, em lei federal, para profissionais congêneres, para os quais se estipula piso salarial correspondente a determinada quantia de salários mínimos, torna relevante a alegação de inconstitucionalidade, em face do princípio da autonomia dos Estados-membros, bem como das regras que se referem à iniciativa reservada do Poder Executivo para certas matérias e à inadmissibilidade de vinculação e reajustamento automático de remuneração no âmbito do Poder Público (arts. 25, 61, § 1, a e c, e art. 37, XIII, da CF)". (STF, RTJ 156/788).
27. STF, ADIn 1.425-1-PE, Rel. Min. Marco Aurélio, DJ 26.03.99.

quer índices federais para regular finanças estaduais, com base na lesão à autonomia do Estado-membro.
Assim recusamos, contra o meu voto, em determinados casos, até o reajuste automático, em função de índices federais de inflação.
Opunha-me, é certo, à orientação, entendendo tratar-se de índices monetários presumidamente objetivos, e não de um ato de vontade da União (p. ex., ADIn MC 303, Passarinho, ADIn MC 287, Borja, RTJ 146/400; ADIn 437, C. Mello, RTJ 144/113).
Mas não é o que ocorre com o salário mínimo.
Por isso mesmo, tem sido unânime a rejeição de salários mínimos profissionais, fixados pela União, como padrão vinculante da remuneração dos servidores estaduais (ADIn MC 840, Brossard, RTJ 146/487; RE 128.881, Moreira, Lex 195/22)."[28]

Em suma, o Regulamento de Pessoal do extinto instituto, na medida em que indexa a remuneração de um conjunto de servidores estaduais ao salário mínimo, fixado pela União, viola o art. 7º, IV, parte final, da Carta, bem como o princípio federativo, pois atenta contra a autonomia do Estado-membro. Por esse conjunto de razões, a norma estadual não foi recepcionada pela nova Constituição, que a revogou tácita e automaticamente. Deve, portanto, ser tida por ineficaz e afastada sua aplicação por parte do Poder Público desde o momento em que promulgada a Constituição de 1988[29].

III. Cabimento da argüição de descumprimento de preceito fundamental — ADPF

O Brasil adota um sistema eclético[30] de controle de constitucionalidade, no qual convivem, quanto ao órgão, o controle difuso e

---

28. STF, ADIn nº 1.425-1-PE, Rel. Min. Marco Aurélio, DJ 26.03.99.
29. Deixa-se de desenvolver aqui, por simplificação e objetividade, a circunstância de que a previsão já não era compatível, tampouco, com o regime constitucional anterior.
30. José Carlos Barbosa Moreira, *Comentários ao Código de Processo Civil*, vol. V, 2001, p. 29 e ss.

concentrado, e, quanto à forma, o controle por via incidental e por via principal[31]. As diferentes espécies de controle têm eficácia jurídica diversa: o controle por via principal produz efeitos *erga omnes* e vinculantes, ao passo que a decisão sobre a constitucionalidade produzida no âmbito do controle por via incidental apenas afeta, como regra, as partes envolvidas na disputa, e sequer está coberta pela coisa julgada, uma vez que se trata de questão prejudicial.

Até a edição da Lei n° 9.882, de 03 de dezembro de 1999, os instrumentos de controle por via principal, todos apreciados concentradamente, eram, no âmbito federal: a ação direta de inconstitucionalidade (por ação e omissão) e a ação declaratória de constitucionalidade. Segundo o entendimento consolidado do Supremo Tribunal Federal, entretanto, não cabe ação direta de inconstitucionalidade contra leis e atos normativos anteriores à vigência da nova Constituição, já que se cuidaria de mera revogação, a ser apreciada exclusivamente na via incidental[32]. Uma das conseqüências dessa posição, até a Lei n° 9.882/99, era a de impedir uma declaração *erga omnes* e vinculante a respeito da não recepção de normas preexistentes à Carta de 1988, multiplicando-se as demandas que envolvessem a mesma discussão. Isso significa, no caso, que, até aquele momento, o Estado da Federação não teria meios de produzir uma decisão de efeitos gerais e vinculantes que afirmasse a inconstitucionalidade do art. 34 do Regulamento de Pessoal do extinto instituto.

Esse quadro sofreu significativa alteração com a já referida Lei n 9.882, de 03 de dezembro de 1999, que pretendeu regulamentar o art. 102, § 1, da Constituição e a figura, ainda pouco conhecida, da argüição de descumprimento de preceito fundamental — ADPF. A ADPF, conforme delineada pela lei, será sempre decidida concentradamente pelo STF, mas poderá tomar a forma de um instrumento de controle de constitucionalidade originariamente incidental ou se

---

31. V. nosso Daniel Sarmento (org.), *Conceitos fundamentais sobre o controle de constitucionalidade e a jurisprudência do Supremo Tribunal Federal*, in O controle de constitucionalidade e a Lei 9.868/99, 2001, p. 233-269.

32. STF, Pleno, ADIn 02/DF, Rel. Min. Paulo Brossard, DJ 21.11.97. A propósito desse debate de direito constitucional intertemporal, concernente à consagração da tese da revogação ou da inconstitucionalidade superveniente do direito infraconstitucional incompatível com novo ordenamento superior, v. nosso *Interpretação e aplicação da Constituição*, 2001, p. 67 e ss.

apresentar como modalidade por via principal[33], e suas decisões produzirão efeitos *erga omnes* e vinculantes[34].

A ADPF caracteriza-se ainda por três outras particularidades: (i) ela é cabível em face de qualquer ato público, inclusive normas federais, estaduais e municipais anteriores a 05 de outubro de 1988[35]; (ii) o parâmetro de avaliação da constitucionalidade dos atos impugnados são apenas os chamados "preceitos fundamentais"[36], e não todo o texto constitucional; e (iii) ela só será cabível se não houver outro meio eficaz de sanar a lesividade oriunda do ato público[37].

Nesse contexto, sendo possível ajuizar argüição de descumprimento de preceito fundamental contra o art. 34 do Regulamento de Pessoal em questão, obter-se-á uma decisão com efeitos *erga omnes* e vinculantes relativamente à constitucionalidade da referida norma. Cumpre, assim, verificar se estão presentes na hipótese os três requisitos legais acima enunciados, o que se passa a fazer nos tópicos seguintes.

Antes de prosseguir na exposição, todavia, é importante destacar que a pendência da ADIn n 2.231-8, proposta pelo Conselho Federal da Ordem dos Advogados do Brasil para questionar a constitucionalidade da íntegra da Lei Federal n 9.882/99, não tem, em absoluto, o condão de impedir sua aplicação. Não tendo sido concedida, até o momento, medida cautelar suspendendo a eficácia do referido diploma legal, nada justifica que se pretenda restringir a produ-

---

33. Lei nº 9.882/99, art. 1º: "A argüição prevista no § 1º do art. 102 da Constituição Federal será proposta perante o Supremo Tribunal Federal, e terá por objeto evitar ou reparar lesão a preceito fundamental, resultante de ato do Poder Público.
Parágrafo único: Caberá também argüição de descumprimento de preceito fundamental:
I — quando for relevante o fundamento da controvérsia constitucional sobre lei ou ato normativo federal, estadual ou municipal, incluídos os anteriores à Constituição;"
34. Lei nº 9.882/99, art. 10, § 3º: "A decisão terá eficácia contra todos e efeito vinculante relativamente aos demais órgãos do Poder Público".
35. Lei nº 9.882/99, art. 1º.
36. Lei nº 9.882/99, art. 1º, *caput*.
37. Lei nº 9.882/99, art. 4º, § 1º: "Não será admitida argüição de descumprimento de preceito fundamental quando houver qualquer outro meio eficaz de sanar a lesividade".

ção regular de seus efeitos. Ao contrário, a aplicação da Lei nº 9.882/99, com o conseqüente julgamento das ADPFs eventualmente propostas, decorre do princípio da presunção de constitucionalidade dos atos do Poder Público.

a) Ato do poder público

Não há dúvida de que o Regulamento de Pessoal em questão, adotado pela Resolução n 8/86 de seu Conselho de Administração e homologado pelo Decreto estadual n 4.307, de 12 de maio de 1986, pode ser caracterizado como ato do Poder Público, conforme definido pelo art. 1 da Lei nº 9.882/99. Essa a dicção do dispositivo, *verbis*:

> "*Art. 1º A argüição prevista no § 1º do art. 102 da Constituição Federal será proposta perante o Supremo Tribunal Federal, e terá por objetivo evitar ou reparar lesão a preceito fundamental, resultante de ato do Poder Público.*
> *Parágrafo único. Caberá também argüição de descumprimento de preceito fundamental;*
> *I — quando for relevante o fundamento da controvérsia constitucional sobre lei ou ato normativo federal, estadual ou municipal, incluídos os anteriores à Constituição;*"

Como já se adiantou, o fato de se tratar de norma anterior à Constituição de 1988 não impede o conhecimento da ADPF — a respeito do ponto há referência expressa no inciso I do parágrafo único transcrito. Também não constitui óbice ao conhecimento da ADPF a circunstância de cuidar-se, no caso em exame, de decreto e não de lei formal. Faz-se a observação para registrar que não se aplica à ADPF o entendimento firmado pelo STF de que a ação direta de inconstitucionalidade só é cabível quando se tratar de ato normativo primário, que, em geral, toma a forma de lei, embora excepcionalmente possa também estar contido em um ato infralegal[38]. A Lei nº

---

38. V. nosso *Constituição da República Federativa do Brasil anotada*, 1999, p. 250: "Atos administrativos normativos — como decretos regulamentares, instruções normativas, resoluções, atos declaratórios — sendo secundários em relação à lei, não ensejam controle de constitucionalidade por ação direta. De fato,

9.882/99 trata de "ato do Poder Público" e não apenas de lei ou qualquer outro ato normativo.

Com efeito, em numerosas ocasiões, o STF deixou de conhecer de ADIns que pretendiam impugnar lei de efeitos concretos, isto é, disposição que apenas apresentava forma de lei, mas conteúdo de ato administrativo[39]; por outro lado, em diversas situações admitiu-se o controle de constitucionalidade de decretos que, nada obstante seu rótulo, dispunham de conteúdo normativo inovador, ainda que para verificar sua conformidade com o princípio da legalidade[40]. A ADPF, note-se, será cabível contra qualquer manifestação de vontade do Poder Público[41], de qualquer dos três Poderes, e, ainda que assim não fosse, o Regulamento de Pessoal do extinto instituto veicula típica norma primária ao dispor, em clara inovação da ordem jurídica, sobre a remuneração de servidores públicos.

---

estando subordinados à lei, que é o ato normativo primário não se estabelece o confronto direto entre eles e a Constituição. (...) (STF, RDA 183/132, 184/202, 185/163, 185/179, 185/184, 188/201, 188/215, 191/214; RTJ 99/1362; RT 655/215, 661/208, 683/200)".

39. STF, ADIn 647-9, Rel. Min. Moreira Alves, RTJ 140/36: "A ação direta de inconstitucionalidade é o meio pelo qual se procede, por intermédio do Poder Judiciário, ao controle da constitucionalidade das normas jurídicas *in abstracto*. Não se presta ela, portanto, ao controle da constitucionalidade de atos administrativos que têm objeto determinado e destinatários certos, ainda que esses atos sejam editados sob forma de lei — as leis meramente formais, porque têm forma de lei, mas seu conteúdo não encerra normas que disciplinem relações jurídicas em abstrato."

40. V. nosso *Constituição da República Federativa do Brasil anotada*, 1999, p. 251: "É admissível ação direta de inconstitucionalidade cujo objeto seja decreto quando este, no todo ou em parte, manifestamente não regulamenta a lei, apresentando-se, assim, como decreto autônomo, o que dá margem a que seja examinado diretamente em face da Constituição no que diz respeito ao princípio da reserva legal (STF, RTJ 142/718; RT 689/281; RDA 190/156)"

41. Gustavo Binenbojm, *A nova jurisdição constitucional brasileira*, 2001, p. 191: "Por outro lado, em sentido inverso, os atos do Poder Público suscetíveis de controle transcendem, evidentemente, os atos normativos. Além de atos do Legislativo, incluem-se no objeto da argüição, qualquer ato do Executivo, do Judiciário, do Ministério Público e dos Tribunais de Conta que importem lesão ou ameaça a preceito fundamental da Constituição. Por tanto, se o *parâmetro* do controle foi restringido, seu *objeto* restou substancialmente ampliado."

b) Caracterização do "preceito fundamental"

Uma das particularidades da ADPF é exatamente que ela apenas utiliza como parâmetro para o controle de constitucionalidade os "preceitos fundamentais" da Carta, o que parece corresponder a apenas parte do texto constitucional. A lei não define o que seriam tais "preceitos fundamentais", cabendo à doutrina e à jurisprudência delinear os contornos desse novo conceito jurídico, até agora indeterminado. O constitucionalismo moderno pacificou o entendimento de que todas as normas constitucionais desfrutam de igual hierarquia, ainda que possam desempenhar funções diferenciadas e apresentar variação em sua dimensão axiológica, sendo precisamente em tal domínio valorativo que se situa o debate quanto à definição dos "preceitos fundamentais" passíveis de tutela via ADPF.

Embora não constitua tarefa fácil determinar a abrangência da expressão "preceito fundamental", os ainda poucos trabalhos que vêm se dedicando ao tema convergem no sentido de que não podem deixar de figurar naquele rol os fundamentos e objetivos fundamentais da República (arts. 1 e 3), os direitos e garantias individuais e coletivos (art. 5 e seguintes), bem como as demais cláusulas intangíveis da Constituição (art. 60, §4). Afinal, tais são as normas que inegavelmente concretizam valores estruturais da Constituição de 1988. Esse o entendimento de Gilmar Ferreira Mendes e Daniel Sarmento, respectivamente:

> *"Entre os preceitos fundamentais situam-se, sem sombra de dúvidas, os direitos fundamentais, as demais cláusulas pétreas inscritas no art. 60, § 4º, da Constituição da República, bem como os princípios fundamentais da República, previstos nos arts. 1º a 5º do Texto Magno."*[42]
>
> *"Ninguém poderá negar a qualidade de preceitos fundamentais da ordem constitucional aos direitos e garantias individuais (art. 5º, entre outros). Da mesma forma, não se poderá deixar de atribuir essa qualificação aos demais*

---

42. Daniel Sarmento, *Apontamentos sobre a argüição de descumprimento de preceito fundamental*, in Argüição de descumprimento de preceito fundamental: análises à luz da Lei nº 9.882/99, organizado por André Ramos Tavares e Walter Claudius Rothenburg, 2001, p. 91.

> *princípios protegidos pela cláusula pétrea do art. 60, § 4º, da Constituição: princípio federativo, a separação de poderes, o voto direto, universal e secreto."*[43]

Ora, ao longo da primeira parte deste estudo demonstrou-se que o art. 34 do Regulamento de Pessoal não se harmoniza com a Constituição Federal de 1988 por dois motivos, a saber: (i) porque incide na vedação contida na parte final do art. 7, inciso IV, que proíbe expressamente a vinculação do salário mínimo para qualquer fim; e (ii) porque viola a autonomia estadual e desequilibra o pacto federativo (arts. 1º e 18), subtraindo do Estado da Federação o poder de estabelecer a remuneração de alguns de seus servidores, vinculando-a a índice fixado pelo Governo Federal, dissociado da conjuntura financeira estadual. É o caso de perguntar: o princípio federativo e o art. 7º, IV, parte final, da Constituição de 1988 veiculam preceitos fundamentais? A resposta é afirmativa em relação às duas normas, de modo que, por qualquer dos dois fundamentos, é cabível a ADPF. Explica-se.

No que diz respeito ao princípio federativo, e à autonomia dos entes federados dele proveniente, não há maiores considerações a fazer. Trata-se de um dos princípios fundamentais do Estado brasileiro (art. 1º), além de ser considerado cláusula pétrea (art. 60, § 4º, I). É evidente que se cuida de um "preceito fundamental".

A regra que proíbe a vinculação do salário mínimo para qualquer fim, constante do art. 7º, IV, da Constituição, tem igualmente natureza de preceito fundamental. Em primeiro lugar porque compõe com a própria previsão do salário mínimo um dos direitos sociais mais elementares do trabalhador. Como se viu, o principal propósito da cláusula final do art. 7º, IV, é impedir que interesses ou preocupações externas venham a retardar ou prejudicar o processo de elevação do valor do salário mínimo a patamares capazes de atender as necessidades básicas do trabalhador e de sua família, como exige a Constituição. O art. 7º, IV, é ainda uma exigência direta do princípio da dignidade da pessoa humana, inscrito no art. 1º, III, que envolve

---

43. Gilmar Ferreira Mendes, *Argüição de descumprimento de preceito fundamental: parâmetro de controle e objeto*, in Argüição de descumprimento de preceito fundamental: análises à luz da Lei nº 9.882/99, organizado por André Ramos Tavares e Walter Claudius Rothenburg, 2001, p. 128.

também condições materiais de existência dignas, ao mesmo tempo que deve concretizar um dos objetivos fundamentais da República: erradicar a pobreza (art. 3º, III). Com efeito, é difícil imaginar preceito mais fundamental em uma Constituição que elegeu a pessoa humana, seu bem estar e seu desenvolvimento, como centro valorativo do sistema jurídico-constitucional.

Dessa forma, identificados os preceitos fundamentais violados pelo Regulamento de Pessoal do extinto instituto, resta demonstrar a inexistência de qualquer outro meio eficaz para sanar a lesividade resultante da aplicação de seu art. 34, como exige a Lei n 9.882/99.

c) Inexistência de outro meio capaz de sanar a lesividade

De acordo com o disposto no art. 4º, § 1º, da Lei nº 9.882/99[44], o cabimento da ADPF está condicionado à inexistência de outro meio eficaz para sanar a lesividade decorrente do ato impugnado. É o denominado princípio da subsidiariedade que, seguindo a tradição do Tribunal Constitucional da República Federal da Alemanha[45], exige o esgotamento prévio, sem resultado satisfatório, das demais instâncias judiciais. Embora ainda incipiente a apreciação judicial da matéria, o Supremo Tribunal Federal já teve oportunidade de decidir pelo não conhecimento de algumas ADPFs afirmando existirem outros meios aptos a sanar de forma eficaz a lesividade[46].

---

44. Lei nº 9.882/99, art. 4º, § 1º: "Não será admitida argüição de descumprimento de preceito fundamental quando houver qualquer outro meio eficaz de sanar a lesividade".
45. Conforme noticia Konrad Hesse, o § 90, alínea 2, da Lei sobre o Tribunal Constitucional Federal exige que, antes da interposição de um recurso constitucional, seja esgotada regularmente a via judicial. Em suas palavras: "Essa prescrição contém um cunho do princípio geral da subsidiariedade do recurso constitucional, que na jurisprudência recente, ganha significado crescente. Segundo isso, um recurso constitucional só é admissível se o recorrente não pôde eliminar a violação de direitos fundamentais afirmada por interposição de recursos jurídicos, ou de outra forma, sem recorrer ao Tribunal Constitucional Federal." (*Elementos de direito constitucional da República Federal da Alemanha*, tradução de Luís Afonso Heck, 1998, p. 272).
46. STF, ADPF 12/DF, Rel. Min. Ilmar Galvão, DJ 26.03.01: "No caso dos autos, como se constata da simples leitura da inicial, a argüição tem por objetivo, exatamente, a reforma de decisão do Presidente do Superior Tribunal de Justi-

O que se deve entender, porém, da expressão *outro meio eficaz*? A possibilidade de manejar qualquer medida judicial inviabilizaria a propositura da ADPF? Decerto que não, sob pena de inviabilizar o instrumento e seus propósitos, como registrou, com precisão, o Ministro Celso de Mello na ADPF 17-3, *verbis*:

> "*É claro* que a **mera possibilidade** de utilização de outros meios processuais **não basta**, só por si, para justificar a invocação do princípio da subsidiariedade, **pois**, para que esse postulado possa **legitimamente** incidir, **revelar-se-á** essencial que os instrumentos disponíveis **mostrem-se** aptos a sanar, **de modo eficaz**, a situação da lesividade.
> **Isso significa**, portanto, que o princípio da subsidiariedade **não pode** — e não deve — ser invocado para **impedir** o exercício da ação constitucional de argüição de descumprimento de preceito fundamental, **eis que** esse instrumento **está vocacionado** a viabilizar, numa dimensão **estritamente** objetiva, a **realização jurisdicional** de direitos básicos, de valores essenciais e de preceitos fundamentais contemplados no texto da Constituição da República.
> **Se assim** não se entendesse, a **indevida** aplicação do princípio da subsidiariedade **poderia** afetar a utilização dessa relevantíssima ação de índole constitucional, **o que representaria**, em última análise, a **inaceitável** frustração do sistema de proteção, instituído na Carta Política, de valores essenciais, de preceitos fundamentais e de direitos básicos, com **grave** comprometimento da própria **efetividade** da Constituição.
> Daí a **prudência** com que o Supremo Tribunal Federal **deve** interpretar a regra inscrita no **art. 4º, § 1º**, da Lei nº 9.882/99, em ordem a **permitir** que a utilização da

---

ça, decisão esta passível de reexame por meio de agravo regimental (...). Evidente, desse modo, a ausência do requisito previsto no referido artigo 4, § 1, da Lei n 9.882/99, uma vez que a eventual lesividade do ato impugnado pode ser sanada por meio eficaz que não a argüição de descumprimento de preceito fundamental". No mesmo sentido: STF, ADPF 13/SP, Rel. Min. Ilmar Galvão, DJ 05.04.01.

nova ação constitucional possa **efetivamente** prevenir ou reparar lesão a preceito fundamental, causada por ato do Poder Público."[47] (negrito no original)

Toda a questão parece estar na *eficácia* do "outro meio" referido na lei, isto é, nos efeitos que ele é capaz de produzir. Assim, considerando que a decisão produzida no âmbito de uma ADPF produz efeitos *erga omnes* e vinculantes (art. 10, § 3º) — daí a referência do Ministro Celso de Mello, sublinhada acima, à dimensão objetiva que caracteriza a proteção que pode ser alcançada por meio da ADPF —, o *outro meio* deverá ser tão eficaz para sanar a lesividade quanto a ADPF. É por essa razão que a doutrina vem entendendo que, na verdade, tendo em vista a natureza objetiva da ADPF, o exame de sua subsidiariedade deve levar em consideração os demais processos objetivos já consolidados no sistema constitucional. Isso porque, embora até seja possível imaginar exceções pontuais[48], os efeitos da atuação judicial nas vias ordinárias limitam-se, como regra, às partes. Essa a posição de Gilmar Ferreira Mendes em artigo específico sobre o tema:

> *"Não se pode admitir que a existência de processos ordinários e recursos extraordinários deva excluir, a priori, a utilização da argüição de descumprimento de preceito fundamental. Até porque, tal como assinalado, o instituto assume, entre nós, feição marcadamente objetiva.*
> *Nessas hipóteses, ante à inexistência de processo de índole objetiva apto a solver, de uma vez por todas, a controvérsia constitucional, afigura-se integralmente aplicável a argüição de descumprimento de preceito fundamental. É que as ações originárias e o próprio recurso extraordinário não parecem capazes, a mais das vezes, de resolver a controvérsia constitucional de forma geral, definitiva e imediata.*

---

47. STF, ADPF 17-3, Rel. Min. Celso de Mello, DJ 28.09.01.
48. A ação popular poderá, em determinadas situações, sanar de forma eficaz e com caráter objetivo a lesividade, como reconheceu o Min. Celso de Mello, exatamente na ADPF 17-3, Rel. Min. Celso de Mello, DJ 28.09.01.

A necessidade de interposição de uma pletora de recursos extraordinários idênticos poderá, em verdade, constituir-se em ameaça ao livre funcionamento do Supremo Tribunal Federal."[49]

No caso examinado, não há qualquer meio capaz de sanar a lesividade produzida pelo art. 34 do Regulamento de Pessoal em análise, exceto a ADPF. Os recursos interpostos no âmbito das ações propostas pelos servidores, cobrando as diferenças salariais decorrentes da vinculação ao salário mínimo, produzem efeito apenas no âmbito de cada demanda específica, além de sujeitarem o Estado da Federação à execução provisória. Não há nenhum meio ordinário capaz de declarar, com efeitos gerais e vinculantes, a não recepção do citado art. 34 pela nova ordem constitucional. Por outro lado, como já se assinalou, o Supremo Tribunal Federal tem o entendimento consolidado a respeito do descabimento de ação direta de inconstitucionalidade quando se trata de atos normativos anteriores à vigência da Carta de 1988[50] — o Decreto estadual nº 4.307, que aprovou o Regulamento de Pessoal, é de 12 de maio de 1986.

Resta assim demonstrado que o Regulamento de Pessoal do extinto instituto: (a) veicula ato do Poder Público; (b) viola preceito fundamental da Carta de 1988; e (c) não pode ter sua lesividade eficazmente sanada sem que se recorra à ADPF.

---

49. Gilmar Ferreira Mendes, *Argüição de descumprimento de preceito fundamental: demonstração de inexistência de outro meio eficaz*, in Revista Jurídica Virtual do Palácio do Planalto, nº 13, 2000. Disponível no *site* www.planalto.gov.br.

50. Como bem sintetiza Gustavo Binenbojm, *Aspectos processuais do controle abstrato da constitucionalidade no Brasil*, in Revista de Direito Administrativo nº 218, p. 165: "É pacífico o entendimento do Supremo Tribunal Federal no sentido de que as leis anteriores à Constituição não se alçam ao controle abstrato de constitucionalidade. De fato, predomina o entendimento de que a finalidade do controle abstrato é apenas retirar do ordenamento jurídico o ato normativo incompatível com a Lei Maior. Deste modo, sendo o ato normativo anterior ao texto constitucional, aquele simplesmente foi revogado — ou não recepcionado — por este último. A questão não estaria, assim, no plano da validade (constitucionalidade), mas no da existência (revogação).".

IV. Conclusão

É possível compendiar as principais idéias desenvolvidas neste estudo nas proposições objetivas seguintes.

1. O art. 34 do Regulamento de Pessoal em questão, que vincula a remuneração de seus servidores a múltiplos do salário mínimo federal, não foi recepcionado pelo Texto Constitucional de 1988 por duas razões: (i) o dispositivo viola o art. 7º, IV, parte final, da Constituição, que veda a vinculação ao salário mínimo para qualquer fim; e (ii) a norma atenta contra a autonomia do Estado-membro, em detrimento do equilíbrio federativo (art. 1º e 18).

2. É perfeitamente viável a propositura de argüição de descumprimento de preceito fundamental, instrumento previsto no § 1 do art. 102 da Constituição e recentemente regulamentado pela Lei nº 9.882/99, visando ao reconhecimento, com eficácia *erga omnes* e efeito vinculante, da incompatibilidade entre o referido art. 34 e a Constituição da República, pois (i) o Regulamento de Pessoal do extinto instituto é manifestação do Poder Público; (ii) as duas normas constitucionais violadas na hipótese são preceitos fundamentais; e (iii) não há outro meio — exceto a própria argüição de descumprimento de preceito fundamental — capaz de sanar eficazmente a lesividade produzida pelo ato normativo questionado.

Ilegalidade da contratação de seguros no exterior para riscos localizados no Brasil. Princípios e regras aplicáveis e sua interpretação

> SUMÁRIO: I. Introdução e princípios constitucionais pertinentes. I.1. Princípio setorial da ordem econômica: soberania nacional. I.2. Princípio específico do sistema financeiro: desenvolvimento equilibrado do mercado nacional. II. Os riscos localizados no Brasil deverão ser segurados no mercado brasileiro. II.1. O tratamento da matéria no âmbito do Direito Internacional Privado. II.2. A interpretação da legislação brasileira: a) o elemento semântico; b) o elemento histórico; c) os elementos sistemático e teleológico. III. Contrato de seguro firmado no exterior por empresa estrangeira subcontratada pela Petrobrás tendo por objeto atividade desenvolvida em território nacional. III.1. Subordinação de empresa estrangeira que opere no Brasil ao direito brasileiro. III.2. Conseqüências da violação da norma brasileira: a) para a empresa estrangeira contratada pela Petrobrás; b) responsabilidade subsidiária da Petrobrás pelos atos de empresa estrangeira sua subcontratada em operação no Brasil. IV. Conclusões.

I. Introdução e princípios constitucionais pertinentes

Trata-se de estudo sobre a obrigatoriedade de o contrato de seguro referente a riscos localizados no território nacional ser celebrado com seguradoras brasileiras.

Embora formulada em tese, a consulta que motivou o presente o estudo foi motivada por um caso concreto, pertinente à contratação no exterior de seguro para o Projeto Barracuda/Caratinga, da Petrobrás, relativo ao desenvolvimento de campos para exploração de petróleo situados na Bacia de Campos, Rio de Janeiro. Sobre o caso, teve-se acesso apenas a um expediente encaminhado pela entidade consulente à Petrobrás solicitando informações a respeito do assunto e à resposta encaminhada pela empresa. Todas as demais questões de fato decorrem de narrativa.

A dificuldade posta pelo caso concreto tem o seguinte contorno (a que se chegou associando as informações prestadas com o que se pôde apurar da correspondência referida). A Petrobrás alega que os ativos a serem construídos para o desenvolvimento dos mencionados campos pertencerão à empresa BCLC, situada nos Países Baixos, empresa contratada pela Petrobrás para a execução dos serviços. Alega ainda que a BCLC, por sua vez, contratou os serviços com a KBR, companhia igualmente estrangeira, e que por força desse ajuste o seguro da fase de construção do projeto ficou a cargo da KBR, que o contratou diretamente no exterior. Entende a Petrobrás que, diante do contrato celebrado entre a BCLC e a KBR, não teve parte no processo de contratação do seguro e que, portanto, não teria qualquer responsabilidade quanto ao mesmo.

A entidade consulente questiona, assim, a propósito do caso concreto, a legitimidade do comportamento da Petrobrás e de suas subcontratadas e pergunta que penalidades podem ser aplicadas na hipótese. Quanto a este ponto, assume-se como verdadeiro, para o desenvolvimento do raciocínio, não apenas que o risco segurado localiza-se em território nacional, mas também que a empresa estrangeira, que firmou o mencionado contrato de seguro no exterior, encontra-se operando no Brasil mediante autorização nos termos do Decreto-lei nº 2.627/40.

A resposta às duas questões da empresa — a geral e a pertinente ao caso concreto — exige a interpretação de normas de direito constitucional, internacional privado e securitário, o que se fará de acordo com o roteiro acima apresentado.

Toda a atividade de interpretação deve iniciar pela identificação dos princípios sediados na Constituição que incidem sobre a hipótese. A dogmática moderna consolidou o entendimento de que as normas jurídicas em geral, e as constitucionais em particular, podem ser enquadradas em duas categorias diversas: os princípios e as regras[1]. Estas últimas têm eficácia restrita às situações específicas às quais se dirigem. Já os princípios têm, normalmente, maior teor de abstração e finalidade mais destacada dentro do sistema. Inexiste hierarquia entre ambas as categorias, à vista do princípio da unidade da Constituição. Isto não impede, todavia, que princípios e regras desempenhem funções distintas dentro do ordenamento.

De fato, embora ambos sejam normas jurídicas e, por isso, dotados de imperatividade, princípios e regras apresentam características diversas. Do ponto de vista funcional, cabe aos princípios, em primeiro lugar, embasar as decisões políticas fundamentais do constituinte e expressar os valores superiores que inspiraram a criação ou reorganização de um Estado. Em segundo lugar, a eles se reserva o papel de funcionarem como fio condutor dos diferentes segmentos do texto constitucional, dando unidade ao sistema normativo. E, por fim, em sua principal dimensão operativa, dirigem-se os princípios aos Poderes Executivo, Legislativo e Judiciário, condicionando a atuação dos poderes públicos e pautando a interpretação e aplicação de todas as normas jurídicas vigentes[2].

Dois princípios constitucionais aplicam-se diretamente ao caso ora em exame: o princípio da *soberania nacional*, que além de funda-

---

1. Vejam-se, na doutrina estrangeira: Jorge Miranda, *Manual de direito constitucional*, tomo II, 1983, p. 198; J. J. Gomes Canotilho, *Direito constitucional*, 1986, p. 172; Robert Alexy, *Teoria de los derechos fundamentales*, 1997, p. 83; Ronald Dworkin, *Taking rights seriously*, 1977. E na doutrina nacional: Eros Roberto Grau, *A ordem econômica na constituição — interpretação e crítica*, 1990, p. 122 e ss.; Luís Roberto Barroso, *Interpretação e aplicação da constituição*, 1999, p. 147 e ss.; e Ruy Samuel Espíndola, *Conceito de princípios constitucionais*, 1999, p. 105 e ss.

2. Celso Antônio Bandeira de Mello, *Elementos do direito administrativo*, 1991, p. 297: "Princípio — já averbamos alhures — é, por definição, mandamento nuclear de um sistema, verdadeiro alicerce dele, disposição fundamental que se irradia sobre diferentes normas compondo-lhes o espírito e servindo de critério para sua exata compreensão e inteligência, exatamente por definir a lógica e a racionalidade do sistema normativo, no que lhe confere a tônica e lhe dá sentido harmônico. (...) Violar um princípio é muito mais grave que transgredir uma norma. A desatenção ao princípio implica ofensa não apenas a um específico mandamento obrigatório, mas a todo o sistema de comandos.". Veja-se também Luís Roberto Barroso, *Interpretação e aplicação da constituição*, 1999, p. 147 e ss.

mento do Estado brasileiro é também princípio setorial da ordem econômica, e o princípio específico que estabelece como meta do sistema financeiro o *desenvolvimento equilibrado do mercado nacional*. Passa-se, na seqüência, a tratar de cada um deles.

I.1. Princípio setorial da ordem econômica: soberania nacional

A soberania é apresentada pela Carta de 1988, em primeiro lugar, como um dos princípios fundamentais da ordem constitucional e da organização política do Estado, expresso em seu artigo 1º, inciso I. Nesse sentido, soberania corresponde ao poder de autodeterminação dos povos, próprio das organizações estatais independentes. Nela se contém o poder de decidir em última instância acerca das normas jurídicas aplicáveis dentro de determinado território e sobre determinada população[3].

Do ponto de vista histórico, o conceito de soberania surgiu principalmente da necessidade de afirmação do poder dos soberanos sobre o poder eclesiástico, tendo em conta, em grande medida, interesses econômicos, como registra Celso D. de Albuquerque Mello:

> *"A soberania, conforme tem sido sustentado, visava a estabelecer o poder do rei com primazia sobre o poder eclesiástico, bem como estabelecer a paz em um período dominado pela guerra civil. Pode-se lembrar que a soberania tem assim um fundamento econômico bastante acentuado, vez que com a unificação do poder cria-se um espaço eco-*

---

3. Paulo Bonavides, *Ciência Política*, 1997, p. 122; e Dalmo de Abreu Dallari, *Empresas multinacionais e soberania do estado*, Revista da Faculdade de Direito da Universidade de São Paulo, vol. LXXVI, 1981, p. 109: "(...) com o avanço do Direito no terreno político, e por influência do Direito, a soberania também foi sendo disciplinada, foi ganhando uma significação jurídica e passou a ser considerada, segundo o conceito técnico-jurídico, como 'o poder de decidir em última instância sobre a eficácia das normas jurídicas'. É, pois, o poder de decisão em última instância sobre a eficácia das normas jurídicas, significando isso que qualquer norma que pretenda atuar no âmbito do Estado fica sujeita à apreciação de sua eficácia pelo poder soberano, quer sejam normas oriundas de outras soberanias ou normas oriundas de grupos inferiores, públicos ou privados.".

nômico maior, um mercado e facilita a circulação das mercadorias."[4]

O passar do tempo apenas tornou mais intensa a relação entre soberania e interesses econômicos. Tanto assim que o conhecimento convencional há muito já identificou que o real exercício da soberania depende sempre do desenvolvimento equilibrado da economia nacional, de modo a evitar a excessiva dependência de mercados externos e o imperialismo econômico de Estados estrangeiros. Nessa linha, a Carta de 1988 consagra a soberania também como princípio setorial da ordem econômica[5], em seu art. 170, inciso I:

> *"Art. 170. A ordem econômica, fundada na valorização do trabalho humano e na livre iniciativa, tem por fim assegurar a todos existência digna, conforme os ditames da justiça social, observados os seguintes princípios:*
> *I — soberania nacional; (...)"*

A soberania nacional, em sua projeção econômica, não significa necessariamente, é bom notar, a defesa de um regime fechado ou a impossibilidade de aplicação ou investimento de capital estrangeiro em território nacional. O que ela procura assegurar ao Estado é o poder de regulamentação das atividades econômicas desenvolvidas em seu território[6], estabelecendo restrições ao seu exercício de acordo com o interesse coletivo interno[7].

---

4. Celso D. de Albuquerque Mello, *Direito internacional econômico*, 1993, p. 46.
5. Luís Roberto Barroso, *Interpretação e aplicação da Constituição*, 1999, p. 151 e ss.
6. Mesmo os Estados Unidos, nação tida por uma das mais liberais do mundo, comungam da mesma preocupação, como noticia Arnoldo Wald, *in verbis*: "Há uma espécie de legítima obsessão dominante nos Estados Unidos no sentido de que 'as regras do sistema econômico devem ser cumpridas com lisura, para que o próprio sistema seja mantido fora do perigo de qualquer contaminação'. A literatura chama, aliás, a atenção para as distorções existentes nas multinacionais e exige que a empresa se compenetre do seu papel social (...)" (*O Brasil e as multinacionais*, Revista de Informação Legislativa nº 48, 1975, p. 30).
7. Celso Ribeiro Bastos e Ives Gandra da Silva Martins, *Comentários à Consti-*

É nesse sentido que se poderá encontrar o princípio da soberania inspirando diversas outras disposições constitucionais do Título destinado à Ordem Econômica, especialmente o artigo 172, onde se lê que os investimentos de capital estrangeiro estão submetidos, na forma que a lei dispuser, ao interesse nacional[8].

Na esfera infraconstitucional, o princípio da soberania na ordem econômica realiza-se através de diversos instrumentos. Para os fins aqui visados, convém destacar dois deles: um de repercussão externa e outro de impacto interno. O primeiro desses instrumentos consta do Decreto-lei nº 2.627, de 26.09.1940 e consiste (i) em exigir a prévia e específica autorização do Governo Federal (através de decisão do Ministro de Estado do Desenvolvimento, Indústria e Comércio Exterior[9]) para a atuação de empresas estrangeiras no Brasil e (ii) em impor a subordinação de tais empresas à legislação brasileira[10] relativamente aos atos e operações realizados no Brasil. É o que consta dos arts. 64, 65 e 68 daquele diploma, *in verbis*:

> "*Art. 64. As sociedades anônimas ou companhias estrangeiras, qualquer que seja o seu objeto, não podem, sem autorização do Governo Federal, funcionar no País, por si mesmas, ou por filiais, sucursais, agências, ou estabelecimentos que as representem, podendo, todavia, ressalvados*

---

tuição do Brasil, 7º vol., 1990, p. 20: "Portanto, a afirmação do Texto Constitucional não pode significar a procura de um nacionalismo xenófobo (...). O que o Texto procura pôr em destaque é que a colaboração internacional, com as concessões que ela implica, não pode chegar ao ponto de subtrair ao País as possibilidades de sua autodeterminação.".

8. CF, Art. 172: "A lei disciplinará, com base no interesse nacional, os investimentos de capital estrangeiro, incentivará os reinvestimentos e regulará a remessa de lucros.".

9. O Presidente delegou a competência ao Ministro de Estado do Desenvolvimento, Indústria e Comércio Exterior através do Decreto nº 3.444, de 28.04.2000. A exceção fica por conta do Decreto nº 3.439, de 25.04.2000, que confere ao Ministro de Estado da Defesa a competência para autorização de funcionamento no Brasil de empresa estrangeira de transporte aéreo.

10. Especialmente sobre as sociedades estrangeiras atuantes no ramo de seguros, v. Clóvis V. do Couto e Silva, *O regime do seguro no Brasil e a situação das companhias seguradoras*, Boletim Informativo FENASEG nº 767, 1984, p. 13.

os casos expressos em lei, ser acionistas de sociedade anônima brasileira (art. 60).
Art. 65. O Governo Federal, na autorização, poderá estabelecer as condições que julgar convenientes à defesa dos interesses nacionais, além das exigidas por lei especial, inclusive a constante do art. 61, § 2º.
(...)
Art. 68. As sociedades anônimas estrangeiras autorizadas a funcionar ficarão sujeitas às leis e aos tribunais brasileiros quanto aos atos ou operações que praticarem no Brasil."

Do ponto de vista interno, entende-se como uma decorrência direta da soberania nacional a natureza de ordem pública reconhecida às normas econômicas em geral, e especialmente àquelas que regulam setores estruturais da economia — como o sistema financeiro e, dentro deste, o mercado de seguros — ou em que haja participação importante de empresas estrangeiras ou de capitais internacionais. Isto é: dentro do território nacional, tais normas têm natureza cogente, não podendo ser afastadas pela vontade das partes. A jurisprudência de muito já fixou esse entendimento, valendo conferir, exemplificativamente, as seguintes decisões do Superior Tribunal de Justiça:

> *"A fiscalização e controle das exportações de produtos nacionais se subsumem no âmbito da conveniência da Administração, com a prevalência do interesse da coletividade a ser tutelado. O Estado intervém na atividade econômica, no interesse nacional, tendo como objetivo a preservação da soberania e a defesa do consumidor."*[11]
> *"Em se tratando de normas de direito econômico, de ordem pública, sua incidência é imediata, consoante orientação assentada no tribunal (...)"*[12]
> *"A jurisprudência do STJ já assentou entendimento de que as normas de direito financeiro são cogentes, pois destas é que se serve o Estado para sua política de controle da eco-*

---

11. STJ, MS 3600/DF, Rel. Min. Demócrito Reinaldo, RSTJ 78/55.
12. STJ, REsp 2595/SP, Rel. Min. Sálvio de Figueiredo Teixeira, RSTJ 21/282.

nomia. Essas normas emanam da própria soberania do Estado (...)."[13]

Pois bem: desnecessário enfatizar a relevância da atividade securitária na vida financeira e econômica do país e a conseqüente necessidade de sua disciplina e fiscalização pelo Estado[14]. A incidência do princípio da soberania nacional nesta matéria visa, como em outros segmentos, a evitar o excesso de dependência e a indevida ingerência externa. Como intuitivo, a consecução desses objetivos impõe a submissão à legislação brasileira das empresas estrangeiras que aqui atuam e sujeita os capitais estrangeiros aqui investidos às restrições derivadas do legítimo interesse nacional.

I.2. Princípio específico do sistema financeiro: desenvolvimento equilibrado do mercado nacional

Uma outra concretização do princípio fundamental da soberania, especialmente aplicável ao sistema financeiro, é sua vinculação ao desenvolvimento equilibrado do mercado nacional[15]. Sua formalização no texto constitucional consta do *caput* do art. 192, onde se lê:

---

13. STJ, REsp 10.636/SP, Rel. Min. Waldemar Zveiter, j. 12.02.1996, DJ 15.04.1996.
14. O sistema de fiscalização das empresas de seguros foi inaugurado em Massachussets, em 1856, e logo estendido a Nova York, Inglaterra, Alemanha, Suíça, Áustria, França etc. (Isaac Halperin, *El contrato de seguro (seguros terrestres)*, 1946, p. 69). Sobre o assunto, cabe o comentário de Alfredo Manes: "Añádase a esto que explotación del seguro necesita más que ninguna otra actividad de la confianza de las gentes. Las empresas aseguradoras han de conquistársela a fuerza de tiempo y al amparo de una tradición de prestigio transmitida de generación en generación, si se quiere que la institución del seguro extienda su benéfico influjo a todas las capas del pueblo y desempeñe el papel que le cumple en la vida del país. Las consecuencias, muy sensibles, caso de resultar fallida esta confianza, no las pagan solamente los engañados ni la empresa culpable, sino la idea misma del seguro y toda la institución, incluyendo empresas sólidas y bien administradas en que el Estado no necesita intervenir tan a fondo, y el público, que se retraerá con ello de acogerse a los beneficios del seguro." (*Teoría general del seguro*, 1930, p. 348).
15. Tupinambá Miguel Castro do Nascimento, *A ordem econômica e financeira*

*"Art. 192. O sistema financeiro nacional, **estruturado de forma a promover o desenvolvimento equilibrado do País e a servir aos interesses da coletividade**, será regulado em lei complementar, que disporá, inclusive, sobre: (...)"*

O mercado securitário é parte integrante do sistema financeiro — o inciso II do mesmo artigo 192 cuida explicitamente dos estabelecimentos de seguros[16] — e, portanto, está igualmente sujeito ao princípio referido. O compromisso da atividade securitária com o desenvolvimento equilibrado do mercado nacional ainda mais se justifica tendo em conta o papel que desempenha na ordem econômica como um todo. Explica-se.

A mais evidente função do seguro é garantir ao segurado a tranqüilidade que deriva da certeza de receber a indenização contratada no caso de sinistro. Nada obstante, o seguro encerra ainda importantes papéis econômicos, a saber: (i) desmobiliza o capital privado que formaria um fundo de reserva para suportar a ocorrência de eventuais danos e (ii) gera importante volume de poupança popular que deve ser aplicada em projetos para o desenvolvimento nacional.

Nesse contexto, o seguro sai da esfera exclusivamente privada para tomar lugar como importante propulsor do desenvolvimento econômico que haverá, nos termos da Constituição, de ser equilibrado e servir aos interesses da coletividade[17]. O ponto é sublinhado tanto pela

---

e a nova Constituição, 1989, p. 171: "O sistema financeiro nacional é estrutura, programa e propósitos. Tem como objetivos principais, por indicação expressa do próprio texto constitucional, a promoção do desenvolvimento equilibrado do País e o servir aos interesses da coletividade.".
16. CF, Art. 192: "O sistema financeiro nacional (...)
(...)
II — autorização e funcionamento dos estabelecimentos de seguro, resseguro, previdência e capitalização, bem como do órgão oficial fiscalizador." (redação dada pela Emenda Constitucional nº 13, de 21.08.96).
17. Natalio Muratti, *Elementos econômicos, técnicos y jurídicos del seguro*, 1955, p. 54: "En efecto, las empresas que explotan el seguro mediante concesión o por simples autorización, son entidades que acumulan los ahorros de los asegurados con el fin de que éstos puedan cubrir riesgos económicos, ahorros que administran en forma rentable con el propósito de que en todo momento puedan hacer frente a sus compromisos. (...) Los gestores de las empresas no deben realizar

doutrina estrangeira como pela nacional, como se vê dos trabalhos de Natalio Muratti e Ângelo M. M. Cérne, respectivamente:

> "*Para la economía nacional, la importancia del seguro radica en que concentra una parte considerable del ahorro del mercado y en que aumenta da productividad de los bienes económicos. En efecto, las haciendas de seguros concentran los ahorros de los asegurados con el fin de que éstos puedan cubrir riesgos económicos, y los administran en forma rentable con el propósito de que en todo momento puedan hacer frente a los compromisos contraídos. (...)*
> *Por otra parte, el seguro permite continuar el proceso productivo aun después de producido el siniestro y atenúa las pérdidas y los perjuicios que ocasionaría ese hecho para la economía nacional, distribuyéndolos entre un conjunto de personas sujetas al mismo riesgo.*"[18]
> "*Resumindo, o seguro privado é útil e necessário, preenche uma finalidade sócio-econômica e ampara individualmente pessoas jurídicas ou físicas e seus beneficiários, bem como a terceiros, que são os credores do segurado. Seus maiores objetivos são reparar danos, ressarcir prejuízos e amparar a família, o que representa uma cooperação social de grande valia. (...) O seguro privado tem, ainda, a função de acumular capitais, para investir em obras de desenvolvimento do país, cujos rendimentos resultam na melhoria da taxa de prêmio.*"[19]

A relevância institucional da atividade dá à sua regulação e desempenho um papel destacado na promoção do desenvolvimento equilibrado do mercado nacional. Nesse cenário, o legislador fez algumas opções nítidas para a consecução dos objetivos constitucionais. Dentre elas, a colocação obrigatória no mercado brasileiro de seguros

---

sus actividades a su arbitrio, sino conforme a directivas generales y al control del Estado.".
18. Natalio Muratti, *Elementos económicos, técnicos y jurídicos del seguro*, 1955, p. 17.
19. Ângelo M. M. Cérne, *O seguro privado no Brasil*, 1973, p. 32.

sobre riscos localizados no país, originários de atividades desenvolvidas no território nacional[20]. O conteúdo das normas de direito econômico brasileiro que procuram realizar esse princípio constitucional será analisado mais adiante.

II. Os riscos localizados no brasil deverão ser segurados no mercado brasileiro

II.1. O tratamento da matéria no âmbito do Direito Internacional Privado

A legislação brasileira, como se verá adiante, dispõe de forma claríssima que os riscos localizados ou desenvolvidos no Brasil devem ser aqui segurados. Nada obstante, o estudo apresentado envolve uma questão prévia de Direito Internacional Privado: trata-se de saber se a lei brasileira é, afinal, a lei aplicável à hipótese.

A relevância da questão está em que a Petrobrás, em correspondência encaminhada à entidade consulente, parece considerar que o fato de o contrato de seguro haver sido firmado no exterior por empresas estrangeiras tornaria aplicável outra lei que não a brasileira. Esse entendimento, todavia, é equivocado, pois nenhum desses elementos — a nacionalidade das partes contratantes e o local da cele-

---

20. Durante muitas décadas, até a edição da Emenda Constitucional n° 13, de 21.08.96, as opções do legislador envolveram também a existência de um órgão oficial responsável pelo resseguro no país — o IRB. A abertura do setor de resseguros foi determinada pela EC n° 13/96, mas encontra-se paralisada por força de liminar concedida pelo Ministro Marco Aurélio na ADIN N° 2223-7/DF que suspendeu a eficácia da Lei n° 9.932/99. A Lei n° 9.932/99 regulou a transferência das funções fiscalizatórias do IRB para a SUSEP, viabilizando assim a privatização do IRB apenas no que toca a suas funções puramente econômicas e a abertura do setor.
Independentemente do debate, porém, enquanto não decidido em termos definitivos pelo Supremo Tribunal Federal o *status* jurídico da questão, continua a aplicar-se toda a legislação anterior sobre a matéria, nos termos do parágrafo 2° do artigo 11 da Lei n° 9.868, de 10.11.1999, que dispõe sobre o processo e julgamento da ação direta de inconstitucionalidade e da ação declaratória de constitucionalidade perante o Supremo Tribunal Federa. Isto é: o IRB, desse modo, continua funcionando como órgão ressegurador oficial.

bração do contrato — tem o condão de afastar a aplicação da lei brasileira ao caso concreto. Na verdade, outros são os elementos fundamentais que determinam, na hipótese, a lei aplicável e merecem por isso algumas notas, a saber: o local do risco, o caráter de ordem pública da legislação de seguros, além da natureza jurídica da Petrobrás e da atividade de exploração de petróleo e derivados. Explica-se.

O fundamento filosófico da regra de conexão no Direito Internacional Privado — DIP é a busca do "centro de gravidade da relação jurídica", da sua "sede"[21]. Assim, a lei que rege determinada relação haverá de ser aquela do ordenamento onde se pode identificar a "sede" da relação jurídica — esse é o propósito final de todos os princípios e regras do Direito Internacional Privado.

A Lei de Introdução ao Código Civil Brasileiro, promulgada em 1942, estabeleceu uma espécie de presunção a respeito do "centro de gravidade" das obrigações oriundas de contrato: para o legislador, a sede dessa espécie de relação jurídica é, corriqueiramente, o país onde ela se constitui. Daí a dicção de seu art. 9º, onde se lê: *"Para qualificar e reger as obrigações, aplicar-se-á a lei do país em que se constituírem."*[22]

Essa é, portanto, a regra geral vigente no direito brasileiro para os contratos. Entretanto, a evolução dos negócios veio demonstrar duas dificuldades criadas por essa regra geral, não apenas no Brasil, mas em todo o mundo. Em primeiro lugar, percebeu-se que em mui-

---

21. Vide Eduardo Espínola, *Elementos de direito internacional privado*, 1925, p. 309, reproduzindo a teoria de Savigny: "Para cada uma dessas relações faz-se mistér determinar a regra applicavel para a solução do conflicto de leis. O principio formal fundamental é que o direito local a applicar é sempre o do lugar onde estiver a séde da relação jurídica.".

22. Oscar Tenório, *Direito internacional privado*, vol. II, 1976, p. 177: "Manda a Lei de Introdução aplicar a lei do lugar do contrato"; Haroldo Valladão, *Direito internacional privado*, vol. II, 1977, p. 188: "A primeira lei subsidiária da autonomia, e de caráter geral, é a lei do lugar da constituição das obrigações voluntárias, na Intr., 13 ("onde foram contraídas" para "a substância e efeitos"), na L. I., 9 ("onde se constituíram") sem a restrição (...)"; e Jacob Dolinger, *Direito internacional privado* (parte geral), 2001, p. 290: "Assim, no artigo 9º da Lei de Introdução ao Código Civil brasileiro (...), a classificação é a constituição de obrigações, sua localização é o país em que a mesma se constitui e o direito determinado é o deste país.".

tas situações o local da constituição das obrigações não correspondia necessariamente à "sede" lógica do contrato. Em segundo, verificou-se que uma norma geral como a instituída pela Lei de Introdução ao Código Civil brasileiro poderia facilmente ser fraudada pelas partes. Bastava manipular os elementos de conexão — no caso, o local da constituição do contrato — para obter a aplicação de uma norma que não corresponde ao "centro de gravidade" da relação jurídica e, pior, afastar ilegalmente aquela que deveria reger as obrigações.

Quanto à primeira dificuldade, muitas legislações nacionais e organismos internacionais procuraram criar regras de conexão mais específicas. A doutrina, por sua vez, já consolidou entendimentos em relação a estes casos singulares, afastando a regra geral do local da constituição do contrato, como nos contratos de trabalho[23]. Além disso, admite-se a não incidência da regra de conexão formal quando a lei estrangeira por ela sugerida esteja em contrariedade com os princípios aplicáveis, tanto os de DIP como os da disciplina da matéria de fundo no país em que a norma deverá ser concretizada.

Especificamente no que diz respeito ao contrato de seguro, há uma nítida tendência à adoção da lei do país da situação do bem objeto do seguro nas convenções internacionais que cuidam do tema. Os Tratados de Montevidéu, tanto o de 1889 (art. 8º) como o de 1940 (art. 12), seguem este princípio,[24] bem como o Código Bustamante de 1928 (art. 261), ratificado pelo Brasil.[25] Adicionalmente, a Convenção Européia sobre a lei aplicável às obrigações contratuais exclui os contratos de seguros da regra geral da convenção.[26] Ainda na esfera européia cabe

---

23. Haroldo Valladão, *Direito internacional privado*, vol. III, 1978, p. 99, onde afirma "(...) E a jurisprudência brasileira repudia, expressamente, a aplicação aos contratos de trabalho 'das disposições do art. 9º da L. I. (...) e adota, tranqüilamente, a lei do lugar da execução há muitos anos. (...). No mesmo sentido Agustinho Fernandes Dias da Silva, *Introdução ao direito internacional privado*, vol. 2º, 1978, p. 59. Também quanto aos contratos comerciais, boa parte da doutrina entende aplicável a norma do local de sua execução. Vide Haroldo Valladão, *Direito internacional privado*, vol. III, 1978, p. 24-25.
24. Vide Isaac Halperin, *Contrato de seguro*, 1946, p. 64-5.
25. Promulgado pelo Decreto nº 18.871, de 1929. V. Jacob Dolinger e Carmen Tiburcio, *Vade-mécum de direito internacional privado*, 1996, p. 286.
26. Artigo 1.3 da convenção. V. Jacob Dolinger e Carmen Tiburcio, *Vade-mécum de direito internacional privado*, 1996, p. 541-2.

referir a Diretiva 88/357/CEE sobre seguros que, ao adotar como regra a aplicação da lei do país com o qual o contrato apresente maiores afinidades, presume que o contrato apresenta maiores afinidades com o Estado-membro onde o risco se situa.[27]

No direito comparado essata regra também tem plena aceitação, como se pode verificar do exame do Restatement 2nd, Conflict of Laws, section 193, norte-americano: *"The validity of a contract of fire, surety or casualty insurance and the rights created thereby are determined by the local law of the state which the parties understood was to be the principal location of the insured risk during the term of the policy, unless with respect to the particular issue, some other state has a more significant relationship under the principles stated in § 6 to the transaction and the parties, in which event the local law of the other state will be applied."*[28]

Ora, na hipótese, o contrato de seguro em disputa relaciona-se com uma atividade monopolizada pelo Estado brasileiro — a explora-

---

27. Art. 7g: "1. A lei aplicável aos contratos de seguro abrangidos pela presente directiva e que cubram riscos situados nos Estados-membros será determinada de acordo com as seguintes disposições:
(...)
h) A escolha referida nas alíneas anteriores deve ser expressa ou resultar inequivocamente das cláusulas do contrato ou das circunstâncias da causa. Se não for esse o caso, ou se não tiver sido feita qualquer escolha, o contrato reger-se-á pela lei do país que com ele apresente maiores afinidades, de entre aqueles países que entrem em linha de conta nos termos das alíneas anteriores. Todavia, se uma parte do contrato puder separar-se do resto do contrato e apresentar uma maior afinidade com outro de entre os países que entrem em linha de conta nos termos das alíneas anteriores, poder-se-á aplicar a essa parte do contrato, a título excepcional, a lei desse outro país. **Presume-se que o contrato apresenta maiores afinidades com o Estado-membro onde o risco se situa.**" (Negrito acrescentado). Vide também a Diretiva 92/49/CEE de 1992 que nas considerações preliminares determina a prevalência da lei do lugar do risco sobre contratos de seguros.

28. "A validade de um contrato de garantia, ou de seguro contra incêndio ou acidentes, e os direitos por ele constituídos são determinados pela lei local do Estado que as partes consideraram dever ser a localização principal do risco segurado durante o tempo previsto na apólice; a menos que, com respeito à hipótese específica, algum outro Estado guarde uma relação mais significativa com o negócio e as partes, conforme os princípios enunciados no § 6, caso em que a lei local desse outro Estado será aplicada.".

ção de petróleo (Constituição Federal, art. 177) —, que será executada no Brasil e foi concedida a uma sociedade de economia mista brasileira (a Petrobrás) através de um contrato administrativo. Todos os elementos do negócio jurídico, como se vê, identificam o Brasil como centro de gravidade da relação.

Além da adoção de regras de conexão mais específicas, a aplicação dos princípios é fórmula empregada tanto para excepcionar a norma geral de conexão, quando no caso concreto ela se encontre dissociada de seu fundamento lógico (repita-se: coincidir a norma aplicável com a "sede" da relação jurídica), como também para impedir a fraude à lei pela manipulação dos elementos de conexão.

Com efeito, o sistema clássico do direito internacional privado envolve sempre a aplicação de princípios. Toda vez que se está diante de uma relação jurídica conectada com o exterior, primeiramente aplica-se a regra de conexão do foro (que poderá igualmente envolver a apreciação de princípios) e em seguida analisam-se os princípios da disciplina da matéria no país onde a disputa está posta. Do exame desses princípios se poderá concluir pela impossibilidade de aplicação da lei estrangeira, como demonstra Jacob Dolinger:

> *"Since the connecting rules could lead to the application of a law that is not compatible with the forum's basic philosophy or could contain an indication that would go beyond what was initially intended as far as giving up on the application of the forum's law, the system evolved to a point where it worked with a "check and balance" methodology that functioned in two steps:*
> *1) Whenever a legal situation occurred to which one or another system of law could apply, each containing different, antagonical rules of substantive law, the solution would be to apply the forum's conflict rules, i.e., the superimposed rules of private international law of the forum, which would indicate the applicable system of law to the particular situation.*
> *2) However, in some cases problems would arise, either because the solution to be reached through the conflicting rule would not be acceptable to the forum, or because the forum's conflict rule would conflict with the conflict rule of the other jurisdiction with which the legal situation was*

related, or a conflict would occur between the systems of both jurisdictions regarding the exact characterization of the legal relationship. In these situations the conflicting rules would not be enforced and a different solution had to be found for the choice of the applicable law."[29]

O aplicador da lei recorre portanto, em primeiro lugar, às regras e princípios que regulam a conexão no tocante à questão *sub judice*. Em seguida, há de verificar os princípios da disciplina material propriamente dita, que podem modificar ou até mesmo afastar a regra de conexão correspondente. Os princípios pertinentes — tanto os que dizem respeito à conexão, como os pertinentes à disciplina material da questão examinada — foram identificados pelo Direito Internacional Privado e podem ser enquadrados nas seguintes categorias: reenvio, qualificação, questão prévia, instituição desconhecida, fraude à lei, ordem pública e direitos adquiridos.[30]

---

29. "Já que as regras de conexão poderiam levar à aplicação de uma lei incompatível com a filosofia básica do foro, ou poderiam apontar num sentido que iria além do que fora inicialmente pretendido quanto a afastar a aplicação da lei do foro, o sistema evoluiu para um ponto onde passou a atuar com o método de 'freios e contrapesos', que funcionava em dois passos:
1) Sempre que ocorresse uma situação jurídica a que se pudesse aplicar um ou outro ordenamento, cada um deles contendo normas diferentes e antagônicas de direito material, a solução seria aplicar as regras de conexão do foro, i. e., suas regras de direito internacional privado, as quais indicariam o ordenamento jurídico aplicável àquela situação particular.
2) Contudo, em alguns casos surgiriam problemas, ou por ser inaceitável para o foro a solução a ser obtida por meio das regras de conexão, ou porque a regra de conexão do foro se chocaria com a da outra jurisdição a que vinculada a hipótese, ou por haver conflito entre os dois ordenamentos quanto à exata caracterização da relação jurídica. Em tais situações as regras de conexão não se aplicariam, e se teria de encontrar uma solução diferente para a escolha da lei aplicável.". Jacob Dolinger, *Evolution of principles for resolving conflicts in the field of contracts and torts*, in Recueil des Cours, vol. 283, 2000, p. 238-9. O texto é a materialização de magnífico curso ministrado pelo professor brasileiro na Academia de Direito Internacional da Haia.
30. Jacob Dolinger, *Direito internacional privado* (parte geral), 2001, p. 419: "Todos os princípios de direito internacional privado — reenvio, qualificação, ordem pública, fraude à lei, questão prévia, instituição desconhecida e direitos adquiridos — disciplinam, coordenam, controlam, moderam, limitam a utiliza-

No caso descrito, há que recorrer a dois desses princípios: a fraude à lei (princípio pertinente à conexão) e a ordem pública (princípio relativo à disciplina da matéria).

A fraude à lei implica a manipulação dos elementos de conexão, levando à aplicação de lei estrangeira mais favorável aos propósitos da parte. A alteração do elemento de conexão visando a uma solução desejada pela parte, mas vedada pela lei naturalmente competente, viola o mandamento de que a lei aplicável seja a correspondente à "sede" da relação jurídica. A fraude à lei constitui, portanto, uma violação indireta à lei[31], na medida em que a alteração artificiosa dos elementos de conexão constitui meio apenas aparentemente lícito para atingir objetivos vedados pela lei a que as partes estariam subordinadas.

Desse modo, quando a aplicação da lei brasileira é cogente (isto é: não facultativa) e o contrato tem ligações nítidas com o ordenamento jurídico brasileiro, sua celebração no exterior provocando a aplicação da lei estrangeira aos direitos e obrigações dele decorrentes considera-se fraude à lei brasileira. A fraude caracteriza-se de forma ainda mais nítida levando-se em conta que parte considerável da doutrina brasileira não aceita a possibilidade de escolha de lei diversa da do lugar da celebração para reger o contrato[32], quando esta for a

---

ção das regras de conexão na sua tarefa de escolher a lei aplicável às questões jurídicas multinacionais.".

31. V. Haroldo Valladão, *Direito internacional privado*, vol. I, 1980, p. 504.

32. Neste sentido vide Oscar Tenório, *Direito internacional privado*, vol. II, p. 177, 1976: "O art. 9º da atual Lei de Introdução (1942) aboliu o antagonismo ilógico: as obrigações contraídas no Brasil não podem cair, agora, sob o império da autonomia da vontade"; Amílcar de Castro, *Direito internacional privado*, 1996, p. 444: "As partes não têm a faculdade de escolher direito para regular suas transações, e sim o que têm é liberdade de transigir, ou de fazer os seus negócios, dentro do direito especial que lhes for organizado no *forum*; e nesse direito especial organizado por força exclusiva da ordem jurídica nacional é que irão encontrar em disposição imperativa, facultativa ou supletiva, critério de apreciação de suas manifestações de vontade"; Osiris Rocha, *Curso de direito internacional privado*, 1986, p. 141; Wilson de Souza Campos Batalha, *Tratado de direito internacional privado*, vol. II, 1977, p. 228 e ss.; João Grandino Rodas, *Elementos de conexão do direito internacional privado brasileiro, relativamente às obrigações contratuais* in Contratos internacionais, 1985, p. 1-36; José Inácio Franceschini, *A lei e o foro de eleição em tema de contratos interna-*

hipótese. No caso vertente, existe regra de conexão ainda mais específica: a do local do risco, como se verá adiante.

Não haveria fraude à lei, por evidente, se as partes tivessem a faculdade de escolher qualquer lei estrangeira para reger o seu contrato. Entretanto, como tal possibilidade não é em geral aceita pela doutrina e pela jurisprudência, que considera imperativa a norma *lex loci celebrationis* (por presumir aí a "sede" da relação jurídica), as partes estarão fraudando o art. 9º da LICC ao escolher celebrar no exterior contrato que estaria normalmente vinculado ao ordenamento jurídico nacional. Por fim, é vital observar que os atos realizados em fraude à lei brasileira são ineficazes perante o ordenamento brasileiro[33].

O segundo princípio aplicável, que impõe a aplicação da lei brasileira à hipótese descrita pela entidade consulente, é o da ordem pública. Esse princípio apresenta duas faces: uma interna e outra externa, que serão examinadas a seguir.

O aspecto interno apresenta-se quando a ordem pública funciona como limitador da vontade das partes, cuja liberdade não é admitida em determinados aspectos da vida privada.[34] Como definido por Clovis Beviláqua: *"Leis de ordem pública são aquelas que, em um Estado, estabelecem os princípios, cuja manutenção se considera indispensável à organização do Estado e da vida social"*.[35] As leis de ordem pública no plano do direito interno são denominadas pela

---

cionais in Contratos internacionais, 1985; Espínola e Espínola Filho, *A lei de introdução ao código civil brasileiro*, vol II, 1995, p. 418-9; Maria Helena Diniz, *A lei de introdução ao código civil interpretada*, 1994, p. 246 e ss.; Nádia de Araújo, *Contratos internacionais*, 2000, p. 109.

33. O Anteprojeto de lei nº 4.905, encaminhado pelo Poder Executivo ao Congresso, pretende explicitar o ponto em seu art. 17: "Não será aplicada a lei de um país cuja conexão resultar de vínculo fraudulento estabelecido.". O dispositivo, conquanto seja *de lege ferenda*, tem importante valia doutrinária, tendo sido elaborado por comissão integrada pelos professores Jacob Dolinger, João Grandino Rosas, Rubem Limongi França e Inocêncio Mártires Coelho.

34. Jacob Dolinger, *Direito internacional privado* (parte geral), 2001, p. 385.

35. Clovis Bevilaqua, *Principios elementares de direito internacional privado*, 1978, p. 78-9. Nas palavras de Eduardo Espínola, *Elementos de direito internacional privado*, 1925, p. 342: "A ordem publica interna dicta todas as normas coactivas do país, sejam imperativas ou prohibitivas (ius cogens), isso é, todas aquellas que não tenham caracter meramente suppletivo ou dispositivo."

doutrina francesa 'leis de aplicação imediata' e nesses casos não há sequer a possibilidade de recorrer à regra de conexão do foro, pois a aplicação da lei estrangeira é inadmissível.[36]

No caso concreto, a relação jurídica está impregnada de elementos da ordem pública brasileira, podendo destacar-se três em especial. Em primeiro lugar, como se verá adiante, a lei brasileira impõe como regra imperativa que riscos localizados no Brasil devem ser segurados no mercado brasileiro. Portanto, não há liberdade de contratar no exterior seguros para bens e eventos situados ou localizados no território nacional, atuando o princípio de ordem pública como limitador da vontade das partes quanto a esta possibilidade.[37]

Em segundo lugar, a natureza de direito administrativo da relação originária à qual o contrato de seguros está vinculado não permite a livre disposição pelos envolvidos no tocante a suas obrigações. Explica-se.

A Petrobrás foi constituída sob a forma de sociedade de economia mista, paraestatal integrante da Administração Pública indireta. Nada obstante a personalidade jurídica de direito privado, as sociedades de economia mista que se dedicam à exploração de atividade econômica só podem existir em decorrência de *imperativos da segurança nacional ou relevante interesse público*, como dispõe o art. 173 da Constituição[38]. Ou seja: destinam-se antes de tudo a uma finalidade pública. Como se verá adiante, é a própria Constituição que consi-

---

36. Dominique Holleaux, Jacques Foyer, Géraud de Geouffre de La Pradelle, *Droit international privé*, 1987, p. 300. Observe-se que a expressão "lei de aplicação imediata" não descreve um conflito temporal entre normas, como se poderia supor inicialmente, mas sim um conflito espacial. Qualificar uma lei como "de aplicação imediata" para o Direito Internacional Privado significa dizer que não se admite a aplicação da legislação estrangeira na hipótese.
37. Cabe aqui a observação feita por Clovis Bevilaqua, *Princípios elementares de direito internacional privado*, 1978, p. 83: "Ainda que sejam essencialmente territoriaes as leis de ordem publica, desde que não subsistem os actos praticados contra ellas, nem contra ellas pódem ser allegados direitos adquiridos, esses actos são radicalmente nullos perante a sociedade internacional, e os Estados, contra os interesses vitaes desta, não lhes poderiam reconhecer validade."
38. CF, Art. 173: "Ressalvados os casos previstos nesta Constituição, a exploração direta de atividade econômica pelo Estado só será permitida quando necessária aos imperativos da segurança nacional ou a relevante interesse coletivo, conforme definido em lei.". É o caso da Petrobrás, que foi reorganizada pela Lei nº 9.478/97.

dera existentes os requisitos acima em relação à atividade de exploração de petróleo e autoriza sua exploração direta pelo Estado. Antes de tratar da natureza da atividade, porém, algumas observações sobre o regime jurídico das sociedades de economia mista serão especialmente úteis.

As sociedades de economia mista, como toda a Administração Pública, direta e indireta, vinculam-se em primeiro lugar aos fins estabelecidos na Constituição. Isto é: sua atuação deverá concorrer para que os objetivos constitucionais se realizem, não sendo admissível que sua conduta dificulte ou prejudique a consecução dessas metas[39]. As sociedades de economia mista brasileiras não estão livres, portanto, para fazer escolhas apenas em função de seu interesse patrimonial, como as empresas privadas típicas[40]. Seu regime jurídico é necessariamente híbrido[41], pois embora sua atuação cotidiana seja regida, em geral, pelo direito privado, elas não perdem sua vinculação aos propósitos públicos, como bem se percebe do texto do art. 173 da Constituição[42]

---

39. Luís Roberto Barroso, *Interpretação e aplicação da Constituição*, 1999, p. 147 e ss.
40. Celso Antônio Bandeira de Mello, *Curso de direito administrativo*, 1997, p. 117: "(...) a personalidade de Direito Privado que as reveste não passa de um expediente técnico cujo préstimo adscreve-se, inevitavelmente, a certos limites, já que não poderia ter o condão de embargar a positividade de certos princípios e normas de Direito Público cujo arredamento comprometeria objetivos celulares do Estado de Direito. (...) Se assim não fosse, e se as estatais desfrutassem da mesma liberdade que assiste ao comum das empresas privadas, haveria comprometimento de seus objetivos e funções essenciais, instaurando-se, ademais, sério risco para a lisura no manejo de recursos hauridos total ou parcialmente nos cofres públicos.".
41. Maria Sylvia Zanella Di Pietro, *Direito administrativo*, 2000, p. 368 e ss.
42. CF, Art. 173:
"§ 1º A lei estabelecerá o estatuto jurídico da empresa pública, da sociedade de economia mista e de suas subsidiárias que explorem atividade econômica de produção ou comercialização de bens ou de prestação de serviços, dispondo sobre:
I — sua função social e formas de fiscalização pelo Estado e pela sociedade;
II — a sujeição ao regime jurídico próprio das empresas privadas, inclusive quanto aos direitos e obrigações civis, comerciais, trabalhistas e tributários;
III — licitação e contratação de obras, serviços, compras e alienações, observados os princípios da administração pública;

Além dessa vinculação geral aos propósitos constitucionais, as sociedades de economia mista subordinam-se de maneira específica aos princípios constitucionais inscritos no art. 37 da Carta, dentre os quais o da legalidade. Isto é: as sociedades de economia mista e, *ipso facto*, a Petrobrás, devem obediência integral à legislação brasileira.

Em terceiro lugar, a ordem pública brasileira revela-se igualmente na natureza da atividade de exploração de petróleo, objeto do contrato principal firmado entre a Petrobrás e a Agência Nacional de Petróleo — ANP, de que são acessórios o contrato celebrado entre a Petrobrás e a empresa BCLC, o firmado entre esta e a KBR e o contrato de seguro celebrado no exterior.

De acordo com a Constituição de 1988, não apenas o petróleo é considerado bem de propriedade da União (CF, art. 20, IX[43]) como também a sua exploração é atividade por ela monopolizada, admitindo-se a concessão de sua execução, nos termos da Emenda Constitucional nº 9/95, a empresas estatais ou privadas. Com efeito, esta a dicção do art. 177 da Constituição, com a redação que lhe deu a EC nº 9/95:

> "*Art. 177. Constituem monopólio da União:*
> *I — a pesquisa e a lavra das jazidas de petróleo e gás natural e outros hidrocarbonetos fluidos;*
> *II — a refinação do petróleo nacional ou estrangeiro;*
> *III — a importação e exportação dos produtos e derivados básicos resultantes das atividades previstas nos incisos anteriores;*
> *IV — o transporte marítimo do petróleo bruto de origem nacional ou de derivados básicos de petróleo produzidos no*

IV — a constituição e o funcionamento dos conselhos de administração e fiscal, com a participação de acionistas minoritários;
V — os mandatos, a avaliação de desempenho e a responsabilidade dos administradores.
§ 2º As empresas públicas e as sociedades de economia mista não poderão gozar de privilégios fiscais não extensivos às do setor privado."
43. CF, Art. 20: "São bens da União:
(...)
IX — os recursos minerais, inclusive os do subsolo;"

País, bem assim o transporte, por meio de conduto, de petróleo bruto, seus derivados e gás natural de qualquer origem;
V — a pesquisa, a lavra, o enriquecimento, o reprocessamento, a industrialização e o comércio de minérios e minerais nucleares e seus derivados.
§ 1º A União poderá contratar com empresas estatais ou privadas a realização das atividades previstas nos incisos I a IV deste artigo, observadas as condições estabelecidas em lei.
§ 2º A lei a que se refere o § 1º disporá sobre:
I — a garantia do fornecimento dos derivados de petróleo em todo o território nacional;
II — as condições de contratação;
III — a estrutura e atribuições do órgão regulador do monopólio da União.
§ 3º A lei disporá sobre o transporte e a utilização de materiais radioativos no território nacional."

A Petrobrás, portanto, não é titular dos serviços que executa, mas mera delegatária da União por força de contrato de concessão firmado com a ANP. Ora, a concessão é espécie de contrato administrativo que submete o concessionário a uma relação de direito público e que se caracteriza, dentre outros elementos, pela finalidade pública, pela obediência estrita às formas prescritas em lei e pela presença de cláusulas exorbitantes, que conferem à Administração determinadas prerrogativas excepcionais tendo em conta o interesse público[44]. Desse modo, a Petrobrás está vinculada não apenas à Constituição Federal e às leis pertinentes, mas também ao contrato de concessão celebrado com a ANP.

Ademais, não sendo a Petrobrás titular da atividade de exploração de petróleo, não pode, por evidente, "conceder" a prestação do serviço a outra pessoa jurídica sem autorização da ANP, pela razão singela de que não se pode transferir coisa que não se tem. Como é

---

44. Sobre o tema, vide Maria Sylvia Zanella Di Pietro, *Direito administrativo*, 2000, p. 242.

fácil perceber, não se está diante de uma simples relação de natureza privada, quer porque a questão envolve uma sociedade de economia mista, cujo regime jurídico não é o mesmo da iniciativa privada, quer porque essa mesma sociedade executa atividade monopolizada pela União, mediante um contrato administrativo de concessão. Vale repetir que desse contrato dependem todas as relações jurídicas posteriores, inclusive o contrato de seguro que versa sobre riscos gerados por conta dessa atividade de titularidade da União.

Por fim, deve-se considerar ainda a ordem pública no direito internacional privado, isto é, em seu aspecto externo. Nessa vertente, a ordem pública afasta a lei indicada como aplicável pelas regras de conexão (no caso a prevista no art. 9º da LICC) caso a sua incidência fira princípios fundamentais da ordem jurídica do foro.[45] Deste modo: "*O juiz não poderá, em hypothese nenhuma, applicar o direito estrangeiro, quando tal applicação conduzir a um resultado que contrarie o direito publico (em sentido technico), do Estado, ou aquellas leis de direito privado que o legislador decretou evidente e principalmente tendo em vista a moral ou o interesse politico, social, economico, como elle acreditou dever constituir.*"[46]

A ordem pública no direito internacional privado está abrigada no art. 17 da LICC, que determina: "*As leis, atos ou sentenças de outro país, bem como quaisquer declarações de vontade, não terão eficácia no Brasil, quando ofenderem a soberania nacional, a **ordem pública** e os bons costumes*".

Pois bem. A doutrina de DIP em geral reconhece nos contratos de seguro forte influência da ordem pública local. No ensinamento de Haroldo Valladão: "*Tal forma jurídica do chamado seguro privado é*

---

45. Amílcar de Castro, *Direito internacional privado*, 1996, p. 278: "Assim como não é permitida a entrada de estrangeiros doentes de moléstia infectocontagiosa no território nacional, assim também não se permite no meio social indígena a penetração de usos jurídicos que sejam política, econômica, moral, religiosa ou socialmente prejudiciais. Pode dizer-se que a autorização para rejeitar direito estrangeiro ofensivo da ordem social é modalidade do poder de polícia; o Poder Judiciário cuida preventivamente de afastar o que pode ser nocivo ao povo que se encontra sob sua jurisdição.".
46. Guido Fusinato, citado por Eduardo Espínola, *Elementos de direito internacional privado*, 1925, p. 343.

um desafio à Justiça Social (...), e, no campo dos conflitos de leis, pede e exige a aplicação constante do limite da ordem pública."[47] Oscar Tenório comenta: *"Tem-se admitido que o seguro acompanha uma regra geral, naturalmente sujeita aos princípios da ordem pública (...). As normas do seguro são, em parte, imperativas."*[48]

O caráter de ordem pública de tais normas é ainda mais evidente quando se observa que um dos objetivos da política nacional de seguros privados, constante do art. 5º, II, do Decreto-lei nº 73/66, é *"evitar evasão de divisas, pelo equilíbrio do balanço dos resultados do intercâmbio de negócios com o exterior"*. Trata-se de norma de direito monetário que visa a proteger a moeda, expressão da soberania nacional, e manter o equilíbrio do mercado.

Ora, as normas de direito monetário são da competência de cada Estado, conforme decisão proferida pela Corte Permanente de Justiça Internacional ainda em 12.07.29, no caso dos empréstimos brasileiros e sérvios: *"é um princípio aceito que um Estado tem o direito de regulamentar a sua moeda."*. Com a criação do Fundo Monetário Internacional, em 1944, esse organismo supranacional passou a impor certas restrições à soberania dos países membros em matéria monetária na esfera internacional. Nada obstante, essa Convenção, regularmente ratificada pelo Brasil (Decreto nº 21.177, de 27.05.46), determina que as restrições cambiais[49] estabelecidas na legislação interna de cada país[50] serão internacionalmente respeitadas.

---

47. Haroldo Valladão, *Direito internacional privado*, vol. III, 1978, p. 26.
48. Oscar Tenório, *Direito internacional privado*, vol. II, 1976, p. 243.
49. Regulamentos cambiais visam a proteger a economia do país, preservando balanços internacionais e mercados internos e protegendo as reservas financeiras do país. Vide Jacob Dolinger, *Repercussão do FMI no direito internacional privado*, tese de livre docência apresentada à Faculdade de Direito da UERJ, p. 37/38.
50. Esse o teor da Cláusula VIII, art. 2º (b), *in verbis*: "b) Os contratos de câmbio, em moeda de qualquer país membro, quando contrários aos seus regulamentos de controle cambial, mantidos ou impostos em harmonia com este Acordo, não vigorarão nos territórios de nenhum dos países membros. Além disso, os países membros poderão, de comum acordo, estabelecer medidas, com o fim de tornar mais efetiva a regulamentação cambial de qualquer deles, contanto que tais regulamentos e medidas sejam compatíveis com este Acordo.".

Assim, as restrições cambiais estabelecidas na legislação brasileira são consideradas normas imperativas, de ordem pública no plano interno, pois protetoras da moeda, expressão da soberania nacional. Ademais, essas normas são também respeitadas extraterritorialmente, por força do Acordo do FMI, e assim os contratos que as violarem serão considerados nulos no plano interno e inexeqüíveis no plano internacional, pois contrários à *lex monetae*. Nas palavras de Jacob Dolinger: *"Não importará, portanto, onde o contrato de importação tenha sido firmado pelas partes* [lex celebrationis] *nem qual seja o local de pagamento das obrigações contratuais* [lex executionis]. *O critério da localização da competência para legislar sobre a matéria é a do país cujas reservas cambiais tenham sido ou devam ser utilizadas para concretizar a importação, ou seja, a* lex monetae. *Suas regras e restrições cambiais são aplicáveis à espécie em qualquer país membro do Fundo."*[51]

Desse modo, fere a ordem pública brasileira admitir a aplicação de outra norma sobre a atividade securitária que não a brasileira para os riscos derivados de atividades desenvolvidas no país. Viola ainda a ordem pública admitir a liberdade de contratar em matéria de seguros — mesmo que por força de lei estrangeira aplicada em decorrência do art. 9º da LICC — quando a norma de ordem pública interna veda essa possibilidade, exigindo que o contrato seja firmado no país. Nesse caso, então, a lei estrangeira permissiva não pode ser aplicada.

Em resumo, aplica-se necessariamente a lei brasileira: seja pela ordem pública interna, que determina sua incidência, impedindo inclusive a eficácia da regra de conflitos prevista no art. 9º da LICC; seja pela ordem pública no direito internacional privado, que impede a aplicação da lei estrangeira, que estará agredindo o sistema financeiro e securitário do país, com reflexos diretos no sistema monetário nacional[52]. Definida assim que a norma aplicável é a brasileira, cumpre agora examiná-la em maior detalhe.

---

51. Jacob Dolinger, *Repercussão do FMI no direito internacional privado*, tese de livre docência apresentada à Faculdade de Direito da UERJ, p. 53.
52. Tais objetivos estão inequivocamente expostos na legislação brasileira (Decreto-Lei nº 73/1966, art. 5º).

II.2. A interpretação da legislação brasileira

a) Elemento semântico

Os elementos fundamentais da interpretação jurídica, conforme sistematizados pela doutrina clássica, são o semântico, o histórico, o sistemático e o teleológico[53]. É bem de ver que os quatro atuam conjuntamente e não de forma isolada, isto é: diante de uma norma, o intérprete deve buscar o sentido convergente que os quatro elementos indicam. É isso que se passa a fazer com as normas de direito securitário que dispõem sobre a colocação de seguros no país e no exterior. Como se verá com facilidade, todos os quatro elementos levam a uma conclusão bastante clara: os riscos oriundos de atividades desenvolvidas no país deverão ser segurados no mercado nacional.

O elemento semântico é aquele que parte do texto da norma, de suas possibilidades de sentido. Embora o argumento literal não deva ser tomado isoladamente, é o texto e seus significados possíveis que estabelecem os limites dentro dos quais o intérprete poderá transitar legitimamente[54].

A obrigatoriedade de contratar no Brasil os seguros sobre riscos oriundos de atividades desenvolvidas no território nacional foi introduzida na legislação brasileira pelo artigo 186 do Decreto-lei nº

---

53. Friedrich Carl von Savigny, *Sistema del diritto romano attuale*, 1886, vol. I, cap. 4, p. 225 e ss.; e Luís Roberto Barroso, *Interpretação e aplicação da Constituição*, 2000, p. 117 e ss.
54. Karl Larenz, *Metodologia da ciência do direito*, 1969, p. 369: "Se assim o critério literal na maior parte dos casos não basta como critério interpretativo, precisamente porque ainda permite diversas interpretações, já contudo o sentido literal possível, isto é, a totalidade daqueles significados que, segundo a linguagem vulgar, ainda podem estar ligados à expressão, indica o *limite da interpretação* (em sentido restrito). Isto deriva, desde logo, de que apenas o *texto* da lei é objeto de interpretação. Só o texto da lei se reveste da autoridade de ter sido ordenado pelo legislador. O que deixa de ser compatível com o texto, ou seja, com o sentido literal possível, não participa daquela autoridade. Seja qual for o sentido 'correto', tem de ser compatível com o sentido literal, se de 'interpretação' se pretende tratar. Para além deste limite o juiz não pode, por conseguinte, 'interpretar'." (grifos no original). Veja-se também, sobre esse mesmo ponto, Ricardo Lobo Torres, *Normas de interpretação e integração do direito tributário*, 1994, p. 102 e ss.

2.063, de 07.03.1940, que regulamenta sob novos moldes as operações de seguros privados e sua fiscalização. Confira-se:

> "*Art. 186. Serão feitos no país, salvo o disposto nos artigos 77 e 106, além dos contratos de seguros a que se refere o artigo anterior, os dos seguros facultativos garantindo bens ou coisas situados no território nacional e os de seguros sobre a vida de pessoas residentes no país.*"[55]

Nesse mesmo sentido dispôs o Decreto-lei nº 73, de 1966, art. 6º, *in verbis*:

> "*Art. 6º. A colocação de seguros e resseguros no exterior será limitada aos riscos que não encontrarem cobertura no País ou que não convenham aos interesses nacionais.*"[56]

Cabe observar aqui que, ao contrário do que uma análise superficial poderia supor, o Decreto-lei nº 2.063/40 não foi integralmente

---

55. O artigo 185 trata do seguro obrigatório para os concessionários de serviços públicos. Os artigos 77 e 106 do referido Decreto-lei nº 2.063/40 só admitem a contratação no exterior de seguros sobre riscos localizados no território nacional quando estes não encontrem cobertura no país e mediante autorização do órgão fiscalizador do setor. Esta sua dicção:
"Art. 77. Poderão ser seguradas no estrangeiro as responsabilidades sobre riscos que não encontrem cobertura no país.
§ 1º A operação indicada neste artigo deverá ser feita por intermédio do Instituto de Resseguros do Brasil, que, entretanto, poderá deixar de intervir na operação.
§ 2º Na hipótese a que se refere o final do parágrafo anterior, a aprovação dependerá de autorização do Departamento Nacional de Seguros Privados e Capitalização, para o que o Instituto de Resseguros do Brasil lhe transmitirá, com parecer a respeito, o pedido do interessado, acompanhado dos elementos necessários ao conhecimento da operação e de sua regularidade.
(...)
Art. 106. Terá inteira aplicação às sociedades e às operações de seguros de vida o disposto nos artigos 73 a 77 do presente decreto-lei.".
56. De qualquer forma, a colocação de seguro no exterior será feita exclusivamente pelo intermédio do IRB, nos termos do art. 81 do Decreto-lei nº 73/66. A Lei nº 9.932/99, art. 2º, transfere para a SUSEP a competência de autorizar a colocação de seguros no exterior, restrita sempre às hipóteses de falta de cobertura no país ou de inconveniência ao interesse nacional.

revogado pelo posterior Decreto-lei nº 73, de 21.11.1966, que dispõe sobre o sistema nacional de seguros privados, regula as operações de seguros e resseguros e dá outras providências. Explica-se.

Nos termos do art. 2º da Lei de Introdução ao Código Civil[57], são três as formas pelas quais uma norma posterior pode revogar uma anterior: (i) quando expressamente o declare; (ii) quando seja com ela incompatível; ou (iii) quando regule inteiramente a matéria de que tratava a anterior.

Ora, o Decreto-lei nº 73/66 não previu a revogação expressa de qualquer disposição do Decreto-lei nº 2.063/40. A revogação tácita por incompatibilidade deve sempre ser interpretada caso a caso e de forma restritiva porque excepcional, como é entendimento corrente na doutrina, registrado por Serpa Lopes e Carlos Maximiliano, respectivamente:

> "*Força notar que a revogação tácita ou indireta não se presume; para que uma lei nova se repute revogadora da anterior cumpre esbater-se uma incompatibilidade ou contrariedade formal absoluta.*
> *Além disso, quando a revogação tácita de uma lei decorrer de sua incompatibilidade com a lei subseqüente, deve se entender que a lei antiga não fica revogada senão nas disposições necessariamente incompatíveis com a lei nova (...)*"[58]
> *Em suma: a incompatibilidade implícita entre duas expressões de direito* não se presume; *na dúvida, se considerará uma norma conciliável com a outra. (...)* "[59]

---

57. "Art. 2º. Não se destinando à vigência temporária, a lei terá vigor até que outra a modifique ou revogue.".
§ 1º A lei posterior revoga a anterior quando expressamente o declare, quando seja com ela incompatível ou quando regule inteiramente a matéria de que tratava a lei anterior.
§ 2º A lei nova, que estabeleça disposições gerais ou especiais a par das já existentes, não revoga nem modifica a lei anterior.
§ 3º Salvo disposição em contrário, a lei revogada não se restaura por ter a lei revogadora perdido a vigência.".
58. Serpa Lopes, Lei de introdução ao código civil, 1943, p. 60.
59. Carlos Maximiliano, Hermenêutica e aplicação do direito, 1981, p. 358.

Quanto ao ponto examinado, como se vê, não há qualquer incompatibilidade implícita. Muito ao revés, o art. 6º do Decreto-lei nº 73/66 e o art. 186 do Decreto-lei nº 2.063/40 caminham harmoniosos no mesmo sentido: o de vedar a colocação de seguros no exterior a respeito de riscos localizados no país. Por fim, ainda que se confira a ambos os diplomas o *status* de normas gerais, igualmente não houve revogação integral do anterior pelo posterior. Não se trata de hipótese em que a norma posterior regula inteiramente a matéria de que tratava a anterior.

Além de não contrariarem o Decreto-lei nº 73/66, diversas disposições do Decreto-lei nº 2.063/40, por sua característica minuciosa, servem na verdade de complemento às disposições muitas vezes gerais da legislação mais recente. Tanto é assim que mesmo os doutrinadores atuais, como a professora Maria Helena Diniz, dentre outros, permanecem conferindo aplicação a diversos dispositivos do Decreto-lei nº 2.063/40[60].

Aliás, como bem registra Serpa Lopes:*"a lei geral pode não revogar outra lei geral. A matéria fica, de qualquer forma, sujeita às investigações sôbre a vontade do legislador e a próprio exame do espírito e da finalidade das duas leis."*[61]. Arnoldo Wald igualmente sublinha que a lei deve ser considerada integralmente revogada apenas quando o espírito da lei nova, a *mens legis*, for absolutamente contrário ao da lei anterior[62]. Essa por certo não é a hipótese.

Especialmente no que toca ao ponto aqui estudado, a edição do Decreto-lei nº 73/66 não representou de forma alguma uma ruptura com o sistema anterior[63]. Ao revés, como se verá adiante no exame do elemento histórico, a nova legislação representou apenas mais um

---

60. Confira-se em: Maria Helena Diniz, *Tratado teórico e prático dos contratos*, 1993, p. 343. No mesmo sentido, veja-se também Antonio Carlos Otoni Soares, *Fundamento jurídico do contrato de seguro*, 1975, p. 30.
61. Serpa Lopes, *Lei de introdução ao código civil*, 1955, p. 90 a 91.
62. Arnoldo Wald, *Curso de direito civil brasileiro*, vol. 1, 1987, p. 77.
63. A edição do Decreto-lei nº 73/66 decorreu da necessidade de adequar o mercado de seguros às realidades de uma nova época que demandava, por exemplo, a formulação de mais classes de seguros obrigatórios, conformados aos novos riscos decorrentes da evolução econômica e tecnológica, e a flexibilização capaz de adaptar a norma a períodos de elevada inflação.

passo na evolução legislativa para a nacionalização do mercado securitário.

b) Elemento histórico

O elemento histórico, embora da mesma sorte não deva ser tomado isoladamente, agrega ao processo hermenêutico as razões do legislador responsável pela criação da norma, apresentando um painel dos problemas que ele pretendia solucionar ou dos objetivos que desejava alcançar com a lei elaborada[64].

O cenário do mercado brasileiro de seguros, desde os fins do século XIX e até a década de 30, já no século XX, apresentava algumas características marcantes. A primeira era o seu completo domínio por companhias estrangeiras que transferiam quase integralmente para suas matrizes no estrangeiro os prêmios obtidos no país, procedendo a uma vultosa evasão de divisas. As seguradoras nacionais, além de não deterem experiência atuarial, não tinham a mesma capacidade técnico-financeira para assumir riscos de maior vulto, dependendo sempre das empresas estrangeiras para repassar seus excessos de capacidade de retenção através de resseguro.

Ao longo desse período, algumas tentativas foram feitas para disciplinar a atuação das companhias estrangeiras, obrigá-las à formação de reservas em valores nacionais no país, dentre outras providências, a maior parte delas sem grande sucesso[65]. A alteração do quadro descrito somente foi possível após o movimento nacionalista da década de trinta, que passou a implementar uma política de nacionalização do mercado de seguros, prevista inclusive na Constituição Federal de 1934[66]. Duas das ferramentas dessa política foram a criação do IRB (pelo Decreto-lei nº 1.805, de 27.11.39), como órgão ressegurador oficial do país, e a edição do Decreto-lei nº 2.063/40.

---

64. Luís Roberto Barroso, *Interpretação e aplicação da Constituição*, 1999, p. 131 e ss.
65. Uma dessas tentativas foi o Decreto nº 4.270, de 1901.
66. CF de 1934, Art. 117: "A lei promoverá o fomento da economia popular, o desenvolvimento do crédito e a nacionalização progressiva dos bancos de depósito. Igualmente providenciará sobre a nacionalização das empresas de seguros, em todas as suas modalidades, devendo constituir-se em sociedade brasileira as estrangeiras que actualmente operam no paiz.".

A criação do IRB teve dois objetivos específicos: (i) permitir o desenvolvimento das empresas brasileiras de seguros, assegurando-lhes a capacidade de competir com as empresas estrangeiras através do mecanismo do resseguro automático e obrigatório dos excedentes, que ampliava a capacidade nacional de retenção de riscos, e (ii) juntamente com a obrigatoriedade de celebração no Brasil dos contratos acerca dos riscos aqui localizados, impedir a evasão de divisas, visto que só se transferem para o exterior os excessos de capacidade do mercado interno[67].

Diante de um mercado ainda cercado pelos fantasmas da dominação histórica das empresas estrangeiras e buscando estruturar o novo regime de tutela do desenvolvimento do mercado nacional de seguros, o Decreto nº 2.063/40, por sua vez, pretendeu ser o mais expresso possível, tendo previsto, em seu já mencionado artigo 186, a exclusividade das empresas nacionais para a celebração de contratos de seguros sobre os riscos presentes no território brasileiro.

A nova legislação e a criação do IRB — fenômenos contemporâneos — permitiram a retenção equilibrada no Brasil de todos os riscos, de modo a compensarem-se os melhores com os piores, o que não ocorria no sistema anterior, quando os "melhores" riscos eram segurados e ressegurados externamente, desequilibrando o mercado interno, que ficava apenas com os "piores" riscos. Ademais, a incapacidade de retenção no país dos riscos aqui verificados gerava uma permanente evasão de divisas, já que, embora o negócio gerador do risco se desenvolvesse internamente e obtivesse seu lucro aqui, o prêmio do seguro (que, como tudo mais, é retirado da receita obtida) era revertido sempre para o exterior[68].

---

67. Neste sentido, v. Célio Olympio Nascentes, O *monopólio de resseguro no Brasil*, IRB, 1993, e Paula Regina França, *Uma análise econômico-financeira da evolução e do desempenho do mercado segurador brasileiro*, 1999, p. 43.

68. Sobre o tema, bem assim esclareceu Pedro Alvim: "Antes da criação do IRB, as companhias estrangeiras dominavam o mercado de seguros. Suas matrizes no exterior lhes garantiam o resseguro, lá fora, enquanto as nacionais ficavam à mercê da boa vontade dessas companhias, por lhes faltar capacidade de absorção entre si dos negócios. O controle exercido através do resseguro dava às estrangeiras superioridade para disputar os melhores negócios, comprometendo dessa forma o desenvolvimento das nacionais. (...) Esse órgão se tornou a peça fundamental do mercado de seguros do país, orientando sua política no sentido de fortalecer as seguradoras nacionais, mediante o estabelecimento de várias medi-

Ao Decreto-lei nº 2.063/40 seguiu-se, por fim, o Decreto-lei nº 73, de 21.11.1966. Uma nova legislação tornou-se indispensável diante da alteração da conjuntura econômica do país, que demandava maior flexibilidade na estruturação do setor securitário. Deixou-se, assim, de estabelecer limites fechados de capital inicial e fórmulas matemáticas específicas para o cálculo das reservas, que se mostraram impróprios quando inaugurados períodos de elevada inflação. Pedro Alvim registrou as dificuldades que a antiga legislação passou a enfrentar:

> *"A imobilidade dos dispositivos legais ou regulamentares e a dificuldade ou morosidade para se conseguir sua alteração foram, sem dúvida, os responsáveis pelo descompasso entre a legislação vigente e o agitado processo econômico imposto pelo ritmo acelerado da inflação."*[69]

A nova legislação apresentou um caráter mais enxuto e genérico, que a consagraria à permanência. Para conferir o necessário dinamismo ao mercado, formou-se um Sistema Nacional de Seguros Privados, composto pelo Conselho Nacional de Seguros Privados — CNSP, pela Superintendência de Seguros Privados — SUSEP e pelo próprio IRB. É importante enfatizar que o ainda hoje vigente Decreto-lei nº 73/66 não se afastou em nenhum momento da política de tutela da economia nacional, como se percebe da redação expressa de seu artigo 5º:

> *"Art. 5º — A política de seguros privados objetivará:*
> *I — promover a expansão do mercado de seguros e propiciar condições operacionais necessárias para sua integração no processo econômico e social do país;*

---

das, inclusive o resseguro automático. A seguradora, ainda que fosse de poder econômico menor que as outras, podia assumir grandes responsabilidades perante o segurado, pois o excesso de sua capacidade se transmitia automaticamente ao ressegurador. Com tal facilidade podia expandir seus negócios e disputar com as demais, inclusive as estrangeiras, a preferência do mercado." (*O contrato de seguro*, 1999, p. 56).
Ainda segundo registro do próprio Pedro Alvim, a atuação do IRB foi especialmente frutífera. Nos cinco primeiros anos de sua atuação, já operavam no mercado oitenta e duas empresas nacionais e vinte e seis estrangeiras (p. 146).
69. Pedro Alvim, *Política brasileira de seguros*, 1980, p. 173.

II — evitar evasão de divisas, pelo desequilíbrio do balanço dos resultados do intercâmbio de negócios com o exterior;
III — firmar o princípio da reciprocidade em operações de seguro, condicionando a autorização para o funcionamento de empresas e firmas estrangeiras à igualdade de condições no País de origem;
IV — promover o aperfeiçoamento das Sociedades Seguradoras;
V — preservar a liquidez e a solvência das Sociedades Seguradoras;
VI — coordenar a política de seguros com a política de investimento do Governo Federal, observados os critérios estabelecidos para as políticas monetária, creditícia e fiscal." (grifo acrescentado)

E a fim de atender às metas supratranscritas, a nova legislação, como não poderia deixar de ser, reiterou a necessidade de formulação do seguro sobre riscos encontrados no território nacional junto a seguradoras brasileiras, nos termos do art. 6º do Decreto-lei nº 73/66: *"A colocação de seguros e resseguros no exterior está limitada aos riscos que não encontrarem cobertura no País ou que não convenham aos interesses nacionais."*[70].

c) Elementos sistemático e teleológico

O elemento sistemático procura interpretar a norma em harmonia com todo o conjunto legislativo em que se insere, no qual se incluem a lei específica de que faz parte como também o sistema jurídico como um todo[71]. O elemento teleológico, por sua vez, busca

---

70. Já em 1976 a FENASEG expressara esse entendimento, tendo oficiado ao Ministro das Minas e Energia sobre a necessidade de serem efetuados no Brasil os seguros sobre contratos de risco envolvendo a exploração de petróleo em território nacional (Revista de Seguros, edição de fevereiro de 1976, p. 279).
71. Norberto Bobbio, *Teoria do ordenamento jurídico*, 1997, p. 21 e 22: "(...) se pode falar de Direito somente onde haja um complexo de normas formando um ordenamento, e que, portanto, o Direito não é norma, mas um conjunto coordenado de normas, sendo evidente que uma norma jurídica não se encontra jamais só, mas está ligada a outras normas com as quais forma um sistema normativo. (...) a consideração do modo pelo qual uma determinada norma se torna eficaz a

identificar a finalidade, o objetivo das normas que regulam a matéria, aí incluídas, cumpre notar, as normas constitucionais pertinentes. De toda forma, é apenas dentro do sistema que se pode apurar o sentido preciso da norma, seu espaço de atuação e seu objetivo geral, de modo que os dois elementos devem ser examinados em conjunto. Na verdade, cabe aqui apenas consolidar o que já vem sendo exposto ao longo deste estudo.

O contrato de seguro pode ser definido como *"o contrato por via do qual uma das partes (segurador) se obriga para com outra (segurado), mediante o recebimento de um prêmio, a indenizá-lo, ou a terceiros, de prejuízos resultantes de riscos futuros, previstos (Código Civil, art. 1.432)."*[72] Seus elementos essenciais são, portanto, o risco[73] e o prêmio, contraprestação do segurado para obter a garantia do segurador[74].

O segurador, por meio do contrato de seguro, assume para si as conseqüências econômicas do risco segurado, lucrando com o prêmio no caso da não ocorrência do sinistro[75]. Lembre-se que a atividade securitária tem por propósito o lucro, de modo que o segurador,

---

partir de uma complexa organização que determina a natureza e a entidade das sanções, as pessoas que podem exercê-las e a sua execução. Essa organização complexa é o produto de um ordenamento jurídico.".

72. Caio Mário Pereira da Silva. *Instituições de Direito Civil*, vol. III, 1997, p. 301. Essa a redação do artigo 1.432 do CC: "Considera-se contrato de seguro aquele pelo qual uma das partes se obriga para com a outra, mediante a paga de um prêmio, a indenizá-la do prejuízo resultante de riscos futuros, previstos no contrato.".

73. Essa a definição de Amílcar Santos: "Risco é o evento incerto, ou de data incerta, independente da vontade das partes, e contra o qual é feito o seguro. Risco é, no contrato de seguro, o elemento essencial por excelência. Sem ele não pode haver contrato, é ele que imprime a cada seguro sua feição peculiar." (*Seguro — doutrina, legislação e jurisprudência*, 1959, p.41).

74. "O contraente do seguro, por isso que vincula o outro à cobertura do risco, presta o que ao segurador parece (ou é) o correspondente ao valor da vinculação. É o que se chama prêmio." (Pontes de Miranda, *Tratado de Direito Privado*, vol. XLV, 1964, p. 311).

75. Amílcar Santos, *Seguro — doutrina, legislação e jurisprudência*, 1959, p.48: "Entre o prêmio e o risco existe uma dependência rigorosa. Para fixação do prêmio necessita o segurador avaliar, por meio da estatística, o risco que toma a seu cargo, medindo, assim, a importância de sua obrigação. Daí, variarem os prêmios segundo a gravidade dos riscos.".

utilizando-se dos princípios do mutualismo e das probabilidades[76], administra um grande volume financeiro formado pelos prêmios pagos pelos segurados, distribuindo os encargos decorrentes dos sinistros entre os indivíduos que formam o fundo. Desse conjunto de recursos ele indenizará os sinistros ocorridos e retirará seu lucro[77].

Quanto menor o número de sinistros ocorridos em razão do universo segurado, maior a remuneração do segurador pelo serviço de garantia prestado, e nesse particular estará a medida de seu lucro[78]. Como é fácil perceber e já se assinalou, a permissão de contratar seguro no exterior tendo por objeto riscos situados no território nacional é forma indireta de evasão de divisas. Inocorrendo o sinistro, o prêmio pago será integrado como renda de outro país, tendo deixado definitivamente o circuito econômico nacional. O prejuízo para a economia nacional torna-se ainda mais patente quando se visualiza o segurador dentro de um conceito macroeconômico, pois o seguro

---

76. O segurador utiliza-se do cálculo das probabilidades para garantir seu lucro. Procuram-se riscos vantajosos, interessantes, de modos que sejam as indenizações em caso de sinistro em montante sempre inferior ao total de prêmios arrecadados.

77. Sobre o tema, confira-se Pedro Alvim: "O seguro é tipicamente um contrato aleatório. Gira em torno do risco, acontecimento futuro e incerto cujas conseqüências econômicas o segurado transfere ao segurador, mediante o pagamento do prêmio. Se o evento previsto ocorre, uma soma bem maior que o prêmio será paga ao segurado; em compensação, reterá o segurador a quantia recebida, se o fato não se verificar. Não há equivalência nas obrigações, por força da natureza aleatória do contrato. O segurado perde ou ganha, mas o segurador escapa a essa condição, não em relação a um contrato isolado, mas no conjunto dos contratos celebrados, compensando os lucros e perdas de cada um." (O *Contrato de seguro*, 1999, p. 123).

No mesmo sentido, Maria Helena Diniz, *Tratado teórico e prático dos contratos*, vol. IV, 1993, p. 32: "É um contrato aleatório, por não haver equivalência entre as prestações; o segurado não poderá antever, de imediato, o que receberá em troca da sua prestação, pois o segurador assume um risco, elemento essencial desse contrato, devendo ressarcir o dano sofrido pelo segurado, se o evento incerto e previsto no contrato ocorrer. Daí a aleatoriedade desse contrato, pois tal acontecimento pode verificar-se ou não. Desse modo, a vantagem do segurador dependerá de não ocorrer o sinistro, hipótese em que receberá o prêmio sem nada desembolsar.".

78. Avio Brasil, *Transportes e seguros marítimos e aéreos*, 1955, p.198.

representa, como já mencionado, uma forma de poupança, que acabará sendo formada no exterior e não no país[79].

Ora, é exatamente isso que a Constituição Federal, art. 192, e a legislação própria[80] querem evitar ao instituir o desenvolvimento equilibrado do país como um dos princípios do sistema financeiro nacional em geral e da política de seguros privados em particular[81].

---

79. Newton Augusto de Souza, *O seguro no contexto da economia*, in Cadernos de Seguro nº 84, 1997, p. 31.
80. Reproduz-se, ainda uma vez, o Decreto-lei nº 73/66: "Art. 5º A política de seguros privados objetivará:
I — promover a expansão do mercado de seguros e propiciar condições operacionais necessárias para sua integração no processo econômico e social do país;
II — evitar evasão de divisas, pelo desequilíbrio do balanço dos resultados do intercâmbio de negócios com o exterior;
(...)".
81. A primeira Constituição a dedicar previsão expressa ao mercado de seguros foi a de 1934, art. 117, cujo propósito foi identificado pelo deputado Mário Ramos, à época dos trabalhos da Constituinte, nos seguintes termos: "Negócios financeiros como os de seguro, em todas as suas modalidades, podem envolver capitais internacionais, mas não devem operar esses capitais senão debaixo das leis brasileiras e por sociedades anônimas constituídas dentro dessas leis do país." (Pedro Alvim, *Política brasileira de seguros*, 1980, p. 93). J. J. Calmon de Passos, *A atividade securitária e sua fronteira com os interesses transindividuais — responsabilidade da SUSEP e competência da Justiça Federal*, Revista dos Tribunais nº 763, 1999, p. 97, registrou a respeito das preocupações da Carta de 1988 com o tema: "O seguro (...) tornou-se uma técnica a serviço do interesse geral, mais adequadamente definível como seguridade social ou segurança social, publicizando-se. Deixou de ser possível, por conseguinte, entender a atividade securitária como de natureza estritamente privada, passando a ser vista como vinculada ao interesse público, retirada do campo da pura autonomia da vontade, passando a ser regulada, de forma cogente e minuciosa, pelo Poder Público. Os negócios que formaliza entram na categoria também nova dos chamados contratos de massa.
A Constituição Federal aponta, em vários de seus dispositivos, para essa compreensão. Colocando no âmbito do sistema financeiro nacional as empresas de seguro, dizendo a Lei Maior que este sistema é estruturado para servir aos interesses da coletividade (art. 192, caput e inc. II), reservando-se, com exclusividade, para a União, a competência legislativa sobre a matéria (art. 22, VII). Essa perspectiva conduz ao entendimento necessário de que todo aporte financeiro atribuído pelo segurado à seguradora com que contrata, intitulado prêmio, é, em verdade, parcela que, integrada a outras, constitui um fundo comum de

Em suma: os propósitos constitucionais só se realizam se exigida a contratação de seguro sobre os riscos localizados no território brasileiro junto ao mercado nacional, pois, caso contrário, estar-se-á diante de clara permissão de evasão de divisas, contrária aos princípios constitucionais e à legislação vigente.

Observe-se que a edição da Emenda Constitucional n° 13, de 21.08.1996 em nada altera essa conclusão. Isso porque, apesar da quebra do monopólio do resseguro — instrumento histórico que, a juízo do constituinte, já cumpriu o seu papel para o desenvolvimento do mercado nacional de seguros —, a União permanece competente para legislar sobre autorização, funcionamento e fiscalização tanto das companhias seguradoras como resseguradoras.

A Lei n° 9.932/99 (cuja eficácia, como já se registrou, encontra-se suspensa por força de liminar concedida pelo Supremo Tribunal Federal no âmbito da ADIN n° 2223-7/DF) apenas tratou de dar execução à EC n° 13/96, implementando a abertura do mercado de resseguros à iniciativa privada, em nada alterando a necessidade de celebração no Brasil do contrato de seguros quando tenha por objeto os riscos aqui situados. A lei mencionada reproduziu a norma do Decreto-lei n° 73/66 no que diz respeito aos seguros e apenas explicitou a transferência, para a SUSEP, da competência para autorizar a contratação direta no mercado internacional dos riscos aqui situados, nas hipóteses excepcionais em que não haja cobertura no país ou que haja inconveniência para os interesses nacionais[82].

Demonstrada, assim, sob todos os aspectos, a obrigatoriedade da contratação no Brasil dos seguros sobre os riscos situados no mercado nacional, passa-se à análise de alguns aspectos específicos do caso concreto.

---

propriedade e destinação comunitária ou coletiva de todos os segurados. Dessa universalidade apenas são extraídos os valores indispensáveis para sua administração, que inclui a sua retribuição do empreendedor, tudo isso regulado por disposições legais de natureza cogente que objetivam, precisamente, acentuar e resguardar a propriedade coletiva desse patrimônio e sua destinação social e específica.".

82. Esta a dicção do *caput* do art. 6° do Decreto-lei n° 73/66 com a redação que lhe deu a Lei n° 9.932/99, art. 2°: "A contratação de seguros no exterior dependerá de autorização da SUSEP e será limitada aos riscos que não encontrem cobertura no país ou que não convenham aos interesses nacionais.".

III. Contrato de seguro firmado no exterior por empresa estrangeira subcontratada pela Petrobrás, tendo por objeto atividade desenvolvida em território nacional

III.1. Subordinação da empresa estrangeira que opere no Brasil ao Direito brasileiro

Como visto, as empresas estrangeiras que desejem atuar no Brasil devem obter autorização do Governo Federal e observar a legislação brasileira, independentemente da forma que revistam ou da natureza jurídica que assumam. Como já se mencionou, a razão dessa exigência encontra-se no princípio da soberania e se justifica pela proteção ao mercado interno e aos interesses econômicos nacionais.

O texto do já mencionado Decreto-lei n° 2.627/40 consagra essa orientação, ao prescrever (i) que o Governo Federal pode estabelecer limitações às atividades das empresas autorizadas, de modo a conciliá-las com os interesses nacionais, (ii) que as empresas autorizadas sujeitam-se às leis brasileiras quanto aos atos e operações praticadas no Brasil, e (iii) que a autorização concedida deve ser cassada todas as vezes que assim ordenarem os interesses da economia nacional. É o que estabelecem, respectivamente, os artigos 65, 68 e 73 do Decreto, que mais uma vez se transcrevem:

> "Art. 65. O Governo Federal, **na autorização, poderá estabelecer as condições que julgar convenientes à defesa dos interesses nacionais**, além das exigidas por lei especial, inclusive a constante do art. 61, § 2°.[83]
> (...)
> Art. 68. As sociedades anônimas estrangeiras autorizadas a funcionar **ficarão sujeitas às leis e aos tribunais brasileiros quanto aos atos ou operações que praticarem no Brasil.**
> (...)

---

83. O artigo 61, § 2° do Decreto-lei n.° 2.627/40 dispõe, *in verbis*: "§ 2° O governo poderá ordenar que a sociedade, cumpridas as formalidades legais para o seu funcionamento, promova, na Bolsa de Valores da Capital da República, a cotação de seus títulos. Essa determinação é obrigatória para as sociedades que gozem, ou venham a gozar, de favores do Governo Federal.".

*Art. 73. O Governo Federal poderá, a qualquer tempo, e sem prejuízo da responsabilidade penal que couber, cassar a autorização concedida às sociedades anônimas, nacionais ou estrangeiras, **quando infringirem disposições de ordem pública ou praticarem atos contrários aos fins declarados nos estatutos ou nocivos à economia nacional**."*

Convém observar que no caso específico da exploração de petróleo, a Lei n° 9.478/97, que instituiu a Agência Nacional de Petróleo — ANP e dispôs sobre a política energética nacional, só admite a delegação para atividades econômicas relativas à pesquisa, lavra e refino do petróleo, dentre outras, a empresas nacionais. O texto do art. 5° da norma referida é claro e prescreve:

*"Art. 5°. As atividades econômicas de que trata o artigo anterior serão reguladas e fiscalizadas pela União e poderão ser exercidas, mediante concessão ou autorização, **por empresas constituídas sob as leis brasileiras, com sede e administração no País**."*[84]

A exceção a essa regra diz respeito às empresas que formem consórcios com a Petrobrás, que poderão ser nacionais ou estrangeiras, como se depreende da leitura do art. 63 da Lei n.° 9.478/97:

"Art. 63. A Petrobrás e suas subsidiárias ficam autorizadas a formar consórcios com empresas nacionais ou estrangeiras, na condição ou não de empresa líder, objetivando expandir atividades, reunir tecnologias e ampliar investimentos aplicados à indústria do petróleo."

---

84. De acordo com o art. 60 do Decreto-lei n.° 2.627/40, *"são consideradas nacionais as sociedades organizadas na conformidade da lei brasileira e que têm no País a sede de sua administração"*. O art. 171 da Constituição de 1988 definia empresa brasileira nesses mesmos termos e criava ainda a noção de empresa brasileira de capital nacional. A Emenda Constitucional n° 6, de 15.08.95, porém, revogou o dispositivo desconstitucionalizando o tema, que passou a ser disciplinado apenas na esfera infraconstitucional.

Entretanto, mesmo que a Petrobrás firme consórcio com empresa estrangeira para execução de suas atividades, isso não afasta, por evidente, a necessidade de autorização para que essa empresa estrangeira possa atuar no Brasil. Da mesma forma, a obrigação de observar as leis brasileiras continua aplicável a qualquer empresa que venha a atuar em território nacional.

A esta conclusão se chega não apenas do exame do Decreto-lei nº 2.627/40, acima transcrito, que em nenhum momento foi afastado pela legislação posterior, mas também por força do contrato celebrado entre a Petrobrás (empresa concessionária) e a Agência Nacional de Petróleo (ANP). Também naquele instrumento consta previsão expressa no sentido de que não apenas as partes contratantes se subordinam à legislação brasileira, mas também quaisquer terceiros que venham a ser contratados pela Petrobrás e atuar no país. Confiram-se as cláusulas pertinentes:

> "Cláusula 19.2 O *Concessionário executará diretamente, contratará ou de outra maneira obterá, por sua conta e risco, todos os serviços necessários para o cumprimento deste Contrato,* **podendo fazê-lo no Brasil ou no exterior, respeitadas sempre as disposições da legislação brasileira em vigor.**
> (...)
> Cláusula 19.2.3 O **Concessionário fará valer para todos os seus subcontratados as disposições deste Contrato e das leis brasileiras que sejam aplicáveis às atividades dos mesmos na Área da Concessão e no País em geral, especialmente mas não limitadas àquelas referentes a pessoal, proteção ao consumidor e ao meio ambiente.** *De todo modo, responderá o Concessionário, integral e objetivamente, pelos danos ou prejuízos que resultarem, direta ou indiretamente, para a ANP ou a União, das atividades dos seus subcontratados.*" (negrito acrescentado)

Desse modo, no momento em que a empresa estrangeira desenvolve atividade no país e firma contrato de seguro a respeito de riscos localizados no território nacional[85], tal ajuste terá obrigatoriamente de ser celebrado com seguradora brasileira, salvo os riscos que não encontrem cobertura no país, pois assim determina de forma imperativa a legislação nacional. Com muito mais razão quando se trata, como no caso, de empresa contratada pela Petrobrás, cabendo inclusive a esta o dever de fazer cumprir a legislação brasileira. A este ponto se voltará adiante.

III.2. Conseqüências da violação da norma brasileira:

a) Para a empresa estrangeira contratada pela Petrobrás

O descumprimento da legislação brasileira de seguros por empresa estrangeira operando no Brasil acarreta duas conseqüências, uma geral e outra específica. Nos termos do já mencionado Decreto-lei n.º 2.627/40, art. 73, a empresa estrangeira que desrespeitar imperativo legal poderá ter cassada sua autorização para funcionamento cassada, *verbis*:

> *"Art. 73. O Governo Federal poderá, a qualquer tempo, e sem prejuízo da responsabilidade penal que couber, cassar a autorização concedida às sociedades anônimas, nacionais ou estrangeiras, quando praticarem atos contrários aos fins declarados nos estatutos ou nocivos à economia nacional."*

Além dessa sanção genérica, o descumprimento da regra que estabelece a obrigação de serem efetuados no país os seguros relativos

---

85. O contrato de concessão firmado entre Petrobrás e ANP dispõe sobre a exigência de realização de seguro nos seguintes termos: "Cláusula 21.1. O concessionário providenciará e manterá em vigor, durante toda a vigência deste Contrato, e sem que isso importe em limitação de sua responsabilidade sob o mesmo, cobertura de seguro contratada com empresa idônea, para todos os casos exigidos pela legislação aplicável, bem como para cumprir determinação de qualquer autoridade competente ou da ANP, tanto com relação a bens e pessoal quanto às operações e sua execução, proteção do meio ambiente, devolução e abandono de áreas, remoção e reversão de bens.".

a riscos localizados no território nacional acarreta ainda a pena de multa, nos termos do art. 113 do Decreto-lei n.º 73/66[86]:

> "*Art. 113. As pessoas físicas ou jurídicas que realizarem operações de seguro, cosseguro ou resseguro sem a devida autorização, no País ou no exterior, ficam sujeitas à pena de multa igual ao valor da importância segurada ou ressegurada.*"

b) Responsabilidade subsidiária da Petrobrás pelos atos de empresa estrangeira sua subcontratada em operação no Brasil

A infração cometida pela empresa estrangeira subcontratada pela Petrobrás repercute também sobre esta. Como se viu acima, a Cláusula 19.2.3. do contrato de concessão impõe à Petrobrás o dever de fazer com que seus subcontratados cumpram a legislação brasileira, responsabilizando-se perante a ANP e a União pelas infrações cometidas por eles[87]. Mais que isso, a Lei n.º 9.478/97, já referida, prevê expressamente a responsabilidade do concessionário e a obrigação de ressarcimento pelos danos causados à ANP ou à União por intermédio de seus prepostos, *in verbis*:

> "*Art. 44. O contrato estabelecerá que o concessionário estará obrigado a:*

---

86. Também o Decreto-lei nº 2.063/40 previa penalidade para a hipótese, em seu art. 165 ("Art. 165. As pessoas físicas e jurídicas que infringirem o disposto no art. 186 ficarão sujeitas à multa de 10% (dez por cento) do valor da responsabilidade segurada, por um ano de vigência do contrato de seguro.
Parágrafo único. As pessoas físicas e jurídicas que, de qualquer forma, intervierem em operações de seguros e resseguros proibidas por este decreto-lei incorrerão na mesma pena cominada neste artigo.").
87. "Cláusula 19.2.3 O Concessionário fará valer para todos os seus subcontratados as disposições deste Contrato e das leis brasileiras que sejam aplicáveis às atividades dos mesmos na Área da Concessão e no País em geral, especialmente mas não limitadas àquelas referentes a pessoal, proteção ao consumidor e ao meio ambiente. De todo modo, responderá o Concessionário, integral e objetivamente, pelos danos ou prejuízos que resultarem, direta ou indiretamente, para a ANP ou a União, das atividades dos seus subcontratados."

(...)
V — responsabilizar-se civilmente pelos atos de seus prepostos e indenizar todos e quaisquer danos decorrentes das atividades de exploração, desenvolvimento e produção contratadas, devendo ressarcir à ANP ou à União os ônus que venham a suportar em conseqüência de eventuais demandas motivadas por atos de responsabilidade do concessionário."

Além do dispositivo legal e da cláusula contratual já referida, outras disposições contratuais tornam explícita a responsabilização do concessionário por todo e qualquer evento derivado da execução do contrato de concessão, inclusive e especialmente por conta de seus subcontratados. Confira-se:

"Cláusula 2.2 O Concessionário assumirá sempre, em caráter exclusivo, todos os custos e riscos relacionados com a execução das Operações e suas conseqüências, *cabendo-lhe, como única e exclusiva contrapartida, a propriedade do Petróleo e Gás Natural que venham a ser efetivamente produzidos e por ele recebidos no Ponto de Medição, nos termos deste Contrato, com sujeição aos encargos relativos aos tributos e Participações Governamentais e de terceiros, de acordo com este Contrato e a legislação aplicável.*
Cláusula 2.2.1 *Com base no princípio estabelecido no parágrafo 2.2, sem com isto limitar sua aplicação, fica expressamente entendido que o Concessionário arcará com todos os prejuízos em que venha a incorrer, sem direito a qualquer pagamento, reembolso ou indenização, caso não haja Descoberta Comercial na Área da Concessão ou caso o Petróleo e Gás Natural que venha a receber no Ponto de Medição sejam insuficientes para a recuperação dos investimentos realizados e o reembolso das despesas incorridas, quer diretos ou através de terceiros.* Além disso, o Concessionário será o único responsável civilmente pelos seus próprios atos e os de seus prepostos e subcontratados, bem como pela reparação de todos e quaisquer danos causados pelas Operações e sua execução, independentemente da existência de culpa, devendo ressarcir a ANP e a União dos ônus que estas venham a suportar em conseqüência de

eventuais demandas motivadas por atos de responsabilidade do Concessionário."[88] (destaque acrescentado)

Lembre-se que nada obstante a contratação de terceiro para a execução de atividades previstas no contrato de concessão, a titularidade da concessão não se transfere à empresa contratada, não importando de quem seja a propriedade dos ativos envolvidos. A Petrobrás é a titular da concessão e pode explorá-la por meios próprios ou utilizando bens de terceiros. No contrato administrativo de concessão, o serviço é outorgado em nome do concessionário, por sua conta e risco, sem possibilidade de isenção da responsabilidade pelo fato de se transferirem atribuições a empresas subcontratadas. A responsabilidade final é sempre do concessionário.

Em conclusão, existe relação jurídica apenas entre o Poder Público e a empresa concessionária, e não entre o Poder Público e o terceiro. O serviço é concedido em nome da Petrobrás e corre por sua conta e risco. Caso esta decida subcontratar, não há dúvida de que responde pelos atos de seus subcontratados, como previsto expressamente em lei e no próprio contrato de concessão firmado com a ANP. Desse modo, a multa acima referida, decorrente da infração da legislação securitária, poderá ser cobrada indiferentemente da empresa estrangeira ou da Petrobrás.

---

88. A cláusula vigésima-primeira reforça o entendimento exposto e ratifica a necessidade de cumprimento das normas estabelecidas pela ANP ou por qualquer outra autoridade competente. Em acréscimo, prevê a obrigação de manter a ANP informada de qualquer operação posterior que venha a ser celebrada, através da entrega de cópias de contratos e outros instrumentos àquela Agência. Confira-se a redação da cláusula: " Cláusula 21.1 O Concessionário providenciará e manterá em vigor, durante toda a vigência deste Contrato, e sem que isso importe em limitação de sua responsabilidade sob o mesmo, cobertura de seguro contratada com empresa idônea, para todos os casos exigidos pela legislação aplicável, bem como para cumprir determinação de qualquer autoridade competente ou da ANP, tanto com relação a bens e pessoal quanto às Operações e sua execução, proteção do meio ambiente, devolução e abandono de áreas, remoção e reversão de bens; Cláusula 21.1.2 O Concessionário entregará à ANP cópia de todas as apólices e contratos referentes aos seguros de que trata o parágrafo 21.1, bem como de todo e qualquer aditamento, alteração, endosso, prorrogação ou extensão dos mesmos, e de toda e qualquer ocorrência, reclamação ou aviso de sinistro relacionados.".

IV. Conclusões

É possível compendiar a exposição analítica desenvolvida em um conjunto sucinto de proposições objetivas, que vão assim enunciadas:

1. A celebração do contrato de seguro descrito pela entidade consulente, firmado por empresa estrangeira subcontratada pela Petrobrás, relativo a riscos localizados em território nacional, rege-se obrigatoriamente pela legislação brasileira. Não afetam essa conclusão o fato da subcontratação, a nacionalidade da empresa subcontratada ou a celebração do contrato no exterior. Alguns dos fundamentos de tal conclusão, colhidos no direito constitucional, no direito internacional público e privado são os seguintes:

a) A soberania nacional é um dos princípios constitucionais que orienta a ordem econômica brasileira. A soberania desdobra-se, para esse fim, em alguns corolários: (i) as empresas estrangeiras que desejem atuar no Brasil dependem de autorização do Governo Federal e submetem-se à legislação brasileira; e (ii) as normas econômicas em geral são consideradas normas de ordem pública, cuja incidência não pode ser afastada pela vontade das partes;

b) O centro de gravidade do contrato de seguro descrito é o Brasil, devendo reger a hipótese a lei brasileira. Ademais, não se admite a aplicação de lei estrangeira em tema de ordem pública interna, como é o que envolve sistema financeiro (mercado de seguro), contrato administrativo (concessão) e atividade econômica monopolizada pela União (exploração de petróleo);

c) Tem base em tratado internacional do qual o Brasil é signatário a prerrogativa de cada Estado editar normas cogentes a respeito de seu equilíbrio cambial e monetário. As regras internas que o contrato de seguro aqui analisado procurou contornar destinam-se a impedir a evasão de divisas e a assegurar o desenvolvimento equilibrado do mercado nacional.

2. A legislação brasileira sobre seguros, tanto o Decreto-lei nº 2.063/40 como o Decreto-lei nº 73/66, determina que os riscos localizados no território nacional deverão ser segurados no mercado interno.

3. A empresa estrangeira que firmou no exterior contrato de seguro que deveria ser sido celebrado no mercado interno sujeita-se à cassação de sua autorização para funcionar no país e à aplicação da

penalidade de multa prevista na legislação securitária. A multa poderá ser igualmente cobrada da Petrobrás, já que esta é integralmente responsável por seus subcontratados, tendo inclusive o dever de impor-lhes o cumprimento da legislação brasileira, nos termos da Lei nº 9.478/97 e do contrato de concessão firmado por ela com a ANP.

Impossibilidade de auto-execução dos créditos do Poder Público sem intervenção do Judiciário. Dever de motivação dos atos administrativos restritivos de direitos

> SUMÁRIO: I. Introdução. Parte I. Ato administrativo restritivo de direito: motivação obrigatória e indispensabilidade de ampla defesa prévia. II. A Constituição de 67/69 e as regras aplicáveis: a) a motivação; b) a ampla defesa prévia. III. A Constituição de 67/69 e os princípios republicano, democrático, da legalidade e da igualdade. Parte II. Créditos do Poder Público: observância do devido processo legal de cobrança. IV. A Constituição de 1988: processo administrativo e imparcialidade do órgão de decisão. V. Os créditos do Poder Público e a impossibilidade de auto-execução. VI. Conclusão.

I. Introdução

Trata-se de estudo sobre a constitucionalidade de dois atos praticados pelo Banco Central do Brasil — BACEN no âmbito da liquidação extrajudicial das empresas SBCI S.A. e SBSPCI S.A., das quais a Empresa T. é sucessora.

O *primeiro ato* consiste na própria decretação, pelo Banco Central, da liquidação extrajudicial das duas empresas, no ano de 1985.

Segundo a narrativa, o BACEN teria agido sem motivação específica de fato ou de direito e sem qualquer procedimento administrativo prévio no qual se tenha garantido ampla defesa aos administradores das companhias liquidadas. Com efeito, este o teor do decreto de liquidação extrajudicial da empresa SBSPCI S.A., publicado no Diário Oficial da União de 11.02.1985:

> *"O Banco Central do Brasil, no uso das atribuições que lhe confere o Artigo 1º da Lei 6.024, de 13 de março de 1974, tendo em vista representação fundamentada do Banco Nacional da Habitação de 07 de fevereiro de 1985,*
> *RESOLVE,*
> *Com fundamento no art. 15, inciso I, letras "b" e "c", decretar a LIQUIDAÇÃO EXTRAJUDICIAL da (SBSPCI) S.A. (...)"*[1]

O *segundo ato* foi praticado pelo liquidante, órgão ou agente subordinado ao BACEN, quando do encerramento da referida liquidação, no ano de 1994. Também de acordo com os fatos descritos, o liquidante teria admitido e pago créditos em favor do próprio BACEN, sem prévio processo administrativo e sem a intervenção do Poder Judiciário. Especificamente, o liquidante teria assinado contrato reconhecendo dívidas das empresas liquidandas com o BACEN, sendo que este, no mesmo ato, teria cedido tais créditos à Caixa Econômica Federal — CEF.

O exame da constitucionalidade dos atos descritos deverá tomar como parâmetros textos constitucionais distintos, já que o decreto de liquidação se deu ainda sob a égide da Constituição de 1967, com a redação dada pela Emenda nº 01, de 1969, e o segundo ato ocorreu já na vigência da atual Constituição de 1988. Desse modo, o estudo será ordenado em duas partes, cada uma dedicada ao exame da constitucionalidade de um dos atos descritos acima, de acordo com o roteiro já apresentado.

---

1. Na mesma data, e nos mesmos termos, foi decretada também a liquidação extrajudicial da companhia SBCI.

PARTE I
Ato administrativo restritivo de direito: motivação obrigatória e indispensabilidade de ampla defesa

II. A Constituição de 67/69 e as regras aplicáveis

a) A motivação

O ato administrativo é a forma mais corriqueira pela qual o Estado Administrador se manifesta no mundo jurídico, afetando direta ou indiretamente a esfera jurídica dos administrados.[2] Como é corrente na doutrina administrativista tradicional[3], no ato administrativo há 5 (cinco) elementos a considerar: competência, forma, finalidade, motivo e objeto. Os três primeiros são sempre elementos vinculados, isto é, rigidamente definidos pela norma legal ou regulamentar. Os dois últimos — motivo e objeto — poderão ser vinculados ou discricionários, con-

---

2. Diversos conceitos de ato administrativo podem ser encontrados na doutrina nacional e estrangeira. Marcello Caetano, *Manual de direito administrativo*, 1970, p. 390, define o ato administrativo como "conduta voluntária de um órgão da Administração que, no exercício de um poder público e para prossecução de interesses postos por lei a seu cargo, produza efeitos jurídicos num caso concreto".
Hely Lopes Meirelles, *Direito administrativo brasileiro*, 1993, p. 133, considera os atos administrativos como uma categoria dos atos jurídicos em geral, definindo-os como "toda a manifestação unilateral de vontade da Administração Pública que, agindo nessa qualidade, tenha por fim imediato adquirir, resguardar, transferir, modificar, extinguir e declarar direitos, ou impor obrigações aos administrados ou a si própria.".
Maria Sylvia Zanella Di Pietro, *Direito administrativo*, 2000, p. 181, prefere conferir ao termo conceito mais abrangente, de forma a alcançar todas as atividades do Poder Executivo, ainda que não lhe sejam típicas, como os atos que encerram opinião, juízo ou conhecimento, bem como os atos normativos. Para tanto, sugere a seguinte definição para ato administrativo: "a declaração do Estado ou de quem o represente, que produz efeitos jurídicos imediatos, com observância da lei, sob regime de direito público e sujeita a controle pelo Poder Judiciário.".
3. Vejam-se, por todos, M. Seabra Fagundes, *O controle dos atos administrativos pelo Poder Judiciário*, 1979 e Hely Lopes Meirelles, *Direito administrativo brasileiro*, 1996, p. 134 e ss.

forme a norma de regência. Para os fins do presente estudo, importa de forma específica o elemento *motivo* do ato administrativo.

Por *motivo* entende-se, na verdade, um todo complexo, originário da conjugação de dois elementos: os motivos de direito e de fato (da mesma forma como se passa com as decisões judiciais[4]) que autorizam a prática do ato administrativo. Assim, em primeiro lugar, o motivo diz respeito à(s) norma(s) jurídica(s) que permite(m) ou exige(m) a prática do ato em questão, lembrando-se que a Administração Pública só pode agir mediante autorização legal e em conformidade com a norma, por imposição do princípio da legalidade que a rege[5]. Além disso, o motivo que sustenta o ato administrativo apenas estará completo se o pressuposto fático, descrito pela norma que autoriza ou impõe sua prática, se verificar no caso concreto — os motivos de fato. O ponto é pacífico na doutrina e foi sintetizado com precisão por Diogo de Figueiredo Moreira Neto:

> "O *Estado ao* decidir *concretamente, deve basear-se na lei e nos fatos. Os motivos são, assim, os pressupostos jurídicos e os factuais que fundamentam a concreção casuística de um comando vinculador, tanto quando o Estado deva decidir* ex officio *como quando o faça por provocação.*" (Grifos no original)[6]

---

4. Humberto Theodoro Júnior, *Curso de direito processual civil*, 1997, p. 509: "Antes de declarar a vontade concreta da lei frente ao caso dos autos cumpre ao juiz motivar sua decisão. Daí a necessidade de expor os fundamentos de fato e de direito que geraram sua convicção.".
Ainda sobre a motivação das decisões judiciais, veja-se a posição do Supremo Tribunal Federal: "A ofensa ao dever constitucional de fundamentar as decisões judiciais gera a nulidade do julgamento efetuado por qualquer órgão do Poder Judiciário. Os magistrados e Tribunais estão vinculados, no desempenho da função jurisdicional, a essa imposição fixada pela Lei Fundamental da República. A exigência de motivação dos atos decisórios constitui fator de limitação do arbítrio do Estado e de tutela dos direitos das partes que integram a relação processual. A decisão ora impugnada apresenta-se suficientemente motivada. A análise de sua estrutura formal evidencia, de modo destacado, a exposição dos motivos de fato e de direito que conduziram a prolação desse ato decisório." (STF, 1ª Turma, HC 68.571, Rel. Min. Celso de Mello, DJ 12.06.1992).
5. Luís Roberto Barroso, *Temas de direito constitucional*, 2001, p. 166/167.
6. Diogo de Figueiredo Moreira Neto, *Curso de direito administrativo*, 1997, p. 67.

Todo ato administrativo, por natural, apenas pode subsistir diante de um motivo pertinente, de fato e de direito. Ao praticar um ato, o administrador o faz — ou ao menos assim deve ser — porque identificou na realidade uma circunstância descrita pela norma e, estando a ela vinculado em todo tempo, aplicou seus termos ao caso concreto. Não há dúvida, portanto, de que todo ato administrativo tem de fundar-se em motivos. A questão que se coloca é se a Administração está obrigada a explicitar, por escrito, os motivos que justificam a prática de seus atos.

A Constituição de 1988 não enuncia de forma explícita a obrigatoriedade generalizada da motivação dos atos administrativos — isto é: a declinação dos motivos —, embora se entenda pacificamente que esse é um princípio implícito que decorre do sistema constitucional[7]. Também a Carta de 67/69 não dispunha de forma expressa sobre o ponto, o que não impedia que, da mesma forma, o entendimento dominante exigisse a motivação expressa das razões de fato e de direito que autorizavam a prática do ato administrativo, especialmente na hipótese de ato restritivo de direitos, como se vê das opiniões de Hely Lopes Meirelles e Caio Tácito, respectivamente, em escritos produzidos à época da Constituição de 67/69:

> *"Ora, se ninguém é obrigado a fazer ou deixar de fazer alguma coisa senão em virtude de lei, claro está que toda a ordem, decisão ou ato do Poder Público deve trazer consigo a demonstração de sua base legal. Assim como todo cidadão, para ser acolhido na sociedade, há de provar sua identidade, o ato administrativo, para ser bem recebido pelos cidadãos, deve patentear sua legalidade, vale dizer, sua identidade com a lei. (...) Pela motivação, como se vê, o administrador público justifica sua ação administrativa, indicando os fatos que ensejam o ato e os preceitos jurídicos*

---

7. Celso Antônio Bandeira de Mello, *Curso de direito administrativo*, Malheiros, São Paulo, 1997, p. 69: "O fundamento constitucional da obrigação de motivar está — como se esclarece de seguida — implícito tanto no art. 1º, inciso II, que indica a cidadania como um dos fundamentos da República, quanto no parágrafo único deste preceptivo, segundo o qual todo o poder emana do povo, como ainda no art. 5º, XXXV, que assegura o direito à apreciação judicial nos casos de ameaça ou lesão de direito.".

que autorizam a sua prática. (...) A motivação, portanto, deve apontar a causa e os elementos determinantes da prática do ato administrativo, bem como o dispositivo legal em que se funda."[8]
"A teoria da inexistência de motivos abrange tanto a sua ausência material, como a legal. Não somente podem inexistir os fatos argüidos pela administração, como serem, por sua natureza, indiferentes ao direito. Em qualquer dessas hipóteses, não se poderá o administrador valer deles como justificativa para o ato praticado.
Daí a necessidade de conduzir o controle de legalidade à verificação da matéria de fato. A lei não é um artifício automático, mas um processo de graduação de valores materiais em função de critérios abstratos e gerais. A existência jurídica do ato não se resume na propriedade da norma invocada, mas em seu pleno ajustamento à hipótese concreta."[9]

Embora não conste de forma expressa do texto constitucional, a necessidade de motivação explícita dos atos administrativos restritivos de direitos é uma exigência de diversas outras normas constitucionais, como a garantia da ampla defesa e os princípios republicano, democrático, da legalidade e da igualdade, todas previstas na Carta de 67/69. Adiante se examinarão de forma mais analítica esses quatro últimos princípios (republicano, democrático, da legalidade e da igualdade). Quanto à ampla defesa, suas relações com a motivação são há muito conhecidas, valendo uma nota breve desde logo.

Já não há mais dúvida de que o desconhecimento das razões de fato e de direito que levam a autoridade a tomar determinada decisão — administrativa no caso examinado, o mesmo se passando com as decisões judiciais — acarreta substancial prejuízo à defesa do particular ou, especificamente no caso de atos administrativos, à possibilidade de sua impugnação judicial[10]. Será certamente muito mais comple-

---

8. Hely Lopes Meirelles, Direito administrativo brasileiro, 1966, p. 204/206. Redação praticamente idêntica pode ser encontrada nas edições posteriores da mesma obra.
9. Caio Tácito, *Direito administrativo*, 1975, p. 8.
10. Note-se que a referência feita pelo decreto de liquidação extrajudicial das

xo, quiçá inviável, demonstrar o equívoco da avaliação dos fatos ou da interpretação jurídica porventura levada a cabo pela Administração se não se dispõe de qualquer informação a respeito desses processos mentais. Em suma: a motivação do ato é um pressuposto para o real exercício da ampla defesa.

Ora, a garantia da ampla defesa foi expressamente prevista pela Constituição de 1967/69 em seus arts. 153 e 149[11], de modo que só por isso a motivação já se imporia — particularmente, repita-se, em casos de restrição de direitos, como a descrita hipótese de liquidação extrajudicial de instituição financeira. Aliás, tal afirmação dispensa maiores discussões acerca da natureza da liquidação extrajudicial, pois, seja qual for a posição adotada, não é possível negar que se trata, sob qualquer ponto de vista, de ato que restringe diversos direitos dos administradores e acionistas da companhia.

A obrigatoriedade da motivação na hipótese decorre não só da ampla defesa, como já se adiantou, mas também de um conjunto de princípios constitucionais, consagrados pelo Texto de 1967/69. Antes de examiná-los, todavia, convém destacar um outro direito decorrente da garantia da ampla defesa, igualmente violado na seqüência de eventos citados: o direito à ampla defesa prévia em processos administrativos. Confira-se.

b) Ampla defesa prévia

A ampla defesa não significa apenas fornecer ao particular os meios necessários para recorrer de uma decisão ou ato desfavorável. A norma, na verdade, significa muito mais que isso. Ela pressupõe a possibilidade de o particular influenciar na formação da própria deci-

---

empresas sucedidas pela Empresa T. a uma "representação fundamentada do Banco Nacional da Habitação" não constitui, por evidente, motivação do ato examinado. O decreto não reproduz ou descreve quais seriam as razões apresentadas na tal representação do BNH e, segundo informa a mesma empresa, as empresas liquidadas simplesmente não tiveram acesso a tal documento.

11. CF 67/69, art. 153, §15: "A lei assegurará aos acusados ampla defesa, com os recursos a ela inerentes. Não haverá foro privilegiado nem tribunais de exceção.".
CF, 67/69, art. 149: "Assegurada ao paciente a ampla defesa, poderá ser declarada a perda ou a suspensão de seus direitos políticos.".

são que venha a afetar seus direitos ou interesses, apresentando suas razões antes que ela seja produzida. Tal garantia decorre diretamente da cláusula geral da ampla defesa, assegurada de forma explícita nos artigos 149 e 153 da Constituição de 1967/69, que têm a seguinte dicção:

> *"Art. 149. Assegurada ao paciente a ampla defesa, poderá ser declarada a perda ou a suspensão de seus direitos políticos.*
> *(...)*
> *Art. 153..*
> *(...)*
> *§15. A lei assegurará aos acusados ampla defesa, com os recursos a ela inerentes. Não haverá foro privilegiado nem tribunais de exceção."*

Registre-se que a referência dos dispositivos a expressões específicas, como "acusados", não significa que apenas no processo penal ou no qual se discutisse a perda dos direitos políticos seria aplicada a garantia da ampla defesa. Já ao tempo da Carta de 67/69, a doutrina havia pacificado o entendimento, como é próprio, de que a ampla defesa é obrigatória também nos processos administrativos, uma vez que nestes, da mesma forma, os direitos individuais são afetados por uma decisão estatal. Não era outra a opinião de José Frederico Marques nos idos de 1968, como se vê do trecho abaixo:

> "Farta foi a Constituição vigente (tal como acontecera com as anteriores) em explicitar a garantia do devido processo legal no tocante ao processo propriamente dito, isto é, em relação ao processo judicial. (...)
> Daí não se segue, porém, que fora do processo judicial, possam os outros ramos do poder público exercer, sem contraste, o seu 'imperium', aguardando intervenção posterior do Judiciário para corrigir ou anular os atos que atinjam ou causem lesão a direito individual. Se ninguém pode sofrer gravame em sua fazenda, seu patrimônio ou bens (como corolário da garantia do direito de propriedade) sem o devido processo legal (...) seria incivil, injusto e em antagonismo com a Constituição que a atividade ad-

ministrativa ficasse com inteira liberdade de atuar, quando, em sua função externa, entra em contato com os administrados, à espera de intervenção 'a posteriori' da magistratura, para cortar-lhe os excessos e as arbitrariedades."[12]

Mesmo porque, vale lembrar, o processo administrativo não difere em essência do processo judicial, na medida em que, como este, tem por fim alcançar uma decisão que aplica o preceito normativo abstrato à hipótese concreta, como esclarece Rubem Rodrigues Nogueira, citando José Maria Villar y Romero:

> *"Em essência, não há diversidade entre o processo judicial e o administrativo, não sendo este mais do que uma espécie do processo em geral, conforme a observação de José Maria Villar y Romero. Tanto quanto o judicial, o processo administrativo, diz ele, tem por conteúdo a proteção do Direito, sua finalidade é a atuação concreta da vontade da lei, seu condicionamento é predominantemente jurídico."*[13]

Agustín A. Gordillo sistematiza a questão em termos ainda mais gerais, afirmando que o indivíduo deve ser ouvido previamente antes de qualquer decisão que venha a afetar seus direitos ou interesses, *verbis*:

> *"Toda decisión que sea susceptible de afectar los derechos o intereses de una persona debe ser dictada habiendo oído **previamente** a la persona alcanzada por el acto. Es ésta una forma o procedimiento de llegar a la resolución, y por ello la regla no debe variar, cualquiera sea el tipo de decisión a adoptarse."*[14] (negrito acrescentado)

---

12. José Frederico Marques, A garantia do "due process of law" no direito tributário, 1968, p. 28. Essa também era a opinião de Nelson Hungria, Ilícito administrativo e ilícito penal, Revista de Direito Administrativo — Seleção Histórica (1945-1995).
13. Rubem Rodrigues Nogueira, *Aplicação do princípio da ampla defesa no processo administrativo disciplinar*, Revista de Informação Legislativa n° 53, p. 237/238.
14. Augustin A. Gordillo, La garantía de defensa como principio de eficacia en el procedimiento administrativo, Revista de Direito Público n° 10, p. 22.

Como não poderia deixar de ser, essa era também a conclusão da jurisprudência ainda sob a vigência da Constituição anterior, como se pode observar dos acórdãos abaixo transcritos, todos do antigo Tribunal Federal de Recursos:

> "PROCESSO ADMINISTRATIVO. OBEDIÊNCIA AO PRINCÍPIO DA AMPLA DEFESA. O princípio da ampla defesa, que é universal, não admite postergação, nem restrições na sua aplicação (Meirelles, Direito Administrativo Brasileiro, 8ª edição, pág-663). Mesmo no processo administrativo, em que o 'due process of law' do direito anglo-americano não deve ser observado em sua maior rigidez, a falta de intimação para o julgamento e a perda do direito à sustentação oral são vícios anulatórios."[15]
>
> "A tutela da ampla defesa se manifesta pela assimilação dos princípios constitucionais úteis a regular a operacionalidade do processo administrativo."[16]
>
> "*SUSPENSÃO DO PAGAMENTO DE APOSENTADORIA PREVIDENCIÁRIA. FRAUDE PRESUMIDA. EXIGÊNCIA DE INQUÉRITO ADMINISTRATIVO, COM GARANTIA DE AMPLA DEFESA. (...) A adoção dessa atitude, que envolve a própria subsistência do aposentado, exige que o fato fique provado em prévio inquérito administrativo, com a garantia da ampla defesa do prejudicado.*"[17]

Em suma: a liquidação extrajudicial, como ato administrativo que restringe direitos individuais, deve ser necessariamente precedida de algum tipo de procedimento no qual os administradores da companhia possam manifestar sua versão sobre toda a controvérsia — quanto aos fatos e quanto ao direito aplicável à hipótese —, como também é indispensável a motivação do ato que decreta a liquidação em si. A falta desses requisitos constitucionais elementares acarreta a invalidade do ato.

---

15. TFR, REO 0090066, 2ª Turma, Rel. Min. Gueiros Leite, DJ 26.05.1983.
16. TFR, AC 0073409, 5ª Turma, Rel. Min. Pedro Accioli, DJ 24.03.1983.
17. TFR, ApMS 0117326, 2ª Turma, Rel. Min. Bueno de Souza, DJ 31.10.1988 (j. 04.10.1988).

III. A Constituição de 67/69 e os princípios republicano, democrático, da legalidade e da igualdade

Ainda que não houvesse norma constitucional expressa garantindo a ampla defesa — de onde se extrai não só a necessidade de prévia manifestação do interessado diante da possibilidade de uma decisão que afete seus direitos, como também a obrigatoriedade da motivação do ato administrativo restritivo de direitos —, chegar-se-ia a essas mesmas conclusões a partir do estudo dos seguintes princípios constitucionais, todos previstos na Carta de 1967/69: princípios republicano, democrático, da legalidade e da igualdade.

Os princípios republicano e democrático vêm previstos na Carta de 1967/69 no art. 1º e seu § 1º, *verbis*:

> *"Art. 1º. O Brasil é uma República Federativa, constituída, sob o regime representativo, pela união indissolúvel dos Estados, do Distrito Federal e dos Territórios.*
> *§1º. Todo o poder emana do povo e em seu nome é exercido."*

Da mesma forma, também os princípios da legalidade e da igualdade foram expressamente consagrados pelo Texto de 1967/69, nos seguintes termos:

> *"Art. 153..*
> *§ 1º Todos são iguais perante a lei, sem distinção de sexo, raça, trabalho, credo religioso e convicções políticas. Será punido pela lei o preconceito de raça.*
> *§ 2º. Ninguém será obrigado a fazer ou deixar de fazer alguma coisa senão em virtude de lei."*

Não custa lembrar que cabe aos princípios constitucionais (i) embasar as decisões políticas fundamentais, (ii) dar unidade ao sistema normativo e (iii) pautar a interpretação e aplicação de todas as normas jurídicas vigentes. Ademais, como espécies de norma jurídica que são, os princípios em geral, e os constitucionais com muito maior razão, dispõem de conteúdo próprio e produzem efeitos jurídicos independentemente das regras que venham a detalhá-los. Cada um dos quatro princípios referidos acima impõe à realidade um determinado formato, isto é: veicula um *dever-ser*, que não pode ser ignorado pelo intérprete e que tem repercussão sobre a hipótese descrita. Confira-se.

A *República*, em oposição à Monarquia, é a forma de governo que se funda no axioma da igualdade entre todos os homens. Como conseqüência da igualdade de todos, o poder de decidir sobre o que quer que afete a coletividade só pode pertencer à própria coletividade, de modo que o poder soberano reside no conjunto dos indivíduos. Como a opinião de cada indivíduo tem idêntico valor, o único critério de decisão admissível, em tese, é o majoritário. A soberania popular democrática é, como se percebe, um corolário da idéia de igualdade. Os **princípios republicano e democrático**, portanto, podem ser examinados de forma conjunta.

A instrumentalização dos princípios republicano e democrático pressupõe, em primeiro lugar, a *representatividade ou eletividade* dos detentores de poder político. Com efeito, verificada a inviabilidade da democracia direta, ao menos de forma permanente, passa-se a delegar a um grupo de pessoas, através de eleições, o poder de tomar as decisões políticas em nome de todos. Além da representatividade ou eletividade, a periodicidade dos mandatos e a responsabilidade política são elementos inerentes a delegação de poderes por parte do povo[18].

Os poderes públicos no âmbito do Estado republicano e democrático, portanto, são exercidos em nome e por delegação do povo, e não por direito próprio da autoridade que os detém em determinado momento[19]. A autoridade, qualquer que seja o título pelo qual foi investida, é responsável diante de seus mandatários, decorrendo dessa idéia o dever de prestar contas por seus atos, explicitando as razões pelas quais decide de qual ou tal forma. Neste sentido se manifestava Geraldo Ataliba, *in verbis*:

---

18. Dalmo de Abreu Dallari, *Elementos de teoria geral do estado*, 1979, p. 199; Euzébio de Queiroz Lima, *Teoria do estado*, 1957, p. 89 e Geraldo Ataliba, *República e constituição*, 1985, p. 3: "República é o regime político em que os exercentes de funções políticas (executivas e legislativas) representam o povo e decidem em seu nome, fazendo-o com responsabilidade, eletivamente e mediante mandatos renováveis periodicamente.".
19. Wolgran Junqueira Ferreira, *Elementos de direito constitucional*, 1972, p. 36: "Inexiste poder na República que não derive da vontade popular. Essa afirmação é taxativa. Não há outra fonte de poder senão a vontade do povo, e, como decorrência, afirma o instrumental democrático.".

"Regime republicano é regime de responsabilidade. Os agentes públicos respondem pelos seus atos. (...) A responsabilidade é a contrapartida dos poderes em que, em razão da representação da soberania popular, são investidos os mandatários. É lógico corolário da situação de administradores lato sensu, ou seja, gestores de coisa alheia. (...) Nisso opõe-se a República às demais formas de governo, principalmente a monarquia, regime no qual o chefe de Estado é irresponsável (the king can do no wrong) e, por isso, investido de vitaliciedade."[20]

Ora, a necessidade de motivação dos atos administrativos restritivos de direitos é uma decorrência direta da responsabilidade que deve caracterizar toda a atuação dos agentes públicos em um Estado republicano e democrático. O mandatário deve demonstrar as razões que o levam a tomar uma determinada decisão. Antes mesmo de a decisão ser tomada, esses mesmos princípios exigem a oitiva prévia do interessado que terá sua esfera individual atingida de forma específica pela decisão da autoridade pública que, a rigor, o representa.

A responsabilidade das autoridades públicas diante da população é ainda corroborada por um conjunto de disposições constitucionais específicas, todas da Carta de 1967/69, que prevêem, *e.g.*, o direito de petição (art. 153, § 30), o direito de obtenção de certidão (art. 153, § 35) e a ação popular, manejável para questionar atos lesivos ao patrimônio público (art. 153, § 31).

O *princípio da legalidade*, por sua vez, impõe à Administração Pública que se comporte nos estritos termos permitidos pela lei, ao passo que ao particular está facultada qualquer conduta que não seja vedada por lei. As duas noções se complementam na medida em que a ação administrativa, como regra, restringe em alguma medida o

---

20. Geraldo Ataliba, *República e constituição*, 1985, p. 38/39. No mesmo sentido, v. Arthur Machado Paupério, *Teoria democrática do poder*, vol. I, 1976, p. 39: "O povo não pode governar, mas pode e deve controlar, sendo mesmo o problema da democracia o do controle do poder pelo povo. O que importa é sobretudo o contínuo e eficaz controle dos governados sobre os governantes. A *liberdade* humana, envolvendo *racionalidade*, há de implicar necessariamente em *responsabilidade* destes."

espaço geral de liberdade individual, o que apenas é admitido com fundamento em lei[21].

Esse princípio decorre da idéia de que o indivíduo não pode ser prejudicado por aquilo que não decidiu, em virtude da soberania popular inerente afinal ao regime republicano e democrático. O administrador, portanto, como agente delegado, deve obediência à vontade de quem titulariza realmente a autoridade por ele exercida: o povo. Geraldo Ataliba registra o ponto nos seguintes termos[22]:

---

21. Luís Roberto Barroso, Temas de direito constitucional, 2001, p. 166/167: "*Também por tributo às suas origens liberais, o princípio da legalidade flui por vertentes distintas em sua aplicação ao Poder Público e aos particulares. De fato, para os indivíduos e pessoas privadas, o princípio da legalidade constitui-se em garantia do direito de liberdade, e materializa-se na proposição tradicional do direito brasileiro, gravada no inciso II, do art. 5º, da Constituição da República: 'Ninguém será obrigado a fazer ou deixar de fazer alguma coisa senão em virtude de lei'. Reverencia-se, assim, a autonomia da vontade individual, cuja atuação somente deverá ceder ante os limites impostos pela lei. De tal formulação se extrai a ilação óbvia de que tudo aquilo que não está proibido por lei é juridicamente permitido.*
Para o Poder Público, todavia, o princípio da legalidade, referido sem maior explicitação no caput do art. 37 da Constituição, assume feição diversa. Ao contrário dos particulares, que se movem por vontade própria, aos agentes públicos somente é facultado agir por imposição ou autorização legal. Inexistindo lei, não haverá atuação administrativa legítima. A simetria é patente. Os indivíduos e pessoas privadas podem fazer tudo o que a lei não veda; os Poderes Públicos somente podem praticar os atos determinados pela lei. Como decorrência, tudo aquilo que não resulta de prescrição legal é vedado ao administrador.".
22. Também sobre o tema se pronuncia Jorge Antonio Ioriatti Chami, A legalidade no direito administrativo, in Princípios Informadores do Direito Administrativo, organização de Lúcia Valle Figueiredo, 1997, p. 97/98: "Na atividade administrativa, o respeito à legalidade surge como necessidade impostergável, haja vista o exercício de uma função. Tem-se função quando determinado sujeito possui o dever de administrar interesses alheios, em busca do atendimento de certas finalidades. A fim de atuar em prol dessas finalidades específicas, esse gestor necessita de poderes, os quais lhe são deferidos visando à satisfação dos interesses tutelados. (...) Em razão disso, fala-se em exercício da função administrativa, que vem a ser o dever de o Estado, ou de terceiros agindo em seu nome, dar cumprimento conformador, no caso concreto, aos comandos legais, de maneira geral ou individual, sob regime de Direito Público (...).".

> *"Deveras, pelo princípio da legalidade, afirma-se, de modo solene e categórico, que sendo o povo o titular da coisa pública e sendo esta gerida, governada e disposta a seu (do povo) talante — na forma da Constituição e como deliberado por seus representantes, mediante solenes atos legais — os administradores, gestores e responsáveis pelos valores, bens e interesses considerados públicos são meros administradores que, como tal, devem obedecer à vontade do dono, pondo-a em prática, na disposição, cura, zelo, desenvolvimento e demais atos de administração dos valores, bens e interesses considerados públicos (do povo)."*[23]

Ora, qual a relação da necessidade de motivação e de prévia oportunidade de defesa com a legalidade? A motivação é o único instrumento pelo qual o administrador poderá demonstrar que os fatos por ele examinados correspondem à previsão legal e que o ato praticado encontra respaldo em lei. Sem a motivação, será quase impossível ao particular saber se a legalidade foi realmente respeitada, de modo que o princípio — a legalidade — e sua garantia — a motivação — se ligam de forma indissociável. Realmente, a legalidade estaria substancialmente destituída de efeito prático se os atos administrativos não fossem acompanhados de motivação. Hely Lopes Meirelles, em trecho já transcrito, mas que vale reproduzir, e José dos Santos Carvalho Filho, respectivamente, sublinham a necessidade de motivação dos atos administrativos como decorrência direta do princípio da legalidade:

> *"Ora, se ninguém é obrigado a fazer ou deixar de fazer alguma coisa senão em virtude de lei, claro está que todo o ato do Poder Público deve trazer consigo a demonstração de sua base legal. Assim como todo cidadão, para ser acolhido na sociedade, há de provar sua identidade, o ato administrativo, para ser bem recebido pelos cidadãos, deve patentear sua legalidade, vale dizer, sua identidade com a lei. (...) Pela motivação, o administrador público justifica sua ação administrativa, indicando os fatos (pressupostos*

---

23. Geraldo Ataliba, República e constituição, 1985, p. 98/99.

*de fato) que ensejam o ato e os preceitos jurídicos (pressupostos de direito) que autorizam sua prática."*²⁴

*"É extremamente importante o **efeito** do princípio da legalidade no que diz respeito aos direitos dos indivíduos. Na verdade, o princípio se reflete na conseqüência de que a própria garantia desses direitos depende de sua existência, autorizando-se então os indivíduos à verificação do confronto entre a atividade administrativa e a lei."*²⁵ (negrito no original)

O administrador, portanto, por força do princípio da legalidade que o vincula, está obrigado a demonstrar que seu ato é realmente legal, não bastando para isso a mera referência literal ao dispositivo que ampararia sua conduta. Ora, para saber se a norma referida é realmente pertinente na hipótese, é preciso demonstrar também que os fatos examinados se enquadram na hipótese fática por ela descrita. Não fosse assim, a Administração poderia facilmente fraudar a legalidade: bastaria mencionar a norma que lhe confere determinados poderes para "aplicá-la" sempre que desejasse utilizar-se deles, ignorando que os poderes são conferidos pela norma em função de determinados pressupostos de fato. A burla à legalidade seria evidente, daí a necessidade de motivação de fato e de direito.

Aliás, a jurisprudência já teve chance de apreciar o tema específico da necessidade de motivação das liquidações extrajudiciais e, embora a manifestação judicial seja recente, fruto das crises do sistema financeiro e do crescimento numérico das liquidações extrajudiciais, seus fundamentos aplicam-se perfeitamente ao quadro normativo da Constituição de 1967/69. A decisão é do Tribunal Regional Federal da 5ª Região, valendo reproduzir sua emenda, vazada nos seguintes termos:

"ADMINISTRATIVO. LIQUIDAÇÃO EXTRAJUDICIAL. DECRETAÇÃO IMOTIVADA. A legalidade de um ato administrativo está intrinsecamente ligada à sua moti-

---

24. Hely Lopes Meirelles, Direito administrativo brasileiro, 1993, p. 180/181.
25. José dos Santos Carvalho Filho, Manual de direito administrativo, 2001, p. 13.

vação. O ato que decreta a liquidação extrajudicial, in casu, do BADERN — Banco do Estado do Rio Grande do Norte S/A, há de ser motivado, sob pena de eivar-se de nulidade. Mormente seja o mesmo suporte do princípio da legalidade do art. 37, da Constituição Federal"[26]

A possibilidade de defesa prévia do particular, por sua vez, guarda relação em geral indireta com o princípio da legalidade. Isso porque, como regra, o indivíduo terá ainda outras oportunidades de impugnar a legalidade do ato antes que ele afete sua esfera jurídica. Essa relação, porém, torna-se direta e aumenta exponencialmente de importância quando o ato administrativo produz efeitos imediatos, sem que haja possibilidade de recurso dotado de efeito suspensivo no âmbito da própria Administração ou quando mesmo uma posterior decisão judicial não seja capaz de reverter o dano já causado pela decisão administrativa, como se passa na hipótese em análise.

De fato, no momento em que se decreta a liquidação extrajudicial de uma instituição financeira, um conjunto de efeitos produzem-se de maneira automática, que simplesmente não poderão ser revertidos: o abalo de crédito, da reputação e da credibilidade da instituição etc. Ainda que uma decisão judicial venha a considerar ilegal o ato administrativo que decreta a liquidação, apenas essa decisão não é capaz de fazer retornar a situação ao *status quo ante*.

O administrador deve motivar suas decisões para demonstrar sua adequação à lei, permitindo ao administrado o controle de sua manifestação. Ocorre que, em geral, a decisão administrativa poderá ser objeto de recurso na esfera administrativa — a recorribilidade é, aliás, um princípio do direito administrativo[27] —, não produzindo

---

26. TRF 5ª Região, 2ª Turma, Remessa ex-ofício nº 033351/RN, rel. Juiz José Delgado, j. 09.11.1993, DJ 28.03.1994.
27. Diogo de Figueiredo Moreira Neto, *Curso de direito administrativo*, 1997, p. 443: "O *princípio da recorribilidade* determina que qualquer decisão em processo administrativo deverá ser revista por autoridade hierárquica recursal (art. 5º, LV, CF)"; e Sérgio Ferraz e Adilson Abreu Dallari, *Processo administrativo*, 2001, p. 87 e 168: "O duplo grau de jurisdição administrativa é um princípio tão elementar na teoria geral do processo que muito pouco existe na doutrina a seu respeito. (...) O direito ao reexame de uma decisão parece e, efetivamente, é elementar ao devido processo legal.".

efeitos antes do julgamento de recurso eventualmente interposto. Quando isso não for possível — como é o caso do decreto de liquidação extrajudicial de instituições financeiras —, a ampla defesa prévia é o único meio de assegurar ao particular a verificação da legalidade da conduta administrativa.

O mesmo acontece, a rigor, com o *princípio da igualdade*, também consagrado pelo Texto de 67/69. Por força da isonomia, que se desdobra nesse ponto na impessoalidade, a Administração Pública deve tratar a todos de forma indistinta, sem benefícios ou perseguições, aplicando a mesma norma legal a todos os que se encontrarem na mesma situação.

Pois bem. Como assegurar que a Administração está, efetivamente, se comportando de forma idêntica diante dos mesmos pressupostos de fato se não houver motivação? Como impugnar um entendimento equivocado que venha a consagrar a desigualdade e a parcialidade se o particular não tiver oportunidade de ser ouvido previamente, sobretudo quando o ato produz efeitos imediatos e de impossível reparação? Também aqui, a garantia do direito é o único meio de assegurar a sua própria existência, como registra Cármen Lúcia Antunes Rocha:

> "*O dever de fundamentação formal e suficiente dos atos decisórios estatais, especialmente aqueles emitidos em processo judicial ou administrativo, tem como finalidade dar concretude ao princípio da juridicidade e da precedência da norma de Direito aplicável aos casos objeto de atuação do Estado, a impedir o arbítrio e qualquer forma discriminatória contra o cidadão. Tanto o princípio da proteção jurídica do cidadão ou de qualquer pessoa quanto o sistema de controle dos atos estatais somente podem ser garantidos quando a decisão do Estado mostrar-se objetiva e fundamentadamente. É a fundamentação do ato decisório que torna possível ao interessado submeter-se a ele, ciente de que se acha resguardada, de qualquer forma, a sua segurança jurídica e, ainda, se permitindo que ele aceite o conteúdo do ato e a aplicação do Direito ao caso em que figura como parte. A sua segurança jurídica, no caso, mostra-se pela possibilidade de que dispõe de fazer o controle*

> *jurídico do ato de decisão, circunscrevendo-se, assim, o âmbito de sua proteção assegurada no e pelo Direito.*"[28]

Tudo se agrava ainda mais no caso específico porque, embora as normas jurídicas em geral dificilmente sejam unívocas, as normas aplicáveis à hipóteses têm como marca a fluidez e a abertura de seus comandos. Com efeito, ao decretar a liquidação extrajudicial das instituições financeiras de que a Empresa T. é sucessora, o Banco Central mencionou as alíneas "b" e "c", do inciso I, do artigo 15 da Lei nº 6.024/74, como fundamento para sua decisão. Esta a dicção dos dispositivos referidos:

> *"Art. 15 — Decretar-se-á a liquidação extrajudicial da instituição financeira:*
> *I — "ex officio":*
> *(...)*
> *b) quando a administração violar gravemente as normas legais e estatutárias que disciplinam a atividade da instituição, bem como as determinações do Conselho Monetário Nacional ou do Banco Central do Brasil, no uso de suas atribuições legais;*
> *c) quando a instituição sofrer prejuízo que sujeite a risco anormal seus credores quirografários;(...)."*

É fácil perceber que as expressões empregadas pela norma abrigam considerável grau de indeterminação. Que se deve considerar como "violação grave" de normas legais ou estatutárias ou de determinações das autoridades listadas no dispositivo transcrito, a ponto de sujeitar a instituição a liquidação e não a outras penas previstas pelo ordenamento? O mesmo se pode dizer da situação descrita pela alínea "c": a partir de que momento se estará diante de um prejuízo que sujeite a risco anormal os credores quirografários? A subjetividade da avaliação a que a Administração terá de proceder na aplicação de tais normas é sublinhada pela doutrina especializada, como se vê dos comentários de Darcy Bessone à alínea "b" transcrita acima:

---

28. Cármen Lúcia Antunes Rocha, *Princípios constitucionais do processo administrativo no direito brasileiro*, Revista de Direito Administrativo nº 209, p. 214.

> "O qualificativo 'grave' não se prende a critérios objetivos. Em conseqüência, mais uma vez, impera o subjetivismo da administração do Bacen. A imprecisão deixa de distinguir e de discriminar situações menos ou mais graves, tanto em relação às normas legais e estatutárias, quanto no atinente às determinações superiores. Cai-se no terreno do arbítrio, sempre perigoso e inseguro, notadamente porque, a priori, não se conhecem os critérios que, posteriormente, o Bacen venha a adotar."

Idêntica é a situação da alínea "c", sobre a qual o mesmo autor faz as seguintes afirmações:

> "A alínea c do inciso I não quantifica, nem mesmo através de um critério objetivo, os prejuízos que colocam em risco os credores quirografários da instituição. Quando se pode considerar normal um risco? Nenhuma norma legal fornece elementos definidores da normalidade de um risco. A atividade mercantil ou empresarial envolve sempre a idéia de um certo risco, e tem como pressuposto o chamado 'risco calculado'."[29]

Ou seja: no caso concreto, ainda com maior razão, a fluidez do texto pode ensejar facilmente toda sorte de violação ao princípio da isonomia, já que não há critérios objetivos capazes de identificar com precisão a hipótese fática que a norma pretende regular. Impõe-se à Administração, portanto, o dever de assegurar a defesa prévia dos administradores da companhia — para que possam demonstrar de maneira eficaz e a tempo o equívoco, se for o caso, da Administração — e de motivar sua decisão, expondo as razões de fato e de direito que sustentam seu comportamento[30]. Sem esses requisitos, o ato é inválido por inconstitucionalidade.

---

29. Darcy Bessone, *Instituições de direito falimentar*, 1995, p. 231.

30. A simples menção a uma "representação fundamentada" evidentemente não satisfaz a exigência constitucional, notadamente à vista do fato de que as companhias liquidadas jamais tiveram ciência dela, antes ou depois do decreto de liquidação, nem jamais lhe foi dada publicidade. A publicidade, mesmo antes de

PARTE II
Créditos do Poder Público: observância do devido processo legal de cobrança

O segundo ato descrito pela Empresa T., praticado pela Administração já na vigência da Carta de 1988, pode ser resumido nos seguintes termos: o liquidante, órgão do BACEN, teria reconhecido e pago supostos débitos das empresas liquidadas para com o BACEN, sem prévio processo administrativo e sem a intervenção do Poder Judiciário. Ou seja: o liquidante agiu, ao mesmo tempo, como parte (já que é agente do BACEN, isto é, do alegado credor) e como juiz (ao decidir a respeito dos créditos), além de auto-executar sua própria decisão sem observância de qualquer processo, muito menos do devido processo legal.

A simples narrativa dos fatos já indica diversas e graves incompatibilidades entre o comportamento da Administração no caso e o que dela se exige com fundamento na Constituição de 1988. Desse modo, também este ato é inválido, na medida em que viola um conjunto de normas constitucionais, como se passa a expor.

IV. A Constituição de 1988: processo administrativo e imparcialidade do órgão de decisão

A Carta de 1988 foi ainda mais analítica que a Constituição de 1967/69 ao tratar da necessidade de *devido processo legal* para que sejam proferidas decisões restritivas de direito, inclusive em âmbito administrativo, como se vê de seu art. 5º, incisos LIV e LV:

---

ingressar formalmente na Constituição, sempre foi aplicável à Administração Pública e requisito de eficácia dos atos por ela praticados (*"quod non est in actis non est in mundo"*). Sobre o assunto, Hely Lopes Meirelles, *Direito administrativo brasileiro*, 1987, p. 64: *"Publicidade* é a divulgação oficial do ato para conhecimento público e início de seus efeitos externos. Daí por que as leis, atos e contratos administrativos que produzem conseqüências jurídicas fora dos órgãos que os emitem exigem publicidade para adquirirem validade universal, isto é, perante as partes e terceiros. A publicidade não é elemento formativo do ato; é requisito de eficácia e moralidade. Por isso mesmo, os atos irregulares não se convalidam com a publicação, nem os regulares a dispensam para sua exeqüibilidade." (grifo no original).

> "LIV — ninguém será privado da liberdade ou de seus bens sem o devido processo legal;
> LV — aos litigantes, em processo judicial ou administrativo, e aos acusados em geral são assegurados o contraditório e ampla defesa, com os meios e recursos a ela inerentes;"

Da leitura do dispositivo constitucional, parece evidente que, se a Administração se entende credora de determinada quantia em face do particular, está obrigada a instaurar um processo administrativo regular, no qual se garanta livre e real oportunidade de se defender e impugnar a suposta dívida aos envolvidos. De acordo com a narrativa da Empresa T., porém, sequer houve um processo administrativo no qual a pretensão do BACEN houvesse sido discutida. Só por isso, a referida decisão do liquidante já seria inválida. O texto constitucional é claro e não há necessidade de maior elaboração doutrinária para chegar a tal conclusão.

A decisão tomada pelo liquidante na hipótese, entretanto, é inválida ainda por um outro motivo: a violação do princípio elementar inerente à ampla defesa e ao devido processo legal que impede que alguém seja ao mesmo tempo parte interessada e juiz de uma disputa, como exigência mínima de imparcialidade do órgão julgador. Todavia, antes de abordar esse ponto, é importante identificar, resumidamente, a situação da companhia em liquidação extrajudicial e o papel do liquidante e do BACEN nesse contexto.

Em uma liquidação extrajudicial, os acionistas deixam de ter quaisquer poderes decisórios quanto à gestão e disposição dos bens da sociedade liquidanda[31], que passam todos ao BACEN. Este os exerce por meio de liquidante por ele nomeado, na conformidade do que dispõe o art. 16, caput, da Lei n° 6.024:

---

31. Caio Tácito, Temas de direito público — estudos e pareceres, vol. 2, 1997, p. 1885: "Feito o levantamento dos bens do ativo, cessa sobre eles o poder de disposição dos administradores da sociedade, que se transfere ao liquidante, no âmbito específico de sua competência. Mais ainda descabe a qualquer acionista, por maior que seja sua participação acionária, interferir na gestão do patrimônio que responde pelo passivo, em garantia dos credores habilitados.". O parecer citado trata da liquidação extrajudicial do Banco do Desenvolvimento do Paraná S.A.

> "*Art. 16. A liquidação extrajudicial será executada por liquidante nomeado pelo Banco Central do Brasil, com amplos poderes de administração e liquidação, especialmente os de verificação e classificação dos créditos, podendo nomear e demitir funcionários, fixando-lhes os vencimentos, outorgar e cassar mandatos, propor ações e representar a massa em juízo ou fora dele.*"

O liquidante, embora detenha, na forma da lei, amplos poderes de administração e liquidação, não opera em regime de total liberdade[32]. A mesma Lei nº 6.024/64 reservou ao BACEN não só as decisões de maior importância sobre o patrimônio sujeito à liquidação, como também a revisão de qualquer decisão do liquidante, em única instância, além de impor ao liquidante um dever geral de prestação de contas. Isto o que dispõem os arts. 16, § 1º, 21, 30, 31 e 33, todos da Lei nº 6.024/64, *verbis*:

> "*Art.16. (...)*
> *§ 1º. Com prévia e expressa autorização do Banco Central do Brasil, poderá o liquidante, em benefício da massa, ultimar os negócios pendentes e, a qualquer tempo, onerar ou alienar seus bens, neste último caso através de licitações.*
> *(...)*
> *Art. 21. À vista do relatório ou da proposta previstos no art. 11, apresentados pelo liquidante na conformidade do artigo anterior, o* Banco Central do Brasil *poderá autorizá-lo a:*
> *a) prosseguir na liquidação extrajudicial;*

---

32. Francisco J. de Siqueira, O *papel do Banco Central no processo de intervenção e liquidação extrajudicial*, in Intervenção e liquidação extrajudicial no sistema financeiro, organizado por Jairo Saddi, 1999, p. 107: "Com efeito, é oportuno ressaltar que os amplos poderes conferidos ao interventor e ao liquidante apenas contemplam os atos de gestão ordinária, dependendo de prévia e expressa autorização do Banco Central os atos que impliquem, na intervenção, a dispensa ou admissão de pessoal, a disposição ou oneração do patrimônio da empresa, bem como, na liquidação extrajudicial a ultimação de negócios pendentes, e, qualquer tempo, oneração ou alienação de bens da massa.".

b) requerer a falência da entidade, quando o seu ativo não for suficiente para cobrir pelo menos a metade do valor dos créditos quirografários, ou quando houver fundados indícios de crimes falimentares.
Parágrafo único. Sem prejuízo do disposto neste artigo, em qualquer tempo, o Banco Central do Brasil *poderá estudar pedidos de cessação da liquidação extrajudicial, formulados pelos interessados, concedendo ou recusando a medida pleiteada, segundo as garantias oferecidas e as conveniências de ordem geral."*
(...)
Art. 30. Salvo expressa disposição em contrário desta Lei, das decisões do liquidante caberá recurso, *sem efeito suspensivo, dentro em 10 (dez) dias da respectiva ciência,* para o Banco Central do Brasil, em única instância.
(...)
Art. 31. No resguardo da economia pública, da poupança privada e da segurança nacional, sempre que a atividade da entidade liquidanda colidir com os interesses daquelas áreas, poderá o liquidante, prévia e expressamente autorizado pelo Banco Central do Brasil, *adotar qualquer forma especial ou qualificada de realização do ativo e liquidação do passivo, ceder o ativo a terceiros, organizar ou reorganizar sociedade para continuação geral ou parcial do negócio ou atividade da liquidanda.*
(...)
Art. 33. O liquidante prestará contas ao Banco Central do Brasil *independentemente de qualquer exigência no momento em que deixar suas funções ou a qualquer tempo, quando solicitado, e responderá, civil e criminalmente, por seus atos."*

Portanto, como decorre dos dispositivos transcritos acima, o liquidante atua durante todo o processo de liquidação como verdadeiro agente delegado do BACEN, cabendo a este ente da Administração Pública Federal, na realidade, todas as decisões relevantes. Este entendimento já foi pacificado pelo Supremo Tribunal Federal nos seguintes termos:

> "No caso, como se vê, a pretensão e a ação não se dirigem contra a instituição financeira, em si, mas contra o interventor e liquidante, nomeado pelo Banco Central, que nada mais é do que um delegado e executor deste, o qual não comparece como pessoa física, mas como órgão da autarquia federal, a cuja esfera jurídica se reportam os atos por ele praticados."[33] (destaque acrescentado)

Em uma liquidação financeira, portanto, o liquidante não é uma figura autônoma em relação ao Banco Central. Ao contrário, trata-se de agente delegado que executa a orientação estabelecida pelo BACEN, de modo que as decisões do liquidante são, a rigor técnico, decisões do Banco Central e, portanto, imputáveis ao próprio BACEN. Estabelecidas essas premissas de fato, cumpre retornar ao tema da imparcialidade do órgão julgador, inclusive na esfera administrativa, razão pela qual se percorreu todo esse caminho acerca da natureza do liquidante e de suas decisões.

Um dos elementos mais básicos da ampla defesa é a garantia do juiz imparcial. Na verdade, sem um juiz imparcial, pouco sentido há em assegurar às partes o "contraditório e ampla defesa, com os meios e recursos a ela inerentes", na dicção do art. 5º, LV, da Constituição de 1988. Se o juiz já se inclina por um dos lados em disputa, antes mesmo de iniciado o debate entre as partes, não há de fato ampla defesa.

É bem de ver que a imparcialidade do órgão julgador se aplica não apenas aos processos judiciais, mas também aos administrativos, já que também nestes se assegura a ampla defesa e o devido processo legal. Aliás, a Convenção Americana sobre Direitos Humanos (Pacto de São José da Costa Rica), de 22.11.69, promulgada internamente pelo Decreto nº 678, de 25.09.92, é clara ao exigir a necessidade de um juízo imparcial em qualquer processo em que se pretenda determinar direitos. É o que se vê de seu art. 8º, nº 1:

> "(...) toda pessoa tem direito a ser ouvida com as devidas garantias e dentro de um prazo razoável, por um juiz ou

---

33. AgRg 103.696-RJ, Rel. Min. Rafael Mayer, Revista Trimestral de Jurisprudência nº 101, p. 527.

> *tribunal competente, independente e imparcial, estabelecido anteriormente por lei, na apuração de qualquer acusação penal formulada contra ela, ou para que se determinem seus direitos e obrigações de natureza civil, trabalhista, fiscal ou de qualquer outra natureza."*

Aqui é preciso fazer uma observação importante. O fato de a própria Administração Pública, muitas vezes, dispor de competência para decidir disputas com o particular, sempre com possibilidade de revisão pelo Judiciário e no âmbito do contencioso administrativo, não afasta a exigência de imparcialidade do órgão julgador. Aliás, como a própria expressão revela, o contencioso administrativo exige um procedimento específico — em que são asseguradas as garantias decorrentes do devido processo legal —, e órgãos próprios, em geral de formação mista, com competência decisória atribuída por lei. Junte-se a isso o conceito de *responsabilidade do julgador*, desenvolvido pela doutrina administrativista exatamente para reforçar a imparcialidade das decisões da Administração Pública, como registra Cármen Lúcia Antunes Rocha:

> *"Princípio constitucional processual encarecido no sistema democrático e que tem raízes remotas é o do juiz natural (...) o princípio do juiz natural compõe-se da garantia de juízo pre-constituído, de um lado, e pela segurança de que o julgamento será feito por um órgão e agente pré-qualificados, sem vinculação ao caso posto à análise, o que assegura a imparcialidade do julgado.*
> *(...)*
> *No processo administrativo, a definição da competência para o processo não é sempre prévia. (...) Para que essas maiores dificuldades constatadas no processo administrativo não constituam hipóteses de exclusão do Direito ou de inaplicação do Direito ao caso, é que se tem que conjugar os princípios constitucionais acima elencados — dentre outros implícitos e identicamente componentes do sistema constitucional adotado — com o da responsabilidade pública.*
> *(...)*

> *É a responsabilidade rigorosamente observada que assegura, objetivamente, a escorreição do processo administrativo pela conduta extreme de parcialidade ou distanciamento do Direito dos membros da Comissão processante.*
> *(...)*
> *Talvez pela maior dificuldade de se assegurar, no âmbito do processo administrativo, o juízo pré-constituído, a fim de se garantir o julgamento imparcial e independente, é que evoluiu mais nessa seara que em matéria de direito processual judicial, a questão relativa à responsabilidade do julgador e da entidade pública responsável pelo julgamento.*"[34]

A hipótese descrita, isto é, a decisão de um agente público (o liquidante, agente do BACEN, por sua vez beneficiário da decisão), fora de qualquer procedimento específico, não pode ser confundida com a decisão proferida no âmbito do contencioso administrativo. Não houve ali, é fácil perceber, mínima garantia de imparcialidade. A rigor, se, na hipótese, não há processo administrativo regular no qual se possa discutir a questão, com todas as garantias do devido processo legal, a única autoridade competente para declarar a existência ou não do débito é o Poder Judiciário. O administrador não pode simplesmente arrogar-se esta autoridade, sob pena de violar também o princípio do juiz natural. Sobre a questão do juiz natural se estará cuidando especificamente no tópico seguinte.

De toda sorte, não há dúvida de que afronta a Constituição que o alegado credor de uma quantia contra o particular — no caso, o Banco Central — seja o juiz da dívida, sem possibilidade de recurso no âmbito administrativo para alguma autoridade superior ou órgão colegiado de formação mista. Na verdade, tudo ainda se agrava mais porque o liquidante não apenas decidiu a respeito dos créditos referidos, como também auto-executou sua própria decisão, determinando o pagamento do crédito ao próprio Banco Central. Este último aspecto da inconstitucionalidade do ato praticado pelo liquidante será abordado a seguir.

---

34. Carmen Lúcia Antunes Rocha, *Princípios constitucionais do processo administrativo no direito brasileiro*, Revista de Direito Administrativo nº 209, p. 217/219.

V. Os créditos do poder público e a impossibilidade de auto-execução: garantia do devido processo legal e do juiz natural

Como já referido, a Constituição de 1988 assegurou de forma explícita que *ninguém será privado da liberdade ou de seus bens sem o devido processo legal* (CF, art. 5º, LIV). Na linha de tal garantia, doutrina e jurisprudência consolidaram o entendimento de que a auto-executoriedade, embora típica dos atos administrativos em geral, não se aplica à cobrança de prestações pecuniárias devidas pelos administrados. Para tais providências, o juiz natural, isto é, a única autoridade competente, nos termos do art. 5º, LIII[35], será a autoridade judiciária. Confira-se, dentre muitos[36], a lição de Hely Lopes Meirelles:

> *"Excluem-se da auto-executoriedade as multas, ainda que decorrentes de poder de polícia, que só podem ser executadas por via judicial, como as demais prestações pecuniárias devidas pelos administrados à Administração."*[37]

Nesse mesmo sentido, o Supremo Tribunal Federal e o Superior Tribunal de Justiça há muito pacificaram o entendimento de que a Administração Pública não pode auto-executar seus supostos créditos nem aproveitar-se do seu poder de polícia para compelir o particular ao pagamento. A Administração, diante da recusa do pagamento de seus créditos, está obrigada a recorrer ao Poder Judiciário, assim como os particulares, não podendo simplesmente executar tais créditos de forma direta. Essa já era a posição do Supremo Tribunal Federal na década de 1960, *verbis*:

> *"Não é lícito ao fisco interditar estabelecimentos comerciais com o propósito de os compelir ao pagamento de impostos*

---

35. CF: "Art. 5º: (...)
LIII — ninguém será processado nem sentenciado senão pela autoridade competente;"
36. Nessa mesma linha: Diogo de Figueiredo Moreira Neto, *Curso de direito administrativo*, 1997, p. 75; e José dos Santos Carvalho Filho, *Manual de direito administrativo*, 2001, p. 66.
37. Hely Lopes Meirelles, *Direito administrativo brasileiro*, 1993, p. 121/122.

ou multas. Os contribuintes têm o direito de impugnar a legitimidade dos débitos fiscais, quando convocados, pelos meios regulares, a satisfazê-los."[38]

O Superior Tribunal de Justiça já elaborou inclusive súmula de seu entendimento dominante sobre o tema — a de número 127 —, que tem a seguinte dicção: *"É ilegal condicionar a renovação da licença de veículo ao pagamento de multa, da qual o infrator não foi notificado."*. Esta a ementa de uma das muitas decisões que deram origem à súmula:

> *"Como condição para o licenciamento, é ilegal a exigência de pagamento de multa imposta sem prévia notificação do infrator para defender-se em processo administrativo."*[39]

Na verdade, não é difícil compreender os motivos da distinção elaborada pela doutrina e pela jurisprudência. A auto-executoriedade dos atos administrativos em geral liga-se à sua função de promover o interesse público e zelar por sua preservação. Trata-se, porém, do interesse público primário[40], isto é, do interesse da coletividade. A auto-executoriedade se explica, assim, em atenção ao interesse coletivo, especialmente quando ele é premente.

Exatamente por esse motivo, nada justificaria a auto-executoriedade da cobrança de um suposto crédito da Administração, cuja relação direta é com o interesse patrimonial, pecuniário do ente público — o interesse público secundário — e não com o interesse público primário. Quando a Administração pretende defender seus próprios interesses patrimoniais, não deve ter regalias sobre o particular (ex-

---

38. STF, RMS 9.698, Rel. Min. Henrique D'Avila, DJ 29.11.1962.
39. STJ, REsp 184.554/SC, Rel. Min. Milton Luiz Pereira, DJ 29.03.1999.
40. Celso Antônio Bandeira de Mello, *Curso de direito administrativo*, 1997, p. 57/58: *"Interesse público ou primário é o pertinente à sociedade como um todo e só ele pode ser validamente objetivado, pois este é o interesse que a lei consagra e entrega à compita do Estado como representante do corpo social. Interesse secundário é aquele que atina tão-só ao aparelho estatal enquanto entidade personalizada e que isso mesmo pode lhe ser referido e nele encarnar-se pelo simples fato de ser pessoa. (...) interesses secundários só podem ser satisfeitos quando coincidirem com interesses primários."*.

ceto pelas prerrogativas conferidas por lei) e está obrigada a recorrer às vias próprias para cobrar seus créditos, assegurando-se ao particular o devido processo legal. Assim, também por esta razão, o ato do liquidante que decidiu acerca dos alegados créditos do BACEN contra as companhias liquidadas e os executou é inválido, por violar o devido processo legal constitucional.

VI. Conclusão

De tudo o que se expôs até aqui, é possível compendiar as principais idéias desenvolvidas nas seguintes proposições objetivas:

1. De acordo com a Constituição de 1967/69, o decreto de liquidação extrajudicial de instituição financeira deveria ser acompanhado de motivação quanto aos fatos e ao direito, bem como precedido de procedimento administrativo no qual fosse assegurada ampla defesa aos administradores da companhia, sob pena de nulidade. Tais condutas eram (e são) impostas não só pela garantia expressa da ampla defesa, mas também como corolário dos princípios republicano, democrático, da legalidade e da igualdade, todos consagrados naquele texto constitucional.

2. De acordo com a Constituição de 1988, especialmente tendo em conta seu art. 5º, incisos LIII, LIV e LV, a mesma autoridade administrativa que alega um crédito contra o particular não pode ser a única responsável pela decisão sobre a disputa no âmbito administrativo. Ademais, qualquer decisão a esse respeito só pode ser produzida no âmbito de um processo administrativo regular. Por fim, a Administração não pode auto-executar seus supostos créditos, devendo recorrer ao Poder Judiciário para tanto. A conduta da Administração que contraria essas imposições constitucionais é inválida.

3. Na hipótese em questão é possível concluir, em primeiro lugar, que o decreto de liquidação extrajudicial das empresas SBCI S.A. e SBSPCI S.A. violou um conjunto de normas da Constituição de 1967/69, de vez que não foi acompanhado de motivação de fato e de direito, nem precedido de processo administrativo em que fosse garantida ampla defesa aos administradores das companhias. Da mesma forma, o ato do liquidante que reconheceu supostos créditos do BACEN contra as empresas liquidadas e os executou é inválido, por força do disposto no art. 5º, incisos LIII, LIV e LV da Constituição Federal de 1988.

Banco Central e Receita Federal. Comunicação ao Ministério Público para fins Penais. Obrigatoriedade da Conclusão Prévia do Processo Administrativo

> SUMÁRIO: I. Nota doutrinária. II. Ponderação de princípios. II.1. Primeiro grupo de princípios: repressão de ilícitos versus proteção da honra, imagem, bom nome e privacidade; II.2. Segundo grupo de princípios: proteção do sigilo bancário versus suas exceções e a posição do Ministério Público. III. Elementos tradicionais de interpretação: o sentido e o alcance do § 1º do art. 9º da Lei Complementar n.º 105/2001. IV. Conclusões.

Trata-se de estudo acerca da interpretação constitucionalmente adequada que se deve atribuir ao art. 9º, § 1º, da Lei Complementar nº 105/2001. A norma disciplina a comunicação ao Ministério Público, para fins penais, de fatos supostamente ilícitos por parte do Banco Central e da Comissão de Valores Mobiliários — CVM. Esta a dicção do dispositivo:

> *"Art. 9º Quando, no exercício de suas atribuições, o Banco Central do Brasil e a Comissão de Valores Mobiliários verificarem a ocorrência de crime definido em lei como de ação pública, ou indícios da prática de tais crimes, informarão ao Ministério Público, juntando à comunicação os*

documentos necessários à apuração ou comprovação dos fatos.

§ 1º A comunicação de que trata este artigo será efetuada pelos Presidentes do Banco Central do Brasil e da Comissão de Valores Mobiliários, admitida delegação de competência, no prazo máximo de quinze dias, a contar do recebimento do processo, com manifestação dos respectivos serviços jurídicos.

§ 2º Independentemente do disposto no caput deste artigo, o Banco Central do Brasil e a Comissão de Valores Mobiliários comunicarão aos órgãos públicos competentes as irregularidades e os ilícitos administrativos de que tenham conhecimento, ou indícios de sua prática, anexando os documentos pertinentes."

Pergunta a instituição financeira consulente, em suma, se as autoridades administrativas mencionadas deverão instaurar primeiro um processo administrativo regular, assegurada a ampla defesa dos envolvidos, para, findo o processo, decidir a respeito da comunicação, ou se podem remeter informações ao Ministério Público a qualquer tempo. A resposta à indagação da consulente será desenvolvida nos termos do roteiro já antecipado, e envolverá o exame de um conjunto de princípios constitucionais que incidem sobre a hipótese, além da interpretação específica dos dispositivos infraconstitucionais.

Parte I
A PRÉ-COMPREENSÃO DO PROBLEMA E SUA RELEVÂNCIA CONSTITUCIONAL

1. Antes de passar ao exame específico das normas constitucionais pertinentes e do conjunto de fatos sobre os quais incidem, impõe-se uma reflexão preliminar. A interpretação constitucional não é um exercício abstrato de busca de verdades universais e atemporais. Toda interpretação é produto de uma época, de um momento histórico, e envolve os fatos a serem enquadrados, o sistema jurídico, as circunstâncias do intérprete e o imaginário de cada um. A identificação do cenário, dos atores, das forças materiais atuantes e da posição do sujeito da interpretação, isto é, a *contextualização* da interpreta-

ção constitucional e jurídica em geral, formam o que se denomina de *pré-compreensão*[1].

2. Note-se que o tema não tem uma dimensão puramente acadêmica ou teórica. Antes pelo contrário, o próprio Supremo Tribunal Federal, em diversas ocasiões, tem feito uso dos elementos de fato que informam o problema sob seu exame para chegar à conclusão constitucionalmente mais adequada[2]. Foi precisamente sob esta ótica que a Corte decidiu, nada obstante a instituição da Defensoria Pública pela Constituição de 1988, que a assistência judiciária prestada pelo Ministério Público aos necessitados (nos termos do art. 68 do Código de Processo Penal[3]) permaneceria constitucional até que a Defensoria estivesse suficientemente organizada de direito e de fato para atender as pessoas carentes[4].

---

1. Sobre o tema da *pré-compreensão*, v. Konrad Hesse, *Escritos de derecho constitucional*, 1983, p. 44: "El intérprete no puede captar el contenido da la norma desde un punto cuasi arquimédico situado fuera de la existencia histórica sino únicamente desde la concreta situación histórica en la que se encuentra, cuya plasmación há conformado sus hábitos mentales, condicionando sus conocimientos y sus pre-juicios"; e Paulo Bonavides, *Curso de direito constitucional*, 1999, p. 462/3: "Não é possível isolar a norma da 'realidade' (...) o Direito e a realidade não são esferas incomunicáveis nem categorias autônomas subsistentes por si mesmas. O âmbito da norma é fator que fundamenta a normatividade.".
2. O art. 27 da Lei nº 9.868/99, que autoriza o Supremo Tribunal Federal, tendo em conta "razões de segurança jurídica ou de excepcional interesse social", a restringir os efeitos da declaração de inconstitucionalidade de lei ou ato normativo, é um reconhecimento normativo da ingerência dos fatos sobre a interpretação jurídica. Registre-se que a validade do dispositivo foi questionada e encontra-se pendente de decisão no Supremo Tribunal Federal. Diversos tribunais constitucionais europeus, porém, adotam procedimento semelhante.
3. CPP: "Art. 68. Quando o titular do direito à reparação do dano for pobre (art. 32, §§ 1º e 2º), a execução da sentença condenatória (art. 63) ou a ação civil (art. 64) será promovida, a seu requerimento, pelo Ministério Público".
4. STF, RE 147.776-SP, Rel. Min. Sepúlveda Pertence, DJ 19.6.98: "Ministério Público: legitimação para promoção, no juízo cível, do ressarcimento do dano resultante de crime, pobre o titular do direito à reparação: C. Pr. Pen., art. 68, ainda constitucional (cf. RE 135.328): processo de inconstitucionalização das leis.
1. A alternativa radical da jurisdição constitucional ortodoxa entre a constitucionalidade plena e a declaração de inconstitucionalidade ou revogação por inconstitucionalidade da lei com fulminante eficácia *ex tunc* faz abstração da evidência

3. Estabelecida a premissa, cabe então identificar o contexto fático a ser considerado na hipótese descrita pelo consulente. A este propósito, parece adequado destacar dois conjuntos relevantes de circunstâncias. O primeiro diz respeito à ascensão do Ministério Público na ordem jurídica brasileira, seu peso institucional e como estes elementos repercutem sobre uma pessoa sob investigação do órgão. O segundo conjunto a ser enfatizado espelha um país que ainda não vive integralmente a sua maturidade institucional e compreende fatos como a publicidade indevida dada a inquéritos, a rotina dos vazamentos para a imprensa e os pré-julgamentos generalizados que comprometem a honra, a imagem, a privacidade e a presunção de inocência. O tema merece algum aprofundamento.

4. A norma que a consulente deseja ver interpretada envolve, em um primeiro momento, a comunicação ao Ministério Público de fatos supostamente delituosos, a ser feita por autoridades administrativas. O efeito natural de tal providência será a instauração de um inquérito criminal ou, a julgar por repetidos precedentes, o oferecimento automático de denúncia. Ora bem: estas não são conseqüências banais, corriqueiras na vida do eventual investigado ou denunciado. Pelo contrário. A ninguém, portanto, deve ser dada a possibilidade de

---

de que a implementação de uma nova ordem constitucional não é um fato instantâneo mas um processo, no qual a possibilidade de realização da norma da Constituição — ainda quando teoricamente não se cuide de preceito de eficácia limitada — subordina-se muitas vezes a alterações da realidade fáctica que a viabilizem.
2. No contexto da Constituição de 1988, a atribuição anteriormente dada ao Ministério Público pelo art. 68 do C. Pr. Penal — constituindo modalidade de assistência judiciária — deve reputar-se transferida para a Defensoria Pública: essa, porém, para esse fim, só se deve considerar existente, onde e quando organizada, de direito e de fato, nos moldes do art. 134 da própria Constituição e da lei complementar por ela ordenada: até que — na União ou em cada Estado considerado —, se implemente essa condição de viabilização da cogitada transferência constitucional de atribuições, o art. 68 C. Pr. Pen. será considerado ainda vigente: é o caso do Estado de São Paulo, como decidiu o plenário no RE 135.328. Nesse mesmo sentido, além do citado RE 135.328, Rel. Min. Marco Aurélio, DJ 20.4.01, também o HC 70.514, Rel. Min. Sydney Sanches, DJ 27.6.97, aqui reconhecendo a constitucionalidade do benefício do prazo em dobro conferido às Defensorias pelo menos até que elas alcancem o nível de organização do respectivo Ministério Público, que é a parte adversa, como órgão de acusação, no processo da ação penal pública.".

infligir mal dessa intensidade a outrem sem a cautela devida, consistente em uma apuração adequada.

5. Aqui deve-se considerar que o Ministério Público vive um importante momento de ascensão institucional. A magnitude dos interesses que procura tutelar e a visibilidade que ganhou perante a opinião pública expõem uma pessoa sujeita a investigação a constrangimentos imediatos e inevitáveis. Se o Ministério Público está investigando, é porque o indivíduo deve mesmo ser culpado — um pensamento tão simplista quanto freqüente (muitas vezes alimentado por declarações do próprio *parquet*). Nesse ambiente, inverte-se a presunção de inocência, de modo que a pessoa sob investigação passa a ser vista como suspeita (e muito provavelmente culpada) até que sua inocência seja cabalmente demonstrada.

6. Tudo isso se agrava por conta do que tem sido referido como *deficit* de justiça. O Poder Judiciário tornou-se depositário de um conjunto de expectativas após a Constituição de 1988. Novos direitos, novas ações, maior consciência de cidadania, maior cobrança de atuação concreta e efetiva. No entanto, a legislação, a cultura judiciária, aspectos ideológicos e de infra-estrutura, o número de juízes, dentre outros fatores, comprometem a capacidade de as instituições judiciais darem vazão à demanda que se formou. E em qualquer sociedade que aspire à civilização, justiça é gênero de primeira necessidade[5]. O que acontece quando o Judiciário não supre de maneira quantitativa e qualitativamente eficaz esta necessidade? O que acontece quando a procura é maior do que a oferta? Incide a lei do mercado: o cidadão vai buscar justiça em outro lugar[6]. O vazio provocado pela sensação de impunidade que decorre da falta de resposta judicial célere acaba sendo ocupado por *justiceiros* de ordens diversas, por vezes a imprensa, outras as Comissões Parlamentares de Inquérito e também, não infreqüentemente, o próprio Ministério Público. Aparentemente, a descrença de que em um processo regular os supostos infratores venham a ser efetivamente punidos acaba fazendo com que

---

5. V. Joaquim Falcão, *A notícia que virou fato: a imprensa em questão*, in Monitor Público n° 6/5, 1995.
6. Idem.

a execração pública seja a pena aplicada (muitas vezes a única e sempre sem o devido processo legal)[7].

7. Surge assim, nesse contexto, a rotina de vazamentos para a imprensa de toda sorte de informação no curso de investigações, nada obstante seu caráter sigiloso[8]. Neste ritual equívoco, alguns procuradores tornaram-se celebridades públicas. De posse dos dados, a imprensa se encarrega não apenas de dar publicidade às investigações, como muitas vezes registra desde logo um pré-julgamento que dificilmente se poderá apagar da vida dos envolvidos. O ponto é registrado com precisão por Selma Santana, membro do Ministério Público, nos seguintes termos:

> "As veiculações de práticas criminosas, como têm sido feitas por alguns profissionais, de forma leviana e sensacionalista, estigmatizam, se não de forma total, pelo menos, parcialmente, a vida e a reputação das pessoas nelas envolvidas. A título de exemplo, vale a pena lembrar o caso do Bar Bodega e da Escola Base, ambos em São Paulo.
> É muito comum que, embora ainda no início das investigações policiais, a notícia seja veiculada, de forma açodada e irresponsável, com a cumplicidade muitas vezes dos próprios órgãos de segurança, quando se sabe que o inquérito é marcado notadamente pelo seu caráter sigiloso. Tal sigilo

---

7. Sobre o tema, v. Luís Roberto Barroso, *A segurança jurídica na era da velocidade e do pragmatismo*, in *Temas de direito constitucional*, 2ª. ed., 2001, p. 49 e ss.
8. No que diz respeito às CPIs, a falta de compromisso com a manutenção de dados sigilosos chegou a ser registrada em decisão pelo Supremo Tribunal Federal nos seguintes termos: "(...) O *periculum in mora* ressalta do objeto mesmo do ato questionado, sobretudo se se tem em conta o fato notório de que as CPIs não se têm preocupado de resguardar o segredo legalmente imposto aos dados obtidos a partir da sua intervenção nas áreas protegidas de privacidade: é cotidiana, pelo contrário, a sua divulgação pela imprensa." (STF, MS nº 23466 (Medida liminar), Rel. Min. Sepúlveda Pertence, DJ 22.06.99). No caso do Ministério Público, existem ações de reparação de danos pelo Brasil afora, tendo como *causa petendi* declarações à imprensa prestadas por procuradores que não limitaram sua atuação aos autos do processo.

tem, na realidade, duas razões específicas, uma delas é garantir uma melhor apuração dos fatos, a outra é exatamente proteger a reputação e a vida privada de todas as pessoas envolvidas nesta fase de instrução provisória.
É comum ser noticiada a prática criminosa, e de seus autores, ainda sob o clamor popular. Passada, porém, essa fase inicial, o desdobramento de uma tramitação processual penal já não mais interessa à mídia. O que fora amplamente divulgado e que se projetou no universo da compreensão do cidadão tem força de uma sentença definitiva."[9]

8. Por essa razão é que o Supremo Tribunal Federal, acolhendo por maioria a manifestação do Ministro Paulo Brossard, fez questão de registrar, em julgamento no qual se examinava pedido de quebra de sigilo bancário formulado em inquérito penal: *"Parece-me prudente que haja certo cuidado em assunto dessa delicadeza, porque é da natureza humana, pelo menos aqui nos trópicos, começar-se pela condenação. Condena-se primeiro e depois se começa o processo; mais tarde, vem a clemência, o amolecimento, a indulgência; e, muitas vezes, a indulgência se transforma em conivência. Mas se começa pela condenação."*[10]

9. À vista desses elementos, só por descompromisso com o mundo real se poderia afirmar que estar sob investigação do Ministério Público é uma situação neutra, insuscetível de gerar graves danos para o indivíduo. Como se verá adiante, a própria ordem jurídica reconhece essa evidência, criando diversos mecanismos para evitar que eles se verifiquem ou sejam perpetuados sem um fundamento consistente que os legitime. Na realidade, a questão trazida pela consulente diz respeito a um tema clássico de direito constitucional: a convivência do interesse individual e do interesse público ou coletivo e suas limitações recíprocas. O estudo que se segue procurará determinar o ponto de equilíbrio entre eles relativamente à situação concreta examinada.

---

9. Selma Pereira de Santana, O *princípio constitucional da inocência e a imprensa*, Revista Consulex, Ano II, nº 22, 1998, p. 33.
10. STF, Petição nº 577-5, Rel. Min. Carlos Velloso, DJ 23.4.93.

Parte II
A INTERPRETAÇÃO DAS NORMAS CONSTITUCIONAIS E INFRACONSTITUCIONAIS PERTINENTES

1. Nota Doutrinária

10. A Constituição é a lei fundamental regedora do Estado e da sociedade, sendo dotada de supremacia em relação a todas as demais normas do sistema. Toda atividade de realização do Direito envolve a aplicação direta ou indireta da Constituição. Aplica-se a Constituição diretamente quando determinada pretensão funda-se em uma norma constitucional (como um pedido de aposentadoria ou de uma imunidade). E aplica-se a Constituição indiretamente quando se faz atuar qualquer norma jurídica infraconstitucional, porque o intérprete, antes de fazê-la incidir sobre uma situação concreta, terá realizado uma operação lógica que nem sempre é explicitada, consistente na prévia verificação de sua constitucionalidade. Mais que isso: por um mecanismo conhecido em doutrina como *filtragem constitucional*, a leitura e interpretação de qualquer norma devem pautar-se pelos valores e pelos fins inscritos na Constituição.

11. A interpretação constitucional é uma modalidade de interpretação jurídica, e como tal utiliza-se trivialmente dos elementos hermenêuticos tradicionais, cuja sistematização remonta a Savigny: o gramatical ou semântico, o histórico, o sistemático e o teleológico. Nada obstante, a natureza, o objeto, a estrutura e a superlegalidade das normas constitucionais dão a elas um caráter peculiar, circunstância que exigiu o desenvolvimento de um conjunto específico de normas instrumentais à interpretação constitucional. Dentro desse universo, avulta o papel dos princípios constitucionais, cuja relevância no processo interpretativo tornou-se uma dos principais temas da dogmática jurídica contemporânea.

12. As normas jurídicas dividem-se em regras e princípios. As regras contêm um relato mais objetivo, com incidência restrita às situações específicas às quais se dirigem. Já os princípios têm maior grau de abstração, irradiam-se pelo sistema e desempenham três papéis destacados: a) expressam os valores mais elevados do ordenamento, b) dão unidade ao sistema, harmonizando normas que consagram valores que entram em tensão e c) condicionam a atuação do

intérprete. As regras, consoante doutrina que se tornou clássica, aplicam-se sob a forma de *tudo ou nada*[11], vale dizer: uma norma somente deixará de incidir sobre a hipótese à qual se destina se não estiver mais em vigor ou se não for válida. Sua aplicação se dará, normalmente, mediante uma atividade de *subsunção, i.e.*, de enquadramento de um fato ao relato objetivo da norma. Já com os princípios, que são o principal instrumento da interpretação constitucional, passa-se diferentemente.

13. Princípios contêm, normalmente, uma maior carga valorativa, um fundamento ético, uma decisão política relevante, e indicam uma determinada direção a seguir. Ocorre que, em uma ordem pluralista, existem outros princípios que abrigam decisões, valores ou fundamentos diversos, por vezes contrapostos. A colisão de princípios, portanto, não só é possível, como faz parte da lógica do sistema, que é dialético. Por isso a sua incidência não pode ser posta em termos de *tudo ou nada*, de validade ou invalidade. Deve-se reconhecer aos princípios uma dimensão de peso ou importância. À vista dos elementos do caso concreto, o intérprete deverá fazer escolhas fundamentadas, quando se defronte com antagonismos inevitáveis, como os que existem entre a liberdade de expressão e o direito de privacidade, a livre iniciativa e a intervenção estatal, o direito de propriedade e a sua função social. A aplicação dos princípios se dá, predominantemente, mediante *ponderação*[12].

---

11. Ronald Dworkin, *Taking rights seriouly*, 1997 (a 1a. edição é de 1977).
12. O tema foi retomado, substancialmente sobre as mesmas premissas, pelo autor alemão Robert Alexy (*Teoria de los derechos fundamentales*, 1997, p. 81 e ss), cujas idéias centrais na matéria são resumidas a seguir. As regras veiculam *mandados de definição*, ao passo que os princípios são *mandados de otimização*. Por essas expressões se quer significar que as regras (*mandados de definição*) têm natureza biunívoca, isto é, só admitem duas espécies de situação, dado seu substrato fático típico: ou são válidas e se aplicam ou não se aplicam por inválidas. Uma regra vale ou não vale juridicamente. Não são admitidas gradações. A exceção da regra ou é outra regra, que invalida a primeira, ou é a sua violação. Os princípios se comportam de maneira diversa. Como *mandados de otimização*, pretendem eles ser realizados da forma mais ampla possível, admitindo, entretanto, aplicação mais ou menos intensa de acordo com as possibilidades jurídicas existentes, sem que isso comprometa sua validade. Esses limites jurídicos, capazes de restringir a otimização do princípio, são (i) regras que o excepcionam em algum ponto e (ii) outros princípios de mesma estatura e opostos que

14. Nesse contexto, impõe-se um breve aprofundamento da questão dos conflitos normativos. O Direito, como se sabe, é um sistema de normas harmonicamente articuladas. Uma situação não pode ser regida simultaneamente por duas disposições legais que se contraponham. Para solucionar essas hipóteses de conflito de leis, o ordenamento jurídico se serve de três critérios tradicionais: o da *hierarquia* — pelo qual a lei superior prevalece sobre a inferior —, o *cronológico* — onde a lei posterior prevalece sobre a anterior — e o da *especialização* — em que a lei específica prevalece sobre a lei geral[13]. Estes critérios, todavia, não são adequados ou plenamente satisfatórios quando a colisão se dá entre normas constitucionais, especialmente entre os princípios constitucionais, categoria na qual devem ser situados os conflitos entre direitos fundamentais[14]. Relembre-se: enquanto as normas são aplicadas na plenitude da sua força normativa — ou, então, são violadas —, os princípios são ponderados.

15. A denominada *ponderação de valores* ou *ponderação de interesses* é a técnica pela qual se procura estabelecer o peso relativo de cada um dos princípios contrapostos. Como não existe um critério abstrato que imponha a supremacia de um sobre o outro, devem-se, à vista do caso concreto, fazer concessões recíprocas, de modo a produzir um resultado socialmente desejável, sacrificando o mínimo de cada um dos princípios ou direitos fundamentais em oposição. O legislador não pode, arbitrariamente, escolher um dos interesses em jogo e anular o outro, sob pena de violar o texto constitucional. Seus balizamentos devem ser o princípio da razoabilidade e a preservação, tanto quanto possível, do núcleo mínimo do valor que esteja cedendo passo. Não há, aqui, superioridade formal de nenhum dos princípios em tensão, mas a simples determinação da solução que melhor atende o ideário constitucional na situação apreciada[15].

---

procuram igualmente maximizar-se, impondo a necessidade eventual de ponderação.
13. Sobre antinomias e critérios para solucioná-las, v. Norberto Bobbio, *Teoria do ordenamento jurídico*, 1990, p. 81 e ss.
14. Robert Alexy, *Colisão e ponderação como problema fundamental da dogmática dos direitos fundamentais*, mimeografado, palestra proferida na Fundação Casa de Rui Barbosa, no Rio de Janeiro, em 11.12.98, p. 10: "As colisões dos direitos fundamentais acima mencionados devem ser consideradas, segundo a teoria dos princípios, como uma colisão de princípios".
15. Sobre o tema, na doutrina alemã, Robert Alexy, *Colisão e ponderação como*

16. O último conceito que merece destaque nessa nota doutrinária é o de razoabilidade. O princípio da razoabilidade[16] é um dos principais instrumentos operacionais na realização da ponderação. Concebido como um mecanismo para controlar a discricionariedade legislativa e administrativa, o princípio da razoabilidade decompõe-se em três sub-princípios: a) a adequação entre o meio utilizado e o fim visado; b) a necessidade da medida, sendo vedado o excesso; c) a proporcionalidade em sentido estrito, isto é, o custo-benefício da providência. A atividade de ponderação funda-se na produção do melhor resultado para o caso concreto, com o menor sacrifício possível dos valores concorrentes. A razoabilidade é o antídoto contra as escolhas arbitrárias, aleatórias ou caprichosas. O intérprete precisa fundamentar suas decisões em critérios de racionalidade, vedado o

---

problema fundamental da dogmática dos direitos fundamentais, mimeografado, palestra proferida na Fundação Casa de Rui Barbosa, no Rio de Janeiro, em 11.12.98; Karl Larenz, *Metodologia da ciência do direito*, 1997, pp. 164 ss; Klaus Stern, *Derecho del Estado de la Republica Federal alemana*, 1987, p. 295. Na doutrina brasileira, vejam-se Luís Roberto Barroso, *Interpretação e aplcação da Constituição*, 1999, p. 192; e Ricardo Lobo Torres, *Da ponderação de interesses ao princípio da ponderação*, 2001, mimeografado. E, ainda, as dissertações de mestrado de Daniel Sarmento, *A ponderação de interesses na Consituição Federal*, 2000, e de Marcos Antonio Maselli de Pinheiro Gouvêa, *A sindicabilidade dos direitos prestacionais*, 2001, mimeografado, onde averbou: "No mais das vezes, contudo, a aplicação da norma constitucional ou legal não pode ser efetuada de modo meramente subsuntivo, dada a existência de princípios colidentes com o preceito que se pretende materializar (...) À luz do conceito-chave da proporcionalidade, desenvolveu-se o método de ponderação pelo qual o magistrado, considerando-se a importância que os bens jurídicos cotejados têm em tese mas também as peculiaridades do caso concreto, poderá prover ao direito postulado, fundamentando-se na precedência condicionada deste sobre os princípios contrapostos" (p. 381).
16. Sobre o tema, vejam-se alguns trabalhos monográficos produzidos nos últimos anos: Raquel Denize Stumm, *Princípio da proporcionalidade no direito constitucional brasileiro*, 1995; Suzana Toledo de Barros, *O princípio da proporcionalidade e o controle de constitucionalidade das leis restritivas de direitos fundamentais*, 1996; Paulo Armínio Tavares Buechele, *O princípio da proporcionalidade e a interpretação da Constituição*, 1999. Também em língua portuguesa, com tradução de Ingo Wolfgang Sarlet, Heinrich Scholler, *O princípio da proporcionalidade no direito constitucional e administrativo da Alemanha*, Interesse Público 2/93, 1999.

excesso evitável na restrição a direitos, bem como o sacrifício de valores mais caros que os que são eventualmente promovidos através do atuação pretendida.

17. A seguir, passando da teoria à prática, cumpre proceder ao exame da questão concreta suscitada. As diversas normas constitucionais pertinentes serão agrupadas, para fins sistemáticos e tendo em vista o bem jurídico que tutelam, em dois conjuntos diversos. O primeiro conjunto congrega, de um lado, as normas que dizem respeito à persecução do ilícito no âmbito do Estado e, de outro, as que protegem a honra, a imagem e o bom nome dos indivíduos. O segundo conjunto reúne as normas constitucionais que dão substrato à proteção do sigilo bancário e aquelas que, em sentido contrário, fundamentam exceções a essa mesma proteção. A ponderação entre essas normas irá conduzir à solução constitucionalmente adequada para o problema posto.

2. Ponderação de Princípios

2.1. Primeiro grupo de princípios: *repressão de ilícitos* **versus** *proteção da honra, imagem, bom nome e privacidade.*

Conclusão da ponderação: *necessidade de indícios consistentes para deflagrar o procedimento de apuração criminal, que só serão obtidos ao fim do processo administrativo. Comunicação prematura ao Ministério Público viola excessiva e desnecessariamente direitos individuais e gera ineficiência.*

18. A Constituição contempla diversas instituições cujo propósito é apurar e punir condutas consideradas ilícitas. Nessa categoria estão o Poder Judiciário[17], o Ministério Público[18], as Polícias[19] e a própria previsão de um contencioso administrativo[20]. A Carta autoriza o ajuizamento de ação privada nos crimes de ação pública, se esta,

---

17. CF/88, art. 92 e ss.
18. CF/88, art. 127 e ss.
19. CF/88, art. 144 e ss.
20. CF/88, art. 5º, LV.

a cargo do Ministério Público[21], não for intentada no prazo legal[22]. De parte isto, refere-se ela própria a determinadas práticas como crimes: é o caso do racismo[23], da tortura[24], do tráfico ilícito de entorpecentes[25], do terrorismo[26] e das lesões ao meio ambiente[27].

19. Em boa parte das vezes em que se refere à persecução de ilícitos por parte do Estado, a Constituição o faz de forma indireta, estabelecendo na verdade limites a essa atuação, como se passa com diversos dispositivos do art. 5º que disciplinam o processo, a pena, a aplicação da pena e as condições para seu cumprimento (incisos XXXVII e ss.). É fora de dúvida, porém — trata-se a rigor de um verdadeiro truísmo —, que há relevante interesse social na apuração e punição de condutas ilícitas, para a própria preservação do Estado de Direito.

20. Por outro lado, o constituinte manifestou intensa preocupação com a honra e a imagem das pessoas, tanto ao referir-se especificamente à sua inviolabilidade (art. 5º, X)[28], como ao assegurar de forma expressa a indenizabilidade do dano moral e à imagem (art. 5º, V)[29], e ainda ao autorizar que a defesa da intimidade restrinja a publicidade de atos processuais (art. 5º, LX)[30]. A proteção se completa com a previsão que consta do art. 60, § 4º, IV, pela qual não será objeto de deliberação a proposta de emenda tendente a abolir quaisquer desses direitos. Na verdade, a proteção da honra e da imagem é apenas uma manifestação da escolha fundamental do poder constituinte originário pela centralidade do indivíduo[31].

---

21. CF/88, art. 129, I.
22. CF/88, art. 5º, LIX.
23. CF/88, art. 5º, XLII.
24. CF/88, art. 5º, XLIII.
25. Idem.
26. Idem.
27. CF/88, art. 225, § 3º.
28. CF/88, art. 5º, X: "são invioláveis a intimidade, a vida privada, a honra e a imagem das pessoas, assegurado o direito a indenização pelo dano material ou moral decorrente de sua violação;".
29. CF/88, art. 5º, V: "é assegurado o direito de resposta, proporcional ao agravo, além da indenização por dano material, moral ou à imagem;".
30. CF/88, art. 5º, LX: "a lei só poderá restringir a publicidade dos atos processuais quando a defesa da intimidade ou o interesse social o exigirem;".
31. José Afonso da Silva, *A dignidade humana como valor supremo da democra-*

21. Em que medida esses dois conjuntos de normas constitucionais — o que propugna a investigação e punição de ilícitos e o que protege a honra e a imagem das pessoas — precisam ser ponderados? A questão é bastante simples. É natural e inevitável que a investigação e a punição de atos ilícitos produzam danos progressivos à imagem, ao nome e à honra dos indivíduos. O maior dano se verificará quando o indivíduo for considerado culpado em caráter definitivo, embora não haja dúvida de que essa restrição à inviolabilidade da honra e da imagem é legítima tendo em vista os interesses da coletividade[32]. O problema se coloca, na verdade, no período das investigações ou no curso do processo. Isso porque, nesses momentos, ainda não se pode ter certeza se o indivíduo é ou não culpado e, portanto, se o dano à sua imagem será ou não justificado pelo resultado final.

22. Pois bem: se por um lado não é possível ter convicção da culpabilidade de quem quer que seja antes da investigação e do processo (e, portanto, haverá sempre um risco e algum dano será inevitável), por outro lado, não se poderá admitir que a investigação, especialmente a criminal, por suas repercussões mais gravosas, tenha iní-

---

cia, Revista de Direito Administrativo n° 212, p. 89-94; e Ana Paula de Barcellos, *A eficácia jurídica dos princípios constitucionais. O princípio da dignidade da pessoa humana*, 2001, p. 13 e ss..

32. Mas a própria ordem jurídica não admite um dano permanente à honra e à imagem daqueles que tenham sido condenados criminalmente, prevendo a figura da reabilitação (Código Penal, arts. 93 e ss. e Código de Processo Penal, arts. 743 e ss.), pela qual se assegura ao condenado o sigilo dos registros sobre seu processo e condenação, observadas as exigências legais e após certo prazo da extinção da pena.
Em linha semelhante, o Tribunal Constitucional alemão decidiu um caso que se tornou muito famoso (o caso *Lebach*) no qual se questionava o direito de uma emissora de televisão de exibir um documentário acerca do assassinato dos soldados de *Lebach*. Um dos condenados pelo crime, que se encontrava cumprindo o final de sua pena, insurgiu-se contra a exibição do programa alegando que ela violaria o seu direito à honra e à privacidade, além de prejudicar gravemente sua ressocialização. A Corte Constitucional alemã, após ampla instrução, vedou a difusão do programa, nada obstante reconhecer a elevada estatura constitucional da liberdade de imprensa. Ponderando os princípios envolvidos, a Corte considerou mais importante evitar danos adicionais à esfera individual do condenado, especialmente no que dizia respeito à sua reintegração na sociedade. V. Daniel Sarmento, *A ponderação de interesses na Constituição*, 2000, p. 166/8.

cio sem que haja elementos indiciários suficientemente consistentes, capazes de justificar, ao menos em tese, o dano à imagem e à honra que a investigação invariavelmente produzirá. É exatamente nesse instante que será necessária a ponderação para delimitar até que ponto vão as pretensões de cada uma dessas normas, isto é, em que medida se deve privilegiar a persecução do ilícito e até onde preservar a honra e a reputação individuais.

23. A repercussão negativa sobre o nome e a imagem do investigado ou do acusado não é apenas uma evidência que decorre da observação da realidade. A própria ordem jurídica a reconhece e procura criar instrumentos aptos a evitar um dano inútil à imagem das pessoas quando não haja elementos de suspeita suficientes para submetê-lo a essa restrição. Cada um desses instrumentos já estabelecem marcos úteis para a ponderação dos princípios envolvidos. É o caso da necessidade de justa causa para a propositura da ação penal (Código de Processo Penal, art. 648)[33], da tipificação do crime de denunciação caluniosa (Código Penal, art. 339)[34] e da possibilidade de trancamento de inquérito.

24. Com efeito, a necessidade de justa causa para a procedibilidade da denúncia tem o propósito de não submeter o indivíduo a uma situação que expõe sua reputação e imagem se não houver elementos suficientemente consistentes que indiquem sua necessidade. No mesmo contexto, a doutrina registra que, afora a própria administração da Justiça, o bem jurídico que o crime de denunciação caluniosa pretende proteger é a honra do indivíduo, para que ele não seja submetido a uma investigação inutilmente e sofra todos os danos que decorrem dessa condição[35].

---

33. CPP, art. 648: "A coação considerar-se-á ilegal:
I — quando não houver justa causa;"
34. CP, Art. 339: "Dar causa à instauração de investigação policial, de processo judicial, instauração de investigação administrativa, inquérito civil ou ação de improbidade administrativa contra alguém, imputando-lhe crime de que o sabe inocente:
Pena — reclusão, de 2 (dois) a 8 (oito) anos, e multa."
35. Celso Delmanto, Roberto Delmanto e Roberto Delmanto Júnior, *Código Penal Comentado*, 1998, p. 566: "Denunciação caluniosa. Objeto Jurídico: o interesse da justiça, primeiramente, e a honra da pessoa acusada, secundariamente.". No mesmo sentido, Heleno Cláudio Fragoso, *Lições de direito penal*, 1989, p. 520.

25. Nessa mesma linha, o Supremo Tribunal Federal tem admitido até mesmo a possibilidade de trancamento de inquéritos quando não haja elementos de justa causa capazes de fundamentá-los, como nas hipóteses em que sequer em tese a conduta configura crime[36], quando os fatos descritos não são típicos[37] ou quando já se encontram prescritos[38]. Tudo isso porque, como registrou a mais alta Corte em

---

36. RHC 56.665/PR, Rel. Min. Moreira Alves, DJ 23.02.79: *"Habeas corpus.* Furto. Falta de justa causa para trancamento de inquérito policial. Questão de natureza estritamente civil. Trata-se de testamenteiro que tem a composse de bens hereditários com outro testamenteiro, e, se não estiver exercitando a posse de maneira regular, essa questão deverá ser decidida em juízo cível. Inexistência de crime, mesmo em tese. Recurso ordinário a que se dá provimento, para conceder a ordem."; HC 67.039/RS, Rel. Min. Moreira Alves, DJ 24.11.89: *"Habeas corpus.* Inquérito policial instaurado pelo fato de vereadores terem recebido importâncias em virtude de lei municipal que veio a ser considerada inconstitucional pelo tribunal de contas do estado. Conhecimento parcial, com base na letra d do inciso i do artigo 102 da Constituição, já que, no caso, não há sequer conexão determinadora do deslocamento da competência. Sendo o fato que deu margem à instauração do inquérito policial manifestamente atípico, é de trancar-se esse inquérito por falta de justa causa. *Habeas corpus* conhecido quanto ao paciente que atualmente é deputado federal, e deferido com relação a ele.".
37. STF, HC 71.466 / DF, Rel. Min. Celso de Mello, DJ 19.12.94: *"Habeas corpus* — Inquérito policial-militar (IPM) — Crime de calúnia (CPM, art. 214) — Delito de denunciação caluniosa (COM, art. 343) — Ausência de tipicidade penal — Falta de justa causa — Trancamento do IPM — Pedido deferido. O trancamento de inquérito policial pode ser excepcionalmente determinado em sede de *habeas corpus*, quando flagrante — em razão da atipicidade da conduta atribuída ao paciente — a ausência de justa causa para a instauração da *persecutio criminis*. Nos delitos de calúnia, difamação e injúria, não se pode prescindir, para efeito de seu formal reconhecimento, da vontade deliberada e positiva do agente de vulnerar a honra alheia. Doutrina e jurisprudência. Não há crime contra a honra, se o discurso contumelioso do agente, motivado por um estado de justa indignação, traduz-se em expressões, ainda que veementes, pronunciadas em momento de exaltação emocional ou proferidas no calor de uma discussão. Precedentes."
38. STF, RHC 62.443/DF, Rel. Min. Rafael Mayer, DJ 08.03.85: "Inquérito. Falsidade ideológica. Falta de justa causa. Trancamento. A prescrição da pretensão punitiva do crime de falso ideológico corre a partir do instante da realização da ação típica, nos termos do art. 111, a, do CP, posto que não se trata de crime permanente caracterizado pela duração, no tempo, de sua consumação, depen-

acórdão relatado pelo Ministro Aldir Passarinho, o inquérito gera inegavelmente um constrangimento, e será injustificável e abusivo se for descabido[39].

26. Diante de todos esses elementos dogmáticos, qual a conclusão da ponderação dos princípios identificados acima, considerando o caso concreto e, portanto, a interpretação do art. 9º, § 1º, da Lei Complementar nº 105/2001? Lembre-se que a comunicação ao Ministério Público para fins penais prevista pelo dispositivo, por parte do Banco Central e da CVM, redundará, na quase generalidade dos casos, ao menos na instauração de um inquérito criminal contra os indivíduos envolvidos.

27. Ora, se é assim, a ponderação dos princípios aplicáveis no caso concreto indica que a comunicação ao Ministério Público para fins penais só deve ocorrer quando as autoridades administrativas dispuserem de elementos de suspeita relevantes acerca da existência de crimes. E quando a autoridade administrativa terá melhores condições de dispor dessa espécie de elementos: tão logo haja tomado ciência dos fatos, ao longo do processo administrativo ou ao fim deste, após a decisão acerca da existência ou não de ilícito administrativo? É bastante lógico que a resposta seja a última opção. Ultimado o processo administrativo, ouvidos os envolvidos, e produzidas as provas pertinentes, se poderá concluir, em primeiro lugar, se houve ou não ilícito administrativo e, secundariamente, se há indícios relevantes da prática de crimes que devam ser comunicados ao Ministério Público.

28. Como registrado, a exceção ao mandamento da inviolabilidade da honra e da imagem do indivíduo só deve ser admitida quando haja um fundamento razoável: essa a conclusão da ponderação dos princípios em exame. Antes do percurso próprio do processo admi-

---

dente do prolongamento da ação do agente. Recurso de *habeas corpus* a que se dá provimento.".
39. STF, RHC 62.088/RJ, DJ 12.4.85, Rel. Min. Aldir Passarinho: "Processual penal. Inquérito policial — trancamento. Embora cabível o trancamento de inquérito policial se de pronto se revela ele absolutamente injustificável, abusivo, pelo inegável constrangimento que ele acarreta, não é possível conceder-se *habeas corpus* com tal finalidade se inexistem elementos que permitam assegurar-se ser tal inquérito descabido."

nistrativo, antes que os envolvidos apresentem seus argumentos, não é razoável autorizar a comunicação (e a conseqüente instauração de um inquérito criminal) que gerará um dano certo à imagem e ao bom nome dos acusados. Basta mencionar que, ao longo do processo administrativo, diante dos elementos apresentados pelos envolvidos e das provas produzidas, a Administração poderá se convencer de que não há indício de crime algum e de que sequer houve ilícito administrativo. A comunicação prematura teria causado um dano sem qualquer fundamento ao acusado.

29. Por outro lado, tão logo receba a comunicação proveniente da Administração, findo o processo administrativo, o Ministério Público poderá oferecer imediatamente a denúncia que entender cabível. Mais que isso, conforme o entendimento da maioria dos ministros do Supremo Tribunal Federal, registrado na ADIn nº 2.571[40], o Ministério Público poderá oferecer denúncia independentemente da comunicação oriunda dos órgãos ou entidades públicas, na medida em que disponha de elementos autônomos de suspeita. Ou seja, o fato de a comunicação ser encaminhada apenas ao fim do processo administrativo produz uma limitação pouco significativa para a atividade estatal de persecução de ilícitos, embora produza grave dano desde logo ao indivíduo. Como se vê, a comunicação prematura será excessiva e, portanto, irrazoável para os fins da persecução do ilícito, pois restringe mais do que o necessário a inviolabilidade da honra e da imagem individuais para obter o resultado "apuração e punição de crimes". A Lei nº 9.874/99, que regula o processo administrativo federal, dispõe exatamente neste sentido, vedando medidas restritivas além daquelas que sejam estritamente necessárias, *verbis*:

> "Art. 2 — A Administração Pública obedecerá, dentre outros, aos princípios da legalidade, finalidade, motivação, razoabilidade, proporcionalidade, moralidade, ampla defesa, contraditório, segurança jurídica, interesse público e eficiência.

---

40. Na ADIn nº 1.571 impugnou-se a constitucionalidade do art. 83 da Lei nº 9.430/96. A Corte considerou a norma constitucional, entendendo que ela não criava uma condição de procedibilidade para a denúncia. Mais adiante se voltará ao ponto.

Parágrafo único. Nos processos administrativos serão observados, entre outros, os critérios de:
(...)
VI — adequação entre meios e fins, vedada a imposição de obrigações, restrições e sanções em medida superior àquelas estritamente necessárias ao atendimento do interesse público;"

30. Note-se que até aqui se esteve examinando a questão apenas sob a ótica do conflito potencial entre os direitos do indivíduo investigado e o interesse coletivo de apurar e punir ilícitos. Mas ainda há duas outras formas de ver o problema, partindo de outros pressupostos constitucionais, e ambas conduzem à mesma conclusão. A primeira delas diz respeito ao princípio da eficiência administrativa e a segunda envolve a estabilidade do sistema financeiro nacional.

31. O princípio da eficiência, positivado agora no *caput* do art. 37 da Constituição, vincula toda a Administração Pública, o que inclui o próprio Ministério Público; segundo a doutrina predominante, o *parquet* integra a estrutura do Executivo, embora com ampla autonomia, pois sua função é tipicamente administrativa[41]. De qualquer forma, mesmo que se queira discordar dessa posição, não há dúvida de que a eficiência deve informar a atuação estatal como um todo. O dever de eficiência[42] tornou-se, na verdade, um pressuposto de todo ato administrativo, seja ele vinculado ou discricionário[43], mesmo porque, como registrou em artigo doutrinário o Ministro Edson Vidigal, "não agir com eficácia é desperdiçar tempo no serviço público. E como quem paga a conta é sempre o contribuinte, não agir eficazmente é desperdiçar dinheiro público."[44]

---

41. Clèmerson Merlin Clève, *O Ministério Público e a reforma constitucional*, Revista dos Tribunais n° 692, p. 21 e ss.
42. Hely Lopes Meirelles, *Direito administrativo brasileiro*, 1993, p. 91: "Assim, a verificação da eficiência atinge os aspectos quantitativo e qualitativo do serviço, para aquilatar do seu rendimento efetivo, do seu custo operacional e da sua real utilidade para os administrados e para a Administração. Tal controle desenvolve-se, portanto, na tríplice linha administrativa, econômica e técnica".
43. Tércio Sampaio Ferraz Junior, *Agências reguladoras: legalidade e constitucionalidade*, Revista Tributária e de Finanças Públicas n° 35, p. 143 e ss.
44. Edson Vidigal, *Fluxos de cadeia ou de caixa — O exaurimento da instância*

32. Tendo em conta esse princípio, seria por certo um desperdício que duas investigações estivessem concomitantemente em curso — na esfera administrativa e no Ministério Público. Isso é ainda mais verdadeiro se se considerar que a investigação de supostos ilícitos fiscais ou financeiros envolve aspectos técnicos que apenas as próprias estruturas administrativas competentes têm condições de elucidar. Assim, o próprio Ministério Público, muito provavelmente, teria necessidade de recorrer ao Banco Central, à Receita Federal ou à CVM, conforme o caso, no curso de suas investigações. Ora, qual a eficiência que preside essa múltipla superposição de investigações? Muito pouca. O mais eficiente, não há dúvida, é aguardar o fim do processo administrativo para então comunicar ao Ministério Público, que terá, aliás, muito melhores condições de trabalho nessas circunstâncias, incrementando a consistência dos elementos de prova de que poderá dispor.

33. Por fim, não é possível ignorar que comunicações prematuras ao Ministério Público, e os subseqüentes inquéritos policiais envolvendo instituições financeiras e seus diretores ou administradores, produzirão abalo, ao menos nesse momento desnecessário, à estabilidade do sistema financeiro. Vale o registro de que, nada obstante seu caráter privado, o bom andamento, a estabilidade e a confiabilidade do sistema financeiro — sobretudo nestes dias de globalização — envolvem interesse público da maior relevância, tendo em vista que as atividades financeiras integram-se à economia do país de forma estrutural, sofrendo sua influência e, sobretudo, influenciando-a amplamente[45].

---

administrativo-fiscal como condição de procedibilidade para a ação penal, Revista dos Tribunais nº 764, 1999, p. 453/4.
45. Haroldo Malheiros Dulcera Verçosa, *Responsabilidade civil especial*, 1993, p. 19: "Observam alguns autores, assumirem certas atividades tal relevância na ordem econômica interna, que o legislador moderno não pode deixar seu exercício ao livre sabor dos agentes, sob pena de acentuado perigo de grave dano para o mercado como um todo e para os credores em particular. Em decorrência desta constatação, o Estado tem assumido posição marcadamente intervencionista nos mercados financeiro e de capitais, começando pela exigência de prévia autorização para funcionamento, passando pela fiscalização permanente do exercício das empresas da área, chegando a atuar diretamente na busca da reorganização destas pela intervenção e pelo recentemente criado regime de

34. Exatamente para evitar essa espécie de efeito indesejado sobre o mercado é que se estabelece a regra do sigilo total acerca dos processos administrativos que envolvam instituições financeiras[46]. Como já se viu inicialmente, no tópico sobre a pré-compreensão, esse mesmo cuidado não é tão seriamente considerado pelas autoridades que procedem às investigações criminais. Em suma, a comunicação ao Ministério Público antes de findo o processo administrativo, com todas as suas conseqüências, acarretaria, talvez inutilmente, um efeito desestabilizador do sistema financeiro, que sempre deve ser evitado. Assim, também aqui, considerando mais esse elemento, a conclusão a que se chega é a de que qualquer comunicação para fins penais dirigida ao Ministério Público deverá aguardar o fim do processo administrativo.

35. Em resumo, portanto, do que se expôs neste tópico, é possível registrar o seguinte: a ponderação dos princípios constitucionais examinados (os que informam a atividade de persecução de ilícitos e os que estabelecem a inviolabilidade da honra, da imagem e da reputação das pessoas), considerando o princípio da razoabilidade (que veda a restrição excessiva e desnecessária dos direitos individuais), o princípio da eficiência, o valor social da estabilidade do sistema financeiro e, por fim, as circunstâncias concretas do caso, todos esses elementos avaliados conjuntamente levam à conclusão de que as comunicações para fins penais, de que cuida o § 1º do art. 9º da Lei Complementar nº 105/2001, só podem ser efetuadas após encerrado o processo administrativo respectivo. Cabe agora examinar o segundo grupo de princípios que deverão ser ponderados e, na seqüência, interpretar especificamente as normas infraconstitucionais referidas. Já se pode adiantar que todos esses processos hermenêuticos conduzirão à mesma conclusão a que se acaba de chegar aqui.

---

administração especial temporária, até alcançar as providências destinadas a encerrar definitivamente sua atuação, através do instituto da liquidação extrajudicial.".

46. Lei nº 9.650, de 27.05.98, art. 17: "Além dos deveres e das proibições previstos na Lei nº 8.112, de 1990, aplicam-se aos servidores em efetivo exercício no Banco Central do Brasil: I — o dever de manter sigilo sobre as operações ativas e passivas e serviços prestados pelas instituições financeiras (sigilo bancário), de que tiverem conhecimento em razão do cargo ou da função;"

2.2. Segundo grupo de princípios: *proteção do sigilo bancário* **versus** *suas exceções e a posição do Ministério Público*

Conclusão da ponderação: *a quebra de sigilo será sempre excepcional, notadamente quando não haja interveniência de autoridade judicial. Necessidade de demonstração consistente das suspeitas e da necessidade da medida, o que só poderá ser obtido ao fim do processo administrativo.*

36. O segundo conjunto de princípios constitucionais que refletem sobre a resposta a ser dada à questão formulada pela consulente diz respeito à proteção do sigilo bancário e às hipóteses em que sua quebra é admitida. Isso porque é muito provável que em boa parte das investigações acerca de ilícitos fiscais ou financeiros se esteja diante de dados protegidos por sigilo.

37. O sigilo bancário é um fenômeno praticamente universal[47] e especialmente antigo, remontando aos primórdios da atividade comercial e financeira[48]. Seu fundamento lógico, como registra a doutrina, é variado; trata-se: (i) de uma proteção ao direito individual do cliente, inerente à sua privacidade, de não divulgar seus dados financeiros[49]; (ii) de um dever do profissional (banqueiro) à discrição e,

---

47. Confiram-se sobre o ponto: Misabel Abreu Machado Derzi, O *sigilo bancário e a administração tributária*, in Grandes questões do direito tributário, 2001, p. 285 e ss.; Álvaro Mello Filho, *Dimensões jurídicas do sigilo bancário*, Revista Forense nº 287, p. 466 e ss.: "É tal a relevância do sigilo para a estabilidade e progresso das relações sociais, que ele é adotado e prescrito no Direito universal". Sobre aspectos de direito comparado, vejam-se na doutrina brasileira especialmente os trabalhos de Sérgio Covello, *As normas de sigilo como proteção da intimidade*, 1999; Álvaro Mello Filho, *Dimensões jurídicas do sigilo bancário*, Revista Forense nº 287, pp. 466 e ss.; Miguel Reale, *Os direitos da pessoa e o sigilo bancário*, in Questões de Direito Privado, 1997, p. 57 e ss.; e Arnoldo Wald, *Sigilo bancário e direitos fundamentais*, Cadernos de Direito Tributário e Finanças Públicas nº 22, p. 14.
48. Max Weber, *História Económica General*, 1984, p. 223 e ss.
49. Miguel Reale, *Os direitos da pessoa e o sigilo bancário*, in Questões de direito privado, 1997, p. 61: "Na realidade, uma conta bancária, qualquer que seja a sua modalidade, constitui uma projeção de personalidade do correntista que a constitui, valendo-se do serviço prestado pela instituição financeira. A sua assunção como titular do depósito ou da aplicação diz bem do vínculo pessoal de domínio que surge como resultado de um ato de vontade. Em se tratando, aliás, de um investimento, este traduz uma opção de livre iniciativa, outro valor

igualmente, de um direito ao segredo comercial que integra o seu fundo de comércio; e (iii), por fim, de uma garantia de interesse público, em favor da credibilidade e estabilidade do sistema bancário, assim como de segurança do Estado e da sociedade[50].

38. No Brasil, até a edição da LC n° 105/2001, o sigilo bancário era assegurado de forma explícita pelo art. 38 da Lei n° 5.495/64[51] e

---

pessoal que a Constituição vigente assegura em nada menos de dois Artigos (o 1° e o de n° 170) sendo declarado um dos fundamentos do Estado Democrático de Direito"; e Arnoldo Wald, O *sigilo bancário no projeto de lei complementar de reforma do sistema financeiro e na Lei Complementar n° 70*, Revista Ajuris n° 56, p. 14 e ss: "Garantidos os direitos da personalidade pelas Constituições, o aspecto personalístico do sigilo bancário tem sido reconhecido em todos os países e constitui um dos seus principais fundamentos legais. Assim, na excelente e exaustiva monografia que Maurice Aubert, Jean Philippe Kernen e Herbert Schonle dedicaram ao sigilo bancário, esclarecem que o mesmo, 'entendido em sentido amplo e independentemente de toda vinculação contratual, tem sua fonte no direito de cada um à proteção de sua personalidade. (...)'. No mesmo sentido, manifesta-se a doutrina francesa quando afirma que: 'No plano jurídico e moral, o segredo dos negócios encontra seus fundamentos na necessidade de garantir o respeito da intimidade da pessoa humana e uma das armas mais condenáveis da concorrência desleal constitui em violar o segredo da vida privada dos homens de negócio." .

50. Misabel Abreu Machado Derzi, O *sigilo bancário e a administração tributária*, in Grandes questões do direito tributário, 2001, p. 296; Álvaro Mello Filho, *Dimensões jurídicas do sigilo bancário*, Revista Forense n° 287, p. 466: "A necessidade de discrição bancária justifica-se mais por razões de interesse público do que privado, conquanto a obrigação de sigilo não só reforça a confiança da clientela nas instituições financeiras, como também assegura uma afluência vigorosa de capitais e um volume substancial de negócios que, na ausência do sigilo, tomariam o caminho rumo a países em que o sigilo bancário esteja garantido e juridicamente protegido"; e Arnoldo Wald, *Sigilo bancário e os direitos fundamentais*, Cadernos de Direito Tributário e Finanças Públicas n° 22, 1998, p. 15: "O segredo na atividade bancária envolve, concomitantemente, interesses privados e coletivos, que podem ser analisados sob três ângulos: o interesse do cliente na sua relação com a instituição financeira; o interesse do banco em atuar com discrição para ganhar a confiança da população e captar recursos e o interesse social na existência de um bom e eficiente sistema bancário.".

51. Lei n° 4.595/64: "Art. 38. As instituições financeiras conservarão sigilo em suas operações ativas e passivas e serviços prestados.

§ 1° As informações e esclarecimentos ordenados pelo Poder Judiciário, prestados pelo Banco Central da República do Brasil ou pelas instituições financeiras, e a exibição de livros e documentos em Juízo, se revestirão sempre do mesmo

também, embora de forma indireta, pelo § 1º do art. 197 do Código Tributário Nacional[52]. Com a promulgação da Constituição de 1988, a maior parte da doutrina passou a vislumbrar o sigilo bancário como um direito individual com duplo fundamento constitucional: a proteção geral da intimidade e da vida privada, constante do art. 5º, X[53], e

---

caráter sigiloso, só podendo a eles ter acesso as partes legítimas na causa, que deles não poderão servir-se para fins estranhos à mesma.
§ 2º O Banco Central da República do Brasil e as instituições financeiras públicas prestarão informações ao Poder Legislativo, podendo, havendo relevantes motivos, solicitar sejam mantidas em reserva ou sigilo.
§ 3º As Comissões Parlamentares de Inquérito, no exercício da competência constitucional e legal de ampla investigação (art. 53 da Constituição Federal e Lei nº 1.579, de 18 de março de 1952), obterão as informações que necessitarem das instituições financeiras, inclusive através do Banco Central da República do Brasil.
§ 4º Os pedidos de informações a que se referem aos §§ 2º e 3º, deste artigo, deverão ser aprovados pelo Plenário da Câmara dos Deputados ou do Senado Federal e, quando se tratar de Comissão Parlamentar de Inquérito, pela maioria absoluta de seus membros.
§ 5º Os agentes fiscais tributários do Ministério da Fazenda e dos Estados somente poderão proceder a exame de documentos, livros e registros de contas de depósitos quando houver processo instaurado e os mesmos forem considerados indispensáveis pela autoridade competente.
§ 6º O disposto no parágrafo anterior se aplica igualmente à prestação de esclarecimentos e informes pelas instituições financeiras às autoridades fiscais, devendo sempre estas e os exames ser conservados em sigilo, não podendo ser utilizados senão reservadamente.
§ 7º A quebra do sigilo de que trata este artigo constitui crime e sujeita os responsáveis à pena de reclusão, de um a quatro anos, aplicando-se, no que couber, o Código Penal e o Código de Processo Penal, sem prejuízo de outras sanções cabíveis."
52. Código Tributário Nacional: "Art. 197. Mediante intimação escrita, são obrigados a prestar à autoridade administrativa todas as informações de que disponham com relação aos bens, negócios ou atividades de terceiros: (...)
II — os bancos, casas bancárias, Caixas Econômicas e demais instituições financeiras;
(...)
Parágrafo único. A obrigação prevista neste artigo não abrange a prestação de informações quanto a fatos sobre os quais o informante esteja legalmente obrigado a observar segredo em razão de cargo, ofício, função, ministério, atividade ou profissão."
53. CF/88, art. 5º, X: "são invioláveis a intimidade, a vida privada, a honra e a

a inviolabilidade dos dados, prevista no mesmo artigo, inciso XII[54]. Esse é o entendimento do Supremo Tribunal Federal, como se vê dos seguintes acórdãos:

> "Em última análise, tenho que o sigilo bancário está sob a proteção do disposto nos incisos X e XII do artigo 5º da Constituição Federal. Entendo que somente é possível afastá-lo por ordem judicial. Assim, tenho o disposto no § 2º do artigo 8º da Lei Complementar nº 75, de 1993, como inconstitucional."[55]
>
> "Se é certo que o sigilo bancário, que é espécie de direito à privacidade, que a Constituição protege — art. 5º, X — não é um direito absoluto, que deve ceder diante do interesse público, do interesse social e do interesse da Justiça, certo é, também, que ele há de ceder na forma e com observância de procedimento estabelecido em lei e com respeito ao princípio da razoabilidade".[56]

39. Essa também a posição do Superior Tribunal de Justiça, manifestada nos seguintes termos:

> "O sigilo bancário do contribuinte não pode ser quebrado com base em procedimento administrativo-fiscal, por implicar indevida intromissão na privacidade do cidadão, garantia esta expressamente amparada pela Constituição Federal (art. 5º, inciso X).
> (...) Apenas o Poder Judiciário, por um de seus órgãos, pode eximir as instituições financeiras do dever de segredo em relação às matérias arroladas em lei.

---

imagem das pessoas, assegurado o direito a indenização pelo dano material ou moral decorrente de sua violação;"

54. CF/88, art. 5º, XII: "é inviolável o sigilo da correspondência e das comunicações telegráficas, de dados e das comunicações telefônicas, salvo, no último caso, por ordem judicial, nas hipóteses e na forma que a lei estabelecer para fins de investigação criminal ou instrução processual penal;"

55. Voto do Ministro Marco Aurélio no julgamento do MS 21.729-DF, rel. o próprio Min. Marco Aurélio, DJ 19.10.01, p. 33.

56. STF, RE 219.780-5/PE, Rel. Min. Carlos Velloso, DJ 10.09.99.

Interpretação integrada e sistemática dos artigos 38, § 5º, da Lei nº 4.595/64 e 197, II e § 1º do CTN."⁵⁷

40. Antes de prosseguir na exposição, contudo, é preciso fazer uma nota. A questão do sigilo bancário encontra-se envolvida em uma discussão mais ampla — extremamente necessária, mas muitas vezes apaixonada — acerca do combate a variadas formas de corrupção pública e privada, ilícitos e malversações de recursos, de modo que há quem sustente que a proteção do sigilo seria um obstáculo à celeridade das investigações e das punições. Nesse contexto, e promovendo uma grande ruptura na tradição do direito brasileiro sobre a matéria, foi aprovada no país a Lei Complementar nº 105/2001, cujos arts. 5º e 6º admitem a quebra do sigilo bancário por autoridades administrativas da fiscalização tributária, ainda que em caráter excepcional e observadas determinadas exigências (como a existência de um processo administrativo)⁵⁸.

---

57. STJ, REsp nº 37.566-5/RS, Rel. Min. Demócrito Reinaldo, DJ 28.03.94.
58. LC nº 105/2001: "Art 5º O Poder Executivo disciplinará, inclusive quanto à periodicidade e aos limites de valor, os critérios segundo os quais as instituições financeiras informarão à administração tributária da União, as operações financeiras efetuadas pelos usuários de seus serviços.
§ 1º Consideram-se operações financeiras, para os efeitos deste artigo:
I — depósitos à vista e a prazo, inclusive em conta de poupança;
II — pagamentos efetuados em moeda corrente ou em cheques;
III — emissão de ordens de crédito ou documentos assemelhados;
IV — resgates em contas de depósitos à vista ou a prazo, inclusive de poupança;
V — contratos de mútuo;
VI — descontos de duplicatas, notas promissórias e outros títulos de crédito;
VII — aquisições e vendas de títulos de renda fixa ou variável;
VIII — aplicações em fundos de investimentos;
IX — aquisições de moeda estrangeira;
X — conversões de moeda estrangeira em moeda nacional;
XI — transferências de moeda e outros valores para o exterior;
XII — operações com ouro, ativo financeiro;
XIII — operações com cartão de crédito;
XIV — operações de arrendamento mercantil; e
XV — quaisquer outras operações de natureza semelhante que venham a ser autorizadas pelo Banco Central do Brasil, Comissão de Valores Mobiliários ou outro órgão competente.
§ 2º As informações transferidas na forma do caput deste artigo restringir-se-ão a informes relacionados com a identificação dos titulares das operações e os

41. Não se vai aqui ingressar na discussão acerca da validade constitucional dos dispositivos referidos da Lei Complementar, questão a ser examinada em breve pelo Supremo Tribunal Federal[59]. Vale registrar apenas que boa parte da doutrina já se manifestou pela sua inconstitucionalidade por consistentes e muito ponderáveis fundamentos[60]. O que importa aqui, no entanto, são outros aspectos do problema.

---

montantes globais mensalmente movimentados, vedada a inserção de qualquer elemento que permita identificar a sua origem ou a natureza dos gastos a partir deles efetuados.
§ 3º Não se incluem entre as informações de que trata este artigo as operações financeiras efetuadas pelas administrações direta e indireta da União, dos Estados, do Distrito Federal e dos Municípios.
§ 4º Recebidas as informações de que trata este artigo, se detectados indícios de falhas, incorreções ou omissões, ou de cometimento de ilícito fiscal, a autoridade interessada poderá requisitar as informações e os documentos de que necessitar, bem como realizar fiscalização ou auditoria para a adequada apuração dos fatos.
§ 5º As informações a que refere este artigo serão conservadas sob sigilo fiscal, na forma da legislação em vigor.
Art 6º As autoridades e os agentes fiscais tributários da União, dos Estados, do Distrito Federal e dos Municípios somente poderão examinar documentos, livros e registros de instituições financeiras, inclusive os referentes a contas de depósitos e aplicações financeiras, quando houver processo administrativo instaurado ou procedimento fiscal em curso e tais exames sejam considerados indispensáveis pela autoridade administrativa competente.
Parágrafo único. O resultado dos exames, as informações e os documentos a que se refere este artigo serão conservados em sigilo, observada a legislação tributária."
59. Há ao menos três ações diretas de inconstitucionalidade propostas contra disposições da LC nº 105/2001 que aguardam julgamento no STF: ADIn nº 2386-1, Rel. Min. Sepúlveda Pertence; ADIn nº 2390-0, Rel. Min. Sepúlveda Pertence; e ADIn nº 2397-7, Rel. Min. Sepúlveda Pertence. Tendo em vista a relevância da matéria e seu especial significado para a ordem social e a relevância jurídica, o relator, nos termos do art. 12 da Lei nº 9.868/99, decidiu submeter diretamente a questão ao Tribunal, sem apreciação de liminar, para que se decida definitivamente a ação.
60. É o caso, dentre outros, de Misabel Abreu Machado Derzi, *O sigilo bancário e a administração tributária*, in Grandes questões atuais do direito tributário, 2001, p. 285 e ss.; Luiz Flávio Gomes, *Quebra do sigilo bancário sem ordem judicial: inconstitucionalidade flagrante*, Doutrina ADCOAS 12, 2001, p. 418;

42. Muito antes da edição da LC nº 105/2001, nunca se considerou que o direito ao sigilo bancário fosse absoluto[61]. Ao contrário, o próprio STF, em várias ocasiões, registrou que a autoridade judicial[62] podia a determinar a quebra do sigilo bancário, tendo em vista outros interesses que o exigissem, como por exemplo a investigação de ilícitos criminais. Note-se, porém, que o entendimento pacífico da jurisprudência e da doutrina sempre foi o de que cabe ao Poder Judiciário, com exclusividade, autorizar essa espécie de restrição ao direito individual, no âmbito de uma lide e assegurado o devido processo legal.

43. Por esse fundamento, tanto o Supremo Tribunal Federal, como também a doutrina, sempre sustentaram não ser possível a quebra do sigilo no curso de processo administrativo, sem a manifestação de autoridade judicial[63], e muito menos por simples solicitação de autoridade administrativa ou do Ministério Público. É verdade que houve quem sustentasse que, com fundamento no art. 8º, incisos VI, VII e VIII, e §§ 2º, 3º e 5º, da Lei Complementar nº 75/93 (Lei Orgânica do Ministério Público da União), o Ministério Público poderia requisitar dados protegidos pelo sigilo bancário diretamente das instituições financeiras[64]. Essa a dicção dos dispositivos:

Rogério Lima, *Pode o fisco, por autoridade própria, quebrar o sigilo bancário do contribuinte?*, Revista Tributária e de Finanças Públicas nº 34, 2000, p. 146 e ss.; Eduardo Cambi, *A inconstitucionalidade da quebra dos sigilos bancário e fiscal sem autorização judicial*, Doutrina ADCOAS nº 5, 2001, p. 140 e ss..

61. STF, RE 219.780-5-PE, Rel. Min. Carlos Velloso, DJ 10.09.99.
62. STF, MS 21.729-DF, Rel. Min. Marco Aurélio, DJ 19.10.01.
63. Ou autoridade equiparada. Com fundamento na expressão "poderes de investigação próprios das autoridades judiciais", previsto no art. 58, § 3º da Constituição, o STF admitiu a quebra do sigilo por Comissão Parlamentar de Inquérito, exigindo, porém, que a decisão seja tomada por maioria absoluta de seus membros, apresente fundamentação e indique a necessidade objetiva da medida. V. STF, MS 23.452/RJ, Rel. Min. Celso de Mello, DJ de 12.05.00. Discordamos da posição do STF, como registrado em nosso artigo *Comissões Parlamentares de Inquérito. Limites de sua competência. Sentido da expressão constitucional "poderes de investigação próprios das autoridades judiciais". Inadmissibilidade de busca e apreensão sem mandado judicial*, Revista Forense nº 335, p. 165.
64. Rogério de Paiva Navarro, *O Ministério Público Federal e o sigilo bancário — anotações ao art. 8º da LC 75, de 20.5.93*, Revista da Procuradoria-Geral da República nº 6, p. 179.

"Art. 8º. Para o exercício de suas atribuições, o Ministério Público da União poderá, nos procedimentos de sua competência: (...)
IV — requisitar informações e documentos a entidades privadas;
V — realizar inspeções e diligências investigatórias; (...)
VII — expedir notificações e intimações necessárias aos procedimentos e inquéritos que instaurar;
VIII — ter acesso incondicional a qualquer banco de dados de caráter público ou relativo a serviço de relevância pública; (...)
§ 2º Nenhuma autoridade poderá opor ao Ministério Público, sob qualquer pretexto, a exceção de sigilo, sem prejuízo da subsistência do caráter sigiloso da informação, do registro, do dado ou do documento que lhe seja fornecido.
§ 3º A falta injustificada e o retardamento indevido do cumprimento das requisições do Ministério Público implicarão a responsabilidade de quem lhe der causa. (...)
§ 5º As requisições do Ministério Público serão feitas fixando-se prazo razoável de até dez dias úteis para atendimento, prorrogável mediante solicitação justificada."

44. A doutrina e a jurisprudência, todavia, firmaram entendimento pacífico de que tal atribuição era privativa do Judiciário[65],

---

65. Em obediência, inclusive, ao princípio do juiz natural: v. STF, HC 80.197-8, Rel. Néri da Silveira, DJ 29.9.2000. Na doutrina, v. Arnoldo Wald, O *sigilo bancário no projeto de lei complementar de reforma do sistema financeiro e na Lei Complementar nº 70*, Revista Ajuris nº 56, p. 14 e ss: "Em relação ao sigilo bancário, por mais que se prestigie o Ministério Público, não parece que se lhe possa atribuir um direito de requisição absoluto, arbitrário e discricionário, que a lei recusa aos demais Poderes, seja o Executivo, o Legislativo ou o Judiciário, pois em relação a todos eles se exige que haja um processo em curso, ou uma Comissão de Inquérito, ou relevantes motivos, aprovados pelos órgãos competentes por maioria qualificada"; Miguel Reale, *Incompetência do Ministério Público para quebra do sigilo bancário*, in Questões de Direito Público, 1997, pp. 117 e ss.: "Parece-me indiscutível que, ao considerar o MP entidade 'essencial à função jurisdicional do Estado', a Carta Magna não está lhe conferindo função jurisdicional *qua talis*, ou seja, propriamente dita, igual à competência que têm os juízes para, em qualquer caso, poder suspender o sigilo que protege certos

mesmo porque a Constituição Federal não confere nem mesmo às autoridades judiciárias poderes para a quebra de sigilo bancário sem respeito ao devido processo legal, à ampla defesa, ao contraditório e à necessidade de fundamentação das decisões (art. 5º, incisos LIV, LV e art. 93, IX[66])[67]. Ademais, registravam alguns, o § 2º do art. 8º transcrito acima se dirige apenas às autoridades públicas e não às

---

atos por força do exposto na Constituição ou nas leis, desde que julguem tal determinação necessária ao esclarecimento da Justiça"; Paulo Brossard, *Defesa do consumidor: atividade do Ministério Público — incursão em operações bancárias e quebra de sigilo — impossibilidade de interferência*, Revista dos Tribunais nº 718, 1995, p. 93; Juarez Tavares, *A violação ao sigilo bancário em face da proteção da vida privada*, Revista Brasileira de Ciências Criminais nº 1, 1993, p. 108: "O referido artigo invocado não dispõe expressamente que o MP tudo pode, sem limitação. Mesmo se assim dispusesse, ainda seria duvidosa sua aplicação, em face do conflito que geraria com a garantia e os direitos fundamentais do art. 5º, devendo prevalecer este último, até porque essencial à estrutura, à forma e à manutenção do regime democrático, como fundamento da própria República. É inconcebível se atribua a um órgão do Estado, qualquer que seja, inclusive ao Poder Judiciário, poderes sem limites. A democracia vale, precisamente, porque os poderes do Estado são limitados, harmônicos entre si, controlados mutuamente e submetidos ou devendo submeter-se à participação de todos, como exercício indispensável da cidadania. O combate à criminalidade e a defesa do invocado interesse público não justificam um sistema dessa ordem, porque violador da dignidade da pessoa humana."; Rogério Lima, *Pode o fisco, por autoridade própria, quebrar o sigilo bancário do contribuinte?*, Revista Tributária e de Finanças Públicas nº 34, 2000, p. 146; Eduardo Cambi, *A inconstitucionalidade da quebra dos sigilos bancário e fiscal sem autorização judicial*, Doutrina ADCOAS nº 5, 2001, p. 140.

66. Sobre a necessidade de fundamentação da decisão de quebra do sigilo bancário, v. STF, HC 79.191/SP, Rel. Min. Sepúlveda Pertence, DJ 08.10.99.

67. Nessa linha, Miguel Reale, *Incompetência do Ministério Público para quebra do sigilo bancário*, in Questões de Direito Público, 1997, p. 117 e ss.; Arnoldo Wald, *O sigilo bancário no projeto de lei complementar de reforma do sistema financeiro e na Lei Complementar nº 70*, Revista Ajuris nº 56, p. 14 e ss.; Rogério Lima, *Pode o fisco, por autoridade própria, quebrar o sigilo bancário do contribuinte?*, Revista Tributária e de Finanças Públicas nº 34, 2000, p. 146; e Juarez Tavares, *A violação ao sigilo bancário em face da proteção da vida privada*, Revista Brasileira de Ciências Criminais nº 1, 1993, pp. 107 e 108. Sobre a garantia do devido processo legal, v. o teor do voto do Ministro Celso de Mello, no julgamento do Mandado de Segurança nº 21729, Rel. Min. Marco Aurélio, DJ 19.10.01.

instituições financeiras, que são entidades privadas; apenas os órgãos ou entidades públicas, por não serem titulares de direitos pessoais, não podem opor ao Ministério Público a exceção de sigilo[68]. Seja qual for o fundamento, o fato é que o Supremo Tribunal Federal tem decidido reiteradamente pela impossibilidade de o Ministério Público determinar a quebra do sigilo bancário ou de ter acesso a dados sigilosos sem prévia decisão judicial. Vale conferir as manifestações de alguns dos Ministros, em ocasiões nas quais a questão foi apreciada:

> "A norma inscrita no inc. VIII, do art. 129, da C.F., não autoriza ao Ministério Público, sem a interferência da autoridade judiciária, a quebrar o sigilo bancário de alguém. Se se tem presente que o sigilo bancário é espécie de direito à privacidade, que a C.F. consagra, art. 5º, X, somente autorização expressa da Constituição legitimaria o Ministério Público a promover, diretamente e sem a intervenção da autoridade judiciária, a quebra do sigilo bancário de qualquer pessoa".[69]
> "Também tenho por certo que toda pretensão à quebra de sigilo bancário — salvo a exceção prevista no art. 58, § 3º, da Constituição, relativa às Comissões Parlamentares de Inquérito, que têm poderes de investigação próprios das autoridades judiciais —, haverá de passar pelo crivo do Poder Judiciário, incumbindo a este verificar, observadas as cautelas do devido processo legal e do direito à ampla defesa, se está ela apoiada em motivo revestido da relevância necessária a justificá-la.
> (...)
> Cabe a providência ao Poder Judiciário, cuja decisão, como já se viu, ainda assim, além de fundamentada e respaldada pelo devido processo legal, deverá contemplar caso específico, não podendo consistir numa ordem indiscriminada ou de efeitos permanentes, havendo, ainda, de ser justificada

---

68. Miguel Reale, *Incompetência do Ministério Público para quebra do sigilo bancário*, in Questões de Direito Público, 1997, p. 117 e ss.
69. STF, RE 215.301-0/CE, Rel. Min. Carlos Velloso, DJU 28.05.99.

por evidente interesse público, ameaçado não por um perigo duvidoso e remoto, mas por um perigo evidente e atual."[70]
*"A pretensão estatal voltada à **disclosure** das operações financeiras constitui fator de grave ruptura das delicadas relações — **já estruturalmente tão desiguais** — existentes entre o Estado e o indivíduo, tornando possível, **até mesmo**, quando indevidamente acolhida, o próprio comprometimento do sentido tutelar que inequivocamente qualifica, **em seus aspectos essenciais**, o círculo de proteção estabelecido em torno da prerrogativa pessoal fundada no direito constitucional à privacidade.*
*Dentro dessa perspectiva, revela-se de inteira pertinência a **invocação doutrinária** da cláusula do **substantive due process of law** — já consagrada e reconhecida, **em diversas decisões proferidas por este Supremo Tribunal Federal**, como instrumento de expressiva limitação constitucional ao próprio poder do Estado (**ADIN 1.063-DF**, Rel. Min. CELSO DE MELLO; **ADIN 1.158-AM**, Rel. Min. CELSO DE MELLO, v.g.) —, para efeito de submeter o processo de **disclosure** às exigências de seriedade e de razoabilidade.*
(...)
A ruptura desse círculo de imunidade só se justificará desde que ordenada por órgão estatal investido, nos termos de nosso estatuto constitucional, de competência jurídica para suspender, excepcional e motivadamente, a eficácia do princípio da reserva das informações bancárias.
*Em tema de ruptura do sigilo bancário, **somente** os órgão do Poder Judiciário dispõem do poder de decretar essa medida extraordinária, sob pena de a autoridade administrativa interferir **indevidamente** na esfera de privacidade constitucionalmente assegurada às pessoas. **Apenas o Judiciário** pode eximir as instituições financeiras do dever que lhes incumbe em tema de sigilo bancário.*
(...)

---

70. Voto do Min. Ilmar Galvão no julgamento do MS 21.729-DF, Rel. Min. Marco Aurélio, DJ de 19.10.01, p. 33.

*Não configura demasia insistir, Sr. Presidente, na circunstância — que assume indiscutível relevo jurídico — de que a natureza eminentemente constitucional do **direito à privacidade** impõe, no sistema normativo consagrado pelo texto da Constituição da República, a **necessidade de intervenção jurisdicional** no processo de revelação de dados (**disclosure**) pertinentes às operações financeiras, ativas e passivas, de **qualquer** pessoa eventualmente sujeita à ação investigatória do Poder Público.*
*A inviolabilidade do sigilo de dados, tal como proclamada pela Carta Política em seu art. 5º, XII, **torna essencial** que as exceções derrogatórias à prevalência desse postulado só possam emanar de órgãos estatais — **os órgãos do Poder Judiciário** — aos quais a própria Constituição Federal outorgou essa especial prerrogativa de ordem jurídica."*[71]
"Tratando-se de direito individual constitucionalmente assegurado, a quebra do sigilo bancário ou fiscal exige absoluta independência de quem deve assim decidir, além de ser necessário ter sempre presente que, em se tratando de situação excepcional, devem ser restritas as possibilidades da sua ocorrência. E esta é uma das tarefas típicas do Poder Judiciário ou de órgão que exercem jurisdição extraordinária, como é o caso das comissões parlamentares de inquérito, às quais a Constituição concedeu expressamente tais poderes, in verbis:
(...)
Entendo que esta competência excepcional de jurisdição extraordinária não foi concedida ao Ministério Público pelo art. 129, VI, da Constituição, ao incluir entre as suas funções institucionais a de 'expedir notificações nos procedimentos administrativos de sua competência, requisitando informações e documentos para instruí-los, na forma da lei complementar respectiva.
(...)
Senhor Presidente, os 17 (dezessete) precedentes aqui exa-

---

71. Voto do Min. Celso de Mello no julgamento do MS 21.729/DF, Rel. Min. Marco Aurélio, DJ 19.10.01, p. 33.

minados ou apenas mencionados permitem extrair com segurança a doutrina desta Corte firmada no transcorrer de quase cinqüenta anos, sendo de se notar que ela está calcada em dois princípios fundamentais: o primeiro diz que o respeito ao sigilo bancário é um direito individual, mas não absoluto, porque cede diante do interesse público; o segundo princípio informa que a violação do sigilo bancário só é permitida no interesse da justiça e por determinação judicial."[72]

45. O tema é resumido com muita propriedade por Luiz Flávio Gomes nos seguintes termos, inclusive manifestando sua opinião acerca da inconstitucionalidade da LC nº 105/2001, já referida:

> *"A Lei 4.595/1964 é a que inicialmente disciplinava a questão da quebra do sigilo bancário no Brasil. Exige ordem judicial, ressalvando em casos excepcionais a competência do Poder Legislativo e das CPIs. A jurisprudência brasileira nunca aceitou que autoridades administrativas ou mesmo o Ministério Público tivesse esse poder (cf. STJ, HC 2.352-8-RJ, rel. Min. Assis Toledo, Boletim da AASP 1.854, p. 209). Tampouco a doutrina (cf. TAVARES, Juarez, in RBCCrim, ano 1, jan-mar/93, p. 105 e ss.). (...)*
> *Do ponto de vista material o princípio do devido processo legal exige não só que o controle da quebra do sigilo de dados das pessoas seja exercido pelo Poder Judiciário como também uma convincente fundamentação — CF, art. 93, IX — (demonstrativa do* fumus boni iuris *e do* periculum in mora*). (...)*
> *A exigência de ordem judicial para a quebra do sigilo bancário fundamenta-se no seguinte: o juiz é que é o garante dos direitos fundamentais. O Estado, que no sistema do Direito liberal clássico tinha a missão de assegurar a tutela dos direitos do homem, na sua atual configuração de Estado Globalizado representa um dos maiores riscos para todos*

---

72. Voto do Min. Maurício Corrêa no julgamento do MS 21.729/DF, Rel. Min. Marco Aurélio, DJ 19.10.01, p. 33.

nós. Deixar nas mãos do Estado o controle da nossa privacidade é o mesmo que colocar inúmeras crianças sob o controle único e exclusivo de um pedófilo. Em todo momento ele se verá tentado a satisfazer sua libido financeira. A LC 105/2001, ao conferir ao próprio Estado o poder de quebra do sigilo bancário, carece de razoabilidade. Viola o princípio da proporcionalidade".[73]

46. É importante ainda mencionar que, mesmo quando se trate de quebra por força de decisão judicial, o STF considera que a providência é sempre excepcional[74], e exige não apenas cautela e prudência por parte do magistrado[75], como também indícios instrutórios mínimos da autoria e da materialidade delitiva[76]. No julgamento da

---

73. Luiz Flávio Gomes, *Quebra do sigilo bancário sem ordem judicial: inconstitucionalidade flagrante*, Doutrina ADCOAS nº 12, 2001, p. 418.
74. Voto do Min. Celso de Mello no julgamento da PETQO nº 577/DF, Rel. Min. Carlos Velloso, DJ 23.04. 93: "A quebra do sigilo bancário — ato que, por si só, revela extrema gravidade jurídica — situa-se nesse contexto, em que valores contrastantes — como o princípio da autoridade, de um lado, e o postulado das liberdades públicas, de outro — guardam, entre si, nítidas relações dialéticas. Impõe-se, portanto, que os agentes da *persecutio criminis* submetam-se à atuação moderadora e arbitral do Poder Judiciário, cujos órgãos, ponderando os interesses que se antagonizam, permitam, ou não, o acesso das autoridades policiais às informações concernentes às operações, ativas e passivas, realizadas pelas pessoas sob investigação com as instituições financeiras. A relevância do direito ao sigilo bancário — que traduz, na concreção do seu alcance, uma das projeções realizadoras do direito à intimidade — impõe, por isso mesmo, ao Poder Judiciário, cautela e prudência na determinação de ruptura da esfera de privacidade individual, que o ordenamento jurídico, em norma de salvaguarda, pretendeu submeter à cláusula tutelar de reserva."
75. Voto dos Mins. Carlos Velloso (citado a seguir) e Celso de Mello (citado na nota precedente) no julgamento da PETQO nº 577/DF, Rel. Min. Carlos Velloso, DJ 23.04. 93: "A faculdade conferida ao Judiciário pressupõe, entretanto, que a autoridade judiciária procederá com a cautela, prudência e moderação, virtudes inerentes à magistratura, ou que os magistrados devem possuir."
76. STF, PETQO nº 577/DF, Rel. Min. Carlos Velloso, DJ 23.04.93. Veja-se a ementa da decisão: "Constitucional. Penal. Processual Penal. Sigilo Bancário: quebra. Lei nº 4.595, de 1964, art. 38. I — Inexistentes os elementos de prova mínimos de autoria de delito, em inquérito regularmente instaurado, indefere-se o pedido de requisição de informações que implica quebra do sigilo bancário.

Petição nº 577/DF, em março de 1992, vários Ministros registraram ainda que o pedido de quebra deve mostrar a relação de pertinência da prova com o objeto da investigação[77] e a indispensabilidade da medida[78].

47. Essa também foi a posição firmada pelo STF no que diz respeito às Comissões Parlamentares de Inquérito. Embora admitindo que as CPIs possam quebrar o sigilo de pessoas sob sua investigação, a Corte exige que a medida seja acompanhada de um **fundamento razoável**, de um motivo racional, de uma suspeita objetiva e fundada, já que interfere na esfera individual ou privada de qualquer pessoa, física ou jurídica. Na terminologia norte-americana, desenvolvida a partir da interpretação da 4ª Emenda[79], é indispensável que haja *probable cause*, como registrou o STF no MS nº 23.452/RJ, onde se lê:

> "*As Comissões Parlamentares de Inquérito, no entanto, para decretarem, legitimamente, por autoridade própria, a*

Lei nº 4.595, de 1964, art. 38. II — Pedido indeferido, sem prejuízo de sua reiteração."

77. Voto do Min. Sepúlveda Pertence no julgamento da PETQO nº 577/DF, Rel. Min. Carlos Velloso, DJ de 23.04.93: "Mas, se, indo além na transigência, puder dispensar provas ou algum elemento de prova da suspeita, o mínimo a se exigir será que a autoridade policial, sob sua responsabilidade, informe o Tribunal, ao menos sobre a relação de pertinência entre a prova pretendida, com as informações bancárias, e o objeto das investigações em curso."

78. Voto do Min. Célio Borja: "Mas é necessário que se demonstre ao Supremo Tribunal Federal que a providência requerida é indispensável, que ela conduz a alguma coisa, que ela é fundamental para a demonstração de algum fato ou tese que se vai articular no libelo, pois, que não há ainda uma acusação formal, uma denúncia. (...) Mas, veja bem, o que V. Exa. afirma não contradiz a proposição que acabei de submeter à sua consideração, por uma razão muito simples: o juiz, em qualquer hipótese há de ser convencido pelo Ministério Público ou pela Polícia de que a providência é indispensável ao êxito da investigação; eles têm que dizer a que conduz e em que se baseiam."

79. Emenda nº 4: "Nenhum mandado de busca ou prisão deverá ser expedido sem a existência de *causa provável*". E na doutrina: "Causa provável situa-se em um ponto intermediário entre a suspeição e a certeza. Intuições e suspeitas generalizadas não são motivos razoáveis para concluir que exista causa provável" (*The Oxford Companion to the Supreme Court of the United States*, editado por Kermit L. Hall, 1992, p. 681-2).

quebra do sigilo bancário, do sigilo fiscal e/ou do sigilo telefônico, relativamente a pessoas por elas investigadas, devem demonstrar, a partir de meros indícios, a existência concreta de **causa provável** *que legitime a medida excepcional (ruptura da esfera de intimidade de quem se acha sob investigação), justificando a necessidade de sua efetivação no procedimento de ampla investigação dos fatos determinados que deram causa à instauração do inquérito parlamentar, sem prejuízo de ulterior controle jurisdicional dos atos em referência (CF, art. 5º, XXXV)".*

48. Pois bem. Qual a relevância de todo esse debate para o caso que cumpre examinar a pedido da consulente? A relação é bastante simples. O Banco Central, por força de sua atividade típica, tem acesso a um conjunto de informações sigilosas e tem por isso o dever de preservar tal sigilo, dever que, aliás, foi particularmente enfatizado pela LC nº 105/2001[80]. Ao comunicar ao Ministério Público dados sigilosos que supostamente envolvam indícios de crimes, o Banco estará procedendo a uma quebra de sigilo, pois o Ministério Público não pode ter acesso legítimo a tais dados sem autorização judicial[81].

49. Desse modo, mesmo que se admita a constitucionalidade dessa transferência de dados, sem a interveniência de uma autoridade judicial, ela por certo só poderá ocorrer diante de elementos consistentes de suspeita que demonstrem sua necessidade. Parece natural que se deva aplicar aqui, no mínimo, o mesmo rigor e cuidados exigidos pelo STF para a decretação da quebra por autoridades judiciais e pelas CPIs. E parece igualmente evidente que apenas após o fim do processo administrativo se poderá dispor de elementos que justifiquem e imponham a transferência de dados sigilosos para outra instituição diversa do Banco Central. Não seria razoável, por excessiva-

---

80. Lei Complementar nº 105/01, art. 2º: "O dever de sigilo é extensivo ao Banco Central do Brasil, em relação às operações que realizar e às informações que obtiver no exercício de suas atribuições."

81. É indiferente o fato de as informações sigilosas serem remetidas juntamente com a comunicação ou em atendimento a solicitações posteriores do Ministério Público, desencadeadas pela comunicação inicial e não precedidas de autorização judicial.

mente restritivo aos direitos individuais, autorizar uma quebra de sigilo antes mesmo de saber se ela é em tese necessária.

50. Assim, também aqui, ponderando os princípios que fundamentam o sigilo bancário, aqueles que autorizam exceções a essa proteção e o papel do Ministério Público neste contexto, conclui-se que a comunicação ao *parquet*, efetuada por autoridades administrativas e que envolva dados sigilosos, constitui quebra de sigilo e, assumindo a validade do procedimento em si, apenas poderá ocorrer após findo o processo administrativo.

3. Elementos tradicionais de interpretação: o sentido e o alcance do § 1º do art. 9º da Lei Complementar nº 105/2001.

51. No tópico anterior, cuidou-se de identificar os princípios constitucionais que incidem sobre a hipótese e precisar-se o sentido por eles indicado para a interpretação do *caput* e do § 1º do art. 9º da LC nº 105/2001. Para isso foi necessário ponderá-los, considerando igualmente os aspectos de fato que envolvem a questão.

52. Como se viu, todos esses elementos convergem para a conclusão de que a comunicação para fins penais ao Ministério Público, de que trata o § 1º do art. 9º da LC nº 105/2001, só deverá ocorrer após encerrado o processo administrativo, tanto porque a investigação criminal provoca um dano certo à imagem e à reputação dos indivíduos, que só se deve admitir diante de elementos consistentes de suspeita, como porque a comunicação freqüentemente envolverá a transferência de dados sigilosos, que igualmente só é autorizada quando demonstrada sua necessidade objetiva. Ademais, a espera pelo fim do processo administrativo não provoca restrição irrazoável ao interesse público de apuração e punição de ilícitos. Do sopesamento desses interesses, prevalece o entendimento pelo qual a comunicação só poderá ser feita após o fim do processo administrativo.

53. Cumpre agora, na fase final do exame, proceder à interpretação do dispositivo infraconstitucional propriamente dito, isto é, precisar-lhe o sentido e o alcance. Para tanto, se estarão empregando os elementos clássicos da hermenêutica jurídica que sejam aplicáveis (a saber: semântico, histórico, sistemático e teleológico) e preservando em mente a orientação que deriva dos princípios constitucionais nos termos acima expostos.

54. Antes de examinar o art. 9º da LC nº 105/2001, porém, será de grande utilidade registrar algumas notas sobre outro dispositivo, o art. 83 da Lei nº 9.460/96, que guarda relação muito próxima com a

norma introduzida pela Lei Complementar, pois disciplina a comunicação ao Ministério Público, para fins penais, de fatos supostamente ilícitos por parte da Receita Federal. Esta é sua dicção:

> *Art. 83. A representação fiscal para fins penais relativa aos crimes contra a ordem tributária definidos nos arts. 1º e 2º da Lei nº 8.137, de 27 de dezembro de 1990, será encaminhada ao Ministério Público após proferida a decisão final, na esfera administrativa, sobre a exigência fiscal do crédito tributário correspondente."*

55. Como se verifica da leitura, o dispositivo é expresso em registrar que a comunicação apenas se dará *"após proferida a decisão final na esfera administrativa"*. Ou seja, a Receita Federal apenas poderá encaminhar comunicação para fins penais ao Ministério Público após encerrado o processo administrativo acerca da exigência fiscal do crédito tributário correspondente. Vale dizer: apurando a decisão final do processo administrativo que há também indício de algum dos crimes previstos nos arts. 1º e 2º da Lei nº 8.137/90, será então encaminhada ao Ministério Público a representação fiscal para fins penais.

56. O exame sob o ponto de vista *teleológico* apenas reforça o que o texto já deixa bastante claro. A doutrina registra que, ao determinar que a comunicação ao *parquet* se dê após o fim do processo administrativo, o art. 83 da Lei nº 9.430/96 busca realizar um conjunto de fins, dentre os quais:

> a) possibilitar o exercício do direito de defesa na esfera administrativa[82];

---

82. STF, ADInMC 1.571/DF, Rel. Min. Néri da Silveira, DJ 25.09.98, voto do Min. Marco Aurélio: "Senhor Presidente, entendo que a norma é razoável sob o ângulo constitucional e viabiliza, a meu ver, o exercício amplo do direito de defesa na fase administrativa, evitando-se açodamentos por parte do fisco e até mesmo, na hipótese de sonegação fiscal, pendente recurso administrativo com efeito suspensivo, e não se tendo, portanto, a exigibilidade do valor apontado, venha-se a caminhar, mesmo assim, de forma paradoxal, para a notícia do que seria o crime de sonegação."; Edson Vidigal, *Fluxos de cadeia ou de caixa — o exaurimento da instância administrativo-fiscal como condição de procedibilida-*

b) atender à exigência formal e material do devido processo legal[83];

c) evitar investigações superpostas com perda de eficiência[84];

d) ensejar melhores condições técnicas para as investigações do Ministério Público[85].

---

de para a ação penal, Revista dos Tribunais nº 764, p. 453: " Isto é, o crime em tese contra a ordem tributária somente despontará, em princípio, configurado ao término do procedimento administrativo. Não é mais um simples auto de infração, resultante quase sempre de apressadas conquanto tensas inspeções, o instrumento com potencialidade indiciária suficiente para instruir uma denúncia criminal."; Fábio Machado de Almeida Delmanto, O *término do processo administrativo-fiscal como condição da ação penal nos crimes contra a ordem tributária*, Revista Brasileira de Ciências Criminais nº 22, 1998, p. 64 e 65: "O contribuinte, usando de seus direitos constitucionais e infraconstitucionais, pode impugnar a atuação administrativa, alegando a inexistência de tributo devido, questionando o auto de infração (ou o ato de lançamento), enfim, negando que praticou ilícito tributário, pressuposto do crime. E sem dúvida poderá obter êxito na sua empreitada."

83. Nelson Bernardes de Souza, *Crimes contra a ordem tributária e processo administrativo*, Revista dos Tribunais nº 740, p. 497: "Com efeito, o término do procedimento administrativo comprovará, ou não, a *materialidade delitiva*, o resultado da ação do contribuinte.

Não está o Ministério Público impedido de oferecer denúncia antes do término daquele procedimento. Entretanto, deverá o juiz rejeitá-la, por faltar ao órgão acusatório interesse de agir, face à não-comprovação do resultado descrito no tipo penal, e, por conseqüência, inexistirá justa causa para a ação penal, antes que se firme na instância administrativa que houve a supressão ou redução de tributo devido. O resultado *supressão* ou *redução* de tributo ou contribuição social é o *corpo de delito*, que se materializará na decisão final administrativa, sem o qual a denúncia não poderá ser recebida, porquanto a inexistência do *corpo de delito* importa a rejeição da denúncia."; e Arnold Wald, *O sigilo bancário no projeto de lei complementar de reforma do sistema financeiro e na lei complementar nº 70*, Revista AJURIS nº 56, 1992, p. 31.

84. Edson Vidigal, *Fluxos de cadeia ou de caixa — o exaurimento da instância administrativo-fiscal como condição de procedibilidade para a ação penal*, Revista dos Tribunais nº 764, p. 454: "Nenhuma ação de qualquer agente público pode prescindir da eficácia. Não agir com eficácia é desperdiçar tempo no serviço público. E como quem paga a conta é sempre o contribuinte, não agir eficazmente é desperdiçar dinheiro público.".

85. Edson Vidigal, *Fluxos de cadeia ou de caixa — o exaurimento da instância*

57. Parte da doutrina sublinha ainda que um dos propósitos do art. 83 é o de permitir ao administrado utilizar-se do benefício previsto no art. 34 da Lei nº 9.249/95, que autoriza a extinção da punibilidade dos crimes previstos, dentre outros, na Lei nº 8.137/90 caso haja o pagamento do tributo antes do recebimento da denúncia. Ou seja: sendo condenado na esfera administrativa, o contribuinte poderá proceder ao pagamento do débito evitando assim o procedimento criminal. Esse é o teor do dispositivo:

> "Art. 34. Extingue-se a punibilidade dos crimes definidos na Lei nº 8.137, de 27 de dezembro de 1990, e na Lei nº 7.429, de 14 de julho de 1965, quando o agente promover o pagamento do tributo ou contribuição social, inclusive acessórios, antes do recebimento da denúncia."

58. Esse aspecto da questão exige que se faça uma observação acerca do sentido do art. 83 da Lei nº 9.430/96 no que diz respeito à possibilidade de oferecimento de denúncia pelo Ministério Público. O ponto não é objeto específico da consulta, mas é conexo a ele e tem sido objeto de amplo e acirrado debate.

59. Após promulgada a Lei nº 9.430/96, foi proposta ação direta de inconstitucionalidade (ADIn nº 1571/DF, Rel. Min. Néri da Silveira) na qual se discutia a validade do dispositivo em confronto com as normas constitucionais que conferem ao Ministério Público atribuição para propositura da ação penal pública. Alegava o autor que a norma estabelecia como condição de procedibilidade da denúncia a decisão administrativa final, o que restringiria inconstitucionalmente as atribuições do *parquet*. A Corte, em sede de medida cautelar, rejeitou essa alegação considerando o art. 83 constitucional, mas registrou, por maioria[86], que o dispositivo deveria ser compreendido

---

administrativo-fiscal como condição de procedibilidade para a ação penal, Revista dos Tribunais nº 764, p. 453: "Ora, essa Lei 9.430/96, art. 83 e seu par. ún., não apenas melhora as coisas para o Ministério Público na medida em que, prudentemente, reduz o fluxo de representações para fins penais nem sempre consistentes, sem provas suficientes, como tem ocorrido muitas vezes, como também melhora quanto à afirmação de um sagrado direito constitucional — o da presunção de inocência.".

86. Esta a ementa da decisão: "Ação direta de inconstitucionalidade. Lei nº

dentro dos limites da competência do Poder Executivo, regendo apenas os atos da Administração Fazendária e não instituindo condição de procedibilidade para a ação penal. Entendeu a Corte que, caso o *parquet* tenha conhecimento dos fatos por outros meios, não fica formalmente impedido de promover a ação penal[87].

9430, de 27.12.1996, art. 83. Argüição de inconstitucionalidade da norma impugnada por ofensa ao art. 129, I, da Constituição, ao condicionar a *notitia criminis* contra a ordem tributária 'a decisão final em esfera administrativa, sobre a exigência fiscal do crédito tributário', do que resultaria limitar o exercício da função institucional do Ministério Público para promover a ação penal pública pela prática de crimes contra a ordem tributária. Lei n° 8137/1990, arts. 1° e 2°. Dispondo o art. 83, da Lei n° 9430/1996, sobre a representação fiscal, há de ser compreendido nos limites da competência do Poder Executivo, o que significa dizer, rege atos da administração fazendária, prevendo o momento em que as autoridades competentes dessa área da Administração Federal deverão encaminhar ao Ministério Público Federal os expedientes contendo *notitia criminis*, acerca de delitos contra a ordem tributária, previstos nos arts. 1° e 2°, da Lei n° 8.137/1990. Não cabe entender que a norma do art. 83, da Lei n° 9.430/1996, coarcte a ação do Ministério Público Federal, tal como prevista no art. 129, I, da Constituição, no que concerne à propositura da ação penal, pois, tomando o MPF, pelos mais diversificados meios de sua ação, conhecimento de atos criminosos na ordem tributária, não fica impedido de agir, desde logo, utilizando-se, para isso, dos meios de prova a que tiver acesso. O artigo 83, da Lei n° 9.430/1996, não define condição de procedibilidade para a instauração da ação penal pública, pelo Ministério Público. Relevância dos fundamentos do pedido não caracterizada, o que é bastante ao indeferimento da cautelar. Medida cautelar indeferida." (ADIMC 1.571-DF, Rel. Min. Néri da Silveira, DJ 25.09.98).

87. "Dispondo o art. 83, da Lei n° 9.430/1996, sobre a representação fiscal, há de ser compreendido nos limites da competência do Poder Executivo, o que significa dizer, rege atos da administração fazendária. Prevê, desse modo, o momento em que as autoridades competentes dessa área da Administração Federal deverão encaminhar ao Ministério Público Federal os expedientes contendo *notitia criminis*, acerca de delitos contra a ordem tributária, previstos nos arts. 1° e 2°, da Lei n° 8.137/1990. Estipula-se, para tanto, que a representação fiscal seja feita, 'após proferida a decisão final, na esfera administrativa, sobre a exigência fiscal do crédito tributário correspondente. Bem de entender, assim, é que a norma não coarcta a ação do Ministério Público Federal, a teor do art. 129, I, da Constituição, no que concerne à propositura da ação penal. Dela não cuida o dispositivo, imediatamente. Decerto, tomando o MPF, pelos mais diversificados meios de sua ação, conhecimento de atos criminosos na ordem tributária, não fica impedido de agir, desde logo, utilizando-se, para isso, dos meios de

60. É bem de ver que os Ministros Marco Aurélio e Carlos Velloso consideraram a norma constitucional, mas discordaram da interpretação dada pela maioria ao dispositivo, entendendo que não há crime fiscal antes da decisão sobre a exigibilidade do tributo e que, portanto, o Ministério Público estaria impedido de promover a persecução penal antes da decisão administrativa[88]. Boa parte da doutrina partilhava da opinião dos dois Ministros sobre a questão e continuou

---

prova a que tiver acesso. " (Voto do Relator da ADInMC 1.571/DF, DJ de 25.09.98, Min. Neri da Silveira).

88. Voto do Min. Marco Aurélio, no julgamento da ADInMC n° 1.571/DF, Rel. Min. Néri da Silveira, DJ 25.09.98: "Senhor Presidente, entendo que a norma é razoável sob o ângulo constitucional e viabiliza, a meu ver, o exercício do amplo direito de defesa na fase administrativa, evitando-se açodamentos por parte do fisco e, até mesmo, na hipótese de sonegação fiscal, pendente recurso administrativo com efeito suspensivo, e não se tendo, portanto, a exigibilidade do valor apontado, venha-se a caminhar, mesmo assim, de forma paradoxal, para a notícia do que seria o crime de sonegação. Isso só levaria o Ministério Público a uma atuação que, sob meus olhos, pelo menos, exsurgiria como pouco cautelosa, como se o Ministério Público estivesse sem matérias para tratar, sem processos para acompanhar, sem ações para propor, visando à persecução criminal. O quadro autorizaria a conclusão sobre a inexistência de justa causa. Inexigível, embora momentaneamente, o tributo, a sonegação fica em suspenso e, aí, tem-se o prejuízo do próprio tipo penal, deixando de haver base para a atuação do Estado-acusador, ou seja, do Ministério Público."; e Voto do Min. Carlos Velloso, no mesmo julgamento: "Penso que a ação penal, em tais casos, não pode ser instaurada enquanto não existir decisão fiscal definitiva, lançamento definitivo. (...) Ora, se não tem lançamento definitivo, decisão final definitiva, não se tem, ainda, crédito fiscal exigível. O Ministério Público não poderá, então, instaurar a ação penal, bem registrou o Ministro Marco Aurélio. Reitero que tem-se, com os artigos 1° e 2° da Lei n° 8.137, de 1990, crimes de sonegação fiscal, crimes de sonegação de tributos. As condutas definidas nos incisos dos referidos artigos perseguem a sonegação de tributos (...). Reitero que o Ministério Público não poderá oferecer denúncia, com base nos artigos 1° e 2°, da Lei 8.137, de 1990, sem antes existir decisão final no procedimento administrativo fiscal, tendo em vista o que dispõe o art. 34, da Lei 9.249, de 26.12.95, *retro* indicado, que estabelece que o pagamento do tributo, inclusive acessórios, antes do recebimento da denúncia, extingue a punibilidade dos crimes definidos na Lei 8.137, de 1990, e na Lei 4.729, de 1965. Ora, somente com a decisão final no procedimento administrativo é que se tem como apurado o crédito fiscal realmente devido; somente com a decisão final no procedimento administrativo é que o crédito fiscal torna-se exigível. É que somente aí é que se tem realizado o lançamento (CTN, artigos 142 e ss.). Ora, se ainda não se tem o crédito fiscal

a entender desse modo, mesmo após a decisão do STF[89]. O principal argumento apresentado pelos autores é o fato de que o oferecimento

---

apurado, em caráter definitivo, não se sabe se o crédito na verdade existe, nem se tem, ainda, o seu exato *quantum*. Como o acusado poderia pagá-lo antes da denúncia?".

89. Veja-se, dentre outros, Antonio Cláudio Mariz de Oliveira, *Reflexões sobre os crimes econômicos*, Revista Brasileira de Ciências Criminais n° 11, p. 99: "Um dado importante revelado pela modificação da natureza do crime tributário, que de crime formal passou a ser um crime material ou de dano, diz respeito à influência da decisão administrativa na esfera penal. Como a conduta material tem por escopo a supressão ou redução de tributos, se no âmbito administrativo for declarada a inexistência do mesmo, não se poderá falar em crime, pois, qualquer ação de agente objetivando atingir tributos será inócua, pois eles inexistem."; Edson Vidigal, *Fluxos de cadeia ou de caixa — o exaurimento da instância administrativo-fiscal como condição de procedibilidade para a ação penal*, Revista dos Tribunais n° 764, p. 453 e ss.: "A idéia de que o direito penal não é a solução mais inteligente para os problemas de caixa do Governo vem se impondo, felizmente, à compreensão das mentes que decidem. (...) Não é um simples auto de infração, resultante quase sempre de apressadas conquanto tensas inspeções, o instrumento com potencialiadde indiciária suficiente para instruir uma denúncia criminal. (...) Ora, essa Lei 9.430/96, art. 83 e seu par. ún. não apenas melhora as coisas para o Ministério Público na medida em que, prudentemente, reduz o fluxo de representações para fins penais nem sempre consistentes, sem provas suficientes, como tem ocorrido muitas vezes, como também melhora quanto à afirmação de um sagrado direito constitucional — de presunção da inocência. Nenhuma ação de qualquer agente público pode prescindir da eficácia. Não agir com eficácia é desperdiçar tempo no serviço público. E como que para a conta é sempre o contribuinte, não agir eficazmente é desperdiçar dinheiro público. Representação fiscal para fins penais há que ser entendida como condição de procedibilidade, sim. A expressão — representação fiscal para fins penais — se reveste de condição técnica, não cabendo outra leitura, senão a que apreenda o seu sentido técnico. (...) O que não é mais possível, agora, é deixar que, por conta disso, desse quase dogma, se deixe correr desenfreada a ação penal contra acusados de crimes como esses, de supressão ou de redução de tributos, crimes de dano que só se realizam com a materialização do resultado pretendido. (...) Há que se exaurir a via administrativa, assegurando-se aos acusados todas as garantias constitucionais da ampla defesa e da presunção de inocência. (...)"; Hugo de Brito Machado, *Prévio esgotamento da via administrativa e a ação penal nos crimes contra a ordem tributária*, Revista Brasileira de Ciências Criminais n° 15, p. 235: "A lei atual define a supressão ou redução do tributo (art. 1°) como crime material, ou de resultado. Sua configuração exige que se defina a existência de um tributo devido, para que se possa

da denúncia antes de findo o processo administrativo inviabilizaria o benefício do art. 34 da Lei nº 9.249/95 e, conseqüentemente, esvaziaria o direito de defesa na esfera administrativa, já que o acusado preferiria antes pagar a defender-se e correr o risco de ser processado criminalmente. Considerações acerca da eficiência são também apontadas pela doutrina como determinantes para a conclusão de que a denúncia deve aguardar o fim do processo administrativo.

61. A questão discutida pelo STF na ADIn referida se inscreve no debate mais amplo que toma corpo no direito brasileiro acerca da conveniência de alguma flexibilização na concepção rígida da independência das instâncias[90]. O próprio Supremo Tribunal Federal concedeu *habeas corpus*, ainda no ano de 1994, para obstar o seguimento de ação penal, por estar a matéria em discussão em âmbito administrativo[91]. A jurisprudência dos Tribunais Regionais Federais tem se firmado no sentido de faltar justa causa para a denúncia quando ainda pendente o processo administrativo respectivo ou quando a esfera administrativa, examinando os mesmos fatos, concluiu pela licitude da conduta[92]. Recentemente, o STF deferiu *habeas corpus* para tran-

---

afirmar sua supressão, ou redução, mediante uma ou mais das condutas descritas na lei. (...) Impõe-se que o início da ação penal, nos crimes contra a ordem tributária, seja condicionado à regular apuração, pelas autoridades administrativas competentes, da ocorrência do ilícito tributário (...) Admitir-se o início da ação penal antes da manifestação definitiva da autoridade administrativa sobre a ocorrência da supressão, ou redução do tributo, resultado que integra o tipo definido no art. 1º da Lei nº 8.137/90, implica maus-tratos à garantia constitucional da ampla defesa no processo administrativo"; e Nelson Bernardes de Souza, *Crimes contra a ordem tributária e processo administrativo*, Revista dos Tribunais nº 740, p. 501: "O contribuinte se veria diante de um dilema: se discutir a imposição tributária, como lhe faculta a Constituição e as normas do Código Tributário Nacional, corre o risco de ter contra si a instauração de um processo criminal com todas as suas nefastas conseqüências. Se, para evitar tal constrangimento, resolve desistir do direito constitucional da ampla defesa, efetuando o pagamento do reclamado pela administração tributária, poderá vir a ter o patrimônio diminuído sem que pudesse ter minorado essa conseqüência."
90. Desenvolvida e alimentada em um ambiente no qual a Administração e os processos administrativos tinham pouco respeito pelo cidadão e não se garantia o devido processo legal. O quadro hoje já é substancialmente diverso.
91. STF, HC nº 71.755, Rel. Min. Paulo Brossad, DJ 04.11.94.
92. TRF 1ª Região, HC nº 95.0103147-0/DF, Rel. Juíza Eliana Calmon, Revista

Brasileira de Ciências Criminais nº 11, p. 252: "O tipo penal descrito no art. 1º, da Lei 8.137, para que se possa configurar exige, obrigatoriamente, o término da apuração do agir do contribuinte na esfera tributária. Denúncia oferecida antes do término do processo fiscal que apresenta ausência de interesse de agir do Ministério Público Federal. Carência de ação. Examinando-se a questão do benefício outorgado pela Lei 8.137/90, verifica-se que a denúncia *ante tempus*, por via oblíqua, impediu que pudesse utilizar-se do favor fiscal."; TRF 5ª Região, HC nº 2000.05.00.0200446-0, Rel. Juiz Ubaldo Ataíde Cavalcante, DJ 06.10.00: "Processo penal. Habeas corpus. Trancamento de ação penal. Repercussão da decisão administrativa na esfera criminal. Independência das instâncias. Conduta atípica, constrangimento ilegal evidenciado. Ordem concedida (...) Demonstrado administrativamente que não houve obtenção de vantagem indevida perante a Previdência Social, não deve a conduta ser considerada criminosa. Ordem *Habeas Corpus* concedida."; TRF 3ª Região, HC nº 96.03.021354-3, DJ 25.03.1997: "Apresenta-se precipitada a denúncia apresentada antes do término do processo administrativo fiscal. Se à Fazenda Pública não é dado o ajuizamento de execução fiscal, enquanto houver pendência de recurso na instância administrativa, porquanto somente após o julgamento do referido recurso o débito passará a ser inscrito na dívida ativa, igualmente não pode o Ministério Público, antes disso, propor ação penal, até porque inexiste ainda ilícito fiscal."; TRF 3ª Região, HC nº 96.03.058815-6, Rel. Sylvia Steiner: "Habeas corpus. Trancamento de ação penal. Falta de justa causa. Ação penal por crime fiscal instaurada na pendência de recurso na esfera administrativa. Inexistência da certeza do ilícito tributário. Questão prejudicial absoluta. Ordem concedida. A certeza da existência de tributo devido e não pago é pressuposto para a instauração da ação penal, pois diz com a prova da materialidade delitiva, que é condição da ação penal. O art. 83 da Lei n. 9.430/96 não criou hipótese de condição de procedibilidade, destinando-se apenas a derrogar normas contidas no Decreto nº 982/93, que previam a representação da autoridade fiscal ao Ministério Público tão logo lavrada a notificação fiscal de lançamento do débito. Compete privativamente à autoridade fiscal dizer da existência de tributo devido (art. 142 do CTN). Antes de apurada a existência do ilícito tributário, não se pode falar em ilícito penal. Precedentes. Ordem concedida para trancar a ação penal por falta de justa causa." *apud* Fabio Machado de Almeida Delmanto, *O término do processo administrativo-fiscal como condição da ação penal nos crimes contra a ordem tributária*, Revista Brasileira de Ciências Criminais nº 22, p. 63 e ss. Segundo o autor, neste acórdão a Juíza relatora cita diversos procedentes: TRF 3ª Região, HC nº 96.03.0607118, Rel. Juíza Sylvia Steiner, DJ 09.10.1996; TRF 1ª região, Rel. Eliana Calmon, DJ 17.04.1995; TRF 5ª Região, *in* Revista de Direito Tributário do TRF da 5ª Região nº 1, p. 171; TRF 3ª Região, HC nº 97.03.001571-9, Rel. Juíza Sylvia Steiner, DJ 21.05.97.

car, por falta de justa causa, ação penal envolvendo crime contra o sistema financeiro, por entender que, no caso concreto, a denúncia não tinha fundamento, pois era baseada unicamente em representação do Banco Central que veio a considerar a conduta como lícita. Veja-se o teor do noticiado no Informativo do STF n° 260:

> "*Concluído o julgamento do habeas corpus (...) impetrado contra acórdão do STJ, que negara ao paciente o trancamento da ação penal por falta de justa causa, sob o fundamento de que a decisão administrativa proferido no âmbito do Banco Central não vincula o Poder Judiciário, por serem independentes as instâncias penal e administrativa. Tratava-se, na espécie, de paciente denunciado por crime contra o sistema financeiro nacional, com base exclusivamente na representação criminal encaminhada pelo Banco Central, sendo que, posteriormente, o próprio Banco Central veio a reconhecer a normalidade da conduta do paciente, determinando o arquivamento do processo administrativo. A Turma deferiu o* writ *para determinar o trancamento da ação penal por falta de justa causa, por entender que, no caso concreto, a denúncia não tem mais fundamento, já que baseada unicamente na representação do Banco Central, que veio a considerar a conduta relatada como lícita.*"[93]

62. Em qualquer caso, porém, e independentemente de toda a discussão ainda em curso acerca de interdependência das instâncias[94], o que importa aqui é que a comunicação por parte da Receita Federal

---

93. Note-se que a decisão do STJ revista nesse acórdão não foi unânime, deixando registrado seu voto vencido o Rel. Min. Edson Vidigal, nos seguintes termos: "Encontrando-se a denúncia fundada exclusivamente em representação do Banco Central, a partir do momento em que o próprio BACEN reconhece, administrativamente, a legitimidade das ações questionadas, forçoso é o reconhecimento da ausência de justa causa para a persecução criminal, já que insubsistente o único elemento indiciário que deu margem à acusação." .

94. Vale registrar, sobre esse tema, a existência da Proposta de Emenda Constitucional n° 145-A, de 1995, de autoria do Deputado Mussa Demes, que dá ao artigo 145 um quarto parágrafo com o seguinte teor: " § 4° Ninguém será processado penalmente antes de encerrado o processo administrativo tributário que aprecie a matéria da denúncia".

só poderá ser feita após o fim do processo administrativo. Sobre este aspecto não há controvérsia.

63. A interpretação do art. 83 da Lei nº 9.430/96 exige ainda uma última consideração. Não há dúvida, como já se viu, que, nos termos do dispositivo referido, a Receita Federal apenas poderá encaminhar comunicação para fins penais ao Ministério Público após o encerramento do processo administrativo. A questão que se coloca é a seguinte: outros órgãos ou entidades de fiscalização integrantes da Administração, como o Banco Central ou a CVM, diante de fatos que, em tese, possam tipificar os crimes dos arts. 1º e 2º da Lei nº 8.137/90, como devem proceder? Poderão comunicar ao Ministério Público sem que se tenha concluído o processo administrativo na Receita Federal acerca da exigibilidade do crédito tributário correspondente? Em suma: qual o alcance do art. 83 da Lei nº 9.430/96? Ela esgota seus efeitos no âmbito da Receita Federal ou também vincula o restante da Administração?

64. A resposta pode ser extraída facilmente do exame já feito acerca da teleologia da norma. Como já se registrou, ao estabelecer que a comunicação ao Ministério Público só deve ocorrer após o fim do processo administrativo, a norma pretende assegurar a ampla defesa na esfera administrativa e o devido processo legal, além de evitar investigações superpostas e proporcionar melhores condições técnicas de trabalho ao próprio Ministério Público. Ora, não haveria sentido algum que a lei permitisse que outros órgãos da própria Administração ignorassem o dispositivo e fraudassem os propósitos da norma.

65. Não é desimportante lembrar que o administrador público, em qualquer esfera, atua sempre nos termos específicos da lei; a vontade que o administrador manifesta e o interesse público que defende são, em primeiro lugar, aqueles constantes da Constituição e das leis. A vontade própria do administrador se manifestará apenas quando haja espaço, previsto legalmente, para o poder discricionário, e certamente que a ação punitiva do Estado não é a ocasião pertinente para admitir-se como padrão o exercício de poderes discricionários, ainda mais quando a lei expressamente não os atribua ao administrador. Em todo caso, mesmo o exercício do poder discricionário está sempre vinculado à realização da finalidade da lei[95]. Assim, o agente

---

95. Diogo de Figueiredo Moreira Neto, *Legitimidade e discricionariedade*,

do Banco Central ou da CVM não pode simplesmente decidir, por sua própria vontade, comunicar supostos indícios de crimes fiscais ao Ministério Público se há lei determinando de modo diverso.

66. Em suma: toda a Administração Pública está vinculada aos propósitos do art. 83 da Lei nº 9.430/96 referidos acima, de modo que, diante da investigação de fatos que possam tipificar crimes fiscais, os agentes administrativos, após atingida essa conclusão, deverão remeter a hipótese à Receita Federal que, então, conduzirá o procedimento administrativo próprio e, ao fim, comunicará ou não ao Ministério Público a existência de indícios da prática de crimes tributários, quando for o caso.

67. Cabe agora examinar o sentido e o alcance do § 1º do art. 9º da LC nº 105/2001, que se reproduz aqui por inteiro:

> *"Art. 9º Quando, no exercício de suas atribuições, o Banco Central do Brasil e a Comissão de Valores Mobiliários verificarem a ocorrência de crime definido em lei como de ação pública, ou indícios da prática de tais crimes, informarão ao Ministério Público, juntando à comunicação os documentos necessários à apuração ou comprovação dos fatos.*
> *§ 1º A comunicação de que trata este artigo será efetuada pelos Presidentes do Banco Central do Brasil e da Comissão de Valores Mobiliários, admitida delegação de competência, no prazo máximo de quinze dias, a contar do recebimento do processo, com manifestação dos respectivos serviços jurídicos.*
> *§ 2º Independentemente do disposto no caput deste artigo, o Banco Central do Brasil e a Comissão de Valores Mobiliários comunicarão aos órgãos públicos competentes as irregularidades e os ilícitos administrativos de que tenham conhecimento, ou indícios de sua prática, anexando os documentos pertinentes."*

68. Antes de qualquer outra coisa, é preciso considerar os limites semânticos traçados pelo texto. O dispositivo registra que a co-

---

1998, p. 34; Celso Antônio Bandeira de Mello, *Curso de direito administrativo*, 1997, p. 271.

municação será feita pelo Presidente do Banco Central ou da CVM após receber o processo e após haverem se manifestado os respectivos serviços jurídicos. Ora, a interpretação pela qual se conclui que "a contar do recebimento do processo" significa "a contar do recebimento do processo concluído" não apenas é admitida pelo texto da norma, como também parece a mais plausível considerando os demais elementos de interpretação, principalmente o sistemático (isto é, considerando o exame da norma diante do sistema jurídico como um todo) e o teleológico.

69. De fato, a palavra "processo" designa, inclusive nos termos da própria Constituição (art. 5º, LV), um procedimento no qual o acusado seja cientificado e possa exercer amplo direito de defesa[96]. Como sublinha Cândido Rangel Dinamarco: "todo poder se exerce mediante um *procedimento*, caracterizando-se este como *processo* desde que seja feito em *contraditório*"[97]. Ainda não há processo quando o acusado sequer foi citado para defender-se. Também não seria razoável tomar qualquer decisão antes de considerar pelo menos a defesa apresentada pelos envolvidos — seria desleal a Administração proceder à citação apenas para cumprir uma formalidade, sem sequer examinar as razões e provas apresentadas antes da tomada de decisão[98]. Assim, por certo a comunicação ao Ministério Público não poderá ocorrer antes da citação, da apreciação da defesa apresentada pelos acusados e, como registrado pelo próprio dispositivo, da manifestação dos respectivos serviços jurídicos.

70. Aqui é importante uma nota acerca da estrutura dos processos administrativos do Banco Central. Como se verifica das normas

---

96. Ada Pellegrini Grinover, Cândido Dinamarco e Antônio Carlos de Araújo Cintra, *Teoria geral do processo*, 1998, p. 243: "O processo é o procedimento realizado mediante o desenvolvimento da relação entre seus sujeitos, presente o contraditório.".

97. Cândido Rangel Dinamarco, *A instrumentalidade do processo*, 2000, p. 126 (grifos no original).

98. A doutrina e a jurisprudência sempre consideraram que a segurança e a boa-fé são padrões de conduta obrigatórios para a Administração, decorrentes do Estado de Direito, independentemente de qualquer previsão normativa específica. Confiram-se, sobre o ponto, Celso Antônio Bandeira de Mello, *Discricionariedade e controle jurisdicional*, 1992, p. 60, e Maria Sylvia Zanella Di Pietro, *Direito administrativo*, 2000, p. 85. Veja-se também a decisão do STJ, no MS 5.281-DF, Rel. Min. Demócrito Reinaldo, DJ 09.03.98.

internas do Banco[99], o Presidente não participa em momento algum dos processos, nem figura como instância em qualquer deles. Ora, faria bem pouco sentido uma interpretação que vislumbrasse na norma o seguinte comando: o processo ainda não concluído — com a defesa apresentada, as provas produzidas e acompanhada de parecer do setor jurídico, mas sem a decisão do órgão competente — é encaminhado ao Presidente para que ele decida sobre a existência de indícios de crimes e acerca da comunicação ou não ao Ministério Público; em seguida o mesmo Presidente, já tomada sua decisão, remete novamente o processo ao órgão competente para que este decida acerca da infração administrativa.

71. Tal interpretação não apenas geraria completa ineficiência, como não seria minimamente razoável, e o intérprete nunca deve optar por uma linha de exegese que produza o absurdo. Parece evidente que o processo deverá ser remetido ao Presidente já encerrado, para que este examine suas conclusões e o parecer dos órgãos jurídicos especializados e possa então dispor de elementos consistentes para decidir acerca da comunicação ao Ministério Público.

72. Ainda sob uma perspectiva sistemática, o confronto dos §§ 1º e 2º do art. 9º da LC nº 105/2001 esclarece mais nitidamente o sentido da norma. Como é fácil perceber, o *caput* e o § 1º do dispositivo cuidam da comunicação ao Ministério Público para fins penais; o § 2º, da comunicação a outros órgãos públicos competentes *das irregularidades e dos ilícitos administrativos de que tenham conhecimento, ou indícios de sua prática*. A gravidade da primeira situação levou o § 1º a conferir apenas ao Presidente do Banco Central, admitida delegação, a competência para efetuar a comunicação, o que não se repete no § 2º. Em linha semelhante, o § 1º exige um processo e parecer técnico dos órgãos jurídicos: tudo para instruir a decisão do Presidente do BACEN. O § 2º não disciplina a matéria com essa gravidade.

73. Dessa comparação resulta bastante claro que o legislador pretendeu conferir um tratamento muito mais rigoroso e solene quando se trata da hipótese de uma comunicação para fins penais — e vale aqui lembrar tudo que se expôs inicialmente acerca do dano à imagem e à reputação do indivíduo que essa iniciativa invariavelmen-

---

99. Resolução do Banco Central do Brasil nº 1.065, de 05.12.85.

te produz —, de comunicações que digam respeito apenas a ilícitos administrativos. Pois bem, interpretar o § 1º de modo a admitir que a comunicação possa ser feita antes de concluído o processo administrativo, antes de percorrido o devido processo legal administrativo, é esvaziar boa parte do tratamento diferenciado que a norma quis impor.

74. O elemento teleológico conduz a essa mesma conclusão. Na verdade, é impossível não identificar uma semelhança muito grande entre os fins do art. 83 da Lei nº 9.430/96 e o do § 1º do art. 9º da LC nº 105/2001. As hipóteses de fato são rigorosamente as mesmas — comunicação para fins penais ao Ministério Público por parte de autoridades administrativas — e, portanto, a mesma solução deve ser adotada em ambas[100]. Ora, todos os fins do art. 83 apenas se realizam se a comunicação se verificar após a conclusão do processo administrativo, a saber: a garantia de ampla defesa do administrado na esfera administrativa e do devido processo legal, a supressão de investigações superpostas, com benefícios para a eficiência, e melhores condições técnicas de trabalho para o próprio Ministério Público, na medida em que se evitam comunicações prematuras e inconsistentes.

75. Pelas mesmas razões, portanto, a fim de realizar os mesmos propósitos, também a interpretação que se deve conferir ao § 1º do art. 9º da LC nº 105/2001, ainda mais considerando tudo o que já se expôs acerca dos princípios constitucionais pertinentes e de seu reflexo sobre a hipótese, é a de que a comunicação de que trata o dispositivo deverá ocorrer apenas uma vez concluído o processo administrativo pertinente. A comunicação precipitada, à revelia dos princípios constitucionais aplicáveis e da melhor interpretação da norma legal pertinente, configura procedimento sem conformidade com o direito

---

100.Quanto ao elemento teleológico, a única diferença que se poderia apontar, certamente não essencial, seria a relação específica do art. 83 com o benefício do art. 34 da Lei nº 9.249/95, a que se referiu acima, que autoriza a extinção da punibilidade dos crimes fiscais na hipótese de pagamento do débito antes do recebimento da denúncia. Aguardar o fim do processo administrativo seria uma forma de garantir a utilidade desse benefício. Nada obstante, como já se sabe, o STF entendeu que o *parquet* poderá oferecer denúncia independentemente da comunicação, caso disponha de elementos autônomos de suspeita, de modo que essa finalidade específica do art. 83 perde muito de seu sentido, mantendo-se, no entanto, as outras já referidas.

e, sendo deliberado e presentes outros pressupostos, poderá caracterizar conduta abusiva, da mesma forma como o STF tem entendido abusiva a instauração de inquérito criminal em relação a fatos que sequer em tese configuram crime ou em hipóteses de prescrição clara[101].

76. Em suma, também os elementos tradicionais de interpretação indicam a mesma conclusão apontada pela ponderação dos princípios constitucionais levada a cabo no tópico anterior: as comunicações para fins penais de que tratam o art. 83 da Lei nº 9.430/96 e o § 1º do art. 9º da LC nº 105/2001 após concluído o processo administrativo pertinente.

Conclusões

77. Ao fim do estudo desenvolvido, que se fez inevitavelmente longo e analítico, fato pelo qual me penitencio, é possível enunciar, com margem de certeza jurídica, uma conclusão objetiva: o Banco Central, a Receita Federal e a Comissão de Valores Mobiliários apenas poderão encaminhar comunicações para fins penais ao Ministério Público após encerrados os respectivos processos administrativos, quando se haja apurado a existência de indícios da prática de crimes.

78. As razões que conduzem a essa convicção são de duas ordens, constitucional e legal, e podem ser resumidas da seguinte forma:

A. O dano à honra, à imagem e à credibilidade das pessoas que o envolvimento num inquérito ou numa ação criminal inevitavelmente provocam apenas se justifica diante de elementos consistentes de suspeita. A comunicação antes de encerrado o processo administrativo, ao longo do qual é possível concluir pela inexistência de qualquer ilícito, poderá causar um dano desnecessário e, portanto, irrazoável. Ademais, a superposição desarticulada de investigações para o mesmo fim não apenas provoca dano excessivo ao indivíduo, como também gera ineficiência na atuação estatal.

B. A comunicação ao Ministério Público para fins penais envolverá, muitas vezes, a transferência de dados sigilosos — o que, como

---

101 As decisões do STF estão referidas nas notas de rodapé nºs 36 a 39.

regra, só pode ser autorizado por decisão judicial. De toda sorte, ainda que se admita a constitucionalidade do procedimento de transferência sem autorização judicial, é preciso demonstrar sua necessidade efetiva, assim como ocorre quando a quebra é decretada judicialmente, o que apenas se poderá apurar ao fim do processo administrativo.

C. Do ponto de vista legal, o art. 83 da Lei n° 9.430/96 expressamente exige que o processo administrativo tenha chegado ao fim para que a Receita Federal possa encaminhar representações ao Ministério Público acerca de crimes fiscais. Considerando os princípios constitucionais referidos acima e os elementos de interpretação (semântico, sistemático e teleológico), esse também é o sentido que se extrai do § 1° do art. 9° da Lei Complementar n° 105/2001 no que diz respeito ao Banco Central e à CVM.

É o que me parece.
Rio de Janeiro, 15 de abril de 2002.

Luís Roberto Barroso

Parte III

ESCRITOS

Me dá um dinheiro aí[1]

Orçamento é uma lei editada anualmente, cujo conteúdo básico é a estimativa de receita e a autorização para realização dos gastos públicos. Idealmente, o processo de sua elaboração constitui um espaço democrático no qual se definem as políticas públicas. É no Orçamento que se tomam as decisões fundamentais — acerca de investimentos, obras públicas, projetos sociais — e se fazem as escolhas trágicas, que estabelecem até mesmo quem vai viver e quem vai morrer.

É o que decorre, como conseqüência natural, da decisão de importar ou não medicamentos de última geração para a Aids ou construir um hospital dotado de equipamento sofisticado. Mais do que a alocação de recursos financeiros, o Orçamento é a escolha de valores éticos e sociais. Quando um Estado da Federação destina mais recursos para o Tribunal de Contas do que para a Secretaria de Saúde, aí se materializa uma opção ideológica, por perversa que possa ser.

No Brasil, marcado pelas vicissitudes do patrimonialismo e do populismo, redescobriram-se nos últimos anos as virtudes do equilíbrio orçamentário e sua importância para a estabilidade monetária. Foi aprovada, há cerca de um ano, a Lei de Responsabilidade Fiscal (LRF), com um conjunto de regras tão óbvias que custa a crer que não vigorassem desde antes. Dentre elas: a) fixação de limites máximos

---

1. Publicado no jornal O Globo, 21.05.2001.

para os gastos com pessoal, no âmbito dos três Poderes; b) vedação da criação de despesas sem indicação da receita que irá custeá-la; c) extinção dos denominados testamentos políticos: os governantes, no último ano de mandato, não podem mais contrair obrigação de despesas que tenham de ser pagas pelo sucessor, a menos que deixem disponibilidade em caixa. A violação dessas normas sujeita o infrator a penas diversas, inclusive a de prisão.

A LRF, no entanto, colhe os Estados e Municípios em momento de dramática crise fiscal. A estabilidade monetária dos últimos anos realçou o peso dos erros acumulados na administração pública e revelou uma evidência: os entes da Federação, de longa data, não viviam do que arrecadavam por via de tributos e das transferências constitucionais de rendas. Ao contrário, subsistiam com recursos paralelos: financiamentos externos e internos, programas e fundos federais, manipulação das empresas estatais e malversação dos bancos públicos.

Quando os créditos secaram, constatou-se a obviedade: estados e municípios estavam financeiramente devastados. Sujeitaram-se, assim, sem alternativa, à renegociação de suas dívidas com a União e à política macroeconômica do governo federal, inclusive quanto às privatizações e saneamento dos bancos estaduais, também para a venda.

A União convive melhor com a crise: além de ditar a política econômica, também se apropria dos recursos advindos de poupanças compulsórias como FGTS, PIS-Pasep, dentre outras. E, naturalmente, beneficia-se da competência de emitir dinheiro.

As amarras do equilíbrio orçamentário trazem grande inconformismo político aos prefeitos e governadores. De fato, não poder endividar-se, contratar, investir, tolhe pretensões legítimas de cumprir promessas e satisfazer o eleitorado. É preciso ser solidário e compreensivo com a frustração que a superação de erros históricos traz a governantes eleitos em disputas acirradas. Mas não se devem vender indulgências. O populismo orçamentário gera déficit, inflação e desvalorização da moeda, cujos efeitos oprimem sobretudo os pobres, que não podem refugiar-se nas contas remuneradas, no *overnight* e no dólar.

A responsabilidade fiscal não é uma atitude conservadora ou neoliberal. Ao contrário, no Brasil ela é revolucionária, progressista e portadora de justiça social. Sem a herança perversa do déficit, o PT poderá governar de acordo com o seu programa e o PFL com o seu. A permanecer como sempre foi, continuará a haver um programa único para todos os partidos no poder: a busca aflita por empréstimos e pelo apoio indispensável do governo federal. Todos reféns da usura financeira ou política.

Touradas aos domingos[1]

Sentado na sala de sua casa no coração do Brasil, um indivíduo assiste com toda a família a uma monumental tourada. Na parede, um pôster de *"El Cordobez"*, o grande matador. No intervalo, uma chamada para que não percam a final do *Superbowl*, último jogo da temporada de futebol americano. Não haverá *soccer* nesse domingo. Nas tardes dos dias de semana será exibida uma *soap opera*, com legendas, intitulada *Endless Fate*. E na noite de sábado, em transmissão especial para o público da América Latina, haverá uma apresentação de tangos ao vivo, com os maiores sucessos de Carlos Gardel. Se você está espantado, abra o olho: este pode ser você amanhã.

A *globalização*, como conceito e como símbolo, é a manchete que anuncia a chegada do novo século. As fronteiras nacionais já não são mais embaraço à circulação de bens, capitais, serviços, pessoas e idéias. A *informação*, por sua vez, é a matéria prima desses tempos. A multiplicidade de sua origem e a velocidade de sua circulação, encantam e assombram a civilização moderna. Mas esse é um fenômeno ambíguo: a convivência entre culturas diversas pode não se desenvolver sempre de forma harmoniosa e construtiva, desvirtuando-se no estabelecimento de relações de hegemonia. Por vezes, impulsionada por circunstâncias econômicas, históricas ou sociais, uma cultura poderá impor-se artificialmente, levando outra ao desaparecimento ou à irrelevância.

---

1. Publicado no jornal O Globo, 11.12.2001.

É nesse cenário envolto em complexidades e sutilezas que deve ser situada a discussão acerca do fenômeno da hora, a *convergência de mídias*: os meios de comunicação, que até ontem eram totalmente separados — rádio, telefone, computador, televisão, jornal — passam a poder ser concentrados em um único aparelho, uma única *plataforma tecnológica*, para usar o jargão do meio. O som e a imagem da televisão, que antes só eram transmitidos pelo ar, através da radiodifusão, agora chegam também por cabo, pelo fio do telefone, por satélite, por microondas. Breve você comprará um aparelho de telefone conjugado com televisão ou poderá assistir programas com imagem perfeita na tela do computador.

Só há um problema: a televisão convencional (ou, em termos técnicos, as empresas de radiodifusão) é amplamente regulamentada pela Constituição brasileira, com objetivos diversos. Dentre eles se destacam a preservação da soberania e identidade nacionais, bem como a manutenção de espaço para a expressão e o desenvolvimento da cultura nacional. Assim, por exemplo, a Constituição estabelece que as empresas de radiodifusão dependem de concessão especial para funcionar (ato do Presidente da República, com aprovação do Congresso Nacional), sua administração e orientação intelectual têm de ser de brasileiros natos, devem promover a cultura nacional e parte de sua produção tem de ser regionalizada.

A pergunta a ser feita é natural e óbvia: estariam as empresas que transmitem comunicação de massa por meios tecnológicos diversos — isto é, sem que seja por meio de radiodifusão — dispensadas do cumprimento das normas constitucionais? Vale dizer: a televisão veiculada pela linha telefônica ou pelo computador deverá estar sujeita a um regime jurídico e a exigências diversas? A resposta também é natural e óbvia: claro que não. A Constituição referiu-se apenas a empresas de radiodifusão porque este era o *estado da arte* quando de sua elaboração, em 1988. Com o advento de novos meios tecnológicos, sujeitam-se eles às mesmas regras de proteção da identidade e da cultura nacionais. Duas razões intuitivas se somam a favor desse argumento.

A primeira: violaria dramaticamente o princípio constitucional da igualdade que empresas concorrentes, atuando no mesmo mercado e transmitindo o mesmo tipo de conteúdo, estivessem submetidas a disciplina diferente. Imagine-se um jogo de futebol no qual um dos times pudesse ter treze jogadores, pegar a bola com a mão e não estivesse sujeito a impedimento. Já o outro teria de cumprir as dezessete regras vigentes para o esporte. Qual a justiça disso? A ordem constitucional não admite privilégios ou desigualdades ilegítimas.

A segunda razão envolve aspecto ainda mais grave: empresas estrangeiras, controladas pelos grandes grupos econômicos mundiais, livres de qualquer limitação constitucional, devorariam o mercado brasileiro. O filme é reprise. Qual o refrigerante que você bebe? Qual a cadeia de *fast food* que freqüenta? Em breve, não haveria mais programação local, cultura regional, minisséries nacionais. A valorosa resistência cultural oposta pela televisão brasileira ao longo dos anos — a segunda em índice de nacionalização da produção no mundo — desapareceria em curto espaço de tempo. A seguir, cenas do próximo capítulo.

A duras penas a seleção de futebol se classificou para a Copa do Mundo do ano que vem. Será em junho. Coincidirá com a temporada de beisebol nos Estados Unidos. Tomara que passem os jogos do Brasil em algum canal de televisão. *Happy Halloween.*

Cigarro e liberdade de expressão[1]

Encontra-se atualmente em discussão no Congresso Nacional Projeto de Lei pelo qual se pretende banir completamente a propaganda comercial de cigarro do rádio, televisão e imprensa em geral. A idéia revive a vocação autoritária nacional e constitui importação acrítica de uma fórmula que não deu certo em outros lugares. Enfim, a história de sempre.

O cigarro é hoje reconhecido como fator importante de risco para inúmeras doenças. Tal fato deu impulso a um amplo movimento antitabagista, que ultrapassa fronteiras e se tornou tão ou mais poderoso que a indústria de cigarro. Nada obstante, há consenso de que ele deve ser mantido como um produto lícito, por um conjunto de razões econômicas, políticas e jurídicas. Pois bem: nesse cenário, parece-me perfeitamente legítima a existência de campanhas e políticas públicas de esclarecimento e desincentivo ao consumo do produto. O projeto, todavia, optou por impedir que a informação e a publicidade cheguem ao consumidor. Antes de discutir se esta é uma opção válida à vista do ordenamento constitucional, é de proveito apurar se ela é capaz de atingir o resultado pretendido.

Pesquisas realizadas em países que optaram pelo banimento da publicidade de cigarro (dentre os quais não se incluem EUA e os da UE, onde há restrições, mas não vedação) revelam que a medida

---

1. Publicado no jornal O Globo, 31.10.2000.

convive com índices elevados de novos consumidores do produto, notadamente jovens. A supressão da informação não teve impacto relevante sobre o consumo, mas certamente diminuiu o grau de esclarecimento de quem toma a decisão de começar a fumar. Além desse dado de fato, que não é indiferente ao direito, como se verá, o projeto de lei enfrenta ainda outras dificuldades, que indicam sua inconstitucionalidade.

A Constituição de 1988, sem prejuízo de outras considerações, representou a superação de uma perspectiva autoritária, onisciente e não pluralista do exercício do poder. Como reação eloqüente à prática histórica da censura política, ideológica e artística no país, o constituinte dedicou especial ênfase à liberdade de expressão — aí compreendidas a liberdade de manifestação do pensamento e de criação (art. 5, IV e IX) — e ao direito à informação (art. 5, XIV), protegendo-os, inclusive, de qualquer proposta de emenda constitucional tendente a aboli-los (art. 60, § 4). Além disso, dedicou um capítulo específico à *Comunicação Social*, no qual afirma, mais uma vez, que a manifestação do pensamento, a criação, a expressão e a informação sob qualquer forma, processo ou veículo — especialmente os de massa, como televisão, rádio e imprensa —, não sofrerão qualquer restrição, salvo as que a própria Constituição autorizar (art. 220).

Para o anunciante, a publicidade é o exercício de sua liberdade de expressão e, ademais, uma decorrência do princípio constitucional fundamental da livre iniciativa (arts. 1 e 170), consistente na possibilidade de divulgar um produto lícito ao consumidor. E, para a coletividade, a publicidade é instrumento de realização do direito à informação — informação sobre os produtos, suas qualidades e riscos, única forma de promover escolhas esclarecidas. Vale lembrar que toda a publicidade comercial está submetida ao Código de Defesa do Consumidor (Lei nº 8.078/90), que proíbe qualquer forma de propaganda enganosa ou abusiva.

Em um sistema no qual vige o princípio da supremacia da Constituição, a restrição à liberdade de expressão e ao direito de informação por via de publicidade só pode ocorrer nas hipóteses e nos limites por ela estabelecidos. Tais parâmetros estão traçados no art. 220, § 4, onde se lê: *"A propaganda comercial de tabaco, bebidas alcoólicas, agrotóxicos, medicamentos e terapias estará sujeita a restrições legais, (...) e conterá, sempre que necessário, advertência sobre os malefícios decorrentes de seu uso."*.

Em cumprimento à disposição constitucional, foi editada a Lei nº 9.294/96, que estabelece limitações de horário e conteúdo para a propaganda de cigarro, bem como impõe a divulgação de cláusulas de advertência determinadas pelo Ministério da Saúde. Com fundamento na mesma norma constitucional, o Estatuto da Criança e do Adolescente (Lei nº 8.069/90) impõe um conjunto de outras restrições. Já há proteção adequada contra abusos. O que não se pode ignorar é que a vida social em liberdade envolve uma vasta gama de opções por parte dos indivíduos. Tais decisões se manifestam na escolha da profissão, do esporte, dos meios de transporte utilizados, dos hábitos alimentares e no consumo de produtos em geral. Há na sociedade um livre mercado de valores e de idéias que permite a um público informado exercer a sua liberdade de ser, pensar e criar.

A moderna interpretação constitucional dá destaque à técnica da ponderação de valores quando ocorram conflitos entre direitos e interesses fundamentais. A hipótese aqui discutida envolve, de um lado, os direitos à liberdade de expressão e à informação, e, de outro, o interesse público na proteção da saúde. Em nome desta, o projeto pretende abolir sumariamente uma forma relevante de comunicação social, que é a publicidade de um produto. Em lugar de proceder à ponderação exigida — como faz a lei em vigor, que procura conciliar o direito de divulgar o produto com o dever de advertir e esclarecer sobre os malefícios a ele associados — o projeto elege um interesse e ignora o outro, instituindo uma supremacia entre direitos fundamentais que não é autorizada pela Constituição.

Por fim, o projeto de lei também é reprovado no exame de razoabilidade, ao qual toda norma deve ser submetida, para o fim de aferir sua constitucionalidade. Uma norma será razoável se, além de admitida pela Constituição — o que já se viu não ser o caso —, ela: (i) adotar meios aptos a produzir os fins pretendidos; e (ii) introduzir medida realmente necessária, não havendo meio alternativo para chegar ao mesmo resultado, com menor ônus para o direito individual (vedação do excesso).

Como já se referiu, em relação ao primeiro requisito, o meio escolhido pela norma — banimento da publicidade comercial do cigarro — simplesmente não tem se mostrado apto a atingir o fim visado — redução do consumo do produto. Na realidade, a ausência de publicidade diminui a discussão sobre a matéria e, como conseqüência, a informação e o esclarecimento da população, inclusive quanto aos malefícios associados ao fumo. Em segundo lugar, ainda que assim não fosse, a verdade é que há na hipótese aqui versada um conjunto expressivo de meios alternativos menos gravosos, que incluem limitações de horário e de conteúdo da publicidade, cláusulas de advertência e campanhas de esclarecimento e desestímulo ao consumo. O legislador não pode optar autoritariamente pela via que maior prejuízo traz para os direitos individuais e difusos em questão.

O sacrifício absoluto de determinadas liberdades públicas, em nome de outros valores — ainda que socialmente relevantes —, constitui grave precedente e revive o trauma do abuso estatal e do autoritarismo, desvios recorrentes na trajetória institucional brasileira. O passado ainda é muito recente para não assombrar. Filmes foram simplesmente proibidos ou projetados com tarjas que transformavam drama em caricatura; o Ballet Bolshoi foi impedido de dançar no Brasil, por constituir propaganda comunista; havia artistas malditos e outros que só conseguiam aprovar suas letras mediante pseudônimo; programas de televisão foram retirados do ar, suspensos ou simplesmente vetados. Em momento de paroxismo, proibiu-se a divulgação de um surto de meningite, para não comprometer a imagem do governo.

Em todos os tempos e em todos os lugares, a censura jamais se apresenta como instrumento da intolerância, da prepotência ou de outras perversões ocultas. Ao contrário, supõe-se a virtude contra o vício e, de regra, destrói em nome da segurança, da moral, da família, dos bons costumes. Na prática, todavia, ela oscila entre o arbítrio, o capricho, o preconceito e o ridículo. Assim é porque sempre foi.

Comissões parlamentares de inquérito: princípios, poderes e limites[1]

Manoel Messias Peixinho e Ricardo Guanabara prestam, com este trabalho que tenho a honra de apresentar, valiosa contribuição ao tema do momento no direito constitucional brasileiro: as comissões parlamentares de inquérito, seus poderes e os limites de sua atuação. Não se trata, contudo, de um texto de ocasião, apressado, desses que pegam carona no sucesso dos acontecimentos. Ao contrário, é trabalho abrangente, bem pesquisado, bem escrito. Um livro que carrega a marca da maturidade profissional e acadêmica de seus autores. Em homenagem a eles, e simultaneamente ao elogio merecido da obra, faço uma ou duas reflexões.

O Judiciário viveu, após a Constituição de 1988, um momento de ascensão política. Passou a ser um poder efetivo, com a independência recuperada, e tornou-se depositário de um conjunto de expectativas da sociedade. Além dos novos direitos, das novas ações, generalizou-se a exigência de moralidade, probidade, desvelo no trato da coisa pública. No entanto, a legislação, a cultura judiciária, aspectos ideológicos e de infra-estrutura, o número de juízes, dentre outros fatores, comprometem a capacidade de as instituições judiciais da-

---

1. Prefácio ao livro de Manoel Messias Peixinho e Ricardo Guanabara, *Comissões Parlamentares de Inquérito: princípios, poderes e limites*, Rio de Janeiro, Ed. Lúmen Juris, 2000.

rem vazão à demanda que se formou. O redimensionamento físico e humano do Judiciário é um trabalho que exige mais tempo do que as aspirações do imaginário popular desejariam.

E em qualquer sociedade que aspire à civilização, Justiça é gênero de primeira necessidade[1]. O que acontece quando o Judiciário não supre de maneira quantitativa e qualitativamente eficaz esta necessidade O que acontece quando a procura é maior do que a oferta Incide a lei do mercado: o cidadão vai procurar justiça em outro lugar. Esta função justiceira tem sido desempenhada no Brasil, não sem certo estardalhaço, pela imprensa e pelas comissões parlamentares de inquérito. Quando o interesse de ambas coincide, então, reduz-se dramaticamente o espaço do contraditório, da ampla defesa, da serenidade.

Peixinho e Guanabara empenham-se no esforço de estabelecer os limites legítimos dos poderes das comissões parlamentares de inquérito, cuja atuação é necessária e desejável. Percorrem, assim, uma trajetória delineada com precisão, que se inicia com o exame da separação dos Poderes e o controle dos atos do Poder Público. Visitam os clássicos da teoria do Estado, passando por Locke e Montesquieu, dentre os pensadores europeus, e por Madison, Hamilton e Jay, com seus escritos federalistas, nos Estados Unidos. A conclusão a que chegam é a inevitável: já não pode haver dúvida razoável de que os atos das CPIs são passíveis de controle judicial.

Após um breve relato histórico acerca das comissões parlamentares de inquérito ao longo do tempo, inclusive na experiência constitucional brasileira, os autores resgatam a história recente do país, analisando aspectos e resultados de algumas comissões parlamentares de inquérito mais rumorosas, constituídas sob a Constituição de 1988, e que são um painel sofrido de algumas das vicissitudes nacionais: CPIs do Caso Collor, do Orçamento, dos Precatórios, dos Bancos, do Narcotráfico, dentre outras. No tópico dedicado às expectativas da sociedade em relação às CPIs e sua aparente frustração, saem em defesa da investigação parlamentar, em passagem irretocável:

> *"É forçoso reconhecer, portanto, que as CPIs possuem um espaço próprio de atuação e que, quanto maior o grau de*

---

1. Sobre esta temática, veja-se o precioso trabalho de Joaquim Falcão, *A notícia que virou fato: a imprensa em questão*, in Monitor Público n 6/5, 1995.

> *compreensão de seus limites, menor será a frustração social produzida por sua atuação. Ademais, ao contrário do que se pensa, as CPIs no Brasil, conforme mostrado nas páginas anteriores, têm produzido resultados relevantes para o combate à corrupção. Freqüentemente, as comissões acabam produzindo resultados que escapam de seus objetivos iniciais, resultados que muitas vezes se revelam benéficos para a moralidade pública e para a sociedade em geral, sobretudo quando desvenda os mecanismos de desvio de verbas do erário ou os caminhos através dos quais o crime organizado se infiltra no Estado."*

Na seqüência, os autores, reconhecendo o papel destacado que a dogmática jurídica mais recente atribui aos princípios, dedicam um capítulo específico ao tema, elaborando um catálogo de princípios norteadores das comissões parlamentares de inquérito, em louvável trabalho de sistematização. O penúltimo capítulo é dedicado ao estudo do direito comparado, em investigação que revela a teoria e a prática do instituto em países da América Latina, da Europa e nos Estados Unidos. Sobre o tema, concluem os autores:

> *"Os exemplos estudados de Itália e de Portugal, que têm em suas Constituições inserida a expressão (...)* **poderes de investigação próprio das autoridades judiciais***, não autorizam uma interpretação que outorgue à Constituição brasileira de 1988 uma investigação parlamentar como poderes judiciais. Tanto em Portugal quanto na Itália e em outros países, o limite da investigação parlamentar é o respeito à Constituição e à competência dos Poderes."*

No capítulo final, os autores associam-se aos esforços desenvolvidos pela doutrina na busca do sentido da locução constitucional *poderes de investigação próprios de autoridades judiciais*. Discorrem acerca do poder das CPIs de inquirir testemunhas e ouvir indiciados, com o destaque devido ao privilégio contra a auto-incriminação; analisam a doutrina e a jurisprudência a propósito da requisição de documentos e informações, especialmente nas hipóteses que envolvem a quebra de sigilo bancário, fiscal, mercantil e telefônico, e discutem o problema da busca e apreensão em contraste com o direito fundamental à inviolabilidade do domicílio e a questão da determinação de indisponibilidade de bens.

A reconstrução da democracia no Brasil envolve a definição de espaços, tanto dos Poderes Públicos entre si como entre eles e os direitos da cidadania. É preciso guardar prudente distância em relação a dois extremos: de um lado, a impunidade, a malversação de verbas públicas, a crônica apropriação privada do Estado no Brasil; de outro, os *vingadores mascarados*, os paladinos da justiça televisiva, os oportunistas sem ética nem autocrítica. O conceito de segurança jurídica convive com dificuldade com os descaminhos da pós-modernidade, marcada pela vitória do ter sobre o ser e da imagem sobre o conteúdo. De um lado, os caçadores da fortuna fácil, sem lei nem limites; de outro, os persecutores da justiça instantânea, sem defesa nem devido processo legal. Ninguém nesses dias parece impressionar-se com a advertência do grande jurista uruguaio Eduardo Couture, inscrita nos seus *Mandamentos do Advogado:* "O tempo vinga-se das coisas que são feitas sem a sua colaboração".

Neste contexto histórico, institucional e jurídico insere-se o trabalho cuja apresentação aqui encerro. A pesquisa minuciosa, a arrumação das idéias, a clareza das opiniões, além dos textos normativos incluídos no anexo — que simplificam a vida de quem precisa colher informações sobre o tema — credenciam a presente obra como uma das melhores já escritas sobre a matéria. Destaque-se que o livro, além da análise jurídica proficiente, é um atualizado e agudo registro da história recente do país. Terá o sucesso que merece.

O princípio da proporcionalidade e a interpretação da Constituição[1]

O trabalho que deu a Paulo Armínio Tavares Buechele o merecido título de Mestre em Direito, pela Universidade Federal de Santa Catarina, é mais abrangente do que a literalidade do seu título sugere. O que de resto não é surpresa para os que, como o autor, trabalham com desenvoltura as múltiplas sutilezas da interpretação em geral, e as profundezas que se escondem por trás de palavras e rótulos.

Assim, no capítulo I, o autor conduz o leitor, com segurança e estilo, pela temática da Interpretação do Direito. Ao longo desse percurso, faz a escala necessária na conceituação de princípio, espécie de norma jurídica diversa das meras regras, e que estabelece o ponto de partida e os caminhos possíveis a serem seguidos pelo intérprete. Em seguida, com admirável capacidade de síntese, discorre sobre as espécies de interpretação e as diferentes escolas hermenêuticas e seus métodos. Expressando sua própria opinião sobre o tema do capítulo, averbou o autor, lastreando em doutrina clássica e moderna:

> *"A interpretação da norma jurídica — e também da norma constitucional — é sempre um ato de criação de Direito,*

---

1. Prefácio ao livro O *princípio da proporcionalidade e a interpretação da Constituição*, de Paulo Armínio Tavares Buechele, Rio de Janeiro, Ed. Renovar, 2000.

> *na medida em que o agente, para obter a solução concreta do problema, atribui ou adscreve (CANOTILHO) um sentido à norma interpretada. E além de ato de criação, é um ato de decisão, posto que ao intérprete é conferido o poder de escolher, dentre vários sentidos possíveis para o caso, aquele que melhor contribuirá para a resolução do conflito, observados determinados critérios de orientação."*

No capítulo II, cuida o autor da Interpretação da Constituição, onde deixa transparecer a marcante influência da doutrina alemã — e seus divulgadores brasileiros e lusitanos — nas categorias doutrinárias com que opera e na sistematização que adota. Discorre, assim, com objetividade, acerca dos diferentes "métodos de interpretação", identificados como científico-espiritual, hermenêutico-concretizador, tópico-problemático e jurídico normativo-estruturante.

A leitura é prazerosa e informativa, mesmo para aqueles, como eu próprio, que não se sentem seduzidos pelas múltiplas sutilezas teorizantes da hermenêutica jurídica germânica, por vezes distante das peculiaridades e sutilezas da interpretação constitucional nativa e dos *tropicalismos* diversos da vivência brasileira. A categorização dos princípios de interpretação constitucional também parte de Konrad Hesse e da leitura subseqüente de Canotilho, merecendo destaque a ênfase na idéia de força normativa da Constituição. Sintetizando a matéria com agudeza, lavrou o autor:

> "Os limites últimos de toda interpretação da norma constitucional são o seu próprio texto (proposição constitucional) e aquilo que HESSE denominou de 'vontade de Constituição', isto é, a força que constitui a essência e a eficácia da Constituição e que reside na natureza das coisas, impulsionando-a, conduzindo-a e transformando-a, assim, em força ativa. A Constituição se transforma em força ativa quando as tarefas por ela impostas forem efetivamente realizadas pelos destinatários das normas, que adequarão suas próprias condutas a essa ordem constitucional estabelecida."

No capítulo final, Paulo Buechele faz uma valiosa sistematização do princípio da proporcionalidade na interpretação constitucional.

Examina, assim, a origem anglo-saxônica do princípio, abrigado na cláusula do devido processo legal que, ao incorporar uma versão substantiva, deu lugar ao princípio da razoabilidade. Após, na perspectiva cosmopolita e comparativista que se impõe em ciência, examina o desenvolvimento doutrinário do tema no direito alemão, até chegar à jurisprudência brasileira. No processo, o autor destaca os principais autores e monografistas que trataram da questão. A propósito da denominação do princípio, partilho do entendimento dominante de que a idéia de razoabilidade, delineada no direito norte-americano, e de proporcionalidade, segundo a nomenclatura européia, se superpõem em suas linhas gerais e, salvo especificidades, os termos guardam uma relação de fungibilidade.

Não se deve subestimar o princípio da razoabilidade como um precioso mecanismo de controle da discricionariedade legislativa e administrativa. Sua correta utilização permite ao judiciário invalidar atos legislativos ou atos administrativos quando: a) não haja relação de adequação entre o fim visado e o meio empregado; b) a medida não seja exigível ou necessária, havendo meio alternativo para chegar ao mesmo resultado com menor ônus a um direito individual; c) não haja proporcionalidade em sentido estrito, ou seja, o que se perde com a medida é de maior relevo do que aquilo que se ganha.

Um certo positivismo arraigado na formação jurídica nacional retardou o ingresso do princípio da razoabilidade na jurisprudência brasileira, por falta de previsão expressa na Constituição. Inequivocamente, contudo, ele é uma decorrência natural do Estado Democrático de Direito e do princípio do devido processo legal. O princípio, naturalmente, não liberta o juiz dos limites e possibilidades oferecidos pelo ordenamento. Não é de voluntarismo que se trata. A razoabilidade, no entanto, oferece uma alternativa de atuação construtiva do Judiciário para a produção do melhor resultado, ainda quando não seja o único possível ou ao menos aquele que mais obviamente resultaria da aplicação acrítica da lei.

Daí a alta significação de trabalhos como o que ora tenho o prazer de apresentar. Prefácios, todavia, como os discursos, convém que sejam poucos; se possível, bons; e, em qualquer caso, breves. Apresso-me, assim, em encerrar, fazendo apenas o registro final de que *O Princípio da Proporcionalidade e a Interpretação da Constituição*, de Paulo Armínio Tavares Buechele, é um trabalho a um tempo objetivo e abrangente, contendo a exposição didática das múltiplas questões afetas à interpretação jurídica e constitucional e uma sistematização criteriosa da doutrina e da jurisprudência relativas ao princípio da razoabilidade-proporcionalidade. Com ele o autor recebe não apenas o título formal de Mestre em Direito, mas também o justo reconhecimento da comunidade jurídica nacional.

A autonomia universitária no Estado contemporâneo e no direito positivo brasileiro[1]

Alexandre Santos de Aragão faz parte de um grupo seleto de jovens juristas que têm seu berço na Faculdade de Direito da Universidade do Estado do Rio de Janeiro, na qual foi meu aluno brilhante na graduação e na pós-graduação. Integra ele o elenco de filhos espirituais que a vida acadêmica me proporcionou e cujo sucesso me traz felicidade e orgulho.

Aragão escolheu um tema difícil para sua estréia na literatura jurídica. Os que viveram e sobreviveram ao regime militar começaram a aprendê-lo fora dos livros: testemunhando as invasões truculentas de *campus* de universidades pelas tropas, no encalço de idéias perigosas que ameaçavam o regime. UNB, PUC-São Paulo... Uma invasão foi possível evitar. Assim, pelo menos, conta a lenda: o reitor da então Universidade do Brasil, Professor Pedro Calmon, teria impedido a entrada dos soldados, convencendo o comandante de que o ingresso na instituição exigia vestibular.

Pessoalmente, lembro-me de um episódio que sinalizou um novo tempo para o país. Foi em 1977, na PUC-Rio. A universidade

---

1. Prefácio ao livro *A autonomia universitária no Estado contemporâneo e no direito positivo brasileiro*, de Alexandre Santos de Aragão, Rio de Janeiro, Ed. Lumen Juris, 2001.

cercada por policiais e soldados. Lá dentro, sete mil pessoas se reuniam no primeiro grande ato público pelo fim da ditadura. Um helicóptero fazia vôos rasantes. Cada um de nós administrava o próprio medo e a sensação de que ali se redefiniam espaços entre o poder ditatorial e a sociedade civil. Subitamente, lá do fundo dos pilotis, alguém desfraldou uma faixa, radical, utópica, impensável: *"Pela anistia ampla, geral e irrestrita"*. Passados dois anos, veio de fato a anistia e a democratização tornou-se irreversível. Materializou-se ali, na vida, na prática, o *slogan* desafiador dos estudantes franceses, difundido nos dias atônitos do final da década de 60: *"Seja realista, peça o impossível"*.

A reconstitucionalização do país libertou-nos do autoritarismo e dos maniqueísmos diversos. Mas trouxe uma dificuldade adicional na reconstrução democrática: já não era suficiente ser contra o regime. Era preciso apresentar idéias alternativas, repensar os conceitos, superar a tentação populista de agradar a todos em tudo. A ditadura, por paradoxal que possa parecer, tornava certos aspectos da vida mais simples. A liberdade exige novas decisões e definições. Dentre elas, a do papel da Universidade, seus limites e possibilidades.

Autonomia universitária tem sido, no Brasil, um rótulo emblemático, apegado a uma embalagem vazia de consensos. Daí o mérito supremo desse estudo denso e desbravador, que trabalha com precisão de conceitos, clareza de idéias e um estilo impecável. *Autonomia universitária no Estado contemporâneo e no direito positivo brasileiro* oferece ao leitor mais do que o título promete: além da questão da universidade, traz também uma proveitosa reflexão acerca da mutação do Estado nas últimas duas décadas, bem como da Constituição de 1988, seus princípios e alguns aspectos da interpretação constitucional.

O livro de Alexandre Santos de Aragão é dividido em três partes: a primeira é dedicada à caracterização da própria idéia de *Autonomia*, a segunda explora os conteúdos e sutilezas da *Autonomia Universitária* e a terceira investiga os meandros da *Administração Universitária*. Ao longo do percurso, visita temas clássicos e introduz idéias novas, tendo como fio condutor uma acurada percepção da realidade jurídica e social brasileira. No desenvolvimento das idéias, revela, igualmente, o manejo adequado da teoria constitucional, como na parte em que funda uma das premissas maiores de sua exposição: se é a Constituição que confere a autonomia, cabe-lhe definir o seu alcance. Se é a lei ordinária que a confere, deve demarcar-lhe a esfera de atuação própria. O que não é legítimo é a legislação infraconstitucional impor limites indevidos à autonomia conferida pela Constituição, sem respeitar o significado mínimo nela contido.

A Universidade no Brasil nasce pública e sob controle estatal. Em um país com tradição autoritária, patrimonialista e populista, o Estado surge desde o primeiro momento como instituidor e como ameaça. Daí a precisão do comentário do autor de que, "dada a maior possibilidade de ingerências indevidas, é justamente a autonomia das universidades públicas que mais deve ser protegida no Estado pluralista". Para adiante concluir, com a veemência cabível:

> "Devemos, no entanto, colocar as coisas no seu devido lugar: o Estado, ao criar uma universidade, não o faz para que esta ensine, pesquise e preste serviços sob o seu comando e sempre na dependência dos seus recursos; ao revés, ao fazê-lo, assume o regime jurídico autonômico das universidades e, ao repassar-lhes verbas, não está fazendo nenhum favor, mas cumprindo as suas obrigações constitucionais com a educação".

A idéia de autonomia universitária, embora antiga no direito brasileiro, somente ingressou na Constituição em 1988. O autor capta, com clareza, a circunstância de que existem muitas autonomias, referidas tanto na Constituição como na legislação infraconstitucional. E que não é possível pretender dar conteúdo uniforme a todas elas. Sem embargo, deixa assentado o traço que possuem em comum: a liberdade limitada na persecução dos próprios interesses. Na dicção constitucional do art. 207, a autonomia universitária se desdobra em três dimensões diferentes: didático-científica, administrativa e de gestão financeira e patrimonial. Aragão discorre sobre cada uma com proficiência e detalhamento, intuindo a evidência de que somente a autonomia didático-científica é um fim constitucional em si mesma, sendo as demais de cunho essencialmente instrumental.

Ao tratar do poder normativo das universidades, um dos pontos em que o estudo brilha mais intensamente, Alexandre Aragão percorre com segurança alguns dos fundamentos do Estado liberal — separação de Poderes e princípio da legalidade. Elabora, com lógica incontestável, a classificação desse poder normativo — (i) primário e (ii) regulamentar secundário, tanto das normas editadas pelo Poder Legislativo como das normas universitárias delegificadas — e apresenta a justificação do desempenho dessa competência normativa:

> "Sendo assim, podemos afirmar que as universidades devem cumprir a lei, mas há certas matérias, essenciais ao exercício da autonomia universitária, que sequer podem ser tratadas pela lei, estando reservadas pela Constituição ao poder normativo das universidades.
> Fica assim evidenciado o caráter de divisão constitucional de competências legislativas intrínseco à autonomia universitária. Na seara desta, as universidades exercem competências primárias, isto é, decorrentes diretamente da Constituição".

Há muitas outras coisas que poderia acrescentar, sob a inspiração da leitura prazerosa e enriquecedora do texto de Alexandre Santos de Aragão. Há outras tantas que me ocorrem acerca da Universidade brasileira, que, vítima de suas próprias vicissitudes, desempenha um papel menos importante do que o que lhe cabe no equacionamento, discussão e busca de solução para os problemas nacionais. Mas não vou cair aqui na tentação que vez por outra derrota os autores de prefácio: o de aproveitarem o espaço para apresentarem também a sua dissertação sobre o tema.

Deixo então em paz o leitor para que desfrute do prazer e do proveito de percorrer um belo estudo.

A nova jurisdição constitucional brasileira: legitimidade democrática e instrumentos de realização[1]

No esporte, mais comumente que na vida acadêmica, há pessoas que ficam consagradas pelo descobrimento de um grande talento, um virtuose. Em um lance de inspiração, uma intuição especial, identificam no meio da multidão de aspirantes aquele que tem brilho próprio, que é fora de série, que percorrerá novos caminhos. A glória desse papel costuma ser abalada por duas vicissitudes. A primeira, muito freqüente, é a ingratidão do dono do talento revelado, especialmente quando celebra a união traiçoeira com o sucesso. A segunda, a proliferação de *técnicos* que reivindicam a primazia da descoberta ou, no mínimo, o conselho decisivo, que projetou o pupilo para o mundo.

Pois antes que apareça algum aventureiro, deixo consignada a minha precedência: percebi a vocação de jurista de Gustavo Binenbojm logo no início da década de 90, quando aluno brilhante no curso de graduação. Desde então, foi meu monitor na Faculdade, assistente de pesquisa, estagiário e, por fim, meu colega de vida acadêmica e profissional. Acompanhei de perto todo o processo de evolução inte-

---

1. Prefácio ao livro *A nova jurisdição constitucional brasileira: legitimidade democrática e instrumentos de realização*, de Gustavo Binenbojm, Rio de Janeiro, Ed. Renovar, 2001.

lectual que se materializou nesse estudo, que tive o prazer de orientar e tenho a honra de apresentar.

Feito o registro, devo dizer que tampouco sofri a dor — sequer o risco — da ingratidão. Bom caráter e generoso, Gustavo atribui-me, tanto na introdução deste livro como na vida real, mais crédito do que verdadeiramente me cabe. É verdade que no convívio intenso e afetuoso, partilhei com ele princípios, idéias, valores e angústias intelectuais. Mas Gustavo potencializou o que pude lhe dar, agregando as virtudes do seu temperamento, o espírito vivo e a ambição construtiva que move a ciência.

O autor foi ousado no assunto que escolheu: *A nova jurisdição constitucional brasileira: legitimidade democrática e instrumentos de realização*. O tema do controle de constitucionalidade constitui um caminho já percorrido, e com proficiência, por expoentes das gerações precedentes. Sem embargo, o livro segue um roteiro preciso, revisita com originalidade conceitos tradicionais e explora aspectos menos corriqueiros da matéria. Tudo isso em um texto elaborado com apuro técnico e profundidade teórica, mas escrito com a linguagem dos bons romances.

Na linha de nossas afinidades ideológicas, Gustavo deixa assentado, logo de início, que democracia e constitucionalismo são pontos de partida — e não de chegada — para uma sociedade fundada no pluralismo, no respeito aos direitos humanos e na justiça social. O Estado democrático de direito não é apenas aquele em que há o predomínio da maioria, mas também o que assegura os direitos fundamentais, respeita os princípios civilizatórios e promove a causa da humanidade. Ao sintetizar as idéias centrais de seu estudo, Gustavo concluiu com maestria:

> "*O Estado Democrático de Direito é a síntese histórica de duas idéias originariamente antagônicas: democracia e constitucionalismo. Com efeito, enquanto a idéia de democracia se funda na soberania popular, o constitucionalismo tem sua origem ligada à noção de limitação do poder.*
> *(...) A supremacia da Constituição e a jurisdição constitucional são mecanismos pelos quais determinados princípios e direitos, considerados inalienáveis pelo poder constituinte originário, são subtraídos da esfera decisória ordinária dos agentes políticos eleitos pelo povo, ficando pro-*

tegidos pelos instrumentos de controle de constitucionalidade das leis e atos do poder público".

O trabalho desenvolve, também, uma discussão valiosa e rara no direito constitucional brasileiro — a despeito de tratar-se de tema clássico na doutrina americana e européia — a propósito da legitimidade democrática da jurisdição constitucional, assentando com propriedade:

> *"A jurisdição constitucional é, portanto, uma instância de poder contramajoritário, no sentido de que sua função é mesmo a de anular determinados atos votados e aprovados, majoritariamente, por representantes eleitos. Nada obstante, entende-se, hodiernamente, que os princípios e direitos fundamentais, constitucionalmente assegurados, são, em verdade, condições estruturantes e essenciais ao bom funcionamento do próprio regime democrático; assim, quando a justiça constitucional anula leis ofensivas a tais princípios ou direitos, sua intervenção se dá a favor, e não contra a democracia. Esta a fonte maior de legitimidade da jurisdição constitucional".*

O texto discorre ainda acerca dos novos diplomas legais afetos ao controle de constitucionalidade — a lei que disciplina a ação direta e a que tem por objeto a argüição de descumprimento de preceito fundamental — e enfrenta dois temas significativos e pouco versados: (i) a sindicabilidade de veto do Poder Executivo a projeto de lei, quando fundado em inconstitucionalidade, e (ii) a possibilidade de o Poder Executivo negar aplicação à lei reputada inconstitucional. Não é o caso de prosseguir na antecipação do conteúdo da obra, privando o leitor do prazer da leitura de primeira mão.

Antes de encerrar, acrescento, em cumprimento do protocolo, uma breve reflexão sobre o tema do livro. A jurisdição constitucional no Brasil vive um momento de virtuosa ascensão, fruto de uma conjugação de fatores: a restauração democrática de 1988, o revigoramento da cidadania e, sobretudo, a ampliação dos legitimados para a propositura da ação direta de inconstitucionalidade. O Judiciário — e o próprio Supremo Tribunal Federal —, com as prerrogativas recuperadas, voltou a ser um Poder efetivo, cuja vontade condiciona e influencia o processo político e institucional.

Algumas vicissitudes ainda dificultam a elevação do Supremo Tribunal Federal ao papel de Corte Constitucional, que por direito lhe cabe. Em primeiro lugar, a vastidão de suas competências, que impõe o exame de dezenas de milhares de processos, banalizando a jurisdição constitucional no varejo das miudezas. E também o papel desinteressado que tem desempenhado o Senado Federal, ao longo de toda a República, na sua participação no processo de escolha dos integrantes do Tribunal, limitando-se a chancelar, acriticamente, o ungido do Presidente da República. Ora bem: de um potencial Ministro da mais alta corte, é legítimo e desejável que o Senado e o povo brasileiro queiram saber, antes de sua nomeação: de onde vem; que experiência tem; que posições doutrinárias sustenta; o que pensa sobre questões institucionais importantes. Pessoalmente, creio até que, no geral, temos tido sorte. Mas uma instituição que deve ser o árbitro dos conflitos entre os Poderes ou entre estes e os cidadãos, precisa ter seus membros expostos ao debate prévio de idéias, inclusive para assegurar lastro de representatividade e autoridade política às suas decisões.

Devo concluir, antes de sucumbir à tentação que vez por outra derrota os autores de prefácios, que é a de apresentar a sua própria dissertação sobre o tema, pegando carona indevida no espaço alheio. Este livro, que o leitor terá o prazer de desfrutar, a seguir, é expressão autêntica do melhor ideário constitucional: perspectiva crítica, mas sem desprezo à boa dogmática jurídica, compromisso com a efetividade das normas constitucionais e, especialmente, com a realização dos direitos humanos.

Só uma última palavra: Gustavo Binenbojm integra uma geração de juristas jovens e brilhantes que têm sua formação ligada à Faculdade de Direito da Universidade do Estado do Rio de Janeiro (UERJ), onde cursou a graduação e a pós-graduação. Faz parte do grupo de filhos espirituais que a vida acadêmica me proporcionou. Seu sucesso se deve à dedicação ao estudo, à seriedade científica e às suas virtudes pessoais. Desfruto-o, no entanto, com felicidade e orgulho, como se fosse meu próprio.

Eficácia jurídica dos princípios constitucionais: o princípio da dignidade da pessoa humana[1]

Dos professores e seu destino

Professores de Direito têm fama de serem pessoas vaidosas. Gente que supõe possuir idéias originais, que gosta de ouvir a própria voz e tem opinião sobre tudo. Muitos dos meus eram assim. Nos meus piores pesadelos, temo enquadrarem-me no estereótipo. A verdade, no entanto, é que se o pecado existe, é pago aqui mesmo e em curto prazo.

Os professores verdadeiramente comprometidos com seu ofício não podem almejar apenas serem imitados ou seguidos. Este seria um destino medíocre. Justamente ao contrário, devem estimular seus alunos a pensarem por si, a ousarem idéias diversas, a buscar os próprios caminhos. Se possível, a irem onde ninguém esteve. Professores por vocação preparam, com esmero, aqueles que vão superá-los, que chegarão mais longe. Esta a sua sina: sublimar a própria vaidade e celebrar o sucesso alheio. Poderia ser uma derrota, mas quem bem entende o que digo sabe que é a glória.

---

1. Prefácio ao livro *Eficácia jurídica dos princípios constitucionais: o princípio da dignidade da pessoa humana*, de Ana Paula de Barcellos, Rio de Janeiro, Ed. Renovar, 2001.

Ana Paula de Barcellos é um dos exemplos mais vistosos do que digo. Uma paixão intelectual. Conheci-a em uma manhã distante, em 1994, quando venceu o concurso para tornar-se minha monitora na Faculdade de Direito da Universidade do Estado do Rio de Janeiro (UERJ). Sua maturidade e seu talento davam-lhe destaque em meio a um conjunto de jovens inteligentes e estudiosos que povoam a minha vida e me trazem felicidade e orgulho.

Ana Paula percorreu, em espaço curto de tempo, a trajetória que a levou de assistente de pesquisa a uma de minhas principais interlocutoras — ao lado do insuperável Nelson Nascimento Diz —, com quem compartilho dúvidas, angústias e projetos, beneficiando-me de sua visão crítica e construtiva do Direito e da vida. Sua dissertação, que tive o prazer de orientar e agora tenho a honra de apresentar, é primorosa. Mais de uma vez ocorreu-me o pensamento de que gostaria de tê-la escrito. Creio que este é o maior elogio que se pode fazer, a ser temperado com um grão de humildade: gostaria se pudesse.

A eficácia jurídica dos princípios constitucionais. O princípio da dignidade da pessoa humana foi concebido em duas partes. Na primeira, a autora empreende uma viagem pelos principais cenários da teoria constitucional e da teoria dos princípios. Na segunda, associa-se ao esforço da melhor doutrina atual visando a determinar o conteúdo e a eficácia do princípio da dignidade da pessoa humana. Comento cada uma delas com a brevidade necessária, com uma observação prévia: a profundidade da pesquisa e o apuro técnico do texto irrepreensível poderiam ter resultado em um desses calhamaços eruditos, que até avançam o conhecimento, mas são penosos ao espírito. Não aqui, todavia, onde se diluem com suavidade, em uma linguagem que transpira poesia e encanta da primeira à última linha.

O direito constitucional brasileiro vive um momento virtuoso. Do ponto de vista de sua elaboração científica e da prática jurisprudencial, duas mudanças de paradigma deram-lhe uma nova dimensão: a) o compromisso com a efetividade de suas normas e b) o desenvolvimento de uma dogmática da interpretação constitucional. Passou a ser premissa do estudo da Constituição o reconhecimento de sua força normativa, do caráter vinculativo obrigatório de suas disposições, superada a fase em que tratada como um conjunto de aspirações políticas e uma convocação à atuação dos Poderes Públicos. De outra parte, embora se insira no âmbito da interpretação jurídica, a especificidade das normas constitucionais, com seu conteúdo próprio, sua abertura e superioridade jurídica, exigiram o desenvolvimento de novos métodos hermenêuticos e de princípios específicos de interpretação constitucional.

Ana Paula apreendeu com maestria essas transformações, bem como o temperamento que a elas se deve dar, em nome das possibilidades e limites realistas da ciência jurídica. Em passagem inspirada, advertiu que ambicionar para o Direito outros papéis além do seu próprio pode levá-lo a não ter serventia *nem para o muito nem para o pouco, esvaziando-o das peculiaridades que o distinguem das outras áreas do saber humano.* Em passagem textual:

> "*A realidade é, por natural, um elemento indissociável do pensamento jurídico, embora não caiba a este reproduzi-la, pois se o Direito se limitasse a repetir a realidade, seria totalmente desnecessário. Como já se referiu, porém, existe uma distância máxima que há de mediar entre o dever ser normativo e o ser do mundo dos fatos, para que continue a existir comunicação entre os dois mundos e a realidade mantenha, assim, um movimento progressivo de aproximação do dever ser. Ultrapassado esse limite, e rompido esse equilíbrio, o direito perde a capacidade de se comunicar com os fatos*".

Do ponto de vista filosófico, o direito constitucional vive, igualmente, um momento de elevação, que tem sido identificado como *pós-positivismo*. A expressão identifica um conjunto difuso de idéias que ultrapassam o legalismo estrito do positivismo normativista, sem recorrer às categorias da razão subjetiva do jusnaturalismo. Sua marca é a ascensão dos valores, o reconhecimento da normatividade dos princípios e a essencialidade dos direitos fundamentais. O pós-positivismo não surge com o ímpeto da desconstrução, mas como uma superação do conhecimento convencional. Não se trata do abandono da lei, mas da reintrodução de idéias como justiça e legitimidade. A volta da discussão ética ao Direito.

Também este processo foi captado com fina sensibilidade pela autora, que o identificou e enunciou em diferentes passagens de sua obra, merecendo destaque esta síntese feliz:

> "*O fim da Segunda Guerra Mundial apresentou à humanidade um prato de difícil digestão: a banalidade do mal,*

produzindo efeitos variados nas diferentes áreas do conhecimento humano. No direito em geral, e no constitucional em particular, esses eventos representaram o ápice do processo de superação do positivismo jurídico, que havia se tornado dominante nas primeiras décadas do século, e um retorno à idéia de valores. Voltou-se a reconhecer, humildemente, que o direito não surge no mundo por si só, mas relaciona-se de forma indissociável com valores que lhe são prévios, ideais de justiça e de humanidade que se colhem na consciência humana e na experiência civilizatória dos povos.

(...) Sob a forma de normas-princípios, os valores passaram a ser não apenas filosoficamente — como se esperava sempre tivessem sido — mas também juridicamente as idéias centrais das Cartas constitucionais".

Nesse contexto, Ana Paula de Barcellos realiza uma preciosa sistematização das modalidades de eficácia associadas às normas jurídicas em geral e aos princípios em especial, que assim compendiou em suas *Conclusões*:

"Pode-se identificar na ordem positiva e no trabalho da doutrina, ainda que sem exaustividade, um conjunto variado de modalidades de eficácia jurídica. Tendo em conta sua maior ou menor capacidade de promover o efeito pretendido pela norma, é possível ordená-las nos seguintes termos: positiva ou simétrica, nulidade, ineficácia, anulabilidade, negativa, vedativa do retrocesso, interpretativa, penalidades e outras. A modalidade de eficácia jurídica positiva ou simétrica é aquela que autoriza exigir judicialmente a realização do efeito pretendido pela norma. Esta é a modalidade de eficácia jurídica padrão e também a única capaz de superar a violação da norma quando esta se opere através de um comportamento omissivo".

A segunda parte do trabalho é dedicada à *Eficácia jurídica do princípio da dignidade da pessoa humana*. A dignidade da pessoa humana identifica um espaço de integridade moral a ser assegurado a todas as pessoas por sua só existência no mundo. É um respeito à criação, independente da crença que se professe quanto à sua origem. A dignidade relaciona-se tanto com a liberdade e valores do espírito como com as condições materiais de subsistência. O desrespeito a este princípio terá sido um dos estigmas do século que se encerrou e a luta por sua afirmação um símbolo do novo tempo. Ele representa a superação da intolerância, da discriminação, da exclusão social, da violência, da incapacidade de aceitar o outro, o diferente, na plenitude de sua liberdade de ser, pensar e criar.

O princípio da dignidade da pessoa humana ainda vive, no Brasil e no mundo, um momento de elaboração doutrinária e de busca de maior densidade jurídica. Eu próprio, em texto escrito no início da década de 90, quando algumas decisões judiciais ameaçavam a efetividade e a força normativa da Constituição, manifestei ceticismo em relação à sua utilidade na concretização dos direitos fundamentais. Foi uma manifestação *datada*, que representava uma reação à repetição de erros passados[2]. A Constituição de 1988, no entanto, impôs-se como um documento normativo, dando ao princípio, hoje, uma potencialidade que não se vislumbrava há dez anos atrás. Tornou-se imprescindível, todavia, estabelecer os contornos de uma objetividade possível, que permita ao princípio transitar de sua dimensão ética e abstrata para as motivações racionais e fundamentadas das decisões judiciais. Inúmeros trabalhos de qualidade dedicaram-se a esta empreitada[3]. Dentre eles, o presente livro é um dos mais bem sucedidos esforços. Uma obra de referência.

Na trajetória que traçou em busca do núcleo da idéia de dignidade da pessoa humana, Ana Paula reviu conceitos tradicionais e assentou algumas premissas fundamentais que, ainda quando não fossem

---

2. Luís Roberto Barroso, *Princípios constitucionais brasileiros ou de como o papel aceita tudo*, Revista Trimestral de Direito Público, v. 1.
3. Alguns trabalhos monográficos recentes sobre o tema: José Afonso da Silva, *Dignidade da pessoa humana como valor supremo da democracia*, Revista de Direito Administrativo 212/89; Carmen Lúcia Antunes Rocha, *O princípio da dignidade da pessoa humana e a exclusão social*, Anais da XVII Conferência Nacional da Ordem dos Advogados do Brasil, 1999; Ingo Wolfgang Sarlet, *Dignidade da pessoa humana e direitos fundamentais na Constituição brasileira de 1988*, 2001; Cleber Francisco Alves, *O princípio constitucional da dignidade da pessoa humana*, 2001; Ana Paula de Barcellos, *A eficácia jurídica dos princípios constitucionais. O princípio da dignidade da pessoa humana*, 2001.

propriamente negadas, nem sempre eram claramente percebidas. Dentre elas, especialmente, a constatação de que ao contrário da crença disseminada, não são apenas os direitos sociais que exigem recursos financeiros: também a concretização dos direitos individuais e políticos demandam gastos, seja com a Polícia, o Corpo de Bombeiros, o Poder Judiciário ou a realização de eleições[4]. Na mesma linha, a demonstração de que a democracia tem uma dimensão substantiva, não devendo ser confundida como simples aplicação da regra majoritária. Por fim, ao recorrer ao conceito de *mínimo existencial*, Ana Paula beneficia-se das idéias difundidas por Ricardo Lobo Torres, um amigo querido, com quem tive a honra de compartilhar a concepção do curso de pós-graduação em direito público da UERJ, no qual é ele uma das expressões maiores.

Ao final de um percurso intelectual minuciosamente traçado, que entretém o leitor de um extremo ao outro do trabalho, Ana Paula produz conclusões de surpreendente simplicidade, fazendo parecer cristalino e óbvio o que resultou de uma criativa combinação de idéias e de um sofisticado raciocínio. Em síntese sumária: a) os princípios, a despeito de sua indeterminação, possuem sempre um conteúdo básico; b) no tocante ao princípio da dignidade da pessoa humana, esse núcleo é representado pelo mínimo existencial, conjunto de prestações materiais essenciais sem as quais o indivíduo se encontrará abaixo da linha da dignidade; c) tal mínimo existencial deve ser dotado de eficácia jurídica positiva ou simétrica, isto é, as prestações que o compõem poderão ser exigidas de forma direta, mediante tutela específica. Que prestações são essas a autora oferece a resposta:

> "*Uma proposta de concretização do mínimo existencial, tendo em conta a ordem constitucional brasileira, deverá incluir os direitos à educação fundamental, à saúde básica, à assistência no caso de necessidade e ao acesso à justiça*".

O leitor que tenha acompanhado até aqui esta introdução já estará impaciente para ir direto ao texto original. Apresso-me, então, a sair do caminho. Ao final da leitura do livro, no entanto, quem voltar

---

4. Nessa temática, a autora dá o crédito devido à obra instigante de Cass Sunstein, *The cost of rights*, 1999.

ao prefácio irá certamente dar-me razão: trata-se de um trabalho original, envolvente, que se lê com prazer incontido e uma dose de emoção. Só uma última palavra.

A dissertação cuja apresentação aqui concluo foi aprovada com distinção e louvor pela banca que a examinou, por sugestão do grande José Afonso da Silva. É um marco do *novo direito constitucional brasileiro*, para cuja construção teórica e prática dedicou-se a minha geração: Carmen Lúcia, Clèmerson Clève, Ingo Sarlet, Juarez Freitas, dentre muitos outros. Os diferentes programas de pós-graduação de alto nível em Direito, no Brasil, têm contribuído para a formação de uma geração de mestres e doutores comprometidos com a boa ciência e com seu país. Quem percorrer as páginas invulgarmente bem pensadas e bem escritas deste trabalho verá que Ana Paula de Barcellos figura com mérito nesse clube seleto. Uma jurista brilhante. Uma pessoa iluminada.

Direito regulatório[1]
O *Estado que nunca foi*

I. Uma nota pessoal

O Professor Diogo de Figueiredo Moreira Neto poderia estar dedicando os anos de sua maturidade a colher os louros e as homenagens que sua fecunda produção acadêmica lhe proporcionaram. Ou apenas viajando pelo Brasil e pelo mundo como conferencista disputado, compartilhando a experiência e o conhecimento de uma vida dedicada ao estudo. Mas assim não fez. Continuou a ser o pesquisador aplicado, capaz de produzir idéias próprias e de grande alcance ou de refinar o pensamento colhido em outros autores. Todas as questões atuais do Direito permeiam a sua produção constante — do pós-positivismo às transformações do Estado — e são objeto de reflexão viva, de abordagens originais e proposições pioneiras. Mais do que um espectador engajado, Diogo é um militante das suas crenças. Um homem que vive com paixão.

O convite honroso ao colega mais novo, um quase discípulo, para elaborar o Prefácio e a Introdução de seu trabalho acerca do *Direito Regulatório* trouxe-me, junto com a alegria, o peso de uma enorme responsabilidade. Desincumbo-me da missão impondo-me uma adiada reflexão ideológica sobre o Brasil dos últimos 25 anos. Um esforço

---

[1]. Prefácio ao livro *Direito regulatório*, de Diogo de Figueiredo Moreira Neto, Rio de Janeiro, Ed. Forense, 2003.

para compreender alguns aspectos de um país difícil, complexo, fascinante. Uma viagem em busca da identidade política, jurídica e filosófica da minha geração, suas vitórias e desencontros. Um momento de pré-compreensão, que deve preceder a análise de qualquer fenômeno institucional: a identificação do ponto de observação do intérprete, bem como do cenário, dos atores, das forças materiais atuantes e, se possível, um pouco do imaginário social naquele momento e lugar.

O Professor Diogo de Figueiredo e eu somos originários de lados opostos do espectro político. Sem embargo de ser, há muitos anos, um dos grandes administrativistas do Brasil, Diogo sempre foi um militante da causa da liberdade de iniciativa, do modo de produção capitalista e cético das potencialidades do Estado em sua atuação direta na área econômica. Por mais de uma vez manifestou esta descrença de forma contundente[2]. Pois eu, justamente ao contrário, venho de uma militância de juventude que via o Estado como o grande protagonista da transformação social. A *causa da humanidade* — emancipação dos oprimidos, igualdade de oportunidades, justiça social, saúde, educação, serviços públicos essenciais e, quem sabe, até felicidade — tinha como força propulsora a ação concertada de pessoas e instituições que planejavam o futuro com generosidade e crença no seu poder de moldar a história e o desenvolvimento dos povos[3].

---

2. Diogo de Figueiredo Moreira Neto, *Ordem econômica e desenvolvimento na Constituição de 1988*, 1989, p. 25: "O Estado, distintamente do que muitos possam pensar, notadamente sob influência, consciente ou inconsciente da ideologias estatizantes e das tentações totalitárias, não pode nem deve substituir a sociedade, a que deve *apenas servir*, nas ações políticas, econômicas e sociais que necessitam continuar a produzir, livre e espontaneamente, em sua evolução cultural, mas tão-somente, em caráter corretivo e excepcional e, porque não dizer, transitório, cuidar de eliminar as disfuncionalidades do sistema real, que surjam durante o processo".

3. Em texto escrito no início da década de 90 (*Princípios constitucionais brasileiros ou de como o papel aceita tudo*, RTDP 1/), consignei: "Em meio aos escombros, existe no Brasil toda uma geração de pessoas engajadas, que sonharam o sonho socialista, que acreditavam estar comprometidas com a causa da humanidade e se supunham passageiras do futuro. Compreensivelmente abalada, esta geração vive uma crise de valores e de referencial. Onde se sonhou a solidariedade, venceu a competição. Onde se pensou a apropriação coletiva, prevaleceu o lucro. Quem imaginou a progressiva universalização dos países,

Vindos de trajetórias tão diferentes, aproximamo-nos quando fui trabalhar na Procuradoria Administrativa da Procuradoria Geral do Estado do Rio de Janeiro, que ele então chefiava, no início da década de 90. Afável, bom companheiro, culto e generoso, tornei-me seu admirador intelectual e, pouco à frente, ficamos amigos fraternos. Divergências de maior ou menor intensidade na avaliação de eventos históricos, políticos e jurídicos jamais nos impediram de sermos interlocutores freqüentes um do outro. E, claro, fiz eu muito maior proveito do que ele na troca de idéias. Diogo tem uma inconfessa faceta socialista: compartilha idéias, informações, artigos, livros (e vinhos) com desapego e desprendimento, sem esperar reciprocidade nem exigir os créditos intelectuais devidos.

II. Uma nota ideológica

Sou de uma geração universitária que teve sua formação acadêmica e seu aprendizado de cidadania ao longo da segunda metade da década de 70. O regime militar saía de sua fase mais intensamente marcada pela intolerância, mas os tempos ainda eram de falseamento do jogo democrático e de inexistência de liberdades democráticas. Um país submetido a atos institucionais, generais idiossincráticos e com uma clara opção preferencial pelos ricos (da qual, aliás, nunca se livrou). O país da concentração do poder, da concentração de renda, da concentração da terra. Os governos militares brasileiros, por opção, conveniência ou inevitabilidade, aliaram-se a todas as oligarquias regionais que conduziam o Brasil, desde a Independência, pelos caminhos da mediocridade.

A polarização política no Brasil, portanto, não se deu nos moldes clássicos das democracias ocidentais, contrapondo progressistas, liberais e conservadores, que se coligavam entre si em combinações variadas. Esquerda, centro e direita, na terminologia da época, ainda residualmente subsistente. É que no Brasil, o pensamento conservador e, em grande medida, também o liberal eram beneficiários — ainda que

---

confronta-se com embates nacionalistas e éticos. (...) É indiscutível: eles venceram".

involuntariamente ou sem culpa — do poder dominante, o mesmo que não admitia oposição consistente, alternância política e que ainda patrocinava episódios de violência institucional. Como conseqüência, as idéias que divulgavam, por melhor que fossem a inspiração e o conteúdo, chegavam ao debate político marcadas pelo desprestígio dos aliados truculentos.

Por sua vez, a resistência democrática mais autêntica e conseqüente era liderada pelos partidos políticos de esquerda, expressão local da disputa ideológica mundial, todos proscritos e com seus dirigentes presos ou perseguidos. O discurso igualitário, sem os ônus de sua concretização, tinha a sedução das melhores utopias. A pergunta que se coloca é natural e óbvia: de que lado haveriam de estar os jovens comprometidos com seu país, com a democracia, com a busca de justiça Só havia dois: o que sofria o desgaste do poder autoritário, por vezes violento, e o outro, onde uma visão romântica só enxergava homens idealistas e perseguidos. Neste universo convulsionado, não se debatiam idéias, mas escolhiam-se lados. Opor-se à ditadura trazia como conseqüência o rótulo de comunista. De outra parte, fazer o discurso liberal-conservador era suportar o estigma da ditadura. A ausência de democracia, como se constata singelamente, produzia o maniqueísmo, impedia a autenticidade do pensamento e, ainda por cima, agrupava as pessoas sob rótulos que não atendiam às complexidades e sutilezas da vida política democrática.

O final da década de 80 produziu dois fatos relevantes, que subverteram este quadro artificial e simplista. O primeiro ocorreu no próprio Brasil, em outubro de 1988: a promulgação da nova Constituição, símbolo da restauração democrática e da superação de uma perspectiva autoritária e intolerante do poder e do Estado. A partir daí, já não era mais possível apresentar como título de qualificação a oposição à ditadura. Era preciso sair à luz do dia e exibir um projeto de país. Os primeiros anos do restabelecimento do poder civil foram anticlimáticos. A claridade da democracia revelou, em muitos casos, a ausência de discursos consistentes, desfez mitos e devolveu a cada um a plenitude de sua condição humana, sem a aura do poder ou da perseguição.

Um segundo fato mudou o curso da história mundial recente: a queda do Muro de Berlim, em outubro de 1989, na sua dimensão real e simbólica. A experiência com o socialismo real, que empolgara corações e mentes pelo mundo afora, e que foi seguida por mais de um terço da humanidade, desabava ruidosamente. Um sonho desfeito em autoritarismo, burocracia, privilégios e pobreza. A crença ambiciosa na possibilidade de mudar o curso da história e de reelaborar a própria condição humana, em nome de um projeto humanista e solidário, virara cinzas. Ao menos naquele momento e por aquele modelo institucional.

III. Os descaminhos do Estado brasileiro

Em Portugal e, como conseqüência, também no Brasil, houve grande atraso na chegada do Estado liberal. Permaneceram assim, indelevelmente, os traços de um estágio anterior, o Estado patrimonial, no qual se sobrepunham amplamente o público e o privado, o *imperium* (poder político) e o *dominium* (direitos decorrentes da propriedade). Jamais nos libertamos dessa herança patrimonialista, da atávica apropriação do espaço público pelo interesse privado dos estamentos dominantes. Sem nunca ter sido verdadeiramente liberal, social e muito menos socialista, o Estado brasileiro chegou ao final do século XX sob o estigma da burocracia, da ineficiência, da apropriação privada, com bolsões endêmicos de desperdício dos recursos públicos e de corrupção. Um Estado da direita, do atraso social. Financiador dos ricos. Um Estado que não investiu em saneamento, que não tem um projeto habitacional para os pobres. Um favelizador ideológico. Subitamente, como quem abandona um moribundo após saqueá-lo, a classe dominante brasileira quer se livrar desse Estado, o mesmo que a serviu durante os últimos quinhentos anos. Se o faz por vício e não por virtude não é a questão central. O que se afigura equivocado é supor que a defesa incondicional desse Estado perverso, injusto e que não conseguiu elevar o patamar social no Brasil seja uma postura avançada, progressista. Há um exercício inevitável de desconstrução a ser feito.

A redefinição do Estado brasileiro, o desmonte de determinadas estruturas viciadas, não constitui uma opção ideológica. É uma inevitabilidade histórica. A prestação pública ou privada de serviços públicos não pode ser uma escolha feita em abstrato, definitiva e atemporal. Depende de um conjunto de circunstâncias que poderão recomendar uma fórmula ou outra, que incluem a capacidade de poupança pública naquele momento e lugar, as prioridades a serem satisfeitas com os recursos disponíveis, a tecnologia disponível, mão-de-obra, gerenciamento etc. A desestatização de alguns setores no Brasil, por muito paradoxal que possa parecer, tornou-se uma forma de publicização, isto é, de devolução à sociedade de feudos apropriados privadamente. Não é difícil demonstrar a tese.

Quem já teve a oportunidade de examinar, por exemplo, como eram geridos os bancos públicos estaduais e os critérios de financiamento adotados, bem entende o que estou falando: dinheiro público era entregue, sem garantias e sem projetos socialmente comprometidos, aos amigos do poder. Este tratamento da *res publica* como bem privado é emblematicamente traduzido em frase atribuída a um ex-governador de um grande Estado da Federação, referindo-se com sarcasmo à sorte da instituição financeira oficial: "Quebrei o banco estadual, mas fiz meu sucessor". A frase, ao que se noticia, foi desmentida. Mas o fato real estava acima da retórica. Em outros Estados não foi diferente. Somente por desaviso homens sérios e comprometidos com o bem público poderiam defender a manutenção desse *status quo*.

Não sou indiferente à ideologia do Estado mínimo que se apossou de boa parte do pensamento intelectual no Brasil. Sou contra ela. Em um país como o nosso, o Estado tem de estar presente, intensamente presente, para promover justiça social através da oferta de serviços e utilidades essenciais, da disciplina que impeça o abuso do poder econômico e proteja o consumidor e o cidadão, do financiamento às atividades socialmente relevantes e, por exceção, na forma constitucional, até na exploração de atividades econômicas de natureza empresarial. Porém, o Estado cartorial, corporativo, de reserva de mercado para quem não investe, não pesquisa nem partilha lucros, merece a rejeição do pensamento esclarecido e socialmente engajado. É no desprezo pelo gasto irresponsável, pela ineficiência, pelos balcões de negócios no setor público, pelo descaso com quem precisa de serviços públicos adequados que Diogo e eu, vindos de caminhos opostos, nos encontramos, no esforço para repensar um país que se atrasou e tem pressa.

O trabalho do Professor Diogo de Figueiredo Moreira Neto, cuja Introdução acerca de aspectos constitucionais apresento logo adiante, é uma valiosa contribuição doutrinária sobre as transformações da Constituição Econômica brasileira e o contexto no qual surgem as Agências Reguladoras e o Direito da Regulação. Conciso e instigante, o texto percorre os fundamentos econômicos, políticos e jurídicos da regulação e enfrenta praticamente todas as questões relevantes associadas ao tema. Em meio à vasta literatura que se vem produzindo sobre esta nova realidade jurídica, destaca-se este denso trabalho, que tem a marca de qualidade de Diogo de Figueiredo Moreira Neto, um exemplo raro de jurista maduro, que em lugar de olhar para si e para o que já sabe, tem o hábito original de olhar para frente e pensar coisas novas.

Dedico a Introdução que se segue à Cléia, doce e dedicada companheira de Diogo ao longo dos anos, prova segura de que por trás de uma grande mulher há sempre um grande homem.

O mistério maravilhoso do tempo[1]

Sumário: I. Introdução. II. O tema. III. O tempo. IV. O tempo realiza sonhos. V. O tempo dá a dimensão adequada aos fatos, atenua a dor e traz o perdão. VI. O tempo traz sabedoria. VII. O tempo consolida o amor verdadeiro (e também liberta as pessoas quando ele não existe). VIII. A pós-modernidade e a pressa. IX. Tenham compromisso com o seu tempo. X. Duas palavras a mais. XI. Conclusão.

I. Introdução

Em um belo verso, que guardei de memória pela vida afora, Domingos Pellegrini Jr. assim relata um desencontro:

"*Partimos exatamente no horário*
O destino é que atrasou alguns segundos".[2]

Ao vê-los daqui, penso no exato contrário desse desencanto. O Universo está em expansão, existem milhões de estrelas, inúmeros

---

1. Discurso realizado como Paraninfo da **Turma Gustavo Tepedino** — UERJ 2001. O texto foi produzido para exposição oral. A presente reprodução conserva tal característica.
2. Domingos Pellegrini Jr., O trem, in Encontros com a Civilização Brasileira 3/174.

lugares onde em tese poderia haver vida. Na Terra, somos cinco bilhões, em mais de duzentos países. No Brasil, 170 milhões, 26 Estados, 5000 Municípios. Meus queridos afilhados: não creio um segundo sequer que estejamos juntos por fruto do acaso, por um acidente cósmico. Havia um projeto para nós, um encontro marcado ao qual não faltamos. E a vida nunca mais foi a mesma.

Eu amo vocês não apenas pelo que vocês são e representam, mas também pelo que fazem de mim. Pela enxurrada de bons sentimentos que me propiciam. Por fazerem com que a juventude me fuja mais devagar. Por me proporcionarem este momento de realização suprema na vida de um professor: o carinho dos seus alunos. Meus alunos até ontem; meus colegas a partir de hoje; meus amigos para sempre.

II. O tema

Ao refletir sobre o que gostaria de lhes dizer nesta última hora, nesta última vez, veio-me à mente, seguidamente, um episódio. Lembro-me que narrava a vocês que eu havia solicitado ao diretor da Faculdade que colocasse um cartaz no corredor alertando aos alunos que saíam para o intervalo que algumas turmas, como a nossa, continuavam em aula. É que, inadvertidos disto, faziam um enorme barulho que quebrava a nossa concentração (que já enfrentava os múltiplos ruídos que vinham da janela do outro lado: carros freando, buzinando, sirenes e mais um guarda de trânsito que soprava alucinadamente o seu apito). O diretor, prevalecendo-se do fato de ser quatro dias mais novo que eu e da nossa amizade de mais de uma década, disse-me, carinhosa mas cruamente: "Luís Roberto, você está ficando velho". Quando eu, ainda abalado, lhes relatava este fato, um de vocês — que aliás avisto daqui —, em uma provável conspiração com o diretor, levantou o braço e disse-me, com a onipotência dos vinte anos: "Professor, deve estar ficando mesmo. Já é a segunda vez que conta a mesma história".

Reconstituí caco por caco a minha alma estilhaçada e, para provar publicamente que sobrevivi, escolhi como tema central dessas reflexões O TEMPO, o mistério maravilhoso do tempo. O *que a vida faz das nossas vidas.*

III. O tempo

O tempo é freqüentemente simbolizado por Cronos, deus da mitologia grega que teria investido contra seu pai, Urano, e devorado os próprios filhos. O revisionismo romano procurou ligá-lo a Saturno, deus da colheita e da prosperidade. Mas o tempo ainda carrega o estigma da morte, da velhice, da decadência. Como um advogado aplicado, pretendo demonstrar que a imputação é injusta e distorcida. O tempo é um aliado da vida e do homem. Não é um inimigo.

IV. O tempo realiza sonhos

Há vinte anos atrás, esta noite, neste mesmo teatro, na minha formatura, eu olhava para o futuro e sonhava ser professor. Sobretudo um professor. E neste projeto investi minha vida. Jamais me arrependi da escolha que fiz. Nem tenho do que me queixar. Sou professor titular de uma das três melhores Faculdades de Direito do país, segundo o último Provão do MEC — somos AAA — e vocês são os melhores. Eis a primeira virtude do tempo: ELE REALIZA OS SONHOS. *E esta é a matéria de que é feita a vida*[3].

Quando se encontrava no leito de morte o fidalgo Quixote de la Mancha, seu fiel escudeiro Sancho Pança, amargurado pela cobiça frustrada, a ele se dirige pela última vez:

— Meu senhor, por que tanto sofrimento vão, tantas derrotas humilhantes, se, afinal, tudo que perseguíamos não passava de ilusórios sonhos?

Despertado para a vida pela censura amarga, Dom Quixote, em seus momentos derradeiros, já enxergando mais além, lega sua última lição de comovente esperança:

— Mas como, fiel Sancho, me falas de sonhos ilusórios, falaciosos? Os sonhos existem, valoroso escudeiro![4]

Nunca deixem de sonhar. E tenham o tempo como aliado.

---

3. Shakespeare, *The tempest*: "*Leave not a rack behind. We are such stuff/As dreams are made of, and our little life/is rounded with a sleep*". *In* The Oxford University Press Dictionary of Quotations, 1985, p. 480.
4. Miguel de Cervantes, *Dom Quijote de la Mancha*, J. Perez del Hoyo Editor. O contexto da citação foi inspirado por um texto de Sérgio Ferraz, *Sonhos e realidade*, 1984.

V. O tempo dá a dimensão adequada aos fatos, atenua a dor e traz o perdão

Esta a segunda grande virtude do tempo. Só devemos guardar as tristezas inevitáveis, as lembranças boas e as saudades que valem à pena. Olhar para a frente. Derrotar o passado que não pôde ser. Nietzche atribuía a infelicidade humana ao espírito de vingança, e a vingança é o ódio ao próprio passado, aquilo que não se pode modificar.[5]

Na Capela do Castelo de Chenonceau, na França, na entrada à direita — este castelo foi doado por Henrique II (morto em 1559) à sua preferida, Diana de Poitier, para desconsolo de Catherine de Médicis. Mas esta é uma outra história — há duas inscrições, deixadas pelos guardas escoceses de Maria Stuart. Na primeira, datada de 1543, está escrito: "A ira do homem não cumpre a justiça de Deus". Na segunda, de 1546, lê-se: "Não sede vencidos pelo mal".

Não sede vencidos pelo mal. Pelos maus sentimentos. Dentre eles, o *mal secreto*, cujo conceito foi recentemente reavivado por Zuenir Ventura: "inveja é não querer que o outro tenha".[6] Descubram desde logo a mágica maravilhosa que é substituí-la pela admiração sincera e desinteressada, um dom raro, que faz o mundo melhor.

De certo, a reação pronta, quando justa e necessária, é legítima. Mas mesmo a razão não dispensa a compaixão. O ódio é a derrota de quem o sente. Esta ambigüidade entre a justiça e o perdão vem retratada com lirismo em um verso que é declamado no meio de uma bela canção de Chico Buarque, em que uma voz portuguesa pronuncia:

> "Quando me encontro no calor da luta
> Ostento aguda e empunhadora a proa.
> Mas o meu peito se desabotoa.
> E se a sentença se anuncia bruta,
> Mais que depressa a mão cega a executa,
> Pois que senão o coração perdoa".

---

5. *Apud* Francesco Alberoni, *Enamoramento e amor*, Rocco, 1990.
6. Zuenir Ventura, O *mal secreto*, 1998.

VI. O tempo traz sabedoria

A capacidade de ver além da superfície e das aparências. É o tempo que nos liberta das verdades absolutas, das unanimidades passionais, dos vingadores mascarados. Nós vivemos do conhecimento. E o papel do conhecimento, escreveu inspiradamente Mangabeira Unger, é o de confortar os aflitos e de afligir os confortados. A capacidade de ver o outro, de entender o diferente e superar *o narcisismo das pequenas diferenças*[7]. Ter a percepção de que nem sempre vemos as coisas como elas são, mas como nós somos[8]. Ou onde estamos. Ou o que queremos.

Em uma crônica deliciosa, Luís Fernando Veríssimo faz uma alegoria da relatividade das coisas e da importância do ponto de observação de cada um. Conta a lenda que o golfinho é um grande amigo do homem. Que quando ocorre um naufrágio, ele ajuda a salvar os náufragos, empurrando-os com o seu bico para a terra firme, para a segurança, para a salvação. Que, agradecidos, difundem a boa imagem dos golfinhos. Mas parece que não é bem assim. Os golfinhos, aparentemente, empurram os náufragos para o lado que seu bico está virado. Portanto, a muitos, em lugar de ajudar, conduzem é para a morte em alto-mar. De modo que esta história dos golfinhos só seria completa se fosse possível ouvir também a *versão dos afogados*.

VII. O tempo consolida o amor verdadeiro (e também liberta as pessoas quando ele não existe)

Existe um tempo cronológico, medido em minutos, meses, anos. E existe um tempo afetivo, cuja unidade de medida é o prazer. Para os apaixonados, não estar junto é desperdiçar o tempo. Dependendo do sentimento e da companhia, um dia pode ser um segundo ou uma eternidade. Em uma insuperável declaração de amor, escreveu Jorge Luiz Borges: "Estar com você ou não estar com você é a medida do meu tempo". O amor verdadeiro é o que vence o tempo e a distância.

---

7. A locução foi utilizado por Freud em O *mal estar na cultura*. V. Maria Rita Kehl, *A mínima diferença*, 1996, p. 26.
8. Frase atribuída a Anais Nin no *Livro da Tribo*, 1998.

Como o de Penélope, mulher de Ulysses. Convencida de que ele não morrera na Guerra de Tróia, ela o esperava pacientemente. Passados os anos, no entanto, assediada por muitos pretendentes, disse a eles que escolheria um para desposar quando terminasse de tecer uma mortalha na qual estava trabalhando. No entanto, a cada noite, Penélope desfazia o que havia avançado durante o dia, dando tempo ao tempo, até o regresso triunfal de Ulysses. (É verdade que ele teria andado enfeitiçado pelo canto das sereias, mas esta é uma outra história).

Ou como o amor relatado por Gabriel García Marques, em uma pérola intitulada O *amor nos tempos do cólera*. Textualmente:

> *"Florentino Ariza não deixara de pensar em Fermina Daza um único instante... e haviam transcorrido desde então* **cinqüenta e um anos, nove meses e quatro dias"**.

VIII. A pós-modernidade e a pressa

Vocês são contemporâneos da pós-modernidade, um tempo marcado pela vitória da imagem sobre o conteúdo, da impressão superficial sobre a reflexão, do transitório sobre o permanente. A era da velocidade. Velocidade da transformação e velocidade da informação. Novos programas de computador, novos acesso à rede mundial, novos medicamentos. As coisas são novas por vinte e quatro horas. O próprio Italo Calvino, em suas *Seis propostas para o próximo milênio*, incluiu dentre elas a *rapidez* e a *leveza*. Ninguém nesses dias parece impressionar-se com a advertência sábia do grande jurista uruguaio Eduardo Couture, que a incluiu no oitavo mandamento do advogado: "O tempo vinga-se das coisas que são feitas sem a sua colaboração".

Por isso, meus queridos afilhados, eu lhes digo, eu lhes peço, como faço com todos os meus alunos: Cuidado com a pressa, com a voracidade, com o excesso de ansiedade. Tenham tempo de olhar para os lados, de desfrutar o caminho, de fazer amigos. Tantos quantos possam sinceramente cultivar. Cuidado com a pressa. As coisas vêm sempre a seu tempo. Não estejam dispostos a pagar qualquer preço pelo sucesso. E mesmo quando tudo pareça impossível, distante, inalcançável, relaxem. E lembrem-se da advertência libertadora de Paulo Leminski de que *distraídos venceremos*. Ou se preferirem a canção de Renato Russo, o jovem poeta morto prematuramente:

*"Não temos tempo a perder,
mas temos todo o tempo do mundo.
Temos o nosso próprio tempo".*

Por certo as coisas não caem do céu. É preciso ir buscá-las. Voar alto. Mergulhar fundo. Muitas vezes será preciso voltar ao ponto de partida e recomeçar tudo outra vez. As coisas não caem do céu. Mas quando, após haverem empenhado cérebro, nervos, coração chegarem ao resultado buscado, saboreiem a vitória merecida gota a gota — é uma delícia —, sem se esquecer, no entanto, que ninguém é bom demais, que ninguém é bom sozinho e que no fundo no fundo, por paradoxal que pareça, as coisas caem mesmo é do céu. E é preciso agradecer.

IX. Tenham compromisso com o seu tempo

A marca do nosso tempo e do nosso país é a desigualdade. A marca da nossa incapacidade ou da falta de desejo de fazer um país para toda a gente, e não para os mesmos de sempre, de geração para geração, há quinhentos anos. Temos déficit de educação, de saúde, de alimentação, de saneamento, de moradia. Não há setor relevante da vida nacional onde a carência, o abismo entre os que têm e os que não têm não seja motivo de dor, de tristeza e de indignação.

Ajudem a refazer o país. Sejam bons, não sejam "espertos". Não sucumbam à cultura do ganho fácil. Ajudem a superar um país no qual, para a maioria de sua gente, o trabalho, apenas, não traz, ao fim de cada dia, o pão e a dignidade. Um país de riquezas injustas. Ricos que fazem fortuna, não com trabalho árduo, mas com golpes. Ricos de dinheiro público, ricos de subsídios que não chegam aos pobres, ricos de financiamentos estatais. São os *com dinheiro*, mas sem ideal, sem patriotismo, sem vergonha. Vocês, que terão o sucesso que merecem — e o eventual proveito material que ele traz —, saberão o horror que é o risco de ser confundido com um desses.

X. Duas palavras a mais

Algumas últimas palavras. Sejam SIMPLES. Lembrem-se da advertência de Gilberto Amado: "Querer ser mais do que se é, é ser menos". É perfeitamente possível ser simples e afirmativo, simples e ousado. Até mesmo simples e vaidoso. A simplicidade não tem a ver com o juízo que cada um faz de si próprio, mas com a consideração que tem pelo outro.

Sejam RECONHECIDOS. A gratidão enriquece quem a recebe sem desfalcar quem a oferece. Em uma crítica à ingratidão, que atravessou os séculos, Aristóteles assinalou: "Cada um, do amor recebido, prefere tirar a glória, que é o amor a si, em vez de reconhecimento, que é o amor ao outro"[9]. Quando, no início da década de 80, o Serviço Nacional de Informações me impediu de dar aula nesta Universidade, o professor Jacob Dolinger, meu amigo de vida inteira, disse-me, ingenuamente: "Vou resolver isto". E não sabendo que era impossível, ele foi lá e fez. E eu estou aqui.

XI. Conclusão

Discursos — aprendi com meu mestre Barbosa Moreira — convém que sejam poucos. Se possível, bons. Em qualquer caso, breves. Vocês foram prudentes e previram que fossem poucos. O orador da turma e o patrono ficaram encarregados de que fossem bons. A mim me tocou ser tão breve quanto soube ser.

Um dos meus livros favoritos — *A correspondência de Fradique Mendes*, de Eça de Queiroz — se encerra com uma linda carta dirigida à sua "muito amada Clara". Tomo emprestada a última oração daquela carta de amor para despedir-me de vocês: "Adeus, minha amiga. Pela felicidade incomparável que me deu — seja perpetuamente bendita".

Vão em paz. Sejam bons. Sejam felizes. Deus os abençoe.

---

9. Aristóteles, *Ética de Nicômaco*. V. André Comte-Sponville, O *pequeno tratado das grandes virtudes*, p. 148.

RR Donnelley

IMPRESSÃO E ACABAMENTO
Av Tucunaré 299 - Tamboré
Cep. 06460.020 - Barueri - SP - Brasil
Tel.: (55-11) 2148 3500 (55-21) 2286 8644
Fax: (55-11) 2148 3701 (55-21) 2286 8844

IMPRESSO EM SISTEMA CTP